수학교육학
기초론

저자

조 정 수
영남대학교 사범대학 수학교육과 교수

김 진 환
영남대학교 사범대학 수학교육과 교수

김 용 찬
영남대학교 사범대학 수학교육과 교수

수학교육학
기초론

초판 발행_ 2006년 8월 30일
초판 2 쇄_ 2007년 7월 15일
지은이_ 조정수 · 김진환 · 김용찬
펴낸곳_ 영남대학교출판부
등록_ 1975년 9월 5일 경산 제16-1호
주소_ 712-749 경북 경산시 대동 214-1
전화_ (053) 810-1801~3
FAX_ (053) 810-4722
ISBN 89-7581-163-8 03410

정가 25,000원

학교수학의 교수·학습을 위한

수학교육학 기초론

조정수 김진환 김용찬 지음

영남대학교출판부

머리말

"수학교실에서의 개혁과 변화를 두려워하지 않는 수학교사가 되자!"

수학교사는 누구인가?
수학교사는 무엇을 어떻게 가르쳐야 하는가?
수학교사로서 갖추어야 할 지식은 무엇일까?
수학교사는 어떤 마음 자세를 갖추어야 하는가?

1980년대 미국 스탠포드대학교의 슐만(Lee Shulman) 교수는 처음으로 교과 및 그 교과의 교수에 관한 교사지식에 대한 연구를 체계적으로 실시했습니다. 이 연구의 결과로부터 교사지식의 구성 요소에 대한 이론적 모델을 개발했는데 교사가 수업을 계획하고 실시하기 위해서는 7가지 영역으로부터의 지식이 필요하다고 제시했습니다. 이를 조금 폭넓게 그리고 수학교과의 측면에 대해 살펴보면 3가지로 요약할 수 있는데 ① 일반교수학적 지식, ② 수학교과내용에 대한 지식, ③ 수학교과내용에 대한 교수학적 지식으로 구분할 수 있습니다. 일반교수학적 지식에는 효과적인 교실운영을 위한 다양한 방법적 지식, 수업을 진행하기 위한 교수법적 전략, 학습환경 조성을 위한 교수법적 전략, 학생들의 학습방법에 대한 지식, 그리고 그런 학습을 촉진하기 위한 방법에 대한 지식 등이 포함됩니다. 수학교과내용에 대한 지식에는 수학적 개념, 원리, 법칙들 사이의 관계성이 풍부하고 유연한 지식, 학생들에게 수학의 중요한 아이디어를 이해하도록 지도하기 위한 수학적 사실, 절차, 개념에 이해와 지식 등이 포함됩니다. 그리고 수학교과내용에 대한 교수학적 지식에는 학생들이 수학교과의 내용을 이해할 수 있도록 표상하고 표현하는 지식과 능력, 수학의 구체적인 수학내용에 대해 학생들의 학습을 쉽게 또는 어렵게 만드는 것이 무엇인지에 대한 지식과 이해, 수학교과의 지도 목표에 대한 지식, 수학교과의 내용을 가르치기 위한 전략적 지식, 수학교과내용에 대한 학생들의 오개념에 대한 지식 등이 포함됩니다.

이러한 지식과 더불어 수학교사는 마음자세 또한 갖추어야 합니다. 라카토스(Imre Lakatos)는 수학을 알고 수학적 활동에 참여하는 것은 두려움 없이 추측을 제기하고 그에 따른 증명과 반박의 과정을 통해서 귀납에서 일반화로 향하는 지그재그 길을 따라가는 것이라고 했습니다. 라카토스는 수학교실에서 학생들이 대담하고 의식적인 추측을 할 수 있는 "용기"를 갖도록 도와주고 다른 사람의 반론이나 반박에 대해서는 수용할 수 있는 "겸손"을 갖도록 하는 것이 수학교사가 해야 할 일이라고 했습니다. 또한 수학적 문제해결로 유명한 폴리야(George Polya)는 자신이 옳다고 생각하는 신념을 수정할 마음자세인 "지적 용기", 자신의 신념을 바꿀만한 충분한 이유가 있을 때 그것을 바꿀 수 있는 마음자세인 "지적 정직함", 그렇다고 해서 타당한 이유 없이 자신의 신념을 바꾸지는 말아야 하는 "현명한 자제력"을 수학을 하는 사람으로 반드시 지켜야 할 "도덕심"이라고 강조했습니다. 라카토스와 폴리야가 말하고 있는 수학을 하는 사람이 갖추어야 할 "도덕심"은 수학교사뿐만 아니라 수학을 배우는 학생들도 갖추어야 할 마음자세일 것입니다.

여러 해 동안 사범대학 수학교육과에서 예비 수학교사들을 가르치고 있는 경험으로부터 이들 예비 수학교사들이 수학교육학의 기본적인 지식습득에 어려움을 겪고 있음을 깨닫게 되었습니다. 수학교사가 되려고 노력하는 예비 수학교사들의 경우 수학내용학에 대한 지식은 충분히 습득하고 있는 반면 학교 현장에서 직접 학생들을 가르칠 때 필요한 수학교과의 실제적인 교수학적 지식을 습득하는 데는 어려움이 있으며 이 어려움의 원인이 지나치게 깊은 수학교육의 이론 공부 때문이란 사실을 알게 되었습니다. 이를 해소하기 위하여 사범대학 수학교육과 2학년 정도의 학생들에게 수학교육학의 실제적이며 기초가 되는 내용을 지도하고자 이 책을 쓰게 되었습니다. 이 책을 통하여 앞으로 학습하게 될 수학교육학에 대해 보다 쉽게 이해를 할 수 있게 되어 이러한 이해를 바탕으로 수학내용학인 순수수학을 학습하면서도 학교수학과의 연결을 생각할 수 있는 단서를 이 책이 제공할 수 있기를 기대합니다. 이 책에서는 방대하고 깊이 있는 수학교육학의 다양한 이론과 실제를 다루기보다는 말 그대로 수학교육학의 기초적인 내용을 다루고 있다는 사실을 염두에 두고 읽기를 바랍니다.

마지막으로 위에서 슐만 교수도 언급했듯이 수학교실에서 수학을 가르치는 데는 수학내용에 대한 지식뿐만 아니라 여러 다양한 지식이 필요하며 또한 이러한 지식과 더불어 라카토스와 폴리야가 지적했듯이 수학하는 사람으로서의 "도덕심"도 올바르게 갖추어 우리 학생들에게 수학지식과 함께 이 "도덕심"을 길러줄 수 있는 실력 있고 수학적으로 정직한 수학교사가 되었으면 하는 바람입니다. 이 한 권의 책을 통하여 여러 예비 수학교사의 수학교육학에 대한 이해 증진에 조금이나마 도움이 되었으면 합니다. 그리고 이 책이 나오기까지 오랫동안 성심껏 도와주신 영남대학교 출판부 관계자 여러분에게 감사의 뜻을 전하고자 합니다.

2006년 7월의 여름이 시작될 즈음에...

저자 일동

차례

머리말 / 4

제1장 수학의 본질에 대하여 / 9

1. 수학 철학 ······11
2. 수학적 체계의 구조 ······17
3. 수학에 대한 현대적 접근 ······26

제2장 수학학습 심리학 / 61

1. 수학적 사고 ······63
2. 수학의 교수-학습에서 정서의 역할 ······84
3. 수학적 문제해결 ······98
4. 문제해결과 메타인지(metacognition) ······117
5. 수학적 표상 ······123
6. 인지심리학과 수학교육 ······133

제3장 수학과 교수-학습의 여러 측면들 / 147

1. 수학과 타학문과의 관계 ······149
2. 중등학교 수학의 수준별 지도를 위한 배경과 수업 사례 ······163
3. 수학교과 교수-학습 활동에서 컴퓨터의 역할 ······176
4. 수학 수업의 성공을 위한 열쇠 : 좋은 수학적 문제 ······191
5. 수학교육의 최근 동향과 교과지도의 방향 ······197
6. 수학지도를 위한 8가지 접근법 ······218

7. 학교수학에서 증명의 중요성과 역할 ······231
8. 수학과 수업설계의 전략과 실제 ······262
: 탐구형 수학수업 모델을 중심으로
9. 중등학교에서의 대수지도와 학습 ······269
10. 그래픽 계산기를 활용한 대수방정식의 지도 ······298
11. 다양한 수학적 문장제의 지도 ······311
12. 그래핑 계산기와 CBR(Calculator-Based Ranger)로 배우는 함수 ······330
13. 수학수업에서 인터뷰와 수업 관찰 ······358

제4장 학교수학 지도내용 / 381

1. 연분수(continued fractions) ······383
2. 에라토스테네스의 체 ······402
3. 비유클리드 기하학 ······406
4. 삼각형의 넓이와 헤론의 공식 ······412
5. 무한의 시작 ······428
6. 미분에 대하여 ······438
7. 적분에 대하여 ······447

참고문헌 / 454

제 1 장

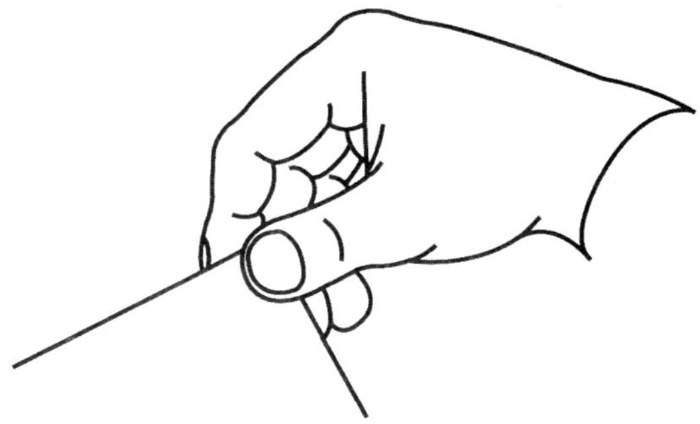

수학의 본질에 대하여

1. 수학 철학

수학을 발견하거나 창조하는 사람인 수학자들이라 해도 그들이 다루고 있는 수학적 대상물들이 존재하는지를 알지 못한다고 하며, 또한 그들이 증명한 수학적 정리들이 진리인지도 알지 못한다고 자주 사람들 사이에 이야기되어져 왔다. 수학과 수학의 지도에 관련된 책에서 수학에 대한 본질을 이야기 하면서 이렇게 비관적 소리를 하는 것은 이 학문 자체를 다소 위태롭게 하는 것이다.

비록 수학이 모든 과학의 여왕이라고 불러져 왔고 수학에서 사용되는 방법, 수학이라는 지식의 타당성, 그리고 논리 등이 이러한 모든 것에 비판이나 의심의 여지가 없다고는 하지만 수학은 논리적 기초에 문제를 가지고 있고, 완전히 성숙하지 않은 단지 부분적으로만 완성, 발전된 학문이며, 그리고 여전히 그 내용과 방법의 계속적인 변화를 추구하는 학문이다. 사회과학보다는 훨씬 정확하고 물리과학보다는 다소 정확하다고 할지라도, 수학은 결코 절대적 의미에서의 정확성을 지니지는 않는다. 수학을 절대적 진리성과 완벽성을 지닌 학문으로 배운 사람들이 수학자와 수학의 역사에 대해 공부한다면 아마 실망과 감격의 두 감정을 동시에 느낄 것이다. 수학의 발전을 살펴보면 비조직적이었고, 반복되어져 왔고, 또 가끔은 완전히 엉망진창인 모습을 보일 때도 있었다. 새로운 수학을 만들어내는 것이 수학에 있어서 가장 중요한 첫 번째 활동이며, 두 번째로 중요한 수학적 활동은 선조들이 만들어 놓은 이러한 수학에서 일관성이 부족한 부분을 고쳐서 완벽한 모습으로 만드는 것이다. 수학의 발전 과정이 조직적이지 못한 체 혼란스러웠지만 최종적 결과물은 상당히 좋은 모습으로써 아주 극소수의 비일관성과 논리적 패러독스만을 포함하고 있다. 여전히 수학의 기초에 해당하는 무한집합의 경우 논리적 어려움이 존재하고 있기는 하지만 수학은 사회, 경제, 그리고 공학 발달을 이끌어 온 인류 역사에서 없어서는 안 될 도구 역할을 해 왔다.

"수학자들은 그들이 창조한 수학이 존재하는지를 모른다"라는 문구는 수학적 체계는 수학적 실체의 존재를 가정하고 있는 정의에 기초를 두고 있다는 점을 말해주는 것이다. 예를 들면, 자연수는 어떤 두 집단의 원소의 대소를 비교할 때 그 기준이 되고 있으며, 또한 직관적으로 자연수란 1에서 차례로 증가하는 특징을 가진다. 그렇지만 이러한 직관에 의한 막연한 의미로는 자연수에 대한 현대적 의미를 부여할 수가 없다. 자연수(세는 수, counting numbers)의 집합과 같이 직관적으로 인식 가능한 집합일지라도 이 집합의 존재를 다음과 같은 공리(자명한 진술문)를 사용해서 진술할 수 있다. 자연수 집합에 대한 이러한 공리들은 이탈리아 논리학자인 페아노(Giuseppe Peano, 1858-1932)에 의해 처음으로 형식화되어졌다. 이 공리에 의해 마침내 '자연수란 무엇인가?'라는 자연수의 존재성에 대한 해답을 얻게 되었다.

다음 공리들을 만족하는 집합 N이 존재한다.

(1) 1은 N의 원소이다.

(2) 임의의 N의 원소 x에 대하여, 그 다음의 수 x'은 오직 하나 존재한다.

(3) x'가 1이 되는 그러한 N의 원소는 존재하지 않는다. 즉, 1은 어떠한 수의 다음수도 아니다.

(4) x'과 y'이 동일한 다음수이면, x와 y도 동일한 N의 원소이다. 즉, N의 서로 다른 두 원소가 동시에 같은 다음수를 가지지 않는다.

(5) M이 다음 두 조건을 만족하는 N의 부분집합이라면, M과 N은 같은 집합이다.

① 1은 M에 속한다.

② x가 M에 속한다면, x'도 M에 속한다.

위의 5개의 공리들을 만족하는 집합 N을 자연수 집합이라고 하고 그 원소를 자연수라고 한다. 그리고 1, 다음수 등은 기본적인 개념으로서 무정의 용어로 취급한다.

이 마지막 공리 (5)를 "수학적 귀납의 원리"(mathematical induction)라고 한다. 만약 다음수가 "1을 더한" 수라고 정의한다면, 위의 다섯 가지 공리는 우리가 통상 쓰는 자연수 1, 2, 3,⋯ 을 정의하고 있는 것이다. 하지만 다음수라는 용어가 정의되어 있지 않기 때문에 만약 다음수를 "3으로 나눈" 수라고 정의하면, 이 다섯 가지 공리는 1, 1/3, 1/9, 1/27, 1/81,⋯ 이라는 수집합을 만들어 내게 된다. 이렇게 보면 비록 자연수를 정의했음에도 불구하고 정확히 말해서 우리가 무엇에 대해 이야기하고 있는지가 분명하지 않다.

공리 (5)를 사용하고 자연수에 대한 덧셈과 곱셈 법칙이 성립한다고 가정하면, 아래의 정리를 얻을 수 있다.

정리 : 모든 자연수 n에 대하여,

$1+2+3+\cdots+n=\frac{n}{2}(n+1)$ 이 성립한다.

그 이유는 1 = 1/2(1+1)이고, 또한 아래의 등식이 참이라고 가정하면,

$$1+2+3+\cdots+k=\frac{k}{2}(k+1)$$

다음이 성립하게 된다.

$$\begin{aligned}1+2+3+\cdots+k+(k+1) &= \frac{k}{2}(1+k)+(k+1)\\ &= k\left(\frac{k+1}{2}\right)+2\left(\frac{k+1}{2}\right)\\ &= \frac{k+1}{2}(k+2)\\ &= \frac{k+1}{2}(1+(k+1))\end{aligned}$$

따라서 공리 (5)에 의해서 위의 정리가 성립한다. 즉, 공준 (5)가 참이라면 이 정리도 참이 된다. 공리 (5)를 증명 없이 참이라고 가정했기 때문에, 사실 이 정리가 참인지를 우리로서는 알 수가 없다. 말할 수 있는 것은 공리 (5)가 참이라는 가정 하에 위에서 행한 수학적 논리와 절차에 따라서 이 정리가 참인 것을 암시하는 것이다.

요약하면, 페아노는 존재하는지도 모르는 자연수를 정의했고, 이 자연수에 관련된 참이 아닐지도 모르는 정리를 증명한 것이다. 지금까지 말한 것이 마치 "이상한 나라의 엘리스"에 나오는 매드 해터(Mad Matter)가 지껄이는 논쟁처럼 보일 수도 있지만, 이것은 수학자, 철학자, 논리학자에 의해 연구되고 논의되고 있는 수학의 기초에 관련된 중요한 문제를 보여주는 것이다.

수학자들은 수학을 창조하거나 발견하는 사람들이라는 이 장의 처음에 언급한 것은 수학은 창조되는가 아니면 발견되는가에 관심을 가지는 수학자들을 두 학파

로 나누면서 심오한 철학적 문제를 시사하고 있다. 한 학파는 자연 속에 어떤 물리적 법칙들이 존재하듯이 수학도 이렇게 자연에 존재한다고 믿으며 수학자는 자연에 존재하는 수학적 요소와 법칙들을 발견하는 일을 하고 있다고 주장한다. 다른 학파는 수학이란 마치 예술 작품과 같아서 예술가에 의해 예술 작품이 창조되듯이 수학자에 의해 창조되기 전에는 존재하지 않는 것이라고 주장한다. "신은 정수를 만들었고 그 나머지는 모두 인간의 업적이다"라고 말한 독일의 수학자 크로네커(Leopold Kronecker, 1823-1891)와 같은 믿음을 가진 사람들이 여전히 있었다.

오랫동안 의심의 대상이었던 모든 전통적인 수학은 자연수로부터 유도될 수 있다는 사실이 점차 인식되고 있었다. 기원전 6세기경에 살았던 그리스 철학자 피타고라스(Pythagoras)는 수학뿐만 아니라 이 세상에 존재하는 그 어떤 것도 수로부터 추론될 수 있다고 믿었다. 그런데 모든 수학을 수로 단순화시키려던 피타고라스학파의 위대한 이상에 심각한 장애물이 발견되었다. 아무리 작은 어떠한 유리수 단위를 사용해서도 측정이 불가능한 비통약적인 수(incommensurable numbers)인 무리수가 있음을 이 학파의 한 사람이 발견한 것이다. 예를 들면, 1.414는 통약수인데 그 이유는 작은 길이 단위인 0.001을 사용해서 측정 가능하기 때문이다. 즉, 1.414는 0.001 단위의 1414배가 되는 것이다. 하지만 $\sqrt{2}$를 이런 식으로 측정할 수 있는 유리수 단위가 존재하지 않는데, 이 발견은 당시 피타고라스학파를 크게 당황하게 만들었다. 두 정수의 비로 표현되는 이러한 통약수를 유리수라고 하고 그렇지 않은 비통약적 수를 무리수라고 한다. 제곱근 2가 무리수 즉 정수의 비로 표현 불가능함을 보일 수 있다. $\sqrt{2}$가 유리수라면, $\frac{k}{m} = \sqrt{2}$ (k, m은 서로소인 정수)가 된다. 다시 말해서 $\frac{k}{m}$은 공약수를 가지지 않는다. 그러면

$$\frac{k^2}{m^2} = 2$$

$$k^2 = 2m^2$$

$2m^2$이 항상 짝수이기 때문에 k^2도 또한 짝수일 수밖에 없다. k^2이 짝수라면 k는 짝수가 된다. 따라서 k를 $2p$라고 하면 k^2은 $4p^2$이라고 쓸 수 있다.

$$2m^2 = k^2 = 4p^2$$
$$m^2 = 2p^2$$

이것은 다시 m^2이 짝수라는 의미이며 그래서 m은 짝수가 된다. k와 m 둘 다 짝수라면, k와 m은 결국 서로소가 될 수 없다. 이것은 서로소가 되는 k와 m을 선택한 사실에 모순이 된다. 그래서 $\sqrt{2}$가 유리수라는 가정에 모순이 생겨서 결국 $\sqrt{2}$가 무리수라는 결론을 얻게 된다.

위의 증명에서 사용된 방법을 "간접 증명법" 또는 "모순유도 증명법"(귀류법)이라고 한다. 물론 간접 증명법과 귀류법은 논리적으로 약간의 차이가 있어 동일한 증명법으로 보기 어렵다. 이 증명법은 비논리적이라고 해서 과거 몇몇의 유명한 수학자들은 사용을 하지 않았다. 간접 증명법의 논리적 엄밀성의 부족을 예시하기 위해서, 원래대로 $\sqrt{2}$가 무리수라고 가정하고 이 가정의 모순을 이끌어내기 위해 수학과 논리의 타당한 진술문을 사용할 수 있다고 가정하자. 그 다음에는 무엇을 말해야 하는가? 실제 그렇지도 않은 $\sqrt{2}$를 유리수라고 가정해야 하는가? 수학에는 판단을 내릴 수 없는 명제들 (타당한 정리일 수도 아닐 수도 있는 정리 가능성을 지닌 것)이 있다. 증명될 수도 없고 또 그 정리가 거짓이라고 반박도 할 수 없는 경우에 "그 명제를 판단 내릴 수 없다"라고 한다. 이 말은 그 명제를 증명하거나 반박할 만한 능력을 지닌 인물이 아직 없다는 말이 아니다. 그것은 그 명제를 증명하거나 반박하는 것이 불가능함을 누군가가 증명했음을 의미하는 것이다.

1921년 폴란드 출신의 수학자인 루카시에비치(Jan Lukasiewicz)는 세 가지 논리값(three-valued logic)에 대한 연구 논문을 발표했고, 미국인 포스트(Emil Post)는 일반적인 n가지 논리값 체계(n-valued logical systems)에 대한 연구를 했다. 대부분의 고등학생들에게 익숙해진 두 가지 논리값 체계에서는 모든 진술문들은 참(T) 또는 거짓(F)이다. 명제 계산법을 사용해서 몇 개의 진술문은 하나의 새로운 진술문으로 결합가능한데, 이 새 진술문은 결합되어진 각각의 진술문의 참, 거짓에 의해 참과 거짓이 결정되게 된다. 예를 들면, 두 진술문 p와 q의 결합인 p and q의 두 가지 논리값에 대한 표가 아래에 제시되어 있다. 이 표에는 p와 q에 대한 가능한 모든 진리값과 p and q라는 p와 q의 결합에 대한 진리값도 제시되어 있다.

p	q	p and q
T	T	T
T	F	F
F	T	F
F	F	F

이 표에서 보면 진술문 p, q가 모두 참이면, p and q의 진술문도 참이다. 하지만 진술문 p나 q 중 어느 하나라도 거짓이면 p and q의 진술문은 거짓이 된다. 이것과 같이 두 가지 논리값 체계는 많은 형식적 수학체계의 표현을 위해서는 충분하지만, 실제적인 의사 결정으로 가득 찬 이 세계의 모든 것을 표현할 수 있는 논리로는 부족하다. 정치, 국제 관계, 경제, 그리고 사회 변화에서 취하게 되는 대부분의 행동은 참과 거짓이라는 두 가지 값만 가지지 않는다. "p가 q보다 낫다"라는 형태의 진술문 대부분의 해답은 결정 불가능하다. p와 q, 그리고 이들의 결합인 p and q에 대한 가능한 모든 진리값에 대한 진리표가 아래에 제시되어 있다. 이 세 가지 논리값 체계에서 세 번째 값은 결정 불가능(U)이다.

p	q	p and q
T	T	T
T	F	F
F	T	F
F	F	F
T	U	U
U	T	U
F	U	F
U	F	F
U	U	U

p가 결정 불가능 진술문이고 q가 거짓 진술문인 경우, p and q는 거짓 진술문이 된다. 왜냐하면 거짓이 포함된 결합 진술문(p and q)의 경우 그 결과는 반드시 거짓이기 때문이다.

학생들이 교실 외적 상황에서의 논리의 적용을 가능하도록 하기 위해 학교 수학에서 보통 두 가지 논리값 체계를 가르치고 있는데 더욱 포괄적 적용을 위하여 세 가지 논리값 체계를 지도하는 것도 마찬가지로 중요성을 띠고 있다.

2. 수학적 체계의 구조

수학은 수론, 대수, 기하, 해석이라는 네 가지의 주된 분야로 구분될 수 있다. 수학의 여왕이라고 하는 수론은 정수 집합 내에서의 구조, 관계, 그리고 연산을 다루는 수학의 한 분야이다. 이 수론이야말로 최초의 인간에서부터 오늘날의 수학자까지 계속 연구하고 있는 유일한 분야일 것이다. 기원전 300년경에 살았던 그리스의 유클리드(Euclid)는 소수의 개수가 무한함을 증명했었다. 기원전 3세기경에는 알렉산드리아 출신의 에라토스테네스(Eratosthenes)는 자연수에서 소수만 남겨두고 합성수를 골라내는 방법을 고안해 냈다. 소수란 단위를 나타내는 1을 제외한 수로서 1과 그 자신의 수만을 약수로 가지는 수를 말한다. 1과 자기 자신 이외의 약수를 가지는 수를 합성수라고 한다. 소수의 개수가 무한임을 증명하는 것은 최대의 소수가 존재하지 않음을 보이는 것과 같다. 이 사실의 증명은 모순유도 증명법의 또 다른 예이기도 하다. 최대의 소수를 p라 하고, 1과 모든 소수의 곱으로 된 수 N을 만든다.

$$N = 1 + (2 \cdot 3 \cdot 5 \cdot 7 \cdot 11 \cdot 13 \cdot 17 \cdot 19 \cdot \cdots \cdot p)$$

이렇게 N을 만들게 되면 N은 소수이거나 합성수일 것이다. 만약 N이 합성수라면, N은 소수들의 곱으로 표현 가능하다. 하지만 N을 구성하는 이러한 소수들이 2, 3, 5, …, p 중 어느 것일 수도 없다. 왜냐하면 이 수들 중 어느 것도 N의 약수가 아니기 때문이다. 2부터 p까지의 소수를 사용해서 N을 나누면 항상 나머지 1이 남게 된다. 따라서 N이 합성수라고 하면, N의 약수들 중 어느 하나는 반드시 p보다 커야만 한다. 한편 N이 소수라고 하면, N이 p보다 크기 때문에 N은 p보다 큰 소수가 된다. 결국 위의 어느 경우를 보더라도 p가 최대 소수라는 가정은 모순을 낳게 된다. 따라서 최대의 소수는 존재하지 않는데 이 말은 소수의 개수는 무한임을 의미하는 것이다.

중등학교 수학에는 정수론에 대한 많은 정리나 절차뿐만 아니라 대수와 기하에 대한 예도 있다. 해석 분야에서 가장 중요한 예 중의 하나인 무한과정에 대한 연구는 영국의 뉴턴(Isaac Newton, 1642-1727)과 독일의 라이프니츠 (Gottfried Leibniz, 1646-1716)에 의한 미적분이다. 수학을 앞에서 말한 것처럼 네 가지 주요 영역으로 나눌 수 있지만, 수학은 또한 무한 과정에 대한 연구와 이산 또는 유한 과정에 대한 연구로 구분할 수 도 있다. 중등학교의 대수와 기하에서 다루는 수학 내용의 대부분은 이러한 유한과정이며 미적분학에서는 무한과정을 다루고는 있지만, 유한이나 무한의 과정만을 전적으로 다루는 수학분야는 없다. 심지어 고등학교 대수에서도 무한과정이 사용되고 있다. 예를 들면 무한 기하급수의 합을 구하는 공식인 $S=\frac{a}{1-r}$ (초항이 a이고 공비가 r인)는 무한급수의 합을 (무한급수의 극한값을) 구하는 것이다.

최근 300년 동안 이루어진 수학분야의 통합화와 현대화 때문에, 수학을 상호 배타적인 분야로 나누는 것은 불가능하게 되었다. 수학의 여러 전문 분야에서 연구하고 있는 수학자들은 자신들의 영역과는 다른 수학 분야의 절차와 방법들을 사용하고 있다. 수학을 응용하는 엔지니어링과 과학 분야는 수학을 여러 하위 분야로 나누는 것을 어렵게 하고 있으며, 따라서 이제 수학의 어떤 유일한 부분을 보호하기 위하여 다른 수학과의 교류를 막을 수 는 없는 상태가 된 것이다. 아인슈타인(Albert Einstein)의 일반상대성 이론의 창조와 타당성은 18세기와 19세기의 대수, 기하, 해석의 수많은 수학적 발전의 뒷받침 없이는 불가능했을 것이다. 응용분야의 확대에 의한 수학의 통합화의 요구와 더불어 수학의 모든 분야의 바탕이 되는 논리적 기초는 수학의 여러 전문 분야들의 결합을 앞당기고 있다. 사실, 위에서 말한 수학의 주요한 네 영역과 더불어 논리적 기초는 수학의 다섯 번째 영역이라고 할 수 있다.

수학에 있어서 통합을 추진하는 또 다른 힘은 모든 수학적 체계를 포함하는 공통구조에 의해서이다. 어떠한 수학 체계라도 그 체계 자체의 무정의 용어와 증명되지 않은 공리에 의해 형성되어져 있다. 이 책에서는 증명이 요구되지 않는 수학적 가정인 공리(axiom)와 공준(postulate)을 동의어로 사용한다. 하지만 어떤 책에서는 기하에서의 기본 가정들을 공준이라 하고 대수에서의 가정들은 공리라고 하기도 한다. 그리고 또 다른 책에서는 수학의 모든 기본 가정을 언급할 때 공리라고 하고,

공준은 기하에만 적용되는 공리를 말하는 것으로 한정하기도 한다.

사전이 각 단어를 정의하는 것과 마찬가지로 어떤 학문에 있는 모든 용어들을 정의하는 것은 유용하다. 무정의 용어를 수용함으로써 모든 것을 정의하려고 할 때 생기는 순환적 추론(circular reasoning)을 피할 수 있다. 수학에서 순환적 추론은 비논리적 추론으로 간주되기 때문에 무정의 용어를 인정할 수밖에 없다. 무정의 용어와 정의된 용어 사이의 관계를 기술하는 것으로 증명 없이 수용되어지는 진술문인 공리는 어떤 가설적인 수학적 체제에 대한 결론을 이끌어 내거나 증명하는데 기초를 마련해 준다. 하지만 각 체제에 있는 무정의 용어와 공리를 임의적으로 다양하게 해서 수없이 많은 수학적 시스템을 창조해 내는 것이 가능하지만, 반면에 제한이 없는 수학적 체제는 또한 그다지 유용하지가 않다. 수세기를 거치면서 수학자들은 수용 가능한 수학적 체제를 만들기 위해서 일단의 규칙을 개발해 왔다. 그리고 이 규칙들은 변화되어 왔고 아마 앞으로 계속 변화될 것이다. 수용 가능한 수학적 체계에는 두 종류의 규칙이나 기준이 있다. 수학적 체계를 구성하는 첫 번째 유형의 규칙은 수학 문화에 바탕을 둔 것으로 수학적 체계가 다소 덜 우아할 수 있다고 한다. 이 유형과는 달리 수학적 체계를 구성하는 두 번째 유형의 규칙은 비록 변경이 있을 수는 있지만 논리에 바탕을 두고 있기 때문에 더욱 안정적이라고 한다.

수학의 연구 흐름은 다른 수학자들에 의해서 최고라고 인정받는, 그러면서 양적, 질적 업적 면에서 가장 많은 일을 했고 영향력 있는 현재 활동 중인 수학자들에 의해 정해지게 된다. 하지만 다른 한편으로는 개별 연구자나 연구 영역을 지원해주는 국가의 정치적 지도자들에 의해 다소 기묘한 방식으로 결정되기도 한다. 엔지니어링을 위한 화법 기하학을 창조한 프랑스 수학자인 몽주(Gaspard Monge, 1746-1818)에 대한 나폴레옹의 후원은 몽주의 수학적 연구 과정에 직접적으로 영향을 주었다. 대수의 혁신적 발견을 했던 프랑스의 천재 수학자 갈로아(Evariste Galois, 1811-1832)는 프랑스 혁명의 정치적 상황으로 인해 수학 연구를 위한 지원을 전혀 받지 못했다고 한다. 이러한 영향으로 결국 갈로아는 21세의 나이에 무의미한 결투로 목숨을 잃게 되었다. 이로써 세상은 최고의 수학적 업적을 이룰 수 있었던 그의 천재성을 잃게 된 것이었다. "수학에 종사하는 사람들"(Men of Mathematics)이라는 책에서 벨(E. T. Bell)은 수학자들과 수학의 발전에 긍정적, 부정적으로 영향을 끼친 정리와 정치가들의 많은 예를 싣고 있다. 러시아 출생으로 어릴 때 독일로 이민 온 칸토어(Georg Cantor, 1845-1918)는 그 당시의 다른 수학자들에 의해 엄청나게 부정적 영향을 받았다. 무한집합에 대한 칸토어의 혁신적 창조는 다른 수학자들의 비판을 받게 되었다. 칸토어를 가장 심하게 비판한 사람은 비구성적인(non-constructive) 칸토어의 방법과 증명을 반대했던 크로네커(Kronecker)였다. 이러한 비판과 압력은 결국 다혈질적인 칸토어를 정신병원에서 생을 마감하게 만들었다. 칸토어가 죽은 후 그의 업적은 해석학의 큰 기여로써 인정받았다.

칸토어가 그렇게 무자비하게 비판을 받았던 비구성적 방법의 본질로 돌아가 보자. 비구성적 증명(non-constructive proof)은 어떤 특정한 방정식의 해의 존재는 밝히지만 그러한 해를 구하는 방법은 구체화하지 못한다. 예를 들면, 이차 방정식의 근의 공식 $x = \dfrac{-b \pm \sqrt{b^2 - 4ac}}{2a}$ 이 $y = ax^2 + bx + c$ 의 해인 것에 대한 증명은 구성적 증명이다. 왜냐하면 이 증명은 하나의 절차(알고리즘)를 얻게 해서 어떤 유형의 이차방정식의 해도 유한 번의 단계를 거쳐 구할 수 있도록 하기 때문이다. 무한 과정이나 무한집합을 다루는 수학적 절차를 쉽게 받아들이지 못하는 많은 수학자들이 과거와 마찬가지로 지금도 여전히 있는데 크로네커는 그 주요 인물이었다.

칸토어가 무한집합을 정의하고 연구하는 방법은 정리의 증명과정에 나타나 있는데, 이 정리는 자연수의 집합은 이 집합의 진부분 집합인 완전제곱수의 집합과 정확하게 동일한 만큼의 개수를 가진다는 것으로 일반 사람들의 직관을 거부하는 것이었다. 일반적으로 전체는 항상 부분보다 크다고 직관적으로 생각하기 때문이다. 두 유한집합이 있는 경우 그 두 집합의 원소수를 세어보면 알 수 있다. 그래서 다르다면 이 두 집합은 원소수가 다르다고 할 수 있다. 이런 식으로 유한집합을 간단하게 비교하는 방법은 무한집합을 비교할 때는 전혀 쓸모가 없는데, 그 이유는 무한집합에 있는 원소를 하나도 빠짐없이 센다는 것이 불가능하기 때문이다. 두 무한집합의 원소들 사이에 1-1대응을 시키는 기법이 이들 무한집합의 크기를 비교하는 적합한 방법임이 입증되었다. 두 무한집합의 원소들을 짝지을 수 있다는 것은 한 집합의 각 원소를 다른 집합의 각 원소와 정확하게 짝을 지을 수 있다는 의미이고 이렇게 하면 어느 집합에도 짝을 못 지어서 남는 원소가 없게 된다. 이런 경우 이들 집합은 원소수가 같다고 한다. 또는 좀 더 정확하게 말해서 동일한 기수(cardinal number)를 가진다고 한다. 위에서 언급한 바와 같이 자연수의 완전제곱수 집합은 자연수 집합과 동일한 기수를 가진다. 이들 두 집합 사이의 1-1대응은 자연수를 적고 각 자연수 밑에 그 수와 짝이 되는 완전제곱수를 적으면 된다.

$$1 \quad 2 \quad 3 \quad 4 \quad 5 \quad \cdots \quad n \quad \cdots$$

$$1 \quad 4 \quad 9 \quad 16 \quad 25 \quad \cdots \quad n^2 \quad \cdots$$

각 자연수를 그 제곱수와 짝을 지으면 이 두 집합의 원소사이에는 1-1대응이 성립하게 된다.

어떠한 유한집합의 기수는 그 집합에 있는 원소의 개수를 의미한다. 자연수 집합의 기수 또는 자연수와 1-1대응이 되는 원소를 가지는 집합의 기수를 알레프널 또는 알레프낫(aleph null or naught)이라 불리는 기호인 $\aleph_0$로 나타내는데, 여기서 알레프는 히브루 알파벳의 첫 글자이고 널은 영을 뜻한다. 앞의 예에서 본바와 같이 모든 무한집합이 가지는 하나의 성질은 무한집합 자신의 원소와 이 집합의 진부분집합의 원소사이에 1-1대응이 존재한다는 것이다. 자연수의 집합보다 큰 무한집합을 생성해내는 방법은 기존의 무한집합의 모든 부분집합들의 집합을 만드는 것이다. 한 무한집합의 모든 부분집합으로 된 집합은 원래 무한집합보다 더 큰 기수를 가지는 집합이 된다.

의미 없는 기호인 무정의 용어와 무증명 공리에 바탕을 둔 수학적 체계가 추상적이고 연역적 성격을 지니는 것은 일반성과 효율성이라는 장점을 지닌다. 예를 들면, 추상적 개념인 어떤 수학적 군(mathematical group)은 수론, 대수, 기하, 그리고 해석 영역에 있는 수많은 다른 개념들을 통합하는데 아주 유용한 일반성을 지니고 있다. 서로 다른 많은 수학적 구조를 가진다 할지라도 군은 다음 네 가지 공통된 성질을 가진다.

(1) 군(group)이란 이항연산이 주어진 공집합이 아닌 집합을 말한다. 여기서 이항연산이란 그 집합내의 두 원소를 결합해서 그 집합 내에 존재하는 다른 원소를 얻는 규칙을 말한다.
(2) 어떤 집합이 군이 되기 위해서는 항등원이 존재해야 하는데, 항등원은 그 집합의 어떤 원소와 연산을 해도 그 자신의 원소가 되도록 하는 것이다.
(3) 어떤 집합이 군이 되기 위해서는 그 집합의 각 원소에 대해 역원이 존재해야 하는데, 역원은 어떤 원소와 연산을 했을 때, 항등원이 만들어지도록 하는 것이다.
(4) 어떤 집합이 군이 되기 위해서는 그 이항연산이 결합법칙이 성립해야 한다.

모든 수학적 체계는 무정의 용어, 정의된 용어, 그리고 공리와 정리로 이루어져 있다. 만약 어떤 추상적 수학 체계가 최대의 효율성과 유용성을 가지기 위해서는 이 체계는 완전하고 독립적이며, 범주적이고 일관적이어야 한다.

수학 체계가 완전(complete)하다는 것은 그 체계내의 무정의 용어와 공리에 관련된 모든 명제들이 증명 가능하거나 또는 증명 불가능 할 때이다. 만약 어떤 명제가 참인지 거짓인지를 결정 내릴 수 없다면, 그 수학 체계는 불완전한 것이다.

효율성의 측면을 고려하는 어떤 수학자들은 하나의 수학적 체계에 있는 공준 사이의 상호 독립성에 대해 관심을 가진다. 만약 그 수학적 체계에 있는 다른 공리들을 사용해서 어떤 공리가 증명 가능하다면, 이 수학적 체계는 독립적인 수학적 체계가 아니다. 독립적인 수학적 체계인 경우는 그 체계 내의 어떤 공리라도 다른 공리로부터의 논리적 결과에 의한 것이 아닐 때를 말한다. 수학적 체계가 상호 독립적인 공리들을 가져야 한다는 것은 극단적으로 중요한 요건은 아니다. 하지만 독립적 체계는 보다 간결하고 논리적이기 때문에 완벽성을 추구하는 수학자들은 항상 이 점을 고려한다. 만약 수학적 체계 내에 종속적 공리들이 포함되어 있다면 수학을 배우는 학생들의 입장에서는 보다 그 체계를 분명하고 쉽게 이해할 수 있을 것이다. 특히 독립적 체계 내에 있는 어떤 증명들이 아주 어렵고 지겹다고 느낄 때, 또는 고등학생 수준의 수학적 지식을 넘어서는 수학적 기법을 요구하는 증명인 경우에 그러하다.

수학적 체계의 범주화(categoricalness)를 정의하기에 앞서 모델(model)이란 단어에 대한 수학적 해석을 살펴보는 것이 좋을 듯하다. 어떤 수학적 체계의 모델이란 그 체계 내의 공리들을 참인 진술로 바꾸는 무정의 용어에 대한 해석이라고 할 수 있다. 수학적 모델이란 무정의 용어나 공리에 대한 물리적 해석일 수도 있고 또는 다른 수학적 체계에 대한 해석일 수도 있다. 수학적 체계가 범주적이라고 할 때는 그 체계에 대한 각 쌍의 모델이 동형(isomorphic)일 때를 말한다. 즉, 모델들의 원소 쌍들이 1-1 대응을 하고 각 체계 내의 원소 사이의 관계가 그 체계 내에서 보존되는 경우를 말한다.

완전성, 독립성, 그리고 범주화는 수학적 체계의 확실성을 위한 필요한 조건들은 아닌 반면에, 공리들의 무모순성은 결정적으로 중요한 성질이다. 그 체계의 공리들을 사용해서 정리와 이 정리의 모순이 동시에 증명되지 않을 때 그 체계가 일관성(무모순성)을 지닌다고 한다. 이러한 모순이 되는 두 정리의 증명은 다른 많은 모순된 정리를 낳게 되고 그래서 이것은 그 수학적 체계의 확실성과 유용성에 큰 손상을 주게 된다. 대부분의 수학적 체계를 보더라도 모든 가능한 정리들을 진술하는 것은 불가능하기 때문에, 모든 정리를 참인 진술로 전환시키는 그 체계의 모델이 발견될 수 있다면 그 체계가 일관적(무모순적)이라고 하는 것이 일관성에 대한 보다 유용한 정의이다.

일관성을 지니면서 무제한적 성질을 지니는 수학적 체계를 만드는 것이 너무 어렵거나 어쩌면 불가능하다는 인식은 수학에 있어서 가장 좌절감을 준 딜레마 중의 하나이다. 1931년 괴델(Kurt Gödel)은 모든 수학적 체계는 불완전함을 증명했다. 수학적 체계의 확실성을 확립하는데 있어서 모든 명제가 증명 또는 반증 가능하다는 사실은 치명적이지 않기 때문에, 이 발견은 수학적 기초를 붕괴시킬만한 것은 아니었다. 하지만 어떠한 수학적 체계라 할지라도 결정 불가능한 명제가 존재한다는 발견은 수학적 체계의 일관성을 뒤흔드는 것이었다.

복잡하고 전문적 기호로 가득 찬 괴델의 증명을 생략하더라도, 그 증명의 직관적 기초는 다음과 유사하다.

(1) 어떤 명제와 이것의 모순명제 둘 다 증명 가능하다면, 그 명제는 일관성이 없는 것이다. 따라서, 그러한 명제를 포함하고 있는 수학적 체계도 일관적이지 않게 된다.
(2) 어떤 명제와 이것의 모순명제 둘 다 결정 불가능하다면, 그 명제와 모순명제를 증명하거나 반증하는 것이 불가능하게 된다. 이런 결과로 그 명제와 모순명제의 일관성은 결정 불가능하게 되고 그러한 명제를 포함하고 있는 수학적 체계의 일관성도 결정 불가능하게 된다.
(3) 어떤 수학적 체계의 무모순성을 결정하는 것이 불가능하다는 것은 그 체계가 모순적이라는 것을 의미하는 것은 아니다. 어떤 체계의 무모순성을 결정할 수 없다는 것은 그 체계가 무모순적인지 아닌지를 판단할 수 없다는 의미이다.

괴델은 모든 수학적 체계는 결정 불가능한 명제들을 포함하고 있다는 점을 보여주었다. 위의 주장 (1), (2), 그리고 (3)을 사용함으로써, 모든 체계의 무모순성은 결정 불가능함을 입증할 수 있다.

페아노 공리에 의해 정의된 자연수 체계는 거의 완벽에 가까운 수학적 체계로 간주되고 있기 때문에, 이 체계를 예로 사용해서 결정 불가능한 명제를 생성해내는 절차를 보이고자 한다. 자연수가 가지는 각 성질을 유한개의 알파벳 문자로 된 문장으로 정의한다. 이러한 정의들에게 자연수로 된 서로 다른 색인 번호를 다음과 같이 각 정의마다 부여하여 순서를 정한다. 문자를 가장 적은 수를 사용해서 정의한 성질에 1을 부여하고, 그 다음으로 문자를 적게 사용한 정의에 2를 부여하고... 이런 식으로 계속해 나간다. 만약 몇 개의 성질들이 똑같은 수의 문자를 사용해서 정의된다면, 이때에는 알파벳의 순서로 색인이 매겨진다. 어떤 색인 번호가 자신이 표시하고 있는 정의에 있는 성질을 가지고 있지 않을 때 그 색인 번호를 '나이스'(nice)라고 한다. 예를 들면, 만약 "짝수란 동일한 기수를 가지는 두 집합으로 나누어지는 수를 말한다"라는 진술에 228의 색인 번호를 부여한다면, 이 228은 나이스가 아니다. 왜냐하면 228이 표시하고 있는 짝수의 성질을 이 색인 번호 228이 가지고 있기 때문이다. 그런데 만약 "홀수란 동일한 기수를 가지는 두 집합으로 나누어지지 않는 수를 말한다"라는 진술에 246의 색인 번호를 부여한다면, 이 246은 나이스가 된다. 이제 "자신이 색인하고 있는 정의에 포함된 성질을 가지지 않는 수를 nice라고 한다"라는 정의를 생각해보자. 이 정의는 어떤 자연수의 성질을 서술하고 있기 때문에 이 정의는 색인 번호를 가진다. 그래서 n을 그 색인 번호라고 하자. 그렇다면 색인 n이 나타내는 명제는 참인가? 만약 참이라면 n이라는 수는 자신이 표시하는 명제의 성질을 가질 수 없다. n은 나이스가 되는 성질을 색인하고 있기 때문에, n은 나이스가 아니다. 이렇게 되면 n이 나이스라는 가정에 모순이 생기게 된다. 이번에는 반대로 그 명제가 거짓이라고 해보자. 그러면 n은 나이스가 아니게 되며 색인하고 있는 그 명제의 성질을 가지게 된다. 하지만 이것은 나이스가 되는 성질을 말하는 것이다. 그러므로 n은 나이스가 되고, n이 나이스가 아니라고 했던 가정에 다시 모순이 생기게 된다. 여기서 우리는 페러독스에 빠지게 되는데 그 이유는 가능한 두 답 중에서 어느 답을 취하더라도 모순이 생기기 때문이다. 이렇게 간접 증명법에 의해서 모순이 생기기 때문에, 수학에서 증명법을 제거하든지 아니면 자연수 체계의 일관성은 결정 불가능하고 자연수 체계는 완전하지 않다는 정리를 받아들이든지 해야 한다.

지금까지 수학의 완벽하지 않은 기초를 지적했는데 그 목적은 무엇일까? 먼저 유능한 수학교사라면 자신이 가르치고 있는 수학이 비록 다소 완벽성이 부족하다고는 하지만 그 교과의 본질과 기초에 대해서는 어느 정도 알아야 하기 때문이다. 수학의 역사를 통해서 수학에 있는 이러한 완벽하지 못한 부분을 제거하려는 시도들은 아주 중요하고 유용한 방대한 수학을 발견 (또는 창조?)할 수 있도록 해 주었다. 수학의 기초에 관련해서 여전히 남아있는 소수의 문제들은 수학의 방대하고 다양한 응용에 비한다면 단지 작은 것에 불과하다. 두 번째로, 열성적인 수학교사는 수학사에서 천재적인 수학자들을 당황하게 만들었던 이른바 자명한 개념들을 학생들에게 이해시킬 때는 인내심을 길러야한다. 칸토어를 사망에까지 이르게 했던 무한집합에 대한 그의 생각과 수학적 과정의 무한성을 크로네커가 받아들이지 못했던 것처럼, 교사가 일방적으로 제시하는 수학적 개념이나 생각들을 학생들이 쉽게 이해하고 받아들일 것이라고 기대하지 말아야 한다. 기하에서 간접 증명법의 타당성에 대해서 의심을 가지는 학생들은 어쩌면 높은 수준의 수학적 직관력을 소유한 학생일지도 모른다. 어떤 정치인들과 교사들은 (갈로아는 최악의 경우에 해당하는 정치인과 교사에 의해서 좌지우지되었다) 학생들의 이러한 엉뚱하고 괴상한 생각을 억누르려고 하는 반면에, 훌륭한 수학교사는 상식이 되어버린 수학적 진리에 대해서 의문을 품는 학생들의 생각을 수용하고 오히려 이 생각을 더욱 발전할 수 있도록 격려한다.

3. 수학에 대한 현대적 접근

수학에 있어서의 발전과 현대적 접근법을 포함하는 새로운 학교 수학교과서를 개발하려는 여러 프로젝트들이 1960년경에 수행되었다. 1965년 이러한 새 교과서들이 완성되어 학교에서 사용되었고, 1970년쯤에 있었던 이 새 교과서에 대한 평가 연구에 의하면 새수학 교과서를 사용한 학생들이 수학적 개념을 측정하는 시험에서 고전적 수학을 담고 있는 옛날 교과서로 공부한 학생들과 비교할 때 같은 수준이었다고 한다. 하지만 산술 기능을 측정하는 전국 규모의 연구에 의하면 새 수학 교과서로 공부한 학생들이 전통적 수학을 공부했던 이전 학생들보다 성취도가 낮았다고 한다. 또한 이 새 수학 교과서로 공부했던 많은 수의 성인들이 분수나 소수가 포함된 산술 문제를 잘 풀 수 없었다는 사실도 보고했다. 비록 수학적 능력에 있어서의 이러한 현저한 저하가 학교 수학과 교수 방법상의 변화에 직접적으로 기인했다고는 할 수 없었지만, 이러한 학력 저하현상은 현대 수학의 학교 적용에 대한 비판의 물결을 형성했고 기초적인 산술 기능의 지도를 새롭게 강조해야 한다는 주장을 불러일으켰다.

비록 중등학교의 현대 수학교과서가 지난 이천년 동안 발전되어 온 수학의 일면을 포함하고 있다고는 하지만 이 교과서들이 현대 수학의 본질을 정확하게 제시하지는 못했었다. 많은 사람들, 심지어는 수학교사들까지도 옛날 수학(old math)은 산술을 공부하는 것이고, 새 수학(new math)은 집합을 공부하는 것이라는 잘못된 믿음을 가지고 있었다. 지금부터의 내용은 현대 수학의 본질과 그 발전에 대한 논의를 다루고자 한다. 이 논의를 통해서 "현대 수학이란 무엇인가?"에 대한 해답을 제시하고자 한다. 그리고 "학교 수학의 본질은 무엇인가?"에 대해서도 앞으로 다루고자 한다. 이 글에서는 수학의 주요 영역을 산술, 대수, 기하, 그리고 해석의 네 가지 주요영역으로 구분해서 논의하려고 한다.

어떤 수학 역사가들은 1800년대 이전을 수학 역사의 고전시기라고 하고 1800년대 이후를 현대시기라고 한다. 이러한 시대의 구분에 의해 현대 수학이란 용어도 나타나게 된 것인데 프랑스의 데카르트(René Descarte, 1596-1650)가 해석 기하를 출판한 1637년부터 1800년까지의 수학 발전을 현대 수학이라고도 한다. 그 이유는 이 책의 출판이 고전적 수학 방법의 완전한 붕괴를 가져왔고, 또 수학의 현대적 접근의 계기를 마련해 주었기 때문이다. 비록 데카르트가 해석 기하의 창조자로서 언급되지만, 프랑스인이면서 같은 시기에 활동했던 페르마(Pierre Fermat, 1601-1665)도 역시 이 방법을 독자적으로 발견했었다.

현대 산술

역사 이전부터 시작된 고전적 산술은 인간이 처음으로 어떤 모임이 다른 모임보다 더 많은 물건을 가지고 있음을 인식했을 시기, 그리고 원시적 세기가 하나, 둘, 그리고 많다로 진행되었을 시기에 이루어졌다.

산술 방법에 대한 고전적이거나 전통적인 접근에는 곱과 비를 계산하기 위한 교묘한 알고리즘의 개발, 여러 수들 사이에 존재하는 대칭성의 탐색, 그리고 복잡한 계산을 하는데 필요한 수표의 작성 등이 있었다. 대부분의 수학 역사책들은 지금은 단지 역사적 흥밋거리가 된 이러한 기법들을 다루고 있는데, 여기에서는 한 가지 예만 제시하고자 한다. 합성수로부터 소수를 골라내는 유명한 에라토스테네스(Eratosthenes) 방법이 그것이다. 소수를 골라내는 그의 방법은 2부터 시작해서 어떤 큰 수 n이 될 때까지 자연수를 적는다. 그런 다음 2 뒤에 나오는 모든 두 번째 수를 지워나가고 (4, 6, 8, 10... 등이 지워지게 된다), 3 뒤에 나오는 모든 세 번째 수를 지워나가고 (6, 9, 12... 등이 지워지게 된다), 5뒤에 나오는 모든 다섯 번째 수를 지워나가고 (10, 15, 20... 등이 지워지게 된다), 7 뒤에 나오는 모든 일곱 번째 수를 지워나가고 (14, 21, 28... 등이 지워지게 된다), 이런 식으로 해서 소수 p 뒤에 나오는 모든 p번째 수가 지워질 때까지 계속한다. 이 방법에 의하면 많은 수들이 여러 번 지워지게 되어 아주 효과적이라고는 할 수 없지만, 이렇게 하고 나면 2부터 n까지의 모든 소수의 목록을 얻게 된다. 1부터 100까지 적고 이 방법대로 해 보면 도움이 될 것이다.

산술 영역뿐만 아니라 수학의 다른 영역의 발달에 심각한 저해를 가했던 두 요인이 있었는데, 한 가지 요인은 산술을 위한 효율적인 기호체계의 부족이었고, 또 다른 요인으로는 한 나라에서의 유용한 수학적 발견들이 그 나라에만 또는 수세기 동안 고립, 한정되어 있었기 때문에 다른 곳에서 다시 발견되는 식의 중복된 노력을 기울여야 하는 경향이 그것이다. 효율적인 자리수 표기에 결정적 역할을 하는 기호 영(0)은 기원전 700년 전에 바빌로니아인들에 의해 만들어졌다고 추정되는데, 이 기호는 또한 서기 400년경 중앙아메리카의 마야인들에 의해서도 독자적으로 발견되었다고 한다. 하지만 이 기호 영은 서기 800년경 힌두인들에 의해서 발견되었다는 것이 지배적 견해이다. 또 기원전 4세기 전에 바빌로니아인들은 음수를 합법적인 수로 받아들였고 심지어 천문학 연구에서 생기는 곱셈 문제의 해결을 위해 기호들의 정확한 규칙까지도 사용했다고 한다. 바빌로니아인들이 음수를 수체계의 일부로써 수용했었다는 사실은 바빌로니아 문명의 몰락과 함께 수세기 동안 알려지지 않았다. 심지어 1600년까지도 어떤 수학자들은 음수를 합법적인 수체계의 부분으로 인정하지 않으려 했다.

세계 역사에서 가장 위대한 순수 수학자였던 독일의 가우스(Carl Friedrich Gauss, 1777-1855)의 가장 위대한 업적은 수론(number theory)에 관한 것이었고, 자신의 업적은 수론의 발달에 지대한 공헌을 했다. 비록 산술(arithmetic)을 지금은 좀더 고상하게 수론이라고 부르고 있지만, 가우스는 그가 산술이라고 불렀던 이 수학 영역에 대한 그의 가장 위대한 기여를 상당히 만족해했었다고 한다. 가우스는 "수학은 과학의 여왕이며 수학의 여왕은 수론이다"라는 유명한 말을 남길 정도로 수론에 대한 애착이 깊었다. 뉴턴이 가우스보다 위대한 수학자라고 주장하는 사람들이 있는데 역사적으로 볼 때 뉴턴은 가장 위대한 과학자였던 반면 가우스는 가장 위대한 수학자였다는 사실을 이들이 잊어버리고 있는 듯 하다. 가우스는 자신의 즐거움의 한 가지로 수학을 연구했기 때문에 연구 결과를 출판하는 데는 별로 관심이 없었다. 그래서 가장 위대한 발견들 중 어떤 것들은 그의 노트 속에 처 박혀 있어서 그를 연구했던 수학자들에 의해 세상의 빛을 보기도 했다. 가우스는 당시의 젊은 수학자을 격려하는데 인색했다고 한다. 이러한 비난이 완전히 사실을 아니지만, 그의 이러한 태도는 다른 수학자들이 큰 수학적 발견이라고 해서 그의 승인을 구했던 내용들이 대부분 이미 그가 발견한 것이었고 이미 그의 노우트 속에 있는 것들이었기 때문일 것이다. 그렇지만 가우스는 수학에 대한 서신 왕래를 통해서 프랑스의 르블랑(Monsieur Leblanc)과 친구 관계를 유지했는데, 이 사람이 바로 후에 뛰어난 여성 수학자인 소피제르맹(Sophie Germain, 1776-1831)이었다. 그 당시 상황에 비해 다소 자유주의적 견해를 반영하듯, 가우스는 르블랑이 그녀의 본명을 밝혔을 때 아주 기뻐했다. 르블랑은 가우스와 같이 위대한 수학자가 자신처럼 여자에 의해서 연구된 수학을 어떻게 생각할지 몰라서 자신의 이름을 밝히지 않았었다. 20세기까지 매우 극소수만의 인정받는 여성 수학자가 있었다는 사실은 역사를 통해서 볼 때 항상 여성에게는 낮은 지적인 사회적 역할이 부여되었기 때문이었다. 수학 학문 분야에서 여성에 대한 이러한 배척은 수학 발전에 장애를 낳았다는 것은 의심할 여지가 없다.

고등 산술에서 중요한 문제 중의 하나는 한 가지이상의 변수를 가지는 방정식의 정수 해를 구하는 것이었다. 부정방정식(indeterminate equations)이라고 불리는 이러한 방정식은 예수의 탄생과 서기 250년쯤 사이에 살았던 알렉산드리아의 디오판토스(Diophantus)에 의해 처음으로 연구되었다. 지금은 디오판틴 해석(diophantine analysis)라고 불리는 이 부정방정식에 대한 연구는 많은 수학자들에 의해서 이루어졌는데 가장 위대한 수학자 중의 두 사람인 가우스와 페르마도 있었다. n이 2보다 큰 자연수일 때 디오판틴 방정식 $x^n + y^n = y^n$을 만족하는 자연수 해는 존재하지 않는다는 페르마의 마지막 정리(Fermat's Last Theorem)를 해결하는 노력은 수론의 발달에 많은 영향을 주었다.

디오판틴 해석으로부터 시작된 현대 산술의 한 분야로 가우스에 의해 개발된 합동 이론(the theory of congruences)가 있다. 가우스는 두 정수의 차이가 정확하게 n에 의해 나누어질 때 자연수 법(法 또는 모듈러스 *modulus*) n에 대해 이 두 정수는 합동(congruent)라고 정의하였다. 예를 들면, $n=3$이면 1과 121은 법(法) 3에 대해(모듈로 *modulo* 3) 합동이다. 왜냐하면 $121-1=120$은 정확하게 3에 의해서 나누어지기 때문이다. 이것을 $1 \equiv 121 \pmod 3$이라고 적는다. 그래서

$$\{\ldots\ -11,\ -8,\ -5,\ -2,\ 1,\ 4,\ 7,\ 10,\ \ldots\}$$

이 집합에 있는 원소들은 법 3에 대해 1과 동치(equivalent)가 된다.

$$\{\ldots\ -10,\ -7,\ -4,\ -1,\ 2,\ 5,\ 8,\ 11,\ \ldots\}$$

이 집합에 있는 원소들은 법 3에 대해 2와 동치가 된다.

{... −12, −9, −6, −3, 0, 3, 6, 9, ...}

이 집합에 있는 원소들은 법 3에 대해 0과 동치가 된다.

정수의 이러한 세 무한집합은 [0], [1], [2]의 기호로 각각 나타낼 수 있다. 법 3의 동치는 정수의 집합을 동치류(equivalence classes)라고 하는 세 부분집합으로 분할한다. [0]에 있는 모든 정수들은 동치이고, [1]에 있는 모든 정수들은 동치이고, 그리고 [2]에 있는 모든 정수들도 동치 관계에 있다. 어떤 집합의 분할(partition)은 부분집합들로 나누는 것을 말하는데, 그 집합의 각 원소가 한 부분집합에 있어야 하고 또 반드시 한 부분집합에만 있어야 한다. 각각의 자연수 n은 정수를 n개의 동치류로 분할한다. 그리고 이러한 동치류에 대한 연산을 정의하고 이 연산들에 대한 동치류 집합에 존재하는 대수적 성질을 연구할 수 있다. 이렇게 하는 것은 현대적 산술의 영역에서 현대 대수적 영역으로 옮겨가는 것이다. 가우스와 다른 수학자들은 여러 변수와 법 n에 대한 동치들에 대해서 연구했다. 예를 들면, $x^2 + x \equiv [2] \pmod 3$은 x = [1]을 해로 가진다. 왜냐하면

$[1]^2 + [1] = [2]$ 라고 정의하면
$[1] \times [1] = [1 \times 1] = [1]$이고
$[1] + [1] = [1+1] = [2]$가 되기 때문이다.

동치류의 덧셈과 곱셈과 함께 법 n에 대해서 정수의 동치류는 현대 대수에서 중요한 위치를 차지한다. 그 이유는 동치류라는 유한집합을 사용해서 무한집합의 정수와 정수에 대한 연산의 성질에 대해서 간접적인 연구 방법을 제시해 주고 있기 때문이다.

수에 대한 현대적 접근의 또 다른 예는 실수 체계에 대한 논리적이고 공리적인 기초를 확립하려는 수학자들의 노력에서 볼 수 있다. 페아노의 공리를 특징으로 하는 한 가지 모델이 자연수이고 정수의 산술을 일반화해 놓은 것이 모듈러(modular) 산술이라는 사실을 위에서 살펴보았다. 페아노에 의해서 공리화 된 자연수로부터 시작해서 자연수의 순서쌍으로서 음수를 포함하는 정수를 정의하면, 정수가 만들어진 것처럼 유리수도 정수의 순서쌍으로서 정의될 수 있다. 하지만 순서쌍으로 만드는 이러한 과정이 실수의 경우에는 적용되지 않는다. 하지만 실수는 어떤 무한

수열의 극한값에 해당하는 수 집합으로서 정의될 수 있다. 이러한 수열을 코시(Cauchy) 수열이라고 하는데, 이 이름은 수학의 현대시기에 업적을 남긴 위대한 프랑스 수학자인 코시(Augustin- Louis Cauchy, 1789-1857)의 이름을 붙인 것이다. 이 실수는 또한 유리수를 개별적인 두 무한집합으로 나누는 데데킨트(Dedekind)의 절단(cuts or partitions)에 의해서도 정의되어질 수 있다. 데데킨트 절단은 이것을 생각해낸 독일의 수학자 데데킨트(Richard Dedekind, 1831-1916)의 이름에서 따온 것이다. 코시와 데데킨트의 방법은 무한 과정을 사용하고 있기 때문에 실수에 대한 더 깊은 논의는 지금 다루고 있는 산술의 영역을 벗어나 해석학의 영역이 된다. 마지막으로 복소수는 실수의 쌍으로 정의될 수 있다. 하지만 놀랍게도 수체계를 정의하는 것은 여기서 끝나지 않는다. 실수보다 훨씬 더 일반적인 수들이 존재한다. 이러한 수들이 바로 벡터(vectors)라고 불리는 n개의 실수쌍으로 된 수이다.

위의 예에서 볼 수 있는 것처럼 수학에서는 어느 한 영역만을 분리해서 연구한다는 것이 불가능하다. 수학의 역사를 살펴보면 수체계가 자연수로부터 일반화된 n-차원의 벡터까지 시대 순으로 질서 정연하게 공리화되어 오지 않았다는 사실이 흥미롭다. 수학자들은 음수의 확고한 토대를 확립하기 수년 전에 복소수가 어떤 수인지에 대한 논쟁을 해결한 상태였다.

앞에서 언급한 것처럼 정의된 자연수와 이 자연수에 대한 덧셈과 곱셈 연산을 사용해서 자연수의 순서쌍 (m, n)으로 정수를 정의할 수 있다. 또는 좀 더 엄밀하게 한다면 정수는 동치류의 순서쌍으로 정의될 수 있다. 정수 0(영)은 (k, k)의 형태를 띤 모든 자연수의 순서쌍의 집합으로 정의된다. 즉, $\{(1, 1), (2, 2), (3, 3), \ldots (k, k), \ldots\}$와 같은 집합이 된다. 정수 -5는 $(m, m+5)$ 형태의 순서쌍의 집합으로 $\{(1, 6), (2, 7), (3, 8), \ldots (m, m+5), \ldots\}$이 된다. 정수 $+5$는 $(m+5, m)$ 형태의 자연수 순서쌍의 집합으로 $\{(6, 1), (7, 2), (8, 3), \ldots (m+5, m), \ldots\}$이 된다. 어떤 집합에 있는 각 쌍은 그 집합에 있는 모든 다른 쌍과 동치관계에 있어야 한다. 위의 두 예를 보면 음의 정수는 (-5의 경우) 첫 번째 수가 두 번째 수보다 (5만큼)적은 자연수의 순서쌍으로 되어 있는 동치류의 집합인 것을 알 수 있다. 양의 정수는 ($+5$의 경우) 자연수의 쌍에서 처음 원소가 (5만큼)더 큰 경우이다. 그래서 정수 $\{\ldots, (p, q), \ldots\}$는 $[p, q]$의 기호로 간단하게 표현할 수 있다. 만약 $p+n = q+m$이 성립하면, 정수 $[m, n]$과 $[p, q]$는 동치가 된다.

이러한 표기법을 사용해서 정수의 덧셈과 뺄셈은 다음과 같이 정의된다.

$$[m, n] + [p, q] = [m + p, n + q]$$
$$[m, n] - [p, q] = [m + q, n + p].$$

그래서 $[5, 2]+[6, 1] = [5+6, 2+1] = [11, 3]$

$[3]+[5] = [8]$

$[5, 2]-[6, 1] = [5+1, 2+6] = [6, 8]$

$[3]-[5] = [-2]$.

두 자연수의 합과 곱은 자연수이기 때문에 자연수는 덧셈과 곱셈 두 연산에 대해서 닫혀있다. 이런 자연수는 뺄셈에 대해서는 닫혀있는 않는데 정수는 이 뺄셈에 대해서도 닫혀있다. 그렇지만 자연수든 정수든 둘 다 나눗셈에 대해서는 닫혀있지 않다. 자연수의 덧셈과 곱셈에 대한 성질만을 사용해서 정수의 곱셈을 정의하는 것도 흥미로운 듯하다.

유리수는 정수의 순서쌍으로 된 동치류로 정의될 수 있다. 유리수 p/q (q는 영이 아님)는 $\{..., (p, q), ...\}$로 나타낼 수 있고, 다시 이것은 $[p, q]$로 간단히 표현할 수 있다. p와 q가 서로소라면, 집합 $\{..., (p, q), ...\}$은 $(\pm np, \pm nq)$ (n은 자연수)형태의 모든 정수쌍을 가진다. 그리고 $ps=rq$가 성립할 때 유리수 $[p, q]$는 $[r, s]$와 동치라고 한다. 두 유리수 p/q와 r/s의 합은 $p/q + r/s = [p, q] + [r, s] = [ps+qr, qs]$가 되고, 이들의 차는 $[ps-qr, qs]$가 된다. 곱은 $[p, q]\times[r, s] = [pr, qs]$이고, 두 유리수의 비는 $[p, q] \div [r, s] = [ps, qr]$이 된다. 정수에 대해서 성립한바와 같이 유리수도 덧셈, 뺄셈, 곱셈에 대해서 닫혀있다. 뿐만 아니라 유리수는 영으로 나누는 것을 제외하면 나눗셈에 대해서도 닫혀있다.

유리수에 대한 산술의 예를 보면,

$$\frac{2}{5} = [2, 5], \quad \frac{-3}{7} = [-3, 7]$$

$$\begin{aligned}[2, 5] + [-3, 7] &= [(2\times 7) + (5\times(-3)), 5\times 7] \\ &= [-1, 35] \\ &= \frac{-1}{35}\end{aligned}$$

$$\begin{aligned}[2, 5] \div [-3, 7] &= [(2\times 7), (5\times(-3))] \\ &= [14, -15]\end{aligned}$$

$$= \frac{14}{-15}$$

지금까지와는 달리 실수는 유리수의 순서쌍으로 정의될 수 없다. 앞에서 설명한 것처럼 한 가지 정의는 실수를 유리수로 된 무한 코시 수열의 동치류라고 하는 것이다. 코시수열은 수열이 진행될 때 항들이 서로 가까워지는 수열을 말한다. 코시 수열은 수렴하는 수열과 유사하다. 하지만 이 두 수열 사이에는 약간의 차이가 있다. 수렴하는 수열은 그 수열의 극한값이라고 하는 어떤 수로 항들이 근접하는 것을 말한다. 이러한 두 수열의 차이점은 아래의 예에서도 알 수 있다.

R을 실수 전체의 집합이라고 하고 S는 정수가 아닌 유리수의 부분집합이라고 하자. 수열 1/2, 2/3, 3/4, ..., $n/(n+1)$은 R에 속하는 한 자연수로 수렴한다. 이 경우에 이 수열의 극한값이 R에 있기 때문에 이 수열은 R에서 수렴하게 된다. 이 수열은 동시에 R에서 코시 수열도 된다. 하지만 이 수열이 코시 수열이라고 하더라도 이 수열은 S 상에서는 수렴하지 않는다. 그 이유는 이 수열의 극한값이 S의 원소가 아니기 때문이다. 이 예로부터 하나의 일반적 정리를 얻을 수 있다. 즉, 모든 수렴하는 수열은 코시 수열이지만, 코시 수열은 항상 수렴하는 것은 아니다.

유리수로 된 수열

$$(\frac{3}{2})^2, (\frac{4}{3})^3, (\frac{5}{4})^4, (\frac{6}{5})^5, \ldots, (\frac{n+1}{n})^n, \ldots$$

은 그 극한값이 유리수 집합에 없기 때문에 유리수 집합에서 수렴하는 수열은 아니다. 그러나 코시 수열임을 알 수 있다. 이 수열의 극한은 자연로그의 밑이며 미적분에서 자주 보는 수인 무리수 e이다.

서로 다르지만 여러 수열들이 같은 극한값으로 수렴하는 경우가 있다. 예를 들면, 아래와 같은 수열들은 모두 실수인 1로 수렴한다. 이렇게 볼 때, 어떤 유리수 r로 수렴하는 무한 수열을 만드는 것은 가능하게 된다. 따라서 실수 r은 이 수로 수렴하는 모든 수열의 동치류로 정의된다. 그래서 만약 동치류에 있는 코시 수열이 유리수로 수렴하지 않을 때, 그러한 동치류를 표현하기 위해서 무리수를 사용하게 된다. 무한 수열은 덧셈, 뺄셈, 곱셈, 나눗셈이 가능하기 때문에, 이러한 연산들은 코시 수열에 대해 정의되는데 이것은 결국 실수에 대한 산술이 되는 것이다.

$$\frac{1}{2}, \frac{2}{3}, \frac{3}{4}, \cdots, \frac{n}{n+1}, \cdots$$

$$\frac{2}{1}, \frac{3}{2}, \frac{4}{3}, \cdots, \frac{n+1}{n}, \cdots$$

$$\frac{1+k}{n}, \frac{2+k}{n}, \frac{3+k}{n}, \cdots, \frac{n+k}{n}, \cdots (k\text{는 상수})$$

무한 수열을 다루는 수학자는 아마도 코시 수열을 사용해서 실수를 정의하는 것을 선호할 것이다. 그렇지만 집합론에 익숙한 수학자는 유리수 집합의 분할을 사용해서 실수를 정의했던 데데킨트의 방법을 더 선호할 것이다. 데데킨트는 유리수를 수직선상의 점으로 생각했다. 그는 모든 유리수는 절단(cut)을 만들면서 자신을 포함하는 수직선을 왼쪽이나 오른쪽 두 부분으로 절단한다는 사실을 관찰을 통해 알게 되었다. 예를 들면, 유리수 7/8은 이 수를 중심으로 해서 7/8보다 적은 유리수의 집합과 7/8보다 큰 유리수의 집합으로 절단하고 있다. 만약 7/8을 이 수보다 작은 집합에 둔다면 (절단의 왼쪽 부분), 이 수보다 더 큰 집합에는 최소의 유리수가 존재하지 않게 된다. 또 만약 7/8을 이 수보다 더 큰 집합에 둔다면 (절단의 오른쪽 부분), 이 수보다 작은 집합에는 최대의 유리수가 존재하지 않게 된다. 이러한 두 사실은 다음의 관찰을 통해서 얻어질 수 있는 것이다. 만약 r이 작은 집합에서 (절단의 왼쪽 부분) 최대 유리수이고 s는 큰 집합에서 (절단의 오른쪽 부분) 최소 유리수라고 하면, 유리수 (r+s)/2는 어느 집합에도 속하지 않게 되고 이것은 절단의 정의에 모순이 된다. 데데킨트는 수직선상의 어떤 절단들은 최대 유리수가 없는 하위 집합과 최소 유리수가 없는 상위 집합을 생성한다는 사실을 관찰했다. 이러한 절단들은 수직선상에 구멍을 만들게 되는데, 데데킨트는 이러한 구멍을 채우는 수를 무리수라고 정의했다. 이렇게 유리수에 의해서 생기는 구멍을 무리수가 채워줌으로써 수직선은 연속적이 된다. 수직선에 생기는 구멍을 통한 절단의 예를 하나 생각해 보자. 수직선을 두 집합으로 분할하는 것을 생각할 수 있는데 이 중 한 집합(하위 집합)은 모든 양수, 음수 및 유리수의 제곱이 5보다 적은 유리수를 포함하는 집합이다. 그러면 다른 집합 (상위 집합)은 그 외의 모든 유리수를 포함하는 집합이 된다. 이렇게 하면 하위 집합은 유리수 상계(upper bound)를 가질 수 없고 동시에 상위 집합은 유리수 하계(lower bound)를 가질 수 없게 되기 때문에, 이 절단은 $\sqrt{5}$라는 무리수를 정의하고 있는 것이다. 양수와 음수를 사용한 연산 조작을 할 때 얻어지는 서로 다른 결과에 주의를 함으로써 데데킨트의 절단을 이용한 사칙연산은 정의될 수 있다.

데데킨트 절단의 덧셈은 다음과 같이 정의된다. r을 실수라 하고, 이 실수는 유리수를 하위 집합 R_1과 상위 집합 R_2로 나누는 절단에 의해 정의된다고 하자. 그리고 s는 집합 S_1과 S_2로 나누는 절단에 의해 정의되는 실수라고 하자. 그러면 r + s도 절단이 되는데, 이 절단의 하위 집합은 $a+b(a \in R_1, b \in S_1)$의 유리수를 포함하게 된다. 예를 들면, $-3+2$는 모든 유리수의 합 $a+b(a < -3, b < 2)$를 하위 집합으로 하는 하나의 절단이 된다. 이러한 식으로 생각하면 데데킨트 절단의 개념을 사용해서 실수의 차와 곱에 대한 정의도 내려볼 수 있다. 하지만 음수의 차는 양수가 될 수도 있고, 또 두 음수의 곱이 양수가 될 수 있다는 사실에 주의해야 한다.

이렇게 실수가 정의되어지면, 복소수에 대해서는 다소 일이 수월해진다. 복소수란 실수의 순서쌍으로 정의되어진다. 또는 좀 더 엄격하게 정의한다면, 실수는 $a+bi$의 형식을 가지는 수로서 이때 a와 b는 실수이고 $i=\sqrt{-1}$이다. 복소수의 사칙연산은 $a+bx$의 이항식의 연산과 거의 동일하다. 한 가지 예외가 있다면 $\sqrt{-1}$을 나타내는 기호 i의 제곱이 -1이라는 사실이다(즉, $i^2=-1$). 수학자들은 자신들이 만든 창조물에 결코 만족을 못하는데 그래서 이러한 복소수를 넘어선 초월 복소수(hypercomplex numbers)와 벡터를 생각해 냈다.

아일랜드의 수학자인 해밀턴 (William Hamilton, 1805-1865)은 복소수를 실수의 순서쌍으로 정의했다. 그 후 네 개의 실수로 구성된 순서쌍 (quadruples)에 대해 여러해 생각을 한 해밀턴은 물리적 공간의 법칙과 곱셈의 교환법칙을 만족하는 네 개의 실수로 된 순서쌍에 대해서 사칙연산을 정의할 수 없음을 알게 되었다. 그러한 과정을 거쳐서 해밀턴은 마침내 네 개의 실수로 된 순서쌍에 대한 사칙연산의 정의를 내릴 수 있었는데, 이 사칙연산을 사원수[1](四元數 또는 쿼터니언 quaternion) 대수라고 한다. 해밀턴은 a + bi + cj + dk (a, b, c, d : 실수, i, j, k는 아래의 곱셈표와 같이 곱이 정의된 기호들)의 형태를 가지는 수를 초월 복소수라고 정의했다. 아래 표에서 보면 곱셈에 대한 교환법칙은 성립하지 않음을 알 수 있다. 예를 들면, ij =

---

1) 복소수의 확장으로서 해밀턴이 고안한 수로서 일종의 벡터를 말한다. 사원수 α는 $i^2=j^2=k^2=-1$이 되는 세 수 i, j, k에 대하여 $\alpha=a+bi+cj+dk$ (단, a, b, c, d는 실수)로 나타내고, 두 사원수 α, $\alpha'(=a'+b'i+c'j+d'k)$의 합은 $\alpha+\alpha'=(a+a')+(b+b')i+(c+c')j+(d+d')k$로 정의하고, 두 사원수의 곱은 본문 아래의 곱셈표와 같이 법칙 $ij=-ji=k$, $jk=-kj=i$, $ki=-ik=j$에 의하여 $\alpha\alpha'=aa'-bb'-cc'-dd'+(ab'+ba'+cd'-dc')i+(ac'+ca'+db'-bd')j+(d'+da'+bc'-cb')k$로 정의한다. 사원수에서는 사칙연산은 되지만 곱셈의 교환법칙은 성립하지 않으나 체(field)의 가정을 모두 만족시킨다. 이러한 성질을 가지는 수체계를 비가환체라고 한다.

k이지만 ji = −k이다.

×	1	i	j	k
1	1	i	j	k
i	i	−1	k	−j
j	j	−k	−1	i
k	k	j	−i	−1

이 표와 같이 곱셈을 하게 되면 사원수의 곱셈은 다항식의 곱셈과 같아진다. 예를 들면, (곱을 구할 때 i, j, k의 순서를 바꾸지 않도록 주의해야 하며 위의 표에서는 행×열로 곱셈을 해야 한다.)

$$\begin{aligned}(j+k)(1+2i+k) &= j+2ji+jk+k+2ki+k^2\\ &= j-2k+i+k+2j-1\\ &= -1+i+3j-k\end{aligned}$$

그렇지만

$$\begin{aligned}(1+2i+k)(j+k) &= j+k+2ij+2ik+kj+k^2\\ &= j+k+2k-2j-i-1\\ &= -1-i-j+3k\end{aligned}$$

벡터 대수, 벡터 기하, 그리고 벡터 해석의 영역에서는 실수의 n차 순서쌍(n-tuples)이 훨씬 더 일반적인 수로 사용된다. 실수의 n차 순서쌍 집합은 사칙연산이 가능하고 군이나 환과 같은 다양한 대수적 구조를 가진다. 심지어 수의 형태로 n차를 넘어선 $n \times m$ 행렬까지로 일반화시킬 수도 있다. $n \times m$ 행렬의 보다 유용한 의미는 변환의 개념이다. 예를 들면, 행렬 $\begin{bmatrix} 2 & 1 \\ 3 & 7 \end{bmatrix}$은 $\begin{bmatrix} x \\ y \end{bmatrix}$를 행렬 곱셈의 정의에 따라 $\begin{bmatrix} 2x+1y \\ 3x+7y \end{bmatrix}$로 변환시킨다.

n차 순서쌍은 기하학적 의미를 가지는데 2차원 공간에서 실수쌍은 좌표 평면 상

의 점을 나타내는데 사용된다. 3차원 공간에서 점을 나타내기 위해서는 세 실수의 순서쌍이 사용된다. 그리고 시각적으로 표현할 수는 없지만 n차원 공간에서 점을 나타내기 위해서는 실수의 n차 순서쌍이 사용된다.

지금까지의 예들은 방대한 현대 수론의 일부분만을 다룬 것이다. 이것으로 산술을 마치고 현대 대수학에 대해 간략하게 살펴보기로 하자.

현대 대수학

대수학에 대한 접근에는 고전적 방법과 현대적 방법이 있는데 이 두 방법은 대수학을 구성하는 요소의 본질과 대수적 문제를 진술하고 해결하는 방법에 의해서 근본적인 차이가 있다. 고전적 방법의 수학자들은 대수학의 요소를 수나 평면상의 점으로 간주하였다. 반면 현대적 방법의 대수학자들은 대수학을 추상적이며 연역적 공준의 체계로 간주하고 있다. 현대 대수학의 요소는 수나 점으로 정의되지 않고, 그 체계의 공준과 모순 되지 않는 다양한 방법으로 해석 가능한 추상성을 띤 것들이다. 고전적 대수학자들에 의해서 제기된 문제는 구체적인 용어로 진술된 것이었고 그러한 문제들은 그 문제에 적합한 방법에 의해서 해결되었다. 그렇지만 이렇게 사용된 방법들은 좀 더 일반화된 문제를 해결하는 데는 그렇게 유용하질 못했다.

예를 들면, 앞에서 진술한 군에 대한 4가지 공리는 정수 집합에서 성립한다. 하지만 많은 다른 수학적, 물리적 구조들도 군에 해당한다. 기하나 물리학에서 어떤 변환에 의해 생성된 집합은 군의 4가지 특성을 가지는데 현대 수학자는 "군에서 참인 진술문 p는 참인 진술문 q를 함의한다"라는 형식의 정리를 진술하고 증명한다. 그런 다음 군의 구조를 찾기 위해서 수학적 또는 물리적 체계를 연구한다. 어디에서 발견되든지 상관없이 (전자학이든 화학 또는 기하학에서든) 일단 군의 속성을 가지고 있다는 것이 밝혀지면, 이 체계는 군에 관한 정리의 증명에 관련된 모든 특징을 가지게 된다. 하지만 "정수 집합에서 참인 진술문 p는 참인 진술문 q를 함의한다"라는 형식의 정리를 진술하는 고전적 수학자는 정수를 제외한 어떠한 다른 구조에 대해서 이러한 정리를 사용할 수 없는 것이다.

대개 현대 수학자들은 아주 일반적인 수학적 구조를 정의한다. 이들 수학자들은 이러한 일반적 구조에 관한 정리를 증명하고, 이런 구조를 가지는 아주 구체적인 수학적 또는 물리적 체계를 찾고, 이 일반적 구조에 대한 정리를 이 구체적인 구조에 적용해 본다. 수학적 용어로 말한다면, 수학자들은 수학적 또는 물리적 체계 사이의 동형사상 (isomorphisms : 1-1이면서 연산을 보존하는 대응)을 찾는 사람들이라고 할 수 있다. 이러한 일반화된 방법을 사용하는 현대적 접근은 수학과 과학 분야의 문제를 해결하는데 훨씬 유용하고 효율적이다. 전통적인 대수학은 그 구조와 정리들이 실수 체계에 바탕을 두고 있기 때문에 종종 "일반화된 산술"이라고 불린다.

수학의 역사에서 최초의 여성 수학자로 알려진 히파티아 (Hypatia)[2]는 대수의 연구에서 디오판토스 (Diophantus)의 영향을 받았다고 한다. 디오판토스는 대수를 표현하는 긴 문장을 간단한 표기법으로 대신했던 최초의 수학자였다. 히파티아의 수학적 업적에 대해서는 거의 알려진 것은 없지만, 그 당시 대중이 받아들이기 어려웠던 신념과 이상의 소유자로 몰려 미치광이 폭도들에 의해 살해되었다고 한다. 히파티아의 시대부터 16세기까지도 대수학의 발달은 더디기만 했는데 무슬림과 힌두의 영향에 의해 1300년경 하나의 독자적 학문의 모습을 갖추게 되었다. 대수에 대한 연구가 활발했던 16세기와 17세기는 고전적 대수학의 끝을 마감하는 시기였다. 이 두 세기동안 많은 수학자들이 특수한 성질을 가지는 다항식의 해법을 구하는 알고리즘을 만들기 위해 고심하고 있었다. 이탈리아 수학자인 폰타나 (Niccolo Fontana, 1500-1557), 카르다노 (Girolamo Cardano, 1501-1576), 그리고 페라리 (Lodovico Ferrari, 1522-1565)의 방법들은 다항식의 해법을 찾기 위한 전통적인 대수적 접근의 예라고 할 수 있다.

3차 방정식의 정확한 해를 구하는 방법을 개발한 것은 이탈리아인이라고 하는데, 이 알고리즘을 누가 개발했는지는 확실치가 않다고 한다. "현대 수학의 본질과 성장" (The Nature and Growth of Modern Mathematics)이란 책에서 크래머 (Edna Kramer, 1970)는 이것에 관련해서 다음과 같은 상황을 제시하고 있다:

> 1535년경 볼로냐 (Bologna, 이탈리아 북부의 도시이름)의 피오르 (Antonio Mario Fior)가 수학 경시대회를 개최하였다. 참가자들은 공증인에게 일정 금액의 내기돈을 걸어야 했는데, 누구든지 상대 경쟁자가 내는 30개의 문제를 30일 동안 먼저

---

2) 4세기 말에 살았던 테온(Theon)은 프톨레마이오스(일명 톨레미)의 <알마게스트Almagest>에 대한 11권으로 된 주석집의 저자인데 히파티아는 이 테온의 딸로서 수학, 의학, 철학분야 등에서 이름을 떨쳤는데 디오판토스의 <산학>, 아폴로니우스의 <원추곡선론>에 대한 주석을 쓴 것으로 알려져 있다. 또는 히파티아는 인류 최초의 여성수학자로 잘 알려져 있다.

> 푸는 사람이 이 돈을 차지하게 되어 있었다. 피오르는 그의 스승이었던 페로(Scipione del Ferro, 1465-1526)로부터 특수한 유형의 3차 방정식의 해법을 이미 배운 상태였다. 페로는 이 해법을 아라비아의 수학 자료집에서 알아냈다고 했다. 이 경시대회에서 피오르의 경쟁상대로는 베니스의 수학 교수였던, 타르탈랴 (Tartaglia)라는 별명으로 더 잘 알려진 폰타나 (Niccolo Fontana, 1500-1557)였다. 타르탈랴는 피오르가 제시한 문제들이 모두 3차 방정식에 관한 것이라고 추측했고 그래서 이 방정식의 해를 구하는 공식을 개발하게 되었다. 그는 30개의 문제 모두 해결하고는 피오르가 해결할 수 없을 듯한 유형의 3차에 관련된 방정식 해법 문제를 제시했다고 한다.

카르다노의 제자였던 페라리는 일반적인 4차 방정식의 해를 구하는 공식을 개발했다. 카르다노는 대입과 단순화의 방법을 사용해서 4차 방정식의 해법을 타르탈랴의 방법으로 해결 가능한 3차 방정식으로 그 차수를 줄여 나갔다. 3차 방정식의 해를 구하는 공식을 개발하기 위해서 타르탈랴가 사용했던 절차도 사실은 어떤 방정식의 차수를 낮은 차수로 단순화해 가는 방법이었다. 타르탈랴는 3차 방정식을 2차 방정식의 해를 구하는 문제로 변형하는 법을 알고 있었다.

페라리 전이나 후에도 많은 수학자들은 5차나 그 이상의 일반 다항식의 해를 구하는 공식을 계발하려고 했지만 성공하지 못하고, 이 문제는 결국 라그랑주(Laglange), 루피니(Ruffini), 아벨(Abel), 그리고 갈로아(Galois)에게 그 해답을 기대해야만 했다. 1770년 프랑스의 라그랑주(Joseph-Louis Lagrange, 1736-1813)는 일반 5차 방정식의 해를 연구하던 중 그보다 앞선 시대의 수학자들은 성공했던 것을 왜 자신은 실패했는지 그 원인을 찾기 위해서 이전의 수학자들이 낮은 차수의 방정식의 해를 구하기 위해서 사용했던 방법을 세밀히 조사하였다. 라그랑주는 각각의 경우에 있어서 일반 다항식을 푸는데 사용되었던 방법이 그 문제를 낮은 차수의 방정식을 해결하는 문제로 바꾸어 준다는 사실을 발견하였다. 이 보편적인 방법을 일반 5차식에 적용해서 6차 방정식의 해를 구했다. 비록 그의 방법은 5차 이상 다항식의 일반해를 구할 수는 없다는 것이 예상되었지만, 그는 이 방법에 대해서 더 연구를 하지 않았기 때문에 이 과제는 아벨과 갈로아의 몫이 되었다.

1800년대초 노르웨이 수학자인 아벨(Niels Henrik Abel, 1802-1829)과 이탈리아 내과의사 출신인 루피니(Paolo Ruffini, 1765-1822)는 서로 독자적으로 5차 이상의 일반 다항식의 해를 구하는 것이 불가능함을 증명하였다. 아벨의 연구는 갈로아에게 영감을 주었는데, 갈로아는 다항식이 어떤 조건 하에서 근호($\sqrt{\ }$)로 된 해를 가지는지를 조사하였다. 수학 학문의 발전을 위해서는 다행스럽게도 갈로아는 21살의 짧은 인생을 마감하기 전에 군(group)과 체(field)의 이론으로부터 이러한 조건들을 발견하였다. 체란 유리수 전체, 실수 전체, 복소수 전체 등과 같이 그 범위 내에서 사칙(0으로 나눈 경우를 제외한)이 자유로이 이루어지는 연산이 정의된 집합을 말한다. 이 체의 성질과 군 (특히 치환군)의 구조를 도입하여 갈로아는 방정식의 해의 존재 문제를 따진 것이었다. 이 정리를 입증하는 것은 아주 어려운 것은 아니지만 여기서는 그 증명을 생략하기로 하는데 그 이유는 대학원 수준의 대수학 개념들을 사용해야 하기 때문이다.

4차 이하의 다항식의 해를 구하는 공식은 그 다항식의 계수와 사칙연산 및 근호를 사용해서 표현된다. 사칙연산과 근호로 된 공식을 사용해서 해를 구할 수 있는 방정식을 "근호 해를 갖는 방정식"이라고 한다. 갈로아가 증명한 것은 공식을 사용해서 해를 구할 수 있는 5차 이상의 방정식은 없다는 사실이 아니라 n차 ($n > 4$)의 방정식을 풀 수 있는 사칙연산과 근호로 된 공식이 존재하지 않는다는 것이었다. 사칙연산에 의해 전부는 아니지만 많은 방정식이 해결 가능하며 어떤 고차 방정식은 삼각함수를 사용해서 풀이 가능하다. 또한 근호로 된 해를 갖지 않는 다항식은 컴퓨터를 사용해서 상당히 정확하게 해를 추정할 수 있다.

많은 수학자들이 아벨과 갈로아와 같은 대수의 선구자들의 훌륭한 업적을 발전시켰는데, 이러한 발전에 가장 크게 기여한 인물 중의 한 사람이 바로 뛰어난 여성 수학자였던 뇌더(Emmy Noether, 1882-1935)였다. 독일에서 태어난 뇌더는 대학 도시인 엘랑겐(Erlangen)에서 자랐는데 몸이 허약했던 아버지를 대신해서 그 대학에서 자주 강의를 했다. 그녀는 후에 괴팅겐 대학의 교수가 되었는데 수학에 대한 연구와 강의를 위해 잠깐 미국에 체류한 것을 제외하고는 그곳에서 평생을 보냈다. 그녀의 주요 업적은 환 이론에 관한 것이었는데, 그녀의 이름을 따서 이 환을 뇌더환(noetherian rings)이라고 한다. 수학에 대한 지대한 기여와 함께 뇌더는 감명을 주는 훌륭한 스승이기도 했는데, 그녀의 많은 수학적 아이디어가 제자들에 의해 연구되었다.

지금까지의 내용을 요약 정리해 보면, 전통적(고전적) 대수는 특정 문제를 해결하기 위해서 특수한 알고리즘을 개발하는 일반화된 산술을 말하는 것이다. 반면 현대 대수는 무정의 용어, 공리, 정리로 구성된 여러 특수한 모델 중의 하나로 전통적 대수를 포함하는 공리적 수학 체계 중 한 가지 체계를 말한다.

현대 기하

기하에 대한 고전적 접근과 현대적 접근의 차이는 일반적이고 통합적 구조의 현대 기하와 유클리드 시대의 구체적인 공리와 공준에 의한 기하의 비교에서 나타난다. 상호 모순적이면서도 논리적으로는 일관성을 지니는 여러 유형의 기하들이 수학과 과학에서 자명한 것으로 받아들여져서 수학과 과학에 적용 가능하다는 발견이 고전적이며 직관적 기하시대의 말경에 있었다. 그럼에도 불구하고 기원전 300년 전에 그리스인에 의한 전통적인 평면 기하는 구조면에서 약간의 변화는 있었지만 여전히 그대로 오늘날의 수학교실에서 가르쳐지고 있다. 기원전 300년 경 알렉산드리아의 유클리드(Euclid)에 의해 다듬어진 이 기하는 모든 현대 수학적 체계의 기본 구조를 가지고 있었다. 그리스 기하의 공준에 의한 이러한 기초는 수학 역사에서 최초의 체계적이며 연역적 접근의 예이기도 하다.

13편으로 구성된 유클리드의 "원론"(Elements)에 수록된 평면 기하는 우리 인간의 지적 발달에 지대한 기여를 했다. 유클리드 기하는 공리(axioms)라고 하는 다섯 가지의 상식적 관념과 다섯 가지의 공준(postulates)에 기초하고 있다. 대부분의 수학자들은 공리와 공준을 더 이상 구분하지 않지만, 초기 그리스 수학자들에게는 그 차이가 분명하게 받아들여졌다고 한다. 그들은 공리를 인간 사고의 논리적 본성에 의해 의심 없이 수용해야만 하는 상식적 관념이라고 생각했다. 반면에 공준은 좀 더 구체적 관념으로서 기하적 사고에 바탕을 두는 것이라고 간주했다. 유클리드가 말하는 평면 기하의 공리와 공준은 다음과 같다.

공리 또는 상식 관념(common notions)

1. 같은 것끼리는 서로 같다.
2. 같은 것에 같은 것을 더하면 그 결과는 같다.
3. 같은 것에 같은 것을 빼면 그 결과는 같다.
4. 서로 겹치는 둘은 서로 같은 것이다.
5. 전체는 부분보다 크다.

공준 다음의 사실들은 증명 없이 당연하게 받아들여진다.

1. 한 점에서 다른 점으로 직선을 긋는 것.
2. 유한 직선을 계속해서 연장하여 무한히 긋는 것.
3. 중심과 거리가 주어진 원을 그리는 것.
4. 모든 직각은 그 크기가 서로 같다.
5. 한 직선이 두 직선을 가로지를 때 한쪽의 내각의 합이 두 직각보다 작으면, 두 직선을 무제한으로 연장할 경우 두 직선은 두 직각보다 작은 내각을 지니는 쪽에서 만난다.

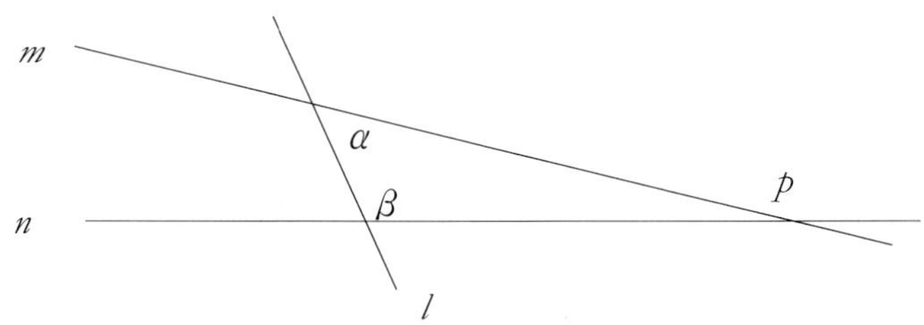

$\alpha + \beta < 180°$

다섯 번째의 공준은 보통 "평행선 공준"이라고 하는데, 그 내용은 "주어진 직선 위에 있지 않는 한 점을 통과하면서 이 직선에 팽행한 직선은 오직 한 개만 존재한다"이다.

유클리드의 공리나 공준은 완벽하지 않은데 사실 공준 1은 "한 점에서 다른 점으로는 오직 하나의 직선만 그을 수 있다"라고 해야 한다. "모든 삼각형은 이등변삼각형이다"를 위의 공리와 공준을 사용해서는 증명도 반증도 할 수 없다는 사실은 유클리드 기하의 불완전성을 보여주는 것이다. 유클리드 자신도 다섯 번째의 평행선 공준이 직관적으로 받아들이기 힘들었는지 위의 공리와 공준을 사용해서 이 공준을 증명하려고 했지만 실패했다고 한다. 유클리드가 이 공준에 대해 관심을 가졌든 것처럼 그 후 2000년 동안 수학자들은 이 공준이 다른 공리나 공준과는 독립적이란 사실이 밝혀지기까지 (즉, 위의 공리와 공준을 사용해서는 이 평행선 공준의 증명은 불가능하다는 사실) 이 평행선 공준을 증명하려고 했지만 실패했다. 많은 수학자들이 기하학의 발달에 기여했었지만 (이들 수학자 중에는 아르키메데스(Archimedes, 기원전, 287-212)와 히파수스(Hippasus, 기원전 180-125)가 가장 뛰어났다), 17세기 전까지는 아무런 큰 변화가 일어나지 않았다.

17세기의 처음 절반의 시기 동안에 데카르트와 페르마는 직사각형 모양의 좌표계를 사용한 해석 기하학을 발명함으로써 처음으로 고전 기하학으로부터 탈피를 시작했다. 해석 기하학의 발명으로 기하학과 대수학이 결합되게 되었다. 거의 200년 뒤에 가우스는 수직이 아닌 좌표축을 도입해서 좌표 기하를 일반화시켰다. 가우스는 독일 서북부 지방인 하노버의 땅에 대한 측지 조사를 수행하면서 생겼던 실제적인 문제를 해결하기 위해서 공간상의 표면을 표현하기 위해서 이러한 일반화된 좌표계를 개발하게 되었다.

유클리드의 평행선 공준은 다른 공리와 공준과는 독립적이다는 사실의 발견으로 고전 기하학의 시대는 끝나고 현대 기하학의 시대가 시작되게 되었다. 18세기 후반기 동안에 독일의 수학자였던 람베르트(J. H. Lambert, 1728-1777)는 구와 관련된 기하가 평행한 두 직선은 존재하지 않는다는 비유클리드 기하의 한 모델을 제공하고 있다는 사실을 발견했다. 그는 또한 한 점을 지나면서 주어진 선분에 평행한 직선은 무수히 존재한다는 기하를 모델화하려면 여태껏 보지 못한 신기한 종류의 표면이 필요할 것이라고 제안했다. 람베르트가 제안한 이러한 표면이 존재할 것인가에 대해서는 아무런 진전이 없었다가 이탈리아의 벨트라미(Eugenio Beltrami, 1835-1900)가 마침내 람베르트가 추측한 표면은 바로 의구(擬球, pseudosphere)의 표면임을 보였다. 람베르트는 이렇게 비유클리드 기하에 대한 아이디어를 가지고 있었지만 그의 연구를 계속 확장해 나가지 않았다. 비유클리드 기하에 대한 연구는 러시아의 로바체프스키(Nicholas Lobachevski, 1793-1856), 헝가리의 볼리야이(János Bolyai, 1802-1860), 그리고 독일의 리만(Bernhard Riemann, 1826-1866)과 가우스(Carl Gauss) 등 여러 수학자들의 몫이 되었고 이들은 현대 기하학을 개발하는데 헌신적이었다. 거의 동시이면서 독자적으로 볼리야이와 로바체프스키는 유클리드의 네 가지 공준은 만족하지만 다섯 번째 공준과는 모순되는 기하학을 완성했다. 이 두 수학자들은 삼각형의 내각의 합이 180도보다 작고, 주어진 직선 상에 있지 않는 한 점을 통과하면서 이 직선에 평행한 직선은 무수히 많다는 사실이 성립하는 기하학을 발견하였다. 볼리야이, 로바체프스키, 가우스의 비유클리드 기하학의 연구에 대해 수학 역사가들 사이에서는 누가 최초로 이러한 기하학을 만들었으며 누가 누구의 영향을 받았는지 의견이 분분한 실정이다. 이것에 대해 수학 역사가인 랜초스(Lanczos)는 다음과 같이 이야기하고 있다:

> 볼리야이의 아버지는 괴팅겐 대학 시절에 가우스와 친구사이였다고 한다. 그는 후에 지금의 루마니아에서 대학 교수를 지냈는데 여기서 초급 수학교재를 저술했

> 다. 이 책의 내용은 평범한 것이었지만 그의 아들 볼리야이가 이 책의 부록에 쓴 내용은 비상할 정도로 뛰어난 것이었다. 볼리야이는 이것을 "절대 기하의 과학"(Science of Absolute Geometry)이라고 이름을 붙였는데, 이것의 내용은 가우스의 용어를 빌려 표현해보면 비유클리드 기하의 원리와 정리에 관한 것이었다. (여기서 "절대 기하"란 유클리드의 처음 네 가지 공준을 말하는 것으로 볼리야이는 이 공준들을 의심할 여지없는 것으로 생각했었다) 볼리야이의 아버지는 이 내용을 가우스에게 알렸고 가우스는 젊은 볼리야이의 뛰어난 자질을 인정하였다. 하지만 가우스는 칭찬은 접어둔 채 이 결과들은 자신이 벌써 수년 전부터 알고 있었던 것이라 말했다. 가우스의 이 논평은 젊은 볼리야이를 풀죽게 하고도 남는 것이었다. 이처럼 가우스는 잘 알려지지 않았지만 뛰어난 수학적 재능을 지닌 사람들에게 지나치게 인색했다고 자주 비난을 받는다. 하지만 가우스의 이런 개인적 성격을 떠나서 말하자면 사실 가우스는 수년 동안 평행선 공준에 대한 의문에 많은 관심을 가지고 있었고 또 실제로 이 문제를 볼리야이나 로바체프스키보다 먼저 해결했었다. 가우스의 방법은 볼리야이나 로바체프스키에 의한 종합적인 기하 접근법보다 훨씬 깊이 있고 포괄적인 것이었다. 가우스가 비유클리드 기하학에 대한 그의 연구를 발표하지 않았던 것은 이때만 해도 유클리드의 기하학은 거의 신성한 것으로 간주되고 있었기 때문에 오랜 세월동안 확립된 이러한 선입관을 공격하고 싶지 않았기 때문이었다.

수학의 많은 영역에 큰 기여를 한 리만(Riemann)도 현대 기하학의 발전에 공헌을 했던 인물이었다. 그가 개발했던 비유클리드 기하학에서는 평행한 두 직선은 존재하지 않고 또 삼각형의 세 내각의 합은 180도보다 크다. 리만은 또한 n차원의 기하학과 텐서(tensor)라고 하는 곡률(curvature quantities)의 개발에 기여했다. 텐서 대수(Tensor Algebra)는 유한 차원에서의 연산을 다루고, 텐서 미적분학(Tensor Calculus)은 미분을 야기시키는 임의의 작은 넓이에서의 연산을 다룬다.

위에서 언급한 이러한 개척적 수학자들의 업적에 의해 기하학의 일반성은 점차 증가하게 되었으며, 이 일반성의 증가는 어떤 변환에 대해서도 변하지 않는 성질을 갖는 공리적 체계를 확립하도록 했다. 독일의 수학자인 클라인(Felix Klein, 1849-1925)은 어떤 종류의 기하학이더라도 기하학은 일단의 특정한 변환(클라인 변환)과 연관되어 있는 불변량을 연구하는 학문이라고 하는 진보된 생각을 가지고 있었다. 평행 이동과 회전 이동과 같은 사상은 도형의 모양과 크기를 변화시키지 않는다. 즉, 이 사상에 의한 모양과 크기는 불변량이 된다. 기하적 대상을 늘이거나 줄이는 사상들은 그 대상의 닫힘성과 연속성은 그대로 유지시키지만 모양과 크기는 변형시킨다. 현대 기하학의 발전에 기여한 다른 많은 수학자들이 있고 또 엔지니어링과 과학의 여러 분야에 중요한 응용성을 제공하는 여러 유형의 구체적, 추상적 기하학들이 있다. 다음의 내용도 일반성을 지닌 연역적이며 공리적 본질의 현대 기하학을 이해하기 위한 두 예로서 하나는 구면에 관한 리만 기하학(Riemann's Geometry)이고 또 다른 하나는 의구(擬球) 면에 관한 로바체프스키 기하학(Lobachevski Geometry)이다.

평면상에서 두 점을 잇는 가장 가까운 거리는 직선이다. 그렇지만 일반적으로 곡면상의 두 점을 잇는 가장 가까운 거리는 곡선이다. 예를 들면, 코가 우뚝 선 사람의 경우 코 등의 두 점을 잇는 가장 가까운 거리는 볼록한 곡선이다. 코가 오목하게 들어간 사람의 경우는 오목한 곡선일 것이다. 인간의 몸과 같이 복잡한 곡면일 경우 두 점을 잇는 곡선은 몸의 각 부분에 따라 다른 곡률을 가지게 된다. 따라서 두 점을 잇는 가장 가까운 거리는 곡률을 달리하는 곡선이 된다. 공간상의 곡면에서 두 점을 잇는 가장 가까운 거리를 측지선(測地線 : geodesics 또는 geodesic line)이라고 한다. 평면에서의 측지선은 직선이며, 공간에서 구면의 측지선은 대원(大圓: great circle)의 호들이 된다. 여기서 대원이란 구의 중심을 통과하는 원으로 된 평면을 말한다. 지구의 바다 표면을 예로 든다면, 두 섬 사이의 가장 짧은 해상 운송길은 두 섬과 지구의 중심을 통과하는 평면인 대원의 호를 따라가는 것이다.

만약 유클리드의 공준 1과 2에서 '직선'을 '측지선'으로 바꾸어보면, 첫 번째 네 가지 공준은 구면에 관련된 기하에서도 참임을 알 수 있다. 그렇지만 다섯 번째 공준인 평행선 공준은 구면에서는 거짓이 된다. 구면 기하에서는 "주어진 임의의 측지선 위에 있지 않은 점을 통과하면서 이 측지선에 평행인 측지선은 존재하지 않는다"라는 공준으로 바뀌어야 한다. 이것은 모든 대원은 서로 교차한다는 말과 같은 의미로써 두 대원은 항상 두 점에서 만나게 된다. 아래 그림에서 보듯이 두 대원은 항상 교차한다. 대원 NRST는 대원 WRET와 두 점 R과 T에서 만난다. 이 비유클리드 기하에서는 구면의 삼각형인 NPR은 내각의 합이 180 °보다 크다. 또한 그림에서 보듯이 대원을 포함한 평면은 구의 중심을 포함하고 있다.

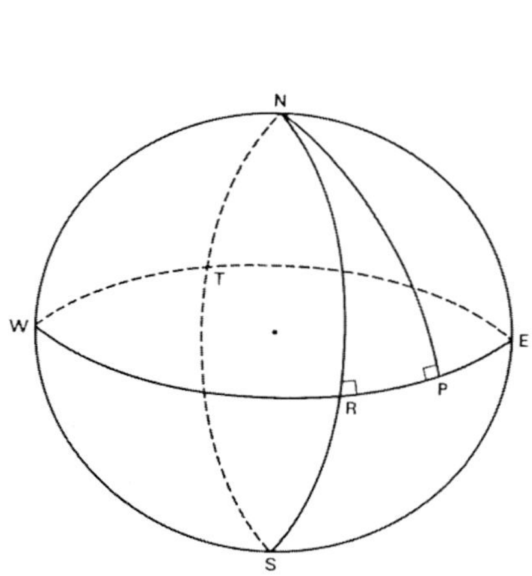

구면에서의 기하학

로바체프스키의 비유클리드 기하학은 유클리드의 공준 1과 2에서 "직선"을 "측지선"으로 바꾸고, 다섯 번째 공준을 "주어진 측지선 상에 있지 않은 점을 지나면서 이 측지선과 만나지 않는 무수히 많은 측지선이 존재한다"로 바꾸면 된다. 의구면에 관한 기하는 바로 이들 공준을 나타내는 기하학으로 의구(擬球)는 아래 그림에서 보는 것처럼 추적선((追跡線, tractrix)을 x축을 중심으로 회전시켜 만들어진 곡면을 말한다. 추적선은 쌍곡삼각함수를 방정식으로 가지는 오목한 곡선을 말한다.

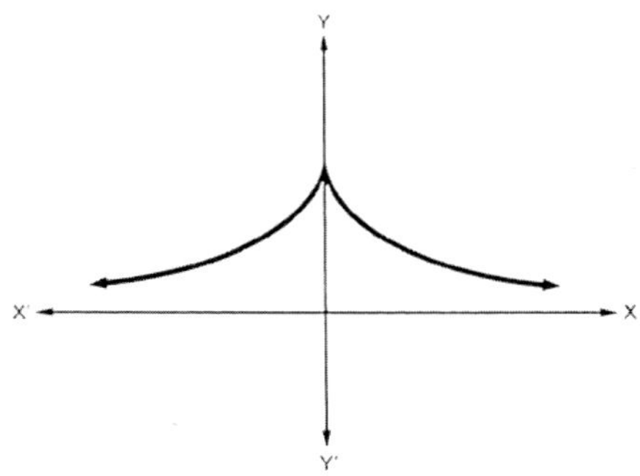

추적선(tractrix)

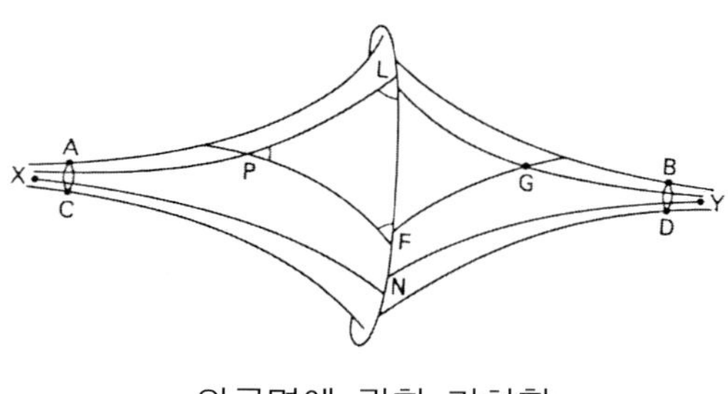

의구면에 관한 기하학

위의 그림에서 보는 것처럼 양쪽 방향으로 무한히 연장한 의구의 모양은 마치 트럼펫을 두 개 붙여놓은 형태이다. 위에서 아래쪽으로 의구의 중심을 지나는 평면은 곡선 AB와 CD로 의구면을 절단한다. 이들 곡선은 구에서 대원과 같은 측지선들로서 대추적선(大追跡線: great tractrix)이라고 한다. 모든 대추적선들은 측지선이지만, 의구에서는 측지선인 또 다른 곡선들이 존재한다. 예를 들면, 두 점 L과 F를 통과하는 원은 측지선이다. 점 P를 통과하는 두 측지선인 PFG와 PLG은 어느 것도 추적선이 아니면서 측지선 XNY와 만나지 않는다. 이것은 바로 주어진 측지선에 있지 않은 점을 통과하면서 이 주어진 측지선에 "평행"인 두 측지선의 예가 된다. 의구면에서의 삼각형 PFL의 세 내각의 합은 180°보다 작은데, 이것은 평면에서 삼각형의 내각의 합이 180°라는 사실에 모순되고 있다.

아인스타인의 상대성 이론(Einstein's theories of relativity)과 현대 물리학의 많은 부분들은 비유클리드 기하학으로 대표되는 현대 기하학을 개척한 18, 19세기의 수학자들의 연구가 없었다면 오늘날과 같은 발전은 불가능했을 것이다.

해석학

해석학(Analysis)은 무한 과정을 연구하는 수학의 한 분야로서 기원전 5세기부터 수학자들은 이 무한에 대한 생각에 관심을 가졌고 또한 이것 때문에 혼란스러움도 경험하게 되었다. 무한에 대해 처음으로 생각한 제논(Zeno, 490-430 B.C.)조차도 무한소(無限小, infinitesimal)의 의미를 파악하는 것이 어려웠는데, "많은"과 "움직이는" 것에 대한 그의 유명한 역설은 그때부터 지금까지 수학 연구의 토대를 제공하였다. 이분법 역설(The Dichotomy)과 아킬레스 역설(The Achilles)은 선분이란 무한히 작게 나누어진다는 가정으로부터 나온 것이다. 그리고 화살 역설(The Arrow)과 경주장 역설(The Stadium)은 선분은 무한히 나누어지지 않는다는 가정에서 나온 것이다.

아킬레스 역설에서 제논은 아킬레스가 자기보다 조금 앞의 지점에서 출발하는 거북이를 이기려면 거북이의 출발점을 반드시 통과해야 하기 때문에 시합에서 절대 이길 수 없다고 주장했다. 왜냐하면 아킬레스가 설령 거북이의 출발 위치에 다다르더라도 거북이는 또 조금 더 나아간 두 번째 위치에 있게 됨으로 아킬레스는 여전히 거북이의 뒤에 있게 된다. 이런 식으로 계속 생각해 간다면 아킬레스는 항상 어느 정도 거북이의 뒤에 있게 되어 절대 이 경주에서 이길 수 없다. 하지만 실제로 보면 아킬레스가 거북이보다 빨리 달리기 때문에 당연히 경주에서 이기게 되는데 이 주장에 의하면 그렇지 않은 이유는 무엇인가? 아킬레스가 유한 시간동안에 무한히 많은 점을 지나야한다면 절대 거북이를 따라 잡을 수 없다는 것이 이 주장에서의 문제이다. 이 역설을 해결하기 위해서는 무한 개념에 대한 분명한 정의가 필요하다. 현대 해석학의 무한 수열에 대한 개념에 따르면 이 역설은 쉽게 해결된다. 거북이와 아킬레스가 계속해서 달린다고 하고, 이 둘의 달린 거리를 초 단위의 수열로 나타낼 때 이 두 수열은 무한으로 발산하게 된다. 하지만 거북이보다 빨리 달리는 아킬레스가 달린 거리의 수열은 거북이의 달린 거리를 나타내는 수열보다 빠르게 발산한다. 따라서, 경주 도중의 어떤 시점에서 아킬레스의 수열은 거북이의 수열보다 크게 되어 그때부터 계속해서 무한한 시간동안 아킬레스는 거북이보다 앞서 달리게 된다. 만약 아킬레스 수열이 거북이의 수열을 따라 잡을 정도의 유한 시간 동안만 경주를 하더라도 아킬레스는 거북이를 이기게 된다. 거북이가 100보 앞서서 출발한다고 하면 이 두 수열은 다음 표와 같게 된다. 결국 4초가 지나면 아킬레스는 거북이를 앞서게 되어 경주가 끝날 때까지 이렇게 앞서 있게 된다.

경과 시간(초)	0	1	2	3	4	5
거북이가 달린 거리	100	100.5	101.0	101.5	102.0	102.5
아킬레스가 달린 거리	0	30	60	90	120	160

화살 역설에서 제논은 시간은 무한소의 순간으로 이루어져 있어 어떤 순간에 이 움직이는 화살은 정지해 있거나 정지해 있지 않다고 가정했다. 만약 어떤 순간이 나누어지지 않는다면, 화살은 정지해 있게 된다. 따라서, 화살은 한 순간의 시간조차도 움직이지 못하게 되어 항상 정지 상태에 있게 된다. 하지만 현실에서 보면 화살은 항상 조준된 과녁을 향해 날아가서 꽂히게 된다.

피타고라스학파에 의한 무리수의 발견은 고대 수학자들에 의해 발견된 또 다른 역설의 예로서 무한의 본질에 대한 불완전한 이해를 가졌음을 여실히 보여주고 있다. 두 변의 길이가 1 단위인 직각삼각형의 빗변의 길이는 그 당시 사용하던 수인 분수로 나타낼 수 없다는 사실은 그리스 수학자들에게는 큰 충격이었을 것이다. 그들은 이 빗변의 길이가 통약불가능(incommensurable)하다는 사실을 증명할 수 있었다. 또한 아래 그림처럼 나선형 모양의 직각삼각형으로 많은 다른 통약불가능한 수(무리수)를 만들어 내기 위하여 피타고라스 정리를 사용했다. 이 통약불가능한 수의 발견은 당시 피타고라스학파를 너무 당황스럽게 만들어서 이것을 외부에 알리지 않은 채 비밀로 간직했다고 한다.

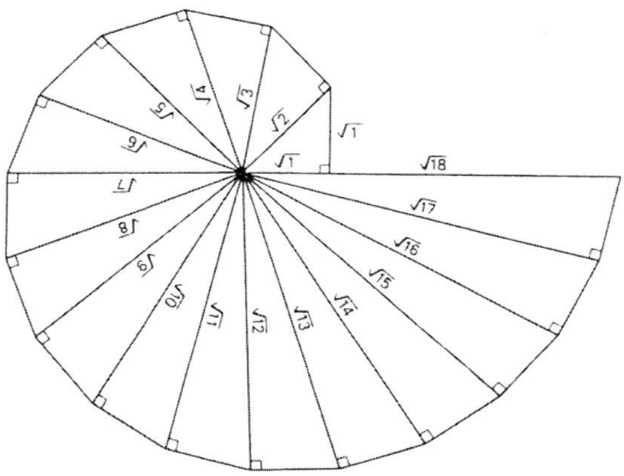

무리수를 만들어내는 피타고라스 나선형

앞에서 간단히 소개한 칸토어(Georg Cantor)의 업적과 괴델(Kurt Gödel)의 업적은 무리수에 대한 많은 것을 밝혔고, 무한에 대한 불완전한 이해 때문에 그 이전에는 해결하지 못했던 다른 역설들도 설명하게 되었다. 그렇지만 보다 뛰어난 무한의 정의가 새롭게 있었지만 영국의 철학자이며 수학자인 러셀(Bertrand Russell, 1872-1970)에 의해 제기된 이발사 역설에서 나타난 것처럼 무한에 관한 수학의 기초를 쌓는 데는 여전히 논리적 어려움들이 존재했다. 러셀의 가정에 따르면 남자들 모두가 면도를 하는 어떤 마을에 남자 이발사가 있었다. 이 이발사는 이 마을의 모든 남자들을 면도하는데 반드시 스스로 면도하지 않는 남자만 면도를 해준다는 것이다. 그렇다면 누가 이 이발사를 면도할까? 만약 이 이발사 스스로 면도를 하지 않는 사람중 한 명이라면, 그는 자신을 면도해야 한다. 또 만약 이 이발사가 자신을 면도한다면, 그 자신은 이발사에 의해 면도를 받지 못하게 되고 이것은 또 다른 역설이 되는데 이것을 일명 "이발사의 역설"이라고 한다. 이 역설은 모든 집합으로 구성된 집합을 생각할 때 생겨나는 보다 일반적인 역설의 특별한 경우이다. 모든 집합의 집합인 S는 그 자신의 집합의 원소인가?

집합론에서는 일반적으로 서로 같지 않은 원소(elements)들의 모임(collection)을 집합(set)이라고 한다. 그리고 반드시 서로 다를 필요는 없는 대상들, 즉 구성원(members)들의 모임은 족(family)이라고 한다. 예를 들어, $\{a, a, a\}$는 세 구성원인 a, a, a로 이루어져 있으므로 족이라고 한다. 한편 똑같은 족 $\{a, a, a\}$는 하나의 원소 a로 된 집합 $\{a\}$이라고도 한다.

집합론에 대한 기초적 지식을 가진 중학생들조차도 이제는 직관적으로 집합이 의미하는 바를 이해할 수 있다. 하지만 대학에서 집합론을 수강한 학생들일지라도 "모든 집합의 집합" (the set of all sets), 즉 "전체집합" (universal set)이라는 말속에 잘못된 점이 무엇인지를 알지 못하는 경우가 있다. 사실, 칸토어가 처음으로 집합에 대한 이론을 만들었을 때인 1895년부터 러셀의 역설이 나타난 때인 1902년까지 이러한 전체집합의 존재성에 대해서 어느 누구도 의심을 품지 않았다. 그래서 화이트헤드(Alfred North Whitehead, 1861-1947)와 함께 "수학원론" (Principia Mathematica)를 저술한 유명한 영국의 철학자 러셀(Bertrand Russell, 1872-1970)이 "모든 집합의 집합"을 인정하게 되면 집합론에 모순이 생기게 된다는 주장을 했을 때 세계 수학계는 충격에 휩싸였다. 이것이 바로 그 유명한 "러셀의 역설"이다. 모든 집합의 집합을 인정하게 되면 아래의 두 경우처럼 동일한 조건 하에서 서로 모순되는 결과가 발생하게 된다.

1. U를 모든 집합의 집합이라고 하고, 집합 $R=\{S\in U \mid S\notin S\}$이라 두자. (여기서 R은 Russell Set을 나타낸다) 그러면 $R\notin R$ 이다.

증명

결론을 부정하여 $R\in R$ 이라고 해보자. 그러면 R은 집합 R의 원소이므로 상술공리(Axiom of Specification: 기호 $\{x\in A \mid p(x)\}$는 집합 A의 원소이면서 명제 $p(x)$를 참이 되게 하는 모든 x의 집합이다)에 의해 $R\notin R$이 된다. 이것은 처음 가정인 $R\in R$에 모순이 된다. 따라서, $R\notin R$이다.

2. U를 모든 집합의 집합이라고 하고, 집합 $R=\{S\in U \mid S\notin S\}$이라 두자. 그러면 $R\in R$이다.

증명

결론을 부정하여 $R \notin R$이라고 하면, U는 모든 집합의 집합이므로 집합 R도 $R \in U$가 된다. 그러면 $\{R \in U \mid R \notin R\} = R$이므로 집합 R은 결국 $R \in R$이 되어 가정인 $R \notin R$에 모순된다. 따라서, $R \in R$이다.

러셀은 1918년에 이것을 보다 대중적인 역설로 바꾸어서 "이발사 역설"로 발표하여 많은 사람들이 '모든 집합의 집합'의 모순성에 대한 관심을 유도하고자 했다. 도대체 자기 자신을 원소로 갖는 집합은 어떤 모양을 하고 있을까?

1908년 러셀은 이러한 역설뿐만 아니라 다른 역설도 해결할 수 있는 방법을 찾아냈다. 집합으로 된 어떤 류(類: classes)의 원소가 되기 위해서는 원소의 유형에 대한 제한을 두어야만 한다는 의견을 제시했다. 그래서 원소의 유형에 대한 이론을 정립했는데, 이것에 따르면 개별 원소는 유형 0, 개별 원소의 류는 유형 1, 개별 원소류의 류는 유형 2 등으로 분류하였다. 유형 n의 어떠한 류도 유형 $n+1$의 류의 원소가 된다. 그렇지만 유형 $n+1$이나 유형 $k\,(k > n)$의 류는 유형 n이나 이보다 낮은 류의 원소가 될 수는 없다. 이런 식으로 보다 높은 류로 집합을 계열화시켜 나가면 모든 집합의 집합은 자신의 원소가 될 수 없고 '모든 집합의 집합'에 대한 역설도 사라지게 된다. 이러한 분류는 언어 유형의 순서화와 유사한 형태를 지니고 있다. 어떤 대상을 언급하는 단어는 수준 0, 대상에 대한 진술문은 수준 1, 대상의 진술문에 대한 진술문은 수준 2 등등... 만약 이런 수준이 서로 다르다면 어떤 수준에 있는 진술문이 자신을 언급하는 경우는 생기지 않게 된다. 왜냐하면 어떤 특정한 언어 수준에 있는 각 진술문은 그보다 낮은 수준의 진술문을 언급해야만 하기 때문이다. 이러한 언어에 있어서 진술문의 순서화가 없다면 다음과 같은 역설이 생기게 된다. 다음 세 문장을 살펴보자: "나는 항상 거짓말을 한다.", "나는 항상 거짓말을 한다는 것은 참말이다.", "나는 항상 거짓말을 한다는 것은 거짓말이다." 언어의 계열화가 없다면, "나는 항상 거짓말을 한다"는 역설이 된다. 만약 "나는 항상 거짓말을 한다"가 참이라면, 진실을 말했기 때문에 항상 거짓말을 하지 않는 것이다. 만약 "나는 항상 거짓말을 한다"가 거짓이라면, 항상 거짓말을 하는 것이 아니게 되어 "나는 항상 거짓말을 한다"와 모순이 된다. 그렇지만 언어의 계열화가 만들어져 있는 언어 체계에서는 이런 역설이 생길 수가 없다. "나는 항상 거짓말을 한다"는 대상에 대한 진술문이다 (따라서, 수준 1이 된다). "나는 항상 거짓말을 한다는 참인 진술문이다"와 "나는 항상 거짓말을 한다는 거짓 진술문이다"는 둘 다 대상의 진술에 대한 진술문이므로 수준 2에 해당한다. 대상에 대한 진술의 이러한 진술문은 대상에 대한 진술문을 포함하는 주장을 배제하고 있기 때문에 역설을 막을 수 있다.

위에서 살펴본 무한 과정에 관한 류의 류라든지 언어 수준에 대한 역설의 논의는 오늘날 수학자들이 사용하는 용어에 대한 의미의 분석은 아니다. 현대 해석학은 영국의 위대한 수학자 뉴턴 (Isaac Newton, 1642-1727)과 독일의 수학자 라이프니츠 (Gottfried Leibniz, 1646-1716)의 미적분학에서부터 시작되었다고 본다. 뉴턴과 라이프니츠가 살아 있는 동안에도 그렇고 이들의 사후 거의 100년 동안 영국과 독일 수학자들 사이에서는 누가 이 미적분학을 창안했는지를 두고 뜨거운 논란이 있었지만, 미적분학을 독자적으로 거의 비슷한 시기에 창안했는지는 알려지지 않고 있다. 라이프니츠 미적분학이 보다 효율적이고 사용하기 편한 표기법을 채택했기 때문에 라이프니츠 표기법에 따라 해석학을 연구한 수학자들의 연구가 보다 좋은 결과를 낳았다. 반면, 뉴턴의 사후에도 뉴턴의 표기법을 따랐던 영국의 수학자들은 해석학의 발전에 거의 기여하지를 못했다.

뛰어난 수학자는 직관에 의해서 중요한 수학적 발견을 이룩하지만 단지 직관에 의한 발견에는 항상 주의를 기울인다. 직관적 이해에 의존했던 무한 과정의 기초와 이 무한에 관련된 여러 역설들로부터 벗어나려는 시도는 고전적 해석학의 끝을 예고했고 또한 현대 해석학의 시작을 열게 되었다. 예를 들면, 연속인 곡선을 끊어진 곳이 없는 것으로 정의하는 과거의 직관적인 이해는 유용하긴 했지만 또한 많은 어려움도 야기 시켰다. 직관적 의미에서 볼 때, 곡선이 어떤 점에서 끊어지지 않았다면 연속이 된다. 그런데 모든 점에 대해 정의되면서 1을 제외한 모든 점에서 불연속인 곡선들을 살펴보면 직관에 의한 정의는 어떤 점에서의 곡선의 연속성에 대한 좋은 정의가 아님을 알 수 있다.

다음과 같이 구간 $[-1, 1]$에서 정의된 함수를 생각해 보자.

$$y = f(x) = \begin{cases} x, & x\text{가 무리수일 때} \\ 0, & x\text{가 유리수일 때} \end{cases}$$

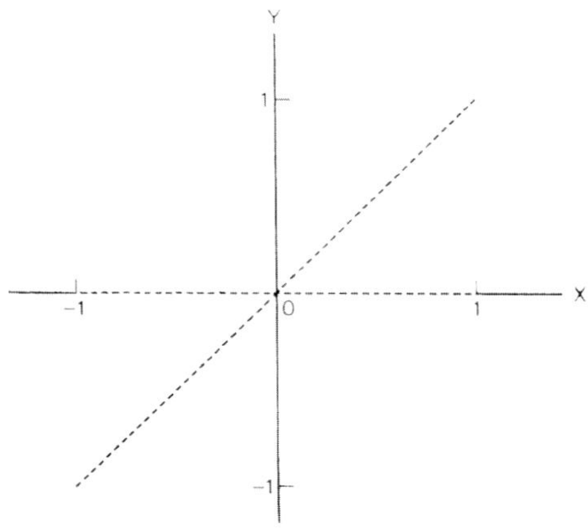

$x \in [-1, 1]$에서 정의된 $y = f(x)$의 그래프

이 그림에서 보는 것처럼 $y = f(x)$의 그래프는 직관적으로 모든 곳에서 불연속으로 여겨지지만 사실 그렇지는 않다. $y = f(x)$는 $x = 0$을 제외한 모든 x에 대해서 불연속이지만, $x = 0$에서 이 함수는 직관과는 달리 연속이다. 이 사실을 증명하기 위해서는 어떤 점에서의 연속에 대한 현대적 정의가 필요하다. 즉, x가 a로 접근할 때, $f(x)$의 극한값이 존재하고 또한 이 극한이 $f(a)$와 같을 때 $y = f(x)$는 $x = a$에서 연속이라고 한다. 이것을 기호로 쓰면,

$$\lim_{x \to a} f(x) = f(a)$$

어떤 점에서 함수의 극한에 대한 현대적 정의는 다음과 같다: 양수인 ε을 아무리 작은 값으로 잡더라도 $|x - a| < \delta$이면 $|f(x) - b| < \varepsilon$을 만족하는 $\delta > 0$가 항상 존재할 때, b를 $x = a$에서 함수의 극한이라 하고, 기호로는 $\lim_{x \to a} f(x) = b$로 쓴다. 위의 그래프로 표시된 함수는 한 점 $x = 0$에서 극한값이 0이다. 그 이유는 어떠한 값 $\varepsilon > 0$에 대해서도 ε과 같게 되는 δ를 선택하면 극한의 정의에 있는 부등식을 만족하게 되기 때문이다. 또한 $x = 0$에서 이 함수값은 x가 0으로 접근할 때 함수의 극한값인 0과 일치한다. 따라서 어떤 점에서의 연속에 대한 정의를 사용

하면 $x=0$에서는 연속이지만 다른 모든 x값에 대해서는 불연속인 함수가 된다.

정적분에 대한 라이프니츠와 뉴턴의 정의는 넓이 개념에 대한 확고한 기초를 확립했지만, 이들의 정의가 넓이에 관련된 모든 수학적 경우에 적용되지는 못했다. 라이프니츠와 뉴턴은 넓이 개념을 일반화하고 현대화하는 데는 큰 기여를 했지만 이 두 수학자의 업적을 보다 일반화시키고 보다 나은 수학적 기초를 확립하는 것은 다른 수학자들의 도움이 필요했다. 프랑스의 위대한 현대 해석학자인 코시(Augustin-Louis Cauchy)가 미적분학의 확고한 논리적 기초를 확립한 후, 정적분을 수많은 직사각형의 넓이의 합에 대한 극한이라고 한 코시의 정의는 뉴턴 이전의 이탈리아 수학자인 멘골리 (Pietro Mengoli, 1626-1686)와 코시의 이름을 따서 멘골리-코시(Mengoli-Cauchy) 적분이라고 불린다. 멘골리는 뉴턴과 라이프니츠 이전에 벌써 직사각형들의 넓이의 합에 대한 극한으로 넓이를 체계적으로 표현하였다. 정적분에 대한 멘골리-코시의 정의는 적분되는 함수가 연속이어야 한다. 그런데 1854년 리만은 다르부 상합(上合, upper Darboux sum)과 다르부 하합(下合, lower Darboux sum)을 사용하여 멘골리-코시 정의를 일반화하였는데 이 방법에 의하면 유한 개의 불연속인 점을 갖는 유계인 함수는 적분 가능하다. 다르부 합이라고 명명된 이름에서 보듯이 프랑스의 다르부 (Gaston Darboux, 1842-1917)[3]는 어떤 구간에서 유계인 함수가 그 구간에서 리만 적분을 갖기 위한 필요충분조건은 그 구간에서 이 함수의 불연속 점들의 집합이 측도(measure)가 0인 집합일 때라는 사실을 입증했다. 예를 들어, 어떤 함수의 불연속 점의 수가 자연수의 무한을 나타내는 $\aleph_0$보다 크지 않다면 항상 어떤 구간에서 무한의 불연속 점을 갖는 유계함수는 정적분에 대한 리만 정의를 사용하여 적분을 할 수 있다. 1902년 프랑스의 수학자 르베그 (Henri Lebesgue, 1875-1941)[4]는 현재 르베그 적분이라고 불리는 정의를 사용하여 정적분과

3) 프랑스의 수학자인 다르부는 19세기 후반 프랑스의 수학을 이끌었던 거장 에르미트(Hermite)에게 수학을 배웠다. 콜레주드프랑스의 교수로 오랫동안 재직하면서 프랑스의 수학계를 이끌었다. 19세기 초엽부터 기하학이 걸어온 좌표적, 해석적 경향을 계승하여 해석학과 상미분방정식론 또는 군론 등을 기초로 하여 기하학을 발전시켰다. 주요 저서인 <일반곡면론 강의, 4권, 1887-1896>은 미분기하학의 명저로 유명하다. 곡면론과 미분방정식과의 관련성, 도형의 연속적 변형, 가동좌표축(可動座標軸)의 도입, 허원소(虛元素)의 사용, 사원(四圓) 좌표 및 오구(五球)좌표의 도입 등으로 잘 알려져 있다.

4) 에콜 노르말을 졸업하고, 파리대학과 콜레주드프랑스의 교수가 되었으며 학위논문 《적분(積分)·길이·면적》에서, 리만이 정립해 놓은 적분의 정의를 더욱 일반적인 점집합의 관점에서 정의하였다. 이 이론은 근대적인 적분론의 단서도 되고, 확률론의 측도론적 연구를 가능하게 했을 뿐만 아니라, 푸리에 급수론 등에도 결정적인 영향을 주었으며, 보다 일반적인 힐베르트공간론(Hilbert space)으로서 취급받게 되었다. 또한 위상기하학(位相幾何學)에 있어서도 밀집성의 정의와 밀집한 집합에 관한 르베그수(數)의 도입 등 기초가 되는 연구를 하였다. 적분은 직관적으로 넓이에 의하여 설명할 수 있으나, 최초로 수학적인 엄밀한 정의를 내린 수학자는 리만이었다(1857). 이에 대하여 르베그는 넓이에 관해서 깊

넓이 개념을 보다 일반화시키고 혁신을 이루었다. 르베그의 일반화는 무한의 불연속 점을 가지는 n 차원의 함수에 대한 적분을 가능하도록 했다. 르베그의 방법은 그 이전에 계발된 방법에 의해 적분 가능한 모든 함수의 적분을 구하는데 사용될 수 있다. 게다가 이전의 경우 적분이 불가능했던 함수족의 적분에도 사용 가능한 방법이다.

$f(x)$가 연속인 경우 구간 $[a, b]$에서 $y = f(x)$의 정적분에 대한 멘골리-코시 정의는 다음과 같다.

$$\int_a^b f(x)dx = \lim_{\triangle x \to 0} \sum_{i=1}^{n} f(x_i) \triangle x_i$$

아래 그림에서 보는 것처럼, $\triangle x_i$는 구간 $[a, b]$에 있는 x축의 소구간의 길이이고, $f(x_i)$는 i번째 소구간 내의 점 x_i에 대한 함수값을 나타내며, $\triangle x$는 $\triangle x_i$들의 최대값이다.

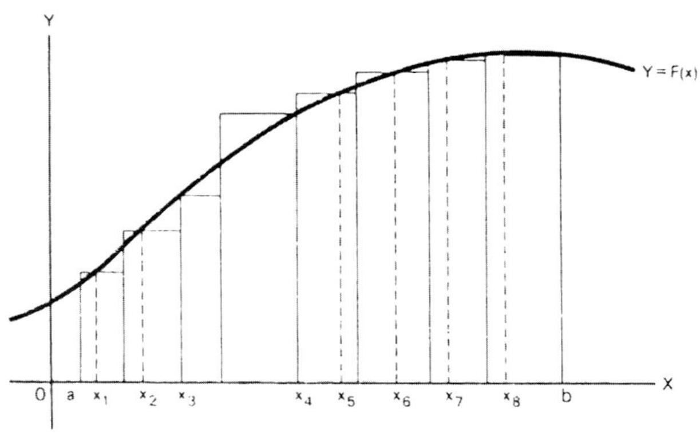

직사각형을 이용한 멘골리-코시 적분의 추정치 구하기

$f(x)$가 유계인 함수이고 구간 $[a, b]$에서 유한개의 불연속 점을 가질 때 $y = f(x)$의 정적분에 대한 리만의 정의는 다음과 같이 표현된다.

은 고찰 끝에 '측도(測度)'라는 개념을 정의(1902)하여 그 정의에 따라 근대적인 적분이론을 전개하였다. 특히, 근대 해석학은 르베그적분을 기초로 하여 연구되고 있다.

$$\int_a^b f(x)dx = \lim_{\triangle x \to 0} \sum_{i=1}^{n} L_i \triangle x_i$$

여기서 $\triangle x_i$는 x축을 분할하는 작은 구간의 길이를 말하며, L_i는 이 i번째 소구간에서 $f(x)$의 최대 하계를 말한다. 그리고 여기서 나온 극한은 다음의 극한과 같아야 리만적분 가능하다고 한다.

$$\lim_{\triangle x \to 0} \sum_{i=1}^{n} U_i \triangle x_i$$

여기서 U_i는 i번째 소구간에서 $f(x)$의 최소 상계를 말한다. 위의 첫 번째 극한을 다르부 하합이라고 하고 두 번째 극한을 다르부 상합이라고 한다.

정적분에 대한 르베그의 정의는 점들의 집합에 대한 크기(measure)의 개념을 기초로 하고 있다. 이 점들의 집합이란 선분 상의 점들일 수도 있고, 평면이나 3차원 공간의 일부분일 수도 있고, 또는 n차 공간의 일부분일수도 있다. 직관적으로 생각해 볼 때, 점 0에서 점 2까지의 선분의 크기가 2 단위가 되도록 하려면 먼저 이 크기란 개념이 정의되어져야만 할 것이다. 한 변이 2 단위인 정사각형의 크기는 4 제곱 단위이고, 한 변이 2 단위인 정육면체의 크기는 8 세제곱 단위이며, 한 변이 2 단위인 하이퍼큐브(hypercube)의 크기는 16 하이퍼큐브 단위가 된다. 이러한 일반적인 아이디어를 바탕으로 크기에 대한 정의를 다음과 같이 내릴 수 있다.

1. 어떤 집합의 크기는 0이거나 양의 실수이다.
2. 공집합의 크기는 0이다.
3. 어떤 집합의 크기는 그 부분집합의 크기보다 크거나 같다.
4. 서로소의 관계에 있는 집합들의 크기는 각 집합의 크기를 더한 합과 같다.

유한 개나 셀 수 있는 무한 개의 점으로 된 집합의 크기와 마찬가지로 일반적으로 하나의 점으로 된 집합의 크기는 0이다. 그 이유는 수직선상에서 0과 2 사이의 유리수로 표현되는 무한 개의 점으로 된 집합의 크기는 0이기 때문이다. 따라서, 0과 2사이의 모든 점으로 된 집합의 크기가 2이기 때문에 0과 2사이의 무리수 점들의 크기는 2일수 밖에 없다.

어려운 것은 아니지만 번거로울 정도로 많은 정의와 공준, 정리들이 필요한 르베그 적분을 정의하기보다는 멘골리-코시 적분도 될 수 없고 리만 적분도 될 수 없는 셀 수 없는 불연속 점을 가지는 함수를 예를 먼저 살펴보고자 한다. 구간 [0, 3]에서 다음과 같이 정의된 함수 $f(x)$는 구간 [0, 3]의 모든 곳에서 불연속이다.

$$y = f(x) = \begin{cases} 2, & x\text{가 무리수일 때} \\ 0, & x\text{가 유리수일 때} \end{cases}$$

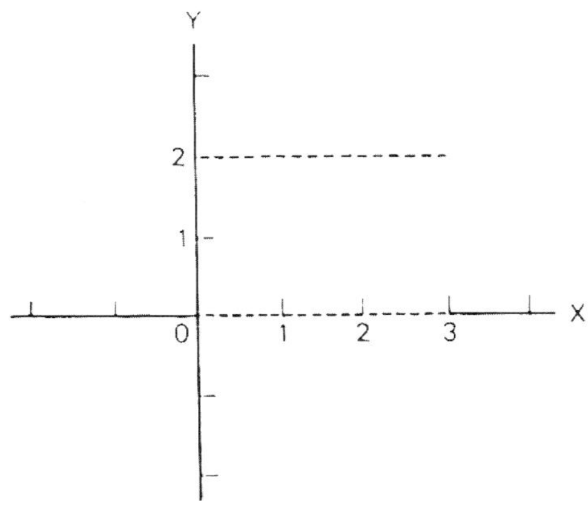

$x \in [0, 3]$에서 정의된 $y = f(x)$의 그래프

각 소구간에서 모든 x_i를 무리수에서 뽑는다면, 모든 $f(x_i)$는 2가 되어 멘골리-코시 극한은 6이고 만약 모든 x_i를 유리수에서 뽑는다면 극한은 0이 되기 때문에 이 함수는 구간 [0, 3]에서 멘골리-코시 적분이 될 수 없다. 리만의 정의를 사용하면 다르부 하합은 0이고 다르부 상합은 6이 됨으로 이 함수는 리만 적분도 가능하지 않게 된다. 이런 함수에 대한 르베그의 방법은 다음과 같다. 이 함수는 0과 2라는 서로 다른 두 점만을 치역으로 가지기 때문에, 2인 y값에 대응하는 모든 x값의 크기와 0인 y값에 대응하는 모든 x값의 크기를 구한다. 처음의 크기는 0과 3사이에 있는 무리수의 크기로서 그 크기는 3이고, 두 번째는 0과 3사이에 있는 유리수의 크기를 나타낸 것으로 그 크기는 0이다. 르베그 적분은 각각의 y값과 이 y값을 $f(x)$의 값으로 가지게 되는 x값들의 집합의 크기를 곱한 것들을 서로 더한 것이 된다. 이 경우 르베그 적분은 다음과 같이 표시된다.

$$\int_L = (2\times 3) + (0\times 0) = 6.$$

아래의 예는 르베그 적분을 사용하여 간단한 리만 적분 가능 함수를 적분하고 있다. 직관적으로 볼 때, 구간 [0, 1] 상에서 $y = f(x) = x$의 리만 적분은 아래 그림과 같이 삼각형의 넓이인 1/2의 값을 갖는다.

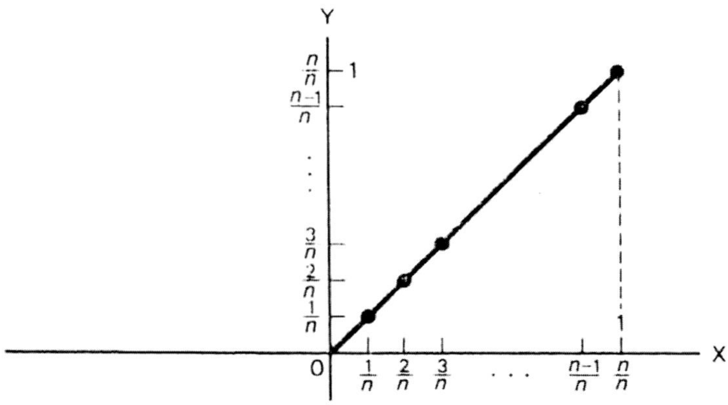

구간 [0, 1] 상의 $f(x) = x$

구간 [0, 1]의 각 x값에 대해 y값은 x값과 같고, 서로 다른 각각의 y값은 이 값에 대응하는 서로 다른 x값을 가진다. 그런데 한 점의 크기는 0이기 때문에, 무한 개의 각 y값과 0을 곱하면 결국 이 무한 개의 합은 0이 된다고 추론할 수 있다. 그렇지만 이러한 생각은 점이 유한 개일 경우에만 가능하기 때문에, 지금과 같은 무한 개의 합을 구하는 경우에는 적절하지 못한 방법이다. 그래서 좀 더 나은 방법은 각 구간의 크기가 $\frac{1}{n}$이 되도록 x축을 n개의 등구간으로 분할한다. 이렇게 하면 0부터 $\frac{1}{n}$까지의 x축 구간에 대한 y의 값도 0부터 $\frac{1}{n}$까지가 되고, 이들의 평균은 $\frac{1}{2}(0+\frac{1}{n}) = \frac{1}{2n}$이 된다. 다음 x 구간인 $\frac{1}{n}$에서 $\frac{2}{n}$까지에 대한 y값도 $\frac{1}{n}$에서 $\frac{2}{n}$까지이므로 이들의 평균은 $\frac{3}{2n}$이 된다. 다음 구간의 y값의 평균은 $\frac{5}{2n}$이 되고, 이런 식으로 계속하면 n번째 구간에 대한 y값의 평균은 $\frac{2n-1}{2n}$이 된다. x의 각 구간에 대한 크기는 $\frac{1}{n}$이므로, 구간 [0, 1]에서 $y = x$에 대한 르베그 적분은

$$\left(\frac{1}{2n} + \frac{3}{2n} + \frac{5}{2n} + \cdots + \frac{2n-1}{2n}\right)\left(\frac{1}{n}\right)$$
$$= \frac{1}{2n^2}(1 + 3 + 5 + \cdots + (2n-1))$$
$$= \frac{1}{2n^2} \cdot \frac{n}{2}(1 + (2n-1))$$
$$= \frac{1}{2n^2} \cdot n^2$$
$$= \frac{1}{2}$$

따라서, 르베그 적분은 $\frac{1}{2}$이 되어 앞의 그림에서와 같게 된다. 그런데 비록 n을 무한으로 접근시킨다 하더라도 이 르베그 합은 여전히 $\frac{1}{2}$이 된다.

리만과 르베그에 의해서 개발된 적분의 이러한 방법과 함수를 미분하는 방법들은 현대 해석학의 근간을 이루게 되었다. 지금까지의 예들이 2차원에 대한 미적분학에 관련된 것이지만, 현대 해석학은 일반적인 n차 공간상에서의 함수들의 극한, 연속성 및 미분과 적분에 관련된 문제들을 다루고 있다.

지금까지 수학의 고전적 개념과 방법들뿐만 아니라 현대 수학에 대한 몇 가지를 예를 살펴보았다. 현대 수학이 무엇인지에 대한 정의를 분명하게 내리는 것이 필요하지만 현대 수학의 본질이 너무 다양하여 정의를 내리기보다는 예를 통해서 무엇인지를 보여주는 것이 더 적절하다고 생각한다. 이러한 여러 예로부터 현대 수학의 본질에 대해 이해할 수 있는 계기가 되었으면 한다.

제2장

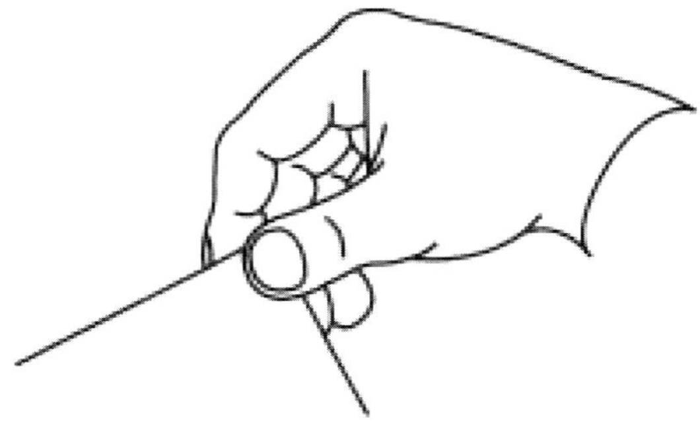

수학학습 심리학

1. 수학적 사고

중학교 1학년 수학수업, 칠판에 다음과 같은 소수 곱셈문제가 제시되어 있다.

$$\begin{array}{r} 0.4 \\ \times\ 0.6 \\ \hline \end{array}$$

교사 : 창수야, 이 문제의 답이 뭐라고 생각하니?
창수 : 2.4입니다.
교사 : 생각보다 답이 좀 큰 것 같은데... 답이 맞다고 생각하니?
창수 : 전 맞다고 생각하는데요. 두 수를 곱하게 되면 그 답은 항상 이들 두 수보다 커집니다. 그런 다음 소수점을 아래로 내려 따라 찍으면 됩니다.

만약 여러분이 수학교사라면 아마도 창수와 같은 많은 학생들과 수학수업을 하게 된다. "창수의 경우 지난 해 소수 곱셈에 대해서 배우지 않은 걸까?", "창수는 어떻게 2.4가 답이라고 생각할까?" 라는 의문이 생긴다. 창수가 소수 곱셈을 처음 배웠을 때는 아마도 잘 했을 것이지만 시간이 조금 지나고 나면 이렇게 간단한 규칙조차도 기억하는데 어려움을 겪는 이유가 궁금해지게 된다.

이 장에서는 학생들의 인지에 관한 최근 연구(다시 말해서 학생들의 사고 방법)와 이들 연구 결과에 따라 수학을 어떻게 가르쳐야 하는지를 알아보고자 한다. 특히 학생들의 사고방법에 대한 여러 이론들이 왜 창수가 소수 곱셈을 어려워하는지를 설명할 수 있는지, 그리고 이로부터 학생들에게 소수 곱셈과 같은 수학적 기능을 익히는데 어떻게 이들 이론들이 도움을 주고 있는지를 살펴보고자 한다. 먼저 "학습자는 스스로 지식을 적극적으로 구성한다"는 최근의 인지 이론들의 가정을 생각해 보고자 한다. 구성주의(constructivism)라고 하는 이 이론에 따르면 학생들은 아무런 의문 없이 새로운 지식을 그냥 받아들이는 것이 아니라 자신들이 보고 듣는 모든 것을 해석하고 그런 다음 이미 자신들이 알고 있는 것과 연관시켜 이 새로운 지식(정보)을 기억하고 구성한다. 예를 들어 창수의 경우 "곱셈한 결과는 항상 더 큰 수가 된다"는 기존의 지식에 따라 0.4×0.6의 답으로 2.4가 타당한 것으로 생각하고 있다. 학생들이 자기 자신의 지식을 구성한다는 가정이 왜 중요한지를 이해하기 위해서 이런 가정을 하지 않았던 학습 이론들의 단점들을 간략하게 살펴보고자 한다. 구성주의와 관련된 많은 아이디어의 기초가 된 피아제 이론(Piaget theory)을 살펴본 다음 정보처리 이론(information-processing theory)에 대해 살펴보고자 한다. 정보처리 이론은 학습이론으로 갖추어야 할 요건에 있어서는 구성주의와 많이 다르지만 일반적으로는 구성주의와 일맥상통한다. 정보처리 이론을 설명하고 나서, 수학의 교수-학습을 위한 시사점을 이들 구성주의와 정보처리 이론으로부터 찾으려고 한다. 마지막으로는 완전히 구성주의적 아이디어는 아니지만 수학교사들에게 중요하다고 생각되는 것으로 수학학습에 대한 최근의 연구결과들을 알아보고자 한다.

학생들의 사고와 학습방법에 대한 여러 이론들

학생들의 사고와 학습방법에 대한 여러 이론들은 수학교과서의 저술과 수학의 교수-학습에 많은 영향을 미쳐왔는데, 이 이론에는 연합주의(associationism), 의미 이론(meaning theory), 피아제 이론(Piaget theory), 정보처리 이론(Information processing theory) 등이 있다.

연합주의(Associationism)

수학을 지도하기 위한 많은 프로그램의 공통적인 특징인 훈련과 연습(drill and practice)은 거의 70년 전 손다이크(Thorndike)가 제안한 학습에 대한 연합주의 이론에 기초를 두고 있다. 이 이론은 파브로브(Pavlov)의 자극-반응에 대한 연구에 토대를 둔 이론이며 또한 행동주의(behaviorism)의 선구적 이론으로 특정한 자극과 반응(stimulus-response, SR) 사이의 본드(bond) 형성에 의해 학습이 일어난다고 주장한다. 이 주장에 따르면 중학교 수학교사가 수업시간에 할 일은 적합한 본드의 형성이 강화되도록 학생들을 계속해서 훈련시키면 된다. 그런데 이 이론의 주된 단점은 학생을 새로운 정보를 이해하려고 노력하는 사고의 주체로서가 아니라 단순히 지식으로 채워지는 "빈 병"으로 간주하고 있다는 점이다. 소수 곱셈을 할 때 소수점의 위치는 세로셈의 소수점 위치를 그대로 아래에 찍으면 된다는 창수의 생각은 아마도 소수의 곱셈과 덧셈 규칙을 혼동한 데서 발생한 것이라고 보아진다. 필요한 본드를 형성하기 위해서는 훈련이 적절하다고 가정하고 있는 연합주의는 창수가 왜 이전에 배운 절차와 새로 배운 절차를 혼동하는지를 거의 설명하지 못한다.

> 현대적 학습이론의 핵심은 학습자를 학습의 적극적 참여자로 본다. 학습자는 자신들이 이미 알고 있는 것과 새로운 지식이나 정보, 개념을 서로 연관시킴으로 해서 자신들에게 의미 있는 방식으로 지식을 구성한다.

> "직사각형 모양의 농장이 있는데, 가로의 길이는 1 km이고 세로의 길이는 1/2 km이다. 이 농장 주위로 울타리를 치려면 몇 km의 울타리가 필요한가?" 초등학교 5학년을 대상으로 이 문제에 대해 인터뷰를 한 결과, 한 학생은 "킬로미터"라는 측정치를 혼동하고 있었고, 다른 학생은 "울타리를 친다"는 언어적 표현을 이해하지 못했으며, 또 다른 학생은 농장의 집이나 헛간을 어디에 둘지를 몰라 울타리를 친 그림을 그리지 못하고 안절부절못했다.

의미 이론(Meaning theory)

연합주의의 훈련에 대한 주장과는 달리 브라우넬(William A. Brownell)은 1930년대에 학생들이 수학을 가장 잘 학습하는 방법은 자신들에게 의미 있는 방식으로 수학을 배울 때라고 주장하였다. 브라우넬에 따르면 "의미 이론은 수학(또는 산수)을 이해 가능한 아이디어, 원칙, 과정들이 서로 밀접하게 얽혀진 체계"로 본다. 물론 훈련과 연습이 수학을 학습하는데 있어서 필요하다는 점은 인정하면서도 브라우넬은 지나치게 훈련과 연습에 의존하게 되면 학생들은 수학을 아무 연관 없는 수많은 낱개 지식들의 집합체로 보게 될 것이며, 수학에 대한 뛰어난 이해를 위한 본드의 수는 엄청나서 이들 모두를 훈련과 연습으로 익힌다는 것은 거의 불가능하다고 주장했다. 브라우넬에 따르면 학생들이 다양한 수학적 아이디어 사이의 관련성을 알게 될 때 비로소 학습해야 할 수학적 개념들을 기억하게 된다고 한다. 예를 들어, 나눗셈을 이해했다는 것은 학생들이 나눗셈과 곱셈이 역연산 관계에 있다는 수학적 구조를 알 때 그렇게 말할 수 있다.

훈련과 연습을 아무리 많이 하더라도 수학적 의미를 깨달을 수 없으며, 반복한다고 해서 수학적으로 이해가 되는 것은 아니다.

이후 20년 동안 브라우넬은 의미를 중시하는 학습 이론의 발전에 크게 기여하였다. 브라우넬은 학습과정에서 의미를 개발해야 하는 이유를 다음과 같이 10가지로 제시하였다.

① 의미는 기억을 보존시켜준다.
② 의미는 부족한 기능학습을 보완하는 도구를 제공한다.
③ 수학적인 아이디어와 기능을 사용하게 한다.
④ 확고한 토대와 전이 능력을 제공함으로써 학습을 용이하게 한다.
⑤ 반복 연습의 양을 줄여준다.
⑥ 오답을 수정할 수 있게 한다.
⑦ 이해 없이 외우고 연습하는 대신에 문제를 해결하도록 함으로써 학습을 자극한다.
⑧ 다양한 접근방법을 제공함으로써 학생으로 하여금 효과적인 여러 절차들을 구분하여 당시에는 쓰이지 않았지만 바르게 사용할 수 있는 절차들이 무엇인지 생각할 수 있게 한다.
⑨ 학습자가 보다 독립성을 가지게 됨으로써 새로운 수학적 문제상황에 확신을 갖고 대처할 수 있게 된다.
⑩ 수학을 존중하는 태도를 가지게 된다.

피아제 이론(Piaget theory)

20세기 후반 즈음 피아제 이론은 사람들로부터 상당한 관심의 대상이 되었다. 피아제의 이론에 따르면 사람의 인지는 다음과 같이 4단계를 거치면서 발달한다고 한다 :

① 감각운동기(sensorimotor stage, 출생에서부터 약 2세까지)
② 전조작기(preoperational stage, 2세부터 약 7세까지)
③ 구체적 조작기(concrete operational stage, 7세부터 약 11세까지)
④ 형식적 조작기(formal operational stage, 약 11세부터 성인)

> 보통의 중학교 교실의 경우 여전히 구체적 조작기에 머물고 있는 학생들이 반드시 있게 마련이며, 이들을 제외하면 대부분의 중학생들은 구체적 조작기와 형식적 조작기의 두 단계의 전환기에 있다.

구체적, 형식적 조작기를 거치면서 습득한 지식은 중학교 수학학습을 위한 바탕이 되기 때문에 피아제 이론은 이런 점에서 중학교에서 수학을 가르치는 교사들에게는 아주 중요하다. 학생들은 이렇게 4단계의 인지발달 단계를 거침으로써 사고하는 방법은 점차 복합적으로 진보하게 되어 자신들을 둘러싼 세계를 이해하는데 보다 적합하게 된다. 피아제는 아이들이 어떻게 세상에 적응해 가는지에 관심이 많았다. 즉 아이들이 본 것과 아이들이 진리(또는 참)라고 생각하는 것 사이에 불일치가 생겼을 때 어떤 인지적 과정을 거쳐서 이를 해결하는지를 기술하기 위하여 동화(assimilation)와 조절(accommodation)이라는 용어를 사용하였다. 예를 들어, 앞에서 언급했던 창수는 두 수를 곱하면 그 결과는 항상 곱하는 두 수보다 크다고 믿고 있었다. 그런데 0.6×0.4를 계산한 결과가 0.24처럼 곱하는 두 수보다 작을 수도 있다는 사실을 알았을 때, 창수는 자신이 믿고 있던 것을 다시 생각해 보아야만 한다. 이런 경우에 있어서 연합주의는 이전의 학습에 의해 형성된 믿음이 새로운 지식의 동화에 영향을 미치는지 아무런 설명을 하지 못한다. 이와는 달리 새로운 정보를 이해하기 위해서 아동들은 자신의 사고를 재조직해야 한다는 점을 강조하고 있는 피아제 이론은 분명하게 이전 학습에 의해 형성된 믿음의 중요성을 인정하고 있다. 이러한 이유 때문에 피아제 이론은 종종 구성주의의 선구자라고 불린다.

피아제에 의해 확인된 인지발달의 단계는 아동들을 어떻게 가르쳐야 하는지에 대한 시사점을 제공해주고 있다. 어떤 연구자들은 학생들의 수준에 맞는 교육과정을 설계하기 위해서는 피아제의 인지발달 단계를 고려하여 수학과 교육과정을 개발해야 한다고 주장한다. 중학교 수학에 피아제 이론을 적용한 연구에 따르면 많은 중학교 학생들이 형식적 조작단계에 필요한 인지발달을 획득하지 못했으며 구체적 조작 단계의 수준으로 제시된 추상적인 수학적 개념들을 이해할 수 있었다고 한다. 이에 따르면 중학교 학생들은 정의와 공식으로 제시되는 확률의 개념은 이해할 수 없을지도 모른다(예: 아래 그림처럼 p개의 흰색 구슬과 q개의 검은색 구슬이 들어 있는 주머니에서 한 개의 흰색 구슬을 뽑을 확률은 $\frac{p}{p+q}$이다). 그렇지만 실제로 실험을 통해서 그것을 알아보도록 하면 이 학생들은 상당히 쉽게 이 확률의 개념을 익힐 수 있다(예 : 주머니에 구슬을 넣고 실제로 구슬을 뽑아보는 실험). 따라서 중학교 수학교사들은 형식적 조작 단계에 아직 들어오지 못한 학생들의 한계를 극복할 수 있을 때 이들 학생들은 구체적 단계로부터 추상적 단계로 사고의 발달을 진행할 수 있으며, 학습과정에 적극적으로 참여하게 할 수 있으며, 이들이 생각하는 것보다 더 복잡한 사고와 표상을 사용할 수 있게 된다.

수학수업에 피아제 연구를 적용한 또 다른 연구에 따르면 학교 수학의 많은 수학내용들이 이 내용의 학습을 위해 필요한 이전의 인지 단계에 들지 못한 학생들도 해결하고 이해할 수 있다는 점을 발견했다. 이 연구에 따르면 이런 현상이 생긴 것은 학생들이 피아제의 인지발달 단계에 있느냐 없느냐와 관계있는 것이 아니라 피아제의 인지발달 각 단계에서 측정하는 기능과 학교 수학의 내용이나 과제를 해결하는데 필요한 기능이 서로 연관성이 없다는 것에서 생긴 것이다.

구체적 조작단계의 학생들은 구체물 없이 제시되는 수학적 개념들을 이해하는데 어려움을 종종 느낀다.

아래의 그림에는 흰색과 검은색 구슬이 들어 있는 주머니가 있는데 여기에서 흰색 구슬 하나를 뽑았을 때 어느 쪽 주머니의 확률이 높을까?

구체적 조작단계에 있는 학생들은 첫 번째 주머니의 구슬 개수가 적기 때문에 첫 번째 주머니라고 답한다. 또는 두 번째 주머니라고 답하는 학생들도 있는데 그 이유는 단순히 두 번째 주머니에 흰색 구슬이 더 많기 때문이라고 한다. 그런데 형식적 조작단계에 있는 학생들은 비를 비교하거나 퍼센트를 사용하여 첫 번째 주머니라고 답한다.

정보처리 이론(Information-Processing Theories)

인간의 사고에 대한 최근의 많은 연구들은 정보처리 이론이라고 하는 이론들에 기초를 두고서 행해졌다. '정보처리'라는 용어는 인간이 정보를 받아들여서, 그 정보를 처리하고(이해하거나 이해하지 못하거나), 처리된 정보를 저장하거나 표현하는 것으로부터 유래된 것이다. 정보처리 이론에는 여러 유형들이 있지만 공통적인 특징은 이들 이론들이 인간의 사고과정과 컴퓨터 프로그램 작동과정을 서로 유사하게 간주하고 있다는 점이다. 즉, 인간이나 컴퓨터나 둘 다 정보를 받아들여서, 그 정보를 처리하고, 그 처리된 정보에 기초하여 결정을 내리는 일을 한다. 간단한 예를 들어보면, 학생과 컴퓨터는 둘 다 한 단계로 구성된 정형적 문장제 문제의 풀이 방법을 배울 수 있는데, 이 풀이 과정은 ① 문제에서 두 수를 찾고, ② 문장에 주어져 있는 핵심 단어로부터 덧셈, 뺄셈, 곱셈, 나눗셈 중 어떤 연산을 할지를 결정하고, ③ 적합한 계산을 수행하는 단계로 배울 수 있다. 사실 정보처리 이론을 사용한 연구의 한 가지 공통점은 특정 유형의 수학문제를 컴퓨터가 풀 수 있도록 프로그램을 짜는 일이었다.

학습에 있어서 기억(memory)의 역할은 정보처리 이론에서 핵심적인 요소이다. 일반적으로 인정되고 있는 사실은 인간은 적어도 두 개의 아주 다른 유형의 기억을 소유하고 있는데 하나는 단기기억 또는 작동기억(short-term or working memory)이고 다른 하나는 장기기억 또는 의미적 기억(long-term or semantic memory)이다. 단기기억은 한번에 아주 작은 양의 정보만 취할 수 있지만 활발한 사고가 일어나는 곳은 바로 이곳이다. 예를 들어, 2.3+3.5는 대부분의 학생들이 암산으로 할 수 있지만 2.3과 3.5의 곱셈은 종이와 연필을 사용하지 않고서 풀 수 있는 학생은 그리 많지 않다. 이 문제를 정보처리 이론의 관점에서 보면 두 자리수의 곱셈을 계산하는데 필요한 정보의 양이 단기기억에서 처리할 수 있는 용량을 초과했기 때문이다.

단기기억의 처리 용량이 제한적이라는 것과는 달리 장기기억은 궁극적으로 용량에 한계가 없다. 정보처리 이론의 측면에서 볼 때, 학습을 이해하는데 필요한 핵심적인 사항은 어떻게 장기기억이 조직되어 있는지를 파악하는 것이다. 대부분의 정보처리 이론가들은 인간의 기억장치는 독특한 구조를 지니고 있다는 피아제의 견해에 동의한다. 어떤 전화번호를 기억하도록 했을 때 대부분의 사람들은 지역번호, 앞의 세 자리, 나머지 네 자리 번호씩 세 부분으로 구분하여 기억한다. 그 전화번호의 지역번호를 제외한 마지막 두 부분은 지역번호와 연관되어 기억된다. 그렇기 때문에 사람들은 지역번호 없이 이 전화번호를 쉽게 기억해 낼 수 없다.

수학적 지식도 다른 정보들과 마찬가지로 어떤 질서정연하고 규칙적인 방식으로 저장된다고 한다. 어떤 학생에게 평행선의 정의를 물었을 때, 일반적으로 이 학생은 먼저 평행선의 선을 먼저 생각하고 그런 다음 선들이 평행하다는 것이 무슨 뜻인지를 생각하려고 한다. 어떤 경우에 있어서 기억의 조직은 개인에 따라 좌우되기도 한다. 직각삼각형을 정의하라고 했을 때, 어떤 학생은 삼각형을 먼저 생각하고 그런 다음 직각삼각형을 특수한 경우로 생각하기도 한다. 다른 학생은 직각을 먼저 생각한 다음 이 직각을 사용해서 나머지 삼각형의 부분을 생각하기도 한다. 이러한 정보처리 이론의 관점에서 볼 때, 임의적인 자극과 반응 사이의 본드 형성으로 학습을 이해하려고 했던 연합주의와는 달리 정보처리 이론이 수학교사에게 주는 시사점은 새로운 수학 개념들을 가르칠 때는 장기기억에 이미 저장된 정보와 관련지어 가르칠 때 가장 잘 기억될 수 있다는 것이다. 따라서 교사는 새로운 정보는 학생들이 이미 알고 있는 지식과 연결시켜 설명해야 한다.

학생들의 사고방식에 대한 정보처리 이론의 마지막 예로서 인간의 두뇌를 도서관으로 생각해 보자. 그러면 장기기억은 특정한 방식으로 도서관 선반에 정렬된 모든 책이라고 할 수 있다. 장기기억에 있는 정보와 마찬가지로 이들 책들은 쉽게 찾을 수 있도록 어떤 논리적인 방식으로 정렬되어 있는데 도서관마다 책을 정리하는 방법이 있다. 아이들이 성장함에 따라 이들 책들이 어디에 있는지, 대출 여부 등을 기록한 도서카드목록은 점차 확장하게 되고(피아제의 동화작용) 원하는 책을 쉽게 찾을 수 있도록 정기적으로 이 카드목록은 다시 정리, 조직된다(피아제의 조절작용). 단기기억은 도서관의 대출대로 생각할 수 있다. 이 대출대에서는 한번에 단지 몇 권의 책들만 대출과 반납이 가능하기 때문에 이들 책을 빌려보는 데는 여러 가지 규정을 지켜야 한다. 무엇인가를 가르친다는 행위의 목적 중의 하나는 대출대를 통해서(단기기억) 학생들이 필요로 하는 정보를 가능한 한 쉽게 습득할 수 있도록 도와주는 것이다.

구성주의와 정보처리 이론의 교육적 시사점

구성주의와 연계하여 정보처리 이론은 수학의 교수-학습에서 학생들의 사고에 관한 최근의 많은 연구를 위한 이론적 토대가 되고 있다. 그럼에도 많은 교사들이 여전히 연합주의자들이 주장하는 반복 연습 방법을 수학교실에서 광범위하게 사용하고 있는 실정이다. 대부분의 최근 학습이론들이 어느 정도의 반복 연습은 필요하다는 사실에 공감하지만 이 반복과 연습은 새로운 개념에 대한 개념적 이해의 발달이 충분히 이루어진 다음에야 사용되어져야 한다는 점을 또한 지적하고 있다. 그리고 이들 이론들은 지금까지 학생들에게 학습에서 꼭 필요한 정도를 훨씬 넘어선 양의 반복과 연습이 요구되어져 왔다는 점도 지적하고 있다.

> 한 단계의 간단한 계산 절차(예 : 사칙연산)만이 요구되는 수학문제의 경우, 반복된 연습은 빠른 정답을 구하는데 효과적이란 사실에는 의심의 여지가 없다. 그러나 여러 자리의 숫자, 분수, 또는 대수식을 사용한 계산과 같은 보다 복잡한 알고리즘이 필요한 수학문제의 경우, 많은 양의 반복된 연습이 반드시 필요한지 또는 가장 좋은 방법인지는 분명하지 않다.

구성주의 이론과 정보처리 이론이 교수-학습에 던지는 시사점은 상당히 분명하며 구체적이다. 이 이론들은 학생들이 이미 알고 있는 것을 기초로 하여 자신들이 보고 들은 것을 기억하고 해석한다는 가정을 공통적으로 전제하고 있다. 미국수학교사협의회(NCTM : National Council of Teachers of Mathematics)에서 1991년에 발간된 '수학 지도를 위한 전문가 스탠다드'(Professional Standards for Teaching Mathematics)에는 학생들이 수학 개념들을 이해하고 있는지를 알아보기 위해서 교사가 계속해서 질문을 하는 가상적인 다양한 수학수업의 예가 실려 있다. 그런 다음 교사는 질문을 함으로 해서 얻은 정보를 사용하여 수업을 진행하고 다음 수업을 설계한다. 구성주의와 정보처리 이론에 따른 연구에서는 수업을 위해서 다음과 같은 제안을 하고 있다.

> "교사는 학생들에게 그들의 답을 설명하고 타당성을 입증하라고 계속해서 요구한다. '왜 그렇지?'는 이 교실에서 표준적으로 사용되는 질문으로서 틀린 답에 대해서 뿐만 아니라 정답에 대해서도 항상 교사는 이 질문을 했다"

1. 학생들에게 계속해서 귀를 기울이고 수업은 그들이 이미 알고 있는 것에 기초하여 실시한다.

어떤 수학 주제를 가르치려고 할 때는 먼저 학생들에게 이전에 배운 것 중에서 이 주제와 관련해서 기억하는 것이 무엇인지를 질문하면서 수업을 시작한다. 중학교의 경우 사실 학생들이 전혀 새롭게 배우는 주제들은 거의 없는 실정이지만 많은 종류의 교과서들은 마치 학생들이 이전에 한번도 본적이 없는 개념인 듯 그렇게 제시하고 있다. 학생들이 이전에 배운 모든 것을 잊어버린 듯이 생각하고 가르치는 것은 장기기억에 있는 기존의 정보와는 전혀 별개의 새로운 정보를 학생들에게 저장하도록 강요하는 것이라고 밖에 볼 수 없다. 학생들이 문제를 풀 때는 어떻게 그 답을 구하게 되었는지 그 방법을 설명하도록 해야 한다. 이렇게 풀이 과정과 답을 설명하도록 하는 것은 새로운 개념과 기존의 지식을 어떻게 적합한 방식으로 또는 부적합한 방식으로 학생들이 통합하였는지를 교사가 알 수 있도록 해 준다. 문제해결에 어려움을 겪는 학생들을 돕기 위해서 교사는 종종 이전에 배운 개념과 새로운 개념 사이에 어떤 연관성이 있는지를 설명해 주는 것이 좋다.

> "학생들은 지식이 부족한 상태로 학교에 들어오기 보다는 오히려 거의 모든 학습상황에 적합할 수 있을 만큼의 엄청난 양의 지식을 소유한 채 학교에 들어온다. 물론 어떤 지식은 정확한 지식이지만 또 어떤 지식은 그렇지 못하다. 그렇기 때문에 어떤 지식은 학습을 촉진하지만 또 어떤 지식은 학습을 방해하기도 한다. 그러나 학습은 학생들이 학습을 시작할 때 가지고 있었던 그 지식에 영향을 받는다."

2. 학생들이 여러 수학적 아이디어들을 서로 연결시킬 수 있도록 도와준다.

미국수학교사 협의회에서 1989년에 발간된 '교육과정과 평가 스탠다드'(Curriculum and Evaluation Standards)에 보면 다음과 같은 주장이 실려 있다.

> 수학과 교육과정은 수학적 연결성을 탐구할 수 있는 내용을 포함하고 있어야 하는데 이를 통해서 학생들은 수학이 통합된 전체로 인식할 것이며, 문제를 탐구하고 그 결과를 그래프를 사용하여, 숫자로, 물리적 구체물을 사용하여, 대수식, 또는 언어적 표현이나 표상으로 타낼 수 있게 된다. 그리고 하나의 수학적 아이디어를 사용하여 다른 여러 수학적 아이디어들에 대한 이해를 넓혀나갈 수 있다.

이처럼 수학적 아이디어들 사이의 연결성을 주장하는 '교육과정과 평가 스탠다드'가 비록 연구결과를 수록해 놓은 보고서는 아님에도 불구하고 장기기억이 특정한 구조를 가지고 있다는 정보처리 이론의 가정과 마찬가지로 수학적 연결성(mathematical connections)을 강조하고 있다. 수학적 연결성을 강조할 때 학생들은 소수는 분수의 특수한 표현 양식이며 자연수에서 배운 자릿값의 개념은 소수에도 그대로 적용된다는 사실을 알게 된다. 학생들은 분수를 전체에 대한 부분, 집단에 대한 부분, 또는 두 수 사이의 비로서 해석할 수 있어야 한다. 이런 예를 들자면 끝도 없겠지만 공통적인 원칙은 다음과 같다: 다양한 수학적 표상들과 개념들 사이의 연결성을 형성해서 학습한 학생은 잘 조직된 장기기억 구조를 가지기 때문에 기억을 보다 잘 할 수 있으며 장기기억으로부터 정보를 쉽게 기억해낼 수 있다.

> "어떤 수학적 주제를 가르칠 때 이 주제와 다른 여러 주제들과의 관련성이 반드시 강조되어야 하며 또한 서로 적용가능 하도록 해야 한다."

> "수학에서의 의미나 이해는 여러 수학적 표상들 사이의 또는 여러 수학적 표상들 내에서의 관계성을 찾거나 인식하는데서 비롯된다."

3. 학생들이 개념적 지식과 절차적 지식을 서로 연결지을 수 있도록 지도한다.

Hiebert와 Lefevre에 따르면 개념적 지식(conceptual knowledge)이란 연결된 것으로 다른 지식과 쉽게 연결되는 지식을 말한다. 이와는 대조적으로 절차적 지식은 수학적 기호와 규칙에 대한 이해 없이 규칙을 암기하고 기호에 대한 이해 없이 형성된 지식을 말한다. Wearne와 Hiebert는 소수와 관련된 문제에서 7학년 학생들이 개념적 지식보다는 규칙 지향적인 절차적 지식을 어느 정도 사용하는지를 조사하였다. 이들의 연구에 참여한 7학년 학생들 중 90 퍼센트가 $4.6+2.3$ 이라는 소수 계산 문제는 정확하게 풀었지만, $4+0.3$ 문제를 푼 학생들은 겨우 37 퍼센트에 불과함을 알았다. 수학적 난이도로 볼 때 이 두 문제는 거의 비슷하다. 그렇지만 이들 7학년 학생들은 자신들이 이해하지도 못한 규칙들을 적용하는 듯 했다. 정보처리 이론의 측면에서 해석하면 이들 학생들은 소수 덧셈에 필요한 절차에 대한 잘 구조화된 지식이 부족했다고 할 수 있다. 수학적 여러 절차들과 그 절차들의 토대가 되는 하위 개념들을 연결지을 수 있는 학생들은 그렇지 못한 학생들보다 그 절차들을 정확하게 적용하는 것을 볼 수 있다.

> "개념적 지식은... 관련성이 풍부한 지식이다. 이 지식은 거미줄처럼 서로 연결된 지식망으로 생각할 수 있으며, 별개의 정보들이 서로 관계적으로 연결된 네트웍이기도 하다... 지식을 소유하고 있는 사람이 어떤 정보와 다른 정보들 사이의 관계성을 파악하는 경우에만 그 정보는 개념적 지식이 된다."

> "절차적 지식은... 서로 다른 두 부분으로 구성되어 있다. 한 부분은 수학의 형식적 언어나 기호를 사용한 표상체계로 되어 있다. 그리고 또 다른 부분은 수학적 과제나 문제를 해결하는데 필요한 알고리즘이나 규칙으로 구성되어 있다."

4. 암기한 절차에 의존하기 보다는 문제를 통해서 생각하도록 지도한다.

수학교사를 하다보면 "왜 그렇게 되는지는 설명하지 말고요 답 구하는 방법이나 말해주세요"라고 말하는 학생들을 꼭 보게 된다. 그런데 너무 쉽게 그리고 자주 교사들이 학생들의 이런 요구에 응하는 것이 더 큰 문제이다. 학생들이 수학적 개념에 대한 이해 없이 절차를 암기했을 때는 두 가지 문제점이 생긴다. 첫 번째는 개념적 지식과의 연관성이 없는 절차적 지식만 발달하게 되며, 두 번째는 특정한 문제를 해결하기 위하여 장기기억을 탐색하는 책임이 학습자 자신에게 있다는 사실을 인식하지 못하게 된다는 것이다. 가능한 한 적은 노력을 들여 문제를 해결하는 방법을 학생들이 배우기를 바라지만, 비정형 문제를 해결하는데 필요한 정보를 쉽게 찾을 수 있도록 학생들의 자신의 장기기억을 구조화하도록 해야 한다. 복잡한 문제를 해결하기 위하여 자신만의 절차를 고안하는 것을 많은 학생들은 싫어한다. 그렇더라도 이렇게 하도록 계속 요구해야 앞으로 직면하게 될 문제해결 상황에 도움이 된다.

> "중학생들은 종종 수학적 절차들에 대한 이유도 모르면서 이 절차들을 규칙으로 알고서 적용하고 있다. 이것에 해당하는 예는 많은데, 뺄셈할 때의 올림하거나 내림하기, 분수 나눗셈을 할 때 분수를 뒤집어서 곱하기, 등호의 좌변이나 우변으로 숫자나 문자를 옮길 때 부호 바꾸기 등이 이런 예에 해당한다."

5. 다양한 구체물을 사용하여 지도하도록 한다.

중학생들뿐만 아니라 수학교사들 조차도 구체물을 사용하여 수업하는 것을 "노는 시간" 쯤으로 생각하는 경우가 많은데 사실 구체물은 여러 수학적 아이디어를 서로 연결지을 수 있도록 도와주는 훌륭한 교수-학습 교구이다. 딘즈(Deiens)의 '지각적 다양성의 원리'(perceptual variety principle)에 따르면 하나의 수학적 개념에 대해 다양한 구체물을 사용할 수 있는 환경을 제공할 때(경험하도록 할 때) 학생들의 학습은 촉진된다고 한다. 예를 들면, 분수 개념을 익힐 때 패턴 블록이나 분수 막대, 원을 사용한 분수지도 자료, 퀴즈네어 막대 등의 사용은 이러한 물리적 구체물에 내재되어 있는 분수 개념을 이해하는데 도움을 준다. 어떤 개념을 이와 같이 여러 가지 다른 구체물을 사용하여 설명하면 학생들은 전혀 본 적이 없는 또 다른 구체물을 사용하여 분수를 나타낼 수 있게 된다. 학생의 이러한 행동은 분수 개념을 잘 구조화하고 있으며 개념에 기초하여 분수를 이해하고 있음을 입증하는 것으로 분수 개념을 쉽게 잊어먹지 않게 된다. 교사가 구체물을 "놀잇감" 정도로 생각하지 않고 수학의 교수-학습을 촉진시키는 귀중한 자료로 취급할 때 그 교사의 학생들도 구체물을 그런 식으로 인식하게 되어 수업시간에 구체물을 보다 진지하게 다루고자 하게 된다.

> "가능하다면 언제, 어떤 수업 내용에서든지 활동 중심의 수업, 구체물을 활용한 수업으로 전통적 수학수업을 대체하거나 적어도 병행하도록 해야 한다."

6. 수학적 개념들을 구체물로 표현, 그림으로 표현, 추상적 표상으로 표현하는 양식 사이의 연관성을 학생들이 인식하도록 지도한다.

다양한 구체물을 사용하여 새로운 수학적 개념들을 표상하는 것과 함께 학생들이 수학적 아이디어를 나타내는 구체적 표상양식, 그림에 의한 표상양식, 기호에 의한 추상적 표상양식 사이의 연결을 지을 수 있도록 하는 수업활동이 이루어져야 한다. 분수막대, 원으로 나타내는 분수자료, 10진 블록 등은 수학교과서에서 가장 흔하게 볼 수 있는 소수지도 자료들이다. 한 초등학교 5학년이 수학수업 시간에 "5개의 판(flats), 13개의 막대(longs), 15개의 1 단위(ones)"로 표상된 수는 무엇인지를 묻는 문제를 다루었다고 한다. 이 학생은 판(10×10) 하나는 1을 나타낸다고 가정했다. 그리고 100이 되려면 10 단위를 10개씩 묶어야 하고 10이 되려면 1 단위를 10개씩 묶어야 한다고 생각했다. 이 학생은 10개의 판(100)을 묶음으로 하고 10개의 막대(10)를 묶음으로 만들어 결국 답이 5.1315라고 했다. 이 학생에 따르면 각 묶음은 "서로 다른 소수"를 나타내기 때문에 5.1315가 답이라고 한다. 그런데 이 학생이 이런 그림을 사용한 표상이 아니라 실제 블록을 사용하여 소수의 묶음을 배웠더라면 소수의 경우 100의 10개 묶음이 10을 나타내고 10의 10개 묶음은 1을 나타낸다는 사실을 알게 되어 그림으로 나타낸 소수의 답이 6.45임을 분명하게 알 수 있었을 것이다. 이처럼 여러 표상사이의 연관성을 인식하도록 지도하는 것은 어떤 특정한 표상에 의한 부족한 이해를 보완해 줄 수 있다.

묶음을 사용한 소수 지도의 교과서 예

묶음으로 하면 소수 10 자리가 되는 판(100)과 묶음으로 하면 소수 1 자리가 되는 막대(10)가 있으면 동그라미로 나타내고 그 수가 얼마인지를 적으시오.

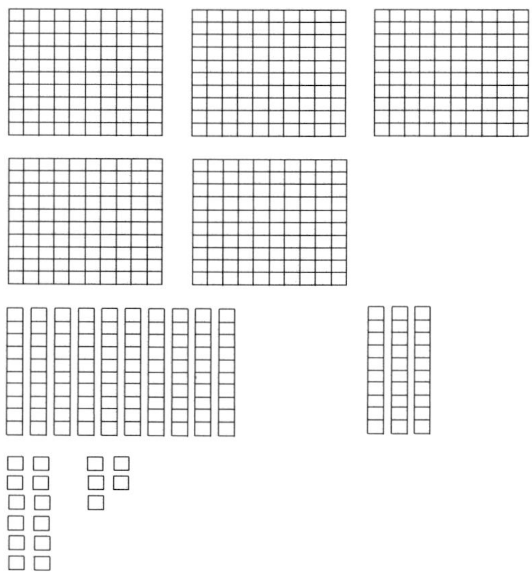

7. 학생들끼리 수학을 주제로 하여 대화할 수 있는 기회를 많이 제공하도록 한다.

NCTM의 '교육과정과 평가 스탠다드'와 '전문가 스탠다드' 모두 공통적으로 중요하게 다루고 있는 또 다른 주제는 수학적 아이디어를 서로 의사소통(communication)하는 것이다. 수학적으로(수학을 사용하여) 의사소통(대화)하는 것은 학생들의 장래 자신의 직업에서 필요한 기능일 뿐만 아니라 학생들이 장기기억을 잘 구조화하는데 도움이 된다. 그 이유는 의견교환을 통하여 다른 학생들이 새로운 정보를 기존지식에 어떻게 통합시키는지를 알 수 있기 때문이다. 피아제도 학생들의 인지발달을 돕는데 있어서 사회적 상호작용의 중요성을 지적하였다. 즉, 교실에서 학생들끼리의 의사소통도 교사와 학생 사이의 의사소통만큼이나 중요함을 인식해야 한다.

> "중학생들의 경우 수학적 언어를 사용하여 자신의 수학적 아이디어를 의사소통할 수 있는 많은 경험과 기회를 가져야 한다... 설명하고, 추측하고, 말과 글로써 자신의 생각을 정당화하고 입증하는 경험과 기회는 수학적 개념과 원리의 깊은 이해를 촉진할 수 있다."

학생 사이의 의사소통은 종종 문제에 대한 학생의 깊은 이해를 가져온다.

문제 : 이 그림에는 몇 개의 삼각형이 있는가?

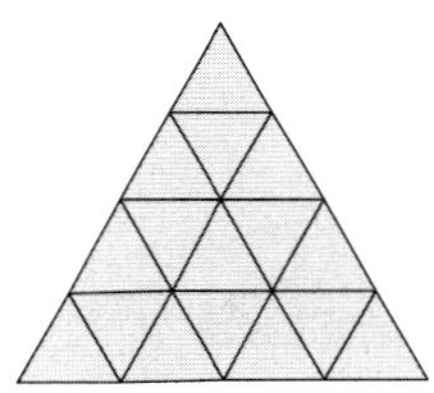

창수 : 16개가 있잖아, 맞지? 뭐 이렇게 쉬운 문제를...

진철 : 그러게 말이야. 그런데... 여기 다른 삼각형이 있고 그 안에는 4개의 작은 삼각형이 있어.

창수 : 무슨 소린지 모르겠어... 음... 아, 알겠다 네가 무슨 소리하는지. 여거 정말 다른 삼각형이 또 있네.

진철 : 잠깐만 있어봐. 표시를 해 가면서 삼각형 전부 찾는게 좋겠어.

8. 수학 개념들을 학생들 자신의 방식으로 연결지을 수 있도록 허용한다.

교사는 학생들이 기존에 획득한 지식과 새로운 개념을 연결지을 때 학생 각자 나름대로의 방식으로 생각하도록 도와주어야 한다. 또한 비정형 문제를 해결하는 경우 학생들에게 다양한 해결 방법을 사용하도록 격려해 준다. 이런 식으로 하면 학생들은 기존에 풀어 본 문제와 다른 문제들이 풀이방법이란 측면에서 어떻게 서로 연관되어 있는지를 알 수 있게 될 것이다.

> 정수의 덧셈을 돈을 벌은 경우와 쓴 경우, 게임에서 점수를 딴 경우와 잃은 경우, 산을 오르는 경우와 내려오는 경우, 온도계의 눈금이 올라가는 경우와 내려가는 경우 등 학생들 자신의 방식으로 생각하고 연결지을 수 있도록 격려한다.

분수의 덧셈을 가르칠 때 학생들 자신의 방식으로 이미 알고 있는 것과 새로운 개념을 연결짓도록 격려하는 것이 좋다. 분수 덧셈에서의 전형적인 절차는 공통 분모를 찾고 이 공통 분모를 사용하여 주어진 각 분수의 분모를 쓰고 그 다음 분자를 더하면 된다. $\frac{2}{3}$와 $\frac{1}{5}$을 더할 때, 한 학생이 발견한 방법에 따르면 첫 번째 분수의 분자 2와 두 번째 분수의 분모 5를 곱하고, 첫 번째 분수의 분모 3과 두 번째 분수의 분자 1을 곱하여 이 두 곱셈의 결과를 더하면 13이 된다. 이 13을 두 분수의 분모인 3과 5의 곱인 15로 나누면 두 분수 $\frac{2}{3}$와 $\frac{1}{5}$을 덧셈한 결과인 $\frac{13}{15}$을 구할 수 있다. 이 학생은 자신이 발견한 이 방법을 많은 다른 분수의 덧셈에 사용하였으며 자신의 방법과 교과서식 계산 방법과의 관련성도 설명할 수 있었다. 이 학생의 분수 덧셈에 대한 대안적 방법 발견 과정으로부터 이 학생이 분수 덧셈에 대한 절차적 이해뿐만 아니라 개념적 이해를 하고 있다고 교사는 확신할 수 있다. 이 학생의 경우 자신만의 방식으로 분수를 이해하는 과정을 통하여 수학적으로 뛰어난 패턴을 발견하게 되었으며, 이 패턴에 의한 분수 계산의 대안적 계산 방법을 통해 이 학생은 분수 계산 절차를 분명하게 이해하고 기억하게 될 것임을 알 수 있다.

$\frac{2}{3}$와 $\frac{1}{5}$을 더하는 교과서식의 전형적인 절차

$$\frac{2}{3}\left(\frac{5}{5}\right)+\frac{1}{5}\left(\frac{3}{3}\right)=\frac{10}{15}+\frac{3}{15}=\frac{13}{15}$$

$\frac{2}{3}$와 $\frac{1}{5}$을 더하는 대안적인 방법

$$\frac{2}{3}+\frac{1}{5} \qquad \begin{array}{r}(5\times 2)+(3\times 1)=13\\ 3\times 5=15\end{array} \qquad =\frac{13}{15}$$

9. 학생 자신의 문제해결 과정을 머릿속과 공책에 동시에 적으면서 문제를 풀도록 지도한다.

단기기억이 한 번에 처리할 수 있는 정보의 양은 아주 작기 때문에 인간은 복잡한 사고를 하는데 있어서 항상 한계를 가지게 된다. 문제해결의 풀이 과정을 적으면서 푸는 학생은 의도적으로 그 과정을 기억해야할 필요가 없기 때문에 생각하는 것에 더 많은 단기기억을 사용할 수 있게 된다. 예를 들어, "500원짜리 5개와 100원짜리 5개로 지불할 수 있는 서로 다른 방법은 모두 몇 가지일까?"라는 문제를 풀 때, 어떤 학생들은 머릿속으로 그 경우의 수를 계산하는 경우가 있다. 하지만 대부분의 경우 몇 가지 밖에 찾지 못할 뿐만 아니라 찾은 것일지라도 금방 머릿속에서 잊어버리게 되기 때문에 체계적인 표나 리스트를 기록하면서 찾는 것이 일반적인 방법이다. 단기기억 용량의 한계는 또한 머릿속으로만 계산해야 하는 어림셈 문제나 암산 문제에서 심각한 어려움을 야기 시킨다. 이런 경우 아래 예에서 보듯이 자릿수의 앞쪽 숫자만 취하여 계산하는 전후 어림셈(front-end estimation) 방법이 효과적인데 그 이유는 계산을 하는데 단기기억의 사용을 줄일 수 있기 때문이다.

전후 어림셈 방법은 머릿속으로 적을 것이 적기 때문에 효과적이다.

구입해야 할 물건들의 가상 가격:
우유 425원
계란 382원
사과 758원 5000원을 지불하면 잔돈을 얼마 받아야할까?

4 + 3 + 7 = 14이고
20 + 80 + 50 = 150이니까 전부 1550...
그러면 잔돈은 3450원 정도 되겠네.

인지와 관련된 주제들

심리학이론 자체와는 그렇게 직접적으로 연관된 것이라고 하기는 어렵지만 인지적인 주제를 다루는 몇 가지 연구 주제들이 교수-학습에 대한 시사점을 제공하고 있다. 이 주제들 중에서 주요한 세 가지가 학습양식, 정의적 측면, 그리고 메타인지이다.

학습양식(Learning Styles)

학습양식은 "인지적, 정의적, 생리학적 행동을 통하여 학습자가 학습환경을 어떻게 지각하고, 상호작용하며, 반응하는지를 나타내는 믿을만한 척도"라고 정의된다. 교육자들은 물론 생리학적 요인보다는 인지적, 정의적 요인에 보다 관심을 보이고 있다.

교육에 적용되는 학습양식 연구의 기본적인 가정은 학습자가 학습하는 양식과 일치하는 수업환경이 제공되는 교실에서 학생들이 공부할 때 가장 학습이 잘 된다는 것이다. 학습양식의 연구에 따르면 어떤 학생들은 교실이 밝은 것을 좋아하지만 다른 학생들은 약간 어두운 것을 좋아하며, 어떤 학생들은 혼자서 공부하는 것을 좋아하지만 다른 학생들은 집단으로 공부하는 것을 좋아한다고 한다. 따라서 교사들은 학생들이 선호하는 교실환경과 인간관계 유형을 파악해서 제공해주려고 노력해야 하는데 모든 학생들이 서로 다른 학습양식을 가지고 있으면서 한 교실에서 같은 교육과정에 따라 수업을 해야 하는 현실에서는 이렇게 하기가 상당히 어려운 점이 많다.

또한 초등학생의 경우 일반적인 학습양식을 전체 학생들에게 적용하는 것은 어느 정도 무리가 있다. 연구에 따르면 수학의 학업성취도가 높은 학생일수록 낮은 학생보다 공부에 책임감이 더 많고 독자적이라고 한다. 그런데 이런 연구 결과에 따라 공부 잘하는 학생에게는 자기 스스로 할 수 있는 활동을 주고 공부 못하는 학생에게는 좀 더 구체적이고 지시적인 활동을 제공해야 한다고 생각하는 것은 문제가 있다. 왜냐하면 교사가 공부 못하는 학생의 학습양식이 자기 주도적이지 못하다고 해서 자기 주도적인 학습활동의 경험을 제공하지 않는다면 이들 초등학생들은 공부 잘하는 학생들이 갖추어야 할 학습양식을 익힐 수 없게 되기 때문이다.

학습양식에 대한 연구에서 주는 주요한 시사점은 학생 자신이 어떤 경우에 가장 학습을 잘하는지에 대한 학생의 말에 교사가 귀를 기울여야 한다는 것이다. 학생들이 이미 알고 있는 지식과 더불어 이들의 학습양식을 파악하고자 학생들의 말에 귀를 기울이는 것은 쉬운 일이며 이렇게 함으로써 교사는 학생들이 수학을 잘 하는데 영향을 줄 수 있는 요인에 대한 이해를 넓힐 수 있다.

메타인지(Metacognition)

지금까지 이 장에서 했던 모든 내용은 인지에 관한 것이거나 학생들이 어떻게 사고하는가에 관한 것이었다. 문제해결에 관한 연구에서는 자신의 사고과정에 대한 사고라는 뜻인 메타인지(또는 초인지)를 인지 연구의 한 분야로 다루고 있다. 인지와 메타인지에 대한 명확한 구분은 사실 어렵지만 수학에서 학습자가 자신의 사고과정을 인식해야 한다는 이 개념은 분명히 중요하다. 메타인지의 주요한 구성 요소로 조절(regulation)이라는 개념이 있는데 이 개념은 문제해결 과정에서 어떤 특정한 풀이 방법을 사용했지만 막혀 더 이상 풀이를 할 수 없을 때 다른 해결 방법을 찾아야 한다는 것을 학습자가 인식하는 것을 말한다.

메타인지는 문제해결에서 특히 중요하다. 문제해결에서 메타인지의 중요성에 대한 연구로 유명한 Schoenfeld는 약간 어려운 수학문제를 주었을 때 많은 학생들이 성공 가능성이 거의 없는 해결 방법을 사용하여 너무 많은 시간을 소비하는 경향이 있다고 했다. 예를 들면, 수백 가지의 경우의 수가 나올 수 있는 문제를 비조직적인 추측-검사 방법을 사용하여 몇 시간씩 허비하는 경우가 많다는 것이다. 물론 학생들이 어려운 문제에 대해 끈기와 인내심을 가지고 해결하고자 하는 것은 좋은 태도이지만 이것은 어떤 해결이 보장되는 경우에 한해서라는 사실을 학생들이 알아야 한다. 지금 사용하고 있는 문제해결 방법을 계속 사용해야 하는지를 판단하는 것이 학생들의 입장에서 항상 가능한 것은 아니지만, 똑같은 방법을 계속 사용해서 문제를 풀려고 하는 것을 중단하고 현재 사용하고 있는 방법이 가능성이 있는지 스스로에게 물어보는 태도를 수학교사는 지도해야 한다. 그렇다고 해서 문제를 해결하고자 하는 학생의 끈기와 인내심을 좌절시켜야 한다는 의미는 아니라 어려운 문제에 대해 학생 자신이 선택한 해결 방법이 성공적이지 못할 때 자신의 해결과정을 다시 평가해 보고 다른 대안적 풀이방법을 생각하도록 교사는 격려해야 한다. 특히 지금의 문제와 유사한 과거에 풀어본 문제에서 성공적이었던 풀이 전략과 지금 주어진 문제 사이의 연관성을 파악하는 경향을 익히도록 지도한다.

"문제해결 과정에 대해 학생들의 메타인지적 측면에 대한 인식의 증대는 문제해결과 관련된 학습을 촉진시키고 향상시킨다는 많은 증거가 있다."

인지적 측면과 정의적 측면

인지와 메타인지 사이의 구분이 항상 명확하지 않은 것처럼 인지와 정서(정의적 측면) 사이의 구분도 그렇다. 강한 감정(예: 심각한 수학 불안감)과 인지 사이에 어떤 관계가 존재하는지 그리고 이러한 강한 감정이 인지 과정에 영향을 미치는지는 아직 확실하지 않다. 정서적으로 매우 혼란을 겪는 학생의 경우 보통 어떤 과제를 수행하거나 사고하는데 어려움을 겪는다.

수학을 공부하는데 있어서의 자신감과 같은 약한 감정은 동기부여에 관여하는 다른 변인들에 의해 부분적으로 설명될 수 있다. 이러한 감정에 대한 연구가 제시하는 중요한 시사점은 수학에 대한 학생들의 감정(또는 정서)은 그들의 사고와 학습에 영향을 미친다는 것이다. 즉, 자신감, 수학의 중요성에 대한 인식, 실패에 대한 불안감과 같은 정의적 변인들은 지식이 장기기억에 구조화되어 저장되는 것과 유사하게 장기기억에 구조화된다. 따라서 새로운 수학과제가 주어질 때 학생들이 감정적으로 어떻게 반응하는지는 이들이 이전에 다루어 본 과제와 이 과제와의 연관성을 어떻게 인식하는가에 어느 정도 좌우된다. 다시 말해서, 만약 새롭게 주어진 과제나 문제가 학생들이 이전에 즐겁게 다루었던 것과 유사한 것이라면 이들은 이 과제나 문제를 열심히 재미나게 풀려고 할 것이다.

수학내용을 다음과 같은 재미난 주제들을 사용하여 가르칠 때 수학교사는 학생들이 수학에 대해 긍정적인 태도를 가질 수 있도록 할 수 있다.
- 기하 - 각과 관련된 문제를 스포츠와 연관
- 소수/퍼센트-야구의 타율이나 백화점 할인 가격과 연관
- 그래핑/통계-좋아하는 인터넷 게임에 대한 조사와 연관

인간의 사고 과정이 매우 복잡하기는 하지만 구성주의와 정보처리 이론은 교수-학습에 대한 명확한 지침을 제시해 주고 있다: 학생들이 (지식을) 연결짓도록 도와줘야 한다. 피아제와 구성주의 연구자들에 따르면 학생들은 그들이 이미 알고 있는

것에 기초하여 새로운 지식이나 정보를 해석한다는 것이다. 정보처리 이론에 따르면 사람들은 지식이나 정보를 다른 지식이나 정보와의 연관성에 따라 저장하고 재생한다고 한다. 이 이론의 주장처럼 학생들이 적합한 연결을 지을 수 있도록 도와줌으로써 교사는 학생들이 새로운 지식이나 정보를 쉽게 저장하고 이해하도록 할 수 있게 된다. 이미 알고 있는 것과 새로운 지식을 연관짓도록 교사가 도와주는 것은 기억장치 어딘가에 존재하게 되는 지식에 대한 접근 가능성을 높여준다는 측면에서 중요하다. 메타인지에 대한 연구에 따르면 학생들이 자신의 문제해결 과정이나 지식 사이의 연결짓는 시도를 모니터하도록 교사는 계속해서 격려해야 한다.

한 가지 더 지적해야 할 것은 문제해결과 관련된 것인데 이 장에서 제시하고 있는 대부분의 예들은 문제해결보다는 수개념과 계산 기능에 관한 것이었다. 분명한 것은 문제해결 과정에서 학생들이 여러 지식이나 정보 사이의 연결성을 짓도록 교사가 돕는 것만큼이나 계산 과정에 있어서도 연결성을 짓도록 교사가 격려하는 것은 중요하다. 뛰어난 문제해결 학생은 그렇지 못한 학생들보다 훨씬 쉽게 관련성을 파악한다. 문장제 문제의 해결에 대한 초등학생들의 사고 과정에 대한 연구는 상당한 진전을 보았지만 중학생들을 대상으로 하는 연구는 부족한 실정이다.

2. 수학의 교수-학습에서 정서의 역할

"음... 문제를 처음 읽기 시작했을 때는 무슨 소리인지도 몰랐어요. 그런데… 특히 문제를 다 풀었을 때는 너무 기분이 좋았어요. 답을 구했을 때 그 느낌 알죠?"

이 장은 중학교 수학교실에서 수학의 교수-학습과 정서(정의적 영역)가 어떻게 연관되어 있는지를 다룬다. 먼저, 수학의 교수-학습에서 정서가 왜 중요한지를 살펴본다. 두 번째는 "정서"(정의)와 "정서적 영역"(정의적 영역)의 뜻을 설명한다. 그 다음으로는 중학생의 발달 측면에 대하여 몇 가지 살펴보며, 마지막으로는 수학 학습에 있어서 정의적 요인인 자신감, 수학의 유용성에 대한 인식, 수학교실에서의 끈기와 인내심, 학습에 대한 학생들의 동기화 등과 수학의 교수-학습과의 관계에 대해서 살펴본다.

정서의 중요성

수학교육자들은 학생들이 수학의 유용성을 알기를 바라고, 수학을 알고 사용하는데 흥미를 가지기를 바라며, 자신들의 수학적 능력에 대하여 긍정적 생각을 가지기를 바란다. 그렇지만 만약 학생이 여러 수학적 아이디어들을 이해하지 못하거나 문제를 해결하는데 수학을 사용하지 못한다면 수학에 대한 학생의 긍정적인 태도는 형성되지 않는다. 교사는 학생들이 수학을 긍정적으로 생각하고 수학교과에 대해 유능한 능력을 가지기를 원한다.

학생들이 수학에 대한 이해를 형성해 가는 과정에는 반드시 인지적 측면과 정의적 측면이 동시에 존재한다는 사실을 수학교육 연구자들은 깨닫기 시작했으며, 어느 한 측면만을 강조해서는 교사와 연구자는 수학의 교수-학습에 대한 충분한 이

해를 할 수 없다. 학생이 수학 문제나 과제를 해결할 때 이 문제나 과제와 관련된 지식과 함께 수학에 대한 여러 신념과 태도 및 수학적 활동에 대한 이 학생의 의미까지도 작용하게 된다. 이러한 신념과 태도는 이 학생이 수학적 활동을 하는데 있어서 배경의 일부분을 형성한다. 수학 문제나 과제를 해결하고자 할 때 학생은 흥미, 좌절감, 흥분, 또는 불안감 등의 여러 감정들을 경험하게 된다. 과제나 문제를 해결하면서 겪게 되는 이런 감정들은 학생의 과제나 문제해결을 촉진할 수 있고 방해할 수도 있다. 따라서 교사는 학생의 수학 학습뿐만 아니라 이 학습에 수반되는 학생의 신념, 태도 또는 감정도 신중하게 살펴봐야 한다.

교사 : 가장 하고 싶은 게 뭐니?
학생 : 음... 저는 글쓰기를 좋아해요. 그리고 수학도 그렇고, 독서도 하고 싶어요.
교사 : 그러면 왜 글쓰기가 가장 좋다고 생각하니?
학생 : 음... 글쓰기에서는 내 감정을 표현할 수가 있어서요. 책을 읽을 때는 감정이 벌써 책 안에 있고, 책을 읽으면서 작가의 감정을 느낄 수 있거든요. 그런데 수학은 감정이란 게 거의 없어요.

정서와 수학의 교수-학습 사이의 관계를 이해하려는 노력의 일환으로 정서(affect)와 정의적 영역(affective domain)에 대한 분명한 정의를 내리고자 했지만 그렇게 쉬운 문제는 아니었다. 교육에 관련된 대부분의 사람들이 사용하는 정서의 정의는 크래스홀(Krathwohl), 블룸(Bloom), 메시아(Masia)가 1964년에 쓴 '교육목표 분류학: 정의적 영역'(Taxonomy of Educational Objectives: The Affective Domain)에 있는 정의이다. 이 정의에 따르면 정의적 영역에는 태도, 신념, 감상, 기호와 선호도, 감정, 느낌, 가치가 있다. 마찬가지로 맥레드(McLeod)도 정의적 영역이란 단어를 사용했는데, "순수한 인지와는 다른 어떤 것으로서 일반적으로 느낌과 분위기까지도 포함하는 폭넓은 것"이라고 정의하면서 여기에는 태도, 신념, 감정이 해당된다고 했다. 정서는 정의적 영역보다는 협의의 뜻을 지니는 것으로 느낌, 감정, 분위기가 여기에 해당하며 신념, 태도, 감상, 가치는 이 정의에 포함되지 않는다. 정서의 이러한 협의적 정의는 신속하고 자발적으로 야기되는 본능적인 감정 반응을 강조하고 있는 것이다. 이 장에서 사용하는 정의적 요인이란 용어는 크래스홀 등의 정의를 따르는 것으로 느낌과 감정뿐만 아니라 신념, 태도, 감상, 가치를 포함하는 것이다.

교사 : 수학을 왜 좋아하니?

학생 : 음... 수학을 할 때면 머리를 많이 쓰기 때문에 아마 수학을 좋아하는 듯해요.

> 은주는 수학문제를 풀었을 때의 그 느낌을 이렇게 말한다 : "그럴 때면 정말 기분 좋아요. 나 혼자서도 흐뭇한 웃음이 나요."

청소년 초기의 변화

청소년 초기(10세에서 14세까지)동안 학생들은 신체적, 정신적으로 큰 변화를 경험하게 된다. 육체적 변화를 보면 중학생들은 유아기를 제외하고 인생에서 가장 큰 변화를 경험하는데 유아기 때와 중학생 때의 차이는 유아기 때는 그런 성장과 변화를 자신들이 거의 인식하지 못한다는데 차이가 있다. 10세와 14세 사이에 학생들은 사춘기와 관련된 신체적 변화를 경험하기 시작한다. 청소년 초기에는 키와 몸무게가 급격하게 늘어나며, 아동의 몸에서 성인의 몸으로 변해가는 학생 자신의 몸을 관찰할 수 있으며, 호르몬과 분비선 및 다른 육체적 변화가 시작되어 성인이 가지고 있는 생식 능력이 생기기 시작한다. 이런 육체적 변화와 함께 초기 청소년들은 인지적 변화도 경험하게 된다. 이들은 형식적 조작단계의 사고가 발달하기 시작함으로 구체물을 사용하지 않고도 추상적으로, 가설적으로, 논리적으로 사고할 수 있는 능력을 가지게 된다. 그렇지만 중학교 1학년과 2학년들은 여전히 피아제의 구체적 조작단계에 있다는 사실을 교사들은 잊지 말아야 한다. 초기 청소년들은 이러한 육체적, 신체적 변화와 함께 사회성과 감정적인 면에서도 변화를 경험하게 된다. 사회성 발달의 측면에서 볼 때 중학교 학생들의 경우 부모와 어울리는 시간을 줄이고 친구들과의 관계에 더 많은 관심을 가지고 시간을 보내게 된다. 부모로부터 점차 떨어져 친구들과의 관계를 형성하는 이 과정을 거치면서 가장 자주 대화를 나누게 되는 상대가 바뀌게 되고 자기 자신을 보는 관점에 변화가 생기게 된다. 감정적인 면에서의 변화를 보면 초기 청소년들은 자신이 되고 싶어 하는 성인의 모습을 이해하려고 노력하는 가운데 육체적, 인지적, 사회적 변화에 적응하게 된다.

청소년 초기에 학교에서의 학업성취도와 태도에 영향을 줄 수 있는 또 다른 중요한 일은 학교 상황이 초등학교에서 중학교로 바뀌는데 있다. 초등학교에서는 거의 모든 수업을 한 명의 담임교사에게 받았지만 중학교에 오면서는 매 시간 다른 교사에게 수업을 받게 된다. 초등학교에서는 학생들을 보호하려는 환경을 더 많이 제공하지만 중학교에서는 학생 개인보다는 특정 교과목 중심이며 학교 규모도 크다. 그렇기 때문에 초등학교 때보다 중학교에서는 "많은 학생들 틈에서 자신을 잃어버리게 되는" 위험에 노출되기도 한다. 초등학교와 중학교 사이의 환경 차이에 적응하려고 하는 가운데 어떤 학생들의 경우 자기 존중감(self-esteem)을 잃어버리기도 한다. 학교환경이 바뀔 때 사춘기와 관련된 신체적 성장도 함께 일어나게 됨으로 학생들 중에는 특히 자기 존중감이 급격히 감소하는 것을 느끼기도 한다. 더구나 초등학교에서 중학교로 진학하면서 사춘기를 맞는 여학생이 남학생보다 더 이러한 신체적, 정서적 변화를 힘들게 겪는다고 한다. 평균적으로 말해 여학생들이 남학생들보다 1년 반이나 2년 정도 빨리 사춘기를 경험한다.

10세에서 14세 정도까지의 학생들의 특성과 중학교라고 하는 학교 조직에 기초하여 볼 때 중학생들에게 수학을 지도할 때는 그들의 인지적 특성과 학습 방법에 대하여 더 많은 고려를 해야 한다. 사춘기 초기에 학생들은 인지적, 신체적, 사회적, 정서적 큰 변화를 경험하며, 이러한 변화들은 학업성취도와도 관계가 있기 때문에 중학생들의 수학의 교수-학습에서 정서가 차지하는 역할은 중요하다.

특정한 정의적 요인에 대한 연구

수학학습에 대한 자신감

수학학습에 대한 자신감이란 한 개인이 수학을 얼마나 잘 행할 수 있는지, 수학의 새로운 내용을 얼마나 잘 학습할 수 있는지, 수학시험을 얼마나 잘 치를 수 있는지에 대한 개인적 확신의 정도를 말한다. 이 자신감은 수학교육 연구에서 가장 중요한 정의적 요인 중의 하나이다. 자신감은 학생들의 수학 학업성취도와 비정형 문제해결 능력에 영향을 미친다. 또한 이론적, 실제적 증거에 따르면 수학학습에 대한 자신감은 학생의 학습의욕, 내적 동기화, 자기 존중감과도 연관성이 있다고 한다. 또한 수학학습에 대한 자신감은 남녀의 수학 학업성취도의 차이의 원인이며 이들이 선택하는 수학과목에도 영향을 미친다.

1970년대 중반 Fennema와 Sherman은 수학학습에 대한 자신감과 수학 불안감을 동시에 측정할 수 있는 지필 검사지를 개발했다. 자신감과 불안감이라는 이들 두 개념은 서로 다른 이론적 배경을 바탕으로 하기 때문에 학생들의 서로 다른 특성을 측정한다고 볼 수 있다. 그런데도 학생들의 수학학습에 대한 자신감과 수학 불안감의 측정치는 아주 강한 상관관계를 보이고 있다. 그러므로 교사들은 Fennema와 Sherman의 두 태도 검사지 중 어느 한 가지만 사용해도 학생들의 특성을 파악하는데 충분하다고 본다. 이들 중 어느 한 가지만 사용해야 되는 경우가 생긴다면 수학 학습에 대한 자신감 검사지를 사용하도록 권하고 싶은데, 그 이유는 이 검사지가 더 자주 사용되며 또한 불안감보다는 자신감이 보다 긍정적인 정의적 요인이기 때문이다.

미국의 전국 학업성취도 평가기관인 NAEP(National Assessment of Educational Progress)에서 실시하는 수학교과 평가 자료를 보면 중학교 1학년 학생들을 대상으로 자신의 수학적 능력에 대한 자신감을 측정하는 문항이 항상 적어도 한 문항 정도 포함되어 있다. 오래된 자료이기는 하지만 중학교 1학년과 고등학교 1학년을 대상으로 1986년 NAEP에서 실시한 수학학업 성취도 테스트의 한 문항을 보면 "나는 수학을 잘 한다"라는 진술문에 대해 어느 정도 동의/반대하는지를 묻는 문항이 있었다. 중학교 1학년의 60%가 이 진술문에 대해 아주 동의 또는 동의라고 답했다. 이 퍼센트는 NAEP의 1982년 중학교 1학년생들이 보여준 자신감과 거의 같은 수준으로 이들 학생들의 수학에 대한 자신감은 10년 전인 1978년의 중학교 1학년생들보다는 높은 수준이었다. 그런데 13세에서 17세 사이의 남녀 학생들의 수학 능력에 대한 자신감은 감소하는 것으로 밝혀졌다.

수학학습에 대한 자신감은 정의적 요인 중 수학학업 성취도와 가장 강한 상관관계를 나타내는 요인 중 하나이다. 초등학교 6학년부터 시작해서 고등학교 3학년까지 동일 학생들을 계속해서 추적하여 조사, 연구한 종단연구에 따르면 수학학습에 대한 자신감은 학생들의 수학학업 성취도와 수학선택 과목을 예측할 수 있는 최고의 정의적 요인임이 입증되었다.

Lester, Garofalo, Kroll은 자신감, 흥미, 신념이 중학교 1학년생들의 문제해결 행동에 어떤 영향을 주는지 연구하였다. 이 연구결과에 따르면 4명씩 한 모둠을 만들었는데 이 모둠들 중 한 모둠의 학생들은 자신감 결여로 인하여 종종 문제풀이를 시도해 보지도 않고 포기해 버렸다. 이들 연구자들은 수학학습에 대한 자신감, 수학이란 학문이나 교과에 대한 학생의 믿음, 수학적 문제해결에 대한 학생들의 믿음이 학생들의 수학적 행위를 형성하는데 큰 영향을 미친다고 결론을 내렸다.

> 학생 : 수학공부를 하거나 문제를 풀 때면 전 항상 멍해져요. 의미 있는 문장이라곤 하나 없는 아주 따분한 게 수학이잖아요. 작문을 하거나 책을 읽을 때는 결론이 어떻게 될지 알 수 있거나 내가 결론을 정할 수 있지만 수학에서는 정답이란 게 하나만 있기 때문에 나머지는 모두 틀린 답이고 결론이잖아요.

수학학습에 대한 자신감은 주로 남녀 간의 수학학업 성취도의 차이를 설명하는 연구의 주제가 되어 왔다. 남녀 학생들의 수학학습에 대한 자신감의 차이가 있는 경우 남학생이 여학생보다 수학적 능력에 대해 더 높은 자신감을 주로 표현한다. 또한 자신감은 남녀 고등학생 모두의 수학수업 참여 정도와도 연관성이 있다.

Stanic과 Reyes는 남녀 학생에 따른 교수-학습과정, 인지적 요인, 정의적 요인과의 관련성을 조사하기 위하여 수학성적이 상인 중학교 1학년 수학교실은 연구하였다. 이들은 지필시험을 사용하여 수학학습에 대한 자신감, 수학에 대해 느끼는 즐거움, 수학교과의 유용성 인식, 그리고 수학문제 풀이 과정에서의 인내심 정도를 측정하였으며, 학생과의 인터뷰, 교사와의 인터뷰, 교실 수업관찰을 통하여 자료를 수집하였다. 이들의 연구결과에서도 자신감이 남녀 학생들의 수학학업 성취도에 가장 큰 영향을 미치는 요인이었으며, 유용성과 즐거움이 높으면 자신감도 높게 나타나 이 요인들을 서로 구분하는 것은 어렵다고 결론 내렸다.

중학교 기간동안 학생들은 고등학교와 성인에 이르기까지 영향을 줄 수 있는 자아관의 발달을 겪게 된다. 이 3년이란 기간동안 학생들의 자신감은 수학학업 성취도에 장기적 영향을 주며 고등학교에서의 계열 선택에도 영향을 미친다. 또한 자신감의 부족은 중학생들의 수학적 문제해결 활동을 위축시키기도 하기 때문에 교사는 자기 학생들이 수학에 대해 어느 정도의 자신감을 가지고 있는지 측정하여 그것을 알고서 수학수업을 해야 할 것이다. 이를 위하여 Fennema-Sherman의 수학태도 검사지(Mathematics Attitude Scales)의 하위 항목으로 들어 있는 자신감 측정 문항들은 좋은 정보를 제공해 준다. 이러한 검사지에 의한 학생들의 자신감 점수와 함께 학생과의 대화 및 교사의 관찰을 통해서 교사는 학생들의 자신감 정도를 알 수 있으며 또한 이 자신감의 정도가 어느 정도 학생들의 수학학업 성취도와 장래의 수학계열 선택에 기여하는지를 알 수 있다.

수학의 유용성에 대한 인식

수학의 유용성에 대한 인식은 또 다른 중요한 정의적 요인이다. 이 요인은 NCTM의 '교육과정과 평가 스탠다드'에 제시되어 있는 모든 학생들을 위한 5가지 주요한 목적 중 하나인 '수학의 가치를 학습하기'에 반영되어 있다. 수학의 유용성에 대한 인식이 중요한 논리적 근거는 수학을 어려운 교과로 생각하는 학생들의 인식과도 관련되기 때문이다. 학생들은 교사, 친구, 학부모의 도움으로 수학의 중요한 선택과목을 결정한다. 수학을 좋아하지 않는 학생들, 자신이 수학을 잘 한다고 생각하지 않는 학생들, 자신의 미래에 수학이 별로 소용이 없다고 생각하는 학생들은 수학의 유용성을 잘 인식하고 있는 학생들에 비해 어려운 수학공부를 싫어하는 경향이 있으며 또한 어려운 선택과목을 수강하려고 하지 않는다. 학생 자신의 미래 직업을 위해 수학이 필요하다고 생각하는 학생들은 비록 수학공부를 즐거워하지는 않더라도 수학공부를 열심히 하려고 할 것이며 어려운 선택과목이라도 수강하는 것을 꺼려하지 않을 것이다.

> 학생 : 작문이나 과학 등 다른 과목만큼 수학을 좋아하지는 않아요.
> 교사 : 그래도 어쨌든 수학공부를 계속 열심히 할거니?
> 학생 : 그럼요.
> 교사 : 좋아하지도 않으면서 왜 수학을 계속 공부하려고 해?
> 학생 : 저는 의과대학에 진학해서 심장전문의가 되고 싶어요. 수학은 심장전문의가 되는데 필요한 과목이고요. 하지만 작문만큼 수학이 즐겁지는 않아요.

NAEP는 중학교1학년과 고등학교 2학년을 대상으로 수학의 유용성에 대한 설문조사를 실시하였다. 이들 학생의 5명 중 4명꼴로 "수학의 대부분 내용들은 실용적이다"에 긍정적으로 동의하거나 강하게 동의하였다. 이들 학생의 4명 중 약 3명꼴로 "수학은 일상생활에서 직면하는 문제의 해결에 도움이 된다."에 긍정적으로 동의하거나 강하게 동의하였다. 이러한 결과에서 나타난 것은 중고등학교 학생들이 수학의 유용성에 대해 매우 긍정적인 견해를 가지고 있다는 점이다. 이 설문 조사의 다른 문항은 "여러분이 나이가 들어 직업을 가지게 된다면, 수학을 요구하는 분야에서 일할 것이라고 생각합니까?"이다. 중학교 1학년의 44%와 고등학교 1학년의 47%의 학생들이 "그렇다"라고 답했다. 처음 두 질문에 대해 남녀 학생들의 반응에는 차이가 없었다. 하지만 이 세 번째 질문에 대해서 이들 두 학년의 학생들 중 남학생들이 여학생들 보다 수학이 요구되는 직업을 더 많이 가질 것이라고 답했다. 다른 연구들에 따르면 남자 고등학생이 여자 고등학생보다 수학의 유용성을 더 많이 인식하고 있는 것으로 나타났다.

수학의 유용성에 대한 인식이 수학의 선택교과 수강과 등록에 어떤 영향을 미치는지가 조사되었는데, 수학의 유용성에 대한 인식은 학업성취도를 고려하지 않은 경우 학생들의 고등학교 수학 선택교과선정에 가장 중요한 영향을 미치는 요인으로 밝혀졌다. 다른 연구들에 따르면 이 유용성에 대한 인식은 수학 선택교과 수강에 중요한 요인으로 작용하지만 자신감만큼 그렇게 중요한 역할을 하지 않는다고 한다.

학생들의 수학의 유용성 인식에 대한 조사에서 학생들은 조리 있게 자신의 생각을 말하지 못했는데, 예를 들면 어느 중학교 1학년 여학생은 지필검사에서는 수학의 유용성 인식 점수에서 최고점을 받았지만 실제 인터뷰에서는 수학의 유용성에 대해 전혀 자신의 생각을 말로 표현하지 못했다. 이 여학생은 고등학교를 졸업하고 난 후 무엇을 할 것인지에 대해 깊게 생각해 본 적이 없으며, 수학과 관련된 직업을 가질 것인지도 불명확했으며, 자신이 수학을 왜 배우는지에 대해서도 확고한 생각이 없었다. 다른 모든 학생들은 수학이 어떻게 유용한지 예를 들거나 혹은 적어도 수학이 유용하다는 말을 했다. 그렇지만 이들 대부분의 학생들의 수학의 유용성에 대한 인식은 제한적이었다. 예를 들어, 어떻게 헤아리는지를 알려면 수학이 필요하다든지, 가게에서 물건 값을 알려면 수학이 필요하다든지, 가계부나 용돈기입장을 작성하려면 수학이 필요하다는 정도의 예를 제시할 뿐이었다. 지필검사지에서는 비록 긍정적으로 답했음에도 불구하고, 이들 학생들 중 어느 한 학생조차도 수학이 왜 유용한지에 대한 이러한 피상적 대답 이상의 대답은 하지 못했다.

요약하면 수학의 유용성에 대한 학생들의 인식은 가장 중요한 정의적 특성 중의 하나이다. 이 유용성 인식은 학생들의 수학계열 선택과 관련이 깊으며 또한 이 선택과정에서의 남녀차이를 설명해준다. 특히 흥미로운 것은 학생들이 수학의 유용성은 인식하고 있지만 이들의 인식은 범위와 깊이에서 상당히 제한적이란 사실이다.

그렇다면 교사로서 우리는 무엇을 해야 하는가? 학습동기에 관한 문헌들에 의하면 수학교실을 넘어서서 수학을 사용해 보는 경험은 학생들이 수학적 문제해결에 보다 더 깊게 몰두하도록 한다는 것이다. 이 사실에 따르면 중학교 수학과 교육과정에 실세계 문제를 다룰 수 있는 많은 경험을 제공해 줌으로써 수학의 가치와 유용성에 대한 학생들의 이해를 깊게 할 수 있다. 중학교 수학과 교육과정에서 0을 포함하는 자연수(또는 범자연수)와 유리수의 계산을 강조하는 현재의 방식으로는 수학이 직업생활에서 어떻게 활용되며 현대 사회에서 어떤 역할을 하는지에 대한 학생들의 인식을 해소하는데 한계가 있다. 수학자나 과학자뿐만 아니라 여러 직업에 종사하는 사람들이 수학을 어떻게 활용하고 있는지에 대한 논의와 조사 활동은 수학의 유용성에 대한 학생들의 인식을 넓히는데 도움이 된다.

수학교실에서의 인내심

인내심이란 답이나 해결방법이 분명하지 않음에도 불구하고 수학문제를 계속해서 풀려고 하는 행동을 말한다. 자율적 또는 자기 주도적 학습자와 문제해결에 관한 모델에서는 이 인내심을 자기 주도적 학습행동 중의 한가지로 포함하고 있다. 인내심이 이 모델의 일부분이 된 이유는 수학적 문제해결에서 이 인내심이 중요한 요인이기 때문이다. NCTM의 '전문가적 교수 스탠다드'(Professional Teaching Standards)에서도 학생들이 인내심을 가지도록 격려해야한다는 뜻으로 다섯 번째 스탠다드인 '학습 환경 조성' 스탠다드에서 강조하고 있다. 이 스탠다드에 따르면 "수학의 주요한 아이디어와 문제를 이해하고 이를 탐구할 수 있도록 충분한 시간"을 학생들에게 허용하는 학습환경을 교사가 조성해야 한다고 제안하고 있다.

Stonic과 Reyes는 일상교실에서 수학에 대한 학생들의 인내심을 조사하기 위하여 중학교 1학년 수학교실을 관찰하였다. 이 관찰을 통해 학생들의 문제해결에서 어려움을 직면했을 때 인내심을 발휘하는 학생보다는 서둘러 포기해 버리는 학생들을 더 많이 볼수 있었다. 상당한 시간에 걸쳐 학생들 스스로 해결해 보려는 의지를 시험해 볼 수 있는 기회가 거의 주어지지 않았다. 수학문제 해결 시에 어려움에 직면했을 때 스스로 부단히 그 어려움을 극복하려고 노력해야한다는 점을 교사가 설명해 주는 경우는 거의 없었으며 따라서 학생들에게서도 관찰되지 않았다. 이 교실의 상 수준의 학생들뿐만 아니라 하 수준의 학생들 어느 누구에서도 이러한 인내심을 발휘하려는 학생은 없었다. 이러한 현상이 발생한 것은 상 수준의 학생들의 경우 수업에서 다루는 대부분의 문제가 너무 쉽기 때문에 이 문제의 해결에서 어려움에 직면할 기회가 거의 없었기 때문이다. 그리고 하 수준의 학생들의 경우는 어려움에 직면하는 기회가 있었지만 수업 진도를 계속 나가야하기 때문에 이 문제를 가지고 씨름할 기회가 주어지지 않았다. 더구나 이들 학생들은 이런 어려움을 어떻게 풀어나가는지에 대해 배운 적이 없기 때문에 어려움이 생기면 아무 생각 없이 즉각 다른 사람에게 도움을 청하고 있었다. 이 교실에서 중시되는 것은 어려움을 스스로 극복하려는 노력을 통하여 학습을 하기 보다는 주어진 문제의 답을 구하고 과제를 끝내는 것이었다. 보기 선택형 문제로 제시되는 시험과 과제로 인하여 이 학급의 학생들은 답을 얻기 위하여 씨름할 필요조차 없었다.

교사로서 우리는 상당한 시간을 걸쳐야 해결할 수 있는 문제를 학생들이 경험하도록 해야 한다. 즉 어려움을 야기 시키는 수학문제를 제시하여 학생들이 인내심을 가지고 씨름하는 기회를 얼마나 자주 제공하였는지 스스로에게 물어봐야한다. 학생들에게 이러한 경험을 거의 제공해 주지 않았기 때문에 며칠의 고민을 거쳐야만 해결 가능한 어려운 문제를 다루는 전략을 학생들에게 가르쳐야할 필요가 있다. 또한 문제해결에 대한 학생들의 인내심과 불굴의 의지가 교사에 의해 얼마나 크게 조장되는지를 알고 학생들과의 상호작용을 증대시키려는 노력도 필요하다. 학생들이 간단하게 답만 구하기를 원하는가, 아니면 어떤 문제를 풀고 개념을 이해하는데 이들이 씨름하고 노력하기를 원하는가?

학습에 대한 동기화

동기화(또는 의욕)는 "사람들이 다른 목적들이 있음에도 불구하고 어떤 특정한 목적만 달성하고자 하는 이유"와 관련이 있다. 수학교육 연구문헌을 보면 학업성취의 동기화에 대해서는 활발한 연구가 이루어지지 않았음을 알 수 있다. Leder와 Fennema는 남녀 학생들의 수학 학습에 대한 성공이나 실패의 원인에 기여한 요인들을 조사하는 가운데 학업성취의 동기화를 조사하였으며, Kloosterman은 학업성취의 동기화에 대한 이론적 배경을 명확히 밝히기 위하여 이 동기화와 관련된 광범위한 문헌 연구를 실시하였다. 학업성취의 동기화는 수학교육 연구자들의 주요한 연구 주제인 것은 아니지만 학생들의 학업성취의 원인을 설명하는 중요한 요인이므로 수학교사의 관심이 요구되고 있다.

외적 보상과 벌, 내적 동기화

외적, 내적 동기화는 학생들의 학습동기와 교실에서의 교수-학습을 이해할 수 있는 중요한 개념들이다. 내적 동기는 어떤 외적 동기가 부여되지 않음에도 주어진 과제나 문제에 내재되어 있는 가치 때문에 학생이 이 과제나 문제를 달성하려고 할 때 나타난다. 이에 반하여 외적 동기는 주어진 과제나 문제 자체가 가지고 있는 본질이외의 어떤 다른 이유들(예 : 성적, 부모를 즐겁게 해 드리기, 교사로부터의 처벌을 면하기 등) 때문에 학생이 그 과제의 달성이나 문제의 해결에 열중할 때 나타난다. 학생들을 동기화시키기 위해(또는 학습에 대한 의욕이 생기도록 하기 위해) 사용하는 외적 보상은 조작적 조건화(operant conditioning)의 원리에 기초한 것으로 제공되는 보상과 벌은 사탕에서부터 교사가 붙여주는 별모양의 스티커 또는 구두적 피드백에 이르기까지 다양하다. 조작적 조건화 원리에 기초한 보상과 벌은 교실에서 아주 폭넓게 사용되고 있다. 보상이 주어지는 행동은 그 발생 빈도가 증가할 것이며 벌이 가해지는 행동은 그 행동의 발생을 억제할 것이다.

상황에 맞도록 적절하게 외적 보상과 벌을 사용하는 경우 학생들을 과제에 집중하도록 동기화할 수 있음을 여러 연구에서 밝히고 있다. 그렇지만 학생들의 행동을 통제하고 학습에 대한 동기화를 위하여 외적 보상을 사용한 경우 이로 인해 치루어야 할 "숨겨진 댓가"에 대해서는 교사와 교육자들이 충분히 인식하지 못하고 있는 실정이다. 다양한 유형의 과제와 학습 성과에 따라 제공되는 여러 가지 상을 사용하여 다양한 교과를 대상으로 연구한 결과에 따르면 지나친 외적 보상의 제공은 오히려 내적 동기화를 감소시킬 수 있다고 한다. 어떤 사람이 주어진 과제에 대해 처음에는 강한 내적 동기를 가지고 있는데 여기에 외적 보상이 계속적으로 제공되는 경우 이 외적 보상물은 이 사람이 그 과제를 적극적으로 해결하고자 하는 내적 동기를 감소시킬 수 있다. 이와 더불어

> 과제 수행 정도에 따라 적절하게 보상이 제공되고 이 보상의 제공이 그 과제에 대한 학생들의 뛰어난 능력과 자질에 기초한 것이라는 의도를 명확하게 전달한다면, 단지 과제수행 참여 정도에 따라 제공되는 보상과는 달리 학생들의 후속적 내적 동기를 일반적으로 감소시키지 않는다. 이와 마찬가지로 주어진 과제와 통합적 관계를 가지고 있는 보상의 경우는 단지 임시적 관계를 가지고 있는 보상과는 달리 학생들의 흥미와 관심을 감소시키지 않는다.

불필요한 외적 보상에 의해 학생의 내적 흥미와 관심이 감소하는 경우 이로 인한 즉각적 효과와 후속 효과 둘 다 나타난다. 수많은 이러한 효과들은 교사의 관심거리이다. 학생들은 점수화 되는 과제나 점수화 되는 활동에만 자신들의 노력을 집중하려고 하게 된다. 그래서 외적 보상을 받는 것과 상관없는 과제에는 해결 노력을 기울이지 않는다. 예를 들어, 한 연구에서 정확하게 답을 구한 문제개수에 따라 보

상을 줄 것이라고 했을 때 이 보상의 제시는 학생들이 풀고자 선택하는 문제의 유형에 영향을 미쳤다. 보상이 없었을 때는 풀려고 선택했을 문제보다 훨씬 쉬운 문제들만 학생들이 선택했다.

불필요한 외적 보상의 사용은 또한 비알고리즘적이며 창의적이며, 통찰적 사고가 요구되는 과제에 대한 학생들의 성취도를 떨어뜨린다는 사실에 수학교육자들은 큰 관심을 보이고 있다. 수학의 비정형 문제해결과 응용과제의 수행정도에 불필요한 외적 보상이 부정적 영향을 미친다. 또한 내적 흥미와 관심을 가진 과제일지라도 외적 보상이 주어지게 되면 학생들은 전혀 체계적이지 못한 방식으로 과제를 해결하려 하며 비논리적 추측을 더 많이 자주 하게 된다. 불필요한 외적 보상이 주는 또 다른 피해효과는 더 이상 보상이 주어지지 않는 경우 학생들은 이미 보상받은 과제(이미 만족할 점수를 받은 과제는)는 두 번 다시 풀어보려고 하지 않는다는 점이다.

◎ 내적동기의 출처

학습활동에 대해 학생의 내적 흥미와 관심을 야기 시키는 방법을 여러 연구자들이 제시해 왔다. Malone과 Lepper는 학습활동에 대한 내적동기의 4가지 출처를 제시하였는데, 이 출처로는 ① 적절한 수준의 도전감을 제공하기, ② 호기심을 자극하기, ③ 학습자에게 책임감(학습에 대한 통제권)을 제공하기, ④ 학습자에게 상상의 세계를 경험하도록 조장하기이다. 적절한 수준의 도전감을 제공해 주는 학습활동이란 어느 정도의 난이도가 있는 활동으로 너무 쉽지도 않아야 하고 불가능하게 여겨질 정도로 어렵지도 말아야 한다. 또한 이 활동은 학생에게 의미 있으면서 자부심을 느낄 수 있도록 하는 목적을 가지고 있어야 한다. 도전감을 가질 수 있는 수준이란 학생들이 자신의 유능함을 느낄 수 있는 정도이어야 한다. 활동을 수행하기 위하여 학생들은 자신의 능력을 발휘하고 확장함으로써 이 자부심을 느낄 수 있다. 무엇인가 성공했을 때 느끼는 자신의 유능함에 대한 느낌은 학생들에게 동기를 부여하는데 도움이 된다. 그러나 내적 동기화는 새로운 기능과 아이디어를 계속해서 학습하는가에 좌우되기 때문에 너무 쉽거나 너무 익숙해진 과제를 사용해서 이런 성취감을 느낄 수 없다. 그러므로 그 과제에 너무 익숙해져서 도전감이나 자신의 능력에 대한 자부심을 느낄 수 없다면 과제의 범위를 확장할 필요가 있다.

호기심은 내적 동기가 발생하는 아주 주요한 근원이다. 학생들의 호기심을 자극하는 과제란 이들의 현재 지식과 이해와 불일치하는 과제를 말한다. 학생이 현재 가지고 있는 개념과 맞지 않는 아이디어를 제시했을 때 학생들은 이 불일치함을 해소하기 위하여 정보와 다른 설명이 가능한 것을 찾게 된다. 그렇지만 도전감을 느끼는 정도와 마찬가지로 이 불일치가 지나치게 크면 이 불일치한 점을 포기해 버리게 되며 또한 너무 작으면 무시해 버리게 된다.

내적동기의 세 번째 중요한 출처는 학생스스로 자신이 환경을 통제하고 있음을 느껴야 하는 것으로 학생자신의 행위에 의한 결과로 활동의 산출물이 나왔다는 사실을 아는 것이다. Deci와 Ryan은 더 나아가 내적 동기가 일어나기 위해서는 학생스스로의 굳은 결심도 필요하다고 했다. 이러한 굳은 결심과 함께 학생 스스로 무엇을 할 것인지에 대한 선택권을 가져야 한다. 공상과 환상의 세계를 경험할 수 있도록 해주는 학습활동 또한 학생의 내적 동기화를 촉진할 수 있다. 환상적 상황은 학생들에게 대리보상을 경험할 수 있도록 해주며 다른 방식으로는 가능하지 않은 대리 만족을 얻을 수 있게 해준다. 더구나 학습활동에 환상적 상황을 도입하는 것은 평범하게 느껴질 수 있는 과제를 학생들에게 의미 풍부한 과제가 되게 할 수도 있다.

학습에 대한 지속적 욕구

Oldfather는 학습을 계속하고자 의욕을 나타내는 의미로서 '학습에 대한 지속적 욕구'라는 개념을 도입하였다. 학습에 대한 지속적 욕구는 교사나 학부모로부터 보상이나 인정을 받으려고 하거나 처벌을 피하고자 하는 행동에서 나오는 것이 아니라 학습이 주는 기쁨에서 나온다.

학생들에게 동기를 부여할 수 있는 교육과정의 유형에 대해서는 상당한 합의가 이루어진 상태이다. 학생들은 피상적 수준 이상의 교육과정 자료를 선호하는데, 이 자료는 학생 자신들과 관련이 있는 것, 교과서가 아니라 "실제상황이나 문제, 현상"을 다루는 것, 해야 하는 것에 대해 선택 가능한 것, 학생 개인에게 적합한 교육과정 상의 진도와 더불어 도전감을 주는 것이어야 학생들이 좋아한다고 한다. 학생들에 따르면 동기유발을 잘하는 교사는 "응원해 주고, 보살펴 주며, 학생들을 이해해 주고, 상호 신뢰와 존중을 지키며, 다양한 견해를 경청하고 존중하며, 무엇인가를 해야 할 때 학생들에게 선택할 수 있도록 해주며, 설명해 주며, 언제나 모든 답을 말해주지 않으며, 재미있으며, 유머가 있고 가르치는데 열성적이며, 학생들과 흥미를 공유하며, 학생들에 대해 높은 기대치를 가지고 있으며, 학생 반응에 대해 구체적인 피드백을 주며, 도움이 필요한 때면 언제든지 도움을 주는" 특징을 가지고 있다고 한다.

수학 교사로서 우리는 학생들이 수학에 대해 가지고 있는 신념과 태도에 대해 보다 관심을 가져야 할 것이다. 학생들의 신념과 태도를 알 수 있는 한 가지 방법은 공식적인 테스트 문항을 사용하는 것이다. 이런 테스트로는 Fennema와 Sherman이 개발한 것으로부터 Sandman의 것, 그리고 Fennema, Wolleat과 Pedro가 개발한 것 등이 있다. 학생들의 수학에 대한 태도와 신념을 알 수 있는 또 다른 방법으로는 학생들을 인터뷰하는 것이다. 수학에 대한 경험을 적어 놓는 학생들의 저널쓰기를 통해서 가능하다. 어떤 수학교사들은 한 주에 한 번씩 학생들에게 배운 내용 중에서 가장 이해하기 어려웠던 내용들, 가장 이해하기 쉬웠던 내용들, 가장 재미나게 공부한 내용들, 가장 재미없었던 내용들을 무기명으로 적도록 한다. 이 방법은 교사에게는 학생들의 생각과 느낌을 알 수 있는 유용한 정보를 제공해주며 학생들에게 자신들의 생각과 느낌을 교사가 알도록 하는 안전한 방법이다. 또한 이 방법을 사용하게 되면 교실에서의 일상적 상호작용이 가능하게 됨으로 학생들의 정의적 측면을 쉽게 파악할 수 있다. 위에서 언급한 테스트, 인터뷰, 저널쓰기는 형식적인 교실 환경 하에서는 쉽게 알 수 없는 학생들의 생각과 느낌을 알 수 있게 해준다.

지금까지 수학교육에서 학생들의 정서적 측면에 대한 여러 연구결과를 제시하고 논의했다. 수학에 대한 학생들의 자신감에 대한 정보, 수학의 유용성 인식에 대한 정보, 문제해결에서의 인내심에 대한 정보, 그리고 다른 정의적 주제들(예 : 수학의 본질에 대한 신념, 수학 학습의 성공과 실패의 요인들, 실패에 대한 두려움, 수학 불안감, 수학에 대한 정서적 반응 등)에 대한 정보는 중학교 학생들에게 더 좋은 수학의 교수-학습활동을 준비하고 실시하고자 하는 교사에게 도움을 준다.

3. 수학적 문제해결

> 수학교사는 큰 기회를 가진 사람이다. 자신에게 주어진 시간을 학생들에게 틀에 박힌 정형적 수학 연습을 하도록 하는데 사용한다면, 그는 학생들이 흥미와 관심을 묵살시키며 학생들의 지적 발달을 저해시키며 또한 자신에게 주어진 절호의 기회를 잘못 사용하는 것이다. 하지만 이 교사가 학생들의 지식수준에 적합한 문제를 제시하여 그들의 호기심을 자극한다면, 그리고 생각을 촉진시키는 질문을 던져 학생들의 문제해결을 돕는다면 교사는 학생들에게 독립적인 사고의 기쁨과 이런 사고를 할 수 있는 방법을 제공하는 것이다. (George Polya, 1957, "How to Solve it"에서)

오랫동안 수학교육학자들은 문제해결(problem solving)이 수학 수업의 가장 중요한 목적은 아니지만 매우 중요한 목적이라는 사실에 동의해 왔다. "수학적 문제해결의 아버지"라 불리고 있는 George Polya는 거의 50년 전에 "수학교사의 첫 번째 임무는 학생들의 문제해결 능력을 신장시키기 위하여 모든 역량을 발휘하는 것이다"라고 말했다. 최근에 와서는 NCTM의 '교육과정과 평가 스탠다드'에서 "수학과 교육과정의 핵심은 문제해결이어야 한다"라고 다시 강조함으로써 문제해결의 중요성을 재부각시켰다.

그러나 이런 중요성의 인식에도 불구하고 문제해결은 학생들의 수학능력 평가에서 가장 신장시키기 어려운 한 부분일 것이다. NAEP에서 실시한 여러 평가에서 학생들은 계산기능은 충분히 숙달하고 있음에도 불구하고 많은 학생들이 교과서식의 정형적인 문제가 아닌 경우에는 이 계산기능을 적용하지 못한다는 사실이 밝혀졌다. 더 심각한 사실은 이들 미국 학생들이 고차적 사고기능이나 문제해결 능력을 요구하는 수학과제에 대한 국제비교에서 항상 최하위에 머무르고 있는 것이다.

문제해결이란 무엇인가? 연구결과에 따르면 왜 학생들이 문제를 해결하는데 있어서 이러한 어려움을 겪는 것일까? 중학교 수학교사로서 학생이 보다 뛰어난 문제해결자가 되도록 어떻게 지도해야 하는가? 이 장에서는 수학적 문제해결에 대한 연구결과로부터 이런 질문에 답하고자 한다.

문제해결이란 무엇인가?

수학교사라면 학생들이 수학 문제를 해결하는데 있어서 어려움을 겪고 있는 것을 관찰하는 것이 그렇게 새로운 것은 아니며, 많은 학생들이 문장제 문제 풀이에서 특히 어려움을 겪고 있다는 것도 잘 알고 있다. 그러나 수학교육학자들이 학교의 수학과 교육과정의 핵심적 초점을 문제해결에 두어야 한다고 주장할 때 뜻하는 문제란 충분히 잘 연습한 계산기능과 공식, 알고리즘을 적용하면 쉽게 풀리는 정형적인 문장제 문제보다 그 이상의 무엇인가를 요구하는 문제이다.

사실 대부분의 연구자들은 문제해결에서 의미하는 "문제"(problem)의 경우 문제해결자가 어느 정도의 난관을 겪도록 하는 요소를 가지고 있어야 한다고 정의하고 있다. 즉, 문제해결자가 문제를 어떻게 더 풀어나갈지를 모르는 시점이 되었을 때 주어진 과제는 그 학생에게 문제가 되는 것이다. 예를 들어, Krulik과 Rudnick은 "문제를 해결하고자 하는 개인이 그 문제의 답을 구하는데 필요한 분명한 수단이나 길을 찾을 수 없는 상황"을 문제라고 정의하였다. 수학교과서에 있는 문장제 문제들을 사용해서는 사실 "문제해결" 능력을 연습할 수 없는데 그 이유는 이런 문제들은 문제해결자를 난관에 봉착하도록 할 수 없기 때문이다. 주어진 문제에 대해 만약 학생들이 어떤 전략과 연산을 적용해야 하는지를 즉각적으로 안다면 이 문제는 이들 학생들에게는 문제가 아니라 단순한 연습에 불과한 것이다.

> "문제를 해결한다는 것은 문제를 풀어갈 길이 보이지 않을 때 길을 찾는 것이며, 난관을 극복하기 위한 방법을 찾는 것이며, 장애물을 피해 나갈 방법과 길을 찾는 것이며, 적절한 수단을 사용해서는 금방 달성할 수 없는 목적을 달성하는 것이다."
> (George Polya)

> 문제해결의 측면에서 볼 때, 주어지는 문제는 어떤 학생에게는 문제가 될 수 있지만 다른 학생에게는 연습정도에 불과할 수 있으며, 또 다른 학생에게는 좌절을 주는 것이 되기도 한다.

더구나 어떤 학생들에게는 단순한 연습에 해당하는 수학적 상황이 다른 학생들에게는 진정한 문제해결적 능력을 요구하는 문제가 되기도 한다. 아래의 수학적 상황은 아직 대수를 공부하지 않은 대부분의 중학생들에게 진정한 문제해결적 능력을 요구하는 문제의 예이다.

> 지난 주 토요일 우리 학교의 합창단은 정기 연주회를 열었는데, 어른의 입장권은 3,000원이었고 중고등학생의 입장권은 2,000원이었다. 이날 연주회에 참석한 사람은 모두 100명이었고 입장권 수입은 총 232,000원이었다. 그렇다면 이날 참석한 어른의 수와 학생의 수는 각각 몇 명인가?

이 문제를 푸는데는 자연수의 덧셈과 곱셈 이상의 어떠한 고급 계산지식이 필요하지 않다는 것을 알 수 있다. 그렇지만 문제에 나와 있는 여러 숫자에 몇 가지 연산을 단순히 적용한다고 해서 해결되는 문제도 아니다. 이런 의미에서 이 문제는 수학교과서에 나와 있는 많은 문장제 문제와는 다른 특징을 가지고 있다.

물론 위의 문제를 연립방정식으로 변형하여 풀 수 있는 실력을 가진 학생에게는 이 연주회 문제의 답을 구하는 것은 단순한 연습에 불과할 것이다. 그렇지만 이러한 대수적 풀이법을 모르는 학생들은 보다 창의적인 접근법을 사용해야 한다. 예를 들어, 초등학교 5학년이라면 총 참석자가 100명이 되도록 어른과 학생의 수를 추측하고, 이 추측에 따라 얼마의 입장권 수입이 생기는지를 검사하고, 입장권 수입이 232,000원보다 적거나 많음에 따라 체계적으로 이 추측을 계속해 나갈 것이다. 다른 방법으로는 조직적인 표를 사용하여 학생 1명과 어른 99명, 학생 2명과 어른 98명 등의 경우에 따른 총 수입액을 계산하는 식으로 이 문제를 해결할 수도 있다. 몇 가지 경우에 대해 이런 식으로 조사를 한 후 패턴을 찾고 이 패턴을 사용하여 원하는 답을 추론해 낼 수 있다.

학교교실에서의 문제해결

이미 알고 있는 절차를 적용하기만 하면 풀리는 문제와는 달리 위의 연주회 입장권 문제와 같이 학생들이 그 이상 무엇인가를 해야 하는 문제다운 문제에 대한 관심이 현재 수학교육과정의 측면에서 증가하고 있다. NCTM의 '교육과정과 평가 스탠다드'에서는 수학교사들이 수업에서 폭넓고 다양한 범위의 문제를 다루어야 한다고 권고하고 있다. 예를 들어, 과정문제(process problems, 위의 연주회 입장권 문제와 같이 답을 구하는 것보다는 학생들이 사용하는 문제 해결을 위한 다양한 과정에 보다 관심을 두고 있는 문제)를 수업 내용에 포함하는 것이 중요하다. 수학수업에서 다룰 수 있는 다른 유형의 문제로는 퍼즐문제, 논리문제, 공간지각 문제, 실세계 적용문제 등이 있다. 또한 개방형 성격을 띠고 있으면서 해결하는데 상당한 시간이 필요하다는 면에서 다른 문제들과 구별되는 프로젝트 문제도 중요하다.

> "5-8 학년의 수학과 교육과정에서는 확률, 통계, 기하, 유리수 등과 같은 주제와 연관된 보다 복잡한 문제들을 포함시켜 중학생들이 수학적 능력을 신장시킬 수 있도록 해야 한다... 실세계 현상에 수학을 적용하는 문제에서부터 수학적 아이디어의 탐구과정에서 생겨난 문제에 이르기까지 다양한 유형의 문제들을 균형 있게 포함시켜야 한다."

더 나아가서 NCTM의 '교육과정과 평가 스탠다드'는 수학은 문제해결 상황을 통해서 가장 실제적으로 잘 가르쳐진다고 분명히 밝히고 있다. 중요한 수학적 개념들(예 : 넓이, 둘레, 부피, 함수, 평균 등)과 관련된 문제와 씨름할 때 학생들은 이들 개념과 이들 사이의 관계에 대한 보다 분명한 이해를 형성하게 된다.

> **수학 적용문제 :**
> 사각형 모양의 케이크의 위쪽과 바깥쪽 네 면을 달콤한 크림으로 얇게 입혔다. 5명에게 같은 양의 케이크와 크림이 돌아가도록 하려면 이 케이크를 어떻게 잘라야 할까?

문제해결 과정에 관련된 요인은 무엇인가?

Polya가 말했듯이 문제해결은 문제의 이해(understanding the problem), 계획의 수립(devising a plan), 수립한 계획의 실행(carryig out the plan), 반성(looking back)이라는 4단계로 이루어진 복잡한 과정이다. 많은 학생들이 생각하는 것과는 달리 비록 경험 있는 유능한 문제해결자라고 하더라도 어떤 문제에 직면했을 때 머릿속에 즉각적으로 항상 어떤 해결방법이나 계획을 가지고 있는 것은 아니다. 사실 유능한 문제해결자일수록 문제의 이해, 해결을 위한 계획 세우기, 계획을 실행하는 과정뿐만 아니라 문제를 해결한 다음에도 자신들의 풀이를 반성하는 활동에 상당히 많은 시간을 투자한다. 한편 문제해결 능력이 부족한 사람들은 문제의 이해나 해결을 위한 계획 수립에 상당한 시간 투자 없이 바로 문제 풀이에 뛰어드는 경향을 가지고 있다.

문제해결은 위에서 언급한 4단계의 활동이 필요함과 동시에 또한 주어진 문제상황에 대한 문제해결자 자신의 이전 경험, 지식, 직관 등을 전부 동원하여 협력적으로 사용하는 능력을 요구한다. 특히, 문제해결의 성취도는 지식(knowledge), 신념(beliefs), 정서(affects), 조정(control), 사회문화적 맥락(sociocultural contexts)이라는 적어도 5가지 요인들의 범주가 상호 관련되어 결합된 함수와 같은 것이다. 아래 그림은 이들 요인들을 포함하는 범주의 예를 나타낸 전체적인 모델이다.

> "오늘날의 수학은 계산 그 이상의 다양한 수학적 능력이 요구된다. 문제에 대한 해석과 설명, 연역적 추론에 의한 결과의 도출, 대안적 해결 방법의 탐색과 구성, 수학적 활동을 위한 적절한 도구의 개발 등은 방정식을 풀고 답을 구하는 만큼이나 현대 수학자들의 중요한 능력의 일부분이다."

수학적 문제해결과 관련된 요인들

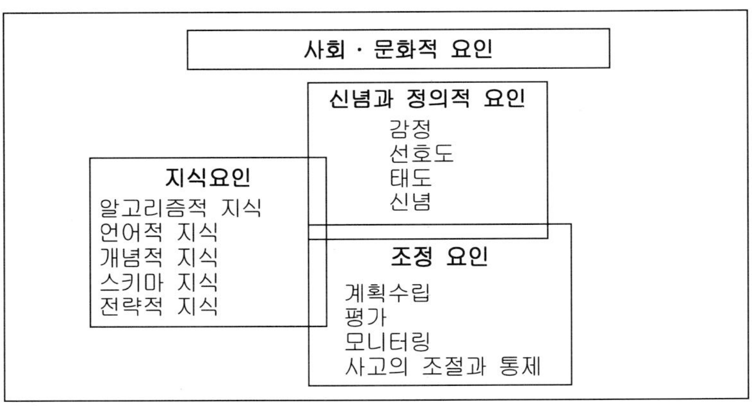

학생들이 문제해결에서 어려움을 겪는 이유

학생들이 문제해결에서 어려움을 겪는 이유에 대하여 수학교사와 연구자들의 공통된 설명에 따르면에 있는 요인들 중 한 가지 이상의 요인들이 서로 연관되어 있다고 한다. 문제해결에 관한 여러 연구문헌의 조사로부터 밝혀진 사실은 중학생들의 문제해결에서의 어려움은 이들 요인들에 기인한다는 것이다. 이들 요인들이 비록 개별적으로 이 어려움에 영향을 줄 수도 있지만 대부분의 경우 학생들의 문제해결 성취도는 이들 요인들의 상호작용에 의해 영향을 받는다.

○ 지식 요인(knowldege factors)

수학적 문제를 효율적으로 풀기 위해서는 이 문제를 해결하는데 필요한 적절한 지식을 가지고 있어야 하며 또한 이 문제 풀이와 관련된 여러 기능들을 적절하게 통합하여 사용할 수도 있어야 한다.

알고리즘적 지식

알고리즘적 지식의 한 유형에 속하는 계산 기능은 효율적인 문제해결을 위해서 반드시 필요한 지식이지만 그렇다고 해서 충분한 요소는 아니다. 기초적인 계산을 할 수 없는 학생들이 문제해결에서 어려움을 겪는다는 것은 당연한 사실이다. 그렇지만 전국 모의고사를 통해서 조사된 바에 따르면 계산을 정확하게 수행할 수 있더라도 문제를 성공적으로 풀지 못하는 학생들이 의외로 많다는 것이다. 이러한 사실은 문제해결을 위한 지도가 수학교실에서 필요하다는 것을 의미한다.

> NAEP에서 실시한 시험결과에 따르면 이 시험에 참가한 중학교 1학년생의 70%가 2/3 × 2/5를 정확하게 계산했는데 비해 이 문제와 거의 유사한 문장제 문제의 경우 20%도 안 되는 학생들만 정확하게 풀었다고 한다. 이 문장제 문제는 다음과 같다: "창수의 집은 학교에서 2/3km 떨어진 곳에 있는데 이 거리의 2/5를 걸었다면 창수는 몇 km를 걸었는가?"

언어적 지식

수학적 문제해결에 있어서 학생들이 겪는 어려움의 원인에 대한 또 다른 설명은 학생들의 독해 능력에서 기인한다는 것이다. 하지만 수학적 문제에 사용된 언어나 언어 구조에 충분히 익숙하지 못하거나 낮은 단어실력이 학생들의 수학적 문장제 문제의 이해를 방해한다고 주장한다면, 문제해결에서의 어려움과 독해에서의 어려움을 동일한 것으로 간주하게 되어 문제해결의 복잡성을 지나치게 단순하게 생각하는 실수를 범하게 된다. 왜냐하면 어떤 연구자들은 독해 능력이 문제해결의 성공을 좌우하는 핵심적 요인이라고 주장하는 반면 다른 연구자들은 특히 학생들이 그 문제에 사용된 단어에 대해 잘 알고 있는 경우라면 독해 능력은 수학적 문제해결에서 사소한 역할 밖에 못한다고 주장하고 있기 때문이다. 현재 진행 중인 연구에서는 독해 능력과 계산 능력이 어떻게 성공적인 문제해결에 동시에 작용하는지를 조사하고 있다.

> **논리력 평가문제** : 진수가 현재 창수의 나이와 같아질 때 창수는 수종의 나이보다 2배가 많다고 하면, 가장 나이가 많은 사람, 그 다음 나이가 많은 사람, 그리고 나이가 가장 어린 사람은 각각 누구인가?

개념적 지식

Zweng의 연구에 따르면 학생들이 문제해결에서 겪는 어려움을 야기시키는 것은 낮은 계산 능력이나 독해 능력이 아니라 어떤 연산을 수행해야 하는지, 즉 무엇을 어떻게 하는지를 아는 지식에 보다 좌우된다고 한다. 초등학교 6학년생들을 대상으로 한 문제해결에서 학생들의 전략 사용에 대한 연구를 보면 많은 학생들이 기초적인 사칙연산에 대한 확실한 이해가 부족함을 알 수 있다. 이들 학생들이 0을 포함한 자연수에 대한 뛰어난 계산 능력을 가지고 있으며 또한 한 단계 적용문제(수학적 사실, 개념, 원리, 법칙이나 사칙연산을 한번만 적용하여 답을 구할 수 있는 문제)는 성공적으로 잘 풀었지만 보다 도전감을 불러일으키는 문제에 직면해서는 다양한 문제해결 전략을 전혀 사용하지 못했다. 예를 들면, 문제에 내포되어 있는 의미에 따라 숫자와 사칙연산을 선택하여 사용하는 것이 아니라 그 문제에 나타나 있는 여러 숫자들에 대해 모든 기초 연산인 덧셈, 뺄셈, 곱셈, 나눗셈을 이리저리 해서 숫자 크기가 가장 그럴듯해 보이는 것을 택하는 아주 비체계적인 전략을 사용했다. 이러한 방식으로는 성공적으로 풀 수 없는 문제를 경험해보지 않는다면 이들 학생들은 계속해서 초보적이고 신뢰할 수 없는 이런 전략들을 사용할 것이다.

수학적 이해를 계발하고자 하는 노력 없이 계산 능력만 향상시키고자 열을 올리고 있는 많은 중학교 수학교실에서의 수업방식에 의해 이와 같은 어려움이 널리 만연되어 있다. 문제해결의 다양한 능력을 요구하는 진정한 문제를 학생들이 해결하도록 하는 것이 아니라 기초적인 계산 기능을 연습하는데 수업시간의 상당한 분량을 할애하는 교사들이 많다. 더구나, 어떤 수학교사들의 경우 사용해야 할 연산을 결정할 때 문제에(예: "~의 전부(전체)는" 이란 단어가 나오면 덧셈을 하고 "~의(또는 중에)"란 단어가 나오면 분수곱셈을 하고) 있는 핵심 단어에만 집중하면 된다는 것을 학생들에게 지나치게 강조하여 가르치기도 한다. 이렇게 되다보니 이런 전략은 조금만 복잡한 문제에도 적용할 수 없음에도 불구하고 많은 학생들이 핵심단어에 의한 문제풀이를 상당히 많이 사용하고 있는 실정이다.

> 어떤 연구에 의하면 초등학교 6학년 학생들 중 1/3이 $6 \times 3 = 18$이라는 숫자로 된 문제에 맞는 문장제 문제를 만들지 못했다.

스키마 지식과 전략적 지식

뛰어난 문제해결자는 그렇지 못한 문제해결자 보다 이전에 풀어 본 여러 문제의 구조에 대해 더 잘 기억하며(스키마 지식) 이전의 문제풀이에서 범했던 실수로부터 더 잘 배우며 이전에 풀어 본 문제에서 했던 것과 지금 풀어야 할 문제를 서로 더 잘 연관시킨다. 뛰어난 문제해결자는 일반적으로 마음대로 쓸 수 있는 다양하고 폭넓은 전략(전략적 지식)을 가지고 있으며 다양한 문제상황에 맞도록 이들 전략을 선택하는 능력을 소유하고 있다.

신념과 정의적 요인들

성공적 문제해결자와 비성공적 문제해결자는 문제해결에 대한 그들의 태도와 신념, 문제해결자로서의 자신에 대한 태도와 신념, 그리고 문제를 해결해 나가는 방식에 대한 태도와 신념에서 서로 차이가 있다. 많은 학생들의 경우 수학 문제는 짧은 시간 안에 풀려야만 한다는 잘못된 신념을 키워가고 있다. 또한 학생들은 오랫동안 지속된 실패 경험의 결과로 인하여 자신들이 문제해결자로서 충분한 자질을 갖추고 있지 못하다는 이미지를 가지고 있다. 학생들뿐만 아니라 많은 성인들도 자기 자신을 수학에 대해서는 전혀 가망이 없는 사람으로 확신하고 있음을 볼 수 있다. 더구나, 많은 학생들이 수학 문제는 전부 단지 "한 가지" 옳은 방법만 있다고 믿고 있다. 이런 학생들은 문제를 푸는데 있어서 다른 방법을 발견했을 때의 그 흥분감과 희열을 알 수 없으며 또한 자신들의 답이 정답인지를 스스로 확신하지 못하고 교사나 답안지에 전적으로 의존하게 된다.

> 신문의 만화 기고자인 Gary Larson의 "지옥의 도서관"이란 만화가 교실 게시판에 게시되어 있다. 이 만화에는 남의 불행이 아주 즐거운 듯이 흡족한 웃음을 짓고 있는 악마가 넘쳐나는 책이 꼽혀있는 책장들이 일렬로 늘려 있는 방을 지나오면서 공포로 겁에 질린 학생들을 바라보고 있다. 이 책장에 있는 책들의 제목은 모두 달랐지만 같은 주제를 나타내고 있었다 : 문장제 수학문제, 심층 문장제 문제, 수학문제 대전, 재미난 수학문제. Larson은 수학적 문제해결에 대해 많은 학생들이 경험한 공포감을 이 만화에서 아주 뛰어나게 묘사하고 있다.

조정 요인들

최근 많은 연구자들은 문제해결과 메타인지를 서로 연관지어 연구하고 있는데, 메타인지(metacognition)란 용어는 일반적으로 연관된 두 가지의 개념을 언급하는 말이다: ① 자기 자신의 지식과 사고 과정에 대한 자각과 ② 주어진 문제상황과 관련된 자신의 사고와 그 과정을 모니터하는 능력. 초보적인 문제해결자일수록 자신의 사고 패턴에 대해 자각하지 못하는 경향이 있다. 또한 이들은 문제해결을 하기 전이나 하는 도중에라도 자신의 풀이 방식의 효율성과 생산을 한번 더 생각해보는 반성의 시간을 거의 가지는 않는 경향이 많다. 따라서 문제를 해결하는 동안 자주 멈추어 서서 다른 방법은 없을까를 생각해보는 습관을 가지도록 하는 것이 학생들에게 중요한데, 특히 문제해결이 생각보다 잘 진행되지 못할 때는 더욱 그러하다. 문제를 해결하는 과정에서 중학생들이 보다 메타인지적으로 자각할 수 있는 방안을 찾고자 하는 시도가 여러 연구자들에 의해 있었지만, 이들 학생들이 자신들의 사고에 대해 보다 자각하고 보다 잘 모니터링 할 수 있도록 지도하기 위한 간단한 교수 방법은 아직 제안되지 않고 있다.

사회 · 문화적 요인들

문제해결의 유창함은 수학교과서 문제나 학교 수학수업의 경험을 통해서 충분히 길러줄 수 있는 것이 아니다. 여러 연구에 따르면 학생들은 문제해결에 아주 유용한 자신들만의 해결 전략들을 학교 밖에서 습득하여 배운다고 한다. 그런데 이들 학생들의 경우 유사한 문제에 대하여 학교에서 배운 수학을 적용하는 데는 자주 어려움을 겪는다고 한다. 따라서 교사들은 가능하다면 언제든 학생들이 수학교실 밖에서 이미 경험한 것에 기초하여 수학수업을 설계하고 실시하는 것이 좋다. 더 나아가, 교실에서의 사회적 환경도 학생들의 문제해결 성취도에 영향을 주는 잠재적 요인임을 간과해서는 안 된다.

문제해결 수업의 구성 요소

학생들의 문제해결 능력은 단시간에 길러질 수 있는 것이 아니므로 문제해결 수업은 장기적 안목에서 진행되어야 한다. 이러한 수업에는 다음과 같은 세 가지 필수적인 요소를 포함된다.

- 수업활동에 적합한 문제해결 과제와 자료물
- 분명한 교사의 역할
- 수업을 조직하고 실행하기 위한 지침 사항들

다음의 내용은 이들 요소와 관련된 연구 결과를 중심으로 살펴보고자 한다.

수업활동에 적합한 문제해결 과제와 자료물

문제해결이란 용어는 매우 다른 유형의 여러 가지 문제를 언급할 때 사용하는 용어임을 앞에서 말했다. 문제해결 수업을 설계할 때 교사는 이러한 각각의 유형에 맞는 문제를 포함시키도록 노력해야 한다. 그렇다고 해서 단지 문제 유형만 다양하게 해서 학생들에게 제공하라고 하는 뜻은 아님을 명심해야 한다. 즉 교사는 문제의 내적 특징들 또한 신중하게 고려해야 한다.

동기를 부여하는 문제

학생들에게는 실세계의 응용문제가 보다 의미 있고 관심을 가지게 하는 것 같다. 더구나 연구결과에 따르면 문제가 학생들의 관심을 끌 수 있는 내용이라면, 예를 들어 반 학생들의 이름으로 대입한다거나 학생들에게 인기 있는 노래, 영화, 만화 등의 배경을 사용하거나, 학생들은 주어진 문제에 대해 보다 쉽게 관심과 흥미를 가질 수 있다. 학생들의 관심과 흥미를 끌 수 있는 또 다른 방법은 학생들에게 스스로 문제를 만들어 보게 하여 반의 다른 학생들에게 서로 바꾸어서 풀어보도록 하는 기회를 자주 가지도록 하는 것이다.

생략되었거나, 관계없거나, 모순된 정보를 가진 문제

학생들에게 정보가 생략된 문제, 관계없는 정보를 포함하고 있는 문제, 또는 모순된 정보를 담고 있는 문제를 풀도록 해야 하는데, 그 이유는 이러한 유형의 문제들이 실세계에서 일어날 수 있는 전형적인 문제들이기 때문이다. 연구에 따르면 학생들은 관계없는 정보를 포함하고 있는 유형의 문제를 다른 유형의 문제들보다 더 어려워한다고 한다. 그 이유는 사용해야 하는 숫자와 문제를 푸는데 필요한 단계의 수, 이들 단계를 수행하는 순서에 대해 더 신경을 써야 하기 때문이다. 이와 유사하게 정보가 생략되어 있는 문제나 모순된 정보를 포함하고 있는 문제도 학생들이 어려워하기는 마찬가지이다. 학생들이 문제에 포함되어 있는 관계없는 정보나 생략된 정보, 모순된 정보를 파악할 수 있도록 지도하는 한 가지 방법은 문제해결식 수학수업에 독해 활동을 통합하여 사용하는 것이다. 또한 문제에 있는 필수적인 정보는 추출하여 조직하고, 관계없는 정보는 제거하는데 사용할 수 있는 구체적인 전략들을 학생들에게 가르치는 방법도 유용할 것이다.

문제해결과 관계없는 정보를 포함한 문제의 예

자정을 기점으로 태풍이 한반도에 상륙함으로써 제주도 지역의 바람이 점차 강하게 불기 시작했다. 그때로부터 매 10분마다 바람 속도는 두 배가 되었고 다섯 그루의 나무가 뽑혀져 땅에 쓰러졌다. 12시 30분, 바람 속도는 시속 120km 였다면 자정인 12시의 바람의 속도는 얼마였는가?

계산기, 컴퓨터, 다른 종류의 공학 사용

연구결과에 따르면 계산기를 사용했을 때 학생들의 전반적인 문제해결 성취도가 향상되었는지에 대한 결론은 아직 정확하지 않은 실정이다. 그렇지만 한 연구에 따르면 중학교 학생들에게 문장제 문제 풀이에서 계산기를 사용해서 계산을 하도록 했을 때 문제해결 전략의 선택과 사용에서 보다 성공적이었으며, 계산기를 사용한 이들 학생들의 경우 수학에 대해 보다 긍정적인 태도를 보였다고 한다. 또 다른 연구 결과에 의하면 계산기를 사용한 학생의 경우 문제에 대한 자신들의 방법에 대하여 더 많이 생각하였다고 한다. 문제해결을 하는 동안 계산기를 사용하도록 허용한다는 것은 문제에 포함되어 있는 숫자를 지필계산을 위해 간단한 숫자로 한정할 필요가 없음을 의미하는 것이다. 따라서 계산기의 도움으로 학생들은 지필 환경에서는 불가능했던 많은 수학적 개념들을 배울 수 있고 또한 지필 환경에서보다는 훨씬 실제적인 문제를 다룰 수 있게 된다.

컴퓨터는 문제해결을 위한 도구일 뿐만 아니라 학생들의 문제해결 기능을 발전시키는 교수 도구로서의 역할도 수행하는 잠재력이 큰 학습도구이다. 컴퓨터의 도구로서의 역할을 보면 컴퓨터는 빠르고 정확하게 큰 자료를 생성시킬 수 있고, 그래프를 그리고, 수학적 시뮬레이션을 수행할 수 있다. 문제해결 기능은 프로그래밍 활동이나, 스프레드쉬트, 탐구형/추측 소프트웨어, 컴퓨터 통제 양방향 비디오 등을 사용하여 길러질 수 있다. 이런 영역에 대한 연구가 비록 부족한 실정이지만 중학교 학생들을 위한 문제해결식 수업을 향상시키기 위해 공학을 어떻게 활용해야 하는가를 설명해 놓은 몇 연구들이 있다.

문제해결 단계에 초점을 둔 활동

완벽한 문제해결식 수업을 위해서는 지금까지 다루어보지 못한 생소한 문제를 어떻게 접근해야 하는지를 학생들이 배울 수 있도록 해야 한다. 그러기 위해서는 문제해결 과정에서 밟아나가야 하는 과정들이 있음을 지도해야 하며 또한 문제를 풀어 나가는 동안 이들 과정들을 계속해서 왔다갔다하는 사이클식 접근이 필요함을 지도해야 한다. Polya의 문제해결 4단계는 이러한 의미에서 교사와 학생 모두에게 생소한 문제를 공략할 때 보다 체계적인 접근을 할 수 있도록 해 주며 이로써 생소한 문제에 대해 안정감을 느끼게 해 준다.

문제해결의 다양한 전략을 활용할 수 있도록 하는 활동

학생들이 생소한 문제상황을 잘 다룰 수 있도록 도와주는 또 다른 방법은 문제해결의 다양한 전략이나 발견술(heuristics)에 익숙해지도록 하는 것이다. 발견술이란 광범위한 유형의 문제를 해결하는데 유용한 일반적인 문제해결 방법을 말하는 것으로 다이어그램 그리기, 표 만들기, 또는 목록 만들기 등이 그 예이다. Polya는 그의 문제해결에 관한 유명한 저서인 How to Solve It에서 다양한 발견술을 예시하여 설명하였다. 다른 유형의 발견술을 사용해 본 경험은 학생들에게 주어진 문제에 대한 문제해결 과정과 가능한 전략선택을 더 잘 이해하도록 해 준다. 문제해결 점수를 높게 하는데 유용한 여러 전략들 중에는 패턴찾기, 추측과 검사, 거꾸로 풀기, 다이어그램 그리기 등이 있다. 연구자들은 또한 다이어그램 그리기나 문제를 단순화시켜 풀기와 같은 전략을 사용한 학생들의 경우 어떤 전략이 잘 적용되지 않을 때 다른 전략을 선택하여 사용할 수 있는 전략선택의 유연성이 매우 좋다는 결론을 얻었다.

> **응용문제 :**
> 8명이 한 그룹이 되어 3일 동안 캠핑을 가려고 하는데 이 기간동안 먹을 물을 들고 가야 한다. 그래서 캠핑 가이드책을 조사한 결과 5명으로 구성된 한 그룹이 하루에 필요한 물의 양이 12.5 리터라고 한다. 그렇다면 이 그룹이 들고 가야할 물의 양은 얼마인가?

> **공간추론 문제 :**
> 6개의 이쑤시개를 가지고 정확하게 4개의 삼각을 만들 수 있는 방법은? 단, 이쑤시개를 부러뜨려서는 안 된다. (답: 사면체)

수학에 대한 사고의 유연성을 기를 수 있는 활동

중학생들의 경우 자신들이 구한 답을 어떻게 구했는지 잘 설명하지 못하는 것은 별스러운 일도 아니다. "그냥 하니까 답이 나왔어요!"라고 설명하는 경우가 일반적이다. 학생들이 자신들의 수학적 이해에 대해 잘 설명할 수 있으려면 수학적 연산과 개념에 대한 구체적인 용어나 언어 사용을 수업시간에 수학교사가 제공해주어야 한다. 그리고 또한 자신들의 수학적 아이디어에 대해 대화할 수 있는 기회를 자주 만들어주어야 한다.

수학적 이해와 언어 사용의 유창성을 발달시킬 수 있는 한 가지 방법은 글이나 그림으로 질문을 만들도록 하는 것이다. 이와 유사한 방법으로는 어떤 연산과 숫자들을 주고 학생들에게 문장제 문제를 만들어보게 하는 활동이 있다. 그런 다음 학생 자신들이 만든 문장제 문제를 학급의 다른 학생들과 토론하도록 하여 만든 문제에 있는 에러를 찾아보도록 한다.

◎ 문제해결 수업에서 교사의 역할

수학교실에서 교사의 역할이 가장 중요하다는 사실에는 이견의 여지가 없음에도 불구하고 문제해결을 가르칠 때 교사의 역할이 무엇인지에 대한 연구는 최근까지 거의 없는 실정이다. 그러나 지난 10년 동안 이 분야에 대한 흥미로운 몇 가지 연구가 수행되었다.

교수 행동

Charles와 Lester는 미국 전역에 걸쳐 다양한 학교와 많은 교사들을 대상으로 수행한 연구를 통해 문제해결 수업 동안 교사의 행동에 대해 연구했으며 이 연구로부터 교사의 효과적인 행동을 제시하였다. 아래 표는 교사중심의 문제해결 수업을 할 때 사용할 수 있는 교수 행동을 목록으로 제시해 놓은 것이다. 이 표를 보면 교수 행동은 Polya의 문제해결 4단계와 밀접하게 연관되어 있음을 알 수 있다.

Charles와 Lester의 권고에 따르면, 학생들이 문제를 풀기 시작하기 전에 그 문제에서 구하고자 하는 것이 무엇인지, 어떤 조건이 주어져 있는지, 고려할 필요가 있는 가정은 무엇인지에 대해 학생들이 충분히 이해할 수 있도록 교사가 토론을 이끌어야 한다. 그 다음으로는 문제해결의 계획을 수립하는 단계에 어느 정도 도움을 주기 위하여 교사는 그 문제를 해결하기 위한 방법에 대해 학생들이 개방적인 논의를 하도록 해야 한다. 그리고 학생들이 그 문제를 풀고 있을 때(개인별이거나 소그룹별이거나), 교사는 교실을 순회하면서 적절한 순간에 신중하게 선택한 힌트를 제공하고 필요하다면 발전문제를 제공하기도 해야 한다. 마지막으로, 그 문제를 해결했을 때 문제해결의 교수에서 가장 중요한 교수 행동이 남아 있는데, 교사는 학생들이 자신들의 풀이를 반드시 다시 되짚어보도록 해야 한다. 이것을 위해서 학생들에게 답의 타당성을 검사하도록 해야 하고, 서로에게 자신들의 답을 설명하도록 해야 하며, 이 문제를 다른 문제와 연결시켜 보도록 해야 하며, 성공적으로 답을 구했거나 답을 구하는데 실패했거나 이로부터 무엇을 배웠는지 반성해 보도록 해야 한다.

문제해결을 위한 교수 행동

교수 행동	목 적
문제를 해결하기 전	
1. 문제를 학급에게 읽어주거나 한 학생을 지명하여 문제를 읽게 한다. 잘 모르거나 이해 안 되는 단어나 문구에 대해 토론한다. 2. 이 문제에 대한 이해를 위해 학급 전체토론을 실시한다. 3. (선택활동) 가능한 해결 전략에 대해 학급 전체토론을 실시한다.	• 문제를 신중하게 읽는 것이 얼마나 중요한지를 예시하며 수학에서는 특별하게 해석해야 하는 단어들에 초점을 둔다. • 문제에 있는 중요한 데이터에 주의를 집중하도록 하여 그 문제의 부분 부분을 분명히 한다. • 그 문제를 해결할 수 있는 가능한 방법에 대한 아이디어를 이끌어 낸다.
문제를 해결하는 동안	
4. 학생들이 문제를 해결하는 과정의 어느 곳에 있는지 관찰하고 질문을 한다. 5. 필요하다면 힌트를 제공한다. 6. 필요하다면 발전문제를 제공한다. 7. 답을 구한 학생에게 문제에 대한 정답인지 확인하도록 한다.	• 문제해결과 관련된 학생들의 강점과 약점을 진단한다. • 문제를 해결하는 과정에서 봉착했던 어려움을 극복하도록 돕는다. • 학생들로 하여금 자신들의 풀이를 다시 살펴보도록 하고 그 풀이가 스스로 이해되는지 확실히 하도록 한다.
문제를 해결 한 후	
8. 해법을 제시하고 토론한다. 9. 지금 풀어 본 문제와 이전에 풀어 본 문제를 서로 연관시켜 생각해 보도록 하고 그 문제의 발전문제를 풀어보도록 한다. 10. 문제 진술에 딸린 그림과 같이 그 문제의 특징을 논의한다.	• 해답을 찾는데 성공적으로 사용된 서로 다른 전략들을 제시하고 이름을 붙이도록 한다. • 특정한 전략들이 유용할 수 있는 여러 유형의 문제상황이 있다는 것을 학생들에게 인식시킨다. • 문제의 특징이 문제를 생각하는 방법에 어떻게 영향을 미칠 수 있는지를 보여준다.

"어떠한 문제이든지 간에 그 해답을 구하는 과정에서 얻어지는 것이 있다. 주어진 문제가 여러분의 수준에 적합할 수도 있다. 그러나 만약 그 문제가 여러분의 호기심을 자극한다면... 그리고 여러분이 그 문제를 혼자 스스로 푼다면... 여러분은 발견의 큰 성취감을 느낄 것이다. 감수성이 예민한 나이에 느껴보는 이러한 경험은 정신활동의 맛을 알게 하여 그 맛을 마음 속에 깊이 평생 간직하게 만들 것이다.(George Polya, 1957, How To Solve It에서)

몇 연구자들은 학급 앞에서 교사가 문제를 해결하는 동안 교사 자신의 사고과정을 큰 소리로 자세하게 말하게 하여 학생들이 교사의 이러한 문제해결 행동을 모델로 삼을 수 있도록 하는 방법도 문제해결 지도에서 유용하다고 제안하였다. 이때 학생들에게 교사의 행동을 자세히 관찰하도록 해야 하며, 그런 다음 자신들이 관찰한 교사 행동을 토론하고 비판하도록 해야 한다. 중학교 1학년 학생들을 대상으로 이 아이디어를 실험한 연구자들에 따르면 그 학급의 수준에 적합한 문제를 푼 보다 경험 있는 학생들의 문제해결 과정을 비디오로 녹화한 것을 보여주는 것이 더 좋은 방법이라고 제안하고 있다.

> **경험자로부터의 조언 :**
> "저는 문제를 풀 때 마치 과거에 배운 전통적인 해법을 하나도 모르듯이 한 문제 한 문제를 풀어나갑니다. 그러면 우리 반 학생들은 훨씬 더 문제 풀이에 적극적으로 열심히 참여합니다. 그들은 무엇인가를 창조해 냅니다. 이것은 마치 Felix Klein이 말한 바와 같아요 : 수학자는 엄격한 연역적 방법으로 문제를 해결하지 않고 오히려 환상을 사용하여 문제를 푼다."

질문기법

위에서 언급했던 교수 행동을 통해서 학생들을 지도할 때 고차적 수준의 질문기법을 통합시키는 것이 좋다. 그런데 수학교실에서 교사가 던지는 질문의 80%는 직사각형의 넓이 구하는 공식을 묻는 것처럼 단지 사실적 지식의 기억을 요구하는 질문들이란 사실이 연구자들에 의해 밝혀졌다. 한편 효율적인 교사들은 기억의 재생을 요구하는 질문과 함께 설명을 요구하는 고차적 수준의 질문을 동시에 던진다. 예를 들어, "만약 100미터 짜리 울타리가 있다면 이 울타리도 칠 수 있는 가장 큰 직사각형 정원의 넓이는 얼마인가? 이 문제의 풀이를 설명하시오." 또한 효율적인 교사는 학생이 정답을 말했을 때 그 후속질문을 묻는 경향이 있다. 예를 들어, "만약 50미터 짜리 울타리가 있다면 어떻게 되는가? 만약 직사각형의 정원의 한 쪽을 담을 따라서 울타리를 친다면 어떻게 되는가?" 이러한 후속질문들은 학생들에게 자신들의 사고를 다시 생각해보도록 하며, 답이 어떻게 달라질 수 있었을 것인지 또는 어떻게 좀 더 효율적으로 문제를 해결할 수 있었을 것인지를 토론하도록 한다. 뛰어난 교사는 학생들이 자신들의 문제해결 과정에 대해 반성을 하고 자신들의 문제해결 행동의 적합함에 대해 의문을 제기하기 전까지는 문제가 완전히 해결되었다고 보지 않는다.

문제해결식 수업의 조직과 실행

문제해결식 수업을 교사가 어떻게 계획하든지 간에 이를 조직하고 실행하기 위한 지침에 대한 고려가 있어야 한다. 이때 교실 분위기, 소그룹 형성 절차, 시간 할당, 평가 절차 등을 반드시 고려해야 한다.

교실 분위기

문제해결 기능을 가르치기 위한 가장 이상적인 교실 환경은 수학에 대한 의사소통을 장려하고 학생들의 다양한 설명과 아이디어를 수용하는 환경으로 실천하기가 쉽지 않다. 이런 환경이라면 기꺼이 학생들은 자신들의 전략을 논의하고 자신들의 해법에 대한 비판에 대하여 자신을 방어하려고 할 것이다. 교사는 학생들의 실수에 대해 인내심을 갖고 기다려 주어야 하며, 처음의 해법이 성공적이지 못했을 때 학생들이 포기하지 말고 계속 문제를 공략하도록 격려해야 하며, 학생 자신들의 수학적 경험을 이해할 수 있는 기회를 제공하기 위하여 교사는 개방적이며 수용적 태도를 항상 유지해야 한다.

문제해결 활동을 위하여 학생들을 소그룹화

문제해결식 수업에서는 개인별, 소그룹별, 학급전체에 의한 활동이 이루어져야 하는데 그 이유는 학생들이 이들 각 활동을 하는 가운데 서로 다른 문제해결 행동을 경험할 수 있기 때문이다. 그렇지만 위에서 권고했던 교실 분위기를 촉진시키고 모든 학생들의 적극적인 참여와 의사소통을 위해서는 소그룹으로 문제해결 활동을 하도록 하는 것이 적합하다.

문제해결을 위한 시간 할당

학생들의 문제해결 능력을 신장시키려면 그들에게 문제를 해결하는데 필요한 충분한 시간을 주어야 한다. 문제해결은 수학교실에서 가르쳐야할 수많은 내용과 별개로 가르쳐야 하는 주제가 아니라 모든 수학수업과 수학과 교육과정의 모든 부분에 포함되어야 하는 하나의 과정이다.

문제해결 수업에서 학생들에게 제시되는 문제는 다양한 유형과 깊이가 있어야 하기 때문에 문제를 해결하는데 주어지는 시간 또한 문제에 따라 다양하게 주어져야 한다. 한 시간의 수학수업 시간 동안에 학생들이 모든 문제를 다 풀도록 해서는 안 된다. 연구결과에 따르면 문제해결 활동을 위해서는 상당한 시간을 할당해야 하며, 특히 문제이해 단계에 시간을 많이 할당해야 한다. 그리고 학생들이 수학적 개념들을 의미 있게 이해하고 이들을 통합시키기 위해서는 주어진 문제에 대해 서로 토론하는 시간을 주어야 한다.

퍼즐문제 :

1에서 9까지의 숫자를 한번만 사용하여 각각의 가로, 세로, 대각선의 숫자를 더했을 때 합이 15가 되도록 위의 마방진의 칸을 채우시오.

"학생들에게 몇 시간, 며칠, 또는 그 보다 더 긴 시간을 투자해야 풀릴 수 있는 문제를 해결하는 경험을 제공하고 또 끈기 있게 풀도록 격려해야 한다."

문제해결식 수업의 평가

"어떻게 우리 반 학생들의 문제해결 능력이 향상 되었는지 알 수가 있죠?" 이런 질문을 던지는 수학교사들은 학생들의 정답이나 오답만으로 문제해결 성취도를 점수로 나타낸다는 것이 어렵다는 것을 잘 알고 있는 교사로서 학생들의 문제해결 능력에서의 성장을 보다 정확하게 평가할 수 있는 방법을 찾고 있는 교사이다. 비록 문제해결 능력을 효율적으로 평가할 수 있는 평가 방법이 아직 구체적으로 많이 연구된 것은 아니지만 다양한 평가기법들이 수학교육자들에 의해 제안되고 있다.

NCTM에서 1987년에 출판한 '문제해결 성장의 평가방법'(How to Evaluate Progress in Problem Solving)은 약간 오래된 느낌이 있는 책이지만, 다양한 유형의 문제에 따른 평가방법, 다양한 전략과 발견술을 사용하는 학생들의 능력을 고려하는 평가방법, 그리고 문제해결 과정의 여러 단계의 달성여부에 대한 평가방법 등에 대하여 매우 구체적이고 실제적인 참고 자료를 많이 싣고 있다. 이 책은 또한 학생들의 신념, 태도, 모니터링 행동에서의 변화를 평가할 수 있는 방법에 대해 논의하고 있다.

응용과 문제해결을 강조하는 수학과 교육과정에서 평가를 효율적으로 하기 위해서는 결과뿐만 아니라 과정도 세세하게 측정할 수 있는 평가도구가 필요하다.

문제해결식 수학수업을 성공적으로 실시하는 수학교사들은 학생들에게 다양하고 폭넓은 문제상황을 제공해주어야 한다는 점, 문제해결 능력의 신장은 아주 느리게 이루어진다는 점, 그리고 문제해결의 여러 단계를 거치면서 자신들의 문제해결 과정을 모니터링 하는 것을 가르쳐야 한다는 점을 잘 알고 있다. 이들 교사들은 또한 문제를 해결하기 위한 여러 전략을 학생들에게 가르치는 것은 수학교실에서 충분히 가능하며 이와 더불어 문제해결과 이에 대한 학생 자신들의 능력에 대하여 긍정적인 신념을 키워나갈 수 있도록 지도하는 것도 중요함을 잘 이해하고 있다. 학생들에게 문제해결에 대한 자신들의 노력을 자주 말로서 표현하도록 지도하는 것도 수학교사로서는 잊어서는 안 될 중요한 사항이다. 이미 풀어 본 문제와 새로 주어진 문제들 사이의 관찰된 관계성을 토론하도록 하고, 대안적인 전략들도 고려하여 이들 전략을 선택하거나 선택하지 않는 이유를 설명하도록 하고, 학생 자신들의 풀이 과정과 답을 어떻게 모니터링하고 점검했는지를 설명하도록 해야 한다. Polya는 다음과 같이 수학교실에서 문제해결을 지도해야 하는 이유를 설명하고 있다:

> "수학교사들이 가지고 있는 두 가지 목적은 아마 이런 것일 것이다... 첫 번째는 학생들이 직접 문제를 풀 수 있도록 도와주는 것이다. 두 번째는 미래에 직면하게 될 문제를 그들 스스로 풀 수 있도록 학생들의 문제해결 능력을 키우는 것이다."

4. 문제해결과 메타인지(metacognition)

아래의 비정형 문장제 문제를 잠깐 살펴보자.

> 테이블 위에 8개의 10원짜리 동전이 한 줄로 놓여있다. 하나씩 건너뛴 자리에 이 10원짜리 동전 대신에 50원짜리 동전으로 놓고, 세 번째마다는 100원짜리 동전으로 놓는다. 그리고 네 번째에는 500원짜리 동전으로 놓는다. 이렇게 하면 전부 얼마가 되겠는가?

이 문제를 접하자마자 어떤 인상이 들었는가? 사실 이 문제를 푸는 데는 그렇게 심오한 수학 내용이 필요한 것은 아니지만 어느 정도의 수학적 추론 능력이 필요하다. 이 문제를 보면 동전을 어느 위치에 바꿔 놓느냐에 따라 한 가지 이상의 답이 나올 수 있다. 대부분의 학생들이 이 문제를 풀 때 가장 많이 사용하는 전략은 다이어그램이나 그림을 그려보는 것이 일반적이다. 또한 이 문제는 수학교과서에서 보는 전형적인 문제들과는 다르기 때문에 학생들은 풀어보려고 노력하게 되고 도전해 보려는 자세를 가지게 된다.

학생들에게 이 문제를 주고 다음 문장에 답하도록 한다.

> 이 문제를 풀기 전에 나는 이 문제를 한 번 이상 읽어보았다(해당하는 답에 동그라미 하시오.).
>
> 아니오　　　　잘 모르겠다　　　　그렇다

"아니오"나 "잘 모르겠다"를 답한 학생들의 반응을 어떻게 설명할 수 있을까? "예"라고 답한 학생들의 경우에는 소설을 여러 번 읽는 것과 같은 방법으로 그 문제를 읽은 것은 아닌지 물어본다. 이들 학생들은 자신들의 사고과정을 인식하면서 문제를 읽었을까? 이들 학생들은 이 문제를 해결하는데 있어서 어떤 연산이 사용되어야 하는지를 나타내는 주요 용어를 신중히 살펴보았을까?

교사라면 이런 정보를 사용해서 무엇을 할 수 있을까? 한 가지 수업 방법은 학생들에게 문장제 문제의 풀이에서 문제를 읽는 것이 얼마나 중요한지를 알려주는 것이다. 단지 학생들에게 문제를 주고 풀도록 하는 것보다 학생들에게 문제를 읽게 하고, 문제가 의미하는 것이 무엇인지를 알게 하고, 그 문제에 주어져 있는 정보를 수집하게 하고, 문제의 해결 방안을 결정하도록 해야 한다. 문장제 문제를 읽을 때는 무엇에 집중을 해야 하고 그 이유는 무엇인지를 학생들과 함께 토론하는 것이 필요하다. 이렇게 함으로써 학생들이 문제를 해결하는데 필요한 전략을 선택하고 인지 활동을 할 때 초점을 잃지 않게 할 수 있다.

메타인지 : 문제해결의 인지적 활동에 대한 자각

문제해결(Problem solving)은 1989년 미국의 수학교사협의회인 NCTM에서 출간된 "교육과정과 평가규준"(Curriculum and Evaluation Standards)과 2000년의 "학교수학의 원리와 규준"(Principles and Standards for School Mathematics) 뿐만 아니라 여러 다른 국가보고서에서도 학교수학의 초점이 되어야 한다고 지적하고 있다. NCTM은 또한 문제해결이 학생들에게 수학의 힘과 유용성을 알도록 할 수 있는 탐구방법임을 강조하고 있다.

문장제 문제를 어떻게 읽어야 하는지에 대한 수업은 학생들의 메타인지의 중요성을 잘 인식하고 있는 교사가 할 수 있는 한 가지 수업의 예이다. 메타인지는 주어진 특정한 수학문제나 과제의 해를 찾아가는 가운데 학습자가 의식적으로 자신의 풀이 활동과 사고과정을 계획하고 지시, 감독하고(모니터링하고), 평가하는 활동을 통틀어 일컫는 용어이다.

비록 연구자들마다 메타인지를 정의하는 것이 조금씩 다르지만 일반적으로 메타인지는 자신의 사고에 대한 사고나 지식을 말한다. 프라벨(Flavell)에 따르면 메타인지는 "자기 자신의 인지과정과 결과와 관련된 자신의 지식"이라고 한다. 즉 메타인지는 구체적인 목표나 목적을 달성하기 위한 사고과정과 활동을 모니터링하고, 조정하고, 조율하는 인지적 활동을 말한다. 따라서 메타인지는 과제를 해결하는 동안 일어나는 인지활동을 문제해결자(과제해결자 또는 학생)가 자각하는 것을 뜻한다. 가로팔로(Garofalo)는 메타인지의 개념을 설명하면서 학생들 스스로 자신의 수학적 지식과 수학적 행위를 자각하여 분석하도록 교사가 어떻게 도울 수 있는지를 제시하였다.

메타인지를 알아보는 진술문

중학교 1학년 23개 반 165명에게 앞에서 제시한 비정형 문장제 문제인 동전문제를 풀도록 한 다음 이 문제를 푸는 동안 무슨 생각을 어떻게 했는지를 알아보기 위하여 이 절의 마지막 21개의 메타인지 측정 문항을 물었으며 학생들은 예, 아니오, 잘 모르겠음에 답했다.

이 21개의 메타인지 문항은 문제해결에서 메타인지에 대한 연구로 유명한 쇤펠드(Schoenfeld)의 연구에 기초하여 만들어진 것인데 이 문항들은 크게 네 가지 부류로 구분할 수 있다. 첫 번째 부분은 문제를 읽고 해석하며 해결 전략을 계획하는 것과 관련된 문항들이며, 두 번째 부분은 해결과정에 대한 모니터링에 관한 문항들이며, 세 번째 부분은 문제 풀이나 해결의 실행을 평가하는 것에 관한 문항들이며, 마지막 네 번째 부분은 문제를 해결하는데 필요한 구체적인 전략이나 방법에 관한 문항들이다. 이러한 네 부분으로 구성된 메타인지 문항들은 문제를 해결하기 전, 동안, 그리고 후에 학생 자신들의 생각을 질문함으로써 문제해결에 대한 학생들의 반성을 일깨우고자 하는 것이다.

학생들의 메타인지를 알아보는 이들 문항들은 다양한 수학문제에 대해 적용가능하다. 그렇지만 학생들에게 주어지는 문제는 비정형적인 수학문제이어야 한다. 학생들에게 익숙한 알고리즘과 절차가 요구되는 아주 교과서적이고 정형적인 문제를 주면 학생들은 이 문제를 해결하려고 생각하고 고심할 필요가 없기 때문이다. 주어진 문제가 학생들에게 풀어보고자 하는 도전감을 주지 못한다면 학생들은 자신들이 어떻게 문제 해결 방안을 찾게 되었는지 반성할 필요성을 느끼지 못한다. 이러한 사실은 다음과 같은 수학문제를 풀어보라고 했을 때 흔히 볼 수 있다.

> 1500원을 주고 공책을 샀고 다른 학용품을 사는데 이 가격의 세 배를 지불했다. 만약 만원을 지불했다면 얼마의 잔돈을 받아야 하는가?

교과서에서 흔히 보는 이런 정형적인 문제를 푼 학생들은 앞에서 제시한 비정형 동전문제를 푼 학생들보다 자신들의 인지적 과정에 대한 자각이 낮거나 문제해결 과정에 덜 몰두하게 된다. 따라서 메타인지를 알아보는 문항들이 유용하기 위해서는 학생들에게 도전감을 주고 해답에 이르는 방법이 한 가지 이상인 문제를 사용하는 것이 중요하다.

◎ 메타인지 문항을 활용한 교실 활동

21개의 메타인지 진술문에 대한 학생들의 반응은 여러 가지 방법으로 분석이 가능하다. 한 가지 방법으로 학생들에게 수학문제와 이 메타인지 진술문을 함께 주고서 풀게 한 다음 답안지를 회수할 때 칠판에 학생들의 반응 횟수를 표로 기록하는 것이다. 이 진술문에 대한 학생들의 반응은 자신들의 문제해결 과정에 대한 반성과 자신들이 선택한 반응에 대한 이유를 교실에서 학급 친구들과 토론할 수 있는 기초자료가 된다.

이 진술문에 대한 학생들의 반응은 교실활동을 전개하는데 아주 귀중한 자료이다. 예를 들면, 이 문제에서 사용했던 전략이 다른 문제를 푸는데 어떻게 사용될 수 있는지를 학생들이 깨닫게 하는데 이러한 메타인지 문항이 활용된다. 문항 4인 "이전에 이 문제와 비슷한 문제를 풀어본 적이 있었는지 생각해보려고 했다"에 대해 이들 중학생의 40%가 "그렇다"고 답을 했다. 그렇지만 42%의 학생들은 이런 전략을 사용하지 않았다고 답했다. 이것에 대해 학급에서는 문제들 사이의 수학 구조적 유사점이나 아니면 보다 일반적인 표면적 유사점을 찾아보려고 노력했는지에 토론의 초점을 둘 수 있다.

이 자료로부터 얻을 수 있는 또 다른 시사점은 교사가 제시하는 문제해결 전략을 학생들이 어떻게 해석하는지를 알 수 있다는 것이다. 문항 17은 동전문제의 해결에 도움이 되는 그림을 그려보았는지를 묻고 있다. 50%의 학생들이 문제이해에 도움이 되는 그림을 그리지 않았다고 답했지만 이들 학생 중 대부분은 동전을 나타내려고 원을 그렸거나 동전 금액을 한 줄로 적어보았다고 했다.

문항 16 "이 문제를 해결하기 위한 다른 방법을 생각했다"도 수업시간에 토론할 만큼 중요한 문항이다. 23%의 학생들이 "그렇다"라고 답했고, 53%의 학생들이 "아니오"라고 답했다. "주어진 문제에 대한 다른 해결 방법을 생각해 보기" 전략은 한 가지 이상의 답이 있는 문제뿐만 아니라 모든 문제 풀이에 적용되는 전략이다. 예를 들면, 동전문제에서 문제를 어떻게 해석하는가에 따라 답이 달라진다. 수업에서 사용하는 문제의 선택이 중요하며 문제의 유형은 학생들의 인지과정의 사용과 자각에 영향을 주기도 한다.

위에서 제시한 메타인지 문항을 사용해서 다른 비정형 문제 풀이에도 충분히 활용할 수 있다고 본다. 다음 문제는 이런 비정형 문제의 다른 예이다.

> 농장에는 닭과 토끼를 합쳐서 모두 18마리의 가축이 있다. 이들 가축의 다리의 개수가 모두 50개라면 닭과 토끼는 각각 몇 마리씩 있는가?

이 문제는 학생들에게 문제를 풀어보고자 하는 도전감을 주며 또한 해답에 대해 한 가지 이상의 방법이 있음을 알게 해 주는 문제이다.

요약해서 말하자면, 메타인지를 알아보는 문항과 이 문항에 대한 학생들의 답은 수학적 문제해결에서 학생들이 반성활동을 어떻게 하고 있는지를 교사에게 말해주는 좋은 자료이다. 문제해결 활동에 대한 이러한 구체적인 문항들은 교사와 학생 모두에게 문제해결에 대한 교수와 학습을 향상시킬 수 있는 방법을 생각해보도록 한다. 학생들의 답을 활용한 교실토론은 교사에게 학생들의 문제해결 활동을 어떻게 인식하고 있는지를 알 수 있도록 해준다. 또한 학생들 중에서 왜 특정한 풀이 방법이 유용하다고 생각하는지를 교사가 알 수 있도록 해 준다. 문제해결 활동에 대한 이러한 교실 토론의 중요성에 대해 미국 수학교사협의회(NCTM)에서는 "학생들이 자신들의 풀이 방법을 학급과 공유하도록 하는 학급 토론은 문제해결을 위한 다양한 전략을 확장하고 심도 있게 한다"라고 하였다.

메타인지 측정 문항

※ 주어진 문제를 푸는 동안 여러분이 어떤 인지적 활동을 했는지를 알아보는 문항들입니다. 다음 세 가지 중에서 자신이 했다라고 생각하는 것에 체크표하기 바랍니다.

"아니다": 나는 이 행동을 하지 않았다.
"잘 모르겠다": 나는 이 행동을 했을 수도 있고 안했을 수도 있다.
"그렇다": 나는 이 행동을 분명히 했다.

이 문제를 풀기 전에 여러분은 무엇을 했습니까?			
1. 이 문제를 한번 이상 읽었다.	그렇다	잘모르겠다	아니다
2. "이 문제는 무엇을 구하는 것일까?"라고 내 자신에게 물어보았다.			
3. 이 문제를 내 말로 바꾸어서 이해하려고 했다.			
4. 이 문제와 비슷한 문제를 풀어본 적이 있는지 생각해보려고 했다.			
5. 이 문제를 풀려면 어떤 정보(내용)를 알아야 하는지를 생각해 보았다.			
6. "이 문제에서 답을 구하는데 필요 없는 내용이 있는가?"라고 내 자신에게 물어보았다.			
이 문제를 푸는 동안 여러분은 무엇을 했습니까?			
7. 이 문제를 풀어 가면서 모든 풀이 단계를 생각했다.			
8. 한 단계를 푼 다음 계속해서 이 문제를 다시 살펴보았다.			
9. 한 단계를 푼 다음 잠깐 풀이를 중단하고 다시 생각하고 살펴보고 했다.			
10. 이 문제를 풀어가면서 한 단계마다 풀이를 다시 살펴보고 검사하였다.			
11. 풀이과정에서 실수를 해서 조금 전에 했던 과정이나 단계를 다시 했다.			
이 문제를 다 푼 다음 여러분은 무엇을 했습니까?			
12. 풀이를 정확하게 했는지 마지막 풀이로부터 거꾸로 처음부터 다시 살펴보았다.			
13. 계산을 모두 정확하게 했는지 처음부터 다시 살펴보았다.			
14. 모든 과정을 정확하게 했는지 처음부터 다시 살펴보았다.			
15. 구한 답이 문제에서 요구하는 조건이나 뜻에 맞는지를 다시 살펴보았다.			
16. 이 문제를 풀 수 있는 다른 방법이 있는지를 생각해 보았다.			
이 문제를 풀면서 다음 활동을 했습니까?			
17. 이 문제의 뜻을 이해하려고 그림을 그려보았다.			
18. "추측하고 검사하기"로 문제를 풀었다. (예 : 답을 미리 예상해 보고 답이 맞는지를 알아보는 것)			
19. 이 문제를 푸는데 필요한 사칙연산을 구별했다.			
20. 이 문제를 풀려고 해도 당황해서 무엇을 어떻게 할지를 몰랐다.			
21. 이 문제를 푸는데 필요한 중요한 정보나 내용을 적으면서 문제를 풀었다.			

5. 수학적 표상

넓은 벌 동쪽 끝으로
옛이야기 지줄대는 실개천이 휘돌아나가고,
얼룩백이 황소가
해설피 금빛 게으른 울음을 우는 곳,

— 그곳이 차마 꿈엔들 잊힐 리야,
…. (중략)
(정지용의 「鄕愁」에서)

위의 시는 유명한 정지용 시인의 「향수」 첫 부분이다. 이 시를 읽고 있으면 정지용 시인의 시상이 고스란히 가슴속으로 전달되는 것을 느낄 수 있다. 어떻게 이 시인의 머릿속에 있던 그 시상이 우리들에게 전달될 수 있는 것인가? 그것은 시인이 사용하는 언어에 의한 표현때문일 것이다.

아래의 그림은 자동차 경주를 하는 동안 차의 속력이 어떻게 변하는지를 나타낸 그래프이다.

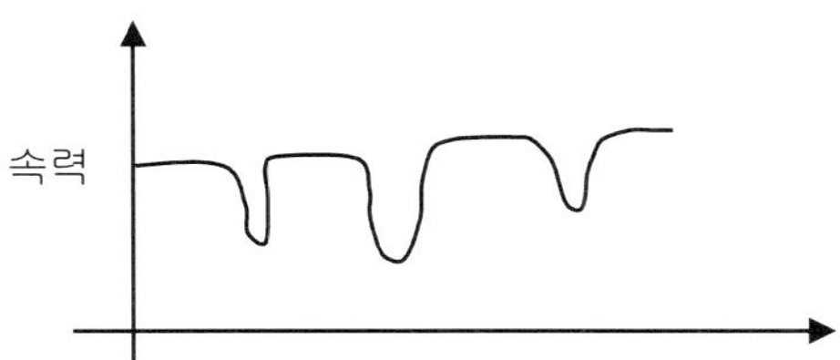

학생들에게 이 트랙에 곡선 구간이 몇 개가 있는지를 물어본 결과 상당수의 중학교 학생들이 9개의 곡선 구간이 있다고 했다. 그 이유를 물어보니 위의 그림을 따라서 손가락으로 굽은 부분을 헤아리고 있었다. 좌표평면상의 그래프를 잘 알고 있다면 이런 식의 해석은 하지 않았을 것이다. 또한 자동차 경주의 트랙은 일반적으로 폐곡선으로 되어 있지만 위의 그림은 그렇지 않음에도 불구하고 학생들은 손가락으로 따라 가면서 굽은 부분을 곡선 구간으로 해석하는 잘못을 범하고 있었다.

이러한 것을 수학교육에서는 "표상"(representation)이라고 말한다. 표상 활동은 수학을 가르치는 교사 측면에서는 효율적인 지도가 가능하게 하고, 수학을 배우는 학생들의 입장에서는 이해를 용이하고 깊게 하며 여러 수학적 아이디어사이의 관계성을 파악하는데 도움을 준다. 이 글에서는 수학의 교수-학습 과정에서 중요한 역할을 하고 있는 표상에 대해서 살펴보고 표상 활동의 지도를 위한 다양한 예를 통하여 수학교사의 표상 활동에 대한 인식의 변화를 기대하고자 한다.

표상 (Representation)

수학적 여러 아이디어를 표상하는(혹은 "표현하는") 방식은 그것들을 이해하고 또 사용하는 방법에 아주 중요하다. 수학사를 보더라도 아라비아의 10진법 체계에 의한 곱셈과 로마의 수 체계에 의한 곱셈은 어려움과 활용면에서 얼마나 표상이 중요한 지를 보여주는 단순한 예이다. 러시아의 심리학자인 Vygotsky도 그 민족이나 문화가 소유하고 있는 언어체계나 수체계의 우수성이 그들의 인지 발달을 좌우한다고 했다. 10진법이나 2진법에 의한 수의 표현, 분수, 대수식과 방정식, 그래프, 표 등의 다양한 표상 양식들은 오랜 역사의 과정에서 탄생한 것들이다. 그래서 학생들이 자신들의 생각을 다양한 수학적 표상을 사용하여 나타낼 수 있는 것은 수학적으로 사고할 수 있는 능력을 확장시킬 수 있는 도구를 가진 것이다. 이것은 마치 비유적으로 구석기 시대의 사람과 철기 시대의 사람의 물리적 활동 능력의 차이를 보는 것과 같다. 그만큼 다양한 표상 양식을 습득하는 것은 자신의 사고 활동 영역을 확장시킬 수 있는 것이다.

"표상"이란 용어는 과정과 결과를 동시에 나타낸다. 즉, 수학적 개념이나 관계를 나타내는 행동이면서 동시에 그 행동의 결과에 의한 양식이나 형태를 말한다. 어느 아이가 아래와 같이 자신의 5살 반 나이를 쓸 때도 표상을 사용한다.

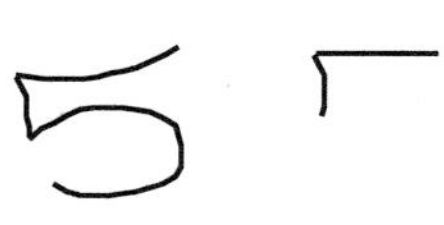

$f(x)=x^3$의 그래프 역시 하나의 표상이다. 따라서 표상이라는 것은 수학을 할 때 사람들의 머릿속에서 밖으로 보이지는 않지만 "내적으로" 일어나는 것과 관찰 가능한 "외적으로" 일어나는 과정과 결과를 말하는 것이다.

다이어그램, 그래프, 표, 대수식이나 기호와 같은 표상 양식들은 학교 수학에서 오래 전부터 다루어 왔다. 그런데 문제는 이러한 표상 양식들이 마치 최종 해답인 듯 가르쳐지고 배워 왔다는 점이다. 표상은 수학적 개념과 관계에 대한 학생들의 이해를 촉진하고, 자기 자신의 이해나 주장, 문제해결 방법 등을 전달하는 것을 돕고, 수학적 모델링을 통하여 현실적 문제상황을 해결하기 위하여 수학을 적용하는 데 유용한 것으로 학교 수학의 지도에서 핵심적인 요소가 되어야 한다. 공학과 관련된 새로운 형태의 수학적 표상에 대해 현재 많은 관심이 필요한 때이다.

◎ 외적 표상과 내적 표상

수학교육에서는 "표상"이란 용어의 보다 정확한 의미를 정의하려고 노력해 왔다. 외적 표상이란 인간의 오감에 전달되는 자극과 같은 것으로 차트, 표, 그래프, 다이어그램, 모델, 컴퓨터에 의해 생성되는 그래픽, 형식적인 기호 등을 말한다. 이 외적 표상은 머릿속에 있는 아이디어나 개념이 밖으로 구현된 것을 일반적으로 의미한다. 그에 반하여 내적 표상은 직접 관찰 가능한 것이 아니라서 구체적으로 표현하는 것이 어렵다. 그 이유는 정신에 있는 내적 표상의 존재는 수학 문제를 풀거나 그래프로 나타내거나 하는 등의 행동의 관찰에 의해서만 추론할 수 있기 때문이다. 그래서 내적 표상을 인지적 또는 정신적 모델, 스키마, 개념, 관념, 심상이란 용어들로 언급하기도 한다.

위에서는 외적 표상과 내적 표상을 물리적 표현 형태와 아이디어나 개념으로 구분하여 보았다. 그런데 이들 표상 형태는 그 성질에 따라 구문(혹은 규칙, 문법) 지향의 외적 표상과 의미 지향의 내적 표상으로도 구분할 수 있다. 외적 표상이 구문 지향적이란 의미는 이 외적 표상과 대응하는 내적 표상을 참조하지 않은 채 수학적 기호나 언어를 일정한 규칙이나 문법에 따라 사용하기 때문이다. 예를 들면, 앞에서 제시한 자동차 경주용 트랙의 경우 y축은 속력, x축은 달린 거리이며 그래프는 각 지점에서의 속력을 나타내는 것으로 읽는 것은 구문론에 속한다. 또 다른 예로는 "$x+4=7$을 풀어라"와 같은 문제의 풀이시에 "4를 우변으로 이항하고 부호를 바꾼다"라는 규칙을 사용하는데 이 규칙의 사용은 방정식 $x+4=7$의 의미, 즉 내적 표상을 염두에 둔 것은 아니다. 이러한 구문 지향적인 외적 표상과는 달리 내적 표상은 의미 지향적이다. 즉 자동차 경주용 트랙의 예에서 굽은 부분의 횟수를 찾는 것은 외적 표상인 그래프의 모양에 대응하는 의미를 파악하는 것이다. 또한 $x+4=7$의 방정식에서 내적 표상은 방정식의 의미에 따라 양변의 양을 균형되도록 4를 양변에서 뺀다는 것이다. 아래의 그림은 이러한 내적 표상과 외적 표상간의 관계를 나타낸 것이다.

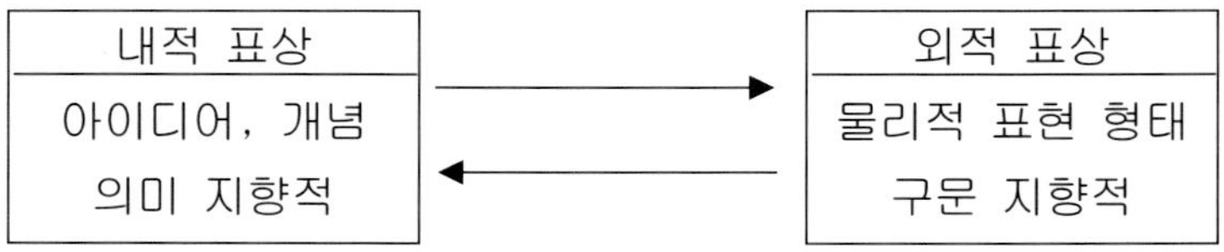

문제해결과 표상

내적 표상

주어진 수학적 문제를 해결하기 위해서는 흔히 먼저 문제를 "이해"해야 한다고 한다. 문제해결로 유명한 Polya도 문제해결의 첫 단계로 "문제 이해"를 들고 있다는 것은 잘 알려진 사실이다. 그렇다면 학습자는 문제를 이해하기 위하여 어떤 활동을 해야 하는가? 그것은 바로 내적 표상과 외적 표상활동일 것이다. 위에서 언급한 것처럼 내적 표상은 외적 표상에 대응하는 것으로 학습자의 인지 활동의 결과로서 정신에 존재하는 이미지 또는 지식 그 자체를 말한다. 내적 표상은 주어진 문제를 이해하기 위하여 외적 표상 양식의 일종인 문장이나 수식 등으로 표현된 문제나 문제 상황을 구성하는 정보들 사이의 관계를 머릿속에 그려보는 활동이다. 그러므로 문제를 내적으로 표상한다는 것은 문제 해결자가 가지고 있는 사전 경험이나 지식을 사용하여 그 문제에 대응하는 정신적 모형을 만드는 것을 말한다. 이러한 정신적 모형을 만들기 위해서 학습자는 원래 문제에 자신의 사전 지식이나 경험을 활용하여 정보를 해석하고, 필요한 정보를 더하기도 하고 또는 문제해결에 관련이 없는 정보는 삭제하고 관련이 있는 정보는 취사선택하는 등의 활동을 한다. 이처럼 내적 표상은 머릿속에서 보이지 않게 일어나지만 매우 활동적인 과정임을 알 수 있다. 따라서 문제에 제시된 정보를 이해하기 위해서 학습자는 자신의 사전 경험과 지식을 활성화시켜야 하므로 이러한 경험과 지식이 없다면 내적 표상 자체는 일어날 수 없게 된다.

그리고 학습자의 개별적 특성의 차이로 인하여 같은 문제에 대해서 각자 다른 다양한 내적 표상을 할 수 있으며, 주어진 문제에서 문제해결과 관련된 정보와 비관련 정보를 잘 식별해서 사용하는 학습자는 문제 해결의 최종 목표에 빠르고 직접적으로 도달할 수 있다. 하지만 정보의 취사선택 능력이 부족한 학습자는 복잡하고 시간 소모가 많으며 해답을 보장해 주지 못하는 표상 경로를 거치게 되어 문제해결이 어렵게 된다. 이처럼 같은 표상에 대해서도 개인차가 존재하기 때문에 같은 문제에 대해 학습자의 인지적이고 지각적 선호도에 따라 영상적 이미지, 문장, 수식이나 기호, 청각적 이미지 등으로 다르게 표상할 수 있으며 또한 동일한 영상적 이미지를 사용하더라도 학습자마다 서로 다른 이미지를 사용하게 된다. 이러한 내적 표상의 본질은 직접 관찰될 수 없으며 내적 표상의 과정과 존재는 문제 해결 중인 학습자의 행동과 외적 표상의 형태에 대한 관찰에 의해서만 추론될 뿐이다.

외적 표상

외적 표상은 외부에서 인간의 오감으로 들어오는 감각에 대한 반응으로 자신이 알고 있는 지식을 전달하고 표현하는 수단이다. 문제를 해결하는 과정에서의 외적 표상 활동으로는 그림 그리기, 리스트 만들기, 방정식 세우기, 다이어그램 그리기 등이 있으며 문제 해결자는 이러한 활동을 통해서 문제를 이해하게 된다. 즉, 외적 표상은 차트, 표, 그래프, 다이어그램, 모델, 컴퓨터 그래픽, 형식적인(수학적) 기호 체계 등으로 아이디어나 개념이 구체화되어 나타난 것을 말한다. 외적 표상의 역할은 다음과 같이 요약될 수 있다.

- 내적 표상이 밖으로 표현되도록 하는 것으로 문제를 보다 쉽게 이해하도록 한다.
- 문제에 포함된 정보를 쉽게 기억하도록 한다.
- 문제에 포함된 정보들 사이의 관계를 쉽게 파악하고 이해하도록 한다.
- 문제에 포함된 정보들 사이의 관계로부터 새로운 관계의 설정이 가능하도록 하여 문제 해결에 결정적인 도움을 제공한다.

따라서 주어진 문제에 대한 내적 표상만으로 충분히 해결 가능한 문제도 있지만 대부분의 수학적 문제는 내적 표상과 동시에 외적 표상 활동에 의해서 해결 가능하다.

추론과 학습 과정에서 외적 표상의 사용에 대한 연구를 처음으로 한 인물은 유명한 심리학자인 Bruner였다. Piaget는 추상적 아이디어나 개념 획득에서 활동(action)의 역할을 강조하였지만 표상 양식의 중요성은 간과했다는 비판을 받았었다. 외적 표상 양식에 대한 체계적인 논의에서 Bruner는 외적 표상을 활동적(Enactive), 영상적(Iconic), 상징적(Symbolic) 단계로 구분한 EIS이론을 제안했는데, 여기서 각 표현 양식의 획득이 지적 발달의 과정이라고 하였다. 이것은 인지 발달의 과정을 활동이라는 측면에서 감각 운동기, 전조작기, 구체적 조작기, 형식적 조작기로 구분한 Piaget 이론과는 다른 점을 알 수 있다. 첫 번째 단계인 활동적 표상은 어떤 개념을 배울 때 그 개념을 내포하고 있는 물건이나 대상을 직접 다루는 활동을 통해 그 개념을 표상하는 것을 말한다. 예를 들어, 덧셈을 할 때 손가락이나 블럭을 세면서 하는 것은 덧셈의 개념을 활동으로 표상하는 것이다. 또한 균형의 개념을 시이소 놀이를 통해서 익히는 것도 활동적 표상에 해당한다.

두 번째 단계인 영상적 표상은 활동적 표상을 습득한 다음에 가능한 표상 활동으로 이 단계가 되면 구체적인 물건이나 대상을 다루지 않고서도 머릿속에 그에 대한 정적 이미지의 형성이 가능해져서 이 이미지를 다루는 것을 말한다. 로마 시대의 표기법인 Ⅱ, Ⅲ은 10진법의 2, 3보다 훨씬 영상적이며, 금연을 나타내는 그림이나 지하철, 버스의 승강장 등을 나타내는 주변의 많은 것들이 영상적 표상을 사용해서 그 개념을 전달하고 있다. 균형의 개념을 시이소 놀이를 통해서 활동적 표상으로 익힌 다음에는 양팔 저울의 그림을 통해서 균형 개념을 표현하는 것은 영상적 표상에 해당한다.

세 번째 단계인 상징적 표상은 주로 언어 능력이 출현함으로써 가능하게 된다. 상징적이란 말은 비영상적이란 말과 동일한 것으로 추상적인 기호를 의미한다. 예를 들어, 숫자 8은 여덟 개의 바둑돌과 같은 것이 아니며 '여덟'이라는 단어와도 같지 않은 것으로 오직 인간의 정신 속에 존재하는 것이다. 그래서 (수학적) 기호나 언어는 어떤 대상, 사건, 아이디어를 나타내기 위하여 사람들이 인위적으로 만든 것이며 사람들이 서로 그 의미를 공유하기로 약속하여 사용하는 것이다. 상징적 표상이 가능할 때 학생들은 비로소 추상적 사고를 할 수 있게 된다. 위의 균형 개념의 예에서 보면 양팔 저울 그림을 통해서 익힌 다음에는 방정식으로 표현할 수 있고 또는 "평형을 이루도록 양팔 저울에 바둑돌을 놓는다"와 같은 문장으로 표현할 수 있게 된다.

Bruner의 연구에 따르면 활동적, 영상적, 상징적 표상 단계는 순서에 따라 발달하며, 각 표상 양식의 획득은 선행 표상 양식에 좌우되기 때문에 후속 표상 양식으로의 전이가 가능하기 위해서는 각 단계의 표상 양식에 대한 많은 연습이 필요하다고 한다. 그렇지만 수학교과의 교수-학습 측면에서 볼 때 Bruner의 EIS 표상 이론은 이들 표상 양식들 사이의 양방향 상호작용을 고려하고 있지 않다는 단점을 지닌다. Lesh, Post, Behr는 이러한 단점을 보완하여 외적 표상 양식을 다섯 가지로 세분화하고 이들 표상 양식들간의 상호작용을 고려하였다. 이 표상 체계의 특징은 표상 양식들간의 상호작용인 번역 활동이 수학의 의미 충실한 학습 및 기억과 전이를 촉진하고 설명하는데 유용함을 지적하고 있다는 점이다. 이 체계에서 각 표상 양식들간의 상호작용을 "번역" (translations) 활동이라고 하고, 한 표상 양식내에서의 변화를 "변환" (transformations) 활동이라고 한다.

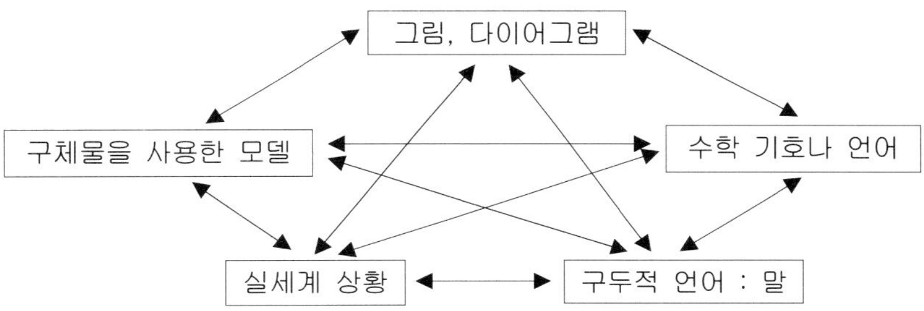

◎ 표상의 분류

지금까지의 논의처럼 내적 표상과 외적 표상은 밀접한 관계가 있는데, 다음과 같이 세 가지로 요약할 수 있다:

첫째, 수학적 문제를 해결하기 위해서 내적 표상은 필수적이다. 의사전달을 할 때 말을 사용하는 것과 같이 내적 표상은 생각(사고)을 가능하게 하는 매체이다. 말이 없이는 대화가 불가능하듯이 내적 표상이 없으면 문제의 해결은 불가능하다.
둘째, 수학적 문제를 해결하고자 하는 학습자가 수학자(또는 수학교사)와 같은 훌륭한 인지적 구조를 갖추고 있다면 외적 표상을 사용하지 않은 채 내적 표상만으로도 충분히 문제를 풀 수 있다.

셋째, 수학적 문제의 대부분은 내적 표상만으로 해결되기가 어렵다. 외적 표상의 관찰 가능한 표현의 지원에 의해 내적 표상은 어렵고 복잡한 문제에 주어진 작은 정보까지도 기억하고 이들간의 관계를 이해하는데 도움을 준다.

Janvier는 하나의 내적 표상이 하나의 외적 표상에만 관련되는 것이 아니며 또한 그 역도 마찬가지라고 하면서, 이러한 내적 표상과 외적 표상의 일대일 대응이 아닌 다중적 대응의 특성을 설명하기 위해 동형이의(同形異義)와 동의이형(同義異形)이라는 개념을 사용하고 있다 (장혜원, 1997).

동형이의(同形異義)

동형이의는 마치 하나의 단어가 몇 가지 서로 다른 의미를 갖는 동형이의어와 같다. 즉, 동형이의는 하나의 외적 표상에 대해 둘 이상의 내적 표상이 대응되는 것을 의미하는데 수학교과에서 이러한 표상 형태의 예를 많이 쉽게 볼 수 있다.

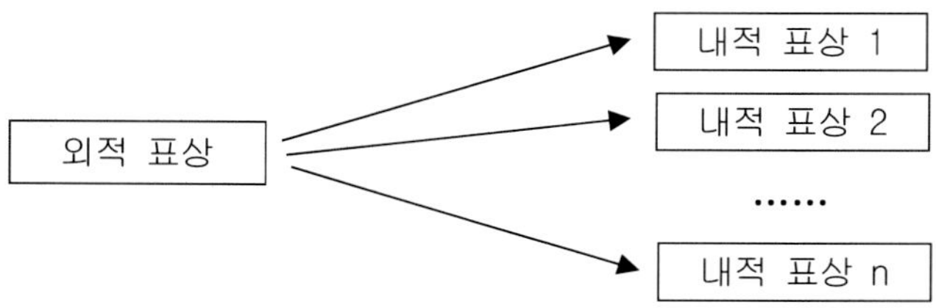

이 그림에서 화살표의 의미는 정확히 하나의 외적 표상에 대응하는 하나의 내적 표상의 의미를 나타낸다. 다음은 이러한 동형이의에 해당하는 예들이다.

예 1 : $3+2$에서 " + "는 "2에 3을 더한다"를 의미할 수도 있고 또는 "3과 2를 더한다"를 의미할 수도 있다.

예 2 : $2x+3=4$의 방정식 풀이에서도 이 식의 좌변과 우변을 같게 만드는 " x "를 구하는 것을 의미할 수 있다. 그렇지만 또한 $2x+3=4$를 $2x+3=y$로 생각해서 x의 변화하는 어떤 값에 대한 결과로써 y가 4를 취한다고도 해석할 수 있다.

예 3 : (x, y)는 복소수를 나타낼 수도 있고 또는 평면상의 점의 좌표를 나타낼 수도 있다.

예 4 : $x^2+y^2=r^2$은 피타고라스의 정리를 의미할 수도 있고 또는 원점을 중심으로 반지름이 r인 원을 나타낼 수도 있다. 또는 임의의 두 수의 제곱의 합이 다른 수의 제곱의 합과 같다는 세 수사이의 관계를 나타낼 수도 있다.

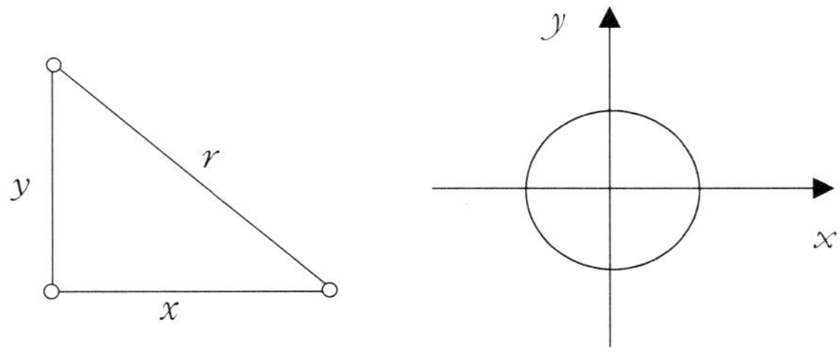

예 5 : $2x$의 동형이의는 다음과 같은 것들을 들 수 있다.

한 가지 외적 표상에 대한 다양한 내적 표상의 의미를 경험하는 것은 수학 개념에 대한 깊은 이해를 가능하게 하며 수학 개념들 사이의 연결성을 경험하도록 하여 수학이 낱개적 지식들의 단순한 축적이 아니라는 인식을 심어주는데 효과가 있다고 보아진다.

동의이형(同義異形)

동의이형은 동형이의와는 반대 경우를 말하는 것이다. 즉, 머릿속의 한 가지 개념이나 아이디어가 여러 가지 외적 표상 양식으로 표현되는 것을 말한다. 이 동의이형은 동치 기호, 교환 가능한 기호나 표상을 의미하는데 하나의 개념을 표현하기 위해 사용되는 다양한 수학적 기호가 그 대표적인 예라고 할 수 있다.

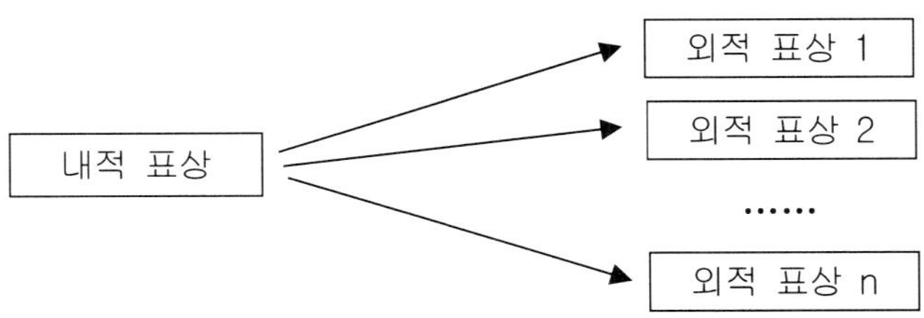

예 1 : $y = x^2$의 의미를 나타내는 외적 표상은 다음과 같은 여러 가지 기호로 표현 가능한다.

$$f(x) = x^2,\ y(x) = x^2,\ f: x \rightarrow x^2$$

예 2 : 도함수의 의미를 나타내는 외적 표상은 다음과 같은 여러 가지 기호로 표현 가능하다.

$$Df,\ f',\ \frac{dy}{dx},\ \frac{d}{dx}f(x)$$

예 3 : 정수의 의미를 나타내는 외적 표상은 다음과 같은 여러 가지 기호로 표현 가능하다.

$$Z=\{\cdots,-3,-2,-1,0,1,2,3,\cdots\}$$

$$Z=\{0,1,\ -1,2,\ -2,3,\ -3,\cdots\}$$

예 4 : $|x-3|\le 5$의 의미를 나타내는 외적 표상은 다음과 같이 나타낼 수 있다.

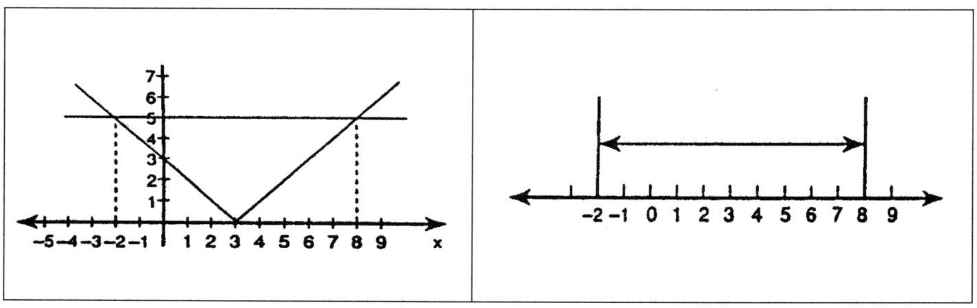

수학의 교수와 학습의 측면에서 볼 때 고려해야 할 사항들이 너무도 많다는 사실을 대부분의 수학교사들은 알고 있을 것이다. 교사와 학생의 인지적, 정의적 측면, 수학이나 수학 학습에 대한 신념, 수학교사와 수학교과에 대한 인식, 수학적 문제해결, 수학적 의사소통, 수학적 추론과 증명, 수학적 연결성, 수학교과에서의 공학의 영향, 수학교실이나 학교 문화의 영향, 학부모의 영향, 평가의 영향 등 모두 열거하기도 힘들 정도이다. 이 모든 것들이 수학교실에서 이루어지는 교수와 학습의 효율성을 신장하기 위한 것이라면 지금까지 살펴본 수학적 표상에 대한 측면도 마찬가지 일 것이다. 수학적 표상의 중요성을 인식하고 수학교실에서 학생들의 내적 표상과 외적 표상 활동을 신장시킬 방법을 모색하는 과정에서 학생들의 수학 학습에 대한 깊은 이해가 가능하리라고 생각한다.

6. 인지심리학과 수학교육

인지심리학(Cognitive Psychology)은 인간의 행동을 이해하기 위하여 정신과정과 기억구조(Memory structure)에 대해 과학적인 분석을 하는 학문이다. 인지심리학의 연구 대상은 인간의 사고과정이다. 인지심리학은 한 인간이 어떤 과제를 수행하고 있을 때 그 사람의 머리 속에서 어떤 일들이 일어나고 있는지를 연구하며 인간이 지식을 어떻게 저장하고 또한 과제를 수행할 때 이 지식을 어떻게 사용하는지를 연구한다.

인지심리학의 역사

과학적 심리학 이전의 심리학

고대 그리스에서 16세기 까지

과학적 심리학이 대두되기 전에는 마음의 본질에 대한 사변적인 분석이 이루어지던 시기였다. 당시에 두 가지 접근이 서로 대두되었는데, 하나는 소크라테스와 플라톤이 말한 감각세계의 변화를 초월하는 보편적이며 추상적인 참 형태가 존재한다는 관점이며, 다른 하나는 아리스토텔레스가 주장한 것으로, 영혼과 마음은 신체형상에서 따로 분리될 수 없기 때문에 살아있는 유기체의 활동 특성으로 보아야 한다는 관점이다. 시대적으로 기독교가 지배적이던 시기였기 때문에, 소크라테스와 플라톤의 관점이 선호되었으나, 인간의 마음에 대한 현상을 주관적으로 분류하고 사변적으로 기술하는데 그치고 말았다.

16, 17세기의 과학과 심리학의 태동

케플러, 갈릴레이, 뉴턴 등에 의해 여러 가지 우주현상에 대한 기계적이며, 결정론적인 해석의 타당성이 입증되면서 심령론적인 관점이 도전을 받기 시작했다. 이에 물리학은 16세기 말과 17세기 초에 이르러 경험적 방법론을 토대로 철학에서 독립하였으며, 심리학 역시 이러한 체계화를 통해 철학에서 갈라져 나오려는 시도가 있었다. 이는 영혼의 개념 보다는 마음의 개념에 초점을 두고 심적 현상에 대한 이해와 설명을 하려는 시도였다.

데카르트의 심리학과 영향

데카르트는 당시 기계주의의 영향을 받아 인간의 신체를 하나의 자동기계로 개념화 시켰으며, 지각된 내용은 단순한 감각내용의 복사판이 아니라고 주장하였다. 그러나 마음을 물질로 환원할 수 있다는 극단적인 유물론을 지지하지는 않았다. 이에 반해 가상디의 비판은 현상을 물질과 운동으로 환원하는 유물론적 입장에서 심적현상을 생물학적으로 해석하려 하였다. 또한 말뷰랑슈는 영혼과 마음의 상호작용을 비판하면서 생리적 기계론을 수용하는 태도를 취하였다. 로크는 데카르트의 생득적 관념론에 반발하여, 단순관념과 복합관념으로 구분하였다. 단순관념은 생득적으로 주어지는 감각경험의 파생이고, 복합관념은 감각에 바탕을 두고 단순관념의 조합과 반영을 통해 형성되는 것이다. 이는 그대로 주어지는 일차적 지각특질뿐만 아니라 마음에 의해 지각되는 이차적 지각특질을 인정한 결과이다.

1900년대 이전의 Wilhelm Wundt와 그 학파

Wilhelm Wundt는 과학적 심리학의 창시자로서 1879년 독일의 라이프찌히 대학에 심리학 실험실을 설립하고 심리학 실험을 수행하였다. 그는 심리학 분야에서 과학적 방법을 사용해야 한다고 강력히 주장하고 연구 방법으로 내성법-훈련된 사람들이 어떤 과제를 수행할 때 그들의 머리 속에서 무슨 일이 일어나는가를 세밀하게 서술하는 방법-을 사용하였으나 이 내성법 자체도 방법론적으로 과학성이 결여되어 강한 반발을 일으켰다. 실험심리학을 창시한 Wundt와 그의 제자들은 19세기 후반부터 구조주의 심리학을 형성하여 심리학의 연구대상이 의식내용이며, 복잡한 의식내용을 감각 경험요소로 분해하고 이를 다시 통합해 이해할 수 있음을 강조하여 앎의 내용이 심리학의 중요한 문제이며 연구 가능하다는 것을 보여주었다.

> **내성법(introspection) :**
> Wundt는 인간을 이해하기 위해서는 그가 느끼고 있는 의식의 내용이 무엇인가는 밝혀야 된다고 생각했다. 따라서 그는 화학자가 물질의 최소단위로서 원자를 확인하고 이 원자들이 어떻게 결합하여 구성되어 있는지를 연구하는 것과 같이 다른 영역의 과학자들이 사용하고 있는 분석적 연구 방법에 영향을 받아 인간의 의식도 그 구성요소와 결합되어 있는 구조를 분석해 낼 수 있다고 확신하고 체계적이고 과학적으로 분석할 수 있는 방법을 고안해 내었다. 이 방법을 바로 내성법이라고 하는데 이는 의식의 내용을 스스로 관찰하여 언어로 보고하는 방법이다. 그는 이 방법에 의해 어떠한 복잡한 의식 내용이라도 엄격한 내성법에 의해 구성요소를 분석할 수 있고 그렇게 함으로써 의식을 이해할 수 있다고 생각했다. 이것을 내성 심리학 또는 구조주의 심리학이라고 한다.

1900년대 초반의 세 가지 주요한 심리학

① John Watson의 행동주의

1900년대 초반까지는 Wundt의 구성주의 심리학에 대한 반작용으로써 미국에서 John Watson에 의해 행동주의가 탄생하게 되었다. 행동주의자들은 1920년대까지 심리학에서 지배적인 세력으로 자리 잡았으며, 연구방법도 내성법보다는 더 엄격하고, 신중하게 통제된 실험실 연구를 사용하였다. 이들은 행동만이 직접 관찰할 수 있는 것이므로 의식을 배제하고 오직 행동만을 심리학의 연구 대상과 주제로 간주하였다.

② 형태주의 심리학

의식의 내용을 감각내용으로 분해하는 것이 가능한 연구대상이라고 주장하는 Wundt의 구조주의 심리학에 대한 반작용으로 미국에서 행동주의가 유행할 무렵 독일에서는 20세기 초 Wertheimer(1880-1943)가 주도한 형태주의 심리학(Gestalt psychology)이 발달했다. 행동주의와는 달리 정신과정과 정신구조를 심리학의 주제로 삼았다. 형태주의는 의식은 단순한 부분요소들의 조합으로 이루어진 것이 아니라, 부분으로 나눌 수 없는 통합된 전체임을 주장하였다. 창시자인 베르트하이머를 포함하여 코프카, 쾰러 등이 당시의 형태주의 심리학자들이었다. 형태주의는 이후 지각의 조직화와 관련하여 인지심리학에 중요한 주제로 부각되었으며, 이러한 조직원리는 행동주의에서 학습된다는 주장과는 달리 유전적, 생득적 요인이라고 보았다. 그리고 내성법보다는 좀 더 엄밀한 과학적 방법을 사용하려고 했으나 엄격한 과학적 연구도구를 개발하지 못했다. 그래서 정교한 이론과 연구방법을 발전시키지 못한 채 나찌즘의 영향으로 형태주의 심리학은 몰락하고 마는데 많은 심리학자들은 이 형태주의 심리학을 인지심리학의 선구자로 간주하고 있다.

여기서 게슈탈트(Gestalt)란 전체, 형상, 형태, 모습 등의 뜻을 지닌 독일어로, 게슈탈트 심리학자들에 의하면 개체는 대상을 지각할 때 그것들을 산만한 부분들의 집합이 아니라 하나의 의미 있는 전체 즉, "게슈탈트"로 만들어 지각한다고 말한다. 대상이 시각을 통해서 대뇌로 전달되는 형태에 대한 정보는 기억하기 쉬운 상태로, 특징지을 수 있는 상태로 정리되어 전달된다. 따라서 시각에 의한 이미지는 보는 사람으로 하여금 대상에 대해 지각 가능한 영역을 제공함으로써 일정하게 형태화 시키려는 경향을 가진다고 한다. 그에 따라 나타나는 상들이 부분적인 시각의 총합 이상으로 나타나게 하는 전체의 새로운 의미의 연장선 속에 들어갈 때 게슈탈트적인 요소가 발휘가 되었다고 한다. 시각적 자극에 의해 망막에 맺혀지는 상들의 총합이 부분적인 합에서 승화된 상태로 가기위한 단계로써 그 형태를 구성하는 요소들이 어떠한 형식으로든, 배열. 통합되어 시각적인 연장선을 만들게 된다.

Wertheimer는 의식이란 구성요소의 가산적 종합이 아니라 통합된 전체로서 작용하는 존재라고 주장하며 의식의 분석적 입장을 거부했다. "전체는 단순히 부분의 합이 아니다"라는 말이 형태주의 심리학을 잘 표현하고 있다. 다시 말해, 의식 내용을 요소로 분석하면 이미 원래의 내용은 존재하지 않으며 이 요소들이 다시 결합된다 해도 원래의 현상을 찾을 수 없다라는 뜻이다. 따라서 전체는 부분들의 단순한 합이 아니며 장의 역동적 조직에 의한 정신 과정에 의해 형성된다고 말 할 수 있다.

Freud의 정신분석 이론

세 번째 주요한 심리학적 접근방법은 주로 의학의 한 분야로서 유럽에서 발전된 것으로 1900년대 초반 정신질환의 문제를 마침내 과학적으로 분석했던 Freud의 정신분석 이론이다.

프로이드는 심리학자로서 그가 펼치는 이론에 있어서 중심개념은 의식과 무의식의 관계에서 무의식의 차원을 강조하고 있다. 이 무의식은 성적 본능의 지배 하에 발현하는 것으로 보았으며, 이를 토대로 그는 단계적인 심리 성적 성격이론을 발전시켰다. 프로이드는 인간의 의식구조에 대하여 인간의 의식 수준을 전의식, 의식, 무의식으로 나누었다. 전의식은 억압되어 있지만 주의를 집중하면 의식으로 회상될 수 있는 정신세계로 의식과 무의식 사이에 존재하고 있다. 의식은 인간의 감각기관을 통해서 인식하는 모든 것을 말하고, 무의식은 감각기관으로 인식할 수 없는 마음 깊은 곳에 감추어져 있는 정신세계로 본능, 열정, 억압된 관념과 감정 등이 잠재해 있다.

1950년대 이후의 심리학

1950년대 경에는 여러 가지 변화가 일어났는데 미국에서는 행동주의의 지배가 약화되고 있었고, 유럽에서는 사회적 대변동으로 인해 형태주의 심리학과 정신분석 이론이 와해되었다. 1950년대 후반 심리학은 다음 세 분야의 영향을 크게 받고 있었다. 첫째는 컴퓨터의 영향이었다. 컴퓨터는 인간이 했던 많은 일들을 할 수 있게 되었는데 언어를 사용하고, 문제를 풀고, 추론을 할 수 있을 뿐만 아니라 정보를 학습하고, 저장하고, 처리하고, 기억할 수 있게 되었다. 둘째는 언어학 분야의 새로운 흐름이었다. 언어에 대한 행동주의 이론들로부터 언어 표현 기저에 있는 이해와 산출의 구조분석으로의 변화이다. 대표적인 예로서 촘스키(Noam Chomsky, 1928－)의 '통사론적 구조'라는 책에서는 인간의 언어 행동에 대한 인지적 분석을 제공하였다. 셋째는 Piaget의 커져가는 영향력이었다. 피아제는 인간행동에 있어서 발달적 변화의 밑바탕에 있는 내적 구조와 과정들의 성장에 연구를 초점을 두고 있었다.

이러한 컴퓨터의 발달, 촘스키의 언어심리학의 연구, 그리고 피아제의 생물학적 접근방법 등은 인간 내적인 인지적 과정 및 구조들을 서술하는데 연구의 초점을 두는데 기여했다. 심리학의 전통적인 영역에 있어서도 1950년대 후반은 새롭고 강력한 생각들이 팽배했던 시기였다. 1956년 Bruner, Goodnow, Austin은 '사고에 관한 연구'라는 제목의 책에서 개념학습에 대한 전략들을 인지적으로 분석하였으며, 1960년 Miller, Galanter, Pribram은 '행동의 계획과 구조'라는 책에서 인간을 정보에 대한 적극적인 처리자로 규정하였다. 1967년까지 이 분야에 대한 많은 연구들이 이루어졌는데 1967년 Neisser는 '인지심리학'이란 책을 통해 그때까지의 연구를 통합하여 정보처리 모형을 제시하였다. 그 후 인지심리학에 대한 많은 연구가 이루어져 현재에까지 이르고 있다.

인지심리학의 연구 도구

정보처리 체계의 분석

인지심리학의 주된 연구 도구는 '정보처리 모형'으로 이 모형은 인간이 정보처리자라는 생각에 근거한 것이다. 인간의 인지과정을 밝히기 위해 컴퓨터의 정보처리과정과 인간의 사고 과정을 비유하여 서술하고자 한 것이다. 즉, 컴퓨터처럼 정보가 인간의 감각기관을 통해서 들어오면 인간은 여기에 정신적인 조작을 가하여 이를 변화시킨다. 그리고 또 다른 조작을 가하여 변화시키고, 이런 과정을 기억에 저장할 수 있는 정보가 될 때까지 계속하거나 또는 행동에 의한 반응으로 나타낼 수 있을 때까지 이 과정을 되풀이 한다. 정보처리 모형은 주어진 상황에서 사용하는 일련의 인지적 조작들(또는 과정들)에 관심을 갖는다.

인지적 과정의 분석

정보처리 모형 외에도 과제를 수행하고 있는 동안에 그 사람의 머리 속에서 어떤 과정이 일어나는지를 나타내기 위한 좀 더 특수한 기술이 있다. 예를 들어, 중학교 1학년이 일차방정식의 풀이를 배울 때 머리 속에서 다루어야 할 절차에 대해 생각해 볼 수 있다. 이 학생은 이전에는 지니지 못했던 방정식 풀이에 대한 절차적 지식을 획득하게 되는데 인지심리학은 이 새로운 지식이 무엇이 될 것인지를 자세히 분석할 수 있는 기법을 제공해 준다. 일반적으로 주어진 일차방정식을 어떻게 해결해 나가는지를 조심스럽게 관찰하고 관찰한 것에 대해 질문을 하며, 여러 과정과 그런 과정을 진행하기 위해 내린 결정들을 분석하고, 학생의 풀이 행동에 대응하여 만들어지는 산출물과 그 과정을 분석할 수 있다. 주어진 과제에서 산출되는 과정모형은 컴퓨터 프로그램 작성을 위한 흐름도나 계획표로 서술될 수 있다.

인지적 구조의 분석

인간의 인지구조에는 절차적 지식과 개념적 지식이 있다. 절차적 지식은 일차방정식 풀이와 같은 문제를 어떻게 해결하는가에 대한 지식(정보를 처리하는 과정에 관련된 지식)이고, 개념적 지식은 이야기와 같은 어떤 주제에 관한 지식(정보의 구조에 관한 지식)이다.

전략의 분석

인지심리학의 또 다른 도구는 사람들이 가지고 있는 다양한 종류의 지식을 통제하는데 사용하는 방법의 연구이다. 이런 방법인 인지심리학에서는 인지적 전략(cognitive strategies)이라고 한다. 예를 들어, “민정이가 1000미터를 달리는데 3분 50초가 걸렸다면 민정이의 평균 속력은 얼마인가?”라는 문제를 생각해 보자. 이 문장제 문제를 해결하려면 먼저 평균 속력은 거리를 시간으로 나눈 것이라는 개념적 지식과 나눗셈을 할 수 있는 절차적 지식, 그리고 지식을 담고 있는 정보처리 체계가 필요하다. 이와 더불어 문제를 풀어가는 계획과 목표달성을 위한 전략이 필요하다.

정보처리 체계

모든 사람은 동일한 기본적인 정보처리 체계(Information Processing System)를 가지고 있는데 이것의 구성요소를 살펴보면 다음과 같다.

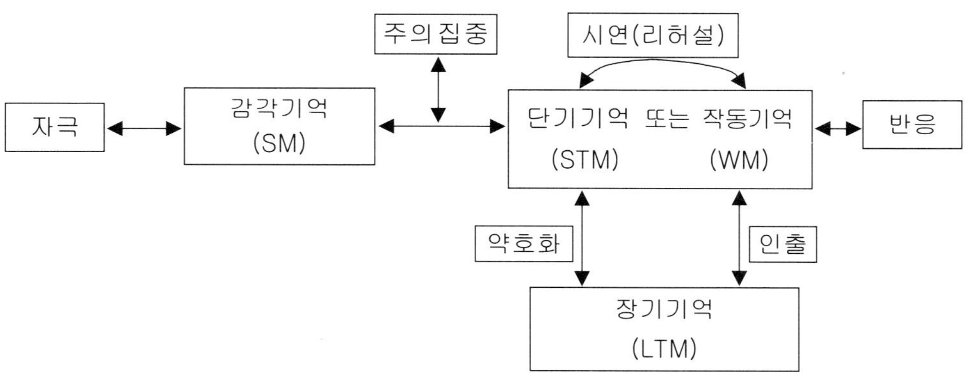

	감각기억	단기기억-작동기억	장기기억
용량	대량 또는 무제한	대략 7 chunk로 제한	무제한
양상	정확한 감각	echo	조직화 및 유의미성
지속	순간적 (시각정보인 경우 0.5초)	일시적 (리허설이 없는 경우 1.8초)	영구성
소멸	시간에 따라 소멸	치환 또는 리허설 실패	인출실패 혹은 간섭

감각기억(Sensory Memory: SM)

외부세계로부터 들어오는 정보는 우리의 오감의 감각 수용기를 통해 제일 먼저 감각기억으로 들어온다. 이때는 원래 정보가 들어올 때와 똑같은 물리적 형태를 띠게 된다. 여기서는 들어오는 모든 정보를 파지할 수 있지만(무제한 용량), 정보는 매우 빨리 소멸된다(신속한 소멸). 각 감각기관에 따라 서로 다른 단기감각 저장 능력을 가지고 있는데 예를 들어 시각 정보에 대한 단기감각 저장은 정확하고 완전하지만 0.5초 이내에 사라져버리는 순간 촬영 사진과 같다.

참고 :

파지(retention)는 정보의 단순한 유지과정을 말하는데 대부분의 경우 파지과정에서 정보는 그냥 남아있는 것이 아니라 망각되거나 시연과정을 거쳐 다른 상태로 변형되기 쉽다. 시연(리허설, rehearsal)은 가공되지 않은 단순한 복사(copy)의 한 형태인데 항목이 제시되면 시연자는 그 항목들을 앵무새처럼 똑같이 되뇌는 것을 말한다. 그럼에도 불구하고 시연은 인간의 기억을 향상시키는 효과적인 전략이다.

심리학에서 말하는 기억(Memory)에서는 다음과 같은 활동들이 일어난다.

① 기명 : 과거의 경험이나 학습을 대뇌피질에 새기는 것
② 파지 : 기명된 기억흔적을 일정기간 동안 간직하는 것
③ 재생 : 일정시간동안 간직한 기억흔적을 현재 되새기는 것
④ 재인 : 현재 재생된 기억과 과거의 경험과의 일치여부를 판단하는 것
⑤ 망각(forgetting) : 기명된 상태에서 파지기간동안에 흔적이 사라져 재생 혹은 재인을 할 수 없는 상태

단기기억(Short-term Memory: STM)

SM에 있는 정보가 사라지기 전에 그 정보에 주의집중이 이루어진다면 그 정보의 일부는 단기기억으로 전이될 수 있다. 이 저장 단계에서는 시각적으로 제시된 글자를 소리로 변화시키는 것과 같이 원래의 감각 정보를 다른 형태로 바꿀 수 있다. 청킹(Chunking) 기법으로 STM의 능력을 증가시킬 수 있지만 STM의 파지 용량은 대략 7개 항목으로 제한되어 있다(제한된 용량). 기존 항목이 새로 들어오는 항목에 의해 밀려나거나 능동적으로 반복 암송되지 못할 때 기존의 항목들은 STM으로부터 사라진다. STM은 의식적 기억으로 생각할 수 있다.

참고 : 청크(chunk)와 청킹(chunking)에 대하여
0011212라는 숫자를 기억하려고 한다고 해 보자. 이것을 그냥 숫자로 기억하려면 7개의 숫자를 순서대로 전부 다 기억해야 한다. 하지만

001-국제전화, 1-미국의 국가번호, 212-뉴욕시 지역번호

이런 식으로 기억하면 훨씬 외우기 쉽게 기억이 오래간다. 이렇게 머릿속에서 1개의 덩어리로 취급되는 단위개념을 '청크(Chunk)'라고 하고, 또 이렇게 '청크'단위로 묶어서 이해하는 것을 '청킹(Chunking)'한다고 한다. 이 청킹은 단기기억의 한계를 극복하기 위하여 단기기억에서 처리하는 정보를 묶어서 기억하는 기법을 말한다. 그래서 '0011212'를 그냥 숫자로만 보면 7개의 '청크'고, '국제전화/미국/뉴욕'으로 보면 3개의 '청크'가 되어 이 정보를 처리하는데 걸리는 시간과 기억에 부담되는 정도가 7:3으로 많은 차이가 나게 된다.

작동기억(Working Memory: WM)

이론가들은 단기기억과 작동기억을 동일시하는 경우도 있고 이처럼 서로 다른 기억장치로 구분하여 사용하는 경우도 있다. 이 기억은 단기기억과 같이 제한된 용량을 가지고 있으며 원래의 감각과는 다른 형태로 정보를 저장하며 과부하나 리허설의 실패에 의해 망각된다. 작동기억이란 암산과 같은 의식적인 정신작용을 수행할 때의 메모 용지와 같은 역할을 하는 것으로 볼 수 있다.

장기기억(Long-term Memory : LTM) 또는 의미적 기억(Semantic Memory)

정보가 단기기억에 파지되어 있을 때에는 그것을 장기기억으로 전이시킬 수 있게 하는 약호화(encoding) 과정이 있다. 장기기억은 감각기억과 마찬가지로 무제한의 용량을 가지고 있기 때문에 많은 양의 정보를 저장할 수 있다. 그래서 감각기억과는 달리 장기기억은 시간이 지남에 따라 기억된 정보나 지식이 소멸되지 않는 특징을 지니고 있다. 그러나 새로운 정보가 기존의 정보를 장기기억에서 인출되는 길을 막음으로 해서 잃어버릴 수는 있다. 장기기억은 도서관의 대출기호를 따라가면 언제든지 책을 찾을 수 있듯이 아주 조직적으로 구성되어 있는 정보창고와 같다. 그런데 이렇게 조직적으로 기억되어 있는 정보도 무의미하게 기억되어 있는 것이 아니라 그 정보를 저장할 당시의 주어진 맥락과 의미와 함께 기억되어야 기억이 오래가고 필요할 때 인출이 빠르게 일어나기 때문에 장기기억을 의미적 기억이라고도 한다.

정보처리 체계의 주요 통제과정

모든 사람은 동일한 정보처리 체계 즉, 감각기억, 단기기억, 장기기억, 정보를 감각기억에서 단기기억으로 전이되도록 하는 주의집중 과정, 정보를 단기기억에 유지시키기 위한 시연(리허설)과 청킹 과정, 정보를 단기기억에서 장기기억으로 옮겨 기억되도록 하는 약호화 과정, 그리고 장기기억에 저장되어 있는 정보를 찾기 위한 탐색 과정을 가지고 있다. 그러나 사람들은 각 기억저장 및 통제과정의 크기 및 특성이 다르기 때문에 어떤 사람은 다른 사람보다 장기기억에서 필요한 정보를 더 빨리 탐색하며, 어떤 사람은 단기기억에서 일시에 더 많은 정보를 파지할 수 있으며, 또 다른 사람은 정보가 소멸되기 전에 정보를 단기기억으로 보내는 주의집중 전략이 다른 사람보다 뛰어나기 때문에 인지과정에서 개인차가 발생하게 된다.

수학교육에 대한 인지심리학의 시사점

첫째, 수학적 사고의 기초가 되는 수학적 지식을 바르게 이해하고 기억할 수 있도록 해야 한다. 수학적 지식으로서의 개념적 지식은 장기기억에 존재하고 있는 정보들 사이의 관계에서 형성될 수도 있으나, 이미 기억 속에 존재하고 있는 정보와 새롭게 학습되는 정보 사이에서도 형성될 수 있다. 따라서 개념적 지식은 유의미적으로 학습되어야 한다. 무의미하게 학습된 정보는 기존의 도식과 연결되지 못한 상태에서 분리된 지식으로 저장된다. 이렇게 기계적으로 학습된 정보는 그 정보를 필요로 할 때 인출이나 재생에 어려움이 발생할 뿐만 아니라 다른 상황으로 일반화시키는 데도 어려움이 생기게 된다.

이와 대조적으로 절차적 지식은 기계적으로 학습될 수 있다. 그러나 수학을 하기 위해서수 많은 서로 다른 절차들을 개별적인 정보의 조작으로 낱낱이 기억하기에는 너무 방대해서 거의 불가능하며 이렇게 기억된 정보는 실제 필요한 상황에서 재생이 되지 않거나 어려울 가능성이 크다. 이러한 어려움을 덜기 위한 가장 좋은 방법이 절차적 지식과 더불어 개념적 지식을 함께 활용하는 것이다. 이렇게 함으로써 절차적 지식과 개념적 지식이 서로 연관되어 기억하기 쉬워지고 재생의 가능성과 속도도 높아지게 된다. 개념적 지식과 절차적 지식의 연결은 절차적 지식뿐만 아니라 개념적 지식의 발달에도 도움이 된다. 예를 들어, 절차적 지식으로서 기호의 사용은 개념을 향상시킬 수 있으며 절차를 통해서 개념을 문제해결에 적용할 수 있기 때문이다.

둘째, 수학적 지식을 바르게 이해하고 기억하기 위해서는 시연(리허설)이 반드시 필요하다. 사고과정의 핵심적인 인지활동은 작동기억에서 일어난다. 그러나 작동기억의 용량은 매우 제한적이기 때문에 작동기억에 입력된 수학적 지식이 의미 있게 장기기억에 저장되기 위해서는 충분한 시연이 없으면 자동 소멸될 가능성이 높으며, 또 다른 정보를 접하게 될 경우에는 먼저 입력된 정보로 인하여 새로 입력되는 정보가 방해를 받거나 대체되기 때문에 망각될 가능성도 높아진다. 따라서 수학적 지식이 의미 있게 이해되고 저장되기 위해서는 짧은 시간에 많은 양의 수학적 지식을 가르치거나 학습해서는 안 되며, 충분한 시연을 할 수 있는 시간적 여유를 가져야 한다.

셋째, 장기기억에서의 개념적 지식이 잘 조직되고 구조화될 수 있도록 해야 한다. 지식의 도식이 서로 잘 연결된 상태에서의 구조는 수학적 사고에 유용한 지식의 재생뿐만 아니라 추론을 용이하게 하는데 도움이 된다. 수학적 지식을 잘 구조화시키기 위해서는 개념을 통합화하고 서로 관련된 개념들을 위계화하고 조직하여 가르치고 학습해야 한다.

참고

1. 주의집중(attention)

인간의 오감을 통해서 전달되는 정보는 먼저 감각기억에 저장된다. 이 감각기억에서는 아주 짧은 시간만 정보를 유지하며 특별한 노력을 기울이지 않으면 사라진다. 따라서 주의집중된 정보만 단기기억으로 전이되므로 주의집중을 어느 정도하느냐에 따라 획득할 수 있는 정보의 양이 정해진다. 유능한 학습자라면 주어진 정보의 핵심적인 사항만 주의집중하는 하는 경향이 있다.

2. 시연(리허설, rehearsal)

단기기억장치에 정보를 저장하기 위해서는 그 정보를 암송 및 반복연습해야 하는데 이런 활동을 시연이라 하며 시연의 정도가 많을수록 저장되는 정보의 양도 많아진다. 시연에는 그 유형에 따라 보존되는 정보의 형태와 양이 달라진다고 한다. 유지시연(maintenance rehearsal)은 의미 없이 구구단 외우기, 방정식 풀이절차 외우기, 수학용어 외우기 등으로 가장 비효율적인 시연형태이며, 정교화시연(elaborative rehearsal)은 기억하고자 하는 정보를 자기가 알고 있는 정보와 연결시켜 기억하기 쉬운 형태로 변형하는 시연을 말하는 것으로 예를 들면 소수의 곱셈절차를 십의 거듭제곱을 분수로 하는 분수의 곱셈과 연결시켜 연습하기, 일차방정식의 풀이를 좌변과 우변을 만족하는 숫자의 대입으로 연습하기, 다항식의 인수분해를 대수타일을 사용하여 연습하기 등이 이런 유형의 시연에 해당한다.

3. 약호화(encoding)

단기기억에 있는 정보를 장기기억으로 전이하는 과정을 약호화 과정이라고 한다. 약호화를 어떻게 하느냐에 따라 약호화의 속도와 질이 결정되는데 단기기억의 정보를 기존의 정보와 잘 통합되도록 해야 그 정보가 의미가 있고 구조적, 조직적이 되어 장기기억으로의 전이가 쉽게 일어나고 기억도 오래 가게 된다. 따라서 약호화가 잘 일어나도록 하기 위해서는 정보를 저장할 때 항상 적절한 맥락과 함께 저장해야 그 정보가 필요한 인출 때 수행이 쉽고 빠르게 일어난다.

4. 인출(retrieval)

장기기억에 있는 정보를 단기기억으로 끄집어내어 활성화시키는 과정을 말한다. 주어진 어떤 과제를 수행하기 위해서는 반드시 이 인출과정을 거쳐야 한다. 예를 들어, 주어진 함수의 도함수를 구하기 위해서는 장기기억에 저장되어 있는 도함수의 개념과 도함수를 구하는 일련의 절차를 끄집어 내어 활성화시켜야 한다. 그런데 도함수를 구하지 못하는 경우가 있는데 그 이유는 도함수를 구하는데 필요한 정보가 저장되어 있지 않거나 무제한 용량을 가진 장기기억의 어디에 이 정보가 기록되어 있는지를 알지 못하여 인출이 일어나지 않기 때문이다. 이러한 인출이 쉽고 빠르게 일어나도록 하기 위해서는 장기기억에 저장되는 정보나 지식을 도서관에 책을 조직적으로 분류하여 저장하듯이 구조적, 조직적으로 분류, 정리하여 기억하도록 노력해야 한다.

참고

에빙하우스(Ebbinghaus)는 인간의 기억을 처음으로 연구한 학자로서 1885년 중요한 논문을 발표하였는데 이 논문에서 인간의 기억을 처음으로 엄격한 실험으로 밝혔다. 에빙하우스가 연구한 당시에는 피험자 집단이 없었기 때문에 자신이 피험자가 되어 연구를 하였다. 그는 DAX, BUO, LOC 와 같은 자음 - 모음 - 자음의 세 낱자 무의미 철자들을 혼자서 학습했다. 에빙하우스는 여러 실험 중 하나에서 13개 음절로 구성된 목록을 틀리지 않고 순서대로 두 번 반복할 수 있을 정도로 학습했다. 그 다음 지연 기간을 달리하여 이 목록의 파지(retention) 검사를 하였다. 그는 완벽하게 두 번 암송한다는 기준을 사용하여 이 목록들을 재학습하는 데 걸리는 시간을 측정했다. 그는 두 번째 학습이 첫 번째 학습보다 얼마나 더 빠른지를 측정했는데 어떤 목록을 처음 학습하는 데 1,156 초가 걸렸고, 그 목록을 재학습하는 데 467 초가 걸렸다고 하자. 이것은 재학습에서 1,156 − 467 = 689(초)를 절약했음을 뜻한다. 이 절약은 원래 학습에 대한 백분율로 689/1,156 = 64.3 퍼센트가 된다. 다음 그림은 에빙하우스가 파지간격을 함수로 나타낸 것인데 처음에는 급격한 망각이 일어나지만 학습한 후 30 일까지는 망각이 지속적으로 서서히 일어남을 알 수 있다.

24시간 즉 하루를 파지 간격으로 할 때 에빙하우스는 만일 어떤 목록을 완전히 두 번 반복 암송하는 기준까지 학습한 후, 그 목록을 30번 더 암송하면 어떤 일이 발생하는지를 관찰했다. 과잉 학습(overlearning)을 하지 않을 경우 33.8퍼센트의 절약 점수를 얻을 수 있었지만 이와 같은 과잉 학습을 함으로써 24시간 후 파지 검사에 나타난 절약 점수는 64.1퍼센트였다. 이처럼 추가학습 시행은 나중의 파지 검사에서 절약 점수를 높였다.

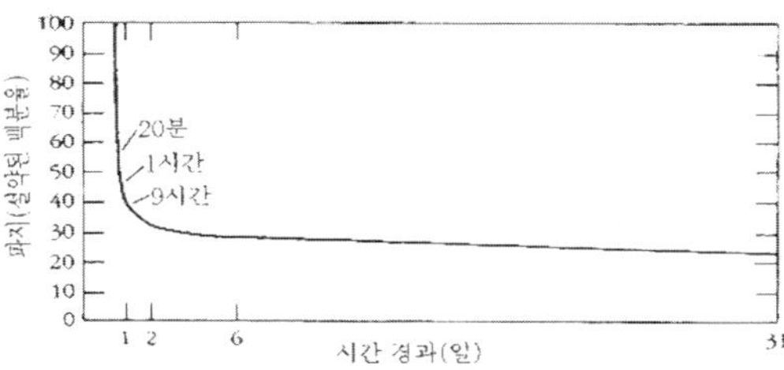

에빙하우스 (Ebbinghaus. 1885)의 망각함수. 무의미 철자의 파지는 재학습시의 절약 점수로 측정된다. 파지는 파지간격이 증가함에 따라 감소하지만 망각 속도는 서서히 느려짐을 알 수 있다.

지난 수십 년간 여러 연구자들은 에빙하우스의 이런 기초실험 결과들을 다양한 기술과 측정치를 사용하여 반복 실험해 보았다. 인지심리학이 1960년대 행동주의로부터 완전히 분리되었을 때, 인간의 기억 연구에 큰 변화가 있었다. 이 변화에는 두 가지 이유가 있었는데 첫째, 행동주의 전통의 연구는 동물 학습에 그 초점을 두었으므로 이론과 연구에 새로운 자유가 주어졌을 때 인간기억에 관한 수많은 질문들이 생기게 되었다.

둘째, 인간기억은 기억 그 자체보다는 인지에 관한 물음을 다루는 데 매우 유용한 여러 연구문제를 가지고 있음이 입증되었다. 예를 들면, 기억 과제를 사용한 지식 표상에 관한 실험들이 그러한 예였다.

제3장

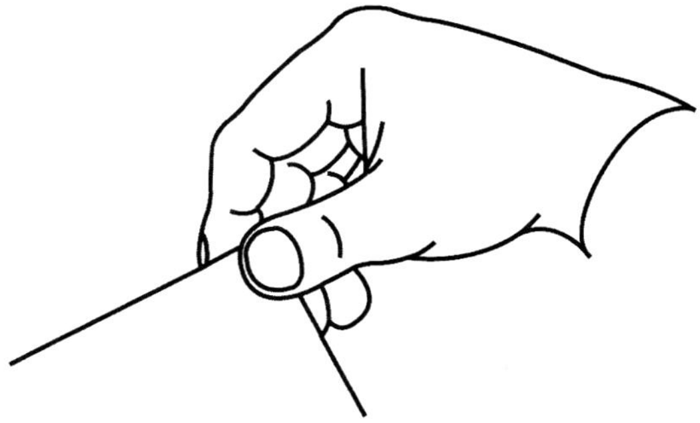

수학과 교수-학습의 여러 측면들

1. 수학과 타학문과의 관계

수학은 우리 주위를 둘러싼 이 세상의 숨겨진 패턴을 밝히는데 중요한 역할을 하는 학문으로 우리로 하여금 그 이치를 이해할 수 있도록 해 준다. 산술과 기하로 대표되었던 오랜 기간의 수학에 대한 인식은 오늘날 과학으로부터 구한 데이터, 측정, 관찰을 다루는 학문으로, 추론과 연역 및 증명을 다루는 학문으로, 그리고 사회 체제와 인간의 행동, 자연 현상에 대한 수학적 모델링을 다루는 학문으로 다양화되고 있다.

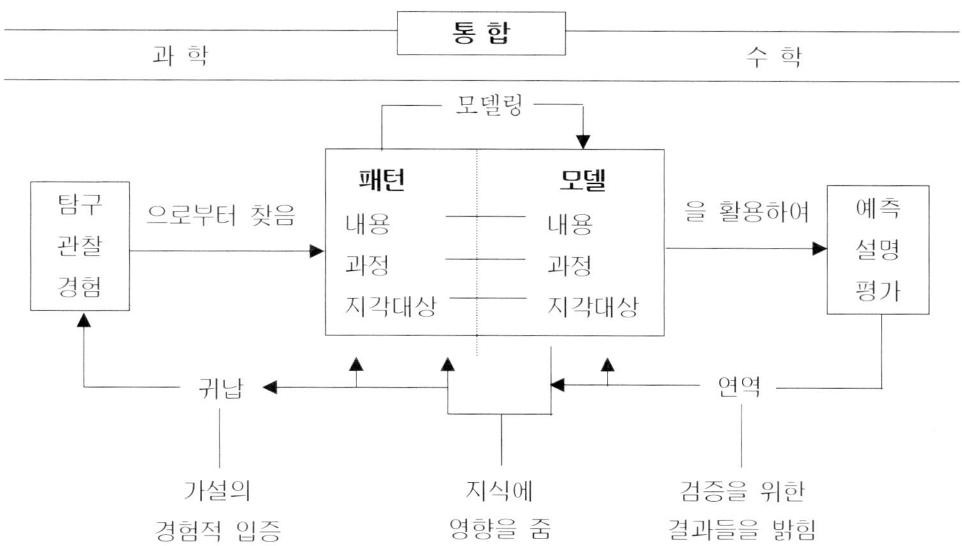

〈 앎의 과정: 귀납과 연역 〉

위의 그림에서 보는 것과 같이 자연 현상으로부터 수집한 데이터로부터 연역적 추론을 통한 수학적 결과를 사용해서 다른 자연 현상으로 응용하는 이러한 사이클은 여러 곳을 방문하는 해외 여행을 계획하는 가벼운 일상적인 가정 일에서부터 항공기나 선박의 노선을 정하거나 거대한 투자 자본의 운영과 같은 복잡하고 큰 업무에까지 수학이 사용되는 곳이라면 어디든지 반복해서 일어난다. 이러한 의미에서 보면 수학을 "행한다" 라는 말은 단지 계산이나 연역적 사고 이상을 의미하는 것으로 패턴의 관찰, 추측이나 가설의 검증, 그리고 결과의 예측이나 추정까지도 포함하는 것이다. 또한 실제적인 문제에서 볼 때, 수학은 패턴과 질서의 과학이다. 하지만 눈에 보이고 손으로 만져지는 구체적인 대상을 다루는 과학과는 달리 수학은 추상적인 대상 (예 : 직선, 삼각형, 원, 소수, 함수, 비나 비율 등의 수학적 내용들)을 다루는 과학으로서 진리의 기준으로 관찰이 아닌 논리에 의존하는 학문이지만 진리의 발견을 위해서 관찰, 시뮬레이션, 심지어 실험까지도 사용하는 학문이다. 즉, 수학은 추상적이면서도 구체적이고, 고도의 일반화된 지식인 동시에 특수성을 가지는 학문이다.

이러한 수학의 특성 때문에 일반적으로 수학과 타학문과의 관계에 대해서 유명한 수학자 가우스 (Carl Friedrich Gauss, 1777-1855)는 "수학은 모든 과학의 여왕"이라고 하면서 타학문의 발전에서 수학의 중요한 역할을 강조하였다. 그렇지만 현대의 견해는 수학은 과학에게 연구 도구를 제공하고, 과학은 수학에게 연구할 주제나 문제를 제공하는 것으로 상호의존적 관계에 있다고 할 수 있다. 이 글에서는 수학이라는 학문과 타학문과의 관계를 학교 수학교육으로 옮겨 수학적 연결성이라는 관점에서 그 의미를 살펴보고 이를 통한 수학지도의 예와 방법 등에 대하여 살펴보고자 한다.

교육과정에서 의미하는 수학과 타학문과의 관계

제 7차 수학과 교육과정에서는 수학과 타학문과의 관계 설정을 위해서 수학교실에서 실생활 소재나 다른 교과의 주제를 도입해서 수학을 가르칠 필요가 있다고 한다.

> 수학을 학습하는 중요한 이유 중의 하나는 수학적 지식의 습득과 기능의 숙달을 통하여 실생활 문제를 해결하거나 다른 교과의 학습에 적극적으로 활용할 수 있게 하기 위해서이다. 따라서, 수학 내용은 가급적 실생활의 소재나 인접 교과와

관련되는 것에서부터 도입되어야 하고, 이런 측면에서 수학 교육의 필요성이나 의의가 인식되어야 할 것이다.

한편, 1989년 미국수학교사협의회 (National Council of Teachers of Mathematics; NCTM)에서는 수학과 타학문과의 관계를 수학적 연결성으로 표현하고 있다. 이 수학적 연결성의 규준에서는 수학과 타학문과의 관계를 (1) 다른 교육과정 영역 (또는 다른 학문 영역)에서의 수학 사용, (2) 수학 내용들 사이의 연결, 그리고 (3) 일상생활에서의 수학 사용으로 크게 3 가지로 구분하고 있다. 구체적인 내용들을 요약하면 다음과 같다.

- 수학에서 다른 내용들 사이의 관계를 인식할 수 있어야 한다.
- 다른 교육과정 영역에서 수학을 사용할 수 있어야 한다.
- 매일의 일상생활에 수학을 사용할 수 있어야 한다.
- 미술, 음악, 심리학, 과학 및 경제학과 같은 타학문 분야의 문제를 해결하기 위해 수학적 사고와 모델을 적용할 수 있어야 한다.
- 문화와 사회에서 수학의 역할을 평가할 수 있어야 한다.
- 같은 개념의 동치표상을 인식할 수 있어야 한다.
- 한 표상에서의 절차를 동치표상에서의 절차와 연결시킬 수 있어야 한다.
- 수학적 내용 사이의 연결성을 이용하고 음미할 수 있어야 한다.
- 수학과 다른 학문 사이의 연결성을 이용하고 음미할 수 있어야 한다.

이 규준의 구체적 내용을 보면 일상생활이나 타학문에서 제기되는 문제 상황을 해결하기 위한 수학 사용을 위해서는 수학적 사고와 모델링의 활용을 주장하고 있고, 수학 내용 사이의 연결성을 위해서는 표상 (동치표상)의 사용을 강조하고 있다. 한 문제에 대해 서로 다른 표상의 사용은 학생들이 문제와 해를 해석하는 다른 관점이나 렌즈를 제공한다는 점에서 중요하다. 학생들이 수학적 지식에 대한 위력을 발휘하기 위해서는 주어진 문제 상황에 대해 다양한 방법으로 접근할 수 있는 융통성이 있어야 하며, 서로 다른 관점이나 표상 사이의 관계성을 인식할 수 있어야 한다. 이를 그림으로 표현해 보면 다음과 같다.

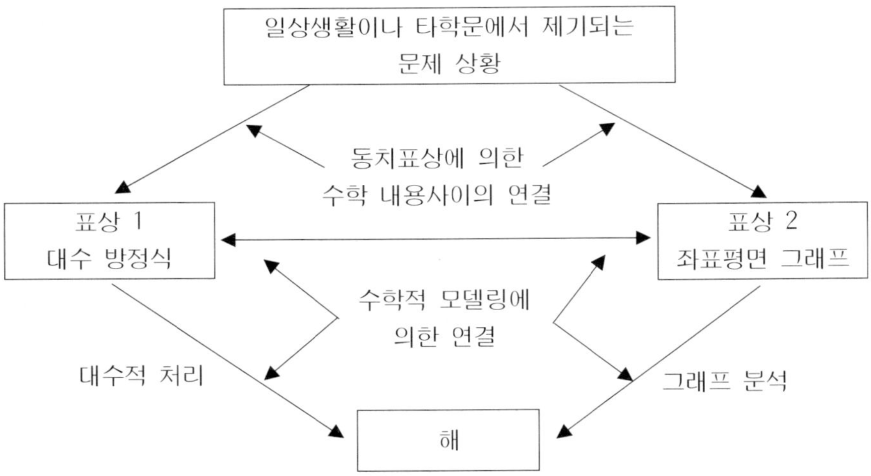

< 수학적 연결성의 두 가지 형태 >

수학적 연결성은 학생들이 어떻게 수학적 개념, 과정, 기능들을 그들의 인지적 구조 내에서 습득하고, 처리해서 조직화하는지에 대한 측면에서 살펴볼 수도 있다. 수학교육자들은 학습에 대한 구성주의적 견해와 더불어 유의미한 지식의 구성을 강조하고 있다. 인지심리학의 연구에 따르면, 다음 문장들은 수학적 연결성을 위한 기초적 지식으로 활용된다고 한다.

- 지식은 학습자의 사전 지식과 그들의 경험에 의해 형성된다.
- 지식은 보다 큰 아이디어, 개념, 또는 주제를 중심으로 그물망식으로 조직된다.
- 지식은 그 지식의 개념과 과정사이의 상호 관련성에 의해 형성된다.
- 지식은 구체적인 상황이나 맥락에 의해 습득된다.
- 지식의 습득과 형성은 사회적 의사소통에 참가함으로써 보다 향상된다.
- 지식은 시간을 거치면서 사회적으로 구성되는 것이다.

학교수학에서 수학적 연결성을 강조하는 이유는 수학 지식이 암기해야 할 수많은 낱개의 지식과 내용으로 구성된 것이 아니라 통합된 전체적 지식이라는 점, 그리고 학교에서의 다른 교과뿐만 아니라 일상생활이나 직업생활 등과 관련된 유용한 지식이라는 인식을 학생들에게 심어주려는 것이다.

수학적 연결성에 대한 구체적인 예

다양한 수학 내용 사이의 연결성은 여러 방법으로 가능한데, 다음은 이에 대한 중학교 수학 내용에 대한 몇 가지를 구체적인 예들이다.

(중학교 예 1) 기하 시간에 '오른쪽으로 20'으로 이동하고 다시 '왼쪽으로 45'로 이동한 것은 결과적으로 정수의 덧셈과 동일하다.

(중학교 예 2) 파스칼의 삼각형은 패턴의 발견과 세기, 지수, 대수, 기하학적 패턴, 확률, 수론 사이의 연결성을 보여줄 수 있는 좋은 주제이다. "파스칼의 삼각형에서 삼각수 (triangular numbers)가 존재하는가? 왜 나타난다고 생각하는가? 파스칼의 삼각형은 3개의 동전을 던졌을 때, 2개가 앞면이 나오는 확률을 구하는 것과 같은가?"

(중학교 예 3) 넓이에 대한 개념은 분수의 연산, 비율 문제, 인수와 확률, 대수식의 의미를 탐구하는데 연결 가능하다. 이것은 새로운 수학적 아이디어를 배우거나 문제를 풀 때, 기존의 지식이나 경험을 통해서 자신의 사고 과정과 기능을 풍부하게 할 수 있다는 점을 보여줄 수 있다.

(중학교 예 4) 다음 그림을 보고 규칙성을 찾아보시오.

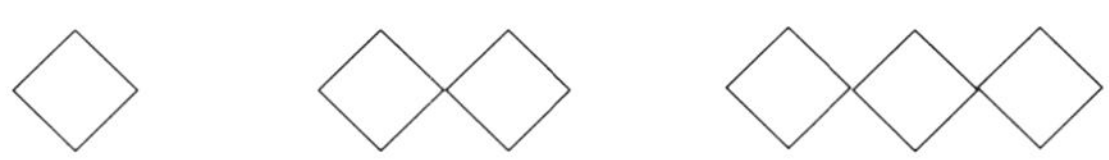

사각형의 개수	1	2	3	4	…	n
둘 레	4	8	12	16	…	$4n$

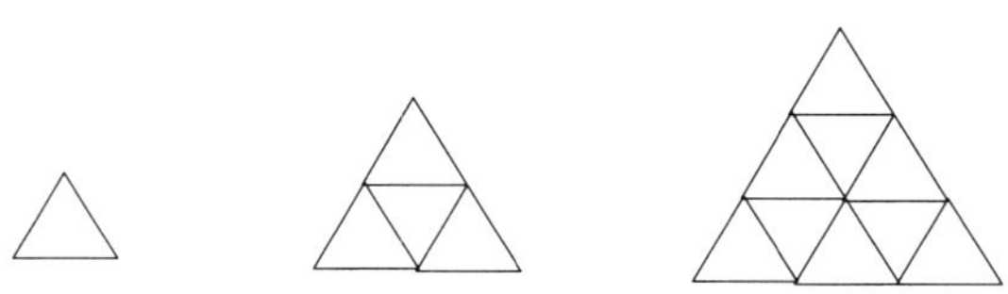

삼각형의 개수	1	4	9	16	…	n^2
둘 레	3	6	9	12	…	$3n$

이 예를 통해서 학생들은 세기, 규칙성, 규칙성을 표현하는 문자식, 가설 설정(10번째 또는 n 번째 사각형의 개수 또는 삼각형의 개수와 둘레에 대해), 이 규칙성을 그래프로 나타내기 등을 통하여 수학적 내용 사이의 연결성을 경험할 수 있다. 변하는 넓이와 둘레를 수열 형식으로, 언어로, 또는 대수적 기호로 나타낼 수 있다. 또한 둘레와 삼각형 개수의 증가를 비교해 보고자 한다면, 아래와 같이 그래프로써 확인할 수도 있다.

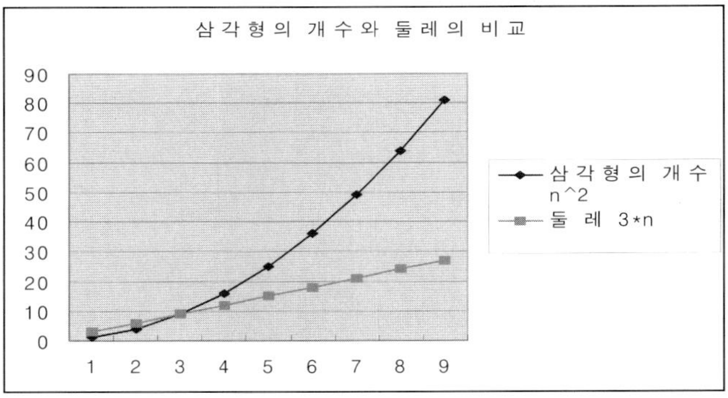

〈 삼각형의 개수와 둘레를 비교한 그래프 〉

(중학교 예 5) 피타고라스 정리에 대한 대수식과 기하에 의한 표상

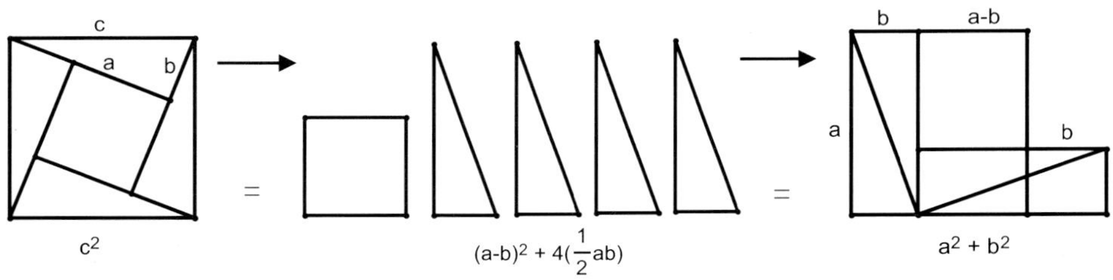

〈 피타고라스 정리의 대수적 표상과 기하적 표상 〉

중학교에서는 수학과 다른 교과와의 연결성을 발견할 수 있는 많은 기회를 제공해 주어야 하는데, 과학뿐만 아니라 사회과에서의 지도 공부는 축척, 닮음, 비율 등의 개념을 익힐 수 있는 좋은 예이다. 또한 학교에서 배운 수학적 지식이 학생들의 일상생활과도 연결되도록 해야한다. '악수' 문제는 삼각수와 다각형의 대각선의 수를 연결하는데 이용될 수도 있지만, 항공사의 취항도시를 연결하는 항로와도 관계

된다. 원근법, 비율, 황금비는 미술과 디자인에서 경험할 수 있는 수학 지식이다. 구체적 상황의 유형에 상관없이 항상 학생들이 수학과 실생활 사이의 상호관계를 인식할 수 있도록 수학 수업을 구성해야 할 것이다.

고등학교에서는 다음과 같은 예를 사용하여 수학적 연결성에 대한 학생들의 인식을 높일 수 있을 것이며, 또한 수학적 개념에 대한 이해의 폭을 넓힐 수 있을 것이다. 특히 수학적 개념 사이의 연결성에 따르면 새로운 개념은 기존의 익숙한 개념의 확장으로써 지도해야 한다고 한다. 또한 동일한 개념에 대한 서로 다른 표상 사이의 관계성도 탐구되어야 한다.

(고등학교 예 1) 삼각함수를 점의 좌표로 정의하는 것은 직각삼각형에서 정의된 삼각비의 개념을 자연스럽게 확장한 것이다.

(고등학교 예 2) 기하 도형을 반 바퀴 회전시키는 것은 수직인 두 축에 대한 대칭의 합성 또는 함수 $f: (x, y) \to (-x, -y)$나 행렬의 곱으로 표현할 수 있다(아래그림 참조).

(고등학교 예 3) 고등학교에서 대수와 기하의 연결성은 중요한 내용이다. 다음의 예는 고등학교에서 수학적 연결성을 위해서 사용할 수 있는 내용들이다.

- $|a-b|$를 구하는 것은 수직선 위의 두 점 a, b 사이의 거리를 구하는 것
- 함수식의 근을 구하는 것은 함수의 그래프와 x 축과의 교점을 구하는 것

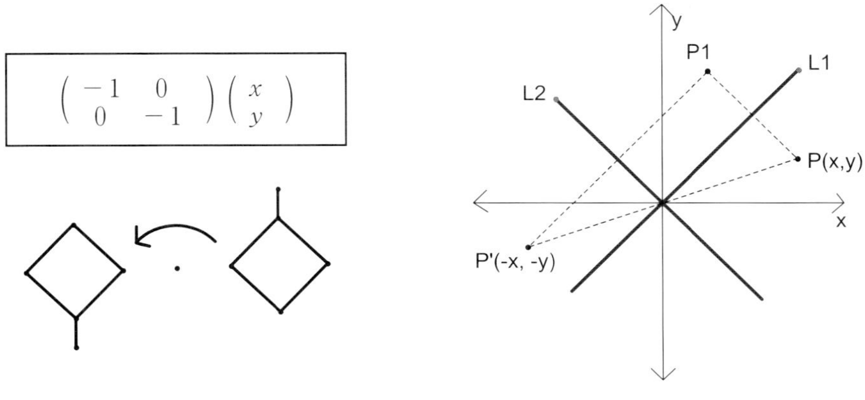

〈 동일한 개념에 대한 서로 다른 표상 사이의 관계성 〉

- 연립방정식의 해를 구하는 것은 여러 방정식의 그래프의 교점의 좌표를 구하는 것
- 함수의 극대나 극소값 찾는 것은 이 함수의 그래프의 극대나 극소점을 찾는 것
- $y = af(bx + c) + d$로 함수를 표현하는 것은 $y = f(x)$의 그래프의 변환을 나타내는 것
- 관계와 함수
- 연립방정식과 행렬
- 표준형의 함수식과 기하학적 변환
- $a + bi$ 와 $r(\cos\theta + i\sin\theta)$, 복소 평면 상에서 순서쌍으로 표시되는 복소수
- 직각삼각비, 삼각함수, 주기함수
- 주기함수와 급수
- 직교좌표계와 극좌표계
- 로그함수와 지수함수와 같이 함수와 그 역함수
- 통계 과정과 그것에 필요한 확률개념
- Z-점수로의 자료 변환, 기하변환

수학과 타학문이나 다른 교과사이의 연결성은 다음과 같은 응용을 통해 수학수업에서 지도할 수 있다.

- 미술 : 작품 창작을 위해 대칭, 원근법, 공간표상, 테셀레이션의 활용
- 생물 : 다양한 유기체의 성장을 제한하는 요소를 확인하기 위해 축척 (scaling)의 사용
- 경영 : 정보통신망의 구축
- 산업미술 : 집과 같은 3차원 물에의 모델이나 축도를 그릴 때 수학에 기초한 컴퓨터 디자인의 사용
- 의학 : 전염병을 막기 위해 접종 계획의 모델링
- 물리학 : 힘과 관련된 문제를 해결하기 위해 벡터의 사용
- 사회과학 : 선거 결과를 예상하고, 분석하는 데 통계적 기법의 사용

예 1 : 법의학자가 사용하는 수학 : 한 남자의 인생을 바꾼 자연 로그

밤 12시, 경찰은 끔찍하게 살해된 20대 여자의 시체가 발견된 곳에 도착했다. 경찰 감식반은 이 때의 온도가 68° F (이 예에서 사용하는 모든 온도는 화씨를 말함)이고 시체의 체온은 85° 임을 측정했다. 지문을 채취하고 목격자의 진술을 듣고 했던 새벽 2:00시 체온은 74° 로 떨어졌다. 며칠간의 수사를 편 결과 경찰은 이 여자의 남자 친구인 김미남을 살인 용의자로 체포했다. 이 둘은 살인이 일어나던 그 날 밤 시내의 한 술집에서 크게 다투었으며, 술에 취해 있던 이 여자가 경찰에 뭔가를 알리겠다고 협박했고, 남자가 화를 냈으며, 11:15분 경 여자가 먼저 자리를 떴고 그 뒤에 남자가 따라 나섰다고 술집 주인과 몇몇의 손님들이 경찰에서 진술했다. 과연 김미남은 자기의 여자 친구를 죽였을까? 그의 변호인은 어떻게 그가 무죄임을 밝힐 수 있을까?

김미남의 변호인은 법의학자의 도움을 받았는데 이 법의학자는 열의 소실에 대한 핵심적인 이론인 "뉴턴의 냉각법칙" (Newton's law of cooling)을 사용하여 그의 무죄를 밝히고자 했다.

뉴턴의 냉각법칙

: 물체가 복사(輻射)하는 열량은 그 물체의 온도와 주위 물체의 온도차에 비례한다는 법칙

$$T = 68^\circ + \frac{17^\circ}{e^{0.5207t}} \quad (T\text{: 물체의 온도, } t\text{: 밤 12시를 지난 시간})$$

뉴턴의 이 법칙은 냉각되는 모든 물체, 즉 금방 오븐에서 구운 뜨거운 감자나 이 예에서와 같이 시체에까지 적용된다. 살아 있는 물체는 신진대사 작용에 의해 이러한 냉각 현상이 일어나지 않는다.

이 법의학자는 이 여자의 사망 시간을 추정하기 위하여 자정에 이 시체의 체온을 추정했다. 자정이므로 $t = 0$ 이므로

$$T = 68^\circ + \frac{17^\circ}{e^{0.5207\times 0}} = 68^\circ + \frac{17^\circ}{1} = 85^\circ \text{ F}$$

가 되어 경찰이 처음 확인했던 온도와 일치한다. 마찬가지로 새벽 2:00인 경우는 $t = 2$를 대입해서 계산하면 74° F 가 나온다.

이제 문제는 이 여자의 정상 체온인 98.6° F였을 때의 시간을 구하는 것이다. 이 법의학자는 이 사망 시간의 추정을 위해서 약간 식을 변형하였다.

$$98.6^\circ = 68^\circ + \frac{17^\circ}{e^{0.5207t}}$$

$$30.6^\circ = \frac{17^\circ}{e^{0.5207t}}$$

$$(30.6^\circ)e^{0.5207t} = 17^\circ$$

$$e^{0.5207t} = \frac{17^\circ}{30.6^\circ} = 0.5555$$

$$\ln(e^{0.5207t}) = \ln(0.5555)$$

$$\ln(e^{0.5207t}) = 0.5207t = \ln(0.5555) = -0.5878$$

$$t = \frac{-0.5878}{0.5207} = -1.13$$

이 계산에 의하면 시간이 -1.13이란 자정 전을 의미하는 것이다. 즉, 자정으로부터 1.13시간 전까지는 이 여자는 살아 있었다는 뜻이다. 따라서 이 여자의 몸은 자정으로부터 1시간 8분 (0.13시간=7.8분이므로 약 8분) 전부터 냉각되기 시작했으므로 이 여자가 죽은 시각은 그날 밤 10:52분이라는 추정이 나온다. 그런데 김미남은 여자 친구가 그렇게 가버리자 근처 다른 술집에서 혼자서 자정까지 술을 마셨다는 사실을 그의 변호인은 확인했으며 그의 알리바이는 성립된 셈이다.

예 2: 일상적 상황에 대한 수학적 모델링과 다양한 표상을 사용한 문제 해결

문제 상황:

만약 여러분이 어느 음료수 캔 제조회사의 디자인실에 근무한다고 하자. 탄산 음료회사로부터 원기둥 모양의 캔을 만들어 달라는 주문을 받았는데, 이 캔의 용량을 0.946 l로 해 달라고 한다. 생산비를 최소화하기 위해서는 가능한 재료를 최소로 써서 만들어야 하는데 그렇게 하려면 깡통의 규격을 어떻게 해야 될까?

먼저 용량이 0.946 l는 946 ml이며 $1\ ml = 1\ cm^3$이므로 이 캔의 규격은 cm로 나타내는 것이 편하다는 사실을 학생들과 토론을 한다. 그리고 원기둥 부피 공식 ($V = \pi r^2 h$)과 겉넓이 공식 ($S = 2\pi rh + 2\pi r^2 = 2\pi r(h + r)$)을 유도하고, 다양한 크기의 원기둥을 만들어 보면서 부피와 겉넓이를 구하는 활동을 한다.

수준 1:

$V = 946 = \pi r^2 h$를 h에 관해서 풀도록 하여 ($h = \frac{946}{\pi r^2}$)반지름 r의 값에 대한 높이 h를 구할 수 있도록 한다. r에 다음 표와 같이 특정한 값을 대입하여 높이와 겉넓이를 구할 수 있도록 한다. 이 계산을 위해서는 계산기 사용을 허락하도록 한다.

반지름 r	높이 h	겉넓이 S
	946/(3.14159*A2^2)	2*3.14159*A3*(B3+A3)
1	301.1	1898.3
2	75.3	971.1
3	33.5	687.2
4	18.8	573.5
5	12.0	535.5
6	8.4	541.5
7	6.1	578.2
8	4.7	638.6
9	3.7	719.2
10	3.0	817.5

이 표에 따르면 반지름이 5~6cm이고 높이가 12.0~8.4cm일 때 겉넓이가 최소가 됨을 알 수 있다.

수준 2:

수준 1에서는 각각의 반지름에 대한 높이와 겉넓이를 공식에 넣어서 그 값들을 구했는데, 여기에서는 엑셀 등의 프로그램을 사용하여 알고리즘을 통하여 그 값을 구하도록 한다. 아래의 표에 따르면 최적의 반경이 5cm와 6cm 사이에 있음을 보여주는데 이렇게 컴퓨터 소프트웨어의 이점은 이 반경을 0.1cm 간격이나 또는 원하는 만큼의 간격으로 자유자재로 쉽게 수정하여 구할 수 있다는 점이다.

반지름 r	높이 h	겉넓이 S
	946/(3.14159*A2^2)	2*3.14159*A3*(B3+A3)
0.5	1204.4856	3785.5708
1	301.1214	1898.2832
1.5	133.8317	1275.4705
2	75.2804	971.1327
2.5	48.1794	796.0699
3	33.4579	687.2153
3.5	24.5813	617.5404
4	18.8201	573.5309
4.5	14.8702	547.6788
5	12.0449	535.4795
5.5	9.9544	534.0662
6	8.3645	541.5278
6.5	7.1271	556.5413
7	6.1453	578.1615
7.5	5.3533	605.6955
8	4.7050	638.6235
8.5	4.1678	676.5480
9	3.7175	719.1598
9.5	3.3365	766.2149
10	3.0112	817.5180

이 표를 보면 반지름이 약 5.5cm이고 높이가 약 9.9cm 일 때, 겉넓이가 최소가 됨을 알 수 있다.

수준 3: 학생들에게 겉넓이 공식을 반지름에 대한 함수식으로 표현하여 그래프를 통해서 최소 겉넓이 S와 반지름, 높이의 관계를 파악하도록 한다.

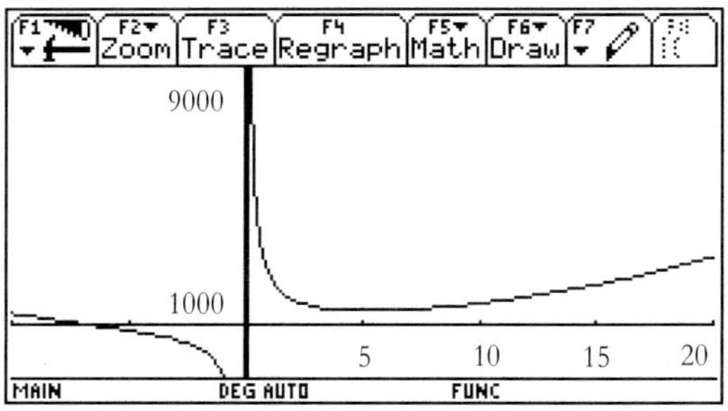

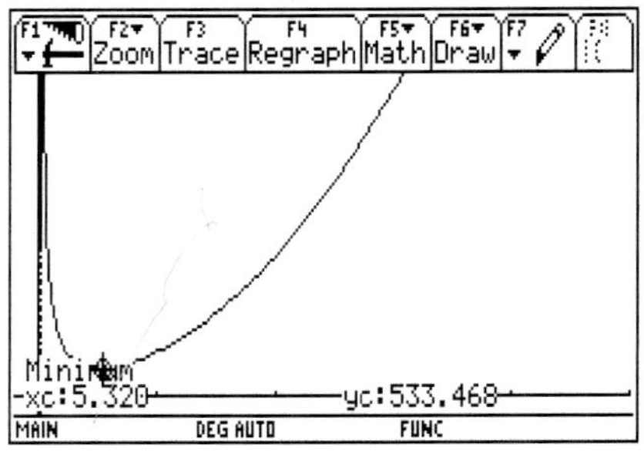

그래핑 계산기의 함수 입력창에 겉넓이 공식 $S = 2\pi r(\frac{946}{\pi r^2} + r)$을 $y = 2\pi x(\frac{946}{\pi x^2} + x)$으로 입력하여 그래프를 그리면 왼쪽과 같다. 그런 다음 오른쪽과 같이 필요한 부분을 Zoom해서 Minimum을 구하면 오른쪽 그림에서처럼 반지름이 약 5.320일 때 겉넓이의 최소값이 533.468임을 알 수 있다. 또한 이때의 높이를 그래핑 계산기를 이용하여 구해 보면 $h = \frac{946}{\pi r^2}$이므로 아래 그림과 같이 입력하면 약 10.64가 됨을 알 수 있다. 이를 통해서 학생들은 겉넓이가 최소가 되기 위해서는 높이가 반지름의 2 배가 될 때라는 가설을 세울 수 있다.

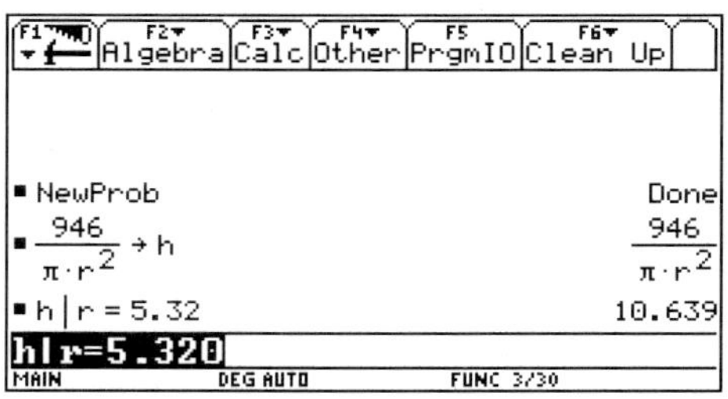

수준 4: 수준 3에서 설정했던 가설을 수학적으로 증명하도록 한다. $h = 2r$일 때 겉넓이 S가 최소가 됨을 산술평균과 기하평균 사이의 관계를 나타내는 부등식을 사용하여 증명하도록 한다. 이 경우에는 세 수에 대한 부등식 ($\frac{a+b+c}{3} \geq \sqrt[3]{abc}$,

$a=b=c$ 일 때 등호 성립)으로 일반화해서 사용하도록 한다.

$$S=2\pi r(h+r)=2\pi rh+2\pi r^2$$

$$2\pi rh+2\pi r^2=\pi rh+\pi rh+2\pi r^2$$

$$\frac{\pi rh+\pi rh+2\pi r^2}{3}\geq \sqrt[3]{2\pi^3 r^4 h^2}$$

$$\therefore \ S=\pi rh+\pi rh+2\pi r^2\geq \sqrt[3]{2\pi^3 r^4 h^2}$$

S가 최소가 되려면 등식이 성립해야 하므로 $\pi rh=\pi rh=2\pi r^2$ 이다. 따라서 $\pi rh=2\pi r^2$ 이 되어 $h=2r$ 일 때 겉넓이 S는 최소가 됨을 알 수 있다.

학교수학에서 수학적 연결성을 강조하는 수업을 위한 제언

지금까지 수학과 타학문과의 관계를 학교수학에서의 수학적 연결성이라는 측면에서 살펴보았다. 결론에서는 이러한 수학적 연결성을 강조하는 수업을 위한 몇 가지 제언을 제시하고자 한다.

첫째, 학생들에게 다른 교과 과목과 일상생활에서 수학적 지식과 내용을 관찰할 수 있는 기회를 다양하게 제공해 주어야 한다. 수학교실에서 제기되는 문제를 통해 수학적 아이디어를 탐구하는데 있어서 타 교과 담당 교사의 도움을 구하기도 해야 한다.

둘째, 학생들에게 수학의 기호와 과정에 실제적인 의미를 부여하도록 하기 위해서는 구체적인 상황이나 맥락을 사용해서 수학을 통합해야 한다. 이렇게 하게 되면, 학생들은 수학적 아이디어가 어떻게 다른 아이디어를 이해하는데 도움이 되는지를 알 수 있을 것이며, 복잡한 사고와 정보를 수학을 사용해서 얼마나 간결하고 정확하게 전달할 수 있는지, 실생활 문제나 일상적인 현상을 기술하고 모델링하는데 수학이 얼마나 유용한 지식인지, 이러한 문제를 해결하는데 수학이 어떻게 도움이 되는지를 인식할 수 있도록 할 수 있을 것이다.

셋째, 수학 수업에서 새로운 수학적 개념을 가르칠 때에는 항상 학생들이 이미 알고 있는 기존의 수학적 지식이나 경험을 활용하도록 하고, 이 개념은 또한 구체적인 문제 상황과 함께 주어질 때 효과적인 동시에 학생들에게 수학의 유용성을 인식시킬 수 있다.

넷째, 중등 학교수학을 지도하는데 있어서 컴퓨터 소프트웨어와 그래픽 계산기 등과 같은 공학용 도구는 수학적 개념의 습득과 이해를 넓히는데 없어서는 안될 것들이다. 이러한 도구의 활용은 이 글의 여러 예에서도 본 바와 같이 특히 수학적 연결성이라는 측면에서 더욱 중요성을 띠게 된다. 따라서, 수학교사들은 지도하려는 수학적 지식과 내용 및 사고 과정에 적합한 다양한 공학용 도구를 사용하려는 자세와 능력의 신장이 필요하다고 생각된다.

마지막 제언은 수학적 모델링과 수학적 표상활동을 수학 수업시간에 많이 활용할 기회를 가지도록 해야 한다는 점이다. 이들 활동은 문제 상황에 대한 다양한 해석 관점과 해결 방법을 제공한다는 점에서 중요하다. 또한 주어진 문제 상황에 대한 다양한 관점의 제공은 수학적 지식의 유연성과 융통성을 학생들이 경험할 수 있도록 해 준다.

2. 중등학교 수학의 수준별 지도를 위한 배경과 수업 사례

제 7차 수학과 교육 과정의 목적은 학생 개인의 '수학적 힘'을 신장하며 개인의 수학적 능력 수준을 고려한 단계형 수준별 교육 과정을 그 핵심으로 하고 있다고 보아진다 (교육부, 1999). 이 교육 과정에서는 수학 교과의 목적을 '수학적 힘'을 기르는 것이라고 정의하고 있다:

> ...... 수학과의 역할은, 수학의 기본적인 개념, 원리, 법칙을 토대로 탐구하고 예측하며 논리적으로 추론하는 능력, 수학을 사용한 또는 수학을 통한 정보를 처리하고 교환하는 능력, 실생활이나 다른 교과 영역에서 수학적 지식을 사용하여 문제를 구성하고 해결하는 문제 해결력, 창의력, 수학적으로 사고하는 성향, 사고의 유연성, 자신감 등의 수학적 힘(mathematical power)을 기르게 하는 것이다.

또한 학생의 인지 발달 수준을 고려하여 수학의 기본적인 필수 학습 내용을 선정하고, 학습 위계와 난이도에 따라 단계별로 구성되어져 있다. 그리고 수준별로 기본 과정, 심화 과정, 보충 과정을 두어 학생 개인의 학습 능력에 따라 자기 주도적 학습을 촉진하는 창의적인 학습 기회를 제공하는 것이 이번 수학과 교육 과정의 특징이라고 할 수 있다. 이러한 교육 과정을 목적을 달성하기 위하여 설명식 학습 지도에서 벗어나 토론, 프로젝트 수행, 탐구 활동, 소집단 활동 등을 적극적으로 사용하며, 수준별 이동식 수업, 개별화된 교수-학습 및 공학 기술의 활용을 수학교실에서 요구하고 있다. 하지만 수학을 하는데 필요한 다양한 인지적 능력과 정의적 능력으로 구성된 이 수학적 힘을 신장시키고 수준별 지도를 위한 구체적인 교수 및 학습 방법에 대한 제시는 없는 실정이다.

실제적으로 학교 현장에서 수학 교과를 지도하는 교사를 위한 교수-학습 방법의 부재는 이번 교육 과정의 성공적인 실천을 어렵게 만드는 요인이라고 생각한다. 따라서 이 글에서는 수학 교과를 지도할 때 어떻게 수준별로 지도할 것인지에 대해서 NCTM에서 제시한 수준별 지도 방법을 중심으로 살펴보고자 한다. 이를 통해서 현장의 수학 교사들에게 수준별 수학 지도의 의미를 한번 더 생각해 볼 수 있는 기회가 되었으면 한다.

수준별 수학 지도를 위한 배경

평등성의 원칙

동일한 교과서와 동일한 내용으로 서로 다른 수학적 능력과 흥미, 태도, 자신감을 가진 학생들을 동일한 교실에서 가르치는 것은 과연 교육의 평등성을 실천하고 있는 것인가? 평등성은 민주주의 교육 이념의 중요한 주제이다. 그렇다면 과거 학생들의 시험 성적에 따라 상, 중, 하로 나누어서 수업을 한 것은 평등하다고 할 수 없는가? 하지만 과거의 능력별 집단에 의한 수업은 학습자의 평등성 개념에 의한 접근이라기보다는 교사의 지도상의 편의를 위한 것으로 보인다. 학습자 중심의 수학교육을 지향하는 제 7차 교육 과정에서는 평등성의 의미를 개별 학생에게 두고 있다. 그렇다면 수학 교과의 교수-학습을 고려할 때, 이 평등성의 의미는 어떻게 해석되어야 하는가?

'수학적 힘'을 처음으로 언급해 놓은 1989년에 출간된 NCTM의 "학교수학을 위한 교육 과정과 평가 스탠다드"(Curriculum and Evaluation Standards for School Mathematics)를 보면, <u>모든</u> 학생들이 수학의 가치를 배우도록, 수학을 하는 자신의 능력에 대해 자신감을 가지도록, 수학적 문제 해결자가 되도록, 수학적으로 의사소통함을 배우도록, 그리고 수학적으로 추론하는 것을 배우도록 해야 한다고 강조하고 있다. 이러한 학습 경험을 할 수 있는 기회를 <u>모든</u> 학생들에게 제공하는 것이 수학 교과의 목적이라고 하며 이들 경험을 통해서 <u>모든</u> 학생들은 수학적 힘을 가질 수 있다고 한다. 여기서 특히 관심을 끄는 단어가 바로 '모든 학생들에게'라는 문구이다. 하지만 10여 년 전에 출간된 그 당시의 보고서에서는 모든 학생들에게 평등한 수학 지도라는 생각은 단지 "...... 수학은 이제 취업과 적극적 사회 참여를 위한 중요한 기준이 되고 있다. (그래서 여자와 소수 유색 인종의) 많은 사람들이 수학 문맹자가 되도록 할 수는 없는 것이다. (모든 사람들에게 수학을 공부할 수 있는 기회를 제공해야 한다는) 평등성(equity)은 이제 경제적인 요구인 셈이다"라고 기회 균등으로 표현하고 있을 뿐이다. 다시 말해서 수학적 잠재 능력을 가졌을 수도 있는 여자와 소수 민족 학생들이 단지 자신들의 사회적 지위 때문에 고급 수학을 배울 수 있는 기회를 박탈하는 것은 경제적인 효용성을 고려하지 못한 것이므로 모든 학생들에게 수학 학습의 공평한 기회를 부여해야 한다고 권고하고 있다.

이 평등의 개념은 2000년에 출간된 NCTM의 "학교수학을 위한 원리와 스탠다드"(Principles and Standards for School Mathematics)에서는 보다 구체적으로 평등성의 원칙(the equity principle)으로 제안되어져 있다. 학생의 개인적 특성, 배경, 또는 육체적 결함에 상관없이 모든 학생들에게 수학을 학습할 기회를 제공해야 한다고 밝히고 있다. 여기서 제시하고 있는 평등성은 모든 학생들이 동일한 수학 수업을 받는 것을 의미하는 것이 아니라, 모든 학생들이 수학을 공부할 수 있도록 그리고 정해진 교육 목표를 달성할 수 있도록 개별 학생의 수학적 능력에 적합하고 타당한 맞춤식 수학 지도가 실시되어야 함을 의미하는 것이다. 즉, 모든 학생들이 수학을 배울 수 있도록 하기 위하여 학생의 개별적 차이를 조절하는 것을 의미한다. 이것을 실천하기 위해서 요구되는 것은 "모든 학생들은 수학을 배울 수 있고 배워야만 한다"는 학생의 수학 학습에 대해 교사들이 높은 기대치를 가져야 하는 것이 중요하다.

이러한 높은 교사의 기대치가 필요한 것은 당연한 것이지만, 모든 학생들을 위한 학교 수학교육의 평등성을 위한 목적을 달성하기에는 불충분하다. 높은 기대치와 더불어 학생들의 기존 지식, 지적인 힘, 그리고 개인적 흥미에 부합되고 학습을 조장하는 우수하고 평등한 수학 교과 과정을 모든 학생들에게 제공해야 한다. 수학적 능력이 부족한 학생에게는 다양한 보조 자료, 방과 후 보충 프로그램, 친구 관계를 활용한 상호지도 등의 방법을 통해서 도와주어야 한다. 또한 수학에 특별한 재능과 관심을 지닌 학생들에게는 이러한 능력을 십분 발휘할 수 있는 심화 프로그램을 운영해야 한다. 그리고 공학을 활용한 수학 학습의 기회 또한 모든 학생들에게 평등하게 제공되어야 한다. 이러한 의미에서 본다면 수학 교육의 평등성은 모든 학생들에게 동일한 것을 제공하는 평등의 개념이 아니라, 개별 학생의 수학적 능력에 적합한 학습을 제공하는 '공평함'의 의미로 해석되어야 한다는 주장에 공감하는 바이다. 즉, 단계형 수준별 수학 지도를 핵심으로 하는 제 7차 수학과 교육 과정은 학습 기회 제공의 공평함을 뜻하는 것이다.

공평함을 위한 수준별 수학 지도

위에서 살펴본 것처럼 수학의 교수-학습에 있어서 공평함을 추구하고 나아가 이번 교육 과정의 목적인 '수학적 힘'을 신장시키기 위해서는 어떻게 수학 지도를 해야 하는가? 수학 지도의 방법을 논하기 전에 먼저 이 '수준별 지도'라는 의미를 좀 더 구체적으로 논의할 필요가 있다고 본다. 한 단계 내에서는 학생 개인의 수학적 능력 차이를 반영하기 위하여 기본(공통) 과정, 보충 과정, 심화 과정으로 구분하고 있다. 이를 구체적으로 살펴보면 다음과 같은 그림으로 나타낼 수 있다.

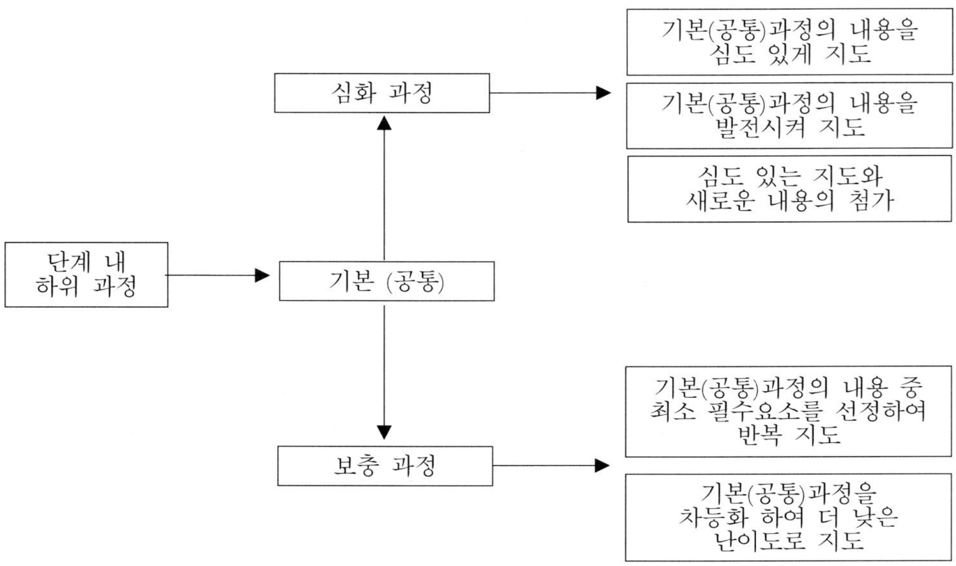

위의 그림에서 보면 심화 과정은 세 가지 방법으로 구성 가능하다. 첫 번째 방법은 예를 들면 교과서에는 증명 없이 제시된 정리에 대해 증명의 유도까지도 지도하는 것이다. 두 번째는 예를 들면 미지수가 두 개인 연립이차방정식을 배우고 난 후 연립 삼차방정식으로 확장시키는 방법을 말한다. 세 번째 방법은 첫 번째와 두 번째 방법을 통합해 놓은 것이다.

그리고 보충 과정에서는 첫 번째 방법의 경우 어떻게, 어떤 기분에 의해서 최소 필수 학습 요소를 선정할 것인지가 문제가 되며 또한 이렇게 하는 경우 이 과정에 있는 학생들의 경우 기본(공통) 과정에 있는 내용을 다루지 못하는 경우가 생길 가능성도 있다. 이러한 경우가 생기는 것은 앞에서 언급한 평등성의 개념에 어긋나는 것이다. 그래서 이 글에서는 특히 두 번째 증명에 초점을 맞추고자 한다. 이 방법은 예를 들면 기본(공통) 과정에 증명과 함께 제시되어 있는 정리에 대해서 형식적인 증명보다는 이 단계에 있는 학생들의 이해를 증진시키기 위해서 몇 개의 수치를 대입해 보거나 형식적이고 추상적인 수학적 기호의 사용보다는 일상적인 용어를 사용해서 표현하도록 하는 것이다. 다음에 제시될 수준별 지도의 예는 심화 과정에서는 세 번째 방법을 보충 과정에서는 두 번째 방법을 따르고 있는 것으로 NCTM에서 출간된 보고서에 자세하게 소개되어 있는 내용을 공학을 활용한 수학 지도라는 측면을 부각시키기 위해서 스프레드쉬트인 엑셀(Exel)을 활용하고 또한 제 7차 수학과 교육 과정의 수준별 지도의 취지에 맞도록 적절히 변형한 것이다.

◎ 수준별 지도의 사례

다음의 수학 지도 내용은 일상생활에서 일어날 수 있는 상황에 수학은 적용하여 문제를 해결하는 과정을 통하여 소비자 생활에서의 수학 응용과 자연수(natural number) e로의 확장을 보여주고 있다.

▶ 동기 유발을 위한 상황 제시 ◀

올해 32세인 박모 씨는 며칠 전 첫 아기를 얻었다. 그는 아기가 태어날 때 그 기념으로 적금 통장을 만들어 주려고 틈틈이 용돈을 절약하여 100만원을 모았다. 그는 이 돈을 가지고 은행을 찾아갔다. 은행원은 박씨에게 연리 6%인 적금 상품을 권했다. 박씨는 이 이자율이 변동되지 않는다고 가정할 때, 이 아기가 10살이 되는 10년 후에는 얼마의 돈이 아기 통장에 있게 될까 고민하게 되었다. 어떻게 박씨의 고민을 풀어줄 수 있을까?

보충 과정 지도의 예

계산기나 스트레드쉬트인 엑셀 프로그램을 사용할 수 있도록 해서, 다음의 관계의 계속적인 적용을 통해서 매년 적금 금액을 구하도록 한다.

연말 금액 = 연초의 금액 + 0.06 × (연초 금액)

이 관계를 적용하면 다음의 식을 얻을 수 있게 된다.

첫 해 적금을 시작할 때의 예치 금액 = 1000000 (원)

1년 후: 연말 금액 = 1000000 + 0.06×1000000 = 1000000 + 60000 = 1060000 (원)
2년 후: 연말 금액 = 1060000 + 0.06×1060000 = 1123600 (원)
3년 후: 연말 금액 = 1123600 + 0.06×1123600 = 1191016 (원)
......
10년 후: 연말 금액 = 1593848.07 + 0.06×1593848.07 = 1689478.96 (원)

엑셀(Excel)을 사용하여 위의 계산을 해 보도록 함으로써 공학의 활용을 수학 수업으로 가져올 수 있다. 다음은 위의 과정을 나타낸 엑셀 쉬트이다. 아래의 엑셀 쉬트를 활용하여 적절한 질문을 통해서 학생들이 이 활동으로부터 어떤 규칙성을 찾도록 한다. 모든 수치 자료는 소수점 둘째 자리까지 표현하고 있다.

	A	B	C
1	첫해 예치금액	1,000,000.00	
2	1년 후: 연말금액	1,060,000.00	=B1+0.06*B1=B1(1.06)
3	2년 후: 연말금액	1,123,600.00	=B2+0.06*B2=B2(1.06)
4	3년 후: 연말금액	1,191,016.00	=B3+0.06*B3=B3(1.06)
5	4년 후: 연말금액	1,262,476.96	=B4+0.06*B4=B4(1.06)
6	5년 후: 연말금액	1,338,225.58	=B5+0.06*B5=B5(1.06)
7	6년 후: 연말금액	1,418,519.11	=B6+0.06*B6=B6(1.06)
8	7년 후: 연말금액	1,503,630.26	=B7+0.06*B7=B7(1.06)
9	8년 후: 연말금액	1,593,848.07	=B8+0.06*B8=B8(1.06)
10	9년 후: 연말금액	1,689,478.96	=B9+0.06*B9=B9(1.06)
11	10년 후: 연말금액	1,790,847.70	=B10+0.06*B10=B10(1.06)
12			

1년 후: 연말 금액 = $1000000 + 0.06\times1000000 = 1000000(1+0.06) = 1000000(1.06)^{1}$
2년 후: 연말 금액 = $1000000(1.06)^{2}$
3년 후: 연말 금액 = $1000000(1.06)^{3}$
......
10년 후: 연말 금액 = $1000000(1.06)^{10}$

이렇게 규칙성 탐구에 의해서 얻은 적금 금액을 매번 계산 단계를 거쳐 직접 계산한 결과와 비교하도록 한다. 아래의 엑셀 쉬트에서도 볼 수 있듯이 그 결과는 정확하게 일치하고 있다.

아래의 엑셀 쉬트는 위의 규칙성 탐구를 바탕으로 작성한 것이다. 아래의 엑셀 쉬트는 특히 100만원 적금 예치금을 50년 간 맡겼을 때 그 총 금액의 변화 추세를 챠트

기능을 이용해서 나타낸 것으로 지수 함수의 증가를 나타내고 있음을 알 수 있다.

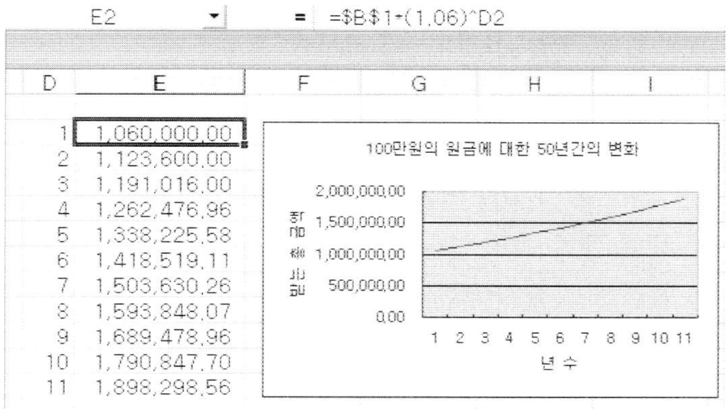

▶ 배운 내용의 확장 ◀

다시 박씨의 아기 적금 상황으로 돌아가 보자. 박씨는 위의 경우뿐만 아니라 여러 가지 경우에 대해서 적금 금액의 변화를 알고 싶어한다. 즉, 이 100만원을 만약 10년이 아니라 이 아기가 대학갈 때쯤인 20년으로 늘인다면, 예치금을 100만원이 아니라 200만원으로 높인다면, 또는 이자가 만약 연리 12%인 상품에 가입을 한다면 등등의 여러 가지 조건에 대해서도 구체적인 자료를 얻고 싶어하고 있다. 여러분은 어떻게 박씨를 다시 도와줄 수 있을까?

이렇게 문제 상황의 초기 조건들을 변화시키면 이 규칙성은 어떻게 바뀌는지를 토론에 부치는 것은 학생들에게 수학적 힘을 더욱 실감하게 해 줄 것이다. 물론 엑셀을 이용해서 계속 구할 수도 있지만 이렇게 하는 것도 한계가 있다는 점을 학생들에게 인식시켜야 한다. 수학에서 규칙성이 왜 필요하며 얼마나 강력한 도구인지를 보여주는 좋은 예가 될 것이다. 이제 박씨가 요구하는 초기 조건의 변화에 대해서 생각해 보게 한다.

▶ 만약 적금의 예치 기간을 20년으로 늘인다면,

20년 후: 연말 금액 = $1000000(1.06)^{20}$

▶ 만약 처음 예치금을 200만원으로 올린다면,

10년 후: 연말 금액 = $2000000(1.06)^{10}$

▶ 만약 적금 예치금에 대한 이자가 연리 12%로 된다면,
10년 후: 연말 금액 = $1000000(1.12)^{10}$

이러한 탐구 활동으로부터 이제 지수함수에 대한 개념을 설명하도록 한다. 과거처럼 지수함수나 수열을 지도하고 그것의 응용으로 이 문제를 다루는 것은 수학적 힘의 신장이라는 이번 교육과정의 의미를 전혀 반영하지 못하는 수학이 된다. 위의 그림에서처럼 엑셀이 챠트 기능을 이용해서 그래프를 그리고 (혹은 통계 프로그램 중에서 최소자승법을 이용한 최소자승선을 구하고 그 방정식을 구한다) 이 그래프로부터 지수함수의 증가와 감소에 대해서 탐구하는 것이 바람직하다고 본다.

기본(공통) 과정 지도의 예

기본(공통) 과정에서는 위에서 기술한 상황을 전형적인 교과서식으로 접근하여 적절한 수학적 기호를 도입하여 지도한다. 보충 과정과 이 기본(공통) 과정 지도의 차이점은 보충 과정이 일상적인 용어를 사용하여 수식을 표현했는데 반하여 이 수준에서는 그러한 용어를 대신하는 수학적 기호를 사용하고 있는 점이다. 결국 이 기호의 사용은 이미 보충 과정의 지도에서도 나타난 바와 같이 엑셀을 사용하면서 학생들이 접하게 된 것이므로 전혀 새로운 내용으로 지도할 것이 아니라 엑셀 쉬트에 있는 셀의 이름(예: A1, B1, C1...)과 연관지어 지도하는 것이 기호 도입을 손쉽게 인식하도록 할 것이다.

A_0 = 처음 적금 예치금
r = 연이율
At = t년 말에 받게 되는 총 금액

$$A_0 = 1000000$$
$$A_1 = 1000000 + 1000000(0.06) = 1000000(1+0.06) = 1000000(1.06)$$
$$= A_0 + A_0(0.06) = A_0(1.06)$$
$$A_2 = A_1 + A_1(0.06) = A_1(1.06)$$
$$A_3 = A_2 + A_2(0.06) = A_2(1.06)$$
$$\cdots\cdots$$
$$A_{10} = A_9 + A_9(0.06) = A_9(1.06)$$

위의 각 식들을 다음과 같이 적절하게 변형시킨다.

$$A_1 = A_0(1.06)$$
$$A_2 = A_1(1.06) = A_0(1.06)(1.06) = A_0(1.06)^2$$
$$A_3 = A_2(1.06) = A_1(1.06)(1.06) = A_0(1.06)^2(1.06) = A_0(1.06)^3$$
......
$$A_{10} = A_0(1.06)^{10}$$

이것을 일반화 시켜보면 $A_t = A_0(1.06)^t$이 된다. 이것을 보다 일반화된 식으로 표현하면

$$\underline{A_t = A_0(1+r)^t}$$

이 된다. 여기서 $1+r$을 증가율(또는 성장률)이라고 한다.

위의 식은 적금 예치금에 대한 이자를 일년에 한번씩 하는 경우를 표현하는 식이다. 하지만 실제로 은행에서는 이자를 일년에 한번 이상씩 복리로 계산한다. 이 식을 사용하여 보다 다양한 상황에 대해서 탐구하도록 한다. 예를 들면, 연이율이

▶ 반년에 한번씩 계산된다면,

이 경우에는 이자가 연간 2회씩 계산되므로 1회에 대한 이자는 연이율의 $\frac{r}{2}$이고, 이자 계산의 회수는 $2t$가 된다. 따라서 위의 식은 다음과 같이 변형된다.

$$\underline{A_t = A_0\left(1+\frac{r}{2}\right)^{2t}}$$

▶ 분기별로 한번씩 계산된다면,

$$\underline{A_t = A_0\left(1+\frac{r}{4}\right)^{4t}}$$

▶ 매월별로 한번씩 계산된다면,

$$\underline{A_t = A_0\left(1+\frac{r}{12}\right)^{12t}}$$

따라서, 이자 계산을 일년에 주기적으로 몇 회에 걸쳐서 하는 경우의 적금 총액을 나타내는 식은 다음과 같게 된다.

$$A_t = A_0(1+\frac{r}{n})^{nt}$$

또한 다음과 같은 조건에 대해서도 탐구가 이루어지도록 한다.

▶ 적금 총액을 두 배로 하려면 어떻게 해야 하는가? 이자율을 두 배로 하면 가능한가? 아니면 예치 기간을 두 배로 늘리면 가능한가?
▶ 이자율이 7%, 10%, 20%인 적금 상품에 가입했을 때, 원금의 두 배 되는 기간은 얼마인가?
▶ 20년 후에 1000만원을 받고 싶으면 현재 예치 금액은 얼마나 되어야 하나?

이러한 여러 가지 상황을 계산기나 엑셀 등을 사용하여 표를 통해서 탐구해보거나 그래픽 계산기를 사용해서 위의 식에 대한 그래프를 통해서 탐구하게 한다.

※ 기본(공통) 과정의 또 다른 수업 유형으로는 여러 은행의 이자율에 대한 정보를 학생들에게 수집하도록 해서 적금 상품을 구입하기에 가장 좋은 은행을 알아보도록 할 수도 있다. 또는 한 은행의 여러 적금 상품의 이자율을 분석하여 가장 좋은 상품을 추천하도록 하는 수업을 할 수도 있다. 이러한 경우 정보의 조사, 분석, 탐구, 예측이라는 여러 수학적 사고 활동들이 포함될 수 있고 또한 엑셀과 같은 공학용 도구를 적극적으로 활용할 수 있는 수업 내용이 될 수 있을 것이다.

심화 과정 지도의 예

기본(공통)과정의 활동을 사용해서 심화 과정에서는 다음과 같은 내용으로 심화 탐구와 확장을 할 수 있도록 지도한다.

▶ 적금 총액을 나타내는 식에서, 세 개 변수의 값이 주어졌을 때 나머지 하나의 변수의 값을 알 수 있도록 식을 변형하게 한다. 예를 들면, 주어진 식

$$A_t = A_0(1+\frac{r}{n})^{nt}$$

로부터 연이율 r을 구하는 식으로 변형하도록 한다.

$$\frac{A_t}{A_0} = (1+\frac{r}{n})^{nt}$$

$$(\frac{A_t}{A_0})^{\frac{1}{nt}} = 1+\frac{r}{n}$$

$$1+\frac{r}{n} = \sqrt[nt]{\frac{A_t}{A_0}}$$

$$\frac{r}{n} = \sqrt[nt]{\frac{A_t}{A_0}} - 1$$

$$r = n(\sqrt[nt]{\frac{A_t}{A_0}} - 1)$$

▶ 위의 식은 또한 e로의 확장이 가능하다.

▶ 자연 로그를 사용하여 위의 식을 기간을 나타내는 t로도 변형해 보도록 한다.

▶ 지금까지 살펴본 바로는 이자가 보다 빈번하게 복리로 계산될 때, 투자 금액의 상환금은 늘어난다는 것을 알 수 있었다. 따라서 연이율이 일정할 때 보다 많은 금액을 받을 수 있는 경우는 반년보다는 분기별, 분기별보다는 매월 매월보다는 매일... 이런 식이 될 것이다. 그렇다면 최고의 금액을 받기 위해서는 이율이 어떻게 계산되어야 할까? 학생들에게 탐구형 질문으로 던질 수도 있다. 학생들에게 가장 많은 금액을 받을 수 있는 경우는 이율이 연속적으로 복리 계산되는 경우임을 알아내도록 한다.

일반적으로 이러한 연속적인 증가는 잘 알려진 무리수 e를 포함하는 다음의 식으로 표현된다.

$$A = A_0 e^{rt}$$

엑셀이나 계산기를 사용하여 무리수 e로 접근함을 탐구해 보도록 한다.

※ $f(n) = 1+\frac{1}{n}$, $g(n) = (1+\frac{1}{n})^n$이라고 두고 다음을 계산해 보도록 한다.

$f(1)$, $g(1)$

$f(10)$, $g(10)$
$f(100)$, $g(100)$
$f(1000)$, $g(1000)$
$f(10000)$, $g(10000)$
$f(100000)$, $g(100000)$

⇒ n의 값이 계속 증가할 때, g는 어떤 수로 접근하는가?

아래의 엑셀 쉬트를 보면 n이 증가할 때, f의 값은 아주 천천히 1로 접근하고 있지만 g는 1로 접근하고 있지 않다. n이 증가할 때 g는 대략 2.7182라고 하는 무리수 e로 접근하고 있음을 알 수 있다.

	A	B	C
1	n의 값	f(n)=1+1/n	g(n)=(1+1/n)^n
2	1	2	2
3	10	1.1	2.59374246
4	100	1.01	2.704813829
5	1000	1.001	2.716923932
6	10000	1.0001	2.718145927
7	1000000	1.000001	2.718280469
8			

▶ 이자를 주기적으로 (매년, 분기별, 매월, 매일 등)으로 계산하는 경우와 연속적으로 계산하는 경우를 비교하고 위에서 언급한 여러 조건에 따라 이들 방법의 차이를 탐구해 보도록 한다.

이제 연속적 증가에 대한 지금까지의 활동을 바탕으로 심화 과정의 학생들에게 생물학의 박테리아 증가, 사회학의 인구 증가, 방사능 물질의 붕괴 등의 탐구에 이 증가식을 적용하도록 한다. 이러한 탐구로부터 학생들은 지수 함수, $f(x)=ab^x$와 지수 함수의 특수한 유형인 자연 지수 함수, $f(x)=e^x$의 예를 접하게 된다.

지금까지 단계형 수준별로 대표되는 제 7차 수학과 교육 과정을 수학적 힘의 신장과 수준별 지도라는 측면에서 살펴보았다. 수학적 힘과 수준별 지도를 교육의 평등성 개념으로 접근했으며 특히 공평함을 실현하기 위한 단계 내 하위 과정에서의 수준별 지도의 모델을 논의했다. 이 모델을 바탕으로 적금과 관련된 소비자 수학의 주제를 활용하여 보충, 기본(공통), 심화 과정의 수준별 지도 사례를 제시하였다. 이 지도 사례에서는 7차 수학과 교육 과정에서 권고한 공학의 사용을 또한 예시하려고 노력하였다.

3. 수학교과 교수-학습 활동에서 컴퓨터의 역할

공학의 발달에 따라서 컴퓨터와 계산기의 교육적 활용을 추구하려는 교육학자들, 교과 교육학자들, 그리고 현장 교사들의 노력은 지극히 당연한 인간의 본성이라고 생각된다. 끊임없이 새로운 도구를 개발하고 그 도구의 사용을 통해서 삶의 질뿐만 아니라 인간의 사고 과정까지도 원활하게 해 온 것이 인류의 역사이다. 새로운 도구를 개발할 때는 기존 도구에 대한 불만이나 불편에 의해서 이루어지기도 하지만 그 도구의 활용을 보다 일반화하거나 정교화하기 위해서도 이루어진다. 이런 의미에서 본다면 수학교과에서 정보통신공학 (예를 들면, 인터넷, 컴퓨터, 계산기 등의 공학도구)을 활용하고자 하는 것은 기존의 교수-학습 활동이 학생들의 미래 사회에서 필요한 수학적 지식과 수학적 사고활동을 만족할 만큼 길러주지 못하고 있다는 것이 된다. 이러한 인식의 변화는 수학교과의 교수-학습의 개선이라는 측면에서 상당히 긍정적인 것이라고 보아진다.

하지만 언제나 그랬듯이 새로운 도구의 출현은 새로운 유행을 낳아왔다. 베이직 컴퓨터 프로그램 언어나 로고 언어가 나왔을 때도 대부분의 사람은 그 컴퓨터 언어 학습이 수학적 사고력의 향상을 가져올 것이라는 막연한 기대감에서 수많은 연구와 현장 적용의 연구가 있었다. 그러한 과거와 마찬가지로 이제는 인터넷과 더불어 탐구형 소프트웨어인 GSP나 Cabri같은 프로그램뿐만 아니라 더욱 다양한 컴퓨터 프로그램들이 (예를 들면, Mathematica, WinPlot, Excel 등) 등장해서 이런 것들의 용어만이라도 모른다면 시대에 낙후한 수학교사가 되지 않을까 하는 불안감을 낳고 있는 듯 하다. 바꾸어 생각해보면, 수학교과의 본질적 성격은 멀리한 체 이러한 컴퓨터 프로그램의 교사 연수를 쫓아다닌다고 지칠대로 지쳐버린 수학교사들의 모습이 떠오른다. 정보통신공학이 수학교과의 교수-학습에 기대한 것은 이러한 모습이 아닐 것이다. 따라서, 이 글에서는 수학교과의 교수-학습활동의 본질을 살펴보고 왜 그리고 어떤 측면에서 정보통신공학이 수학교과의 교수-학습에 기여할 수 있는지를 다시 한번 되새겨 보고자 한다.

새로운 모습의 수학 교수-학습 활동

학교 수학시간에 가르쳐야 할 것은 무엇인가? 이것을 살펴봄으로써 정보통신공학이 실제 수학교실에서 어떤 영역을 활성화시켜 줄 수 있는가를 결정할 수 있을 것이다. 우리나라 제 7차 교육과정과 미국수학교사협의회(NCTM)에서 1989년, 1991년, 2000년에 발간된 보고서를 기초해서 살펴보면 수학교실에서 이루어지는 수학의 교수-학습 활동은 대개 다섯 가지의 주된 영역으로 나누어 볼 수 있다.

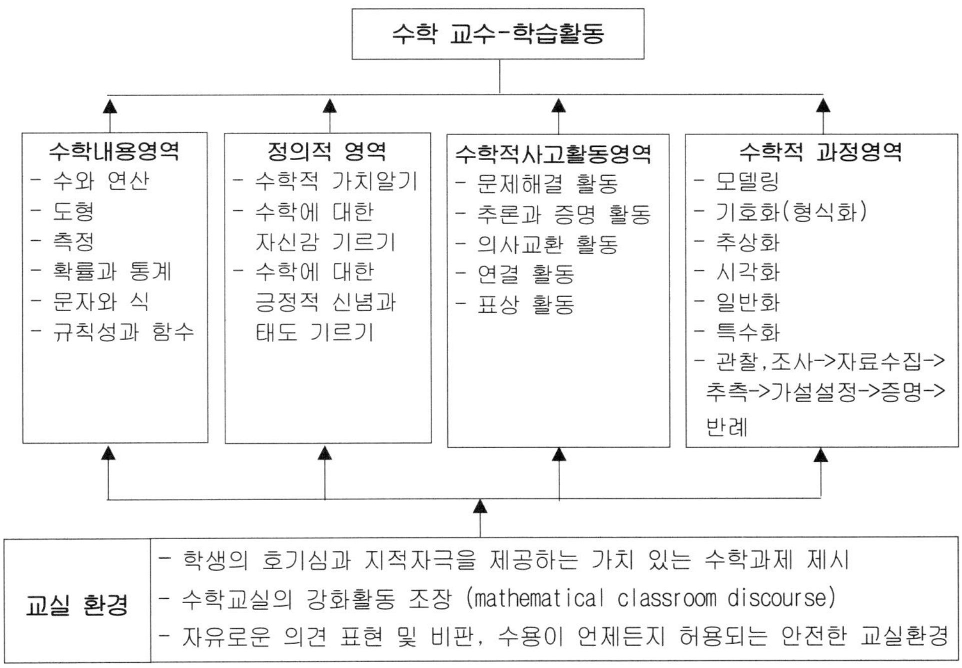

위의 그림에서 제시한 수학 수업에서의 교수-학습 활동의 구성은 단지 개략적이며 중요하다고 생각되는 것을 나타낸 것이다. 보다 구체적인 설명은 이들 보고서를 참조하면 된다. 수학교육의 궁극적 목적은 무엇인가? 그것은 학교에서 배운 수학적 지식과 사고방법을 실제 현실 세계에서 활용할 수 있도록 가르치는 것이다. 이 그림에서 보듯이 수학을 가르친다는 것이 이제는 전통적인 수학지도법인 단순히 교사가 알고 있는 수학적 내용을 전달하는 것만으로는 충분하지가 않다는 사실을 쉽게 알 수 있다. 수학을 가르칠 때 강조되어야 하는 것은 수학적 내용뿐만 아니라 문제해결, 의사교환, 추론, 그리고 수학적 연결성과 더불어 수학의 가치를 알고 학생 자신의 능력에 대한 자신감을 길러주는 수업이 되어야 한다고 것이다. 보다 최근의 보고서에서는 위의 강조 사항을 계승해서 수학적 추론과 더불어 증명활동을, 그리고 수학적 표상활동을 강조하고 있다. 그리고 위의 수학 교수-학습 활동의 네 영역은 단지 암기나 단순 계산을 요구하는 과제가 아니라 학생의 호기심과 지적자극을 제공하는 가치 있는 수학적 과제를 가지고, 이 과제를 매체로 해서 교사와 학급간의 수학적 강화(講話 : mathematical discourse)에 의해서, 자유롭게 자신의 수학적 가정과 추측을 표현할 수 있고 이것에 대한 비판과 수용이 언제든지 허용되는 안전한 교실환경에서 이루어져야 한다.

또한 이 보고서에서 특히 눈에 띄는 것은 수학교실에서 공학의 사용 강조라고 보아진다. 이 보고서에서는 공학은 수학 수업활동에서 필수적인 것이며, 수학을 가르치는 방법에 영향을 주고, 또 학생들의 수학 학습을 향상시킨다고 한다. 하지만 이 보고서에서도 지적하고 있지만 개별 학생의 수학학습을 촉진시키기 위해서는 반드시 유능한 교사의 지도가 필수적이다. 즉, 아무리 좋은 공학이라고 할지라도 수학교사의 수업에서의 활용 능력에 따라 크게 좌우됨을 알 수 있다.

그런데 정보통신공학의 활용을 통해서 뿐만 아니라 이러한 새로운 모습의 수학 수업활동이 일어나기 위해서는 수학 교실과 이 교실에서 일어나는 수학적 활동에 대한 인식의 변화가 먼저 있어야 한다. 1991년 NCTM의 보고서는 이러한 수학 교실 환경의 변화를 다음 다섯 가지로 요약하여 제시하고 있다.

① 수학교실이란 이제 각 개인의 집합체가 아니라 수학적 활동이 일어나는 공동체로 바뀌어야 한다.
② 정답에 대해 유일한 권위를 지닌 사람이 교사라는 생각에서 벗어나 논리와 수학적 증거에 의해 타당성이 부여되는 수학교실로 바뀌어야 한다.
③ 단순히 절차를 암기하는데서 벗어나 수학적 추론을 중시하는 수학교실로 바뀌어야 한다.
④ 기계적으로 정답을 찾는 것에서 벗어나 문제해결, 추측, 발명을 강조하는 수학교실로 바뀌어야 한다.
⑤ 수학을 개별적인 개념과 절차로 취급하는데서 벗어나 (다른 영역의) 수학, 수학적 아이디어, 그리고 수학의 적용을 서로 연결하는 수학교실로 바뀌어야 한다.

새로운 수학 교실의 모습에서 요구되는 수업을 하기 위해서는 위에서 제시한 바와 같이 교실 환경의 변화에서부터 교사의 수학관 및 교수-학습관의 변화가 있어야 할 것이다. 정보통신공학을 이용한 수업을 한다는 것은 새로운 모습의 수학 교실이 되어야 함을 의미하는 것이다. 기존의 수학 교실에 단지 이 공학의 발전을 심어 놓는다고 해서 우리가 바라는 수학적 활동이 이루어지는 것은 아닐 것이다. 또한 이러한 새로운 수학 교실의 모습은 단시간에 형성되는 것도 아닐 것은 분명하다. 매일의 수학 수업을 하는 가운데 위에서 제시한 영역의 요소들이 통합적으로 다루어질 때 그 수업을 미래 지향적인 새로운 모습의 수학 수업이라고 할 수 있을 것이다. 그리고 이러한 수학 수업을 임할 때 교사는 이 수업에 참여함으로서 학생들이 배우게 되는 내용과 수학적 사고 활동에 대해서 반드시 미리 생각해 보아야 할 것이다.

공학을 활용한 연구들에 대한 비판

정보통신공학의 발전은 수학교과에서의 교수-학습의 방법과 내용을 바꾸어 놓고 있다. 과거에는 없었던 프랙탈이나 테슬레이션이라는 새로운 분야가 수학교과의 내용으로 자리 잡고 있으며, 다양한 탐구형 소프트웨어들은 추측과 탐구활동을 촉진하는 매체로 인기를 얻고 있다. 이러한 흐름은 미국 수학교사 협의회의 최근 보고서에 여러 원리 중 하나의 원리로서 '공학의 원리'가 포함되도록 하는 계기가 되었다. 이것은 공학이 수학교과에서 다루어야 할 공식적인 영역이 되었음을 의미하는 것이다.

실제로 수많은 연구들이 정보통신공학을 이용한 수학교과의 교수-학습에 대한 효과를 검증하였고, 또 이 공학을 이용하기 위한 수학과 교수-학습 자료 개발을 해왔었다. 예를 들면, 1997년 Dixon은 중학교 학생들을 대상으로 GSP (The Geometer's Sketchpad)를 사용해서 기하의 반사와 회전 개념의 획득에 대한 연구에서 보면, 이 프로그램을 사용한 집단이 전통적인 지필 위주의 수업을 받은 학생보다 2차원의 시각화에 대한 성취도에서 뛰어났다고 보고했다. 하지만 3차원의 시각화에서는 차이가 없었다고 보고했다. 결국 이 프로그램이 지닌 특성과 관련된 학습내용의 획득에 한정해서 도움이 된다는 점을 알 수 있다. 또 1998년 O'Callaghan이 수행한 다른 연구의 결과를 보면 대학생들을 대상으로 한 대수 강좌에서 Computer-Intensive

Algebra (CIA)를 사용했을 때 비교집단보다 함수 개념의 이해도가 높았고, 모델링, 문제나 상황의 해석력과 번역 능력에서도 뛰어났다고 한다. 그리고 이 CIA 프로젝트에 참가한 학생들은 수학에 대한 태도, 불안감, 그리고 흥미 등에서도 유의미한 효과를 나타냈다고 보고했다. 1999년 Milou의 연구에서는 그래픽 기능을 갖춘 계산기의 사용실태에 대한 조사에서 대수지도 시에 수학교사들이 이 계산기의 활용법을 잘 모르고 있다고 보고했다. 이 연구에 의하면 이 계산기의 수학교실로의 성공적인 통합은 교사의 인식과 열성에 의해서 좌우된다고 지적했다. 특히 이 연구에서 제시한 선행연구에 의하면 많은 연구들이 이 공학의 활용이 긍정적인 효과를 미쳤다고 했지만, 적지 않은 연구들이 효과가 없거나 심지어는 부정적인 효과를 낳았다고 밝혔다.

국내에서 이루어지고 있는 정보통신공학의 수학교실에서의 활용에 대한 연구는 대부분 수업 자료개발과 (예를 들면, 김부윤, 김현구, 2000; 김남운, 이재학, 1999; 임혜경, 2001; 박용범, 김한희, 박일영, 1999; 강순자, 고상숙, 1999) 그 효과에 대한 검증으로 이루어지고 있는 것으로 보인다 (예를 들면, 전영국, 주미, 1998; 김동제, 박용범, 2000; 류희찬, 하경미, 2000; 류현아, 장경윤, 2000). 실제 효과를 검증한 연구는 수학교실에서의 효과에 대한 연구와 방과후에 실시한 실험적 방법에 의한 검증으로 구분할 수 있었다. 이러한 연구들을 볼 때, 국내에서 이루어지고 있는 정보통신공학의 수학교실에서의 활용에 대한 연구는 대부분 기하지도를 위한 GSP나 Cabri를 이용한 경우 학업성취도의 효과에 대한 것이었다. 이러한 연구들의 문제점은 한 단원을 지도하는 2-3주 또는 3-4주 정도의 수업에 이들 프로그램을 사용했을 때의 효과를 말하고 있는데, 외국의 연구물들과는 달리 전부 이 프로그램의 긍정적 효과에 대해서 보고하고 있다. 그런데 이렇게 짧은 시간에 이루어진 수업 활동의 연구결과가 얼마만큼의 신뢰성을 가지는지가 의문시된다고 보아진다.

두 번째는 이들 프로그램이 수학 학습에 영향을 준다고 주장되고 있는 시각화 활동, 추론 활동, 가설 설정과 검증활동, 탐구활동, 귀납적 활동 등에 대한 효과 검증이 아니라 그 단원에서 다룬 수학내용에 대한 학업성취도라는 측면에서 그 효과를 분석한 것이다. 따라서 이들 프로그램이 다양한 수학적 활동의 향상을 도모했는지는 알 수 없다는 것이다. 그런데도 불구하고 많은 연구들은 이들 프로그램의 긍정적 효과를 보고하면서 이러한 수학적 활동 때문에 학업성취도가 향상되었다는 잘못된 결론을 내리고 있다. 또 다른 문제는 학업성취도를 측정하는 문항이 대부분 연구자가 직접 제작한 것으로 타당도와 신뢰도에 대한 측정치 없이 성취도 측정에 사용되었다는 점이다. 결국 이 성취도 테스트가 학생들의 학업성취도를 정확하게 측정하고 있다고 할 수 없는 것이다.

세 번째는 짧은 시간동안 이들 프로그램의 활용 효과에 대한 파지효과에 대한 측정이 어떤 연구에서도 보고 되지 않았다는 것이다. 이것은 다시 말해서 이들 프로그램이 지금 당장은 효과가 있을지 모르지만 몇 주나 몇 달이 지나고 나면 칠판과 지필에 의한 전통적인 수학수업의 효과와 별 다를 바 없을 수 있다는 것이다.

마지막으로, 실험반과 비교반에 의한 효과분석에서 대부분의 연구가 실험반에는 이들 프로그램을 사용하고 비교반은 기존의 방식으로 수업을 했다고 한다. 실험반 학생들이 새로운 이들 프로그램에 대해서 흥미를 나타내고 수업에 좀더 열성을 보이는 것은 아마도 호손 효과(Hawthorne effect)와 신기함 효과(Novelty effect)때문이 아닐까 한다. 즉, 누가 보더라도 이들 프로그램을 사용한 교실에서 수업효과가 높게 나타날 수밖에 없다는 것이다. 또한 질적 연구를 수행한 연구들이 제시하는 이들 프로그램을 사용한 효과에 대한 결론들도 짧은 기간의 자료 수집과 다양하지 못한 자료 수집 방법에 따른 제한적인 자료에 바탕을 두었기 때문에 그 결론을 충분히 지지할만한 증거를 제시하지 못하고 있다고 보아진다. 즉, 이 연구물을 읽는 독자로 하여금 연구자가 어떻게 그러한 결론들을 도출하게 되었는지 이해하기가 쉽지 않다는 것이다.

외국의 경우도 마찬가지이지만 이렇게 잘 설계되지 못한 연구에 의한 결론들은 결국 잘못된 교육과정의 운영이나 이들 프로그램이 수학수업에서 활용되어야 한다거나 또는 모든 수학교사들이 이들 프로그램에 대한 일정한 연수를 받아야한다는 잘못된 정책 결정을 이끌 수 있다. 따라서, 이들 프로그램에 대한 효과분석 시에는 특히 이러한 점을 고려해서 이루어져야 하며 보다 광범위한 샘플과 장기간에 걸친 연구가 이루어져야 한다고 생각된다. 위의 연구물들을 정리하면서 느낀 점은 유달리 많은 국내의 연구물들이 기하 영역의 지도에 활용되는 GSP나 Cabri 프로그램의 활용에 대한 연구 주제를 다루고 있다는 것이다. 이러한 연구의 흐름은 대수, 해석, 확률과 통계 및 이산 수학에 대한 연구의 빈약성을 초래하게 되어 수학교육 연구의 균형적 발전을 어렵게 하는 것이 아닌가 한다. 정보통신공학의 활용은 수학교과의 다양한 교수-학습 활동에 대한 연구가 광범위하게 이루어질 때 비로소 수학 수업의 통합적 영역으로 자리 잡을 수 있다고 생각된다.

공학을 활용한 수학교과의 교수-학습 활동 실제 예

아래에 제시된 중고등학교 수학의 교수-학습 활동의 두 가지 실제 예는 앞에서 언급한 수학교과의 교수-학습 활동의 구성 요소 중 수학적 내용영역과 더불어 수학적 사고활동과 수학적 방법영역을 동시에 다루고 있다. 정의적 영역과 교실환경은 각 교사의 수업 활동 중에 다루어지는 영역이므로 이들 예에서는 다루지 못하고 있다. 하지만 유능한 수학교사의 수업에는 반드시 이 두 영역에 대한 활동도 쉽게 확인 가능해야 할 것이다. 이들 실제 예는 GSP, Cabri, Excel, WinPlot 등의 프로그램이나 그래핑 계산기(graphing calculators) 등의 다양한 공학 도구가 사용 가능하다.

> 그래핑 계산기를 활용한 로그의 성질 탐구
>
> ($\log MN = \log M + \log N$)
>
> 이 예는 로그 함수가 가지고 있는 성질을 탐구하는 것이 그 목적이다. 엑셀이나 그래픽 계산기의 그래프와 테이블 기능을 사용해서 제시된 값의 조사를 통해 이 성질을 발견할 수 있다. 이 예에서는 밑이 10인 상용로그의 logMN = logM + logN에 대한 성질을 탐구한다. 이 성질은 어떤 종류의 밑을 가지는 로그에도 적용 가능한 성질이다.

수학 Ⅰ (고등학교 2학년 과정)	
단 원	2.2 로그 - 로그의 성질
학습목표	그래프와 수치를 이용하여 로그의 성질 $\log MN = \log M + \log N$ 을 안다.

1 ① $y1(x) = \log(x)$, $y2(x) = \log(10x)$ 그래프를 그려보자.

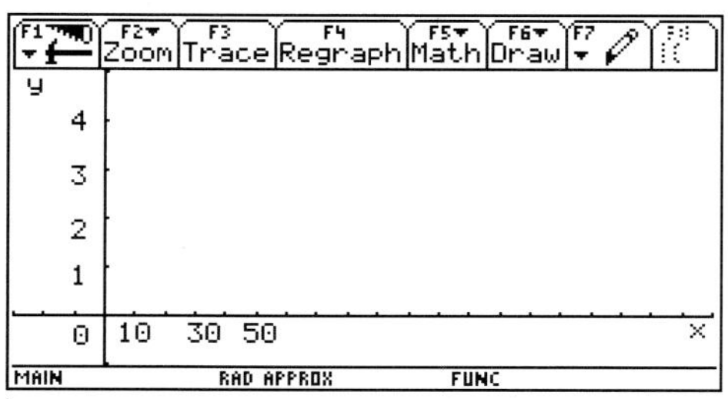

→두 그래프 사이에는 어떠한 관계가 있는지 추측해 보자.

② 아래 테이블에 제시된 수치를 조사해서 다음의 표를 완성한다.

x	0.5	1	2	3	4	5
$y1$						
$y2$						

→ $y1(x)=\log(x)$, $y2(x)=\log(10x)$의 값 사이에는 어떠한 관계가 있는가?

→ 위에서 적은 내용을 수식으로 나타내시오.

③ $y3(x)=y2(x)-y1(x)$라고 정의한 후 아래의 표를 완성하시오.

x	0.5	1	2	3	4	5
$y3$						

→ 이 표로부터 관찰한 사실을 문장으로 적어보시오.

1에 대한 계산기 활동

1 ① ◆W (Y= editor)에서 $y1(x)=\log(x)$, $y2(x)=\log(10x)$를 입력한 후 ◆E (window)에서 다음과 같이 입력한다. (그래프의 범위 설정)

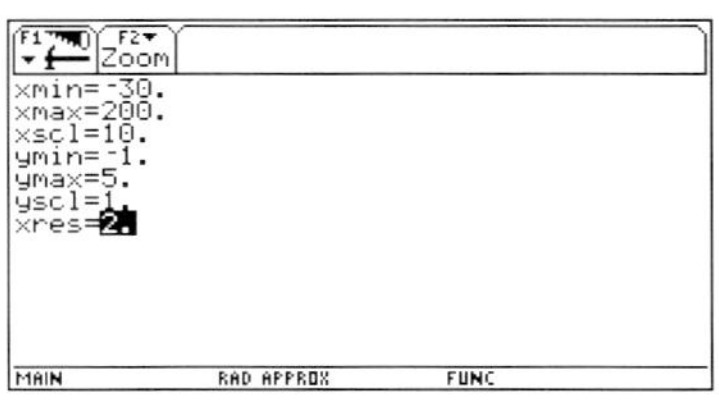

◆R (GRAPH)에서 **그래프를 확인**

② ◆T (TblSet)에서 다음과 같이 테이블의 수치를 입력한 후 Enter↵
tblStart...... 0.5
△tbl......... 1
◆Y (TABLE)에서 정확한 수치를 확인한다.

③ ◆W 에서 $y3(x)=y2(x)-y1(x)$를 입력한 후 ◆Y 에서 $y3$의 값을 확인한다.

2 다시 $y2(x)=\log(100x)$로 정의하고 $y1(x)=\log(x)$, $y2(x)=\log(100x)$ 의 그래프를 그리고 테이블의 수치를 확인, 조사한다.

→ $y1(x)=\log(x)$, $y2(x)=\log(100x)$의 값 사이에는 어떠한 관계가 있는가?

→위에서 적은 내용을 수식으로 나타내시오.

2에 대한 계산기 활동

다시 이 과정을 반복한다.

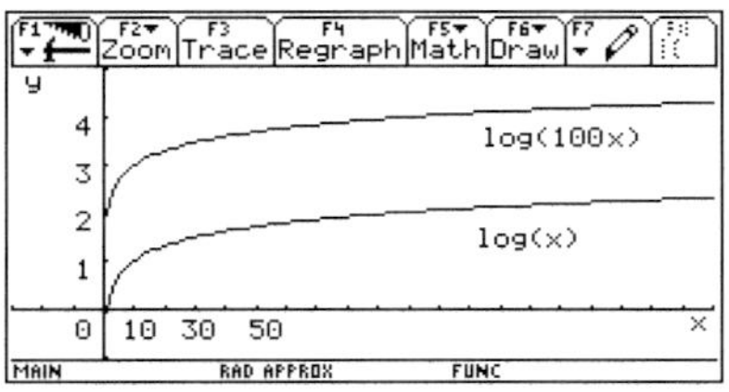

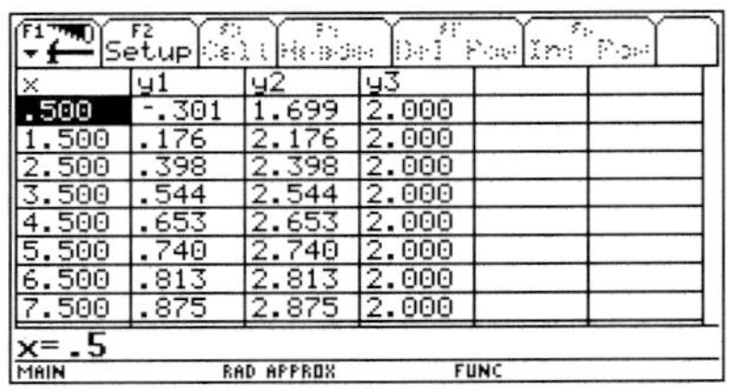

x	y1	y2	y3
.500	-.301	1.699	2.000
1.500	.176	2.176	2.000
2.500	.398	2.398	2.000
3.500	.544	2.544	2.000
4.500	.653	2.653	2.000
5.500	.740	2.740	2.000
6.500	.813	2.813	2.000
7.500	.875	2.875	2.000

x=.5

3 $y2(x)=\log(3x)$와 $y2(x)=\log(500x)$를 다시 정의한 후 위와 같은 방법을 반복하여 그래프를 관찰하고 아래의 표를 완성하시오.

① $y3(x)=\log(3x)-\log(x)$

② $y3(x)=\log(500x)-\log(x)$

x	0.5	1	2	3	4	5
① $y3$						
② $y3$						

관찰된 사실을 수식으로 적어 보시오.

3에 대한 계산기 활동

다시 이 과정을 반복한다.

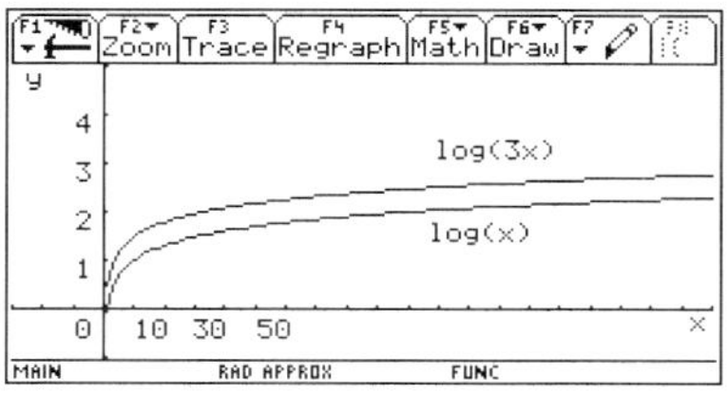

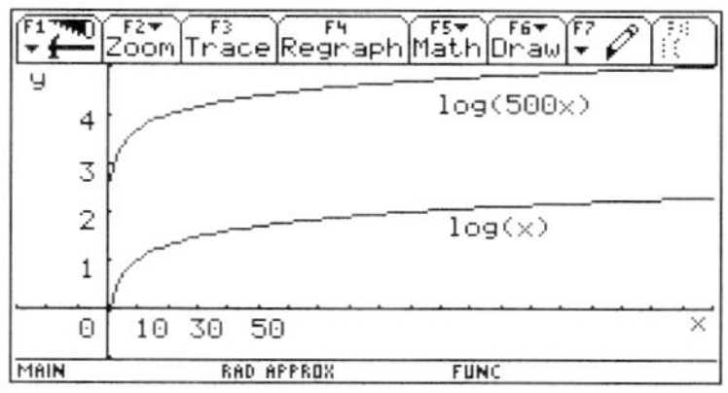

4 ① **1**번 ~ **3**번까지의 결과 중 $y3$ 에서 나타나는 숫자들은 어떻게 얻어졌는지 설명해 보시오.

---

② **1**번 ~ **3**번 까지의 결과를 참고로 하여 아래의 표를 완성하시오.

A	10	100	3	500
$\log(A)$				

→ 이 표에서 관찰된 사실을 참고로 $\log(Ax)$, $\log(A)$, $\log(x)$의 관계를 적어 보시오.

4에 대한 계산기 활동

② (HOME)에서 다음과 같이 입력한 후 [Enter]

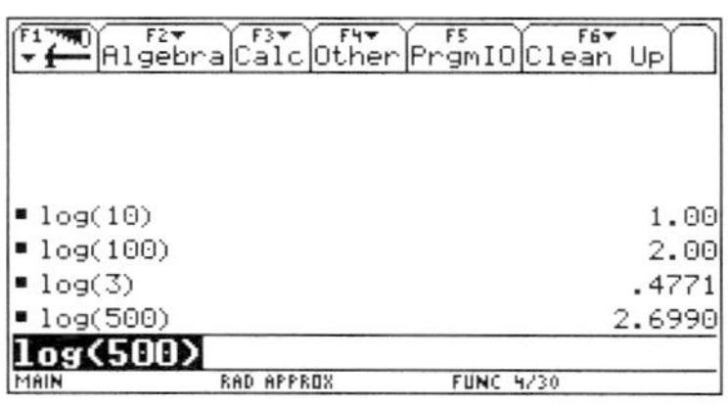

5 위의 과정을 참고로 하여 (　　)안에 알맞은 식을 추측하시오.

$\log MN = (\qquad) + (\qquad)$

$\Rightarrow \log_a xy = (\qquad) + (\qquad)$

※ ① $y1(x) = \log_5 x$, $y2(x) = \log_5 7x$ 로 정의한 다음 그래프를 그리고 테이블의 수치를 확인한다.

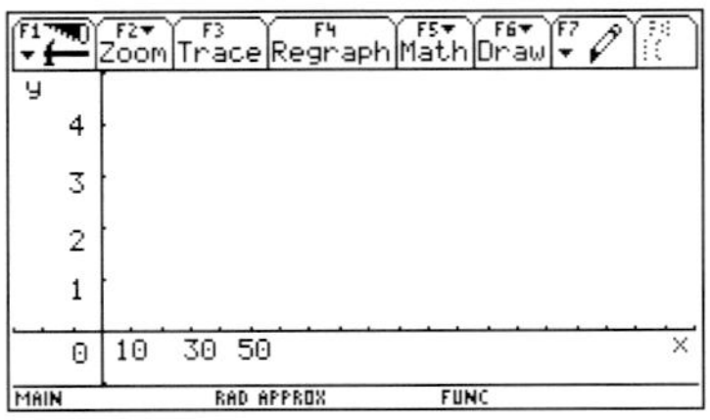

x	0.5	1	2	3	4	5
$y3$						

→관찰된 사실을 수식으로 적으시오.

② 각자가 임의로 밑을 변환시켜 로그의 성질이 성립함을 확인하자.

이 예는 logMN = logM + logN 이라는 로그의 성질을 탐구하는 활동이다. 이 예에서 요구하는 수학적 활동으로는 의사교환, 추론, 수학적 형식화 및 추상화, 일반화, 관찰과 추론, 자료수집, 결론 도출 등이다. 단순한 전달과 암기에 의한 전통적인 지도방법에 의하면 불과 몇 분이면 연습까지도 끝나게 되는 이 로그의 성질을 공학을 이용했을 때는 이처럼 다양한 수학적 활동이 수반되는 것을 알 수 있다.

정다각형의 내각의 크기 탐구

이 예는 정다각형의 한 내각의 크기를 구하는 공식을 유도하는 것이 그 목적이다. GSP나 Carbi와 같은 기하 프로그램이나 그래픽 계산기를 사용해서 이 활동을 할 수 있다. 정다각형이란 모든 내각의 크기가 같고 각 변의 길이가 같은 다각형을 말한다. 이러한 정다각형은 항상 인간에게 신기함으로 느껴졌는데, 그 이유는 이들이 아름답고 대칭적 미를 가지고 있으며 또한 작도하기가 쉽지 않다는 도전감을 느끼게 하기 때문이다. 아래의 활동은 정다각형의 몇 가지 성질을 탐구하는 것이다.

수학 7-나 (중학교 1학년 과정)	
단　　원	TV. 1-2　다각형의 내각
학습목표	정다각형의 한 내각의 크기를 구할 수 있다.

오른쪽 그림은 중심이 A인 원에 내접하는 정오각형 BCDEF이다. 선분 AG는 중심 A에서 선분 FB에 그은 수선이다.

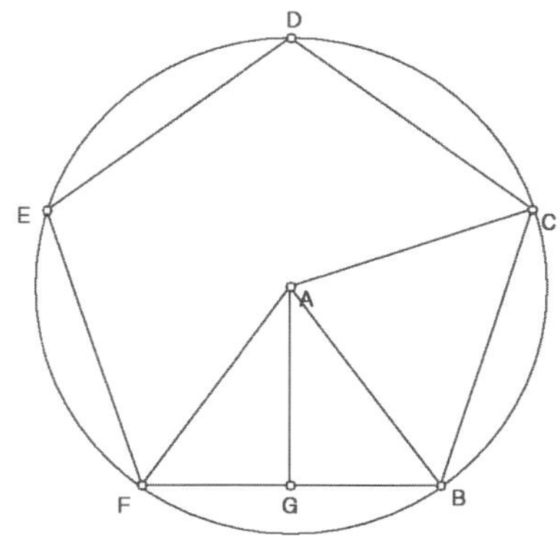

(1) 삼각형 FAB는 어떤 삼각형인가?
원의 반지름이므로 AF = AB이고, 따라서 삼각형 FAB는 이등변삼각형이다.

(2) 삼각형 FAB에서 어떤 각들이 같은가? 그리고 어떤 변들이 같은가?
삼각형 FAB에서 ∠AFB = ∠ABF이고 AF = AB이다.

(3) △FAG ≅△BAG임을 증명하기 위해서 어떤 공준이나 정리를 사용해야 하는가?
ASA 합동 조건을 이용할 수 있다.

(4) 정오각형은 원주를 똑같은 길이만큼 다섯 조각으로 나누는데, 그렇다면 ∠FAB의 크기는 얼마가 된다고 생각하는가?
m∠FAB = 360° ÷ 5 = 72°

(5) △FAG ≅ △BAG라면, ∠GAB의 크기는 얼마가 되는가?
m∠GAB = 72° ÷ 2 = 36°

(6) ∠ABG의 크기를 구하시오.
m∠ABG = 54°

(7) △BAF ≅ △BAD임을 증명하기 위해서는 어떤 공준이나 정리를 사용해야 하는가?
SSS나 SAS가 가장 쉬운 정리일 것이다.

(8) (1)에서 (7)까지의 단계를 종합해 볼 때 ∠FBD의 크기는 얼마가 되는가?
m∠FBD = 108°

지금까지의 단계를 살펴보면 ∠FBD는 정오각형의 한 내각이 된다. 원의 반지름은 항상 동일하고 또 정다각형의 한 변의 길이도 항상 같기 때문에 위의 단계들은 임의의 정다각형의 한 내각의 크기를 구하는데 적용될 수 있음을 알 수 있다. 아래의 활동들은 n개의 변을 가지는 알려지지 않은 정다각형에 대해서 위의 단계들을 적용하는 것이다. 아래의 그림은 이 미지의 정다각형의 일부분을 나타낸 것이다.

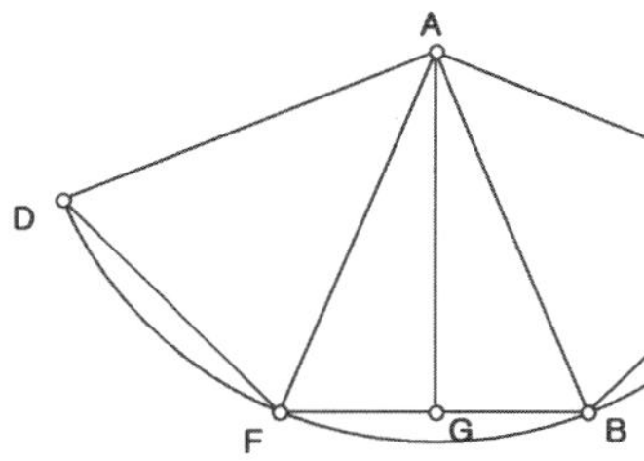

(9) n을 사용해서 ∠FAB의 크기를 나타내시오. 단계 4의 과정을 참조하시오.

m∠FAB = 360 ÷ n

(10) 이제 ∠GAB의 크기를 나타내는 식을 적으시오. 단계 5의 과정을 참조하시오.

m∠GAB = 1/2 (360° ÷ n) = 180° ÷ n

(11) 다음은 ∠ABG 의 크기를 나타내는 식을 적으시오. 단계 6의 과정을 참조하시오.

m∠ABG = 90° − 180°/n

(12) 마지막으로 이 임의의 정다각형의 한 내각인 ∠FBC의 크기를 표현하는 식을 적으시오.

m∠FBC = 2(90° − 180°/n) = 180° − 360°/n

(13) 위에서 구한 180° − 360°/n의 식이 뜻하는 것은 무엇인가?

n개의 변을 가진 임의의 정다각형의 한 내각의 크기를 나타낸다.

(14) (13)에서 얻는 공식을 사용해서 정사각형의 한 내각의 크기가 90° 임을 보이시오.

이 정다각형은 정사각형이므로 $n = 4$가 된다. 그래서 180° − 360° / n = 180° − 360° / 4 = 180° −90° = 90°

(15) (13)에서 구한 공식을 사용해서 한 내각의 크기가 150°인 정다각형의 변의 수를 예상해 보시오.

$180° - 360°/n = 150°$. 따라서, $n = 12$. 즉, 이 정다각형은 정십이각형임을 알 수 있다.

이 예는 정다각형의 한 내각의 크기를 구하는 공식인 $180° - 360°/n$을 탐구하는 활동이다. 이 예에서 요구하는 수학적 활동으로는 의사교환, 추론, 수학적 형식화 및 추상화, 일반화, 관찰과 추론, 표상활동, 시각화 등이다. 단순한 전달과 암기에 의한 전통적인 지도방법에 의하면 불과 몇 분이면 연습까지도 끝나게 되는 이 공식의 탐구를 공학을 이용했을 때는 이처럼 다양한 수학적 활동이 수반되는 것을 알 수 있다.

지금까지 이 글에서는 수학교과의 교수-학습 활동의 구성요소를 살펴보았고, 국내외에서 진행되고 있는 정보통신공학에 대한 연구의 경향을 살펴보았다. 그리고 중고등학교 수학의 실제 지도 예를 통해서 공학이 수학적 내용의 이해를 촉진하는 것뿐만 아니라 수학적 사고 활동도 함께 증진시킬 때, 공학이 통합된 수학 지도라고 할 수 있음을 보여주고자 했다. 이 글의 결론으로서 정보통신공학이 수학교과의 교수-학습 활동에 통합적으로 활용되기 위한 몇 가지 제언을 하고자 한다.

먼저, 지금까지의 연구에서도 보고 된 바와 같이 정보통신공학이 수학의 교수법과 학생들의 학습활동의 형태를 바꾸고 있다는 것은 자명한 듯 하다. 하지만 실제로 이들 연구자들이나 교사들이 컴퓨터 프로그램을 어떻게 이용해서 어떻게 지도했는지에 대한 자료는 부족하다. 즉, 전통적인 수학교과의 교수-학습 활동인 지식의 전달에 익숙한 기존의 수학교사들이 과연 의사교환, 모델링, 자료 수집, 탐구와 조사활동, 추측과 가설설정 및 증명과 반박, 반례 등을 요구하는 공학이 통합된 수업을 제대로 소화할 수 있을지가 의문시된다. 자칫하면 공학이 단지 지식의 전달을 위한 또 다른 도구에 불과하게 될 수도 있다는 것이다. 단순히 이들 프로그램의 사용법을 익히는 연수로 이들 프로그램을 수학 수업에 통합적으로 활용하리라고 기대하는 것은 너무 이른 판단이 아닐까? 또 비록 지금 현재는 사용하고 있다고 하더라도 계속 꾸준히 사용하리라고 장담할 수도 없는 것이다. 따라서, 공학이 수학 수업의 통합적 부분으로 정착하기 위해서는 먼저 수학교사들이 지닌 수학관과 수학에 대한 교수-학습관을 변화시켜야 한다고 생각된다. 수학교과란 암기와 끊임없는 반복 연습을 통해서 숙달된다고 믿고 있는 교사에게 공학을 활용하라는 요구는 아무런 의미가 없음을 누구나 알 것이다.

정보통신공학을 수학수업에 활용하고자 할 때 고려해 보아야 할 두 번째 사항은 제 7차 교육과정의 실시에 따라서 수학 수업을 수준별로 해야 하는데 이 경우 정보통신공학을 어떻게 활용해야 할 것인지가 분명하게 논의되고 있지 않는 실정이다. 상, 중, 하로 능력별로 집단을 구분했을 때 모든 집단에 대해서 공학을 활용할 것인지 아니면 연구의 결과들에서 나타난 바와 같이 상과 하 집단에서만 활용할 것인지를 결정해야 할 것이다. 또한 이런 경우 중간 능력 집단에는 공학적 활용을 대신하는 어떤 수학적 활동을 할 것인지를 생각해 보아야 할 것이다.

세 번째로 생각해 보아야 할 사항은 수학교실에서 정보통신공학을 어떻게 운영할 것인지에 대한 것이다. 인터넷, 특히 GSP, Cabri, 또는 엑셀 등의 프로그램은 학생들 스스로 실제 조작의 경험을 통해서 수학적 성질, 개념, 원리, 정리 등을 탐구와 발견, 추측하고 가설을 세워보고 확인이나 증명을 해 보고, 반례를 찾아보고 하는 수학적 활동이 이루어지도록 설계되어 있다. 이러한 특성을 고려해 볼 때 수학수업 시에 학생들이 개인별로 또는 적어도 2-3명이 한 조가 되어서 컴퓨터를 사용해서 수업을 해야 함을 의미한다. 기존의 교실에서 한 대의 컴퓨터에 의한 교사의 시범에 의해서는 이들 프로그램이 가지고 있는 특성을 최대한 발휘하는 수업을 할 수가 없는 것이다. 하지만 교사의 시범에 의해서도 수학적 내용을 지도하면서 동시에 시각화, 추론 활동, 탐구 활동 등이 함께 일어날 수 있는 수업 방안에 대한 연구가 있어야 할 것이라고 본다.

4. 수학 수업의 성공을 위한 열쇠: 좋은 수학적 문제

수학 선생님들과 대화를 하다보면 많은 학생들이 학원을 다니거나 과외 수업을 하다보니 수업 시간에 질문을 해도 이미 답이나 풀이 방법을 알고 있어 더 이상의 질문이나 토론을 이끌어 가기가 힘들다고 한다. 이런 어려움은 또한 수학 교사들로 하여금 지식 전달식의 수학 수업을 하도록 하고 있는 건 아닌지 모르겠다. 그렇지만 조금 더 깊게 생각해보면 이런 경우 교사가 제시하는 수학적 개념, 원리, 법칙이나 문제 등이 교과서의 내용을 그대로 모방하여 수업에 사용하고 있기 때문에 학원이나 과외 수업에서 이미 배운 학생들에게 흥미를 줄 수 없을 것이며, 토론이나 질문이 활발히 일어나지 않는 것도 당연한 일일 것이다. 또한 설령 학원이나 과외 수업을 받지 않는 학생일지라도 수학 공부를 좋아하는 일부 학생들을 제외하고는 교과서에 제시되어 있는 인위적이고 조잡한 문제 상황에 흥미를 보이는 것이 오히려 이상한 것이 아닐까 생각한다. 결론적으로 말하자면, 우리의 수학 교실은 항상 너무 조용하다는 것이 개인적인 불만이다. 약간 시끄럽지만 학생들이 서로 대화를 하고, 서로의 풀이 방법에 대해 비교하고 잘못을 수정하고, 교사는 수학적 지식을 전달하는 게 아니라 학생들의 이러한 대화를 조정해서 그들이 뭔가를 탐구하고 발견하도록 하는 그런 수학 수업이 필요한 때이다. 수학 수업의 이러한 성공과 실패는 수업 시작 때 제시하는 수학적 문제 또는 상황의 질에 좌우된다고 생각한다. 이 글에서는 이러한 수학적 문제나 과제에 대한 다양한 예를 제시하여 수학 교실에서의 수업 활동에 도움이 되고자 한다.

좋은 수학적 문제와 예

좋은 수학적 문제나 과제의 사용에 대한 권고는 여러 연구에 나타나 있다. 가장 대표적인 것으로는 미국 수학교사협의회에서 1991년에 발간한 "수학지도를 위한 전문가 스탠다드"(Professional Standards for Teaching Mathematics)로 수학 교사는 학생들에게 다음과 같은 특성을 지닌 수학 과제를 제시해야 한다고 주장하고 있다.

- 중요한 수학적 주제를 담고 있는 문제나 과제
- 학생들의 이해, 관심, 경험을 반영하는 문제나 과제
- 다양한 배경(예 : 성별, 문화, 경제 및 사회적 지위 등)을 지닌 학생들이 수학을 학습하는 방식을 반영하는 문제나 과제
- 단순 암기가 아니라 학생들에게 두뇌 회전을 요구하는 문제나 과제
- 수학적 이해와 기능을 계발하도록 하는 문제나 과제
- 수학적 아이디어 사이의 관계성 파악을 요구하는 문제나 과제
- 문제설정, 문제해결, 수학적 추론을 요구하는 문제나 과제
- 수학에 대한 의사소통을 촉진하는 문제나 과제
- 수학은 완성되지 않고 계속 진행되고 있는 인간 활동의 학문임을 보여주는 문제나 과제
- 학생들의 다양한 배경 경험과 성향을 반영하는 문제나 과제
- 수학을 행하는데 있어서 모든 학생들의 긍정적 성향을 신장하는 문제나 과제

좋은 수학적 과제는 수학적 개념이나 기능의 학습이 수학적 사고와 분리되지 않아야 하며, 학생들의 호기심을 자극해야 하며, 학생들이 추측과 그 추측의 입증을 요구하는 과제를 말한다. 이러한 과제는 한 가지가 아니라 여러 가지 흥미 있고 타당한 해법이 존재하기 때문에 학생들이 서로 자신들의 해법과 서로 다른 해결 전략과 답에 대한 찬반 토론과 교사와의 담화를 촉진하게 된다.

아래의 여러 문제 상황들은 중학교와 고등학교의 수학 내용과 관련된 좋은 수학적 과제의 예들이라고 생각한다. 이 문제들의 특징은 답이 특정한 한가지만으로 고정된 것이 아니라 문제 상황에 따라 다양하며, 답을 구하는 방법 또한 특정한 한 가지로 정해진 것이 아니라 여러 가지가 될 수 있다는 것이다. 이러한 특징은 결국 학생과 학생, 교사와 학생들 사이의 추측과 반박 및 대화가 오가도록 한다.

▶문제 1◀ 다각형의 둘레와 넓이

다음 사각형의 둘레와 넓이를 구하시오.

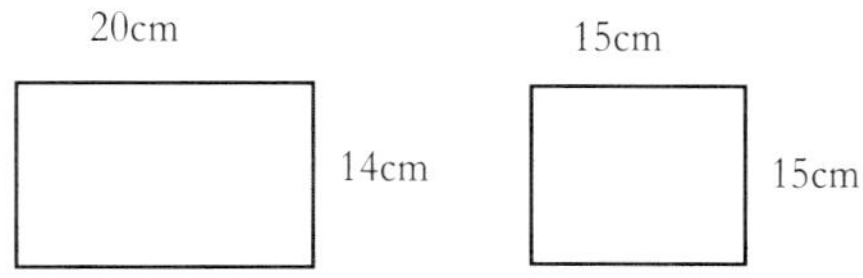

이 문제는 전형적인 교과서식 문제이므로 다음과 같이 바꾸면 위에서 제시한 좋은 문제의 조건에 맞게 된다.

우리 집에는 큰 누렁이 개가 한 마리 있는데 너무 커서 마당에서 키우려고 아버지가 64미터짜리 철망으로 된 울타리를 사오셨다. 이 철망으로 어떤 종류의 울타리를 만들 수 있을까? 이들 울타리 중에서 놀이 공간이 제일 작은 것과 제일 큰 것은 어느 것인가? 또 우리 개가 달리기를 하기에는 어떻게 울타리를 만드는 것이 제일 좋을까?

▶문제 2◀ 직각삼각형의 외심

다음의 상황에 대한 해결책을 생각해 봅시다. 가족들과 놀이동산을 가려고 준비하시던 아버지가 또 우리 집의 누렁이 때문에 고민이다.

"골칫거리가 하나 생겼네. 누렁이가 집을 잘 지키도록 하려면 마당의 어느 곳에 묶어두어야 하는데... 알다시피 우리 집 마당이 이렇게 직각삼각형을 하고 있는데 이 누렁이가 집을 잘 지키도록 하려면 마당의 구석까지 닿을 수 있도록 줄을 묶어야 해. 줄을 가장 짧게 하면서도 누렁이가 마당의 구석까지 닿을 수 있도록 하려면 도대체 어디에다 묶어야 하지?"

직각삼각형 빗변의 중점에 관한 네 가지 증명을 보여주는 그림들

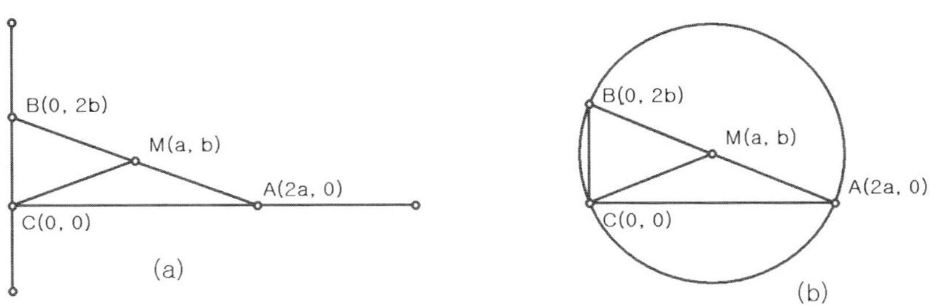

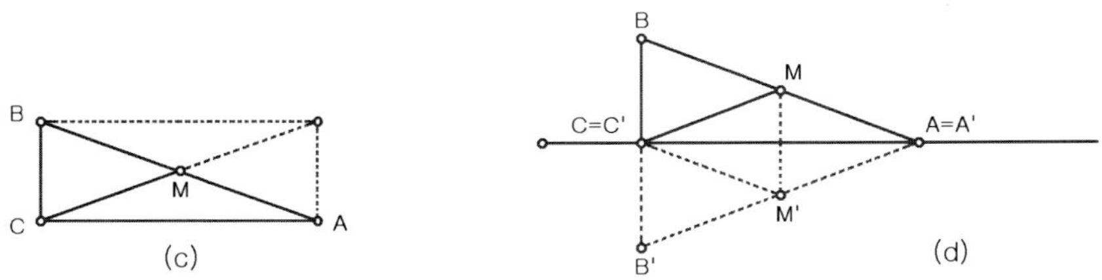

(c) (d)

▶문제 3◀ 일차함수의 기울기와 y 절편

현주, 나경, 재훈이는 불우학생을 위한 교내 10km 단축 마라톤 대회의 기부금 모금 계획을 준비하고 있다. 현주는 이 마라톤 대회의 참가자들로부터 1km를 달릴 때마다 1500원의 기부금을 받는 것이 적당하다고 말했다. 반면 나경이는 1km당 2500원을 받으면 더 많은 돈을 기부 받을 수 있다고 주장했다. 한편, 재훈이는 현주와 나경이의 계획처럼 1km당 그 정도의 기부금을 받으면 학생들이 부담스러워 참가를 꺼려할 수 있다고 하여 참가비로 4000원을 받고 1km당 750원을 받는 것이 좋겠다고 했다.

토론할 질문들

1. 세 학생의 기부금 계획에 따라 모아지는 각 기부금의 액수를 표로 나타내시오.
2. 세 학생의 기부금 모금 액수를 그래프로 나타내시오.
3. 세 학생의 기부금 계획의 표와 그래프를 보고 각각의 계획에서 모금된 기부금과 달린 거리와의 관계를 문장으로 말해보시오.
4. m을 기부금액, d를 달린 거리라고 할 때, 세 학생의 기부금 모금을 나타내는 식을 구하시오.
5. 1km당 기부금의 액수의 증가는 표, 그래프, 방정식에서 어떤 영향을 주는지 설명하시오.
6. 재훈이의 모금 계획이 현주와 나경이의 계획과 다른 점을 설명하시오. 재훈이의 계획은 표, 그래프, 방정식의 측면에서 현주와 나경이의 것들과 어떻게 다른가?

이 문제 상황은 학생들 스스로 문제의 해결을 통해서 직선관계에서 기울기와 절편의 개념 및 그 역할을 이해할 수 있다.

▶문제 4◀ 지수함수의 그래프와 재귀함수

악마가 여러분에게 다음과 같은 월급을 제안하면서 자기를 위해 일을 해 달라고 했다고 합시다.

"일을 시작한 첫째 날 아침에 너한테 10000원을 줄 거다. 그 날 밤에 넌 나한테 1000원을 수수료로 줘야한다. 그리고 이때 다음 날의 월급과 수수료를 결정하는 것으로 한다. 즉, 다음 날의 월급은 네가 그때까지 받은 돈의 2배가 될 것이며 또한 수수료도 2배가 된다. 자, 그럼 나를 위해 한 달동안 일을 해 줄 수 있느냐?"

토론할 질문들

1. 이런 월급 제안을 받았다면 여러분은 일을 할 것인가? 그 이유를 적으시오.
2. 이 월급 제안을 나타내는 표를 만드시오.
3. 이 표에 기초하여 여전히 1번에서 내릴 결정을 따를 것인가? 그 이유를 적으시오.
4. 한달 동안 일을 하지 않는다면, 몇 일 동안 일을 하고 싶은가?
5. 이 문제에서 월급을 나타내는 그래프는 어떤 그래프라고 생각하는가?
6. 이 문제에서 수수료를 나타내는 그래프는 어떤 그래프라고 생각하는가?
7. 악마의 이 월급 제안은 타당성이 있다고 할 수 있는가?

▶문제 5◀ 이차함수의 최대값 구하기

김제주씨는 제주도에서 감귤 농사를 짓고 있는데 이 농장에는 120그루의 감귤나무가 있다고 한다. 한 그루에서는 보통 650개의 귤이 열리는데 생산량을 늘이기 위하여 감귤나무를 좀 더 심으려고 한다. 그런데 이렇게 할 경우 한정된 공간에 더 많은 나무를 심게 되어 공간과 햇빛 양의 부족으로 각 나무에서 5개의 생산량 감소가 생긴다고 한다. 김제주씨가 이 농장에서 생산할 수 있는 최대 감귤은 몇 개이며, 이 최대 생산량을 얻기 위해서는 총 몇 그루의 나무가 필요한가?

이 문제 상황은 초, 중, 고등학생의 수준에서 해결 방법을 달리하면서 풀 수 있다. 초등학생의 경우에는 각각의 경우에 대한 표를 만들어서, 중학생은 이 표를 바탕으로 이차함수의 그래프를 그려서 최대값, 최소값의 개념을 적용하여, 그리고 고등학생은 이차함수에 미분을 적용하여 해결 가능하다.

제 7차 수학과 교육과정에서는 그 목적을 학생 개인의 수학적 힘을 신장하며 개인의 능력 수준을 고려한 단계형 수준별 교육과정을 그 핵심으로 하고 있다. 여기서 말하는 수학적 힘이란 다양한 능력들이 통합된 것을 의미하며 결코 학교 수학 교과서의 단순 암기형 문제의 해결을 통해서 이루어지는 것이라고 생각하기는 힘들다. 수학교실에서 이러한 수학적 힘을 기르기 위해서는 무엇보다도 학생들에게 제시되는 문제 상황이 학생들의 경험이나 상상에 의해 실제적이어야 한다. 수학교실에서 경험적으로 구체적이며 상황이 풍부한 수학 문제를 접하는 경험이 학생들에게 중요한 이유는 이렇게 습득한 지식만이 전이성이 높은 지식이며 스스로 생장 가능성이 높은 수학적 지식으로 장래 학생들이 직면하게 되는 다양하고 미지의 문제해결 상황에서 해결 전략 및 그 해답을 찾는데 활용될 수 있기 때문이다.

수학교과는 수학 내용을 통하여 수학만이 가지고 있는 독특한 사고 유형인 일반화와 특수화, 귀납적 추론과 연역적 추론, 추상화, 기호화와 형식화, 직관과 논리성 등을 길러주어야 한다. 이러한 수학적 사고 유형은 다른 교과에서는 절대 경험할 수 없는 것이며 오직 수학교과, 특히 수학 수업을 통해서 길러져야 하는 것들이다. 그렇지만 현실적으로 수학교실에서 이루어지고 있는 수학 수업활동의 많은 부분이 수학적 내용 전달에만 치중한 채 이러한 다양한 유형의 수학적 사고의 계발에는 그 중요성을 두지 못하고 있는 실정이다. 이것은 결국 수학교과의 원래 목적을 달성했다고 보기에는 미흡하다. 수학교과의 전반적이며 균형적 목적 달성을 위해서는 수학적 사고 유형의 경험이 필수적이며, 이러한 사고는 또한 교과서식 문제 풀이에 의해서는 길러지기 어려운 것임을 쉽게 알 수 있다. 따라서, 우리 학생들이 수학교실에서 수학적 내용의 학습뿐만 아니라 다양한 수학적 사고 유형을 경험할 수 있도록 좋은 문제나 과제에 대한 수학교사들의 관심이 필요하다고 본다.

5. 수학교육의 최근 동향과 교과지도의 방향

학교에서 수학을 가르치는 목적은 무엇일까? 우리 학생들에게 장래에 좋은 직업을 가질 수 있도록 도와주기 위해서일까, 아니면 과학과 같은 과목을 공부하는데 기본적으로 필요한 수학적 능력을 길러주기 위한 것일까, 또는 일상생활을 하는데 필요한 수학적 지식을 길러주기 위한 것일까, 또는 수학자를 만들어 내기 위해서일까, 또는 수학이라는 학문 자체가 지닌 수학적 아름다움을 가르치기 위한 것일까? 학교 수학의 목적을 어디에 두느냐에 따라 교육과정의 내용과 구성, 교실에서 실제로 일어나는 수학 교수-학습의 형태, 그리고 평가의 방법이 달라지게 된다. 그런데 이러한 학교 수학의 목적은 시대에 따라 달라져 왔으며 그것은 그 당시의 사회적 요구에 부합하기 위한 것이었다. 그렇다면 현재의 사회적 요구는 어떤 학교 수학의 목적을 요구하고 있는가? 이 글에서는 이러한 취지에서 수학교육의 최근 동향에 대한 고찰을 통해 학교 수학의 목적을 살펴보고, 이 목적을 달성하기 위해서 요구되는 수학교과의 지도 방향에 대해서 살펴보고자.

수학교육의 최근 동향

수학교육의 최근 동향에 대해서는 수학적 힘의 강조, 수학교사의 교과내용에 대한 교수학적 지식과 신념의 강조, 그리고 수학화를 강조하는 네덜란드의 현실적 수학교육을 중심으로 살펴보고 이를 중심으로 수학교과의 지도 방향에 대한 시사점을 제시하고자 한다.

수학적 힘(mathematical power)의 강조

제 7차 수학과 교육과정의 목적은 학생 개인의 '수학적 힘'을 신장하며 개인의 능력 수준을 고려한 단계형 수준별 교육과정을 그 핵심으로 하고 있다. 이 교육과정에서는 수학 교과의 목적을 '수학적 힘'을 기르는 것이라고 정의하고 있다.

> ...... 수학과의 역할은, 수학의 기본적인 개념, 원리, 법칙을 토대로 탐구하고 예측하며 논리적으로 추론하는 능력, 수학을 사용한 또는 수학을 통한 정보를 처리하고 교환하는 능력, 실생활이나 다른 교과 영역에서 수학적 지식을 사용하여 문제를 구성하고 해결하는 문제해결력, 창의력, 수학적으로 사고하는 성향, 사고의 유연성, 자신감 등의 수학적 힘(mathematical power)을 기르게 하는 것이다.

'수학적 힘'을 처음으로 언급해 놓은 미국 수학교사협의회(NCTM)의 교육과정과 평가 스탠다드를 보면, 모든 학생들이 수학의 가치를 배우도록, 수학을 하는 자신의 능력에 대해 자신감을 가지도록, 수학적 문제해결자가 되도록, 수학적으로 의사소통함을 배우도록, 수학적으로 추론하고 증명하는 것을 배우도록, 수학 내용의 내적 연결성과 물리적 현상이나 일상생활과의 외적 연결성을 배우도록, 그리고 수학적 아이디어를 표상하는 방법을 배우도록 해야 한다고 강조하고 있다. 이러한 학습을 경험을 할 수 있는 기회를 모든 학생들에게 제공하는 것이 수학 교과의 지도 목적이라고 하며 이들 경험을 통해 모든 학생들은 수학적 힘을 가질 수 있다고 한다. 무엇보다도 학교 수학의 교수-학습 방법을 획기적으로 변화시키기 위해서는 수학적 힘을 향상시킬 수 있는 방향으로 수학의 교수-학습이 이루어져야 한다. 수학적 힘을 신장시키기 위한 학교수학의 원리를 정리하면 다음과 같다.

학교수학의 6대 원리

- 평등성의 원리
- 교육과정의 원리
- 교수의 원리
- 학습의 원리
- 평가의 원리
- 공학의 원리

학교수학의 5대 스탠다드(규준)

- 문제해결을 위한 스탠다드
- 추론과 증명을 위한 스탠다드
- 의사소통을 위한 스탠다드
- 수학적 연결성을 위한 스탠다드
- 수학적 표상을 위한 스탠다드

* 수학의 가치에 대한 학습
* 자신의 수학적 능력에 대한 자신감

→ **수학적 힘의 신장**

〈 수학적 힘을 신장하기 위한 학교 수학의 원리 〉

평등성의 원리

평등성의 원리는 "모든 학생들이 수학을 배울 수 있으며, 배워야만 한다" 즉 모든 학생들에게 똑같은 내용과 수준을 가르치는 것이 아니라 학생들 각자 능력에 가장 적합한 교육을 해야 한다는 것으로 우리나라의 평준화 개념처럼 모든 학생이 동일한 교육을 받는 것과는 다른 제 7 차 수학과 교육과정의 수준별 교육과정과 연관성이 깊다고 볼 수 있다.

수학교육에서 수월성(excellence)은 평등성을 필요로 하는 것으로 모든 학생들에 대한 높은 기대와 강력한 지원을 의미하는 것이고, 평등성의 원리는 모든 학생들에 대한 교사의 높은 기대와 실질적인 기회를 필요로 한다. 그것은 모든 학생들은 개개인의 성격, 배경, 물리적인 환경 등에 상관없이 수학을 공부하거나 학습 지원을 받을 기회를 가져야 한다는 것이다. 이러한 수학학습에 대한 높은 기대가 학생들에게 전달되기 위해 교사는 수업을 할 때 학생들을 수준별 교수집단으로 나누어 그들의 보고서에 대한 평가를 하거나, 높은 수준의 성취를 위해 노력하는 학생들에게 지속적인 지원을 해야 한다. 또한 부모님과 교류하는 동안 학생들에 대한 기대치를 전달하며 학교는 수학학습을 지원해 주는 강력한 교수 프로그램에 모든 학생들이 참여 할 수 있도록 보장해야 한다. 또한 평등성은 모든 학생들이 수학을 공부하도록 돕기 위해 다양한 형태의 차별적인 지원을 필요하며 수학적 능력이 낮은 학생들에게는 그들에게 적합한 보충과정의 지원이 필요하다. 즉 어떤 학생들에게는 수학에 대한 높은 기대치를 만족시키기 위해 좀 더 심화된 지원이 필요한 것이다.

그리고 모든 학생들에게 적절한 방식으로 공학적 도구를 사용할 수 있도록 제공함으로써 흥미롭고 중요한 수학적 아이디어에 접근할 수 있도록 하고 이는 교실에서 평등성을 이루는 데 도움을 줄 수 있다. 평등성을 실현하기 위해서는 교실과 학교에서 인적 물적 자원들을 유의미하게 배정하는 것이 필요하고 또한 학생들 사이의 다양한 차이를 효과적이고 세심하게 배려하기 위해서는 교사들의 전문성 계발이 중요한 요소이다.

교육과정의 원리

학교 수학 교육과정은 학생들이 시간과 노력을 투자할 가치가 있는 중요한 수학적 내용과 과정에 초점을 두어야 한다. 각각의 수학 내용은 여러 이유에 있어서 그 중요성이 고려되는데, 다른 수학적 아이디어의 창출에 유용하다든지, 수학의 여러 다른 영역을 연결하고 있다든지, 수학을 하나의 학문으로 그리고 인간 사고의 창조물로 인식하도록 한다든지 등 여러 이유에 따라 그 중요성이 고려된다.

자리값, 동치관계, 비례와 비율, 함수, 그리고 변화율과 같은 근본적인 수학적 아이디어들은 학생들이 다른 수학적 아이디어들을 이해할 수 있도록 해 주기 때문에, 그리고 수학의 여러 영역을 서로 연결시켜 주기 때문에 수학 교육과정에서 핵심적인 위치를 차지해야 한다. 추측하는 것과 확고한 연역적 주장을 전개하는 것을 포함한 수학적 사고 기능과 추론 기능도 새로운 통찰과 차후의 수학 학습을 향상시키는 기초이기 때문에 중요하다. 또한 수학 교육과정은 학생들이 실세계의 현상을 모델링하고 예측하는데 있어서 강력한 도구임을 알 수 있는 경험을 제공해 주어야 한다.

수학을 배우려면 점차적인 아이디어의 축적이 있어야 하며 이를 통해서 그 아이디어에 대한 이해가 점점 더 깊어지고 세련되게 된다. 학교 수학 교육과정은 교사로 하여금 학생이 소유하고 있는 수학적 지식을 정교화하고 깊이 있게 할 수 있도록 안내해야 한다. 잘 조정되고 배열된 수학 교육과정은 각 학년 수준을 담당하고 있는 교사들이 이전 학년 수준에서 학생들이 배웠던 수학 내용을 이해하도록 하며 또한 무슨 수학 내용이 지금 학년 수준과 다음 학년 수준에서 중요하게 다루어져야 하는지를 알 수 있도록 해 준다. 잘 조정되고 배열된 수학 교육과정은 학생들의 학년 수준이 올라 갈수록 학생들의 수학적 지식의과 이해를 폭과 넓이를 성장하도록 해 준다.

교수의 원리

효과적으로 수학을 지도한다는 뜻은 수학에 대한 학생들의 이해를 발달시킨다는 것이다. 학생들은 새로운 지식을 기존에 습득했던 지식과 연결시키면서 배우기 때문에 교사는 학생들이 이미 알고 있는 지식을 반드시 이해해야만 한다. 뛰어난 교사는 이러한 학생들의 사전 지식을 확인하기 위하여 어떻게 질문을 해야 하고 수업을 어떻게 설계해야 하는지를 알고 있다.

교사는 학생들이 편안하게 수학을 학습할 수 있는 환경을 만들어 주어야 한다. 교사의 역할은 학생들이 생각하고, 질문하고, 문제를 해결하고, 자신들의 아이디어와 전략 및 해결 방법을 서로 토론하도록 분위기를 조성하는 것이다. 교사는 중요한 수학적 사고가 자신의 교실에서 규범으로 되는 지적 학습 환경을 조성할 책임이 있다. 추측을 제기하고, 문제를 해결할 때 다양한 해결 방법으로 실험을 하고,

수학적 주장을 펴고, 다른 사람의 주장에 대해 답을 하고 하는 수학적 활동을 학생들이 배우도록 하기 위해서는 수학적 사고가 초점이 되는 안전한 학습 환경의 조성이 필수적이다.

효과적으로 수학을 가르치기 위해서는 학생들이 시간과 노력을 투자할만한 가치 있는 수학 과제를 사용해서 중요한 수학적 개념과 아이디어를 소개하고 이를 통해서 학생들이 지적인 활동을 하고 의문을 가지도록 해야 한다. 잘 선정된 수학 과제는 학생들의 호기심을 자극하고 이들을 수학으로 끌어들이는 힘이 있다. 이런 과제는 학생의 현실 세계의 경험과 연결된 것일 수도 있고 순수하게 수학적인 내용일 수도 있다.

효과적으로 수학을 가르치기 위해서는 학생들을 관찰하고, 이들의 생각과 설명을 귀담아들어야하고, 관찰하고 들은 것을 수업의 목표와 연결시켜 수업 활동의 판단을 내리는데 이 정보를 사용해야 한다. 이렇게 수업 활동을 전개하는 교사라면 학생들이 수학적으로 사고하고 추론하도록 동기 부여를 할 수 있으며 학생들이 기존에 이해하고 있던 것에 이의를 제기하여 학생들로 하여금 자신들의 이해를 다시 한번 더 생각해 볼 수 있는 학습 기회를 제공해 줄 수 있다.

이러한 교수 원리를 실천하기 위한 보다 구체적인 지침을 보면, ① 시간과 노력을 투자할 가치가 있는 좋은 수학적 과제, ② 담화(談話)에서 교사의 역할, ③ 담화에서 학생의 역할, ④ 담화를 촉진하기 위한 다양한 도구들, ⑤ 학습 환경, 그리고 ⑥ 교수와 학습의 분석 등의 6 가지가 있다. 이에 대한 자세한 내용은 이 절의 끝에 제시되어 있다.

학습의 원리

개념적 지식, 사실적 지식, 그리고 절차적 지식의 능숙한 활용, 이 세 가지 요소가 잘 결합된다면 수학 학습에서 강력한 힘을 발휘하게 된다. 이해가 뒷받침 되지 않은 채 사실이나 절차를 암기한 학생들은 자신들이 알고 있는 지식을 언제, 어떻게 사용해야 할지 모르며 그래서 이런 수학 학습은 쉽게 무너져버린다. 이와는 반대로 이해를 토대로 한 수학 학습은 후속 학습을 더 쉽게 해준다. 또한 학생들이 기존의 지식 및 경험과 새로운 지식을 의미 있는 방식으로 연결하여 학습하면 수학을 보다 의미 있게 학습하게 되고 기억과 적용도 보다 용이하게 된다. 개념적 이해를 토대로 잘 연결되어 있는 수학적 아이디어는 새로운 문제 상황에 보다 쉽게 사용될 수 있다.

개념적 이해는 새롭고 익숙하지 않은 문제나 상황을 다룰 때 반드시 필요한 핵심적인 지식이다. 점차 고조되고 있는 공학 지배적 세계에서 사실과 절차적 지식에 대한 인식과 중요성이 달라짐에 따라 개념적 이해는 보다 더 중요성을 지니게 되었다. 예를 들어, 학교 수학 교육과정에서 핵심적인 부분이었던 대부분의 산술적, 대수적 절차는 현재 휴대용 계산기를 사용해서 행할 수 있다. 따라서 수와 관련된 개념에 대한 이해와 문제를 해결하는데 필요한 모델링 절차에 대한 이해의 중요성에 보다 관심을 두고 있다.

수학교실에서 교사가 제공하는 경험의 종류는 학생들의 수학 학습의 질과 정도를 결정하는 주요한 역할을 한다. 만약 학생들의 지식을 서로 관련되게 하며 깊게 하도록 설계된 과제나 과제 및 경험에 학생들이 적극적으로 참여한다면, 수학적 아이디어에 대한 학생들의 이해는 학년 수준이 올라가면서 깊어지고 증폭된다. 학생들이 수학교실에서의 상호작용을 통해서 수학적 아이디어와 추측을 제기하고, 자신의 사고 과정과 다른 친구의 사고를 판단하는 것을 배우며, 수학적 추론 기능을 계발할 때 이해를 통한 학습은 보다 촉진된다. 수학교실에서의 강화(discourse)와 사회적 상호작용은 수학적 아이디어 사이의 연결에 대한 인식과 지식의 재조직화를 촉진하는데 사용될 수 있다.

평가의 원리

평가는 학생들의 학습을 향상시켜야만 한다는 주장은 어떻게 보면 당황스러운 말이다. 연구 결과에 따르면 교사가 교수와 학습에 대한 결정을 내리는데 있어서 형성 평가를 수업의 일부분으로 실시한 결과 하위권 학생을 포함한 학생들의 학습이 전반적으로 향상되었다고 한다.

평가에 사용되는 과제나 문제는 학생들에게 어떤 종류의 수학적 지식과 그에 따른 수행이 중요한지를 알려주는 역할을 한다. 따라서 학생들이 시간과 노력을 투자할만한 가치 있는 과제나 문제를 평가에서 사용해야 한다. 교사가 관찰, 면담, 저널 쓰기와 같은 평가 기법을 사용할 때 학생들은 자신들의 생각을 보다 구체화하고 정교화하는 과정을 통해서, 그리고 교사의 질문에 답을 하는 과정을 통해서 학습을 하게 된다.

평가는 모든 학생들이 반드시 알아야 하고 행할 수 있어야 하는 수학을 반영해야 하며, 평가는 절차적 기능과 더불어 이해에 초점을 두어야 한다. 교사는 무엇을 가르쳤고 학생이 무엇을 배웠는지를 분명히 알아야 하며 평가는 학습 목표와 반드시 일치해야 한다. 효과적인 수학 지도를 위해서 교사는 다양한 평가 기법으로부터의 정보를 수집해야 한다. 형성 평가는 제한된 시간 안에 개인별로 실시하는 지필고사와 같은 아주 특정한 상황에 대해 학생들이 무엇을 알고 있고 할 수 있는지를 평가하는 제한된 평가 방법이다. 학생 개개인이 다르듯이 그들이 알고 있는 지식을 보여주는 방법도 다르기 때문에 다양한 기법의 평가 방법을 동시에 사용해야 한다.

수학 교사는 많은 다양한 평가 기법을 사용할 수 있는데 그 예로는 개방형 문제, 주관식 문제, 선다형 문제, 수행평가 과제, 관찰, 면담, 저널쓰기, 포트폴리오 등이 있다. 이들 평가 기법에 대해서는 평가 부분에서 더 자세하게 배우게 된다. 수학교실에서의 평가를 위해 이들 모든 기법들이 유용하지만 특정한 목표 달성을 보다 쉽게 측정할 수 있는 기법들도 있다. 예를 들면, 간단한 단답형 문항이나 선다형 문항을 사용한 쪽지 시험은 학생들의 절차적 지식을 측정하는데 유용하다. 주관식 문항이나 수행평가 과제는 복잡하거나 새로운 상황에 수학을 적용하는 학생들의 능력을 평가하는데 더욱 적합하다. 그리고 관찰과 면담은 학생들의 사고 과정에 대한 평가를 할 수 있으며, 수학저널쓰기와 포트폴리오를 통해서는 일정 기간 동안 학생들의 수학적 사고와 추론 능력과 방법에서의 변화를 교사가 파악할 수 있도록 해준다.

공학의 원리

공학은 추상적인 수학에 관한 아이디어를 다루고 이러한 지식의 소유를 촉진한다. 공학은 다양한 측면에서 수학적 아이디어를 관찰할 수 있는 수단을 제공함으로 탐구 활동의 범위를 넓게 해주고 수준을 높여 준다. 학생들의 학습은 공학이 제공하는 피드백에 의해 조장되는데 그 예를 보면 역동적 기하 프로그램(Dynamic Geometry)에서 도형의 변을 끌어 보면서 화면상에서 그 도형의 모양의 변화를 관찰할 때, 엑셀과 같은 스프레드쉬트(spreadsheet)를 사용해서 규칙의 정의를 바꾸어보고 종속 변수의 값을 변화시켜서 그 규칙의 변화를 살펴볼 때 피드백에 의해 학습이 조장됨을 볼 수 있다. 공학은 또한 학생들끼리 그리고 학생과 교사가 함께 화면에 나타난 수학적 대상과 공학에 의한 다양한 역동적 변환의 효과에 대해 토론할 수 있는 기회를 제공해 준다.

수학 교실에서 공학의 효율적인 사용은 결국 교사에 좌우된다. 공학이 수학 교실의 모든 문제를 해결해 줄 수 있는 만능은 아니다. 다른 교수 도구들이 그러했듯이 공학도 잘 사용될 수도 있고 아니면 아주 잘못 사용될 수도 있다. 공학을 가장 효과적으로 활용할 수 있는-그래프 그리기, 시각화하기, 계산하기 등-수학 과제를 만들거나 선택해서 학생들의 학습 기회(learning opportunities)를 향상시키는 측면에서 교사들은 공학을 사용해야 한다. 예를 들면, 교사는 시뮬레이션 방법을 사용해서 공학을 사용하지 않고서는 다루기 어려운 문제 상황을 학생들이 경험하도록 할 수 있으며, 또는 인터넷에서 다양한 자료를 수집하고 이를 사용해서 학생용 과제를 교사 스스로 설계할 수도 있다. 스프레드쉬트, 역동적 기하 소프트웨어(예: Geometer's SketchPad, Cabri Geometry 등), 컴퓨터 마이크로월드(예: LOGO) 등도 또한 가치 있는 수학 문제를 만들 수 있는 좋은 도구들이다.

하지만 아무리 뛰어난 공학이라 할지라도 수학 교사를 대신할 수는 없다. 학생들이 공학용 도구를 사용할 때 종종 교사가 있든 없든 상관없이 과제에 몰두하면서 더 많은 시간을 보내는 것을 관찰할 수 있는데 이것이 자칫 잘못된 생각을 가지게 할 수 있다. 공학용 도구가 활용되고 있는 수학 교실에서 교사는 학생들의 학습에 중요한 영향을 미치는 사항들에 대한 판단을 함으로써 중요한 역할을 담당하고 있다. 여기서 판단을 내린다는 의미는 먼저 교사는 어떤 조건에서, 언제, 어떻게 공학을 사용할 것인지를 결정해야만 한다. 학생들이 교실에서 계산기나 컴퓨터를 사용할 때 교사는 학생들을 관찰할 수 있는 기회를 얻게 되고 교사 자신이 수업할 때와는 달리 학생들의 사고에 생각을 집중할 수 있게 된다. 학생들이 공학용 도구를 사용해서 수학을 학습할 때, 학생들은 수학을 다루는 자신들의 사고 방법을 드러내게 되는데 이것은 보통의 교실에서는 보기 어려운 것이다. 따라서 공학의 도움으로 교사는 수학적 탐구 과정에서 학생들이 사용했던 과정뿐만 아니라 결과에 대해서도 살펴볼 수 있기 때문에 교사의 평가 활동을 지원하게 된다. 그리고 이러한 정보는 수업에 관련된 여러 결정을 내리는데 교사가 풍부하게 사용할 수 있게 해준다.

공학은 수학의 교수와 학습 방법에 영향을 주는 것과 동시에 또한 어떤 내용을 수학을 가르쳐야 하고 어떤 주제가 교육과정의 어느 시점에 도입되어야 하는지에도 영향을 준다. 공학용 도구를 손쉽게 사용할 수 있는 환경에서 어린 학생들조차도 큰 수와 관련된 문제를 탐구하고 해결할 수 있으며, 또는 역동적 기하 프로그램을 사용해서 도형의 특징을 탐구할 수도 있다. 초등학생의 경우에는 큰 규모의 데이터를 체계적으로 조직하고 분석할 수 있다. 중학교 수준의 학생들은 컴퓨터 표상 양식을 사용해서, 그리고 계산기 보조 실험장치(calculator-based-laboratory: CBL)를 사용한 물리 실험을 통해 직선 관계, 기울기와 균등한 변화를 학습할 수 있다. 고등학생들은 시뮬레이션 기법을 활용하여 표본 분포를 배울 수 있고, 컴퓨터 대수 시스템(computer algebra system: CAS)을 사용하여 전통적인 고등학교 수학 교과서에서 중요하게 다루었던 대부분의 기호 조작을 효율적으로 수행할 수 있다. 깊은 생각을 하지 않은 채 기호 조작만 하는 단순한 학습 상황에서 한정하여 대수를 공부하게 해서는 안 된다. 공학용 도구를 사용할 때, 학생들은 매개변수의 변화와 같은 보다 일반적인 현상에 대해 추론을 할 수 있게 되며 그 전에는 다룰 수 없었던 복잡한 문제까지도 모델링해서 해결할 수 있게 된다. 공학은 또한 수학의 한 영역에 대한 아이디어를 사용하여 다른 영역에 대한 이해를 촉진시킴으로 해서 기존의 대수, 기하, 자료 분석과 같은 수학 내용 영역 사이의 인위적인 구분을 없애고 있다.

공학은 수학적 기능과 절차에 대한 지식의 개발을 통해 보다 일반적인 수학에 대한 이해를 가져올 수 있도록 교사를 돕는다. 과거에는 필수적인 수학 지식이라고 생각되었던 수학의 몇 가지 기능들은 공학용 도구를 사용함에 따라 그러한 당위성을 상실하게 되어 수학 교실에서 학생들은 이제 보다 수준 높은 일반화나 추상화를 유도해 내어야 한다. 가상적인 조작물들(물리적 조작물을 구현해 놓은 컴퓨터 시뮬레이션들)이나 LOGO의 사용은 어린 학생들에게 신체적 경험을 초월하여 알고리즘의 사용과 같은 정교한 사고의 초보적인 이해가 발전할 수 있도록 해준다. 역동적 기하 소프트웨어는 다양한 기하 도형에 대한 실험과 변환 기하에 초점을 맞춘 실험을 할 수 있도록 해준다. 마찬가지로 그래픽 기능은 다양한 유형의 함수에 대한 성질을 탐구할 수 있도록 해준다. 이렇게 볼 때, 공학의 사용으로 인하여 현재의 수학 교실에서 이산 수학의 많은 주제들이 새로운 중요성을 가지게 되어, 결국 학교 수학의 경계가 변화되고 있음을 알 수 있다.

수학교사의 교과내용에 대한 교수학적 지식(pedagogical content knowledge)과 신념의 강조

지금까지 살펴본 바와 같이 스탠다드에 의한 수학교실의 모습은 교사에 의한 일방적인 지식 전달과 그 지식을 사용한 반복적인 연습 문제의 풀이라는 기존의 수학교실과는 전혀 다른 모습을 요구하고 있다. 수학교실에서 요구되는 이러한 새롭고 개혁적인 교수-학습 활동을 성공적으로 수행할 사람은 바로 각 교실에서 학생들과 일상적으로 상호작용을 하는 수학교사이다. 하지만 수학교사들이 얼마만큼 이러한 개혁을 추진할 수 있느냐는 궁극적으로 개혁의 방향과 이들 교사의 수학 및 수학의 교수-학습에 대한 신념이 어느 정도 일치하는가에 좌우된다.

교과 및 그 교과의 교수에 대한 (수학 및 수학의 교수를 포함해서) 교사의 지식에 대한 연구는 1980년대 미국 스탠포드 대학의 Lee Shulman과 그의 동료들에 의해 처음 체계적으로 연구되었다. 이들은 여러 교과의 교사에 대한 연구를 토대로 해서 교사 지식의 구성 요소에 대한 이론적 모델을 개발했다. 이 모델로부터 교사의 교수 활동과 밀접하게 관련된 지식과 신념을 크게 ① 일반적인 교수학적 지식과 신념 (general pedagogical knowledge and beliefs), ② 교과내용에 대한 지식과 신념 (subject matter knowledge and beliefs), 그리고 ③ 교과내용에 대한 교수학적 지식과 신념 (pedagogical content knowledge and beliefs)의 세 가지 영역으로 구분할 수 있다.

일반적인 교수학적 지식과 신념

일반적인 교수학적 지식과 신념의 영역에는 특정한 교과 영역에 (예를 들면, 수학교과) 대한 교수, 학습, 학습자에 관련된 교사의 지식과 신념이 있다. 구체적으로 살펴보면 효과적인 교실 운영을 위한 다양한 방법, 수업을 진행하기 위한 그리고 학습 환경 조성을 위한 교수법적 전략, 학생들의 학습 방법에 대한 지식, 그리고 그런 학습을 촉진하기 위한 방법에 대한 지식 등이 있다.

교과내용에 대한 지식과 신념

수학적 이해를 강조하는 현재의 개혁을 실천할 수 있는 수학 지도를 위해서 교사들은 수학적 개념, 원리, 법칙들 사이의 관계성이 풍부하고 유연한 지식의 소유가 요구된다. 수학의 중요한 아이디어를 학생들이 이해하도록 하기 위해서는 지도하고자 하는 사실, 절차, 개념을 교사가 이해해야 할 뿐만 아니라 이들이 어떻게 다른 아이디어와 관련되어 있는지도 알아야 한다. 여러 연구에 의하면 일반적으로 교과 내용적 지식을 많이 잘 아는 교사는 교과를 지도할 때 개념적, 문제해결적, 그리고 탐구적 측면을 강조하는 경향이 있다. 반대로, 교과 내용적 지식을 많이 잘 알지 못하는 교사일수록 사실, 규칙, 절차를 강조하고 수업의 순서는 교과서의 순서를 따르며, 중요한 아이디어에 초점을 두지 않거나 아이디어들 사이의 관계성에 초점을 두지 않는 경향이 있다.

교과내용에 대한 교수학적 지식과 신념

Shulman에 의해 처음으로 제기된 교과 내용에 대한 교수학적 지식 (pedagogical content knowledge: PCK)은 “다른 사람들이 그 교과를 이해할 수 있도록 표상하고 표현하는 방식"을 포함해서 "그 교과의 구체적인 내용에 대한 학습을 쉽게 또는 어렵게 만드는 것이 무엇인지에 대한 이해; 다양한 연령층과 배경의 학생들이 가장 자주 가르치는 내용의 학습과 수업 상황으로 가져오는 아이디어와 선입관"을 포함한다. 이 정의에 의하면, 교과 내용에 대한 교수학적 지식이란 여러 영역으로부터 나온 지식의 통합을 의미한다.

Grossman은 Shulman의 정의를 확장하여 네 가지 영역으로 PCK를 특징화였다. PCK의 첫 번째 영역은 어떤 교과를 가르치는 목적에 대한 교사의 관점이다. 다시 말해서, 이 지식은 그 교과의 본질에 대해 교사가 알고 있는 것과 믿고 있는 것 그리고 그 교과에 대해 학생이 반드시 배워야할 중요한 것이 무엇인지를 말한다. 이 관점은 수업을 하는데 있어서 의사결정을 의한 판단 기준을 제시하며, 수업 목표, 적절한 교수 전략, 과제의 부과, 교과서 및 교육과정의 다른 자료물, 학생 학습의 평가 등에 대한 결정을 위한 기초를 제공해 준다.

PCK에 대해 Grossman이 정의한 두 번째 영역은 교과 내용에 대한 학생의 이해와 가능성 있는 오개념에 대한 지식을 말한다. Borko와 Putman은 어떤 특정한 교과 내용을 학생들이 어떻게 학습하는가에 대한 교사의 지식과 신념을 또한 이 영역에 포함시키고 있다. PCK의 이 영역에 대한 지식은 구체적인 교과 내용에 그 초점을 맞추고 있다는 이유로 교사의 학습자에 대한 일반적인 지식과 구별된다. 예를 들면, 수학교과에서 보면 분수의 나눗셈, 음수와 같은 구체적인 교과 내용에 대해 학생들이 일반적으로 가지고 있는 선입견, 오개념, 그리고 대안적 개념 등이 연구자들에 의해 밝혀져 왔다. 학생 개개인이 수학 교실로 가져오는 특정 교과 내용에 대한 이해 상태와 오개념을 교사가 아는 것은 아주 중요한데, 특히 기계적이며 암기 학습보다는 이해 측면에 교수의 강조점을 두는 경우에 더욱 그러하다.

Grossman의 PCK를 구성하는 세 번째 영역의 지식은 교육과정과 교육과정의 자료에 대한 지식이다. 여기에 해당하는 지식으로는 특정한 교과 내용을 가르치는데 활용 가능한 교과서와 더불어 다양한 수업 자료에 대해 교사가 얼마나 친숙하게 알고 있는가 하는 것이다. 또한 어떤 교과의 내용과 아이디어들이 수평적으로 (한 학년이나 학기 또는 단계 내에서) 그리고 수직적으로 (유치원부터 고등학교 3학년까지 걸쳐서) 어떻게 조직되어 구조화되어 있는지에 대한 지식도 포함한다.

Grossman의 PCK의 네 번째 영역은 교과의 특정 내용을 가르치기 위한 전략과 표상에 대한 교사의 지식을 말한다. PCK를 논의할 때 많은 연구자들은 교수에 있어서 표상의 역할을 강조하고 있다. PCK를 구성하는 이 지식의 이론적 중요성에도 불구하고 예비 교사의 이 지식에 대한 연구는 제한적인 실정이다. 한 가지 이유는 아마도 교과 내용적 지식과 교수 전략과 표상에 대한 PCK를 이론적 뿐만 아니라 실제적 측면에서도 구분하기가 힘들기 때문인 듯하다.

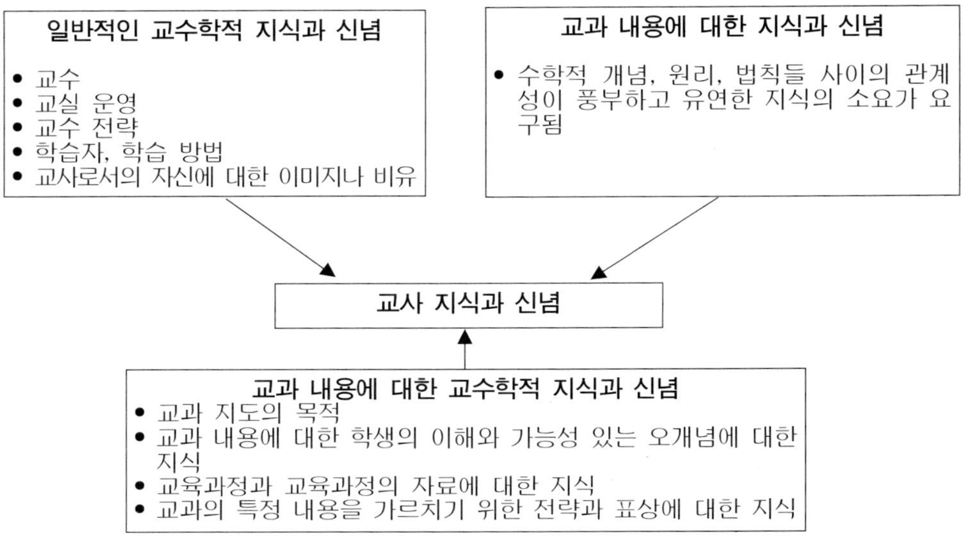

〈교사의 지식과 신념의 구성 요소〉

네덜란드의 현실적 수학교육(Realistic Mathematics Education: RME)

현실적 수학교육은 '인간활동으로서의 수학'이라는 관점에 기초하여 점진적 수학화를 통한 안내된 재발명, 교수학적 현상학, 발생 모델을 그 기본 원리로 삼고 있다. 이러한 원리는 점진적 수학화를 통한 수학의 재발명을 강조하고 수학 학습은 수학자의 활동을 경험하게 해야한다는 Freudenthal의 철학에 기초한 것이다. 특히 그는 이미 만들어진 완성된 수학이 아니라 현실을 수학화하는 과정과 수학을 수학화하는 과정을 배워야 한다고 주장했다. 여기서 말하는 수학화는 현실 세계의 현상이나 상황을 조직화하는 활동을 말하는데 학교 수학에서는 무엇보다도 일상적 현실을 수학화하는 경험을 많이 제공해야 한다. 그렇지만 학생들의 수준에 맞는 수학화가 필요하며 이 과정에서 일반화하기, 추측하기, 반성하기, 정당화하기, 증명하기, 모델링하기, 기호화하기, 정의하기, 도식화하기 등의 수학적 활동을 경험하도록 해야 한다.

현실적 수학교육은 Treffers가 수평적 수학화와 수직적 수학화에 대한 구분을 통해 기존의 수학교육 사조를 기계적, 구조적, 경험적이라 부르고 반면에 수학화를 중시하는 네덜란드의 수학교육을 '현실적'이라고 부른데서 기인한다. 여기서 '현실적'이란 의미는 학생에게 제시되는 상황이나 맥락이 현실 세계와의 연결성을 의미함과 동시에 보다 넓게는 학생들이 상상할 수 있고 자신의 경험을 바탕으로 감정이입을 통해 현실적으로 느낄 수 있는 문제를 말한다. 또한 학생들이 현실적으로 인식한다면 비록 형식적인 수학 문제라도 적절한 것이 된다고 한다. 이러한 문제 상황이나 현상, 문맥을 수학적 기호를 사용하여 표현하는 것이 '수평적 수학화'이고 이렇게 수학화된 것을 보다 추상적인 수학으로 표현하는 것을 '수직적 수학화'라고 한다. 그래서 현실적 수학교육의 실천 성패는 학생에게 제시되는 문제 상황이나 맥락이 이러한 수학화가 가능하도록 얼마나 학생들에게 경험적으로 현실적이며 실제적인가에 좌우된다. 현실적 수학교육에서 사용하는 문제 상황의 예가 뒤에 제시되어 있다.

현실적 수학교육에서 중요한 수학지도 원리는 문제 상황이나 맥락으로부터 학생들은 기존의 학교 수학의 표준화된 알고리즘이나 형식적인 문제해결 방법과는 달리 자기 나름대로의 비형식적인 전략을 계발하도록 하여 수학의 역사적 발명 과정과 유사한 과정을 경험하면서 점진적 수학화에 의해 보다 형식적인 전략을 재발명하도록 교사가 안내하는 것이다. 이것을 '안내된 재발명'의 원리라고 한다. 이 원리는 수학학습의 발생주의와 활동주의 입장에 기초한 것으로 수학학습은 학생들의 활동을 통해 이루어져야 하며, 구체적인 경험을 통한 학습으로부터 추상적이고 형식적인 학습으로 진행되어야 함을 전제로 한다. 이 원리는 비록 수학의 발생주의에 기초하지만 어떤 수학적 개념이 발생 발달한 그대로의 방법과 순서로 지도하는 것이 아니라 그 개념을 더욱 효과적으로 학습할 수 있도록 교사가 발생 과정을 이상적으로 조정한 다음 학생들이 이 과정에 따라 학습하도록 하는 것이다.

그렇지만 점진적 수학화를 통해 학생들에게 이미 완성된 수학적 개념, 원리, 법칙을 제시하지 않으면서 이러한 것을 학생들의 비형식적 지식과 경험으로부터 교사의 안내를 통해 재발명하도록 하는 것은 상당히 어려운 일이다. 그래서 이 안내된 재발명의 원리가 구현되도록 Treffers는 ① 맥락 문제의 사용, ② 수직적 도구에 의한 연결, ③ 학생들의 구성 활동, ④ 상호작용, ⑤ 학습 영역의 연결이라는 다섯 가지 원리를 제안하였다. 아래의 그림은 수학 수업에서의 수학화 과정을 나타낸 것이다.

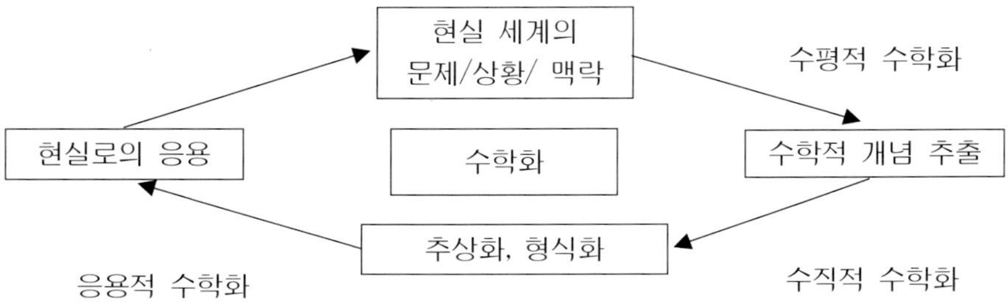

〈 수학 수업에서의 수학화 과정 〉

CAS(Computer Algebra Systems)와 중등 수학교육

Computer Algebra Systems(CAS)란?

이름에서 알 수 있듯이 CAS는 대수의 핵심적인 구성 요소들인 숫자, 그래프, 기호, 논리연산 등을 광범위하게 수행한다. CAS를 사용해서 숫자, 기호를 사용한 대수식, 방정식, 부등식, 함수, 벡터, 행렬 등을 다룰 수 있다. 개인용 컴퓨터와 메인프레임 컴퓨터에서 작동하는 Mathematica나 Maple과 같은 소프트웨어와 함께 휴대용 계산기(예: TI-92 plus, Voyage 200)에서도 현재 보다 강력한 CAS 기능을 활용할 수 있다. 대부분의 CAS는 숫자 데이터와 그래픽 데이터를 조작하는 도구와 통합되어 있어 여러 가지 목적을 달성할 수 있는 컴퓨터 수학시스템(computer mathematics systems)이라고 할 수 있다.

CAS에서 다루는 숫자와 논리

CAS의 경우 숫자를 정밀값 형식과 근사값 형식 두 형식으로 조작할 수 있음으로 해서, 간단한 명령어에 대한 수치 계산을 수행함으로써, 그리고 표준적인 논리 연산을 수행함으로써 수학적 계산과 문제해결, 추론을 도와준다. 아래의 예는 CAS에 의한 많은 계산 유형 중 몇 가지로 각 계산에 대하여 입력과 출력 형식으로 기술한 것이다.

입력	출력
• $\sqrt{\frac{3}{2}}$	$\frac{\sqrt{6}}{2}$
• 20!	2432902008176640000

• Factor(2432902008176640000)	$2^{18} \cdot 3^{8} \cdot 5^{4} \cdot 7^{2} \cdot 11 \cdot 7 \cdot 19$
• $\cos\frac{\pi}{6}$	$\frac{\sqrt{3}}{2}$
• $\sim(a\ or\ b)$	∼a and ∼b

① 방정식과 부등식

CAS는 방정식, 부등식, 연립방정식, 미분방정식의 풀이에 자주 사용된다. CAS는 정밀값 형식이나 근사값 형식으로 답을 제공하며 문자를 사용한 미지수로 식을 나타내기도 한다. 이러한 예는 아래와 같다.

입력	출력
• Solve($a * x + b = c, a$)	$a = \frac{-(b-c)}{x}$
• Solve($sin(x) = cos(x), x$)	$x = \frac{(4k-3)\pi}{4}$
• Csolve($x^2 + 5x = -8, x$)	$x = -\frac{5}{2} + \frac{\sqrt{7}}{2}i\ \ or\ \ x = -\frac{5}{2} - \frac{\sqrt{7}}{2}i$
• Solve($3x + 2y = 5$ and $y = x^2, x$)	$x = 1$ and $y = 1$ or $x = -5/2$ and $y = 25/4$
• Solve($-2x + 5 \le 2, x$)	$x \ge 3/2$

② 동치식과 대입

방정식의 해를 구하는 CAS의 절차들은 또한 대수식의 조작도 가능하게 하는데 아래의 예는 CAS의 이런 조작 예이다.

입력	출력
• Expand($(a-3b)^3$)	$a^3 - 9a^2b + 27ab^2 - 27b^3$
• Factor($a^3 - 9a^2b + 27ab^2 - 27b^3$)	$(a-3b)^3$
• ComDenon $\frac{5}{x-2} + \frac{x}{x+1}$	$\frac{x^2+3x+5}{x^2-x-2}$
• PropFrac $\frac{x^2-4}{x+3}$	$\frac{5}{x+3} + x - 3$
• tExpand($cos(3x)$)	$cos(x) - 4(sin(x))^2 cos(x)$
• $\sum_{n=1}^{\infty} (\frac{9}{10})^n$	9
• $x^2 \mid x = \{0, 1, 2, 3, 4, 5\}$	$\{0, 1, 4, 9, 16, 25\}$

③ 함수

어떤 함수를 CAS 언어를 사용하여 정의했다면, 간단한 명령어를 사용하여 이렇게 정의한 함수에 대하여 여러 가지 조작을 계속해서 적용할 수 있다. 이것에 대한 예는 다음과 같다:

입력	**출력**
• Define $f(x) = 1/x$	Done
• $f(1/3)$	3
• $f(f(x))$	x
• $f(a+2b)$	$\frac{1}{a+2b}$
• $\frac{d}{dx}(f(x) + cos(x), x)$	$-sin(x) - \frac{1}{x^2}$
• $\int(-sin(x) - 1/x\hat{}2, x, c)$	$cos(x) + \frac{1}{x} + c$

위에서 예시한 것과 같은 놀라운 계산 도구의 광범위한 사용 및 현재 상대적으로 저가의 휴대용 장치들이 활용 가능함으로 해서 교육자들은 학교수학 교과과정의 내용 목표에 대하여 그리고 이러한 수학 교과과정을 듣는 학생들의 학습기회에 대하여 근본적인 의문을 가지게 되었다. 미래의 풍부한 CAS 환경에서 일하게 될 학생들이 전통적 수학 교육과정의 핵심이 되어 온 계산 중심의 기능들을 여전히 배워야 하는가? 수학의 근본적인 아이디어에 대한 학생들의 깊은 이해를 증진하고 동시에 문제해결 능력도 향상시킬 수 있는 CAS 중심의 탐구활동을 개발해야 하는가? CAS를 수학시험에서 항상 활용할 수 있도록 허락한다면 교사는 학생들의 수학적 지식을 어떻게 평가해야 하는가? 이러한 질문과 관련된 쟁점들에 대하여 수학교육자와 수학교사, 교육과정 입안자, 교육 행정가들이 머리를 맞대고 함께 고민하고 그 해결 방안을 찾아야 할 때이다.

지금까지 수학적 힘의 강조, 수학교사의 교과내용에 대한 교수학적 지식과 신념의 강조, 수학화를 강조하는 네덜란드의 현실적 수학교육, 그리고 CAS(Computer Algebra Systems)와 수학교육을 중심으로 수학교육의 최근 동향을 살펴보았고 이를 중심으로 수학교과의 지도 방향에 대한 시사점을 찾아보고자 하였다. 여기서 알 수 있는 점은 수학교사의 교과내용에 대한 정확하고 풍부한 교수학적 지식과 수학의 교수-학습에 대한 개혁 지향적 신념을 바탕으로 학생들의 수학적 힘의 계발과 이들에게 수학화의 다양한 경험의 제공이 학교 수학에서 중요하다는 것이다. 현재 우리의 수학 수업을 보면 문제 상황이라고 말할 수도 없는 인위적이고 조작된 문제를 통해서 수학적 사고와 수학화의 과정은 무시된 채 수학 내용의 전달과 문제풀이 능력의 신장에 주력하고 있다. 위에서 살펴본 바와 같이 현재의 수학교육의 동향은 수학적 내용과 수학화의 과정, 그리고 사고 방법의 육성의 균형적 발전을 요구하고 있으므로 교실에서 수학을 가르치는 교사는 다음에 제시된 것처럼 수학 수업의 내용을 가르침과 동시에 그 내용을 통해서 어떤 수학적 활동과 수학적 사고 활동을 학생들이 경험하게 되는지 고려하면서 수학 수업을 계획하였으면 한다.

수학적 힘을 신장하기 위한 수학 교수-학습 활동의 구체적 지침

스탠다드 1 : 시간과 노력을 투자할 가치가 있는 좋은 수학 과제

수학 교사는 학생들에게 다음과 같은 특성을 지닌 수학 과제를 제시해야 한다:
- 중요한 수학적 주제를 담고 있는
- 학생들의 이해, 관심, 경험을 반영하는
- 다양한 배경(예 : 성별, 문화, 경제 및 사회적 지위 등)을 지닌 학생들이 수학을 학습하는 방식을 반영하는
- 단순 암기가 아니라 학생들에게 두뇌 회전을 요구하는
- 수학적 이해와 기능을 계발하도록 하는
- 수학적 아이디어 사이의 관계성 파악을 요구하는
- 문제설정, 문제해결, 수학적 추론을 요구하는
- 수학에 대한 의사소통을 촉진하는
- 수학을 완성되지 않고 계속 진행되고 있는 인간 활동의 학문임을 보여주는
- 학생들의 다양한 배경 경험과 성향을 반영하는
- 수학을 행하는데 있어서 모든 학생들의 긍정적 성향을 신장하는

※ 좋은 수학적 과제는 수학적 개념이나 기능의 학습이 수학적 사고와 분리되지 않아야 하며, 학생들의 호기심을 자극해야 하며, 학생들이 추측과 그 추측의 입증

을 요구하는 과제를 말한다. 이러한 과제는 한 가지가 아니라 여러 가지 흥미 있고 타당한 해법이 존재하기 때문에 학생들이 서로 자신들의 해법과 서로 다른 해결 전략과 답에 대한 찬반 토론과 교사와의 담화를 촉진하게 된다.

(예 1) 다음 사각형의 둘레와 면적을 구하시오.

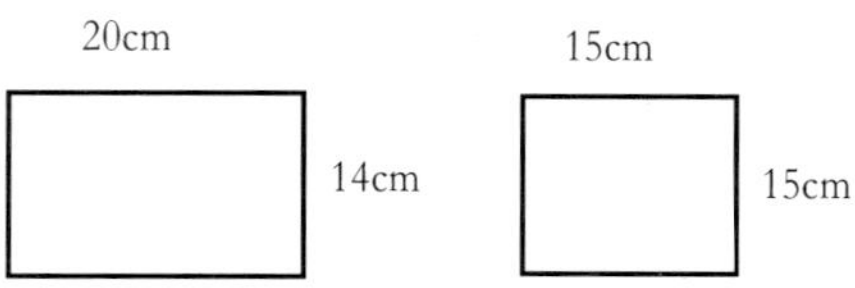

(예 2) 우리 집에는 큰 개가 한 마리 있는데 너무 커서 마당에서 키우려고 아버지가 64미터 울타리를 만들 철망을 사오셨다. 이 64미터 철망으로 어떤 종류의 울타리를 만들 수 있을까? 이들 울타리 중에서 놀이 공간이 제일 작은 것과 제일 큰 것은 어느 것인가? 또 우리 개가 달리기를 하기에는 어느 울타리가 제일 좋을까?

스탠다드 2: 담화에서의 교사 역할

수학교사는 다음의 역할을 통해 교실에서의 담화를 조율하고 이끌어야 한다:

- 개별 학생의 수학적 사고를 야기 시키고 몰두하게 하고 도전하도록 하는 질문과 과제를 제시하기
- 학생들의 수학적 아이디어를 경청하기
- 구두와 작문으로 학생 자신의 아이디어를 구체화하고 정당화하도록 요구하기
- 담화 도중에 학생들이 제기하는 아이디어들 중에서 심도 있게 다루어야 할 아이디어를 결정하기
- 학생들의 아이디어를 수학적 기호와 용어를 사용하여 언제, 어떻게 표현할 것인지를 결정하기
- 추가 힌트나 정보를 언제 제공할지, 논쟁이 되는 부분을 언제 밝혀줄지, 언제 모델을 사용하여 표현하도록 할지, 언제 학생들을 정해진 해결 방향으로 유도할지, 언제까지 학생들이 어려움을 경험하도록 내버려둘지 이런 것들을 결정하기
- 토론에 참여하는 학생들을 관찰해서 언제, 어떻게 개별 학생을 이 토론에 참여하도록 할 것인지 결정하기

스탠다드 3: 담화에서 학생의 역할

수학교사는 학생들에게 다음과 같은 활동을 하도록 하여 교실에서의 담화를 촉진해야 한다:

- 교사와 다른 학생의 의견을 경청하고, 반응하고, 질문하도록
- 수학적 추론을 하고, 아이디어들을 관계 짓고, 문제를 풀고, 의사소통을 하기 위해 다양한 도구를 사용하도록
- 문제를 제기하고 질문을 던지도록
- 추측을 하고 해결 방법을 발표하도록
- 추측을 조사하기 위해 예와 반례를 탐구하도록
- 자신뿐만 아니라 다른 학생들까지도 자신의 특정한 표상, 해법, 추측, 해답의 타당성을 인정하도록
- 이러한 타당성의 결정은 수학적 증거와 주장에 기초하도록

스탠다드 4 : 수학교실에서의 담화를 촉진하는 도구들

수학교사는 교실에서의 담화를 향상시키기 위해서 다음과 같은 도구의 사용을 적극 권장해야 한다.

- 컴퓨터, 계산기, 다른 공학용 도구들
- 수학적 모델을 위해 사용되는 구체적 조작물
- 그림, 도해(다이어그램), 표, 그래프 등
- 관습적이거나 새롭게 생각해 낸 수학적 용어나 기호
- 은유, 유추, 이야기
- 작문을 통한 가설설정, 설명, 수학적 주장
- 구두를 통한 발표와 연극

스탠다드 5 : 학습 환경

수학교사는 개별 학생의 수학적 힘의 계발을 위해 다음과 같은 활동으로 학습 환경을 만들어야 한다:

- 중요한 수학적 내용을 탐구하고 수학적 아이디어와 문제를 파악하는데 필요한 시간을 제공하기
- 학생의 수학 학습을 촉진하도록 교실 공간과 수업 자료를 사용하기
- 수학적 기능의 숙달을 촉진하는 학습 상황을 제공하기
- 학생의 아이디어, 사고 방식, 수학적 성향 등을 받아들이고 존중하기
- 수학을 자기 것으로 이해하기 위해서 개별 혹은 협력하여 학습하도록 격려하기
- 질문을 던지고 추측을 하고 하는데 있어서 지적 위험을 감수하도록 격려하기
- 수학적 주장을 통해 자신의 아이디어의 타당성과 근거를 제시하여 수학적 능력을 발휘 하도록 격려하기

스탠다드 6 : 교수-학습의 분석

수학교사는 다음과 같은 활동을 통해서 교수와 학습에 대한 계속적인 분석을 해야 한다:

- 학생들의 학습에 대한 평가를 위해 관찰, 청취, 그리고 다른 유형의 정보를 수집하기
- 수학적 과제, 담화, 그리고 학습 환경이 학생들의 수학적 지식, 기능, 그리고 성향에 미치는 영향을 분석하기
- 모든 학생들이 중요한 수학 내용을 학습하고 있는지, 그리고 수학에 대한 긍정적인 성향을 가지도록 하고 있는지를 분명히 하기
- 학생들의 아이디어를 확장시키기
- 수업을 하는 동안 수업 활동을 융통성 있게 변경이나 조정하기
- 단기와 장기적 수업 계획을 세우기
- 학생들에게 뿐만 아니라 학부모, 학교 행정가를 위해 학생들의 학습에 대한 평을 적기

현실적 수학교육 교과서에 제시된 함수 개념의 도입 예

묘목장-나무 지름 예측하기-

미란이의 집에는 묘목장이 있다. 미란이는 나무들의 성장 상태를 알아보기 위해 캘리퍼를 사용하여 나무줄기의 지름을 측정해 왔다. 어느 봄 미란이는 서로 다른 두 종의 나무를 선택하여 나무의 성장에 대해서 알아보기로 했다.

지름을 측정해 보니 둘다 줄기의 지름이 2cm였다. 그 후 2년 동안 봄마다 두 나무 줄기의 지름을 측정하였고, 그 결과는 아래의 표와 같이 나타났다.

	1차 측정	2차 측정	3차 측정
나무 A	2.0	3.0	4.9
나무 B	2.0	5.5	7.1

<문제> 미란이가 다음 해 봄에 이 두 나무에 대해서 지름을 또 측정한다면 어느 쪽 나무의 지름이 더 클 것이라고 생각하는가? 그 이유를 설명하여라.

※ 이 활동은 우리나라의 수학과 제 7차 교육과정의 가장 큰 변화 중의 하나인 7-가 함수 영역의 '대응'을 바탕으로 한 함수의 정의에서 '비례 관계'를 기초한 함수 개념의 도입에 좋은 예라고 생각하며, 실생활의 예를 통해 학생들이 자연스럽게 함수 개념을 익히도록 하고 있다.

6. 수학지도를 위한 8가지 접근법

학교 수학교실에서 교사들은 어떻게 수학을 가르치고 있을까? 이 글은 뉴질랜드 수학교육자인 짐 네이랜드 (Jim Neyland)의 글인 "Eight Approaches to Teaching Mathematics"를 번역한 것이다. 이 글을 소개하고자 하는 것은 학교수학에서의 지도법을 통해서 현재 수학 지도법과 비교해 보고 앞으로 자신의 수학 지도법이 어떤 유형에 속할 것인지, 그리고 그러한 접근법의 배경 이론과 지도상의 장점, 단점을 살펴보는데 있다. 수학을 지도하는 데는 8가지의 다른 접근법이 있다고 할 수 있다. 여기에는 새수학 접근법, 행동주의적 접근법, 구조주의적 접근법, 구성주의적 접근법, 통합된 환경주의적 접근법, 문제해결적 접근법, 문화적 접근법, 그리고 사회적 구성주의적 접근법이 있다.

새수학(New Math) 접근법[1)]

수학 지도를 위한 새수학 접근법은 수학 학업성적을 급속하게 향상시킬 목적으로 시도된 것이었다. 이러한 목적을 달성하기 위한 주요한 방법은 수학이라는 교과목을 원리적, 개념적, 통합적으로 가르쳐야 한다고 생각했다. 이러한 시기 바로 얼마 전부터 수학자들은 집합론과 논리를 사용하여 수학을 통합된 구조화 할 수 있는 방법을 모색하고 있었다. 따라서 집합, 관계, 공리, 그리고 논리가 학교 수학의 틀을 구성하기 위해서 선택되어졌다. 이러한 시도는 수학교육 분야에서는 중요하고도 새로운 생각이었다. 그 이유는 이전과는 달리 수학을 일관되고 모순없이 논리적으로 잘 조직된 지식체로서 수학을 제시하고 있기 때문이었다.

---

1) 새수학 접근법은 1957년 소련의 스푸트닉 인공위성 발사에 따른 소련의 수학과 과학적 지식의 발달에 충격을 받은 미국이 이를 따라잡기 위해서 학교 수학 교육과정을 개혁하면서 나타나게 된 것이었다. 이러한 교육과정의 개혁은 우리나라의 교육과정에도 영향을 미쳐 제 3차 교육과정기 (1973-1980)의 배경이 되는 학문중심 교육과정의 출현을 보게 되었다.

하지만 수학 학력의 증대를 목적으로 했던 것은 좋았지만 그러한 목적 달성을 위한 교수법적 측면에는 충분한 관심을 보이지 못했던 것이 아쉬운 점이었다. 예를 들면, 추상적인 수학적 아이디어들 사이의 논리적 연결을 제공한다는 목적은 종종 달성되었지만 이러한 추상성과 이 추상성을 이끌어 낼 수 있었던 배경이 되는 상황사이의 관계는 무시되었다. 새수학 접근법을 주장하던 사람들에게는 추상성과 그 배경적 상황사이의 연결이 수학적 체계의 논리적 발달을 위해서는 필요한 것이 아닐 수도 있었지만, 이러한 연결성이 수학을 배우는 학생들의 수학적 직관을 개발하는데 도움이 된다는 중요한 이유를 가지고 있었다.

새수학 접근법의 반대자들은 이렇게 비판했다.

1. 너무 추상적이고 연역적이다.
2. 수학의 응용적 측면을 충분히 강조하지 못하고 있다.
3. 구조나 수학적 엄밀함, 그리고 기호체계를 지나치게 강조하고 있다.
4. 초등학교나 중등학교에서는 가르칠 필요가 없는 집합, 논리, 부등식, 그리고 수론과 같은 내용을 담고 있다.
5. 새로우면서도 수학의 유용한 영역이라고 할 수 없는 위상수학이나 기호적 논리를 지나치게 강조한 반면 유클리드 입체 기하나 방정식과 산술 기능과 같은 역사적 내용을 담고 있는 중요한 내용들을 경시하고 있다.

새수학 접근법의 찬성자들은 이렇게 칭찬했다.

1. 현대 수학의 본질인 추상성과 연역성을 잘 예시하고 있다.
2. 다른 학문 영역에 큰 응용력을 가지는 현대 수학의 중요한 내용들을 포함하고 있다.
3. 수학의 통합된 구조와 현대 수학의 튼튼한 기초를 잘 예시하고 있으며 현대 수학적 기호체계를 적절하게 잘 사용하고 있다.
4. 학교 수학에서 가르쳐야 할 집합론, 논리, 부등식, 그리고 수론과 같은 내용을 포함하고 있다.
5. 위상 수학과 논리와 같은 수학의 새롭고 유용한 내용을 담고 있으며 유클리드 기하학, 방정식과 단순 암기를 요구하는 산술 기능과 같은 낡은 내용을 버리고 있다.

이러한 새수학 접근법은 결코 완벽하게 학교 수학에 받아들여지지는 않았다. 추상적 성격의 수학을 그대로 제시하면서 기호체계를 강조하고 이와 함께 일반 대중이 이해할 수도 없는 전문 용어를 남발하면서 사람들은 새수학 접근법이 무엇인지도 이해하지 못하게 되었다.

여러분이 만약 교실에서 수학을 매일 가르치는 수학교사라면 이 접근법을 어떻게 생각하는가? 혹시 수업 시간에 지나치게 엄밀한 수학을 요구하면서 추상성과 논리성만을 강조하지는 않는가? 혹시 수학을 배우는 학생들 모두가 여러분의 지휘 아래 수학이라는 지적인 산을 한사람의 낙오자도 없이 똑같이 정복할 수 있다고 자신하는 것은 아닌가? 혹시 지나치게 논리와 증명을 강조하는 수업을 하면서 학생들이 지닌 풍부한 수학적 아이디어를 미성숙된 사고라는 이름으로 우습게 여기지는 않는가? 새수학 접근법을 읽으면서 이러한 질문들을 생각해 볼 수 있다.

◎ 행동주의적(Behaviorism) 접근법

앞에서 살펴본 새수학 접근법이 수학이라는 학문에 그 뿌리를 두고 있었다면, 이 행동주의적 수업 지도법은 교육 심리학에 그 근원을 두고 있다. 이 접근법은 여러 이론가들의 연구에 따른 것인데 연합주의자인 손다이크(Thorndike), 행동주의자인 스키너(Skinner), 완전학습과 교육목표 분류를 주장한 블룸(Bloom), 그리고 학습의 위계성을 주장한 가네(Gagne) 등이 여기에 속하는 학자들이다.

이 행동주의적 접근법의 기본 생각은 학교 수학을 작은 단계로 정확하게 순서를 매겨서 신중하게 잘 조직한다면 학습을 최적화 시킬 수 있다는 것이었다. 그래서 이 접근법에 따른 교육 프로그램을 연습 문제식으로 대량 인쇄를 하게 되었다. 학생들은 한 문제를 풀면 스스로 다음 단계로 나아가도록 되었다. 학생들 스스로 자신들의 진도에 맞도록 학습을 하기 때문에 많은 교사들이 필요하지도 않았다.

초창기 행동주의적 접근법의 지지자들은 확고한 교육적 목적을 가지고 있었는데, 이들은 수학을 공부할 사람은 따로 태어나고 나머지는 그렇지 않다고 하는 생각을 거부했다. 즉 이들은 충분한 시간과 적절한 예비 학습이 주어진다면 어떤 학생이라도 어떠한 내용의 수학을 학습할 수 있다고 믿었다. 가르치고자 하는 학습 내용이 '적절한' 학습 순서로 잘 조직된다면 대부분의 학생들이 궁극적으로 그 학습 목표에 도달할 수 있다는 것이다. 따라서 평가의 초점은 학습 목표의 도달 여부이지 학생들 간의 상호비교가 아니라고 한다.

행동주의적 접근법의 지지자들은 이러한 자신감을 가지고는 있었지만 교육 목표를 달성하는데 사용되어지는 수단의 부정적 효과는 이러한 자신감과 이 접근법의 이점을 무색하게 만들었다. 그리고 여러 수학교육학자들에 의해서 비판을 받은 것도 당연한 결과였다. 행동주의적 접근법은 교육 목표 중에서 하위의 기능을 효과적으로 습득하는데는 적절한 방법이었지만 학생들의 수학적 아이디어의 직관적인 형성을 방해하고 개념의 잘못된 형성을 초래하는 결과를 낳았다. 이 접근법은 수학 지도의 초점을 학습의 도달점인 결과에 두고 있는 경향이 짙다. 그래서 학생들이 수학적 개념을 어떻게 이해하고 어떻게 의미를 부여하게 되는지 보다는 이들이 무엇을 할 수 있는지를 더 중요시하고 있다. 행동주의적 접근법에서 보면 수학을 지도할 때 수학적 절차나 규칙을 그냥 학습하지 않고 학생들 스스로 만들어 보거나 도전해 보도록 하는 것은 수학을 지도하는 것이 아니라고 본다. 또한 수학적 아이디어를 사용해서 실험을 해보고 추측을 하고 그것을 증명하거나 반박을 하는 일련의 과학적 활동으로 수학을 가르친다면 이것은 수학을 가르치는 것이 아니라고 할 것이다. 하지만 이러한 행동주의적 접근법에 대한 비판에도 불구하고 우리의 교육현장에는 여전히 너무도 많은 행동주의적 요소가 내재하고 있다.

여러분이 만약 교실에서 수학을 매일 가르치는 수학교사라면 이 접근법을 어떻게 생각하는가? 혹시 수학을 규칙과 절차를 암기하고 이것을 사용해서 100 퍼센트 완벽하게 문제를 푸는 것을 가르치고 있지는 않는가? 가르치는 내용을 학생들이 그대로 이해할 것이라고 생각하고 있지는 않는가? 수학적 개념과 절차, 원리와 법칙 등이 어떻게 서로 연관되어져 있는지를 보여주지 못하고 오늘은 이것을, 내일은 저것을 가르치고 있지는 않는가? 수학 문제 10개를 모두 푼 학생이 8개를 푼 학생보다 수학적 능력이 항상 우수하다고 생각하지는 않는가? 행동주의적 접근법을 읽으면서 이러한 질문들을 생각해 볼 수 있다.

구조주의적(Structurism) 접근법

구조주의적 접근법은 수학과 심리학 양자에 그 뿌리를 두고서 발전된 것이다. 이 접근법이 수학이라는 학문에 그 근간을 두고 있다는 말은 수학을 지탱하고 있는 '구조'(structure)에 관한 이론들을 그 배경으로 하고 있기 때문이다. 심리학적으로는 인지 심리학과 개념 형성 이론들에 그 초점을 두고 있다. 구조주의적 접근법의 근본 생각은 만약 수학 교사가 학생들에게 수학 내에 존재하는 핵심적이면서 기초가 되는 구조와 과정을 지도한다면, 이것을 토대로 해서 학생들은 수학적 이해를 발전시킬 수 있다는 것이다. 그리고 이런 식으로 구조를 가르친다면 수학 학습은 최적화 될 것이라고 한다.

어떻게 이 접근법으로 수학을 지도할까? 학생들은 수학적 구조가 내포된 일련의 활동을 통해서 그리고 이러한 중요한 수학적 구조를 순환적으로 반복해서 학습하도록 하는 '나선형' 방식을 통해서 이 수학적 구조들을 탐구하고 '발견'하게 된다.

그렇다면 수학적 구조가 내포된 일련의 활동이란 무엇인가? 구체적이며 직관적으로 알 수 있으며 그 이면에 있는 수학적 구조가 명시되어 있는 활동을 말한다. 예를 들면, '마술의 콩'이라는 활동은 양수와 음수에 대한 중요한 수학적 아이디어를 내포하고 있다.

마술의 콩

마술의 콩들은 붉은 색과 흰색 두 색깔로 되어있다. 이 콩들은 마술을 부리는데 동일한 색깔로 짝을 짓게 되면 이 짝은 사라져 버리기 때문에 만질 수는 있지만 이제 눈으로 볼 수는 없다. 이제 접시에 콩들이 많이 있는데 2개의 붉은 콩이 있다. 여기서 5개의 붉은 콩을 들어내면 이제 3개의 흰색 콩이 있게 된다. 어떻게 이런 일이 가능한지 설명해 보시오.

- 만약 3개의 붉은 콩이 있고 2개의 흰색 콩을 들어낸다면 무슨 일이 생길까?
- 만약 2개의 흰색 콩이 있고 3개의 붉은 콩을 들어낸다면 무슨 일이 생길까?

구조주의적 접근법은 학생들이 이 마술의 콩이라는 활동을 한다면 정수라는 수 체계를 기초하고 있는 근본적인 수학적 구조를 학습할 것이라고 믿는다. 그런 다음 이 학생들은 차후에 정수 뒤에 내재하는 수학적 구조를 다른 활동을 통해서 다시 접하게 되고 이런 식으로 해서 정수의 본질을 포괄적으로 이해할 수 있다고 한다.

부르너 (Bruner)의 연구를 수학 지도에 확립시킨 딘즈 (Dienes)는 바로 이 구조주의적 접근법을 제일 옹호한 수학교육 학자이다. 이 접근법은 이미 정해진 구조를 학생들이 '발견'하도록 도와주기 위해서 교사가 교묘하게 고안한 그래서 가끔은 혼동스럽기까지 하는 구조가 내포된 활동을 사용하고 있다고 자주 비난을 받았다. 또한 학생 스스로 형성하는 수학적 구조에도 충분한 중요성을 부여하지 않는다는 비판도 받았다.

여러분이 만약 교실에서 수학을 매일 가르치는 수학교사라면 이 접근법을 어떻게 생각하는가? 학생들이 수학적 구조를 학습하면 수학적 이해도 증대한다고 생각하는가? 수학적 구조를 학습한다면 수학 문제 풀이에서 중요한 계산은 어떻게 해야 하는가? 학생들에게 수학적 발견을 하도록 시도해 보았는가 아니면 단지 여러분이 알고 있는 수학적 지식을 전달하는 데만 급급하지는 않았는가? 혹시 발견 학습을 한다고 하면서 구조가 내포된 활동을 잘못 선택하지는 않았는가? 구조주의적 접근법을 읽으면서 이러한 질문들을 생각해 볼 수 있다.

구성주의적(Constructivism) 접근법

구성주의적 접근법은 발달 심리학에 그 근간을 두고 있으며 개인의 자연적 발달에 그 초점을 두고 있다. 이 접근법은 완전히 학생 중심의 수학 지도법이며 수학의 학습 기회를 학생들의 인지적 능력과 맞추려는 시도이다. 구성주의는 피아제(Piaget)의 연구로부터 기인한 것인데, 피아제는 학생들이 지식을 형성할 때는 교사로부터의 일방적인 전달에 의한 것이 아니라 학생들 스스로 적극적인 인지적 활동을 통해서 지식을 형성한다고 주장했다. 이러한 지식의 형성은 학생들의 자연적인 사고 구조의 발달 단계에 좌우된다고 한다. 그래서 어린 아이는 똑같은 현상을 관찰했다고 하더라도 어른들과는 전혀 다른 방식으로 해석을 할 것이라고 한다. 구성주의적 수학 교사는 학생들의 사고 발달에 따라 수학적 개념의 형성을 도와주는 역할을 해야 한다. 따라서, 구성주의 접근법은 학습의 결과보다는 학습 경험의 유발에 그 초점을 두고 있다. 이러한 이유에서 구성주의는 행동주의적 접근법과 아주 대조적이다.

이 접근법은 수학의 근본적인 구조의 지도에 그 초점을 두는 것이 아니라 학생들 개개인이 소유한 독특하고 특이한 지식 구조에 기초하기 때문에 교사의 역할은 각 학생들이 이러한 아이디어를 이해 가능하도록 연결짓도록 적극적으로 도와주는 일이다. 하지만 교사가 이렇게 개별 학생들의 아이디어에 주의를 기울이지 못하는 경우에는 학습 활동은 초점은 잃어버리고 단지 관련없는 일련의 활동들만 난립하는 경우로 전락하게 된다.

여러분이 만약 교실에서 수학을 매일 가르치는 수학교사라면 이 접근법을 어떻게 생각하는가? 오늘 수학 수업시간에 여러분이 가르친 수학 내용을 학생들은 어떻게 이해했을까 생각해 보았는가? 혹시 여러분이 이해하는 방식으로 학생들도 똑같이 이해하리라고 기대하고 가르치지는 않는가? 혹시 수학교실에서 구성주의를 한다고 상, 중, 하의 난이도로 된 시험지를 풀도록 하지는 않았는가? 수학을 좀 못하는 학생이 마음 졸이면서 질문한 것을 교사의 입장에서 이해하지 못한다고 사소하거나 잘못된 것으로 평가하지는 않았는가? 오늘 수학 수업을 하면서 개념을 설명할 때 학생들이 이미 배웠던 내용과 연결시켜서 설명해 보려고 해 보았는가? 구성주의적 접근법을 읽으면서 이러한 질문들을 생각해 볼 수 있다.

통합된 환경주의적(Environmentalism) 접근법

통합된 환경주의적 접근법은 수학적 지식이란 그 지식을 이끌어 낸 상황과 그 상황에 담겨있는 의미와 분리될 수 없다는 입장이다. 수학이란 다른 분야의 지식과 통합되어져서 교과목의 구분이 없어지고 지식이란 통합된 하나의 거물망과 같다고 본다. 이 접근법에서는 학습자의 환경이 바로 의미와 지식의 출처가 되고 수학적 추상화 과정의 밑바탕이 된다는 것이다. 이 접근법에 의한 수학 지도는 상황에 기초한 수학적 아이디어의 개발을 시도하기 위해서 주로 수학적 모델링, 통계, 테마를 중심으로 한 단원의 구성, 프로젝트를 통한 연구 활동 등을 이용한다. 수학이란 환경 속에 있는 문제의 탐구를 통해서 개념을 발견할 수 있는 학문으로 간주된다. 또한 수학이란 우리 주변의 상황에 수학의 추상적 구조를 접근시켜서 그 상황을 재해석하는 방법으로 간주되기도 한다. 이 접근법은 학생들에게 친숙한 상황이나 장면으로부터 개별 학생의 수학적 개념 형성에 초점을 두고 있기 때문에 앞에서 살펴본 구성주의와 함께 수학 교실에서 실천하기 위해서는 많은 노력이 필요하다. 다음의 내용은 통합된 환경주의적 접근법에서 사용하는 수학적 모델링의 활동 예이다.

차 속에 갇힌 아기

"나는 잠시 물건을 사려고 마트 주차장에 주차를 했어요. 가계에서 물건 사는데 시간이 오래 걸릴거라고는 생각하지 않았어요. 그래서 잠든 아기를 차 속에 두고 혼자만 가계로 갔습니다. 하지만 생각보다 약간 시간이 더 걸렸고 내 차로 돌아오는데 한 남자가 망치를 가지고 내 차의 창문을 부수는 것을 봤어요. 나는 "도둑이야!"라고 소리를 질렀죠. 그런데 그 남자가, "당신 차를 훔치려고 하는 게 아닙니다. 당신 아기를 구하려고 하는 겁니다. 더운 날 절대 아기를 차 속에 두지 마세요. 아기들은 어른보다 훨씬 더 빨리 체온이 올라가거든요." 나는 그 남자에게 내 아기를 구해준 데 대해 감사하다는 말을 하고 집으로 무사히 돌아왔어요."

- 아기는 어른보다 훨씬 더 빨리 체온이 올라가는가? 왜? 여러분의 주장을 입증하시오.
- 아기는 또 어른보다 빨리 체온이 내려가는가? 이런 사실이 시사하는 바는 무엇일까?

여러분이 만약 교실에서 수학을 매일 가르치는 수학교사라면 이 접근법을 어떻게 생각하는가? 수학을 가르치면서 수학 외의 다른 교과목의 내용으로부터 수학 수업의 소재를 얻고 있는가? 혹시 수학을 수학 그 자체를 위해서만 가르치고 계시는 것은 아닌가? 학생들에게 수학적 지식이 그들의 생활과 밀접한 관계를 가지고 있다는 점을 어떻게 인식시키고 있는가? 통합된 환경주의적 접근법을 읽으면서 이러한 질문들을 생각해 볼 수 있다.

문제해결(Problem Solving) 접근법

문제해결 접근법은 1980년대 초 미국의 전국수학교사협의회(NCTM)에서 발간한 수학교육의 "활동의제" (Agenda for Action)에서 문제해결이 모든 수학 학습의 기초가 되어야 한다고 하면서 부각된 것이다. 영국에서 나온 콕크로프트 보고서와 "수학의 중요성"이란 보고서도 문제해결과 조사활동이 모든 수학 지도에 포함되어야 한다고 주장했다. 문제해결은 여러 가지 교육적 목적을 달성하리라고 기대되었다. 문제해결은 다른 수학지도 접근법에서 강조한 수학적 "내용"뿐만 아니라 수학적 "과정"까지도 중요시하고 있다. 문제해결은 수학을 상황이 있는 것으로 다루고 수학적 활동이란 "문제를 해결하기 위해서"라고 한다. 이 접근법은 문제에 대한 다양한 해결 방법을 수용하기 때문에 학생들은 수학이란 정해진 일련의 규칙을 암기해서 적용하는 것이 아니라는 점을 배우게 된다. 문제해결이란 실제 수학자들이 수학적 활동을 하는 것과 유사한 것이다. 따라서, 학생들은 문제해결을 통해서 수학의 창조적이며 발달적 측면을 접하게 된다. 이 접근법을 사용하는 교사들은 폴리야(Polya)의 문제해결, 탐구 전략과 발견술을 사용했다.

학교 수학에서의 문제해결

수학과 교육과정은 탐구와 응용의 한 방법으로 문제해결을 통한 폭넓고 다양한 경험을 포함해서 학생들이 다음과 할 수 있도록 한다.

- 수학적 내용을 발명하고 이해하기 위해서 문제해결 방법을 사용한다.
- 수학 내, 외의 상황으로부터 문제를 만든다.
- 여러 단계가 요구되는 그리고 한 가지 방법에 의해 답이 금방 답이 나오지 않는 문제를 강조함과 동시에 문제 해결을 위한 다양한 전략을 개발해서 적용한다.
- 원래 문제 상황으로 돌아가서 수학적으로 구한 결과를 입증하고 해석한다.
- 사용한 해결 방법과 전략을 새로운 문제 상황으로 일반화시킨다.
- 수학을 의미있게 사용할 수 있는 자신감을 갖도록 한다.

문제해결 접근법은 문제해결 전략을 사용하는데, 여기에는 '약간 쉬운 문제 먼저 풀어보기', '거꾸로 풀어보기', '극단적인 경우를 조사하기' 등이 중요한 과정들이다. 수학이란 이러한 전략들을 사용해서 탐구 활동을 해야하는 지식 영역으로 간주되고 수학적 내용은 문제해결 과정을 개발하기 위한 상황이 된다.

문제해결 전략

- 추측과 검토
- 모델 만들기
- 리스트나 테이블 만들기
- 그림 그려보기
- 패턴 조사하기
- 거꾸로 풀어보기
- 유사성 이용하기
- 약간 쉬운 문제 먼저 풀어보기

문제해결 접근법은 수학 지도에 대해 여러 가지 권고를 하고 있다. 이 접근법은 문제를 하나의 상황으로 이용하기 때문에 학생들에게 그들이 하고 있는 수학에 대해 어떤 의미를 부여할 수 있도록 해 준다. 학생들에게 스스로 해결 전략을 찾아보도록 격려해 주는 것은 바로 학생들에게 교수-학습의 권한을 부여해 주는 것이다. 이렇게 함으로써 학생들은 수학이란 그들 스스로가 선택한 방법을 사용해서 탐구 가능한 것이라는 사실을 배우게 된다. 학생들에게 새로운 수학적 아이디어를 탐구할 수 있는 기회를 제공해 주는 것은 수학적 지식을 단순히 "받아들인다"는 것을 떠나서 이런 지식을 그들 스스로 "만들어 간다"는 느낌을 가질 수 있도록 해 준다.

하지만 이 접근법도 여러 가지 어려움을 안고 있다. 문제해결 접근법이 수학적 활동의 과정을 강조하고는 있지만 수학의 내용 영역을 어떻게 다룰 지에 대해서는 분명한 입장을 제시하지 못하고 있다. 이렇게 수학 내용 영역을 다루는데 있어서의 어려움 때문에 많은 수학 교사들이 문제해결을 수학의 다른 내용 영역과는 별도로 취급해서 가르치는 결과를 가져왔다. 또한 어떤 교과서에서는 문제해결을 행동주의적 스타일로 제시하고 있다. 이것은 학습의 위계성을 반대하고 수학의 규칙 학습을 버리고 학생 스스로의 전략을 강조하는 문제해결의 의도를 외곡하고 있는 것이다.

여러분이 만약 교실에서 수학을 매일 가르치는 수학교사라면 이 접근법을 어떻게 생각하는가? 혹시 교사가 알고 있는 방법만이 해답이라고 생각하고 있는 것은 아닌가? 학생들에게 또 다른 방법으로 해결한 경우가 있는지 물어보는가? 교사가 답이라고 하면 학생들은 답이라고 받아들여야 된다고 생각하고 있는가? 문제를 풀게 할 때 학생들 스스로 해결책을 찾아보도록 하고 있는가? 해법을 찾았다면 그 해결전략이 왜 해답을 구하는데 타당한지 물어보는가? 혹시 오늘 수업 시간에 교사 혼자서 50분 내내 말을 한 것은 아닌가? 학생들에게 해법을 서로 토론하도록 하고 있는가? 문제를 풀어줄 때 학생들에게 잠시라도 그들 스스로 문제를 이해할 시간을 주고 있는가? 문제해결 접근법을 읽으면서 이러한 질문들을 생각해 볼 수 있다.

문화적 접근법

이 접근법은 보통 수학 교실에서의 활동에서는 잘 반영되지 않는 것이다. 소수의 연구자와 교사들은 그들이 속한 문화와 수학을 연결함으로써 문화적 정체성을 확립하고 그 사회 구성원들의 수학 능력을 향상시킬 수 있다고 주장하고 있다. 이 문화적 접근법은 문화가 있는 어떠한 집단일지라도 수학적 요소가 들어있는 활동에 종사하고 있다는 믿음에 기초하고 있다. 서구 사회의 수학도 문화적 활동의 결과인 것이다.

그래서 문화적 접근법은 수학을 그 사회나 문화의 구성원들이 해왔던 어떤 활동에 바탕을 둔 문화적 소산물이라고 보고 있다. 이 접근법은 학습자에게 관련된 생활이나 문화와 수학을 연결시키려는데 그 초점을 두고 있다. 어떤 특별한 형태의 수학적 활동이 모든 문화에 적용되는 보편성을 가진다는 사실을 부인하고 있다. 이 접근법에서 중요한 것은 문화적 활동들이 수학적 사고를 반영하고 있다는 점과 문화라는 상황과 조화를 이루고 있다는 점이다.

수학과 문화의 관계를 연구해 온 비숍(Bishop)은 세기, 위치잡기, 측정하기, 디자인하기, 놀기, 그리고 설명하기라는 여섯 가지의 활동을 제안하고 있다. 어떠한 문화적 집단도 수학적 요소를 포함하고 있는 개념이나 아이디어를 개발하는데 이러한 활동을 해왔다는 것이다. 이러한 활동들은 수학적 아이디어를 좀 더 분명하게 발전시키는 출처가 되었고 마침내는 전통적인 수학의 형태를 포함하는 것으로 확장되어진다. 그래서 예를 들면 '위치잡기'와 '디자인하기'라는 문화적 활동은 현재 우리가 기하라고 생각하는 것을 포함하게 된다고 한다.

이 접근법은 수학지도에 대해서 많은 권고를 하고 있다. 수학 학습이란 학습자에게 친숙한 문화적 활동에 기초해서 이루어져야 하고 또한 상황이 주어져야 한다고 권고하고 있다. 또 이 접근법은 우월성을 지닌 지배적인 문화에 의해서 경시되어져 왔던 문화적 활동들을 타당성을 지닌 수학적 활동으로 인정하고 있다. 문화적 활동의 결과로써의 수학을 강조하는 것은 수학하고 연관되어 생각되는 많은 미스터리를 줄이게 되고 학교 수학의 내용에 유용성을 더해줄 수 있다.

수학 지도를 위한 다른 접근법과 마찬가지로 문화적 접근법도 현장 교실에서 실천하는데 많은 어려움이 따른다는 것은 사실이다. 무엇보다도 전체 수학과 교육과정을 문화적활동을 중심으로 재정비해야 한다는 것이다. 교사들은 자신들이 알고 있는 수학적 지식을 이러한 새로운 구조로 전환하는데 어려움이 없어야 하고 또한 그 집단의 문화적 활동에 정통해야 한다는 것이다. 이 접근법은 서구 수학을 가르칠 때 수학적 개념 이해에 도움이 되고 동기부여를 할 수 있는 보조 자료로써 전통적인 문화적 활동을 사용해서 가르치는 것이 바람직하다고 주장한다.

여러분이 만약 교실에서 수학을 매일 가르치는 수학교사라면 이 접근법을 어떻게 생각하는가? 수학을 지도하면서 우리나라의 전통 놀이를 이용해서 가르칠 수 있는 내용이 없는지 고민해 보는가? 학생들에게 미스터리로만 생각될 수 있는 수학 내용을 가르치면서 그 내용과 관련된 수학사적 활동을 생각해 본 적이 있는가? 학생들에게 수학이란 그 시대 그 문화 집단에 의한 문화적 활동의 결과임을 무시한 채 절대 불변의 진리이며 틀릴 수 없는 지식이라고 강조하고 있지는 않는가? 문화적 접근법을 읽으면서 이러한 질문들을 생각해 볼 수 있다.

사회적 구성주의적(Social Constructivism) 접근법

사회적 구성주의적 접근법은 수학적 지식이란 사회적으로 구성되어져서 타당성이 입증되어진 것이며 이러한 측면이 교실에서의 수학 지도에 반영되어야 한다고 주장하고 있다. 이 접근법에 의하면 수학이란 인간 문화의 일부로 간주한다. 그래서 수학은 사회적, 문화적 그리고 역사적 실체라고 한다. 수학이란 인간의 다양한 활동에 의해서 발전되어지고 강론이나 토론 활동이 중요한 방법이라고 한다. 수학적 활동을 한다는 것은 수학화의 문화에 참여한다는 것이다. 수학에서 의미 있는 것으로 받아들여지기 위해서는 경험적 증거에 의해 입증되어야 하고, 실제로 적용하는데 문제가 없어야 하고, 귀납적 추론의 결과에 의한 것이고 다른 경우에 대해서도 틀림이 없어야 하며, 참이 될 가능성이 아주 높아야 하며, 형식적으로 증명되어질 수 있는 주장이어야 한다. 마지막에 있는 형식적 증명을 통해서 어떤 주장은 비로소 수학적 '진리'의 상태에 이르게 된다는 것이다.

사회적 구성주의가 제안하는 수학에 대한 이런 측면을 어떻게 수학 교실에서 반영 할까? 학습이란 학생 개개인이 개별적으로 수학적 개념을 형성하는 것이 아니라 교실이라는 공동체의 토론 활동에 참여함으로써 학습이 이루어진다고 본다. 학생이란 수학적 문화 활동을 시작하기 위해서 기성 세대인 교사에 의해서 이 문화 활동에 참여할 수 있도록 사회화나 문명화가 필요한 풋내기 구성원으로 간주된다. 1930년대 러시아 심리학자인 비고츠키(Vygotsky)는 지식의 이러한 사회적 측면을 강조했다. 이 접근법에 의하면 수학 지도는 수학적 문제나 과제의 탐구, 조사 활동이 이루어지는 상황을 통해서 문명화의 주체인 교사와 함께 교실에서의 강론이나 토론 활동으로의 참여를 강조하고 있다.

이 사회적 구성주의적 접근법은 학생들에게 그 사회의 재생산이 아니라 재구성에 기여할 수 있도록 권한을 부여하도록 한다. 그래서 학생들 자신의 기존 지식 체계를 사용해서 수학에 대한 새로운 이해를 하도록 한다. 또한 수학을 문제 해결을 위한 하나의 도구로써 제시하는데 학생들은 이 도구를 사용해서 자신들이 직면하는 보다 일반적인 문제를 해결 할 수 있도록 한다.

이 접근법 역시 단점을 지니고 있다. 수학 교사는 수학을 능숙하게 다룰 줄 아는 수학자가 되어야 한다고 말하는 것은 아니지만, 수학적 공동체가 지닌 관점, 그들의 문제해결 접근 방법, 태도 등에 대해서 지식이 풍부해야 한다.

여러분이 만약 교실에서 수학을 매일 가르치는 수학 선생님으로서 여러분들은 이 접근법을 어떻게 생각하는가? 혹시 여러분은 수학 교실을 개별 학생들이 모여서 각자의 학습 활동을 해 나가는 집단이라고 생각하는가? 아니면 하나의 학습 공동체 구성원으로서 그 공동체 발전의 참여자라고 생각하는가? 수학적 문화 활동을 전혀 모르는 학생들에게 그 문화생활에 적응 할 수 있도록 처음부터 하나씩 가르쳐 주는 문화 전수자로서의 수학 교사를 생각해 본적이 있는가? 이미 배운 수학적 지식을 전달하는 사람으로서의 수학 교사가 아니라 수학 교실이라는 공동체 속에서 학생들의 토론을 조정하고 담화(discourse)를 하며 그들과 함께 합의에 의해서 수학적 지식을 만들어 가는 모습의 수학 교사를 생각해 본 적이 있는가? 수학이란 "정신의 도구"(Tools in Mind)라고 할 수 있는데 여러분은 학생들에게 어떤 도구를 주고 그 사용법을 가르치고 있는가? 같은 도구를 주면서도 어떤 수학 교사는 한 가지 사용법만을 일러주지만 또 다른 교사는 여러 가지 사용법을 일러주기도 한다. 혹시 여러분은 학생들에게 톱을 주고서 못을 치라고 하는 실수를 범하고 있지는 않는가? 사회적 구성주의적 접근법을 읽으면서 이러한 질문들을 생각해 볼 수 있다.

수학 교사들이 수학을 가르치는 모습을 살펴보면 아주 흥미로운 점을 발견할 수 있다. 똑같은 수학 내용을 가르치면서도 그 수업 장면은 너무도 다른 모습을 하고 있다는 사실이다. 어떻게 이런 일이 생길 수 있을까? 여러분은 다른 수학 교사들이 가르치는 모습을 보면서 어떤 생각을 하는가? "왜 저 교사는 저 내용을 저렇게 가르칠까?"라고 생각해 본 적은 있는가? 이런 수학 교수법의 다른 모습은 수학 교사 각자가 자신도 알게 모르게 소유하고 있는 수학이라는 학문에 대한 견해, 수학의 지도에 대한 견해, 수학 교실의 학생에 대한 견해, 그리고 그 학생들의 학습에 대한 견해 때문이라고 본다. 이러한 견해에 대한 수학 교사로서 자신의 생각을 정리해 보는 것은 교사 자신의 개인적 발전을 위해서 반드시 필요한 일일 것이다.

지금까지의 8가지 수학 지도법을 읽으면서 어떤 접근법이 자신의 현재 가르치고 있는 모습이라고 생각하는가? 자신의 수학 지도법을 알고 또 그 지도법의 장, 단점을 파악해서 좀 더 나은 교수법을 개발하고자 노력하는 자세가 바로 전문 직업인으로서 수학 교사의 모습이라고 본다. 전문 직업인이란 다른 사람이나 사회로부터의 요구에 의해서 자신을 개발하는 사람이 아니라 자기 스스로의 만족을 위해서 부단히 노력하는 사람을 말한다. 수학 교사 스스로 전문 직업인으로서의 자세와 마음가짐이 항상 필요하다고 본다.

7. 학교수학에서 증명의 중요성과 역할

수학교실에서 증명은 과연 필요한 것일까? 필요하다면 그 이유는 무엇이며 어떻게 지도해야 할까? 또는 필요하지 않다면 그 이유는 무엇일까? 이 글에서는 수학교실에서 학생들로부터 자주 듣게 되는 "선생님, 이렇게 복잡한 증명을 왜 해야 되요?" 라는 질문에 답을 해보고자 한다. 수학교사들 사이에서도 증명 지도의 목적에 대한 의견이 다양하게 표현되고 있음을 쉽게 알 수 있다.

우리나라 제 7 차 수학과 교육과정에서는 내용 영역을 수와 연산, 문자와 식, 규칙성과 함수, 확률과 통계, 도형, 그리고 측정의 6가지로 구분하고 있다. 그렇지만 아쉽게도 수학적 추론과 증명에 대한 언급은 없는 실정이다. 우리나라의 수학과 교육과정과는 달리 미국전국교사 협의회에서 2000년에 발간한 '학교수학의 원리와 규준'에 나타난 수학적 추론과 증명을 보면 다음과 같다.

유치원부터 고등학교까지 모든 학생들이 다음과 같은 수학적 활동을 할 수 있도록 해야 한다고 강조하고 있다.

- 수학적 추론과 증명은 수학을 하는데 있어서 근본적인 활동임을 인식하도록 해야 한다.
- 수학적 추측을 제기하고 제기된 이 추측을 탐구하도록 해야 한다.
- 수학적 주장을 제기하고 증명을 하고 자신이나 다른 사람의 주장과 증명을 평가하도록 해야 한다.
- 다양한 유형의 추론과 다양한 증명 방법을 선별하고 사용하도록 해야 한다.

이처럼 미국의 수학과 교육과정에서는 수학적 추론과 증명 활동을 학교 수학의 중요한 목표로 삼고 있다. 참고로 이 보고서에서는 학교 수학을 내용 영역과 과정 영역으로 구분하고 있는데, 내용 영역에는 수와 연산, 대수, 기하, 측정, 자료 분석과 통계로 구분되어 있고, 과정 영역에는 문제해결, 추론과 증명, 의사소통, 연결,

그리고 표상으로 구분하고 있다.

문제해결로 유명한 폴리야 (G. Polya)는 "왜 증명을 배워야 하는가?"에 대해 다음과 같이 답했다.

> 학생이 기하와 관련된 여러 가지 사실들을 (도형에 관한 성질이나 정리, 공리, 정의 등) 습득하지 못했다면, 그렇게 많은 것을 배우지 못한 것은 아니다. 왜냐하면 이러한 사실들은 학교를 벗어난 사회나 직업 생활에서는 거의 사용할 기회가 없기 때문이다. 그렇지만 기하에 관련된 증명을 학습하지 못했다면, 그 학생은 최고이면서 가장 단순한 형태의 진리를 배우지 못한 것이며 또한 엄격한 추론적 사고를 습득할 수 있는 최고의 기회를 놓친 것이다 ... 요약하면, 학교 교육의 목표가 학생들에게 직관과 논리적 추론 능력을 길러주는 것이라면, 이 역할은 바로 기하 증명이 담당해야만 한다.

왜 증명을 학교수학에서 가르쳐야 하는가?

중고등학교 수학에서 증명에 얼마나 강조점을 두어야 하는지는 정리의 증명이라는 수학적 활동이 인지적, 정의적 학습목표에 어떤 영향을 미치는지를 보면 그 중요성을 짐작할 수 있을 것이라고 생각된다. 다음은 학교수학에서 증명을 가르쳐야 하는 이유를 몇 가지 살펴본 것이다.

(1) 왜 수학자들은 증명을 하는가? 수학자들이 하는 일은 기존의 수학적 지식을 재구성하여 확장시키는 것이므로, 기존 지식의 의문점을 그 전에 반드시 해결하여 이 지식이 참이라는 확신감을 가지고 계속 진행하기 위해서는 이 지식에 대한 증명은 필수적이다. 제기된 추측이 증명되면, 수학자들은 사용하는 정리에 대한 확신과 방법상의 타당성이 증대하여 새로운 수학적 원리나 관계성의 발견 및 응용을 계속해 나갈 수 있다. 수학적 지식을 확장하고 의문을 해결하는 것은 수학자들에게는 분명 증명의 중요한 목표이겠지만, 과연 이 목표가 중고등학교 학생들에게도 의미 있는 목표일까? 앞으로 수학이나 수학과 관련된 학문 분야에 종사할 극소수의 학생들에게는 이 증명 지도는 중요한 목표가 될 것이다. 그렇다면 중고등학교에서의 수학지도가 미래의 수학자를 길러내기 위한 것인가? 그렇지는 않으며 대부분의 학생들에게 정리의 증명이 유용한 학습목표로서의 가치는 따로 있다.

(2) 대부분의 학생들은 수학교과서에 제시되어 있는 정리나 명제의 사실 여부에 거의 관심이 없다. 이들은 문제풀이나 계산에 유용한 수학적 사실이나 절차를 배우는 데만 관심이 있다. 물론 이런 수학적 사실이나 계산 절차의 학습도 학교 수학교육의 중요한 목표이기도 하다. 이들은 수학교사와 교과서의 권위에 따라 자신들이 사용하는 사실과 절차가 항상 진리라고 생각한다. 그래서 대부분의 학생들에게 있어서 의문의 해결이라는 목표는 그 중요성을 상실하게 된다. 이런 학생들을 위해 증명을 "논리를 통한 게임"으로 바꾸어서 학생들로 하여금 전체 증명을 한번에 구성하도록 하지말고 작은 부분들로 나누고 그 부분들에 대한 타당성을 입증해 보고 또한 이들 부분들을 어떻게 조합해야 타당한 증명이 완성될지를 학생들과 토론 (또는 조별로)하여 구성해 나간다면 좀더 증명 활동에 흥미를 가지지 않을까 생각된다. 학교교육의 한 가지 목표는 다양한 학문 분야가 지니는 그 학문 나름대로의 가치를 학생들이 올바르게 인식하도록 하는 것이므로, 정리 증명은 수학의 본질과 구조, 수학자들이 수학활동에서 사용하는 방법 등에 대한 보다 나은 이해가 가능하도록 해 준다.

(3) 학생들의 논리적인 연역적 증명 (추론) 형식에 대한 올바른 인식을 가지도록 해야 하며 또한 이러한 증명 형식을 학교교육을 마친 후에도 일상 생활과 직업 활동에 적절하게 적용할 수 있도록 해야 한다. 증명이나 추론의 타당한 형식의 사용 방법을 아는 사람들은 민주 시민사회에 보다 적극적으로 참여할 수 있으며, 타당하지 않은 주장에 속아서 넘어가는 것을 피할 수 있으며, 또한 사회의 어렵고 복잡한 문제를 해결하는데 도움이 된다.

(4) 정리 증명의 학습은 또한 새로운 수학적 추측과 새로운 수학적 주장의 발견을 낳기도 한다. 그래서 어떤 학생들에게 정리 증명은 상당히 흥미롭고 창의적인 활동일 수 있다.

(5) 정리 증명은 문제해결 기능 중에서 중요한 유형인데 수학교육의 한 가지 목표는 어떤 새로운 상황에도 적용과 응용이 가능한 일반화되고 전이 가능한 문제해결 전략을 학생들에게 가르치는 것이다. 정리 증명은 다른 사람이 해 놓은 정리의 증명을 암기하는 것이 아니라 지적 발달을 촉진시키고 학습 방법의 학습이 이루어지도록 한다.

(6) 증명을 하는 것은 수학적 원리들을 입증할 뿐만 아니라 학생들이 논리적 원리들을 숙달할 수 있는 기회를 제공하며, 수학적 사실, 개념과 원리의 기억을 촉진시키며 이들 사이의 관계성을 인식하는데 도움을 준다. 정리 증명의 학습은 학생들의 머릿속에 네트웍 (거물망 구조)으로 저장되어 있는 방대한 수학적 지식과 이들 지식사이의 상호 관련성을 구조화하고 통합화하는데 도움을 준다. 이런 의미에서 정리 증명은 학생들의 기존의 수학적 지식을 정리하여 통합시키고 새로운 지식의 습득을 촉진시키는 역할을 한다.

중고등학교 학생들이 증명을 어려워하는 이유

새로운 수학을 창조하고 수학적 구조들 사이의 또는 이들 구조들 내에서의 관계성을 발견하는 것은 수학자가 하는 연구 활동에서 가장 중요한 활동이다. 그런데 이렇게 발견하고 창조된 수학은 반드시 그 타당성을 수학자 세계에 만족스럽게 입증해야 하기 때문에, 정리를 증명하는 것은 또한 수학자들에게 있어서 두 번째로 중요한 일이다. 수학자들에 의한 수학적 활동에서 정리의 증명에 대한 이런 중요성은 중고등학교에서 수학적 증명을 위한 여러 기법들을 가르쳐야 한다는 목소리로 반영되어졌다. 이러한 이유에서 중고등학교 수학교과에서 기하를 가르치는 주된 이유가 무엇이냐는 질문에 대한 대답으로 수학적 증명뿐만 아니라 일상 생활에서의 논쟁에 사용되어지는 연역적 주장의 기본을 학생들에게 가르치는 것이라는 대답은 아마 적절하지 못한 듯 하다.

중고등학교의 수학교과 내용을 보면 형식적인 증명을 많이 다루고 있는데, 사실 대부분의 학생들은 이들 교과 내용을 배우기 전에 이미 증명에 대한 직관적이면서 동시에 자기 중심적인 관념을 가지고 있다. 예를 들면, "나한테 타당한 걸 보면 이 명제는 참이다 또는 교과서에 실린 명제라면 틀림없이 참이다" 라는 생각을 가지고 있다. 그렇다면 왜 대부분의 중고등학교 학생들은 증명에 대해 불완전하고 부정확한 관념을 가지고 있을 것일까? 그 이유는 다음 세 가지로 크게 요약될 수 있다:

(1) 증명이라는 개념의 발달이 인지적 발달 단계와 연관되어 있기 때문이다. 자기 중심적인 인지적 발달 단계의 학생들은 자신에게 참이라고 생각되는 명제를 참이라고 수용하는 경향이 있다. 구체적 조작 단계의 학생들은 그 명제에 대한 몇

가지 예가 참이기 때문에 그 명제가 참이라고 받아들인다. 그리고 형식적, 추상적 사고 단계에 있는 학생들일지라도 교과서에 있는 명제이거나 교사가 권위로서 말하는 명제는 참이라고 생각하는 경향이 강하다.

(2) 명제가 참인지 아닌지에 대한 진정한 의문을 제기하는 경우가 없고 증명은 이러한 의문을 해소하는 수단이라는 생각을 못하기 때문이다. "삼각형의 세 내각의 합은 180° 이다"와 같은 아주 자명한 명제에 대해 교사가 증명을 하면 학생들은 이 증명을 단지 교사 자신을 위한 즐거운 연습 정도로 생각하여 무시하고 전혀 이 증명에 대해 흥미나 관심을 보이지 않는다. "이해도 안되고 흥미도 없는 증명은 빼고 결과만 말해 줘요. 그리고 문제 풀 때 어떻게 이 명제를 적용하는지를 가르쳐 주세요!" 라는 학생들의 태도를 쉽게 학교에서 경험할 수 있다. 흥미로운 활동을 통해서 학생들의 관심을 자극하는 다양한 질문을 수학교실에서 지속적으로 사용할 때, 학생들의 이러한 태도는 천천히 변화될 수 있다고 본다.

(3) 수학적 증명에 대한 학생들의 오개념의 발생은 수학적 증명에 관련된 다양한 방법을 제대로 가르치지 못하고 있는 중고등학교 수학 교사들에게도 책임이 있다. 중고등학교에 들어오면서, 특히 고등학교의 경우, 수학적 증명에 대한 다양한 방법들을 분석하고 잘 조직화된 증명의 제시가 필수적이다. 고등학교에 진학하기 전까지 학생들은 타당한 수학적 증명과 설득력은 있지만 타당하지 않은 증명의 차이점을 충분히 이해하지 못한다. 15, 16세쯤이 되면 형식적이며 엄격한 논리적 증명을 이해할 수 있는 정신적 성숙을 하게 되지만, 증명을 가르치기 위해서는 교사의 끊임없는 노력과 인내가 필요하다. 형식적이며 엄격한 수학적 증명에 대한 아이디어는 학생들의 정신 발달과 함께 오랜 기간이 필요하므로 장기적인 노력이 필요하다.

증명이란?

증명이란 자신의 주장이나 신념을 다른 사람이 받아들이도록 설득하거나 확신시키기 위해 증거를 제시하거나 주장을 제기하는 것을 말한다. 설득력 있는 증명을 수용하도록 자신이나 다른 사람을 확신시키는 데는 적어도 다음과 같은 6 가지 기준이 있다:

(1) 증명의 첫 번째 유형은 개인적 경험에 의한 증명이다. 창 밖으로 눈이 오는 것을 보고 "와! 눈 온다" 라고 하면 다른 사람들은 실제로 눈이 오는 것을 보고 내 말을 확신하게 된다. 이렇듯 개인적 경험은 특정한 정보를 입증하거나 증명하는 타당한 방법이지만, 일반화를 증명하는 방법으로서는 부적절한 방법이다.

(2) 권위에 의한 수용은 또 다른 진실성을 확립하는 방법이다. 의사들이 특정한 치료 방법을 말했을 때 대부분의 사람들은 그 의사의 권위에 의해 그가 하는 말의 진실성을 받아들인다. 매스컴에서도 특정 분야의 전문가들이 하는 말을 사람들은 그들이 그 분야에서 쌓은 권위에 의해서 진실되게 받아들이는 경향이 있다. 하지만 이런 방법도 수학 분야에서는 진실성을 확립하는 방법으로 받아들이지 않는다.

(3) 여러 사례의 관찰을 일반화된 명제에 대한 증명으로 수용하는 경우도 있다. "수학 선생님들은 다 무서워" 라고 한 학생이 자신이 경험했던 수학 선생님을 예로 들면서 말하는 경우가 이런 유형의 증명에 해당한다. 하지만 이런 증명은 개인적 경험의 범위와 정도에 따라 참과 거짓이 결정되는 성격을 띠고 있기 때문에 일반화된 수학적 명제나 정리의 증명 방법으로 수용하기는 어렵다.

(4) 일반화에 대한 반례의 부재(不在)는 자신의 주장이나 증명의 참을 밝히는 또 다른 방법이다. 어떤 명제나 정리에 대한 반례를 어느 누구도 제시하지 못하는 경우, 그 명제나 정리를 참으로 인정하는 경우를 말한다. 수학자들의 경우에도 어떤 추측에 대해 오랜 기간동안 다른 수학자들이 반례를 들 수 없는 경우 그 추측을 타당한 것으로 받아들이곤 한다. 예를 들면, 지도 색칠에 관련된 4 색 추측

-평면상의 어떠한 지도라도 반드시 4 색만으로 충분하므로 어느 두 지역도 같은 색으로 칠해지지 않는다-이 이런 경우에 해당한다. 이 추측에 모순되는 예를 아무도 제시하지 못했기 때문에, 대부분의 수학자들은 이것을 사실로 인정하고 있다.

(5) 결과의 유용성은 주장이나 명제를 증명하는 다섯 번째 방법이다. 1900 년대 초반부터 과학과 공학을 위한 도구로 발전하게 된 수학의 한 분야로 미분방정식이 있다. 이 미분방정식을 풀기 위해서 개발된 많은 절차들은 물리학적 문제를 해결하는 데 적합한 수학적 해법을 제공하였기에 참으로 인정되어 사용되어 오고 있다. 이러한 절차들의 기본적인 원리에 대한 타당한 수학적 증명이 없음에도 불구하고, 그 결과의 유용성 때문에 참으로 인정되고 있다.

(6) 연역적 주장이나 증명은 수학에서 인정하는 증명 방법이다. 위에서 언급한 다섯 가지의 증명 방법은 시간과 공간을 초월하여 항상 참이 아닐 수 있다. 하지만 가정으로부터 연역적 방법에 의한 결론은 참이다. 많은 중고등학교 수학교사들의 경우 이 연역적 증명이나 주장만이 유일하게 적합한 증명 방법이라고 학생들을 가르치는 경향이 있다.

수학에서 사용되는 9가지 연역적 증명의 유형들

어떤 주장이나 증명 (또는 추론)이 수학적으로 타당하다는 것은 그 주장이나 증명 (또는 추론)이 형식 논리학의 기본 원리들을 바탕으로 할 때를 말한다. 아래의 두 예는 결론이 타당하다는 의미를 설명하고 있다.

(예 1) 이 예는 수학에서 타당한 증명 형식인 긍정식 (Modus Ponens)이라고 하는 원리를 바탕으로 하고 있기 때문에 그 결론은 타당하다고 할 수 있다. 긍정식의 논리는 다음과 같다: p가 참이고, 만약 $p \rightarrow q$가 참이면, q는 참이다.

진술문	진리값
1. 이 도형은 정사각형이다. (가정)	참
2. 만약 어떤 도형이 정사각형이면, 4 개의 직각을 가진다.	참
3. 정사각형은 4 개의 직각을 가진다. (결론)	참

(예 2) 이 예는 형식 논리학에서 타당하다고 인정하지 않는 형식을 사용하고 있으므로 이 논리에 의한 결론은 타당하다고 할 수 없다.

진술문	진리값
1. 이 도형은 마름모이다. (가정)	참
2. 만약 어떤 도형이 마름모이면, 4 변의 길이는 같다.	참
3. 만약 어떤 도형이 정사각형이면 4 변의 길이는 같다.	참
4. 마름모는 정사각형이다. (결론)	거짓

수학에서 정리를 증명하는데 인정되는 9 가지 연역적 증명 형식을 살펴보고자 한다. 일반적으로 연역적 증명에는 직접 증명과 모순에 의한 증명 두 가지 유형이 있다.

연역적 증명 형식	
직접 증명	모순에 의한 증명
1. 긍정식 (Modus Ponens) 2. 삼단논법 (Transitivity) 3. 부정식 (Modus Tollens) 4. 연역적 정리 (Deduction Theorem) 5. 대우 (Contraposition) 6. 경우에 따른 증명 (Proof by Cases) 7. 수학적 귀납법 (Mathematical Induction)	1. 반례 (Counterexample) 2. 간접 증명 (Indirect Proof)

긍정식 (Modus Ponens)

긍정식은 3 개의 진술문으로만 구성되어 있으므로 대부분의 학생들이 가장 쉽게 이해할 수 있는 연역적 증명법이다. 긍정식의 논리적 구조는 다음과 같다.

논리적 구조	기호
p 가 참이고 (주어진 조건), $p \to q$ 이면 (이미 알고 있는 사실), q 는 참이다 (새로운 사실).	$p,\ p \to q$ ――――― q

(예) 두 함수 $y = x + 4$ 와 $y = 2x - 1$ 의 그래프가 만나는 것을 증명해 보자.

(p) : 두 직선의 기울기 1 과 2 는 서로 다른 수이다.

($p \to q$) : 두 일차 함수의 기울기가 다르면, 이들 그래프는 서로 만난다는 것은 이미 알려진 사실이다.

(q) : 따라서, 이 두 함수의 그래프는 만난다.

삼단논법 (Transitivity)

삼단논법이라고 불리는 이 타당한 증명 형식은 수학뿐만 아니라 다른 교과와 일상생활에서 공통적으로 사용되기 때문에 학생들이 쉽게 이해할 수 있는 증명 형식이다.

논리적 구조	기호
$p \to q$ 가 참이고, $q \to r$ 가 참이면, $p \to r$ 는 참이다 (새로운 사실).	$p \to q,\ q \to r$ ――――― $p \to r$

(예) 먼저 다음 두 정리가 이미 증명되었다고 하자.

정리 1 : 한 삼각형의 두 각이 다른 삼각형의 두 각과 서로 같으면 (p), 이 두 삼각형의 세 각 모두는 서로 같다 (q).

정리 2 : 두 삼각형의 세 각 모두가 서로 같으면 (q), 이 두 삼각형은 서로 닮음이다 (r).

따라서, 삼단논법에 의하여 다음 정리는 참이 된다.

정리 3 : 한 삼각형의 두 각이 다른 삼각형의 두 각과 서로 같으면 (p), 이 두 삼각형은 서로 닮음이다 (r).

(예) 어떤 학생이 삼각형의 두 밑각의 크기가 같으면, 그 삼각형의 두 변의 길이가 같다는 것을 알았다. 이 학생은 또 삼각형의 두 변의 길이가 같으면 그 삼각형은 이등변삼각형이라는 것을 알고 있었다. 이 두 사실로부터 이 학생은 어떤 삼각형의 두 밑각의 크기가 같으면 그 삼각형은 이등변삼각형이라는 결론을 추론해냈다.

부정식 (Modus Tollens)

부정식은 긍정식과 삼단논법보다는 학생들이 이해해서 적용하기가 다소 까다로운 증명법이다. 여기서는 부정식을 직접 증명의 한 가지 형식으로 제시하고 있는데, 이 부정식의 논리를 모순에 의한 증명 방법 중 간접 증명의 증명 형식으로 취급하는 하는 사람들도 있다.

논리적 구조	기호
만약 주어진 가정 $p \to q$ 가 참이고, $\sim q$ 가 참이면, $\sim p$ 는 참이다.	$p \to q$, $\sim q$ ――――― $\sim p$

(예) 정리: n 이 짝수인 양의 정수이면, n^2 도 짝수인 양의 정수이다.
$(p \to q)$: n 이 짝수인 양의 정수이면, n^2 도 짝수인 양의 정수이다 (참).
$(\sim q)$: 어떤 수 k^2 은 짝수인 양의 정수가 아니다.
$(\sim p)$: 따라서, k 는 짝수인 양의 정수가 아니라는 결론을 추론할 수 있다.

(예) 부정식을 이용한 다음과 같은 일상생활에서의 추론을 볼 수 있다.
축구 감독이 전반전이 끝난 휴식 시간에 선수들에게 다음과 같이 말했다. "폴란드가 미국을 2골 차로 이긴다면, 우리는 이 경기에서 무승부만 해도 4강에 진출할 수 있어. 그러니까 온 힘을 다해서 뛰어야 해." 그런데 무승부를 했는데도 이 팀의 이름은 4강 진출팀의 명단에 없었다. 따라서, 이 선수들은 폴란드가 미국을 2골 차로 이기지 못했다고 추론했다.

(예) 부정식의 논리를 사용하는 주장은 생각보다 우리 주변에서 쉽게 찾을 수 있다. 다음 사건에 대한 검사의 기소에 대한 변호인의 주장 논리를 살펴보자:

"피의자가 만약 범행 은폐를 위해서 그 방화를 저질렀다면, 그는 저녁 7:30에서 11:00시 사이에 분명히 그 카페에 있었을 겁니다 ($p \rightarrow q$). 하지만 3 명의 목격자들의 진술에 따르면 그 시각 피의자는 그 카페에 있지 않았다고 합니다 ($\sim q$). 사실 그는 범행 장소와는 2 시간이나 떨어진 장소에서 친구의 승진을 축하하는 파티에 있었습니다. 따라서, 피의지가 그 방화를 저질렀다고 볼 수 없습니다 ($\sim p$)."

$\sqrt{2}$ 가 무리수임을 증명하는 한 가지 방법으로 이 부정식을 이용하기도 한다.

연역적 정리 (Deduction Theorem)

연역적 정리라는 이 증명 형식은 기하 수업에서 거의 설명되지 않는 방법이지만, 평면 기하의 대부분 증명의 기초로서 사용되는 형식이다. 이 타당한 증명 방법은 많은 평면 기하의 핵심을 이루고 있지만, 대부분의 중고등학교 수학교사들은 이 증명 형식을 제대로 설명하지 못하거나 언급하지 않는 경향이 있다고 한다.

논리적 구조	기호
만약 주어진 가정 p 와 참인 진술문인 $q_1, q_2, \cdots, q_n$ 으로부터 r 을 연역할 수 있다면, $q_1, q_2, \cdots, q_n$ 으로부터 $p \rightarrow r$ 을 연역해 낼 수 있다.	$(p, q_1, q_2, \cdots, q_n) \rightarrow r$ ――――― $(q_1, q_2, \cdots, q_n) \rightarrow (p \rightarrow r)$

여기서 참인 진술문인 $q_1, q_2, \cdots, q_n$ 은 그 증명과 관련된 공리, 공준, 정의, 다른 정리들을 의미한다. 그런데 만약 이 연역적 정리의 타당성이 입증되지 않았다면, 대부분의 기하 증명은 타당성을 가질 수 없게 된다. 즉, 이 연역적 정리의 논리가 없다면 기하 증명을 하고자 할 때, 그 정리와 관련된 모든 정리들을 증명해야 하는 어려움에 직면하게 된다.

(예) 명제: 한 직각삼각형의 두 변이 다른 직각삼각형의 두 변과 같으면 (p), 이 두 삼각형은 서로 합동이다 (r).
이 명제를 증명하기 위해서는 $p \rightarrow r$ 이 참임을 증명해야 한다.

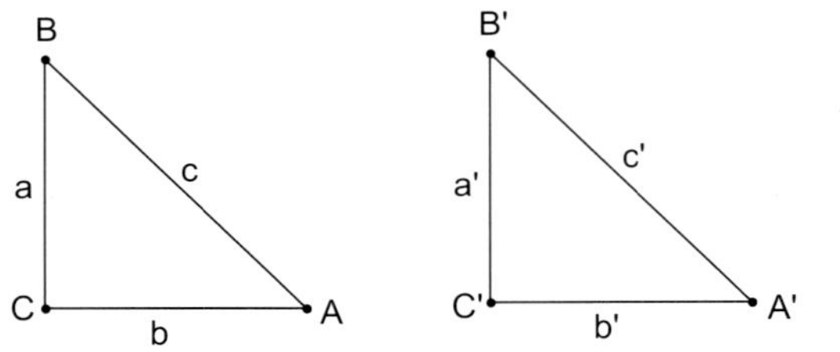

단계 1: 가정으로부터 변 a 와 a', 변 b 와 b' 은 같다 (p: 참)

단계 2: 모든 직각은 서로 같으므로 각 C 와 각 C' 은 서로 같다 (q_1: 참)

단계 3: 한 삼각형의 두 변과 그 사이에 낀 각이 다른 삼각형의 두 변과 그 사이에 낀 각이 서로 같으면, 이 두 삼각형은 합동이기 때문에 삼각형 ABC 와 $A'B'C'$ 은 합동이다 ($(p, q_1) \to r$: 참)

단계 4: 이제 연역적 정리에 의해, 앞의 진술문 $(p, q_1) \to r$ 은 한 직각삼각형의 두 변이 다른 직각삼각형의 두 변과 합동이면, 이들 두 삼각형은 합동임을 의미한다. 즉, $(p, q_1) \to r$ 로부터 $q_1 \to (p \to r)$ 을 추론할 수 있다.

이 마지막 단계를 보면 $p \to r$ 을 논리적으로 증명해야 한다. 앞의 단계 3에서 p 와 q_1 이 동시에 r 을 함의하지만, p 혼자서 r 을 함의하는 것은 아니다. 하지만 연역적 정리는 바로 이 마지막 단계가 참임을 논리적으로 보장해 주는 역할을 한다.

대우 (Contraposition)

대우의 증명 형식은 가끔 간접증명법으로 소개되고 있는데 이것은 잘못된 것이다. 대우는 연역적 증명의 한 가지 타당한 형식에 속한다.

논리적 구조	기호
$\sim q \to \sim p$ 가 참이면, $p \to q$ 는 참이다.	$\dfrac{\sim q \to \sim p}{p \to q}$

모든 $p \to q$ 명제에 대해 반드시 그 대우 명제 $\sim q \to \sim p$ 가 있게 마련인데 원

래 명제 자체를 증명하는 것보다 이 대우 명제를 증명하는 것이 쉬운 경우가 있다. 예를 들어, "임의의 사각형에서 마주보는 두 쌍의 대변이 합동이면, 이 사각형은 평행사변형이다"의 대우는 "만약 임의의 사각형이 평행사변형이 아니라면, 마주보는 두 쌍의 대변은 합동이 아니다"이다.

(예) 정리 : 두 직선이 한 직선과 만나서 합동인 엇각을 만들면 (p), 이 두 직선은 서로 평행하다 (q).

이 정리는 보조선을 작도한 다음 연역적 정리의 증명을 사용해서 직접 증명할 수도 있고, 또는 뒤에서 살펴 볼 간접증명법을 사용해서 증명할 수도 있으며, 또한 지금 논의하고 있는 대우 명제를 사용하여 증명할 수도 있다.

이 정리의 대우 명제는 다음과 같다.

"만약 두 직선이 평행하지 않으면 ($\sim q$), 이 두 직선과 만나는 또 다른 직선에 의해 합동인 엇각이 생기지 않는다 ($\sim p$).

이 대우 명제는 연역적 정리 형식을 사용해서 증명 가능하다.

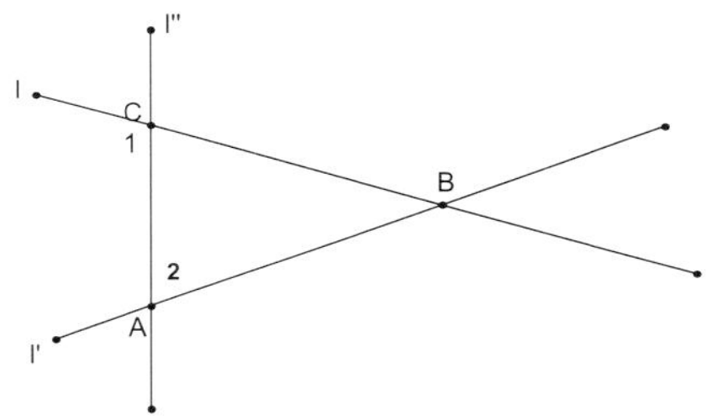

(증명) 가정에 의해 직선 l, l' 은 서로 평행하지 않다 ($\sim q$). 따라서 이 두 직선은 평행선 정리에 의해 서로 만난다 (r_1). 평행하지 않은 두 직선 l, l' 과 이들과 교차하는 다른 직선 l'' 에 의해 삼각형 ABC 가 만들어진다 (r_2). 그런데 $\angle 1$ 은 삼각형 ABC 의 외각이고 $\angle 2$ 는 삼각형 ABC 의 내각이다 (r_3). 그러므로 $\angle 1 > \angle 2$ (r_4) 이고 $\angle 1$ 과 $\angle 2$ 는 서로 엇각이다 (r_5). 따라서, 두 엇각은 서로 합동이 아니다 ($\sim p$).

위의 증명의 논리적 구조는 $(\sim q, r_1, r_2, r_3, r_4, r_5) \rightarrow \sim p$ 이다. 즉, $(\sim q, r_1, r_2, r_3, r_4, r_5) \rightarrow \sim p$ 이므로, $(r_1, r_2, r_3, r_4, r_5) \rightarrow (\sim q \rightarrow \sim p)$ 이다.

경우에 따른 증명 (Proof by Cases)

경우에 따른 증명은 상대적으로 직관적이기 때문에 대부분의 학생들이 쉽게 그 논리적 구조를 이해할 수 있다. 산술, 대수, 기하, 삼각함수에 이르기까지 많은 수학적 원리들이 바로 이 경우에 따른 증명법에 의해 증명될 수 있다. 경우에 따른 증명의 논리는 다음과 같다: 여러 개의 각 가정에서 동일한 참인 결론을 얻을 수 있다면, 이들 모든 가정들의 논리합 (또는 OR)으로부터도 동일한 결론을 얻을 수 있다.

논리적 구조	기호
$p_1 \to q$, $p_2 \to q$, $p_3 \to q$ 들이 참이면, $(p_1 \text{ or } p_2 \text{ or } p_3) \to q$ 는 참이다.	$\dfrac{p_1 \to q,\ p_2 \to q,\ \cdots,\ p_n \to q}{(p_1 \vee p_2 \vee \cdots \vee p_n) \to q}$

(예) $|x|$ 는 $x \geq 0$ 와 $x < 0$ 인 경우로 구분되므로, 절대값과 관련된 $|xy| = |x|\,|y|$, $xy \leq |xy|$, $|x-y| \leq |x| + |y|$ 의 성질들은 경우에 의한 증명법으로 증명이 가능하다.

(예) "원에 내접하는 원주각의 크기는 중심각의 크기의 $\frac{1}{2}$ 에 해당한다" 라는 정리는 3 가지 경우로 나누어서 증명해야 한다. 아래 그림과 같이 경우 1은 원의 중심이 원주각 내부에 있고. 경우 2는 원의 중심이 원주각의 바깥쪽에 있으며, 경우 3은 원의 중심이 원주각의 변 위에 있다.

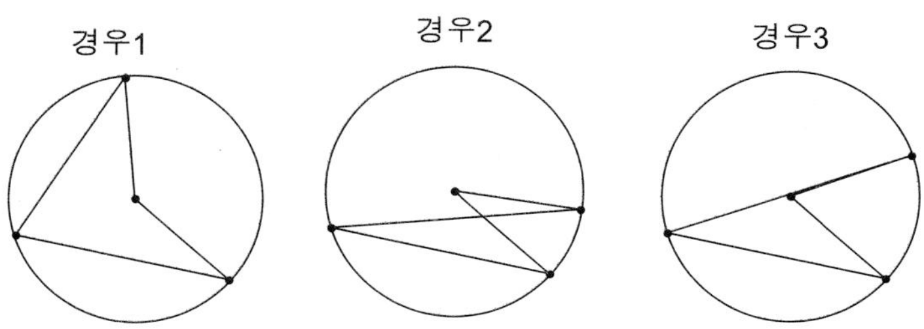

(예) 삼각함수의 경우 주어진 삼각형 ABC 에 대해 $a = b\cos C + c\cos B$, $b = c\cos A + a\cos C$, $c = a\cos B + b\cos A$ 인 코사인 법칙 (the Law of Cosines)

도 이 경우에 의한 증명법으로 증명되는데, 예각삼각형인 경우, 둔각삼각형인 경우, 직각삼각형인 경우로 나누어서 증명이 구성된다.

수학적 귀납법 (Mathematical Induction)

수학적 귀납법의 경우 여기서 말하는 귀납 자체가 연역적 형식을 띠고 있기 때문에 잘못 이해되는 경우가 많다. 이 증명법을 처음 접한 대부분의 학생들은 예에 의한 증명은 타당하지 않음에도 불구하고, 또 귀납적 증명이 예를 이용한 증명이 아님에도 불구하고, 이 증명법이 예에 의한 증명이라고 생각하는 경향이 많다고 한다.

수학적 귀납법의 원리는 자연수 전체 집합에 대해 참인 명제들을 증명할 때 사용된다 (또는 6 보다 큰 자연수 전체나 짝수인 모든 자연수와 같이 자연수에 관련된 무한 부분집합을 다룰 때도 사용된다). 수학적 귀납법에서는 어떤 정리가 $n=1$ 에 대해 성립함을 보이고, 그리고 이 정리가 k 에 대해 성립한다고 가정하고 $k+1$ 에 대해서도 성립한다는 것을 보이면 된다.

어떤 학생들의 경우 이 귀납에 의한 증명의 타당성을 이해하지 못하는데, 그 이유는 이 증명법이 단지 두 가지 예인 $n=1$ 과 1 보다 큰 k 에 대해서만 성립함을 조사하기 때문이다. 이런 경우 학생들의 이해를 돕기 위해서 '도미노 효과'를 설명하는 것은 수학적 귀납법을 설명하기 위한 예가 될 것이다.

수학적 귀납법의 논리적 구조와 기호는 다음과 같다.

논리적 구조	기호
만약 임의의 집합에 있는 첫 번째 자연수에 대해 성질 P 를 만족하고 이 집합의 임의의 k 번째 수에 대해 성질 P 를 만족한다고 할 때 $k+1$ 에 대해서도 이 성질 P 를 만족한다면, 이 집합의 모든 수 n 은 이 성질 P 를 만족한다고 결론내릴 수 있다.	$P(1)$; 그리고 각각의 모든 $k \in N$, $P(k) \rightarrow P(k+1)$ 각각의 모든 $n \in N$ 에 대해 $P(n)$

(예) $2^x > 1 + x^2$ (x : 자연수)의 해집합은 4 보다 큰 자연수 집합임을 증명해 보자.

(증명) 직접 대입해 보면 1, 2, 3, 4 일 때는 위의 식이 성립하지 않음을 쉽게 알 수 있다. 그러면 이제 $x=5$ 이면, $2^5 > 1 + 5^2$ 이 성립함을 알 수 있다 ($P(1)$).

이제 임의의 자연수 k 에 대하여 $2^k > 1 + k^2$ 이 성립한다고 가정하자 ($P(k)$). 그러면 $P(k+1)$에 대해서도 성립함을 보여야 한다. $k+1$ 을 위의 식에 대입하면 다음과 같다.

$$2^{k+1} > 1 + (k+1)^2 = 2 + 2k + k^2$$

그리고 주어진 위의 식을 약간 변형하면 다음과 같다.

$$2(2^k) > 2(1 + k^2)$$
$$\Leftrightarrow \ 2^{k+1} > 2 + 2k^2$$

따라서 $2 + 2k^2 > 2 + 2k + k^2$ 임을 보이면 $2^{k+1} > 2 + 2k^2 > 2 + 2k + k^2$ 가 되어 삼단논법에 의해 $2^{k+1} > 1 + (k+1)^2$ 가 성립함을 입증한 것이다.

$$2 + 2k^2 > 2 + 2k + k^2$$
$$\Leftrightarrow \ 2k^2 > 2k + k^2$$
$$\Leftrightarrow \ k^2 > 2k$$
$$\Leftrightarrow \ k > 2$$

그런데 $k > 2$ 인 경우 $2^{k+1} > 1 + (k+1)^2$ 가 성립하므로 원래 문제의 조건 4 보다 큰 자연수에 대해서는 당연히 성립하게 된다. 따라서, 수학적 귀납법의 원리에 의해 $2^x > 1 + x^2$ $(x > 4)$ 라고 할 수 있다.

(예) 수학적 귀납법의 예를 하나 더 살펴보자 (허민, 오혜영, 1996, pp. 74-76).
홀수들을 차례로 하나씩 더해 가면, 이들 홀수의 합의 그 개수의 제곱과 같음을 발견할 수 있다.

$$\begin{aligned} 1+3 &= 4 &= 2^2 \\ 1+3+5 &= 9 &= 3^2 \\ 1+3+5+7 &= 16 &= 4^2 \\ 1+3+5+7+9 &= 25 &= 5^2 \\ 1+3+5+7+9+11 &= 36 &= 6^2 \\ \cdots\cdots\cdots\cdots & & \end{aligned}$$

이것을 보면 무한히 이런 식으로 계속될 것이라고 추론할 수 있다. 즉, 모든 자연수 n에 대해 다음 등식이 참이라고 추론하게 된다.

$$1 + 3 + 5 + 7 + \cdots + (2n - 1) = n^2$$

이 특별한 등식을 $P(n)$ 이라고 하자. 그렇다면 어떻게 이 등식이 자연수 전체 집합에 대해서 성립함을 보일 수가 있을까? 이런 수치 계산을 무한히 계속한다는 것은 불가능하고 또 이런 계산을 수십 수 백억 개를 한다고 해서 수학적으로 엄밀하게 증명되었다고 할 수도 없다.

어떤 패턴이 무한히 많은 경우에 대해서 성립함을 어떻게 입증할 수 있을까? 수학적 귀납법은 바로 이런 문제를 해결해 주는 증명법으로 (1) $P(n)$ 이 자연수 $n = 1$ 에 대해 성립함을 보인다 ($P(1)$ 은 참이다), (2) $P(n)$ 이 임의의 자연수 k 에 대해 참이라고 가정하고 $P(k+1)$ 도 참임을 보이면 된다. 이 두 가지 사실만 증명하면 모든 자연수 n 에 대해 이 등식이 성립한다고 결론 내릴 수 있다. 도미노 효과를 가지고 설명하면, 도미노를 일렬로 세워 놓고 그 중 하나를 넘어뜨리면 그 다음 도미노는 자동으로 넘어진다. 즉, $P(n)$ 이 임의의 k에 대해 참이면 $P(k+1)$ 에 대해서도 참이 된다. 그러면 각 도미노는 그 앞의 도미노에 의해 넘어지므로 결국은 첫 번째 도미노를 넘어뜨리면 ($P(1)$ 이 성립하면) 도미노 전체가 넘어지게 되므로 모든 자연수 n 에 대해 $P(n)$ 이 성립하게 되는 것이다.

이제 위의 등식을 수학적 귀납법으로 증명해 보자.

$n = 1$ 에 대해 $1 = 1^2$ 이므로 이 등식은 성립한다. 그러면 임의의 k 에 대해 이 등식이 성립한다고 가정하자. 즉, $1 + 3 + 5 + 7 + \cdots + (2k - 1) = k^2$. $(2k - 1)$ 다음의 홀수는 $(2k + 1)$ 이므로 이 수를 양변해 더하자. 그러면

$$1 + 3 + 5 + 7 + \cdots + (2k - 1) + (2k + 1) = k^2 + (2k + 1) = (k + 1)^2$$

이 등식은 $P(k+1)$ 을 의미한다. 이것은 $P(n)$이 임의의 자연수 k 에 대해 성립하면 $P(k+1)$ 에 대해서도 성립함을 입증한 것이다. 따라서, 수학적 귀납법에 의해 $P(n)$ 은 모든 자연수 n 에 대해 성립한다고 결론 내릴 수 있다.

반례에 의한 증명법 (Proof by Counterexample)

어떤 의미에서 보면, 반례에 의한 증명은 연역적 성격을 띤 직접 증명이다. 다른 관점에서 보면, 반례에 의한 증명은 어떤 명제의 성질을 갖지 않는 예 (부정적인 예)를 제시함으로써 그 명제가 모순됨을 보인다고 해서 이 글에서와 같이 모순에 의한 증명 유형으로 간주되기도 한다.

반례에 의한 증명 논리와 기호는 다음과 같다:

논리적 구조	기호
임의의 집합 S의 모든 원소들이 P라는 성질을 가진다는 추측을 제기한다. 그런 다음 S에 속하지만 P라는 성질을 가지지 않는 원소 x를 찾는다. 따라서, 집합 S의 모든 원소가 P라는 성질을 가진다고 할 수 없으므로 이것은 제기된 추측에 모순이 되어 이 추측은 거짓이라고 결론 내릴 수 있다.	추측: $\forall x \in S,\ P(x)$ 부정적 예: $a \in S \wedge \sim P(a)$ 결론: $\forall x \in S,\ \sim P(x)$

반례에 의한 증명에서 중요한 것은 어떤 명제를 증명하거나 반박하기 전에 그 명제에 내포되어 있는 한정기호 (논리학에서는 한정기호라고 하고 일반적으로 문법적인 명칭은 수량형용사라고 한다)가 무엇인지를 구체적으로 밝혀야 한다. 예를 들면, 중학교 7-나 수학교과서의 삼각형의 내각과 외각사이의 관계에 대한 명제를 보면, "삼각형의 한 외각의 크기는 그와 이웃하지 않는 두 내각의 크기의 합과 같다"라고 되어 있다. 이 명제를 보면 삼각형에 대한 한정기호 (즉, 모든, 어떤, 임의의 등)가 없기 때문에 학생들은 이 명제를 증명하려고 할 때 특정한 어떤 유형의 삼각형만을 사용해서 증명하려는 경향을 보인다. 따라서, 명제의 정확성을 높이기 위해서 그리고 반례에 의한 증명 논리를 설명하기 위해서는 "모든" 또는 "임의의" 삼각형이라는 한정기호를 사용해서 수업시간에 이 명제를 다시 진술해 주는 것이 좋다.

한정기호는 증명하려고 하는 거짓 명제에 분명하게 진술되도록 해야 하며, 또한 증명하려고 하는 명제와 관련된 여러 가지 고려할 사항들을 분명하게 확인하도록 해야 한다. 다음 예를 보면 고려할 사항의 의미를 잘 알 수 있다.

(예) 다음 진술문은 참인가 아니면 거짓인가?

문장: "곱셈에 대한 덧셈의 분배가 성립한다"

이 명제에서 분명히 고려해야 할 사항이 실수 집합이라면, 이 명제 $a+(b\cdot c)=(a+b)\cdot(a+c)$는 거짓이다. 하지만 고려해야 할 사항이 집합이라면 덧셈은 $\cup$(합집합), 곱셈은 $\cap$(교집합)으로 정의되기 때문에 이 명제 $A\cup(B\cap C)=(A\cup B)\cap(A\cup C)$는 참이 된다.

이와 같이 명제에 내포되어 있는 암시적인 조건과 제약(제한) 조건들은 학생들이 항상 확인하고 구체적으로 밝히도록 해야 한다. 이러한 학습활동은 특히 반례에 의한 증명에서 중요한 역할을 한다.

임의의 집합의 각각의 모든 원소가 어떤 성질을 만족하고 있다는 사실을 증명하려면, 각각의 원소가 이 성질을 만족하는지 하나씩 모두 밝혀야 한다. 그런데 임의의 집합의 원소가 주어진 어떤 성질을 만족하지 않는다는 사실은 어떻게 증명해야 하는가? 이 부분에서 많은 학생들이 반례에 의한 증명 논리에 대해 혼란을 느끼고 있다. 이 경우 다음 두 가지 상황이 가능하다.

임의의 집합의 각 원소가 주어진 성질을 만족하지 않는다.	증명할 것은 →	그 집합의 각각의 원소를 하나씩 조사해서 그 성질을 만족하지 않음을 보인다.
임의의 집합의 각 원소가 주어진 성질을 만족한다는 명제는 거짓이다.	증명할 것은 →	그 성질을 만족하지 않는 그 집합의 유일한 한 원소를 찾는다.

반례에 의한 증명의 타당성은 이 증명법은 <u>일반화된 명제가 거짓임을 밝히는데 사용</u>된다는 점에 있다. 일반화된 명제가 거짓이 되는 이유는 해당 집합의 모든 원소에 대해 성립하도록 제한 조건을 충분히 확장하지 않았기 때문에 생긴다.

(예) 다음 예는 학생들에게 반례에 의한 증명 논리를 이해시키는데 도움이 될 것이다. 다음 문장들을 읽고 '참'과 '거짓'을 결정하시오. 주어진 집합은 $S=\{1,2,4,6\}$ 이

고 만족해야 할 성질은 자연수의 짝수에 대한 성질이다.

(1) 집합 S의 원소는 짝수이다.
한정기호가 분명히 밝혀져 있지 않으므로 이 문장의 경우는 참과 거짓을 결정할 수 없다.

(2) 집합 S의 각 원소는 짝수이다.
$1 \in S$ 이지만 짝수가 아니므로 이 문장은 거짓이다.

(3) 집합 S 의 어떤 원소들은 짝수이다.
$\{2, 4, 6\} \in S$ 이므로 이 문장은 참이다.

(4) 집합 S 의 임의의 원소는 짝수이다.
'임의의 원소'의 의미는 집합 S의 '각각의 원소'라는 의미이므로 이 문장은 거짓이다.

위의 예에서도 볼 수 있듯이 반례에 의한 증명을 사용해서 어떤 명제를 증명 또는 반박하기 전에 암시적으로 표현된 한정기호를 먼저 확인하는 것이 필수적이다. 그리고 반례에 의한 증명은 명제가 참이 아닌 주장을 증명할 때 사용하는 증명법이다. 수학적 논리 측면에서 보면, 어떤 명제가 거짓이라는 것은 그 명제가 포함하는 모든 사례 (또는 조건)에 대해 성립하지 않는다는 뜻이다.

고등학교 10-가 수학교과서에서 이 반례에 의한 증명을 보면 명제의 필요조건과 충분조건을 결정할 때 자주 접할 수 있는데 그 예를 들면 다음과 같다.

(예) p 는 q 이기 위한 무슨 조건인가?

(1) $p: x = 4$
$q: x^2 = 16$

$x = 4$ 이면 $x^2 = 16$ 이므로 이 명제는 참이고 따라서 충분조건이다. 하지만 $x^2 = 16$ 이면 $x = 4$ 는 거짓이다.

반례: $x = -4$ 이면 $x^2 = (-4)^2 = 16$ 이지만 $-4 \neq 4$ 이다.

(2) $p: |x+y+z| = |x| + |y| + |z|$
$q: xy + yz + zx \geq 0$

p 는 q 이기 위한 충분조건이다.

반례: $x = 3,\ y = 5,\ z = -1$ 일 때, q: $3 \cdot 5 + 5 \cdot (-1) + (-1) \cdot 3 = 7 \geq 0$ 이지만

p : $|3+5+(-1)| = |7| = 7 \neq |3| + |5| + |-1| = 9$ 이다.

반례에 의한 증명의 또 다른 예는 수학사에서 조화급수와 관련된 유명한 정리이다. 일반적으로 다음 정리는 참이다.

정리: 급수 $\sum_{n=0}^{\infty} a_n$ 이 수렴하면, 이 급수의 각 항에 대해 $\lim_{n \to \infty} a_n = 0$ 이다.

대부분의 17 세기 수학자들은 이 정리의 역도 참이라고 생각했으며 수많은 증명들이 이를 뒷받침했다. 하지만 요한 베르누이 (Johann Bernoulli, 1667-1748)는 단 하나의 반례로서 이 모든 증명들이 거짓임을 보였다. 그가 제시한 반례가 바로 그 유명한 '조화급수' (harmonic series) 였는데 요즘 미적분학으로 이를 간단하게 증명해 보면 다음과 같다.

정리: 조화급수 $\sum_{n=1}^{\infty} \frac{1}{n} = 1 + \frac{1}{2} + \frac{1}{3} + \frac{1}{4} + \cdots$ 는 발산한다.

(증명)

이 급수는 합을 쉽게 구할 수 있는 이미 알려졌던 기하급수 (무한등비급수)가 아니므로 급수의 정의에 따라 부분합을 먼저 구해야 한다.

$$S_1 = 1$$

$$S_2 = 1 + \frac{1}{2}$$

$$S_4 = 1 + \frac{1}{2} + \left(\frac{1}{3} + \frac{1}{4}\right) > 1 + \frac{1}{2} + \left(\frac{1}{4} + \frac{1}{4}\right) = 1 + \frac{1}{2} + \frac{1}{2} = 1 + 2 \cdot \frac{1}{2} = 1 + \frac{2}{2}$$

$$\begin{aligned} S_8 &= 1 + \frac{1}{2} + \left(\frac{1}{3} + \frac{1}{4}\right) + \frac{1}{5} + \frac{1}{6} + \frac{1}{7} + \frac{1}{8} \\ &> 1 + \frac{1}{2} + \left(\frac{1}{4} + \frac{1}{4}\right) + \left(\frac{1}{8} + \frac{1}{8} + \frac{1}{8} + \frac{1}{8}\right) \\ &= 1 + \frac{1}{2} + \frac{1}{2} + \frac{1}{2} = 1 + 3 \cdot \frac{1}{2} = 1 + \frac{3}{2} \end{aligned}$$

$$\begin{aligned} S_{16} &= 1 + \frac{1}{2} + \left(\frac{1}{3} + \frac{1}{4}\right) + \left(\frac{1}{5} \cdots \frac{1}{8}\right) + \left(\frac{1}{9} + \cdots + \frac{1}{16}\right) \\ &> 1 + \frac{1}{2} + \left(\frac{1}{4} + \frac{1}{4}\right) + \left(\frac{1}{8} \cdots \frac{1}{8}\right) + \left(\frac{1}{16} + \cdots + \frac{1}{16}\right) \\ &= 1 + \frac{1}{2} + \frac{1}{2} + \frac{1}{2} + \frac{1}{2} + \frac{1}{2} = 1 + 4 \cdot \frac{1}{2} = 1 + \frac{4}{2} \end{aligned}$$

$$\vdots$$

$$S_{32} > 1 + \frac{5}{2}$$

$$S_{64} > 1 + \frac{6}{2}$$

$$\vdots$$

$$S_{2^n} > 1 + \frac{n}{2}$$

$n \to \infty$ 일때 $S_{2^n} \to \infty$ 이다. 따라서, 수열 $\{S_n\}$ 이 발산하므로 이 조화급수도 발산한다.

간접 증명법 (Indirect Proof)

간접 증명법은 모순에 의해 증명법의 하나로써 많은 학생들이 쉽게 이해하지 못하는 증명 형식이기도 하다. 첫 번째 이유는, 대부분의 학생들이 간접 증명법을 접할 기회가 그렇게 많지 않다는 것이다. 두 번째 이유는, 수학교사들이 이 간접 증명법의 논리적 구조를 설명하지 않은 채 이 증명법이 필요한 증명만 간혹 선보이기 때문이다. 세 번째 이유는, 간접 증명은 어떤 명제가 참이거나 거짓일 때만 사용해야 하는 증명법이다.

간접 증명법의 논리적 형식에는 여러 가지가 있는데, 여기서 제시하는 논리는 일반적으로 수학교과서에 제시되어 있는 형식이다.

논리적 구조	기호
$p \to q$ 를 간접증명하려면, 면저 p 와 $\sim q$가 참이라고 가정하고, 이로부터 유도되는 어떤 명제 r 과 $\sim r$ 이 동시에 참이라는 모순을 유도한다.	$\dfrac{(p,\ \sim q) \to (r,\ \sim r)}{p \to q}$

어떤 명제들의 경우 간접 증명법을 사용하지 않으면 증명이 너무 까다롭기도 하고 또 다른 명제들은 직접 또는 간접 증명 어느 쪽을 사용해도 증명이 가능하다. 간접 증명법을 사용한 명제의 예를 들면 다음과 같다.

- $\sqrt{2}$ 는 무리수이다.
- 소수의 개수는 무한하다.
- 실수 집합의 서수 (cardinal number)는 유리수 집합의 서수보다 크다.

위의 예에서 보는 것처럼 간접 증명법은 기하적 명제의 증명에서만 사용되는 것이 아님을 알 수 있으며 아래의 증명도 이러한 예에 해당한다.

(예) 명제 : 두 실수의 곱이 0 이면, 이들 중 적어도 어느 한 실수는 0 이어야 한다.
(증명) a, b 가 임의의 실수라 하고, 주어진 명제의 가정으로부터 $ab=0$ 라 하자 (p). 그리고 이 명제의 결론 부분의 부정으로 $a \neq 0$ 이고 $b \neq 0$ 라 하자 ($\sim q$). 실수 집합은 체 (field)의 공리를 만족하므로, a 의 곱셈에 대한 역원인 $\frac{1}{a}$ 이 존재한다. 그러면 곱셈의 결합법칙과 곱셈의 역원에 대한 정의로부터 $ab=0$ 의 양변에 $\frac{1}{a}$ 을 곱하면 다음과 같다.

$$\text{좌변: } \left(\frac{1}{a}\right)(ab) = \left(\frac{1}{a}\right)(a)(b)$$
$$\text{우변: } \left(\frac{1}{a}\right)(ab) = \left(\frac{1}{a}\right)(0) = 0$$

따라서 $b=0$ 이 되어 두 명제가 동시에 생기게 된다. 즉,

$$b \neq 0 \quad (r) \leftarrow \text{가정으로부터}$$
$$b = 0 \quad (\sim r) \leftarrow \text{증명으로부터}$$

이 사실을 보면 어떤 수가 동시에 0 이면서 0 이 아닐 수는 없기 때문에 (논리학에서는 이를 배중율-排中律, Principle of excluded middle-이라고 하는데, 어떤 대상이 동시에 긍정이며 부정일 수는 없다는 원리이다) 주어진 명제는 간접 증명의 논리에 의해 성립함을 알 수 있다.

중고등학교 수학교실에서 어떤 명제의 증명을 위해서 직접 또는 간접 증명법을 따로 사용하거나 동시에 사용할 수 있다. 하지만 학생들이 수학적 증명을 의미 있게 이해하기 위해서는 이들 증명 방법에 내포되어 있는 논리적 형식에 대한 이해가 선행되어야 하며 교사들도 이에 대한 지도에 관심을 가져야 할 것이다.

수학적 증명과 추론에 관한 연구 결과들

수학적 증명과 추론에 관련된 수학교육의 연구 결과들은 수학교사들이 증명과 추론과 관련된 교수-학습을 계획하고 실천할 때 참고할만한 몇 가지 연구결과들을 살펴보면 다음과 같다.

- 6세 정도면 타당한 결론을 인식할 수 있다고 한다.
- 조건적 추론 ($p \rightarrow q$)은 형식적 조작기 (보통 12 세 이상) 에 도달한 이후에나 가능하다고 한다.
- 조건문 형태로 연역적으로 추론하고 타당하지 않은 추론 (또는 증명) 형식을 찾아내는 능력은 일반적으로 나이가 들면서 향상된다고 한다.
- 타당하지 않은 조건적 추론 (증명) 형식 (주어진 명제에 대한 이 명제와 역 명제)을 인식하는 능력은 약 16 세까지 아주 느리게 신장된다.
- 긍정식, 역, 이, 대우의 4 가지 기본적인 추론 형식에 대한 학생들의 성취도를 쉬운 것부터 어려운 순서로 나열하면 긍정식 → 대우 → 이 → 역의 순서로 어려워한다고 한다.
- 많은 고등학생들의 경우 if-then 명제를 if and only if 명제로 잘못 해석하는 경향이 있다고 한다.
- 대부분의 학생들은 대우를 이용한 추론이나 증명의 타당성을 인식하지 못하는 경향이 있으며, 이나 역을 이용한 추론이나 증명이 타당하지 않음을 인식하지 못하는 경향이 있다고 한다.
- 수학교실에서 수학교사가 if-then 추론이나 명제와 관련된 언어나 용어, 또는 타당한 증명 (추론) 형식을 자주 사용하는 수업을 받은 학생들은 그렇지 않은 학생들보다 추론 (증명)능력이 뛰어나다고 한다. 그래서 수학 수업에서 if-then 명제나 문장의 사용 기회를 극대화하여야 한다고 제언하고 있다.
- 학생들은 가정이 일단 한번 세워지면, 그 가정이 타당한지 아닌지에 대한 충분한 검사를 하지 않는 경향이 있다고 한다.
- 수학 내용뿐만 아니라 다양한 일상생활의 상황을 사용하여 타당한 추론 (증명)과 타당하지 않은 추론 (증명) 형식인 이와 역에 대한 이해를 촉진시킬 수 있는 학습 경험을 계속해서 제공해야 한다고 제언하고 있다.
- 고등학생의 20% - 30%의 학생들만 증명을 기본적으로 이해한다고 한다.
- 보조선과 같이 증명 과정에서 필요에 의해 사용되는 작도가 포함된 증명을 가장

어려워 한다고 한다.

- 닮음이나 닮음을 사용한 증명을 합동이나 합동을 사용한 증명보다 더 어려워한다고 한다.
- 학생들은 수학적 귀납법의 원리를 이해하는데 많은 어려움이 있다고 한다.
- 추론과 증명에 관련된 다양한 수학적 활동들이 수학 수업에서 도입되어야 하며, 초등학교 6학년 정도부터 기본적인 증명에 대한 이해가 가능하다고 한다.
- 증명을 적는 형식 - 순서도를 이용한 증명, 문장 형식을 사용한 증명, 이단 형식을 사용한 증명 (노트를 이단으로 접어서 왼쪽에는 명제나 문장을, 오른쪽에는 그 이유에 해당하는 정리, 정의 등을 적는 형식)-은 연역적 추론이나 증명 능력의 발달에 큰 차이를 보이지 않는다고 한다.
- 증명을 계획할 때는 분석 (결론에서 시작하여 가정으로 거꾸로 진행하는 증명)만 사용하기보다는 분석과 종합 (가정에서 결론으로 진행하는 증명)을 함께 사용하는 것이 보다 효과적이라고 하며, 또한 분석보다는 종합이 더 나은 증명 진행 형식이라고 한다.

지금까지 증명의 정의, 증명의 유형, 학생들이 증명을 어려워하는 이유, 그리고 수학적 증명과 추론에 관련된 연구 결과에 대해서 살펴보았다. 이 절의 결론으로서 이들 주제를 종합하여 수학교실에서 증명 지도는 어떤 방법으로 이루어져야 하는지에 대한 몇 가지 제언을 하고자 한다.

(1) 정리 증명은 아주 개인적인 인지 활동이므로 일정한 절차를 틀리지 않고 따라만 가면 답이 분명히 나오는 알고리즘을 사용해서는 가르칠 수 없는 것으로써 학생들에게 가르치기 어려운 과정이다. 그렇다고 해서 중고등학교 수학교실에서 증명 (추론) 활동을 무시한다면 폴리야의 말대로 학교 수학교육의 중요한 목표를 망각하는 것이 될 것이다. 중요한 점은 수학교사들이 증명 지도 활동이 이처럼 어렵다는 사실을 인정하고 받아들이는 자세의 변화가 무엇보다도 필요하다고 본다.

(2) 기하 내용을 다룰 때 중고등학교 수학교실의 중심적 활동은 여러 정리에 대한 증명 활동이 주를 이루고 있으며 진도에 신경을 쓰다보면 학생들이 증명을 빨리 습득하도록 하려고 짜임새 없는 엉성한 교수-학습 활동을 하게 되는 경향이

있다. 증명 능력의 습득은 상당한 시간을 요구하고 아주 천천히 발달되는 인지 활동이라는 사실을 교사들은 인식해야 한다. 아마도 증명을 지도하는 교사들에게 가장 좋은 조언은 "인내심을 가지고 지켜 보라"일 것이다. 그만큼 정리를 증명하는 것은 복잡하고 여러 유형의 논리적 형식과 수많은 수학적 사실, 기능, 개념과 원리뿐만 아니라 이들 사이의 관계성까지도 파악해서 사용해야 하는 고차적 인지 활동이다. 블룸 (Bloom)의 인지적 교육 목표분류에서도 보면 증명은 가장 고차적인 인지적 기능인 '평가' 바로 전 단계인 '종합'에 해당될 정도로 복잡하고 고차적인 인지 활동이므로 수학교사들은 학생들의 증명 (추론) 능력이 단시간에 향상 될 것이라는 기대감을 버리고 장기적인 안목에서 지도하려는 자세가 필요하다고 본다.

(3) 대부분의 수학교실에서 증명은 있지만 그 증명의 근간을 이루고 있는 논리적 구조에 대한 설명은 좀처럼 이루어지지 않고 있기 때문에 학생들의 증명에 대한 이해는 제한적일 수밖에 없는 실정이다. 그러므로 수학 내용을 지도하면서 동시에 앞에서 살펴본 9 가지 유형의 직접적인, 간접적인 연역적 증명 형식을 함께 가르쳐야 한다. 각 증명 형식을 증명에 처음 적용할 때는 반드시 그 증명 형식에 사용된 논리적 구조를 논의하고 예를 들어 설명해 주어야 한다. 물론 이런 증명 지도의 초기 단계에서 학생들이 증명 형식에 내재되어 있는 타당한 논리적 구조를 이해하고 받아들일 것이라고 기대할 필요는 없다. 많은 증명 경험을 통하여 학생들은 천천히 어떤 특정한 증명 형식의 타당한 논리를 완벽하게 수용할 것이기 때문이다.

(4) 증명을 지도할 때는 학생들에게 어떤 특정한 형식으로 증명을 쓰도록 강요해서는 안 된다는 점이다. 앞에서도 언급한 것처럼 문장 형식으로든, 이단 형식으로든, 또는 순서도 형식으로든 그 증명 쓰기의 형식에 강조점을 두어 지도하는 것은 바람직하지 못하다. 증명 지도는 증명 쓰기보다는 증명에 관련된 다양한 수학적 사고 활동을 경험하고 학생들에게 자유롭게 생각하고, 추측을 제기하고, 자신의 추측이나 주장에 대해 정당성을 입증하여 자기 자신과 다른 사람에게 이 추측이나 주장을 설득하고 확신시키며, 다른 사람의 반박에 대해 자신의 주장을 옹호하거나 그 반박을 받아들여 자신의 추측이나 주장을 수정하는 등의 중요한 수학적 활동을 경험하고 이러한 경험으로부터 수학적 지식은 사회 (또

는 학급)의 구성원들과의 합의에 의해 구성되어지는 것이라는 수학적 지식과 증명의 본질에 대한 인식과 이해를 넓히는 것이 보다 중요하다.

(5) 수학자들이 어떤 정리에 대한 증명을 시도할 때 처음부터 깨끗하고 잘 정돈되고 조직화된 증명을 하는 것은 아니다. 심지어 중고등학교 학생들에게 전문 수학자와 같은 증명 작성을 기대하는 것은 어불성설(語不成說)일 것이다. 어설프고 엉성하게 조직된 증명이지만 타당한 주장을 하고 있다면 좋은 수학적 증명으로 인정해 주어야 한다. 현재 수학교실을 보면 학생들의 능력과는 무관하게 지나치게 잘 정돈된 증명을 요구하고 있는 듯 하다. 중요한 점은 비록 엉성할지라도 학생들에게 타당하고 논리적인 주장이나 증명을 하도록 하고 그런 다음 다른 사람들이 충분히 이해할 수 있도록 고쳐 적도록 하는 활동이 필요하다. 증명을 하는 것과 이 증명을 기록하는 것은 전혀 다른 인지적 활동이다. 정리의 증명은 문제해결을 위한 인지적 활동인 반면에 증명 쓰기는 다른 사람과의 의사소통을 위한 활동이다. 물론 수학 활동에서 자신의 생각과 아이디어, 증명을 다른 사람이 이해할 수 없도록 적는다면 이것도 큰 문제이겠지만 적어도 수학교실에서 증명 지도의 초점이 조직화와 구조화가 잘 된 증명의 작성에 있어서는 안될 것이다.

(6) 또한 수학적 증명이나 추론은 반드시 고등학교 정도의 고학년들만 할 수 있는 수학적 활동이란 생각을 버리고 어느 학년 수준의 학생일지라도 자신의 추측이나 주장에 대한 정당성의 입증이나 증명, 추론 활동이 가능하다는 사실을 교사들은 인식해야 한다. 즉, 자신의 주장이나 추측에 대하여 초등학생은 초등학생 수준에 맞는 형식으로 그 타당성을 입증하거나 증명하는 것이다. 문제는 이들의 이러한 정당화를 위한 주장이나 증명을 형식화된 수학적 사고에 너무 익숙한 성인인 수학교사가 받아들이지 못할 뿐이다. 한 가지 예를 보면, 초등학교 저학년 학생도 모순에 의한 증명을 할 수 있다는 것이다.

(예) 초등학교 1 학년 학생이 자연수의 규칙성에 대한 성질로부터 “0 은 짝수이다” 라는 주장을 했다. 이 학생의 증명은 다음과 같았다.

> “만약 0 이 홀수라면, 1 도 홀수이므로 0 과 1 이 연달아서 두 홀수가 나오게 되요. 그런데 짝수와 홀수는 번갈아 나와야 해요. 그러니까 0 은 분명히 짝수이죠.”

초등학생의 수준을 생각할 때 우리 수학교사들은 이것을 타당하고 정당한 증명으로 받아들일 수 없는 것일까? 없다면 그 이유는 무엇일까?

(7) 증명은 어떤 정리나 명제가 참임을 밝히는 것이기 때문에 증명을 시작하기 전에 그 정리가 참임을 학생들이 먼저 확신을 가지도록 해야 한다. 이를 위해서 예나 반례를 찾아보는 활동이 증명 쓰기를 하기 전에 다양하게 이루어져야 한다. 그 정리를 만족하는 여러 가지 예를 찾고 반례를 찾지 못했다면, 그 학생은 적어도 이 정리의 의미를 직관적으로 이해했을 것이다. 예와 반례를 찾는 것은 정리 증명을 위한 한 가지 전략에 해당된다. 어떤 경우이든 예와 반례 찾기는 증명하려는 정리를 이해하는데 많은 도움을 준다. 다음의 예 역시 초등학생들이 비형식적 증명으로써 예와 반례의 역할을 이해하고 있음을 보여주는 것이다. 초등학교 수학의 예를 드는 것은 초등학생일지라도 수학교실에서 증명이나 추론 활동이 충분히 활발하게 이루어질 수 있다는 사실을 보여주기 위한 것이다.

(예) 학생들은 교사와의 토론과 지도에 따라 이제 숫자로 된 문장을 이해하는 듯했다. 그래서 교사는 칠판에 $0 + 5869 = 5869$ 라고 적었다. 그리고 학급에게 이 문장의 규칙을 말해보라고 했다. 한 학생이 다음과 같이 말했다.

> "0 하고 어떤 수가 더해질 경우에는 그냥 그 더해지는 수를 적으면 답이 되요."

그러자 다른 학생이 반례를 제시하였다.

> "항상 그런 건 아닌데요. 왜냐하면 $100 + 100 = 200$ 이잖아요."

이런 반례의 제시가 있게 되자 첫 번째 학생은 자신의 주장이 타당하지 않음을 알게 되었다. 그래서 그 주장을 수정하여 제시하였다.

"0 하고 다른 숫자하고 있는 것, 음... 100 과 같은 것은 제외하고 0 만 있는 경우인 $0 + 7 = 7$ 과 같은 경우를 말해요."

또한 교사는 학생들에게 증명이나 추론 활동을 위해서 다음과 같은 질문들을 적절히 사용할 때 학생들의 사고 활동은 더욱 촉진될 것이다:

- "왜 그것이 (주장, 정리, 예 등) 참이라고 생각하니?"
- "혹시 답이 다르게 나온 사람 있어? 왜 다른 답이 나왔다고 생각하니?"

- "다음에는 어떤 것이 나올 거라고 생각해?"
- "이것으로부터 어떤 규칙성 (패턴)을 찾을 수 있을까?"
- "이 패턴 (정리)은 항상 참일까? 아니면 어떤 경우에만 참일까?"
- "이 정리 (주장)의 예를 들 수 있을까? 아니면 반례는 없을까?"

(8) 수학교실에서 증명 지도를 할 때 실천해 볼 수 있는 방법으로 분석과 종합 활동이 있다. 대부분의 수학교실에서 보면 증명할 정리에 대한 분석 활동보다는 선생 결과들을 논리적 순서로 배열하고 차례로 연결하여 증명하고자 하는 결론을 구성하는 종합 활동에 많은 시간을 할애하는 경향이 있다. 이 종합 활동은 공리, 공준, 정의로부터 정리를 연역하여 종합하는 것으로 유클리드 <원론>의 구성 방법이며 동시에 수학적 진리의 구성 방법으로 인식되어 왔지만, 발견의 논리와 과정인 분석을 감추고 있어서 증명 과정에서 어떤 일이 일어났는지, 어떤 노력과 어떤 시행착오가 있었는지 등의 증명에 관련된 인간적인 모습을 전혀 볼 수 없는 아주 잘 짜여진 완전한 형태의 증명만 제시하는 방법이다. 또한 이 종합에 의한 증명 구성은 오늘날까지 수학교과서에서 증명 구성 방법으로 지도되고 있다. 하지만 학교수학에서는 증명 지도시에 먼저 분석 활동으로 증명하고자 하는 정리에 관련된 정리, 개념, 원리들을 파악하도록 한 다음 이들을 논리적으로 연결하여 종합하는 활동이 동시에 필요하다고 본다. 아래의 예는 이러한 분석과 종합 활동을 토대로 증명을 구성한 것이다.

(예) 정리 : 모든 삼각형에는 하나의 내접원만 존재한다.

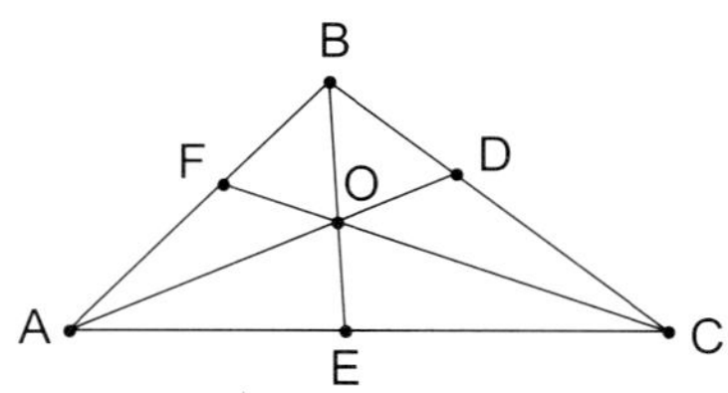

분석활동 :

① 아래 그림과 같이 학생들에게 조별로 이 정리와 관련된 다른 정리, 개념, 원리 등을 찾아보도록 해서 카드나 OHP 용지를 작게 나누어서 적도록 한다. 학생들이 증명에 필요한 모든 것을 찾지 못할 경우를 대비해서 교사는 미리 이들을 준비해 둔다.

② 조별 활동이 끝나면 각 조의 카드에 번호를 붙여서 OHP나 실물화상기 위에 놓는다. 아래 그림과 같이 필요한 경우 작도나 그림을 함께 그려 두면 이해하는데 편리하다.

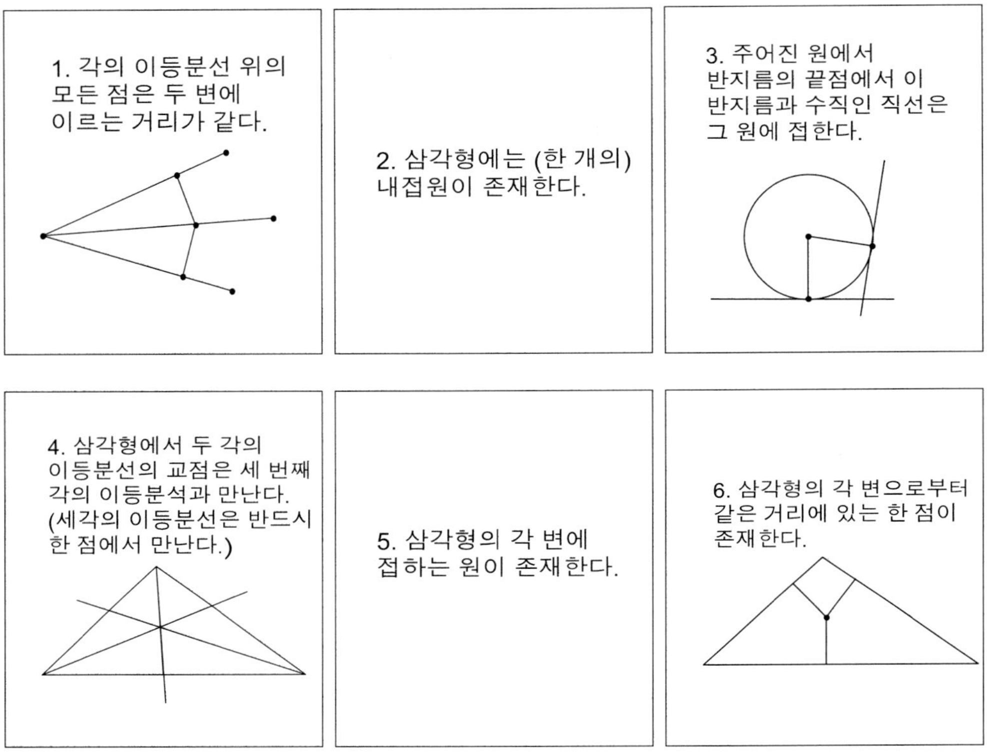

③ 이제 각 조에게 다시 이들 카드 번호를 논리적으로 연결하게 하고 각 조별로 나와서 연결된 카드 번호와 연결된 이유를 설명하게 한다. 이때 교사와 학급의 다른 조는 발표조의 주장에 대해 타당성을 입증하도록 요구하거나 반례를 제시하도록 한다. 그리고 발표조는 자신들의 연결을 수정하거나 타당성을 입증하도록 한다. 이 활동을 위해서는 앞에서도 논의한 것처럼 반드시 증명 형식과 그 논리적 구조를 함께 생각해 보도록 한다.

④ 이러한 활동을 통해서 학급과 교사는 논리적으로 타당한 연결을 만들게 된다. 교사는 이 연결을 종합하기 위해 학생들에게 이제 문단이나 다른 어떤 형식으로든 증명 쓰기를 하도록 한다.

종합활동 :
이러한 분석과정으로부터 종합 즉 증명을 구성하면 다음과 같다.

각의 이등분선은 그 두 변으로부터 같은 거리에 있는 점의 자취이므로, 각 A 의 이등분선은 그 변 AB, AC 로부터 같은 거리에 모든 점으로 이루어져 있고, 각 C 의 이등분선은 변 CB, CA 로부터 같은 거리에 있는 모든 점으로 이루어진다. 이 두 각의 이등분선은 점 O 에서 만난다.

따라서 점 O 는 삼각형 ABC 의 모든 변으로부터 같은 거리에 있다. 이 점들을 각각 D, E, F 라 하자. 그러면,

$$\overline{OD} = \overline{OE} = \overline{OF}$$

이고

$$\overline{OD} \perp \overline{BC},\ \overline{OE} \perp \overline{AC},\ \overline{OF} \perp \overline{AB}.$$

중심이 O 이고 반지름이 OD 인 원을 그리면, 반지름의 끝점에서 그은 반지름에 수직인 직선은 그 원에 접한다는 정리에 의해, 이 원은 삼각형 ABC 의 각 변에 접하는 원, 즉 내접원이 된다.

지금까지 수학교실에서의 수학적 증명과 추론에 관련해서 살펴보았다. 앞에서도 언급한 것과 같이 수학적 증명과 추론은 학교 수학교육의 목표에서 없어서는 안 될 중요한 목표이며 학교 밖의 상황에서도 여전히 필요한 능력이라고 생각된다. 우리 학생들이 수학의 내용뿐만 아니라 수학적 사고를 길러서 그들의 직업과 사회생활에서 활용할 수 있도록 하는 것은 우리 수학교사들이 해야 할 일이므로, 단지 문제 몇 개를 더 풀게 해서 점수를 올리는 수학수업을 탈피하려는 노력이 필요할 때라고 본다.

8. 수학과 수업설계의 전략과 실제 : 탐구형 수학수업 모델을 중심으로

교사가 해야 할 가장 중요한 활동은 무엇일까? 물론 수업활동과 교사업무이겠지만 이와 동등한 위치를 차지하면서도 잘 인식되고 있지 않은 활동이 바로 수업을 계획하고 설계하는 활동이다. 그런데 수업을 설계할 때는 먼저 학생들을 위한 목적이 무엇인지에 대하여 교사가 분명히 인식하고 있어야 한다. "만약 교사가 수업에 대한 분명한 목적을 가지고 있지 않다면 이들을 위한 좋은 수업을 계획할 수 없다"라고 유명한 교육학자 Robert Mager는 수업에 대한 교사의 목적의식을 강조하였다.

이러한 분명한 수업목적의 확인은 효과적인 수업을 위한 시작이다. 효과적인 수업이란 학생들로 하여금 구체적인 기능, 지식, 태도를 획득할 수 있도록 하는 수업이며 학생들 스스로 수업을 즐기도록 하는 수업이다. 효과적인 수업을 하기 위해서는 수업계획에 대한 체제적 접근을 해야 하는데, 이것은 교사들이 대부분 잘 알고 있는 과정으로 이를 구체적인 표로 나타내면 다음과 같다.

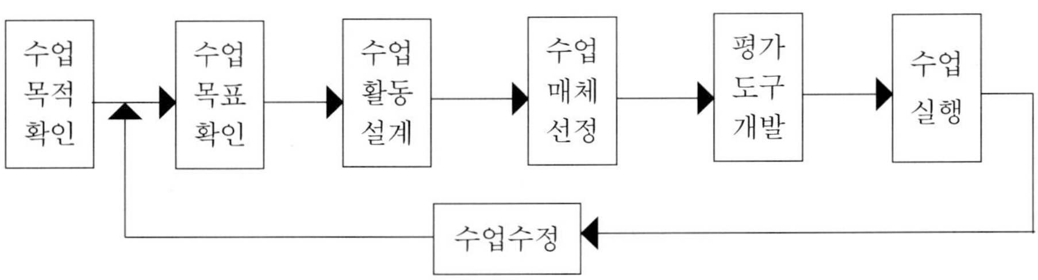

이 글에서는 위의 표에서 수업활동의 설계 부분을 탐구형 수학수업 모델을 중심으로 살펴보고자 한다. 탐구형 수학수업 모델을 설정한 이유는 제 7차 수학과 교육과정 목표에서도 제시되어 있듯이 탐구형 수학수업 모델은 수학의 기초적인 개념, 원리, 법칙과 이들 사이의 관계를 이해할 수 있으며... 생활주변에서 일어나는 여러

가지 문제를 수학적으로 관찰, 분석, 조직, 사고하여 해결할 수 있는 능력의 기초가 되는 고차적, 비판적 사고 능력을 길러주기 때문이다.

탐구형 수학수업 모델

왜 탐구형 모델인가?

탐구란 정보와 진리를 찾기 위하여 어떤 상황을 조사하는 과정을 말한다. 다시 말해서, 주어진 여러 사실들과 관찰을 통하여 의문에 답을 하고 문제를 해결하는 과정을 말한다. 탐구활동은 거창해 보이는 용어지만 사실 우리들의 일상생활에서 아주 흔하게 일어나는 일이다. 예를 들면, "심장계 질환이 다른 사람보다 많은 이유는 무엇인가?"라는 질문에 답을 알기 위해서는 탐구과정을 통해 흡연, 높은 콜레스테롤 음식섭취, 운동부족이 원인임을 밝혀낸다. 보다 개인적인 탐구활동으로는 에어컨을 켜고 운전했을 때와 켜지 않고 운전했을 때 차량의 연료소비량의 차이를 알아보는 것이 있다. 이러한 탐구활동은 학생들에게 고차적이며 비판적 사고능력을 훈련시키는데 가장 효과적인 방법이다. 탐구형 수학수업 모델이란 주어진 여러 사실들과 관찰에 근거하여 문제와 의문을 조사하고 해결하는 방법을 학생들에게 가르치기 위한 수업전략을 말한다.

탐구형 수학수업을 위한 계획

탐구형 수업모델을 사용하고자 할 때 교사의 주된 목적은 어떤 수학내용에 대한 이해보다는 이 내용을 소재로 하여 고차적이며 비판적 사고기능을 훈련시키는데 있다. 물론 수학내용과 사고 기능은 분리하여 생각할 수 없지만 특히 탐구형 수업 모델을 적용하고자 할 때의 주목적은 사고기능의 훈련에 있으며 이를 통하여 기존의 수학지식을 확장하고 조직화하는데 있다. 탐구형 수학수업을 통해서 학생들은 일반화된 수학적 지식을 구성하게 된다.

탐구형 수학수업 모델에 적합한 학습목표를 들면 다음과 같다.

- 정보를 찾고 이를 처리하는 정신기능을 계발한다.
- 논리의 원리와 법칙들을 배운다.

- 인과관계를 이해한다.
- 자기주도적이며 생산적으로 탐구하는 자세를 배운다.
- 수학적 일반화를 유도해 내는 변수들 사이의 관계를 발견한다.
- 수학적 발견과 문제해결의 수단으로서 탐구활동의 가치를 안다.
- 수학적 증명방법과 문제해결의 절차를 이해한다.
- 수학적 알고리즘과 원리들을 발견한다.
- 수학자들의 연구방법을 안다.

탐구형 수학수업의 5 단계

어떤 상황이나 문제에 대한 탐구형 수학수업의 5 단계는 다음과 같다.

1단계 : 의문이나 문제상황 제시

사실, 개념, 원리들을 조직하여 일반화된 원리를 이끌어 낼 수 있도록 질문이나 문제, 퍼즐, 패러닥스 등을 제시한다. 탐구형 수학수업의 첫 번째 단계는 의문이나 문제를 교사가 제시하는 것이다. 문제나 상황을 명확히 전달하기 위해 칠판에 판서를 하거나 프로젝트 스크린에 제시하고 학생들이 제시된 문제나 상황에 있는 용어, 단어, 개념을 분명히 이해하고 있는지를 확인한다. 이를 위해서 학생들에게 문제나 상황을 자신들의 언어로 표현해보게 하거나 학급과 함께 간단하게 이에 대한 토론을 하는 것이 좋다.

의문이나 문제상황은 과학적 탐구방법과 관련된 것이어야 하는데 "세계 인구는 얼마인가?" "두 분수의 나눗셈을 하는 방법은?" 등과 같은 것은 수학적 사실과 기능에 관련된 것으로 탐구를 요하는 의문이나 문제상황에는 적합하지 않다. 다음은 탐구를 요하는 보다 적절한 수학적 의문이나 문제상황이다.

- 직선 상의 두 점 x, y 사이의 거리를 구하는 공식은 $d = \sqrt{(x-y)^2}$이며, 두 점 (x_1, y_1)과 (x_2, y_2) 사이의 거리를 구하는 공식은 $d_p = \sqrt{(x_1 - x_2)^2 + (y_1 - y_2)^2}$ 이다. 그렇다면 3차원 공간에 있는 두 점 사이의 거리를 구하는 공식을 발견할 수 있는가? 더 나아가 보다 고차의 차원에서 두 점 사이의 거리를 구하는 공식도 발견 가능한가?
- 산수와 관련된 내용의 경우 년간 한강을 흐르는 물의 양은 얼마인가?

- 사인과 코사인 함수를 단위원 상의 함수로 정의한 후, 이들 두 삼각함수를 직교좌표계 상의 네 점인 (1, 0), (0, 1), (−1, 0), (0, −1)을 연결한 단위 정사각형에서의 함수로 정의할 때의 성질은 어떤가?

2단계 : 가설설정

제시된 의문이나 문제상황을 학생들이 분명하게 이해했다면 이것을 해결할 준비가 된 것이다. 가능성 있는 답을 제시함으로써 가설설정하는 과정으로 학생들을 끌어들일 수 있다. 가설이란 수집한 자료를 통해서 입증가능한 문제나 의문에 대한 잠정적인 답을 말하는데 여기서 잠정적이란 의미는 근거 있는 추측을 의미한다. 잠정적인 답을 추측하는 과정을 촉진하기 위하여 가능성 있는 가설을 만들어보라고 학생들에게 요구한다. 이때 교실의 분위기는 어떤 가설이나 추측일지라도 수용하고 칠판에 발표한 사람의 이름을 붙여 "××× 가설(또는 추측)"이라고 기록하고 제기된 의문이나 문제와의 관련성을 토론하도록 한다. 관련성 있거나 관련성 없는 정보를 확인하고 분류하는 사고활동은 비판적 사고기능의 일부분이다.

학생들의 가설을 칠판에 적었다면 이들 가설 중에서 탐구목적에 가장 적합한 것을 선택하도록 해야 한다. 예를 들면, 삼각함수의 응용을 위하여 제시된 "진자를 빠르게 혹은 느리게 움직이게 하는 요인은 무엇인가?" 문제에 대해 학생들의 잠정적인 가설은 다음과 같다:

- "진자의 길이가 짧을수록 빨리 움직인다"
- "진자의 무게가 무거울수록 빨리 움직인다"
- "진자의 초기 각도가 클수록 빨리 움직인다"

학생들은 제기된 이들 가설로부터 어떤 변인들을 통제하고 어떻게 자료를 수집할 것인지를 결정해야 한다. 첫 번째 가설을 탐구하고 난 후 다음 가설의 탐구로 진행한다. 만약 제기된 가설이 한 가지뿐이라면 이러한 가설 선택과정은 불필요하고 다음 단계인 자료수집 단계로 이동한다.

3단계 : 자료수집

제기된 가설에 따라 자료수집 과정이 달라지며 자료수집의 난이도는 문제의 유형에 좌우된다. 진자운동과 관련된 첫 번째 가설의 경우 진자의 무게와 초기 각도를 고정하고 진자길이를 달리하면서 일정한 시간동안 진자의 반복횟수를 체계적으로 기록하고 관찰해야 한다. 두 번째 가설을 탐구하기 위해서는 진자길이와 초기 각도를 고정하고 진자의 무게를 달리해야 하고, 세 번째 가설을 위해서는 진자의 길이와 무게를 고정하고 초기 각도를 달리하면서 탐구활동을 해야 한다.

탐구활동을 하는 가운데 학생들은 주어진 문제나 의문의 해답을 탐구하는 능력을 기를 수 있을 뿐만 아니라 주어진 문제나 의문에 대해 도서관에서 문헌연구를 하고 어떤 문헌자료가 문제해결에 적절한 자료인지 비판적으로 평가하고 수집한 정보 중에서 어떤 정보가 중요하고 어떤 정보를 무시할 수 있는지 판단하고 결정하며 다른 자료출처에 의한 정보들 사이의 불일치를 해결해야 하는 등 여러 가지 중요한 기능과 능력을 탐구활동을 통해서 익힐 수 있다.

자료를 수집하는 방법은 정해진 절차에 따라서 진행하면 되는데 그래도 어떤 방법이 다른 방법보다 더 나은 자료를 수집할 수 있도록 해 준다는 사실을 학생들이 알도록 한다. 자료수집 방법은 자료수집, 수집된 자료와 결과의 제시, 사용된 수집 방법의 토론으로 이어진다. 진자운동과 관련된 문제의 경우 아주 간단한 장치를 사용하여 일관성 있는 자료를 수집할 수 있기 때문에 수학적 탐구활동을 위한 좋은 예이다. 하지만 제기된 가설에 대한 답을 하는 것에서 더 나아가서 이 진자운동으로부터 구한 데이터를 사용하여 수학적 모델링을 하고 그로부터 이 진자운동을 수학적으로 나타내는 삼각함수 모델을 만드는 과정을 위해서는 보다 정교한 자료수집 장치가 필요한데 CBR(calculator- based ranger)이란 장치가 그 역할을 한다. 자료수집 방법에 대한 토론은 상당히 가치 있는 활동이다. 예를 들면, 학생들이 제시한 다음 실험결과를 보도록 하자.

	진자의 길이	진자의 왕복횟수 (3회 측정의 평균)
무게 : $1kg$의 추 시간 : 15초 각도 : 15도	30 cm	12
	40 cm	11
	50 cm	10
	60 cm	9
	70 cm	8.5
	80 cm	8
	90 cm	7.5
	100 cm	7

위의 자료수집 결과를 보면 각 길이에 대하여 진자의 왕복횟수를 3회 측정하고 평균을 기록하였다. 이로부터 교사는 만약 두 번의 측정결과가 동일하고 세 번째의 측정결과가 자료수집의 에러로 인하여 큰 차이가 있다면 어떻게 할 것인지, 왜 측정시간을 15초로 정했는지, 왜 추의 무게를 $1kg$으로 하고 초기각도를 45도로 했는지, 그리고 진자의 길이를 왜 $10cm$ 간격으로 했는지를 물을 수 있다.

4단계 : 자료의 분석

이 단계에서 학생들은 구한 자료에 근거하여 제기했던 가설들을 분석하고 평가한다. 가설을 평가하는데 있어서 중요한 요인은 “참”과 “거짓”의 개념이다. 만약 자료가 어떤 가설을 지지하지 않는다면 일반적으로 그 가설은 “거짓”이라고 말하며 그 가설을 제기했던 사람이 틀렸음을 의미한다. 하지만 탐구형 수학수업에서는 이러한 견해는 적절하지 못하다. 제기된 가설은 탐구활동을 위한 초점을 제공한 것이며 또한 항상 잠정적인 형태로 제시된다. 그 가설을 제기할 때의 상황에서 활용 가능했던 정보에 기초한 가장 적절한 결론이었던 것이다. 따라서 새로운 자료가 추가됨으로 해서 그 가설을 기각하게 된 것이지 그 가설 자체를 두고 “참”, “거짓”으로 구분하는 것은 학생들에게 탐구활동에 대한 의미를 왜곡시킬 수 있으므로 조심하여 지도해야 한다.

5단계 : 일반화

탐구형 수학수업의 마지막 단계는 수집했던 자료에 근거하여 얻은 결과들을 가능한 일반화시키는 것이다. 예를 들어, 진자의 왕복운동 횟수와 그 무게의 관계를 탐구하는데 있어서 만약 구한 자료에 따르면 무게는 왕복운동 횟수에 영향을 미치지 않는다면 “진자의 무게가 무거울수록 빨리 움직인다”라는 가설은 기각되어 “진자의 무게는 왕복운동 횟수에 영향을 미치지 않는다”는 결론을 이끌어낼 수 있다. 위에서 구한 자료를 보면 일관성 있는 결과를 보여주고 있기 때문에 일반화를 쉽게 이끌어낼 수 있다.

탐구형 수학수업에 대한 평가에서 가장 중요한 점 중의 하나는 학생들이 가설을 만들고 그 가설을 설명하기 위해서 여러 자료들을 관련시켜 조직하는 능력이 있는지를 알아보는 것이다. 문제상황이나 의문을 제기하고 학생들에게 이와 관련된 잠정적 가설, 자료수집 방법과 절차, 관찰방법 등을 질문함으로써 탐구형 수학수업에서 목표로 하는 고차적, 비판적 사고능력 및 수학수업의 내용에 대한 이해 정도도 함께 측정할 수 있을 것이다.

지금까지 수학과 수업설계의 전략과 실제를 주제로 하여 탐구형 수학수업 모델을 중심으로 수업활동을 살펴보았다. 탐구형 수학수업 모델은 제 7차 수학과 교육과정 및 미국수학교사협의회(NCTM)에서 주장하는 문제해결 능력의 신장과 수학적 실험활동의 강조를 잘 반영하고 있는 수업모델이다. 특히 이 수업모델은 학생들에게 자연과학과 마찬가지로 수학도 관찰과 실험으로부터 수학적 원리와 법칙을 이끌어낸다는 사실을 인식시킴으로써 수학적 지식에 대한 인식론적 변화를 가져올 수 있다. 물론 이러한 탐구형 수학수업은 정규 수업시간보다 일반적으로 더 많은 시간을 요구하므로 수학과 재량활동 시간에 활용하여 지도하는 것도 좋은 방법이라고 본다.

결론적으로 수학수업을 위한 모델로는 귀납적 수업모델, 개념획득 수업모델, 통합적 수업모델, 교사주도형 수업모델, 토론 수업모델, 탐구 수업모델, 협동학습 수업모델, 문제해결 학습 수업모델 등 다양한 교수-학습 모델이 있는데 이에 대한 수학교사의 이해와 실천능력을 향상시켜 수업목표에 따라 가장 효과적으로 목표를 달성할 수 있는 모델을 선정하여 수업활동을 전개할 수 있는 교사의 역량과 지식이 필요할 때이다.

9. 중등학교에서의 대수지도와 학습

1988년 전국학력평가위원회 (NAEP: National Assessment of Educational Progress)는 미국의 7학년과 8학년 학생들을 대상으로 실시한 제 4차 수학학력 평가의 결과를 발표했는데, 이 보고서에서 브라운(Brown)과 그 연구팀은 다음과 같이 결론을 내리고 있다.

> 중등학교 학생들은 대수와 기하의 기초적인 개념과 기능에 대한 어느 정도의 지식을 가지고 있는 듯 하다. 그렇지만 과거의 평가 결과와 비교해 볼 때, 이번 평가의 결과가 의미하는 바는 학생들이 이러한 지식을 문제해결 상황에 적용할 능력이 없는 듯 하며, 또한 이러한 수학적 개념과 기능의 배경이 되는 구조에 대해서 이해하고 있지도 않는 듯 하다.

그런데 이러한 이해의 부족을 메우기 위해서 학생들은 자주 규칙과 절차들을 암기하는 듯 했고 이렇게 하는 것이 대수의 본질을 느낄 수 있는 활동들이라고 믿기도 한다. NAEP의 연구에 참여한 대다수의 학생들이 수학을 규칙을 기본으로 하는 학문이며 절반 정도의 학생들이 수학을 공부할 때 대부분 암기에 의존한다고 Brown과 그의 연구팀은 보고서에서 밝혔다. 이러한 결과는 단지 NAEP의 평가에서만 나타난 것이 아니라 다른 여러 나라에서 수행된 유사한 연구들에서도 밝혀진 것이다.

어떤 이유에서 많은 학생들은 대수의 규칙만을 주로 암기하려고 하는 것일까? 대부분의 학생들이 학교에서 가르치는 대수를 이해 못하는 이유는 무엇일까? 대수의 내용이 이러한 문제들을 야기 시키는 것일까? 아니면 학교에서 대수를 가르치는 방법이 학생들에게 대수를 이해하기 어렵게 만드는 것인가? 이도 저도 아니면 대수를 학습하는데 부적절한 방식으로 학생들이 대수적 과제를 해결하려고 하기 때문인가?

이 글에서는 지금까지의 연구 문헌을 통해서 위에서 지적한 세 가지 측면(내용측면, 지도측면, 학습측면)들이 각각 어떻게 학생들의 대수 학습을 어렵게 만들고 있는지를 살펴보고자 한다. 또한 학교에서 지도하는 대수의 내용적 측면과 그 내용을 학습하는데 요구되는 심리학적 측면을 기술하며 대수의 교수적 측면에 대한 개요를 제시하고자 한다. 대수의 교수와 학습과 관련된 연구로부터 얻은 주요한 결과들은 역사적 심리학적 틀에 따라 논의할 것이며 위에서 지적한 세 가지 측면에 바탕을 둔 종합적 관점과 앞으로의 연구 방향을 제안하고자 한다.

학교에서 가르치는 대수

대수의 역사적 발달에 대한 연구에 따르면 현재의 대수는 수학의 한 분야로서 수 사이의 관계와 수학적 구조를 기호화하고 이러한 구조에 대한 연산 조작을 하는 학문으로 인식되고 있다고 한다. 대부분의 수학 교과서에 대수가 제시되고 있는 방식을 보면 이러한 구조적 관점을 그대로 반영하고 있음을 알 수 있다. 이들 교과서에서 다루고 있는 전형적인 내용을 보면 (1) 실수와 복소수의 성질, (2) 미지수가 한 개인 일차와 이차 방정식의 작성과 풀이, (3) 다항식과 유리식 표현의 단순화, (4) 그래프와 함께 선형, 포물선, 지수, 로그 및 삼각함수의 기호적 표현들, 그리고 (5) 수열과 급수 등이 있다.

고등학교에서 지도하는 대수는 오랫동안 내용상의 변화가 거의 없었다. 20세기 초에 초급 과정 대수의 내용을 보면 기호를 사용한 문자식의 단순화, 직선과 이차 방정식의 작성과 풀이, 이러한 방법을 사용해서 해를 찾기, 비와 비율, 지수와 근호를 사용한 연습 등이 있었다. 그 이후 몇 십년 동안 대수의 실용적 측면과 그래프를 그리는 방법을 포함시키려고 했었다. 1960년대 초에 와서 학교에서 가르치는 수학과 대학 졸업 후에 갖게 되는 직업, 예를 들면 핵물리학, 우주 탐사, 통신, 그리고 컴퓨터 공학, 사이에 큰 차이가 있고 그 차이가 점점 더 커지고 있다는 사실을 알게 되었다. 이러한 인식은 '새수학' 운동(the New Mathematics Movement)을 일으키게 하는 계기가 되었다. 이때 개정된 교육과정의 대수에는 부등식과 같은 새로운 내용들이 도입되게 되었고, 집합과 함수같은 개념의 통합을 강조하였고 이를 통해 수학의 구조와 연역적 특성을 가르치려고 하였다. 그렇지만 오늘날 대수 교육과정까지 지속되어온 이러한 변화는 실질적인 변화를 가져왔다기보다는 다소 외형적 치장에 초점을 두어왔었다.

그럼에도 불구하고 이 세기의 초에 명백했던 수학의 구조적 특징이 여전히 지속되어오고 있다. 전통적인 고등학교 대수의 구조적 특징의 예에는 대수식을 간단히 하고 인수분해하기, 양변에 같은 연산을 수행해서 방정식을 풀기, 그리고 $y=a+(x-b)^3$과 같은 함수꼴의 방정식에 있는 변수를 조작해서 여러 함수를 만들어 보기 등이 있다. 많은 대수 교과서의 처음 시작하는 장들을 보면 산술과의 연계를 강조하고 있다. 대수적 표현을 산술에서 수행된 연산의 일반화된 것으로 취급하고 있다. 다시 말해서 대수적 표현을 절차적인 것으로 취급해서 이 대수적 표현에 숫자를 대입해서 어떤 결과 수치를 구하는 식으로 되어있다. 하지만 이렇게 상대적으로 쉬운 내용이 점차 어려워지게 되면, 대수적 표현은 방정식의 양변에 있는 문자항을 결합하거나 양변의 같은 항을 빼거나 인수분해하는 것처럼 어떤 구조적 연산을 수행할 수 있는 수학적 대상물로서 바뀌어서 취급된다.

그런데 여기서 먼저 구조적(structural)이란 용어와 절차적(procedural)이란 용어가 사용되고 있는 방식을 구분하는 것이 중요하다. 절차적이란 수에 대한 산술 연산을 수행해서 어떤 다른 수를 만들어내는 것을 말한다. 예를 들면, $3x+y$라는 대수적 표현을 사용해서 x와 y에 4, 5를 각각 대입하면 그 결과는 17이 된다. 또 다른 예로는 $2x+5=11$을 만족하는 값을 찾으려고 여러 값을 x에 대입하는 것을 생각해 볼 수 있다. 이 두 예를 보면 표면상으로는 대수적 표현이지만, 실제로 조작되고 있는 대상들은 이 대수적 표현이 아니라 그들의 숫자들이다. 더군다나 이러한 숫자들을 조작하는 연산은 어떤 수치적 결과가 나오도록 하는 계산에 관한 것이다. 위의 두 예는 대수에서의 절차적 측면을 예시하는 것이다.

반면 구조적이란 여러 다른 연산들의 모임으로 수에 대해서가 아니라 대수적 식에 대해서 수행되는 것을 말한다. 예를 들면, $3x+y+8x$라는 대수식을 간단히 하면 $11x+y$가 되거나 혹은 z 로 나누면 $(11x+y)/z$가 된다. $5x+5=2x-4$ 와 같은 방정식의 양변을 $2x$로 빼주면 $5x+5-2x=2x-4-2x$ 가 되고 이것을 간단히 하면 $3x+5=-4$ 가 된다. 이 두 예를 보면 조작되어지는 대상이 숫자가 아니라 대수식이란 것을 알 수 있다. 그리고 수행되는 연산도 계산이 아님을 볼 수 있으며 그 결과 역시 대수식이 된다.

앞에서 지적한 바와 같이 대부분의 대수 교과서에서는 대수적 대상을 도입하는데 있어서 절차적인 접근법과 결부시키고 있다. 이 과정에서 대수식에 숫자를 대입해 보고 방정식을 푸는데 필요한 산술적 기술을 훈련할 수 있는 몇 가지 예를 제공하고 있다. 이러한 기술들은 어떤 의미에서는 학생들에게 대수적 기호 사용을 회피하도록 하는 것이다. 그렇지만 대수식이 단순화되었거나 방정식이 형식적 방법으로 해결되고 나면 이런 식의 회피는 더 이상 허용되지 않게 된다. 학교에서 대수 지도의 암시적 목표는 구조적이다. 학생들이 교육과정에서 의도하고 있는 대수의 구조적 특성을 우회하려고 할 수 있고 혹은 이 특성을 다룰 만큼 충분히 준비되어 있지 않을 수도 있다는 사실을 논의하고자 한다. 산술 연산과는 상당히 달리 연산을 사용해서 대수식을 조작하는데 필요한 인지적 요구는 절차적 방법으로부터 구조적 방법으로 전환하던 대수의 수학사적 발달 과정에서도 나타났던 지적인 험난한 과정을 상기시킨다.

◎ 심리적 고려사항들

스파드(Sfard)에 따르면 추상적인 수학적 관념은 아주 다른 두 가지 방법으로 이해될 수 있다고 한다: 구조적으로 (대상으로서) 또는 조작적으로 (과정으로서). 역사적 그리고 심리학적 출처에 따른 증거에 근거해서 대부분의 사람들에게 조작적 개념은 수학적 관념을 획득하기 위한 첫 번째 단계라고 한다. "과정" 개념으로부터 "대상" 개념으로의 전환은 빠르게 달성될 수도 없으며 또한 그렇다고 큰 어려움 없이도 달성 가능한 것은 아니다. 이 둘에 대한 관념이 충분히 발달된 후에야 비로소 두 관념이 수학적 활동에서 중요한 역할을 한다고 말할 수 있다. 학교에서 지도하는 대수의 맥락에서 본다면 절차라는 용어는 조작적이란 용어와 같은 의미를 내포하고 있다.

학교에서 대수의 학습은 학생들이 대수의 구조적 측면을 이해하기 위한 일련의 과정-대상(다시 말해서, 절차적-구조적)이라고 말할 수 있다. 대수식과 방정식에 관한 학습을 시작할 때 학생들은 과정과 대상에 대한 조정이 있어야만 한다. 학생들은 이러한 대수식과 방정식이라는 실체들을 수에 대한 산술적 조작이라고 생각하는 것에서 벗어나서, 높은 단계의 과정을 수행하기 위한 대상으로서 이 실체들을 인식하도록 해야 한다. 다시 말해, 조작되어지는 것이 대수식이지 숫자가 아니라는 것을 빨리 깨달아야 한다는 것이다. 더욱이 수행해야 할 조작이라는 것이 단순히 산술에서 말하듯이 더하고, 빼고, 곱하고, 나누고하는 것이 아니라 식을 간단히하기, 인수분해하기, 분모를 유리화하기, 문제풀기 등을 말하는 것을 학생들은 인식해야 한다. 톨(Tall)은 $2(a+b)$는 $2a+2b$와는 전혀 다른 과정으로 받아들여진다고 한다. 학생이 대수식을 하나의 과정이 아니라 수학적 대상으로 생각할 수 있을 때가 되어서야만 대수적 조작이 인지적 갈등의 근원이 된다고 한다.

대수의 구조를 다루는 것을 배우는, 특히 숫자들 사이의 관계에 대한 기호적 표현을 배우는, 대수의 초보 학생들에게 요구되는 또 하나의 적응은 문제 상황을 방정식으로 바꾸는 번역활동이다. 대수 방정식은 구조적 표현으로써 등호와 연산의 사용이라는 비산술적 측면과 관련되어 있다. 아래의 예에서 보는 바와 같이 산술적 측면에서 대수적 측면으로의 요구되는 변화는 절차적 관념으로부터 구조적 관념으로의 이동이라고 볼 수 있다.

초등학교에서는 등호 기호는 대칭 관계나 추이 관계를 나타내는 것보다 결과를 말하는 것으로 더 많이 사용되어지는데 다음의 문제를 예로 풀어보자.

> 진수는 할머니 댁에 놀러 갔는데 할머니가 15,000원을 주셨다. 그래서 그 돈으로 32,000원 하는 책을 한 권 샀다. 만약 진수의 수중에 23,000원이 남았다면, 할머니 집에 놀러가기 전에 진수는 얼마의 돈을 가지고 있었는가?

6학년들은 종종 $23,000+32,000=55,000-15,000=40,000$이라고 적는데 이것은 등호의 대칭성과 추이성이 무시되는 것이다. 이 등호 기호는 "무엇 무엇이 되고"라고 읽는데 이것은 왼쪽에서 오른쪽으로의 방향을 나타내고 있다. 이 등호 기호에 관한 대수에서 발생해야하는 해석상의 전환이란 등호의 대칭적이고 추이적 특성을 그대로 유지하는 것이다.

위의 예는 또한 문제 상황이나 해결 방안에 대한 수학적 형식화는 조금도 사용하지 않은 채 일련의 역연산과 관련된 선형적이면서 결과적 접근을 사용한 거꾸로 풀기식으로 해서 답을 얻은 초등학생의 방법을 예시하고 있다. 산술의 목적은 답은 찾는 것인데 이 목적은 보통 문제에 주어진 숫자나 그 문제 풀이 도중에 얻게 되는 값에 대한 산술적 연산을 수행함으로써 달성되어진다.

산술과는 대조적으로 답만을 추구하는 거꾸로 풀기법은 종종 대수에서는 부적절한 것으로 간주되는데 다음의 문제를 예로 살펴보자.

> 우리 동네에 있는 비디오 가게에서는 두 가지 대여 방법을 제시해 놓고 있다. 처음 방법은 25,000원의 연회비를 내면 비디오 한 개를 2,000원에 빌려볼 수 있다. 두 번째 방법은 연회비는 무료이지만 비디오 한 개를 빌릴 때 3,500원을 내야한다. 그렇다면 비디오 테입을 몇 개 빌릴 때 이 두 방법에 따른 대여료가 정확하게 같게될까?

이런 유형의 문제를 대하게 되면 학생들은 앞에서 본 산술 문제에서 사용했던 방법을 더 이상 사용할 수 없게 된다. 필로이와 로자노(Filloy & Rojano)에 의하면 $ax \pm b = cx \pm d$ 와 같은 방정식을 사용해서 모델링을 해야 하는 문제를 푸는 경우 이러한 접근 방법상의 변화가 생긴다고 한다. 이 문제를 풀려면 학생들은 방정식을 사용해서 이 문제를 모델링하려고 거꾸로 풀기와는 반대인 앞쪽에서부터 연산의 조작을 생각해야할 뿐만 아니라, 대수적 대상을 조작하는 과정이라고 하는 방정식의 양쪽을 조작하는 해결 절차도 사용해야 한다. 레쉬, 포스트, 베르(Lesh, Post, & Behr)는 대수에 관한 문제들은 "처음에는 서술을 하고 그런 다음에 계산을 해야 한다"는 행동을 요구한다고 지적하면서 이런 측면에서 산술적 문제해결과 대수적 문제해결을 서로 구분하였다.

그렇다고 하더라도 대수적 문제해결에서 요구되는 "서술하기" 활동도 사실 절차적으로 혹은 구조적으로 어느 쪽으로든 해결 가능하다. 이 두 활동의 차이를 설명하는 좋은 예가 클레멘트(Clement)와 그의 동료 연구자들이 대학생을 대상으로 수행한 연구에서 잘 나타나 있다. 지금은 고전적 문제가 되어버린 학생-교수문제 즉,

> "다음의 진술문을 표현하기 위해서 변수 S와 P를 사용한 방정식을 적으시오. '이 대학의 학생수는 교수보다 6배가 많다'; 학생의 수는 S로 표시하고 교수의 수는 P로 표시하시오."

이 문제를 살펴보면 문자 S와 P를 변수로 취급하고 등호를 동치관계를 나타내는 것으로 하는 방정식을 만드는 것이 요구되는 문제이다. 위의 같은 문제를 절차적 해석이 가능하도록 하려면 다음과 같은 형태로 바꾸면 된다.

> "다음과 같은 문장이 있다. '이 대학의 학생 수는 교수 수의 6 배에 해당한다.' 교수의 수를 넣었을 때 학생 수가 답으로 나오게 하는 베이직 컴퓨터 프로그램을 작성하시오. 학생 수는 S로 하고 교수 수는 P로 나타내시오."

이러한 문제에 대한 절차적 접근의 특징들 중 하나는 숫자를 사용한 투입과 산출이라는 해석이다. 그래서 컴퓨터 프로그램이 S와 P 같은 문자를 사용한다고 하더라도, 결국에는 학생들은 숫자로 된 결과를 얻기 위해서 수행되는 특수한 산술 조작이 가해지는 숫자로서 이 문자들을 해석할 수 있다는 것이다. 변수들 사이의 등호 관계를 명확히 다루고 있는 구조적 방법보다는 어떤 숫자를 계산해 내기 위한

알고리즘을 사용하는 절차적 접근에 학생들이 훨씬 더 성공적이었다는 사실이 뒤에서 논의될 것이다.

위에서 다루었던 예는 심지어 대학 수준의 대수를 배우는 학생들조차도 수치적 해석에 근거한 절차적 표상이 구조적 표상보다 더 의미 있게 받아들여질 수 있다는 사실을 보여주고 있다. 휠러(Wheeler)는 특수화된 기호적 언어가 발달되었을 때, 그 바탕이 되었던 상당한 양의 의미가 사라졌다는 점을 지적하고 있다. 16 세기까지 긴 문장으로 대수식을 표현했던 수사적 대수(rhetorical algebra)는 상당히 쉽게 이해가 되고 그 과정을 따라갈 수 있었는데, 기호나 표기법이 대수에 도입되면서 그 표현을 이해하기가 너무 복잡해지게 되었다. 기호체계로의 발달은 대수식의 개별 항과 심지어는 이들 항에 작용하는 연산의 의미까지도 없애버렸다. 기호적 언어는 일상적인 언어가 가지고 있는 독특한 의미의 차이를 제거해서 그 언어의 적용 가능성을 확장시켰다. 그렇지만 기호적 언어는 아주 취약한 의미성을 가지며 여러 문맥에 동시에 사용 가능하기 때문에 그 언어 자체가 아무런 소속감을 줄 수 없고 그래서 학습자에게는 더욱 어려움을 가중시킨다고 한다.

그래서 대수를 배우는 학생에게 요구되는 인지적 활동으로는 아무 의미 없는 기호적 표현들을 수학적 대상으로 취급하기, 그리고 이러한 대상들을 수치적 답을 제공하지 않는 과정에 따라 조작하기 활동이 있다. 또 다른 한편으로 생각해보면 이 학생들에게 요구되는 인지적 활동은 어떤 기호에 대한 이전의 해석을 수정하기 활동, 그리고 문장제로 표현된 상황의 관계를 비슷한 산술 문제를 해결할 때는 거의 자동적으로 사용했던 그러한 연산의 역연산을 사용해서 나타내기 등이 있다. 대수가 이러한 발달을 거치는데는 수세기가 걸렸다. 이렇게 수세기를 걸쳐서 발달한 대수를 처음으로 대수코스를 시작하는 학생들에게 대수적 표현을 거의 즉각적으로 실체화할 수 있도록 학교에서는 기대하고 있다. 대수를 배우는 전과정에 필요한 인지적 요구를 극복하는 학생들 나름대로의 방법들이 아래에 몇 연구로부터 소개되어 있다.

대수를 지도하는 측면

학습이라는 측면의 동전 다른 쪽에 있는 지도라는 측면을 생각해 보자. 하지만 불행스럽게도 대수 지도를 위한 모델이나 대수를 지도하는 교사의 신념과 태도를 다루는 연구 문헌은 너무 부족한 실정이다. 수학 교수에 관련된 대부분의 연구 문헌들은 기하나 산술의 지도에서 요구되는 것과는 또 다른 측면으로부터 대수를 볼 수 있는 방법을 제공하지 않고 있다. 이런 연구문헌들은 다양한 수학 교과목에 (예를 들면, 대수, 기하, 해석, 확률 및 통계) 따른 특징에 초점을 맞추기보다는 수학교실에서의 교수에 공통적인, 예를 들면, 교사에 의한 학급 전체지도와 학생 각자 혼자 문제풀이 하도록 하는 시간 할당의 비교, 기계적인 암기식 지도와 이해 위주의 지도비교, 복습의 역할, 구성주의적 접근, 동기유발, 교실의 사회적 역동성 등에 보다 초점을 맞추고 있는 듯 하다. 수학의 지도에 관한 많은 연구 문헌에서 보면, 가르쳐야할 실제 내용은 일반적으로 하나의 변수로 취급되고 있다. 특히 대수를 지도하는 교사를 대상으로 했던 극소수의 연구를 보면 다른 수학교과를 지도하는 교사들과 마찬가지로 교실 운영과 이해보다는 가르칠 내용을 모두 다루어야 한다는 것에 주된 목적을 두고 있는 듯 하다는 결론을 내리고 있다. 이 교사들은 교과서에 제시된 장의 순서를 따라서 교과서에 주어진 예제 문제를 설명해주고 그런 다음에는 숙제 문제를 정해주는 식으로 가르친다고 한다.

만약 대수 지도교사들이 교과서에 있는 그대로 가르치는 경향이 있다고 한다면, 이러한 대수 지도를 변화시킬 수 있는 분명하고 쉬운 방법은-대수를 가르치는 방식의 변화를 원한다고 가정하면-교과서에 대수가 제시되어 있는 방식을 바꾸면 될 것 같다. 여전히 좋은 호응 속에 자리를 잡고 있는 교육과정에 대한 지도에서 어떤 변화를 예를 들면, 의미적 학습이론(meaningful learning theory)을 강조했던 지난 세기에 있었던 개혁 운동에도 불구하고, 위버와 수이담(Weaver & Suydam)은 이러한 변화가 초등 수학을 위한 것이어서 중등 수학수준에서는 한번도 명확하게 거론된 적이 없다고 한다. 심지어 근래까지도 교과서 저자들에 의해서 이루어지는 교육과정에 대한 결정은 연구의 결과에 바탕을 두지 않았다. 그렇지만 이러한 상황에 변화의 조짐이 보이고 또 대수의 지도와 학습에 대한 연구 결과들을 반영해서 개발되고 있는 몇 혁신적인 대수 교육과정이 있다는 것이 다행스럽다. 그럼에도 불구하고 랙린(Rachlin)은 "대수에서 지도하는 내용이 문제라고 하더라도 대수 교육과정에 대한 연구는 두 수준에서, 즉 학생의 수준과 교사의 수준에서, 학습과 교수에 대한 연구가 필요하다"라고 강조하고 있다. 또한 대수의 지도법을 획기적으로 바꾸기를 원한다면 단순히 교과서를 바꾸는 것만으로는 불충분하다고 지적하고 있다. 그는 "대수를 지도하는 교사의 신념과 인지 과정의 본질에 대한 이해가 있어야만 하고, 이들 교사가 학생들에게 새로운 교육과정으로 가르칠 때 내리게 되는 교수-학습상의 결정시에 이 신념과 인지 과정이 어떤 역할을 하는지에 대해서도 밝혀야만 한다"

고 제안하고 있다. 하지만 대수를 지도하는 교사의 신념과 인지 과정에 대한 연구 문헌이 극히 적다는 사실이 유감스럽다.

비록 연구자들이 대수를 지도하는 교사가 대수를 어떻게 지도하고 있는지 그리고 그들 교사 자신들의 학생의 대수 학습에 대해 어떤 생각을 하고 있는지에 대해 거의 아는 바가 없다고는 하지만 이 말이 대수의 지도에 대한 새로운 접근법의 연구가 없었다는 것을 의미하는 것은 아니다. 하지만 이전 연구의 문제점은 주로 대수의 학습 현상에 대해서는 세밀한 분석을 했지만 교수 변인을 제시하는데는 관심을 소홀히 했던 것이다. 대수 지도에 있어서 교사의 역할을 강조하는 연구가 부족하다는 관점에서 다음 절에서는 교사의 중요성을 다룬 몇 연구들을 대수의 내용 영역에 따라서 논의하고자 한다.

대수의 교수와 학습에 관한 인지적 측면의 연구들

앞 절에서는 학교에서 지도하는 대수의 교수와 학습을 조사해온 연구들을 이해하는데 아주 필요하다고 생각되는 역사적, 심리학적 요인들에 초점을 두고서 살펴보았다. 미지수의 표현을 위한 언어적 서술로부터 일반적인 관계의 표현에 이르는 대수적 기호주의의 역사적 발전 추이와-즉, 절차적, 구조적 용어로 기술될 수 있는 진화의 과정-조작적(절차적) 관념으로부터 구조적 관념으로의 전환에는 역사적으로 오랜 기간이 필요했다고 가정하는 스파드(Sfard)의 대수의 심리학적 모델에 따라서 연구 결과들을 분류해서 조직하려고 한다. 이런 식으로 함으로써 대수의 학습 발달을 추적해 볼 수 있고 또 절차적-구조적 측면에 따른 사고의 발달 과정도 살펴볼 수 있다고 본다.

많은 대수의 1년차 과정을 보면 여러 문자와 숫자를 대신하고 있는 이 문자들의 관계를 먼저 대수식에서 다루고 그 다음에 방정식으로 다루기 시작한다. 대수식과 방정식에 숫자를 대입해 보는 학습을 얼마동안 한 다음 다른 수체계의 성질이나, 대수식을 간단히하기, 그리고 형식적 방법에 의한 방정식 풀기 등으로 나아간다. 다항식과 복잡한 여러 차수를 사용한 유리식의 조작과 인수분해가 그 다음에 일반적으로 다루는 내용들이다. 그리고 이렇게 금방 배운 대수적 기교를 적용한 이름만 거창한 "실생활 응용"이라고 하는 문장제 문제들을 간혹 다룬다. 학생들은 이렇게 진행되는 대수 과정에서 최종적으로 함수와 이들 함수의 수식으로, 표로, 그리고 그래프에 의한 표현을 다루게 된다. 이들 함수에는 보통 일차식, 이차식, 3차식, 지수함수, 로그함수, 그리고 삼각함수등이 있다. 일반적으로 학교에서 지도하는 대수의 핵심적 내용으로 간주되는 이들 주제들에 대해 좀더 구체적으로 살펴보고자 한다.

문자와 식

학교에서 지도하는 대수는 종종 일반화된 산술이라고 말한다. 즉, 대수란 주어진 산술 규칙과 연산을 표현하는 일반화된 진술이라는 것이다. 이러한 대수의 특징으로 볼 때, 만약 초등학생이 (6-12살) 5개와 8개의 물건이 있는 두 집합의 물건의 총 개수가 $5+8$로(이들의 합인 13이 아니라) 적혀질 수 있다는 것을 인식하지 못한다면, $a+b$가 a개와 b개의 물건이 있는 집합의 총 개수를 표현하고 있다는 사실을 인식하지 못한다고 한다. 다시 말해, $a+b$를 대수에서 하나의 대상으로 다룰 수 있는 것은 산술에 대한 일종의 직관을 이끈다. 예를 들면, 대수에서는 학생들이 $a+b-c$가 $a-b+c$ ($b=c$가 아니라면)와 같지 않다는 것을 인식해야 한다.

과연 학생들이 이러한 대수의 구조적 제약(또는 원리)을 산술에서도 인식할까? 학생들이 산술 연산과 이들 연산의 성질의 바탕이 되는 구조를 인식하지 못한다는 연구 결과가 있다. 채클린과 레스골드(Chaiklin & Lesgold)는 5명의 6학년생들에게 뺄셈과 덧셈 연산 기호가 있는 세 개의 숫자로 된 여러 산술식을 주고서 합을 계산하지 말고 이들이 같은지 아닌지를 알아보도록 하는 문제를 주었다 (예를 들면, $685-492+947$, $947+492-685$, $947-685+492$, $947-492+685$). 이들의 연구 결과에 따르면 이 학생들은 숫자들을 결합하는데 여러 다른 방법을 사용했으며, 비교되는 식이 어떤 것인가에 따라서 같은 산술식에 대해서도 다른 방법을 사용했다. 또한 학생들이 이들 산술식들이 같은지 아닌지를 결정하는데 계산을 하려고 했다는 점도 지적하고 있다. 이러한 연구 결과는 학생들이 계산에 의하지 않고서는 산술식의 동일함을 판단할 수 없다는 것을 말해주고 있는 것이다. 이와 비슷한 연구 결과가 다른 연구자들에 의해서도 보고되었다.

부스(Booth)에 의해서 수행된 다른 연구들은 대수의 기호와 구조에 대한 학생들의 직관적 기초에 대해서 조사했다. 이들 연구 중의 한 연구에서, 부스는 CSMS (the Concepts in Secondary Mathematics and Science)의 조사에 참가한 13살 학생들 중 42%가 $7f3$ 또는 $f21$ 또는 $f+21$이라고 답한 문항과 같은 CSMS 평가 문항인 직사각형의 넓이를 구하는 문제를 사용했었다. 부스는 그런 다음 CSMS 평가를 쳤던 학생들과 동일한 표기적 실수를 했던 학생들과 인터뷰를 했는데, 이 인터뷰의 목적은 이들 학생들이 직사각형의 넓이를 구하는데 필요한 절차를 알고 있는지 어떤지, 알고 있다면 이들이 실수를 저지르면서 어려워하는 것이 대수적 기호체계의 이해와 무슨 관련이 있는지를 알아보려는 것이었다. 부스는 넓이를 구하는 방법을 말로써 설명할 수 있는 능력은 그 방법을 표현하는 기호의 정확한 사용을 보장하는 것은 아니라고 결론을 내리고 있다.

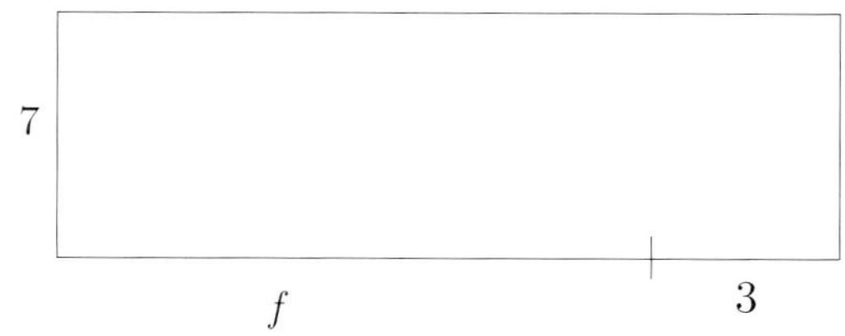

CSMS 평가에서 사용된 문항으로 제시된 직사각형의 면적을 구하는 것이다.

차루와 허스코빅스 (Chalouh & Herscovics)는 6, 7학년들을 대상으로 대수식의 기초 지도에 초점을 맞춘 실험적 지도법을 사용해서 연구를 수행했다. 이 실험적 지도에 사용된 문제들은 점을 사용하여 직사각형으로 배열하는 문제, 직선의 선분 분할 문제, 그리고 직사각형 모양의 밭의 면적 문제 등으로 모두 가로나 세로 중 어느 쪽의 치수가 미지수이거나 숨겨져 있는 문제들이었다. 예를 들면, 이들 문제 중 한 문제를 보면 아래와 같다. 이 실험에서 사용된 지도법에서는 4x + 4y와 같은 대수식의 절차적 의미를 학생들이 파악할 수 있도록 하는 것이었다. 그렇지만 이 학생들은 이러한 대수식은 "넓이 = 4x + 4y" 또는 "4x + 4y = 어떤 것"처럼 등호가 있는 수식으로 표현되지 않았기 때문에 불완전한 것으로 생각하고 있었다. 이것은 학생들은 대수식의 일부분이 그 절차를 수행한 결과를 나타낼 때 그 대수식의 절차적 해석이 가능하다는 사실을 시사하고 있는 것이다.

이 직사각형의 넓이를 적으시오.

6, 7학년 학생들에게 제시된 직사각형 모양

이와 비슷하게 와그너, 랙린, 그리고 젠센 (Wagner, Rachlin, & Jensen)도 대수를 공부하는 많은 학생들이 대수식을 간단히 하라고 하면 항상 그 수식에 "= 0"을 붙이는 것을 발견했다. 키에란(Kieran)의 연구에서도 대수식을 방정식으로 바꾸려고 하는 학생들의 경향을 보고하고 있다. 이 연구에 따르면 어떤 학생들은 $a+3$의 식에 있는 문자 a에 어떠한 의미도 부여하지 못했는데 그 이유는 이 수식이 등호와 오른쪽에 무엇인가 없기 때문이었다.

식을 간단히 하기

앞에서 제시한 연구 결과들은 문자와 식이라는 측면에서 학생들의 절차에 대한 지식을 살펴본 것이다. 그런데 대수의 구조에 대한 지식 또한 부족하다는 증거도 있다. 사정이 이런데도 대수를 지도하는 교실에서는 식을 간단히하는 것에 대한 지도와 문제를 상당히 일찍 다루고 있다. 이러한 식의 복잡성과 식을 간단히 하라는 요구의 속성 때문에 학생이 대수식 그 자체를 하나의 수학적 대상으로 조작할 수 있는 감이 생기지 않는다면 식의 단순화라는 과제는 실행될 수 없는 것이다. 이러한 구조적 개념은 수에 대한 성질의 적용이 아니라 수식에 대한 적용과 관련된다. 대수식을 조작하는데 학생들이 겪는 어려움에 대한 연구들은 대수의 초보자뿐만 아니라 보다 경험있는 학생들에 대한 결과를 보고하고 있다.

그리노(Greeno)는 문제를 해결하는 과정은 그 문제에 있는 관계적 구조를 파악하는 것과 연관된다고 했다. 이 생각을 검증하기 위해서 그리노는 대수식에 관련된 문제를 기초 대수를 공부하는 학생들에게 풀게 했다. 학생들의 문제 풀이는 적어도 일정 기간 동안에는 상당히 무계획적으로 보였다고 한다. 이 학생들이 사용한 절차에는 대수의 구조적 특성에 대한 지식의 부재를 나타내는 비체계적인 에러들이 많이 있었다. 이러한 학생들의 혼동은 대수식을 몇 개의 부분으로 분할하는 행동에서 분명하게 나타나고 있었다. 그리노에 의하면, 대수의 초보 학생들은 어떤 대수적 조작(연산)을 수행하기 전이나 그 연산을 수행하는 과정에서도 조건을 알아보려는 시도를 일관되게 하지 않았다. 예를 들면, 어떤 경우에는 $4(6x-3y)+5x$를 $4(6x-3y+5x)$로 간단히 했는데, 또 어떤 경우에는 이와는 다른 방법으로 간단히 했다. 웬거(Wenger)는 학생들에 의한 빈약한 방법적 결정을 광범위한 대수적 경험이라고 기술하고 있다. 학생들은 대수식에서 어떻게 하면 올바른지를 알지 못하기 때문에 식을 단순하게 해서 변형하는 동안에 마치 "원을 빙빙 도는"것과 같은 결과를 낳는 방법상의 결정을 내린다. 심지어 한 유형의 대수식을, 다항식이라고 할 때,

간단히 하는 방법을 성공적으로 배운 학생일지라도 그들이 배운 것을 다른 유형의 단순화 과제로, 말하자면 유리식과 같은, 전이하지 못한다는 사실이 알려졌다. 더구나 이들은 이 두 유형이 전혀 다른 것으로 인식하고 있다는 것이다. 아이젠버그와 드레이퍼스 (Eisenberg & Dreyfus)는 최근의 대수 지도가 그 바탕이 구조보다는 절차를 강조하는 경향을 띠고 있기 때문에, 학생들이 수학을 알고리즘의 집합체로 생각하며, 그래서 이러한 인식은 그들이 배운 것을 일반화하고 적용하는 것을 어렵게 만들고 있다고 지적하고 있다.

여러 다른 연구에서도 대수식을 분해하는데 있어서 학생들의 에러를 보고하고 있다. 자주 보게 되는 실수의 한 예로는 $39x-4$를 $35x$로 또는 $2yz-2y$를 z로 간단히 하는 것이다. 그런데 이런 유형의 에러가 단지 대수의 초보 학생들에 한정되어서 일어나는 아니라는 사실이 밝혀졌다. 대학생들을 대상으로 한 방정식 풀이 과정에 대한 이들의 연구에서, "삭제" 에러라고 명칭을 붙힌 이런 유형의 에러는 여러 단계가 필요한 방정식의 풀이 과정에서 식을 간단히 할 때 학생이 저지르는 가장 일반적인 에러임이 확인되었다. 학생들이 어떤 수학적으로 타당한 연산조작을 지나치게 일반화함으로 해서 종종 틀린 결과를 낳는 삭제 연산을 사용하게 된다고 제안하고 있다.

대수식의 구조를 학습하는 또 다른 측면은 대수식의 문법(구문)적 관습에 대한 인식과 관련된 것이다. 벨, 말론, 그리고 테일러(Bell, Malone, & Taylor)는 대수 기초를 배우는 학생들이 $2a+a+15$를 $3a+15$가 된다는 사실에 종종 당황스러움을 표현했는데 $a+a+a\times2$를 $3a\times2$로 더해진다는 사실에 대해서는 이상하게도 당연시하는 현상이 있었다고 보고하고 있다. 프로이덴탈(Freudenthal)은 ab에서 a가 $-a$로 대치되면 $-ab$가 되는데 만약 b가 $-b$로 대치되면 그것은 $a-b$로 되는 것이 아니라 $a(-b)$가 된다는 사실을 학생들에게 분명히 인식시켜야 한다고 지적하고 있으며 학생들은 어떤 때 괄호를 하고 어떤 때 하지 말아야 하는지를 배워야 한다고 했다. 이렇게 괄호치는 것을 의식적으로 하게 될 때, 그 식은 이제 구조화가 되는 것이다. 키에란(Kieran)은 대수의 기초를 배우는 학생들은 수식을 왼쪽에서 오른쪽으로 읽는 경향이 있으며 괄호의 필요성을 인식하지 못하고 있다는 점을 보고했다. 대수 학습과 관련된 또 하나의 문제가 바로 대수의 구두법이다. 프로이덴탈에 따르면 대수식의 가장 오래된 구문론적 구조화의 수단은 대수적 연산들 사이의 서열 순서라고 한다. 이러한 연산들 사이의 서열 순서는 연산을 행할 때 곱셈은 덧셈보다도 선행한다는 사실은 프로이덴탈에 의하면 수 세기 동안 대수식을 몇 개의 부분으로 나누는 시각적 특성이 되어왔다고 한다. 키쉬너(Kirshner)는 9, 11학년의 고등학생과 대학의 첫해 미적분학 강의를 듣는 대학생 400명을 대상으로 한 연구에서 대수적 구문에서 시각적 단서의 의존성을 조사하였다. 그에 의하면 어떤 학생들의 경우 기호의 외면적 특성은 성공적인 문법적 결정(큰 수식을 작은 여러 부분으로 나누어 묶는 것)을 하는데 필요한 도움을 주었지만, 대부분의 학생들은 연산의 순서 규칙에 내포되어 있는 지식에 의존한다는 사실을 밝혔다. 시각적 단서에 의존하는 학생들의 경우 불행하게도 연산의 순서 규칙과 이러한 대수적 기호의 외면적 특성 사이에 강한 상관관계가 항상 존재하는 것은 아니다.

방정식

앞에서 언급한 바와 같이 방정식과 같은 구조적 표현을 적절하게 해석하기 위해서는 등호의 "왼쪽-오른쪽 동치"라고 자주 언급하는 대등의 대칭적이고 추이적 특성에 대한 개념을 알고 있어야 한다. 등호는 방정식의 왼편과 오른편 사이의 동치관계를 나타내는 기호라고 인식하기보다는 "어떤 것을 행하는 기호"로 인식하는 대수의 기초를 배우는 학생들은 $4+3=6+1$이나 $3=3$과 같은 식을 받아들이는데 거부감을 나타낸다고 한다. 이들 학생은 $4+3=7$과 같이 등호의 우측은 답을 나타내야 한다고 생각하고 있다. 이들보다 상급학생들도 여전히 등호 기호를 왼편과 오른편의 동치관계를 나타내는 기호로서가 아니라 분리 기호로 생각하는 현상은 방정식 풀이 단계에서 그리고 "같은 것을 양변에 더할 때" 나타난다. 등호 기호의 잘못된 사용은 대학생들한테서도 나타난다고 한다. 연구에 의하면 변수가 하나인 여러 다른 방정식의 풀이는 잘하는 학생임에도 불구하고 등호 기호의 의미에 대해서는 충분히 이해를 못하고 있었다고 한다.

6명의 12-13살 학생들을 대상으로 한 대수 지도를 위한 실험 연구가 키에란에 의해 수행되었는데 이 연구의 목적은 대수의 초보학생들에게 등호 기호의 이해의 폭을 넓히기 위해서, 그리고 $ax+b=cx+d$ 형태의 대수적 방정식에 대한 의미의 구성을 돕기 위한 것이었다. 개인별 인터뷰 동안에 등호 기호의 의미를 먼저 물었고, 그런 다음에 등호 기호를 사용하는 예를 말해보라고 했다. 이들 대부분은 등호 기호를 답을 의미하는 것으로 기술했고, 등식의 왼편에는 연산 조작을 하고 오른편은 결과를 나타내는 예에 한정되어 있었다. 인터뷰 뒤에 실시한 지도에서는 등호 기호의 사용에 대한 이해를 높이기 위해 양쪽에 여러 연산을 한꺼번에 포함하는 방정식으로 확장하는데 초점을 두었다. 학생들에게 처음에는 방정식의 한쪽에 한 개의 연산만을 가지고서, 예를 들면 $2\times6=4\times3$ 과 $2\times6=10+2$ 같은 산술적 동치를 구성하도록 하는 활동을 하였다. 그런 다음에 한쪽에 두 개의 연산을 사용한 동치를 만들어보도록 했고, 이것이 된 다음에는 $7\times2+3-2=5\times2-1+6$과 같이 한쪽에 여러 연산을 포함한 방정식으로 확장해 나갔다.

문자를 사용한 동치를 나타내는 용어인 "방정식"과 같은 의미를 띠기 위해서 "수에 대한 항등식"이라고 이들 동치를 부른다. 처음에는 양쪽 사이에 (예를 들면, $5\times3=15=10+5$) "답"을 끼워 넣는 것은 안 된다고 하던 학생이 양쪽에 여러 연산을 포함한 동치에 대해서 상당히 익숙함을 나타내는 듯 했다. 그들은 "양쪽에 동일한 값을 가지기 때문에 양쪽이 같다"라는 식으로 자신들을 정당화했다. 그 학생들은 마침내 등호 기호의 왼쪽과 오른쪽사이의 차이를 알 수 있게 되었다. 그들은 이 때쯤 등호 기호를 "뭔가를 해야 하는 신호"가 아니라 관계를 나타내는 기호로 생각하기 시작했다. 이 즈음해서 등식의 오른쪽은 답을 나타내는 것이 아니라 왼쪽과 같은 값을 가지는 어떤 표현이라는 생각을 하게 되었다.

등호의 개념을 등식 양쪽에 여러 연산을 동시에 가지는 것으로 확장한 이유는 양쪽에 여러 연산을 가지는 대수식의 의미를 구성하는데 기초를 마련하기 위해서였다. 이러한 확장을 처음부터 하지 않았다면, 결과는 항상 등호의 오른쪽에 있어야 한다는 생각은 학생들이 대수식을 공부하는데 항상 따라다녔을 것이다. 그래서 $3x+5=26$은 아마 학생들이 생각하는 것과 맞아떨어질지 모르지만, $3x+5=2x+12$와 같은 식은 그렇지 않았을 것이다. 키에란은 또한 등호의 개념을 산술적 동치라는 학생들이 이미 알고 있는 범위 내에서 먼저 확장시킨다면 나중에 대수식에서 등호를 만날 지라도 인지적 부담을 상당히 줄일 수 있을 것이라고 생각했다.

방정식의 개념을 도입하는 다음 단계는 등식을 만족시키는 숫자들 중 하나를 선택해서 숨기는 것이었다. 처음에는 손가락으로 숨기다가 그 다음에는 네모로, 마지막에는 문자로 숨겼다 (예를 들면, $7\times a-3=5\times2+1$). 따라서 방정식은 "숨겨진 수를 가진 산술식"이라고 정의를 하게 되었다. 마침내 학생들은 똑같은 숫자를 두 번 숨겼다-한번은 등호 왼쪽의 수를 그리고 다른 한번은 오늘쪽의 수를, 예를 들면, $2\times3+7=5\times3-2$라는 식을 $2\times c+7=5\times c-2$로 바꾸었다. 산술적 동치관계에서와 마찬가지로 대수식의 오른쪽은 답을 나타낼 필요가 없었고, 오히려 왼쪽과 동일한 값을 가지는 식이라는 생각을 하게 되었다. 예를 들면, $2x+3=4x+1$은 학생들에 의해서 다음과 같이 기술되어졌다: "만약 x가 어떤 수라고 하면, 그 수를 2배 해서 3을 더한 것은 그 수를 4배 해서 1을 더한 것과 같다." 이 연구는 대수의 기초를 배우는 학생들에게 등호 기호의 오른쪽에 항상 답이 있다는 일방적 개념 및 산술적 동치를 대수식의 절차로써 생각하도록 하는 것, 예를 들면, ① 문자는 숫자를 나타낸다, ② 등호 기호는 방정식의 왼쪽과 오른쪽의 동치관계를 나타낸다, 그리고 ③ 오른쪽에 있는 것은 반드시 한 개의 숫자로 되어야 할 필요가 없다는 사실들을 지도하는 것이 가능함을 입증하였다. 이러한 것은 방정식에 대한 구조적 개념의 발달에 결정적으로 중요한 인식들이다.

방정식 풀이

방정식을 수학적 대상으로서 조작한다는 것은 그 방정식의 양쪽에 동일한 연산을 수행하는 형식적 절차가 사용된다는 것을 의미한다. 그렇지만 이 방법이 일반적으로 학생들에게 가르쳐지는 첫 번째 방법은 아니다. 숫자를 직접 대입하는 "추측하고 검사하기" 방법 및 거꾸로 풀어보기와 어떤 문자를 숨기기 방법과 같은 여러 비형식적 방법들이 대수 기초반에서 방정식 풀기를 지도할 때 자주 사용되고 있다. 이러한 방법들은 방정식의 절차적 개념과 잘 연결되어 있는 듯한 방법들이다. 그렇다고 해서 학생들이 그런 것을 학습하고 나서 바로 형식적 방법을 배우는 것은 아니다. 몇 연구들은 학생들의 방정식 풀이를 조사했는데 학생의 방정식 풀이는 수학교육의 주요한 연구 주제 중 하나이다.

대수를 배우는 학생들이 사용하는 다양한 방정식 풀이법은 다음의 유형에 따라 일반적으로 분류된다.

① 수에 대한 사실(또는 정보)의 사용
② 세기 방법의 사용
③ 숨기기
④ 원상태로 돌아가기(또는 거꾸로 풀기)
⑤ 시행 착오를 통한 대입법
⑥ 순서 바꾸기
⑦ 양변에 동일한 연산을 수행하기

마지막에 있는 "순서 바꾸기"와 "양변에 동일한 연산을 수행하기"는 형식적 방법이라고 종종 불린다. 순서 바꾸기는 양변에 동일한 연산을 수행하기의 단순화된 방법으로 간주된다. 대수를 배우는 학생들은 보통 처음의 두 방법은 배우지 않는다. 초등학교에서 배운 "가수가 빠진 문장" (예를 들면, 2 + □ = 5)에 대한 경험을 가지고 학년을 올라온다. 예를 들면, 5 더하기 3은 8이라고 하는 수의 덧셈에 대한 사실을 활용해서 $5+n=8$을 푸는 것은 수에 대한 정보의 사용이라고 하는 방법이다. 그리고 이 식에서 5, 6, 7, 8로 헤아린 다음 8이 되려면 5 다음에 세 개의 숫자가 와야 한다는 것은 세기 방법을 활용한 방정식 풀이의 예이다. 부스에 의하면 대수의 초보자들은 수에 대한 정보의 활용과 세기 방법의 활용을 통해서 방정식을 푼다고 한다.

형식적 방정식 풀이 절차를 지도할 때 구체물로 된 모델의 효율성에 대한 연구가 필로이와 롤란노 (Filloy & Rolano)에 의해 수행되었다. 이들은 실험을 통하여 $ax\pm b=cx$ 와 $ax\pm b=cx\pm d$와 같은 유형의 방정식에 대해서 그리고 이러한 방정식을 푸는데 사용되는 대수적 연산들에 대해서 학생들이 의미를 부여할 수 있도록 도와주는데 목적을 두고 있었다. 이들의 주된 접근 방법은 비록 몇 학생들이 평형 모델을 사용해본 경험이 있었지만 기하적인 방법을 사용했다. 이 기하적 접근 방법은 유사한 그림을 사용하는 것으로 아래의 이야기로 시작했다.

> 어떤 사람이 $A\times x$ 크기의 밭을 가지고 있다. 그런데 B 제곱 미터의 넓이를 가지는 옆의 밭을 사게 되었다. 그런데 다른 사람이 길거리 옆에 있는 땅과 이 땅을 서로 바꾸자고 흥정을 해 왔다. 이 새 땅은 처음의 땅과 전체 넓이뿐만 아니라 세로의 길이도 같으면서 더 좋은 모양을 하고 있다. 이 거래가 정당한 것으로 되기 위해서는 이 세로의 길이는 얼마가 되어야 하는가?

필로이와 롤란노는 12살과 13살의 두 학급의 학생들과 인터뷰를 했는데, 이 학생들은 $x\pm a=b$와 $ax\pm b=c$ (필로이와 로라노는 이런 유형의 방정식을 "산술" 방정식이라고 했다) 같은 유형의 방정식에 대해서는 이미 어떻게 푸는지를 알지만, $ax\pm b=cx$와 $ax\pm b=cx\pm d$ (이런 유형의 방정식은 "대수" 방정식이라고 불렀다.)와 같은 유형의 방정식은 지금까지 본 적이 없는 그런 학생들이었다. 필로이와 롤란노는 산술 방정식에서 대수 방정식으로의 전이 기간동안-이들은 이러한 전이를 "교수적 절단"이라고 했는데 이 현상이 일어나는 기간동안-학생들이 경험하는 장애를 밝힐 수 있는 인터뷰 질문들은 만들었다.

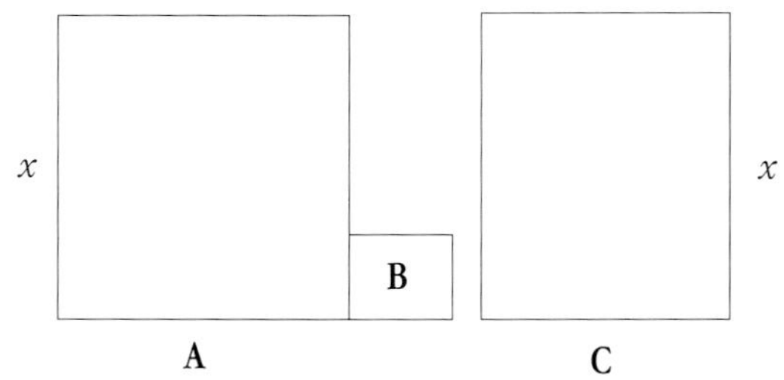

$Ax + B = Cx$의 형태인 방정식을 모델화하는데 사용된 기하적 상황을 그림으로 표현한 것

이 인터뷰는 두 가지 구체적 모델들이 (평형 모델과 면적 모델) 앞에서의 방정식 예처럼 미지수가 두 개인 방정식에 대한 대부분 학생들의 기호적 처리 능력을 크게 향상시키지는 못했다는 사실을 알게 해 주었다. 방정식 풀이에서 상수와 계수를 결합하는데서 일어나는 이미 잘 알려진 학생들의 에러가 이 연구에서도 볼 수 있었는데, 특히 기하 모델의 사용 경우가 그러했다. 필로이와 롤란노는 많은 학생들이 이 모델들에 고착되는 경향이 있었고, 이 모델에서 수행되는 연산과 대응하는 대수식의 연산 사이의 연관성을 알지 못하는 듯 했다고 보고했다. 결과적으로 이 학생들은 이 모델이 더 이상 유용하지 않음에도 불구하고 그것에 의존하고 있었다. 사실 이 학생들은 새로운 방법을 배우기 전에 그들이 사용했던 직관적인 방정식 풀이법으로도 해결할 수는 있는 간단한 방정식에 대해서도 이 모델들을 사용하려고 했다. 이들은 이 실험에서 배웠던 구체적인 모델로 된 절차에 너무 집착하고 있어서 그들이 이전에 사용했던 방법을 잊어버린 듯 했다. 이 연구는 대수식에 대한 절차적 개념에서 구조적 개념으로의 전이가 학생들이 달성하기에는 어려운 것임을 입증했다.

방정식의 풀이에 있어서, 많은 학생들은 산술 문제를 풀 때 사용했던 거꾸로 풀기 방법을 적용하려고 했다. 이 거꾸로 풀기법은 문자에 대한 연산의 조작이 아니라 숫자에 대한 연산의 조작이다. 등호 기호의 양변에 동일한 연산을 수행하는 절차-방정식의 구조에 대한 연산의 조작-는 쉽게 습득되지 않는다는 연구가 있었다. 따라서 필로이와 롤란노에 의하면, 많은 학생들이 대수적 방식으로 사고 활동을 하지 않는다고 한다. 그렇다고 해서 이것이 학생들 중 방정식 풀이를 아주 잘 하는 학생이 나올 수 없다는 것을 의미하지는 않는다. 여러 연구들에 따르면 많은 학생들이 사고를 요구하지 않는 자동적 방식으로 변과 기호를 바꾸는 (Change Side-Change Sign) 방식으로 주로 방정식의 조작을 학습한다고 한다. 그렇지만 이 연구들은 또한 학생들 자신이 수행하고 있는 조작의 바탕이 되는 구조에 대해서는 일반적으로 알지 못하고 있다고 했다.

학생들의 방정식에 대한 구조적 개념의 부족에 대한 부수적인 증거가 키에란에 의해서 수행된 연구의 결과에서도 나타났다. 대부분의 대수를 지도하는 교사들은 대수 기초반 학생들이 $3+4=7$이 $3=7-4$로 표현된다는 것을 알고 있을 것으로 생각하고 이 지식을 $x+4=7$과 $x=7-4$와 같은 대수식으로 일반화시킨다. 그래서 교사들은 학생들이 이 방정식들이 동치라는 사실과 함께 동일한 해를 가진다는 사실을 알 것이라고 생각한다. 키에란은 12살 된 대수 기초반 학생들이 덧셈과 뺄셈의 관계로 된 표현이 동치인지를 판단하는데 어려움을 가지고 있다는 것을 알았다. 이러한 학생들의 에러들 중 두 가지인 "가수를 바꾸기" (Switching Addends)와 "재분배" (Redistribution) 에러는 문자를 포함한 방정식에서 덧셈과 뺄셈의 동치 형태를 파악하는 것을 학생들이 혼동하고 있음을 말해주는 것들이다. "가수 바꾸기" 에러는 $x+37=150$과 $x=37+150$이 같은 해를 가진다고 생각하는 것이다. 그리고 "재분배" 에러는 $x+37=150$과 $x+37-10=150+10$이 같은 해를 가진다고 생각하는 것이다. 이러한 에러들은 대수 기초반 학생들이 덧셈과 뺄셈 사이의 구조적 관계에 대해서 어느 정도 확신감을 못가지고 있든지, 또는 적어도 방정식이 문자를 포함하고 있을 때 이러한 관계를 파악하지 못한다는 것을 시사하고 있다.

그리노(Greeno)는 대수의 기초를 배우는 학생들이 대수식의 변형이 가능한지 아닌지를 결정하는 조건에 대해서 잘 모르고 있다고 지적했다. 예를 들면, 이 학생들은 해가 잘못 구해졌다는 것을 알 때 어떻게 해야 할지를 몰라서 그 주어진 방정식을 처음부터 다시 푼다는 것이다. 이들은 틀린 해를 원래 방정식에 대입하면 그 방정식의 왼쪽과 오른쪽에 다른 값이 생긴다는 사실을 모르고 있다. 또한 방정식 풀이 과정에서 정확한 해만이 오른쪽과 왼쪽을 동치로 만든다는 사실을 깨닫지 못하고 있다. 그렇지만 방정식 풀이에서 대수의 초보자들만이 이러한 동치를 만족하는 조건에 대한 지식이 부족한 것만은 아니다. 키에란은 대수에 대해서 경험 있고 능력 있다고 하는 9명의 고등학생들에게서도 이런 지식의 부족 현상을 발견했다.

함수와 그래프

프로이덴탈은 함수의 특징을 말하면서 종속의 개념을 강조하였다.

"우리가 살고 있는 세상은 석회처럼 단단하게 굳어진 관계체계가 아니라 서로 의존적인 대상들의 세계이고 변화의 세계이다; 함수란 특별한 종류의 의존성(종속성)을 가지는데 즉, 독립과 종속으로 구분되는 변수들 사이의 관계를 말하는 것이다".

거의 모든 대수 교과서를 보면 함수는 두 집합의 구성 원소 (반드시 숫자일 필요는 없는)사이의 또는 동일 집합의 구성 원소사이의-그 집합의 정의역에 있는 각 원소는 오직 한 개의 상만을 가진다-관계로 지금은 정의되고 있다. 몇몇 현대적 정의에서는 일종의 규칙으로 함수를 정의하는 경우는 있지만 이 종속성의 개념은 사라지고 없다. 그래서 여기에 인용된 연구도 대수 교실에서 함수의 지도는 절차적 해석보다는 구조적 해석을 강조하는 경향을 띠고 있다. 우리나라의 제 7차 수학과 교육과정의 중학교 교과서에는 독립과 종속의 개념을 사용하여 함수를 정의하고 있다.

함수를 지도할 때 집합론적 정의의 몇 가지 효과를 이븐(Even)의 연구는 잘 예시하고 있다. 이븐은 함수와 방정식 사이의 관계를 묻는 설문지를 미국 중부지역의 8개 대학에서 중등 수학교사 자격증을 취득하는 마지막 해에 있는 예비교사들에게 보냈다. 이 예비교사들에게 함수의 정의 적기, 어떻게 함수와 방정식이 서로 관계되어 있는지, 그리고 이차 방정식(이차식에 양의 계수와 음의 계수가 있는)의 해의 개수를 구하는 방법에 대해서 질문했다. 이 예비교사들이 중등학교와 대학의 수학교실에서 받았던 수업은 표준적이며 현대 대수 교과서에 기초한 수학의 내용이었다. 회수된 152개의 설문지를 분석한 결과 이븐은 다음과 같이 결론을 내렸다. ① 이 예비교사들은 함수를 방정식으로만 생각하는 좁은 시각을 가지고 있다, ② 이들은 함수의 현대적 정의를 어떻게 이해할지를 모르고 있다, 그리고 ③ 이들은 방정식의 해와 이에 대응하는 그래프에서의 그 방정식의 값을 연관시키지 못한다.

수학적 언어를 사용해서 함수적 관계를 표현하는 데는 다음의 세 가지 범주가 있다. ① 기하적- 다이어그램, 히스토그램, 그래프, 그림, 도식, ② 수치적-숫자, 표, 순서쌍; 그리고 ③ 대수적-문자로 된 기호, 공식, 사상. 대수에서 함수는 형식적인 집합론적 정의로 도입되기 때문에 즉, 정의역과 공역에 있는 원소들 사이의 다대일 대응으로 (many-to-one correspondence) 일반적으로 함수에 대해 처음 떠오르는 표상의 형태로는 사상을 나타내는 다이어그램, 방정식, 그리고 순서쌍이다. 그리고 나서 이러한 표상들은 보통 수치가 있는 표와 좌표상의 그래프로 확장되어진다. 그래서 함수의 지도에는 여러 단계의 절차와 구조를 나타내는 표상들이 등장하게 된다. 그렇지만 아래의 연구에서 논의되는 것처럼, 학생들은 보다 형식적인 구조적 정의와 표상을 회피하는 경향이 있으며 함수를 하나의 양을 이용해서 다른 양을 계산해

내는 절차로써 해석하는 경향을 가지고 있다.

스파드(Sfard)는 함수의 개념과 함수의 형식적이며 구조적 정의에 대해서 잘 알고 있는 60명의 16세와 18세의 학생들을 대상으로 이들이 함수를 절차적으로 또는 구조적으로 인식하고 있는지를 알아보는 설문 조사를 했다. 설문에 답한 대부분의 학생들이 함수를 정적인 개념으로서가 아니라 하나의 과정으로 알고 있었다. 14세에서 17세에 이르는 96명의 학생들을 대상으로 한 이 두 번째 조사에서 학생들에게 4개의 간단한 문장제 문제를 방정식으로 적어보라고 했고 또한 비슷한 문제에 대한 해를 계산하는 알고리즘을 말로 설명하라고 했다. 이 학생들은 방정식을 적는 것보다는 해의 계산과정을 말로서 설명하는데 더 능숙했다. 이러한 결과는 솔로웨이, 록해드, 그리고 클레멘트(Soloway, Lochhead, & Clement)의 연구결과를 지지하는 것으로 이들에 따르면 학생들은 한 변수에 따라 다른 변수의 값을 계산하는 방법을 명시하는 간단한 컴퓨터 프로그램(알고리즘)이 형식으로 방정식이 표현되어 있을 때 문장제를 "방정식"으로 바꾸는데 아무런 어려움이 없었다고 한다.

대수 교실에서 함수를 아무리 형식적으로 학생들한테 도입하더라도, 학생들은 이미 산술을 공부한 교실에서 함수 기계와 다른 종류의 입력과 출력 표현에 대해 상당한 정도의 직관적인 경험을 가지고 있다. 정사각형의 넓이를 나타내는 $P = 4 \times 5$와 같이 간단한 공식을 사용한 이전의 학습 경험 또한 학생들이 대수 교실에서 함수에 대한 이해를 형성하는데 바탕을 제공하고 있다. 더구나, 함수는 과학교실에서도 가르쳐지고 있는데 여기에서는 변수들 사이의 종속관계로서 지도하고 있다. 그렇지만 대수 과목에서 함수의 지도는 이런 어떠한 이전 경험도 활용하지 않고 있는 실정이다. 수학과 과학교과가 서로 연관되어 있음에도 불구하고 과학교실과 대수 교실에서 학생들이 함수에 대한 서로 다른 두 정의를 학습한다는 것은 흥미로운 사실이다.

마코비츠와 동료들은 좌표 평면 상에 있는 직선상에 있지 않는 점들을 지나는 함수를 그래프로 그리도록 하는 과제를 사용하여 과학과 수학의 효과를 비교하는 조사를 했다. 9학년의 학생으로 상위 집단과 하위 집단으로 나누어서 검사를 실시했다. 이들 두 집단 모두 수학과 과학 수업에서 함수의 그래프를 그리는 것을 이미 학습한 상태였다. 결과에 의하면 대부분의 학생들이 직선으로 답을 했는데, 즉 거의 모든 그래프를 선분으로 그렸다. 더구나 수학과 과학이라는 과목에 따라서 성공률에 차이를 보였다. 비선형으로 답을 한 학생들 중에서 상위 집단의 학생들은 과학적 내용이 가미된 문제보다는 순수한 수학적 문제에 더 높은 성공률을 보였다.

이러한 경향은 하위집단에서는 반대로 나타났다. 이러한 결과로 보아 상위 집단의 학생들이 함수를 구조적 대상으로서 인식하는 상위 집단의 학생들이 함수를 하나의 과정으로 인식하는 하위집단의 학생들보다 훨씬 잘 전이가 일어난 것을 시사하고 있다.

마코비츠와 그의 동료들의 다른 연구의 결과도 역시 주목할만하다.

① 질문을 어떻게 하든 상관없이 다음 세 가지 유형의 함수는 어려움을 야기시킨다-상수 함수, 계단(또는 가우스) 함수, 그리고 이산형 점의 집합으로 표현된 함수.

② 질문에 구체적으로 명시를 하든 안 하든 상관없이 학생들은 일반적으로 정의역과 공역을 무시하는 경향이 있다.

③ 대수식과 그래프로 함수를 표현한 경우 상(image)과 그것의 원상에 대한 단지 부분적으로만 이해하고 있다.

④ 그래프 형태에서 대수적 형태로의 전이는 대수적에서 그래프적으로의 전이보다 더 어렵다.

⑤ 연산이나 풀이 과정에 있어서 조작의 복잡성은 성공을 방해한다.

⑥ 여러 함수에 대한 예를 들어보라고 하면 대부분 직선 형태에만 국한되어 있다.

많은 9학년 학생들이 "직선을 함수의 전형으로서 생각한다"라는 결과는 교수적 관심을 가지게 한다. 공학의 출현으로 이제 그래프를 그리는 것이 간단하기 때문에 직선형의 함수에만 국한시킬 필요가 없어지고 있다.

함수적 관계를 표현할 때 절차적 혹은 구조적 선호도에 대한 것을 말해주는 또 다른 연구가 드레이퍼스와 아이센버그(Dreyfus & Disenberg)에 의해 수행되었다. 이들은 440명의 6학년부터 9학년 학생들을 대상으로 함수 개념에 대한 직관적 기초에 대한 조사를 하였다. 상, 원상, 극값, 그리고 기울기에 대해 그래프, 다이어그램, 그리고 대응표의 세 가지 표현 양식을 사용해서 질문을 했다. 이 결과를 보면 상위 학생들은 모든 질문에 대해 그래프적 형태를 선호했고, 반면에 하위 학생들은 대응표 형태를 선호했다. 그래프적 형태이든 아니면 표의 형태이든 어느 방법도 한 양을 다른 양을 사용해서 직접적으로 구하는 방법을 명시하고 있지 않기 때문에, 이 연구의 결과는 하위 학생들의 경우 그래프적 형태보다는 표의 형태에서 필요한 정보를 더 쉽게 파악한다는 점을 말해주고 있다.

이러한 결론을 지지해 주는 다른 증거가 카퍼트(Kaput)에 의한 연구에서 제시되어졌는데, 이 연구는 소이여와 데이비스(Sawyer & Davis)가 개발한 일종의 게임인

"내가 생각하는 규칙을 맞춰봐!" (Guess My Rule)를 컴퓨터 게임으로 모델화 한 것을 사용했다. 이 게임에서 컴퓨터는 "비밀스러운" 함수를 가지고 있는데 학생이 입력하는 숫자에 대한 컴퓨터의 반응에 기초해서 학생은 이 함수를 추측해야 하는 것이었다. 학생은 컴퓨터의 피드백 형태를 수치적 또한 그래프적으로 선택할 수 있다. 대수 과목을 1년, 2년 동안 배운 학생들은 그래프적 피드백보다 수치적 형태의 피드백을 (수치가 있는 표로) 더 선호했다. 이들 학생들이 그래프적으로 표현된 정보를 사용하도록 하려면 상당한 지도가 필요하다고 카퍼트는 말하고 있다.

다른 연구들은 학생들이 형식적이며 함수적 표기를 어려워한다고 보고했다. NAEP의 제 2차 수학 평가 문제 중 하나는 학생들에게 $a=5$일 때 $a+7$은 얼마인지, 그런 다음 $f(a)=a+7$일 때 $f(5)$는 얼마인지를 물었다. 거의 모든 학생들(98%)이 처음 질문에 정확하게 답을 했지만, 두 번째 질문에 대해서는 단지 65%만 정답을 했다. 다른 연구들 또한 대수를 배우는 학생들의 경우 함수의 형식적 표기법이 어려움을 더해주고 있다고 했다.

위에서 논의한 연구들에 의하면 학생들은 그래프적 표상보다 표 형태의 표상으로부터 정보를 훨씬 쉽게 구한다고 한다. 그렇지만 만약 학생이 표로부터 얻은 이 정보를 대수식이나 방정식으로 바꾸어야 하는 경우에는 그 과제는 상당히 복잡해진다. 예를 들면, NAEP의 문제 중 아래 그림처럼 표를 완성하는 문제가 출제되었다. 중학교 1학년이나 2학년 정도의 대수를 공부한 학생들 대부분이 주어진 수치적 변수로부터 7씩 더한다는 패턴을 찾을 수 있었다 (년수에 따른 성공율은 69%와 81%였다). 그렇지만 같은 표에서 $x=n$일 때, y의 값을 구하라는 문제에 있어서는 성공률이 뚝 떨어졌다 (41%와 58%).

x	1	3	4	7	n
y	8		11	14	

$x=n$일 때, $x=3$일 때 y의 값을 구하라고 하는 NAEP 평가문항

그리노와 그의 동료들은 함수적 환경에서 대수적 표상의 생성에 관한 연구를 했다. 예를 들면, 거트너(Gurtner)는 7, 9, 11학년으로 구성된 소그룹을 대상으로 winch box와 관련된 학습 상황에서 학생들이 언제, 어떻게 자발적으로 대수식을 사용하는지를 조사했다. 모든 학생들이 이런 학습 상황에 있어서 직선 함수의 주요한 특징

에 대해서는 이해했지만, 단지 11학년생들만 구체적인 정보의 부족으로 수치적 해답을 구하기가 불가능한 경우 그 문제의 해답으로 변수와 관련된 대수식이 답이 될 수도 있다는 사실을 이해했다고 밝혔다.

지금까지 보아 온 함수에 대한 많은 연구들은 그래프적 표상을 구조적 측면에서 해석하는데는 부족한 점을 내포하고 있다. 더구나 대수식 형태의 표상을 사용한 이해를 알아보려는 이들 연구들은 절차적 개념을 중심으로 되어 있어서 분명히 편향된 것이다. 학생들이 함수를 절차로서 다루기 위해서는 상당한 기간이 필요하다는 사실을 교사들이 잘 인식하지 못하고 있다는 것이 드레이퍼스와 비너의 연구 결과에 의해서 밝혀졌다. 5집단의 학생들-① 낮은 수준의 수학을 수강하고 있는 대학생들, ② 중급 수준의 수학을 수강하고 있는 대학생들, ③ 고급 수준의 수학을 수강하고 있는 대학생들, ④ 수학 전공 대학생들, ⑤ 고등학교 수학 교사들-을 대상으로 실험을 하였다. 이들에게 물어본 질문 중 한 가지가 "당신 생각에 함수란 무엇입니까?"라는 것이었다. 이 질문에 대한 답을 보면 이들 연구 대상 학생들이 수학 강의에서는 함수를 집합론적으로 강조하고 있음에도 불구하고, 거의 대다수의 학생들이 이 정의를 받아들이지 않고 있었다. (1), (2), (3)의 집단의 학생들은 (각각 73%, 70%, 63%) 함수를 다양한 절차적 정의로 설명하였다 (함수는 종속 관계이다, 하나의 규칙이다, 연산이다, 공식이다, 등등). 단지 고등학교 수학 교사 집단만 (73%) 형식적 정의를 선호하는 것으로 나타났다. 이 결과로부터 대부분의 고등학교 수학 교사들은 함수에 대한 구조적 개념을 가지고 있다고, 그리고 이러한 개념을 그들이 가르치고 있다고 추론한다면 학생들이 함수에 대한 절차적 개념과 구조적 개념사이의 공백을 메울 수 있도록 도와주어야만 한다는 사실이 분명하다. 뿐만 아니라, 교사의 신념과 태도에 대한 슬로빈(Slovin)의 연구는 대수를 지도할 때의 형식적이며 구조적 접근은 함수의 개념을 지도하기 훨씬 전부터 시작된다고 한다. 문제 해결 접근법을 통한 대수지도라는 과목을 수강하는 현직 교사들과의 인터뷰에서 슬로빈은 이들 교사들 중에 학생들이 "효과적" (즉, 구조적)인 방법을 습득할 수 있도록 빨리 몰아가야 할 필요가 있다고 느끼는 교사들이 있다는 사실을 알았다. 사실 현직 교사를 대상으로 하는 강의를 하는 교수가 "추측-검증" 방법이 학생들에게 장점으로 작용한다고 말해주더라도, 한 교사는 그런 방법은 "상당히 원시적이다"는 생각을 했다고 한다.

지금까지 역사적-인식론적 측면으로부터 대수의 교수와 학습, 그리고 대수의 절차와 구조적 모델이라는 관점에서 기존의 대수에 관련된 연구들을 정리해 보았다.

이렇게 하면서, 학생들이 대수를 배우면서 겪게 되는 어려움을 좀 더 잘 이해할 수 있도록 하나의 틀을 만들어 보고자 했다. 이러한 대수 학습시의 어려움을 야기 시키는 대수 내용, 대수 교수, 그리고 대수 학습의 3가지 요인에 대해 살펴보고 이에 대한 후속연구 방향을 제시하고자 한다.

◐ 학 습

학교에서 지도하고 있는 대수에 관한 대부분의 연구들이 학습에 초점을 맞추고 있기 때문에 어떤 의미에서는 가장 연구하기 쉬운 것이 학습이라고 할 수 있다. 지금까지 살펴본 연구 결과들을 보면 가장 중요한 두 가지 주제는 ① 구조적 해석보다는 절차적 해석을 선호한다는 것과 ② 대수의구조적 개념의 습득의 어려움이다.

동일한 관계를 나타내는 방정식보다 해를 계산하는 컴퓨터 프로그램이나 언어적 기술이 학생들의 입장에서는 훨씬 쉽기 때문에 절차적 해석을 선호하는 것이 아닐까 추측되어진다. 학생들은 문제 상황을 별다른 노력을 들이지 않고서도 함수적인 투입과 산출의 형태로 만들 수 있기 때문이기도 하다. 그리고 어떤 프로그래밍 환경은 문자를 숫자로 생각하도록 촉진시키기 때문에, 학생들은 관계를 일반화할 때라든지 또는 종속의 개념을 반영하는 함수의 개념을 생각할 때 수치적 정당화를 선호한다.

고등학교 수학교과서에서 흔히 볼 수 있는 아주 초보적인 대수의 구조를 이해하는데 있어서 학생들이 경험하는 어려움은 다음과 같은 사례로 요약되어진다. ① 답을 나타내는 어떤 식을 얻기 위해 대수식을 방정식으로 바꾸려는 시도, ② 대수식을 간단히 하는데 있어서 발생하는 비체계적이고 방법적인 실수들, ③ "식의 양변에 같은 조작하기"라는 풀이 절차를 사용하지 않으려고 하는데서 발생하는 것처럼 방정식을 하나의 대상으로 조작하지 않으려는 태도, ④ 등호 표시를 대칭성의 기호로 생각하지 않음, ⑤ 문자를 변수나 미지의 것으로 생각하지 못하는 그리고 문장제를 방정식으로 번역하지 못하는 능력, ⑥ 방정식의 이면에 숨어있는 구조를 파악하지 못하는 것, ⑦ 수치적 관계를 제공하는 도구로서 대수를 사용하지 못하는 것, ⑧ 대수식에 대한 "과정적" 해석을 "대상적" 해석으로 바꾸지 못하는 것 등이 있다.

대수의 학습에 대한 연구 결과의 조사로부터 얻을수 있는 결론은 대다수의 학생들이 대수의 구조적 측면을 충분히 인식하지 못하고 있다는 것이다. 지금까지 살펴본 연구 결과들은 학생들이 과정-절차의 사이클에서 결코 구조적 부분에 도달하지 못한다는 것을 말하고 있다. 그렇지만 대수 학습에 대한 밝은 전망을 보여주는 징후가 있는데 대수지도의 중요한 요건을 다루고 있는 몇 연구들은 학생들이 대수의 어떤 구조에 대한 개념을 발달시킬 수 있다는 전망을 보여주고 있다. 이렇게 되기 위해서는 학생들이 다음과 같은 경험을 가질 때 가능하다고 한다. ① 산술과 대수적 두 상황을 동시에 가지는 성질을 경험할 때, ② 양변에 대수식을 포함하는 방정식을 경험할 때, ③ 문장제 문제를 단 하나의 방정식으로만 바꾸어 보지 말고 가능한 여러 방정식으로 바꾸어 보는 경험을 가질 때, ④ 분명한 표기법을 사용해서 수치적 정보를 일반화시켜보는 경험을 할 때 (심지어 초등학교에서도 가능하다), ⑤ 문자 자료만으로 되어있는 문제를 해결하는 경험을 할 때, ⑥ 여러 함수족의 그래프를 쉽게 보여줄 수 있는 컴퓨터 그래픽 프로그램을 사용해서 함수를 나타내는 방정식의 매개 변수를 조작하는 경험을 할 때.

이러한 연구의 증거들은 첫째, 절차적 개념에 상당한 시간을 할애하면서 대수의 구조적 개념 발달의 확실한 토대를 만들기 위한 교실 지도에 많은 노력을 기울여야 한다고 제안하고 있다. 절차적이고 투입과 산출의 개념은 학생들이 쉽게 파악 가능하고 활용 가능하므로 이것을 잘 활용한다면 대수적 활동을 보다 이해 가능하고 좀더 의미 있게 만들 수 있다고 연구 결과들은 지적하고 있다. 둘째, 대수에 대한 절차적 개념으로부터 구조적 개념으로의 전환은 현재 대부분의 교과서에서 제시하고 있는 것보다는 많은 관심과 주의가 있어야 한다고 한다. 단지 몇 연구만이 이러한 개념적 전환을 촉진시킬 수 있는 방안을 말하고 있다. 그렇지만 대수식, 방정식, 그리고 함수를 대상으로 파악하고 대상으로 조작하면서 형성되는 구조적 개념이 이를 기초로 하는 절차적 개념의 계속적인 필요성을 감소시키는 것은 아니라는 점을 분명히 인식해야 하는데 그 이유는 이들 둘 다 수학적 활동에서 중요한 역할을 하고 있기 때문이다. 그러나 단지 몇 연구에서만 대수 학습에 있어서 이들 두 개념의 상호작용과 역할에 대해서 논의하고 있을 뿐이다. 리와 휠러(Lee & Wheeler)는 학생들이 산술과 대수를 서로 폐쇄적이며 배타적인 체제로 생각하고 있다고 했다. 교실에서 이루어지는 대수 지도에서 필요한 것은 산술과 대수의 연결을 만드는 것이며 또한 반대로 대수와 산술이 서로 연결되도록 해야한다. 그래서 대수의 절차적 개념과 구조적 개념사이를 자유자재로 전환 가능하도록 해야하며 주어진 과제의 성격에 따라서 그에 합당한 개념을 선택할 수 있는 능력 또한 길러줄 수 있도록 해야 한다.

◐ 지 도

지금까지 살펴본 바에 의하면 대수를 가르치는 교사에 관한 연구는 아주 미미했다. 이러한 극소수의 연구 결과에 의하면, 이들 교사들이 대수에 대해서 가지고 있는 개념은 구조적이며, 대수 지도에서도 이 구조적 접근을 선호하는 것으로 나타났다. 대수 지도의 본질에도 불구하고, 학생들은 구조적 개념을 확실하게 발달시킬 수 없는 듯 하다.

대수의 구조적 지도법을 바꾸려고 하는 그리고 현재 교과서에 제시되어있는 순서를 따르지 않으려고 하는 교사는 이러한 지도를 위한 도움을 얻기 위해서 이곳 저곳을 기웃거려야 한다. 그렇지만 이러한 도움을 구하기는 그렇게 쉽지가 않다. 먼저, 교사들이 연구 결과에 대해서 정보를 얻고 이 정보를 실제 교실에서의 수업으로 적용할 수 있는 방법에 대해서 쉽게 배울 수 있는 곳이 없다. 수학교육 연구에 대한 몇 학회지는 학생과 교사의 인지적 연구 결과를 배포하는데 목적을 두고 있으며 이러한 연구 결과의 교수적 시사점을 논의하고 있다. 그렇지만 발표된 많은 글은 대부분 교사가 아닌 연구자에 의해서 주로 쓰여진 것이다. 그래서 교사들이 읽기에는 여전히 어렵고 교실 수업으로 적용하기가 쉽지 않다. 두 번째는 교사들은 가까운 대학 도서관에서 연구 결과들을 찾을만한 시간이 거의 없다. 하지만 이런 노력들이 실제로 있어야만 한다. 비록 교실에서 해볼만한 가치가 있는 대수 지도법에 대한 교사의 인식을 향상시킬 수 있는데도 불구하고 현직 교사를 위한 대수 지도에 관한 강좌와 연구자와 현직 교사의 연계성을 찾는다는 것은 무척 어려운 실정이다.

많은 교사들이 주로 교과서에 있는 대로 가르치기 때문에 절차적 개념을 개발시킬 수 있도록 그리고 이 절차적 개념이 구조적 개념 안에 잘 짜여질 수 있도록 하기 위한 단계는 이러한 생각을 반영한 교과서를 채택하는 일이다. 그렇지만 어떤 내용이 교과서에 제시되어 있더라도, 대수 교사들이 그 내용을 어떻게 해석해서 전달해야 하는가에 관한 대수 지도의 연구 문헌사이에는 여전히 큰 견해의 차이가 존재하고 있다. 이러한 견해의 차이가 앞으로의 연구에서 다루어야할 가장 필요한 영역 중의 하나이다.

◐ 내 용

교사들이 교과서에 있는 그대로 대수를 가르치고 학생들은 그런 교사들이 가르치는 대수를 학습하는데 어려움을 경험한다면, 대수를 배우는데 어려움을 야기시키는 주요 요인은 교과서에 제시되어 있는 대수의 내용일 것이다. 현재 대부분의 대수 교과서는 학생들이 수학을 배우는데 있어서 절차적 측면과 구조적 측면을 통합할 수 있는 내용을 다루고 있지 않다. 뿐만 아니라 대수가 어떻게 역사적으로 발생되어져 왔는지도 반영하지 못하고 있다. 그런데 영국에서 출판된 최근의 중등학교 대수 교과서 시리즈는 절차적인 측면에서 구조적인 측면으로 점진적으로 발전시켜 나가는 가운데 미지수의 개념으로서 문자를 다루는 대수 과정의 구성 방법을 제시하고 있다. 이 교과서 시리즈에서 채택하고 있는 접근법은 형식적 정의와 구조적 측면을 강조하면서 대수를 도입할 때 생기는 문제를 피하면서 어떻게 하면 대수의 내용을 제시할 수 있는지를 시사하고 있다. 그렇지만 이러한 교과서의 인지적 영향에 대한 장기간에 걸친 연구가 아직 수행되지 않고 있다. 그럼에도 불구하고 이 접근법의 일부분을 채택해서 행한 연구들은 긍정적인 연구 결과를 발표해 왔다.

이 글에서 직접적으로 논의는 하지 않았지만 대수 교육과정의 결정자와 교과서 저자들이 고려해야 될 또 다른 측면은 공학의 역할이다. 현재의 공학 발달을 활용하는 측면으로 대수 교육과정을 개혁하고자 주장하는 사람들은 대수의 기호적 조작은 덜 강조하고 절차적 해석을 보다 강조하고 있다. 대수식의 단순화에 치중된 현재의 대수 내용의 상당 부분을 유지시켜야 한다고 주장하는데 사용되고 있는 근거 중의 하나는 똑같은 조작을 할 수 있는 컴퓨터화된 기호 조작 도구들이 있기 때문이라는 점이다. 그렇지만 마우러 (Maurer)가 지적한 것처럼

> 어떤 경우에 있어서는 이러한 공학용 시스템을 사용해서 대수식을 어떤 표현에서 다른 표현으로 바꾸기 위해 사용할 수 있을 것이다. 그렇지만 사용자는 공학을 사용하기 전에 자신이 무엇을 하려고 하는지 분명히 알아야 한다. 직접 종이에 연필로 많은 연습을 하지 않고서도 학생들은 아마 이런 것을 배울 수도 있을 것이다. 어쩌면 컴퓨터가 풀어준 많은 예를 보면서 배울 수도 있을 것이다. 그런데 여전히 어떻게 이것이 가능할지가 분명하지가 않다.

다시 말해서, 대수 학습의 초기 단계에서 이러한 기호 조작용 공학의 활용이 어떻게 학생들의 대수식의 구조적 개념 발달을 도울 수 있는지가 명백하지 않다는 것이다. 이 부분에 대한 앞으로의 연구가 필요하다고 본다.

절차적 해석 능력의 발달을 도모하면서 동시에 학생들의 절차적 개념으로부터 구조적 개념으로의 전이도 분명하게 도와줄 수 있는 활동을 첨가하면서 대수의 내용을 확장해야 한다는 주장에 대해 반론을 제기하는 사람들도 있다. 대수의 절차적 개념의 증가는 대수 과목에서 보다 광범위하게 공학을 사용하고자 하는 사람들에

서 나온 제안과 맥락을 같이 하고 있다. 이러한 제안은 또한 NCTM에서 1989년에 펴낸 "학교 수학을 위한 교육과정과 평가 규준" (Curriculum and Evaluation Standards for School Mathematics)에도 나타나 있다. 문제를 해결하는데 함수적, 투입과 산출 접근법의 도구로서 컴퓨터 사용과 관련된 연구의 결과들을 보면 학생들이 절차적 해석에서도 얼마나 많은 문제점을 가지고 있는지 분명하게 보여주고 있다. 그렇지만 슈왈츠 (Schwarz)의 연구와 같은 예외적 연구에서 보면 공학적 지원을 받는 교육과정에서 절차적 개념을 구조적 개념으로부터 발전시키려는 시도가 여전히 힘들다는 점을 분명히 밝히고 있다. 카퍼트(Kaput)는 다양한 2개 변수의 표상체계 (자료를 정리한 표, 좌표에 표시한 그래프, 그리고 방정식)들 사이의 연결을 학생들이 하도록 하기 위해 공학이 어떻게 사용될 수 있는지를 자세하게 설명하였다. 그렇지만, 그래프를 제외하고는 카퍼트가 말한 표상의 사용과 관련된 대부분의 인지적 활동이 여전히 절차적 수준에 머무른다는 점이다. 이 두 개념 사이의 전이는 여전히 분명하지가 않다.

대수를 지도하는데 있어서 절차적 개념과 구조적 개념은 둘 다 중요하다. 앞에서 논의한 바와 같이 수학자들이 구조적 개념에 의존해서 수학을 연구한다고는 하지만 그들은 또한 절차적 개념도 사용한다. 뿐만 아니라 대수는 절차적-구조적 사이클을 따라서 역사적으로 발전되어온 것으로 간주될 수 있다. 학생들이 대수를 학습할 때도 바로 이 사이클을 그대로 따른다고 하는 설득력 있는 주장들이 제기되고 있다. 지금까지의 논의한 연구 문헌들을 살펴보면 대수의 지도와 내용 모두에서 구조적 측면이 강조되고 있다. 그렇지만 대부분의 학생들은 이러한 구조적 수준에 도달하지 못하고 있다고 연구들은 밝히고 있다. 따라서, 수학을 학습할 때는 절차적이며 구조적인 역동성이란 측면에서 대수의 내용과 지도 둘 다에 대해 재고려가 있어야 한다. 하지만 이러한 제안에 기초한 연구는 여전히 빈약한 실정이다. 이러한 연구 실정에도 불구하고 최근의 연구들은 올바른 방향으로 현재 진행해 가고 있으며 계속적인 연구는 미래의 대수 지도와 내용에 대한 최종적인 결정을 내릴 때 필요한 자료를 제공할 것이다.

10. 그래픽 계산기를 활용한 대수방정식의 지도

많은 사람들에 있어서 "대수"(algebra)에 대한 인식은 방정식을 풀기, 다항식을 인수분해 하기, 함수의 그래프 그리기, 변수 x, y를 사용해서 무엇인가를 하기 등이다. 그리고 대부분의 학생들의 경우 "대수"는 문자와 식을 다루는 수많은 "규칙이나 절차"를 암송하는 과목으로 인식하고 있다. 그렇기 때문에 다음과 같은 일이 수학교실에서 벌어지고 있다.

"곱할 때는 지수를 더하고, 나눌 때는 지수를 빼주면 된다."

교사가 제시한 이 규칙을 암송만 하고 그 의미를 이해하지 못한 학생은 다음과 같은 오류를 범한다.

$$3^2 \cdot 3^3 = 9^5$$

그런데 이제는 휴대용 계산기가 수학교실에서 사용 가능한 환경이 되었기 때문에 복잡한 그래프 그리기, 따분한 문자나 식의 계산하기 등은 계산기를 사용하여 처리함으로써 교사와 학생들은 좀 더 대수적 사고에 시간을 할애할 수 있게 되었다.

1989년의 NCTM의 "교육과정과 평가 규준"에서도 산술 중심의 대수교육에서 벗어나 문제해결 중심의 대수교육으로 전환되어야 한다고 강조하면서 공학 사용의 중요성을 제기하고 있다. 여기에서 강조하고 있는 대수교육의 강조 방향은 다음과 같다.

- 실세계 문제
- 개념적 이해
- 공학의 활용

- 수체계의 구조
- 행렬과 그 응용

NCTM의 2000년 보고서인 "학교수학을 위한 원리와 규준"에서도 계산기와 컴퓨터 같은 공학용 도구들이 수학의 교수와 학습, 수학을 행하는데 필수적인 도구가 되고 있다고 한다. 이들 공학은 수학적 아이디어에 대한 시각적 이미지를 제공해 주고, 수집한 데이터를 체계적으로 조직하여 분석하는 활동을 촉진하며, 또한 효율적이며 정확하게 계산하는 것을 돕는다. 공학용 도구들이 수학교실에서 활용가능하게 되면 학생들은 문제해결 활동, 추론활동, 반성활동, 의사결정 활동에 보다 집중할 수 있다.

이 글에서는 대수교육에서 중요하게 다루어야 할 내용을 고찰해보고 이를 토대로 방정식 풀이를 지도하는데 어떻게 그래픽 계산기를 활용할 것인지를 구체적인 예를 통하여 살펴보고자 한다.

대수의 교수-학습

대수(algebra)는 일반화를 위한 언어이다. 어떤 일을 한번으로 끝낸다면 대수라는 개념이 필요 없을 것이다. 그렇지만 어떤 과정을 계속해서 해야 할 필요성이 있는 경우 해야 할 일(것)을 기술하는 아주 간단한 언어가 바로 대수이다. 대수는 인간이 관찰을 통해서 발견한 패턴을 기술할 수 있도록 해 주는 언어이다. 예를 들면, 분수의 곱셈에 대한 규칙을 보면 다음과 같다.

> 두 분수를 곱할 때는 각 분수의 분자를 곱해서 새로운 분수의 분자로 하고, 각 분수의 분모를 곱해서 새로운 분수의 분모로 한다.

이 규칙의 예를 보면,

$$\frac{2}{3} \cdot \frac{4}{5} = \frac{8}{15}$$

대수 언어를 사용해서 이 규칙을 똑같이 나타낼 수 있다.

$$\frac{a}{b} \cdot \frac{c}{d} = \frac{ac}{bd}$$

이것을 보면 우리가 사용하고 있는 일상 언어를 사용해서 두 분수의 곱셈을 기술한 것보다 대수를 사용한 것이 훨씬 간단하고 또한 산술과 같이 보인다.

일반적인 패턴을 나타낸 것이 수학에서 말하는 공식(formula)인데, 공식은 하나의 양을 다른 양을 사용해서 나타내는 것이다. 공식은 우리들의 일상생활에서 수없이 많이 보고 있다. 예를 들면, 화씨온도로부터 섭씨온도를 구하는 공식은 다음과 같다.

$$F = \frac{9}{5}C + 32$$

또한 이를 거꾸로 하면 섭씨온도로부터 화씨온도를 구할 수 있다.

대수는 위에서도 언급했듯이 행위를 기술하며 또한 양들 사이의 관계성을 나타내는 언어이다. 그렇기 때문에 다른 언어들과 마찬가지로 언어 자체의 특성 때문에 발생하는 어려움이 있고 또는 한 언어를 다른 언어로 번역하는데 있어서의 어려움도 있기 마련이다. 대수라는 언어의 측면과 관련하여 야기되는 문제는 주로 변수(variables)와 식(expressions)이며, 번역에서 일어나는 문제는 대부분 문장제를 방정식으로 번역할 때이다.

변수(variables)

연구 결과에 따르면 학생들은 문자 기호(symbols)가 가지는 위력과 유연성을 충분히 이해하지 못한 채 변수를 아무렇게나 사용하거나 변수에 관련된 문제를 해결하고 있다. 변수는 산수에서의 숫자와 거의 같이 다루어지기 때문에 대부분의 학생들은 기계적이고 대수적인 조작을 습득할 수 있다. 한편 변수는 숫자와는 다른 면이 있으며(예 : 변수는 한번에 여러 숫자를 동시에 나타낼 수 있다, 변수는 자리값의 개념이 없다, 변수는 임의적으로 사용가능하다 등) 또한 문자와도 다른 면(예 : 변수는 우리가 원하는 어떤 식으로든 정의할 수 있다, 변수가 나타내고 있는 값에 아무런 영향을 주지 않은 채 변수를 바꿀 수 있다)을 가지고 있다. 한 가지 예를 들면 다음과 같다.

> 방정식 $2x+3=15$에서 x를 y로 바꾼다고 이 방정식의 대수적 의미에는 아무런 변화가 없다. 하지만 "그는 우리 반 반장이다"에서 "그는"을 "그녀"로 바꾸는 것은 완전히 다른 의미를 가지게 된다.

변수는 또한 아주 다재다능한 특성이 있는데, 숫자나 물건을 나타낼 때는 이름으로 사용되며, 방정식에서는 이산 미지수(discrete unknowns)로 사용되며, 부등식에서는 연속 미지수(continuous unknowns)로 사용되며, 항등식에서는 일반화된 숫자로 사용되며, 함수에서는 독립변수와 종속변수로 사용되며, 공식에서는 매개변수[2)](또는 보조변수, parameters)로 사용되며, 다항식에서는 부정형(不定形)으로 사용된다.

하지만 변수에 대한 학생들의 초기 경험은 변수에 대한 풍부한 개념 형성을 방해하는 경우가 많다. 예를 들어, 변수가 이름을 나타내는 것으로(예: 사람 A, 사람 B) 처음 배운 학생은 변수를 나타내는 문자를 생략형으로 인식하게 된다. 특히 다루려고 하는 대상의 이름 첫 글자를 변수로 선택하여 지도하는 경우(예: 사과 apples의 개수를 나타내는 변수로 a를 사용) 이런 현상은 더욱 심화된다. 변수를 이러한 생략형으로 인식하는 것은 문장제 문제를 방정식으로 번역하는데 있어서 상당한 어려움을 야기 시킨다.

변수를 처음 배울 때 방정식의 미지수로 배운 학생들은 변수가 어떤 특정한 값을 나타내는 문자로 인식하게 된다. 그래서 다항식에서 변수는 미결정된 부정형임에도 불구하고 변수에 어떤 값을 대입해서 계산하는 오류가 발생하기도 한다.

변수에 관련된 학생들의 공통적인 생각은 서로 다른 문자는 서로 다른 값을 가진다는 것이다. 심지어 어떤 문자든 상관없이 미지수로 사용될 수 있다고 지도하더

---

2) 몇 개의 변수 사이에 함수관계를 정하기 위하여 사용되는 또 다른 하나의 변수를 말한다. 즉 $x=f(t)$, $y=g(t)$가 모두 t의 같은 변역에서의 함수이면 t의 어떤 값에 대하여 정해지는 x의 값에, 같은 t의 값에 대하여 정해지는 y의 값을 대응시키면, x에서 y로의 대응이 정해져서 y는 x의 함수가 된다. 이와 같은 경우 실제로는 $x=f(t)$, $y=g(t)$에서 t를 소거한 식을 만들면 되며, t를 매개로 하여 x와 y의 함수관계가 정해진다. 이때 t를 매개변수라고 한다. 기하학적으로는 t의 값에 따라 점 (x, y)가 정해지므로 일반적으로 점 (x, y)는 한 곡선을 그리게 되다. 예를 들면, $x=cost$, $y=sint$ 또는 $x=\frac{1-t^2}{1+t^2}$, $y=\frac{2t}{1+t^2}$와 같은 식에서 매개변수 t를 소거하면 $x^2+y^2-1=0$이라는 방정식을 얻게 된다.

라도 학생들은 미지수를 나타내는 변수를 바꾸면 방정식의 해도 바뀐다고 생각한다. 분배법칙 $a(b+c)=ab+ac$을 설명하기 위하여 변수 a, b, c 외에 여러 가지 다른 변수를 사용하여 지도하는 교사는 더물다.

식(expressions)

대수에서 "식"이란 $3a$, $x+1$, $x-y$와 같이 변수가 관련된 어떤 연산을 기술해 놓은 것을 말한다. 대수에서는 두 가지의 서로 다른 기호체계(문자와 숫자)를 사용하기 때문에, 그리고 문자와 숫자인 이들 두 기호체계는 서로 다른 규칙을 따르기 때문에 이들 두 기호체계를 간단하게 나타낼 수 있는 방법을 고안하게 되었는데 이로 인하여 개념적 오류가 생긴다. 예를 들면, 많은 학생들이 $-x$가 음수라고 생각하는데 이 경우 학생들은 변수를 마치 숫자라고 인식하고 있는 것이다. 이런 특별한 경우 교사는 반드시 학생들에게 "−" 기호가 ① "빼기"라는 연산을 표시, ② "음수"를 나타내는 표시, ③ 덧셈의 "역" 연산을 나타내는 표시라는 세 가지로 사용된다는 사실을 분명히 지도해야 하며 "$-x$"를 "음수 x", "마이너스 x"가 아니라 "x의 반대쪽(에 있는 수)"라고 한다는 사실을 지적해 주어야한다.

대수에서 가장 잘 알려져 있는 간편한 표기의 예는 곱셈기호의 생략이다. 변수는 자리값의 개념이 없기 때문에 $3a=3\times a$, $3\left(\frac{1}{2}\right)=3\times\frac{1}{2}$와 같이 숫자와 문자, 문자와 문자 또는 괄호를 붙여 곱셈기호를 생략하여 사용한다. 하지만 이렇게 곱셈기호를 생략하여 사용하다보니 학생들의 경우 이것을 $32=30+2$, $3\frac{1}{2}=3+\frac{1}{2}$와 같이 산수에서 자리값를 갖는 덧셈으로 해석하는 학생들이 생긴다.

산수 개념에서 대수 개념으로 쉽게 전환되지 않는 예가 역연산의 개념이다. 초등 산수에서는 덧셈과 뺄셈, 곱셈과 나눗셈 사이의 역연산 관계를 상당히 강조한다. 그러나 이러한 역연산 관계에 대한 강조가 대수에서는 잘 지도되고 있지 않는다. 예를 들면, 대부분의 학생은 $(3x+2)(5x-4)$를 곱해서(전개해서) $15x^2-2x-8$을 쉽게 구하는데, 그 답인 $15x^2-2x-8$을 인수분해하라고 하면 조금 전에 곱했던 두 일차식이 인수라는 사실을 아는 학생은 드물다. 전개와 인수분해가 역연산의 관계에 있다는 것을 단지 말하기 보다는 다양하고 구체적인 예를 사용하여 학생들에게 예시하는 것이 대수에서의 역연산 개념을 정립하는데 도움이 된다.

초등학교 저학년에서 덧셈할 때 자리값 개념을 사용하여 10을 하나의 단위로 묶거나 풀어서 계산을 하는 것처럼 대수에서 다항식을 배우는 학생들도 이 식을 "단위"로 묶은 다음 하나의 변수로 볼 수 있어야 한다. 예를 들면, $ax+bx+ay+by=(a+b)x+(a+b)y=(a+b)(x+y)$와 같이 묶어서 인수분해한 경우 이 인수 $(a+b)$, $(x+y)$도 변수로 볼 수 있어야 한다. 그 이유는 대부분의 수학 교과서에서 미지수를 항상 하나의 문자로만 나타낸 결과로 학생들도 하나의 문자만 변수로 인식하고 있지 두 개 이상의 문자의 합이나 곱도 변수가 된다는 사실을 잘 인식하지 못하고 있다. 그래서 수학 수업시간에 종종 미지수로 $2n$, $x+5$를 사용하는 것은 "단위로 묶은" 변수에 대한 학생들의 이런 인식을 해소하는데 도움이 된다.

방정식(equations)

대수를 배우기 전부터 학생들은 간단한 방정식 풀이를 배웠지만 방정식과 식의 구조적 차이에 대한 오류가 발생하는 부분은 대부분 산수에서 배운 등호(=) 기호 때문이다. 산수에서 좌변을 계산해서 우변에 답을 적는 경험으로 인하여 학생들은 방정식에서는 등호 기호가 동치관계를 나타낸다는 사실을 인식하지 못한 채 "우변에 답을 적는" 기호로 인식하는 경향이 많다.

물론 대수에서도 $2x+5+3x-7=5x-2$와 같이 식을 간단히 할 때 등호 기호는 "답을 적는" 기호로 사용된다. 그러나 방정식을 풀 때 등호 기호는 분명히 관계를 나타내는 기호이기 때문에 학생들은 동치관계를 나타내는 식을 등호로 순서 있게 한 단계씩 적어야 한다. 방정식 풀이와 식을 간단히 하기 사이의 혼동은 방정식의 오른쪽에는 반드시 $x=$ 이라는 "답"이 와야 한다는 생각 때문에 식을 간단히 할 때도 같은 식으로 풀게 된다. 예를 들면, 다음과 같은 일이 생기게 된다.

다음을 간단히 하시오 : $2x+5+3x-7$

$$2x+5+3x-7=0$$
$$5x-2=0$$
답 : $5x=2$
$$x=\frac{2}{5}$$

이런 경우의 해소를 위해서 대수를 지도할 때는 등호기호(=)와 동치기호(≡)를 구분하여 사용하는 것이 바람직할 것이다. 등호 기호(=)는 방정식이나 함수와 같이 제한된 등식에서 사용하도록 하고, 동치기호(≡)는 식을 간단히 한 경우, 곱셈이나 인수분해를 한 경우, 동치식 등을 나타낼 때 사용하도록 한다. 예를 들면, 다음과 같이 방정식을 풀 때도 등호기호와 동치기호를 적절하게 사용하도록 한다.

$$\begin{aligned} & 7x-3=5x+5 \\ \equiv\ & 2x-3=5 \\ \equiv\ & 2x=8 \\ \equiv\ & x=4 \end{aligned}$$

방정식을 푼다는 것이 이 방정식의 좌변과 우변을 같게 만드는 변수의 값을 찾는 것이란 사실을 충분히 이해하고 있는 학생은 많지 않다. 방정식에 대한 이런 개념을 계발하기 위하여 변수에 여러 숫자를 대입해 보는 방법이나 계산기를 사용하여 방정식의 근사해를 구해보는 활동은 방정식의 등식 개념을 익히는데 도움이 되며 기계적인 방정식 풀이를 줄일 수 있는 방법이 된다. 방정식 지도에 관한 아이디어들은 다음 절에서 소개할 것이다.

방정식 풀이를 지도하는데 있어서 또 하나의 중요한 활동은 구한 해를 원래의 방정식에 대입하는 활동, 또는 문장제의 경우에는 문제 상황에 따라 재해석하는 활동이다. 분수로 표현되거나 근호가 있는 방정식의 경우 구한 해가 원래의 방정식을 만족하는지 점검하는 것은 필수적인 단계인데 이 활동이 모든 방정식의 풀이에서도 필수적이 되도록 지도해야 한다. 그런데 구한 방정식의 해를 점검하는 활동은 학생들에게는 습관화가 잘 되지 않는 메타인지적 활동이다. 방정식의 해를 점검하는 것은 단지 해의 정확성을 판단하는데 중요한 활동일 뿐만 아니라 구한 해의 타당성을 확인하고 원래 방정식이나 문제상황과 구한 해 사이의 관계성을 파악하는데도 중요한 활동이므로 수업시간에 의식적으로 지도하는 노력이 필요하다.

방정식 풀이 지도 방법

이 절에서는 지금까지 살펴본 변수, 식, 방정식의 교수-학습상의 연구 결과를 바탕으로 제시되고 있는 여러 가지 방정식 지도 방법의 예를 제시하고자 한다.

"숨기기"를 이용한 방정식 풀이 지도 방법

이 방법은 연산자가 하나 있는 경우의 방정식 풀이법으로서 초등학교 저학년에서부터 많이 사용하고 있다. 예를 들면, $\square + 17 = 21$의 경우 형식적으로 지도한다면 +의 역연산을 이용하여 $\square = 21 - 17$가 된다. 그런데 "숨기기" 방법을 이용하여 지도하면 "17에 얼마를 더하면 21이 될까?"라고 질문하여 해결하는 것이다. 연산자가 하나 있는 경우에 익숙해지면 두 개의 연산자가 있는 방정식을 사용하여 지도한다. 예를 들면, $2 \bullet \square + 5 = 47$, $3 \bullet \triangle - 8 = 31$, $48 - 3 \bullet ※ = 6$와 같이 곱셈과 덧셈의 두 연산자가 있으며 또한 미지수를 다양한 변수로 대체하여 지도한다. 특히 형식적인 기호를 사용하여 풀이를 지도하기 앞서 언어로 충분히 표현하여 지도하도록 한다. 예를 들어, $2 \bullet \square + 5 = 47$의 경우

> 교사 : "어떤 수에 5를 더하면 47이 될까?"
> 학생 : "42"
> 교사 : "그러면 2에 얼마를 곱해야 42가 될까?"
> 학생 : "21"

이 변수를 "숨기기" 지도 방법은 방정식을 형식적으로 지도하기 전에 충분히 지도되어야 할 방법으로써 학생들에게 방정식의 대수적 구조를 이해시키는데 훌륭한 방법이다. 이 방법을 조금 발전시키면 다음과 같은 방정식 풀이도 가능하다.

> 다음 방정식을 푸시오.
>
> $14 - \dfrac{15}{7-x} = 9$
>
> 풀이방법:
>
> ① $\dfrac{15}{7-x}$를 손가락으로 가리고(□라고 적는 것과 같이) 14에 얼마를 빼면 9인가? 답: 5
>
> ② $7 - x$를 손가락으로 가리고 15를 어떤 수로 나누면 5인가? 답: 3
>
> ③ x를 손가락으로 가리고 7에서 얼마를 빼면 3인가? 답: 4
>
> ④ 따라서 이 방정식의 해는 $x = 4$이다.

아래의 방법은 교과서에 주어진 방정식만을 푸는 것에서 벗어나 학생과 교사가

함께 방정식을 스스로 만들어서 풀게 하는 방법으로 개방형 문제를 만드는 좋은 방법이다.

① $x=3$일 때 답이 17이 되는 식을 구하라.
가능한 답: $5x+2$
② $x=3$일 때 답이 17이 되는 다른 식을 구하라.
가능한 답: $7x-4$
③ 이제 ①과 ②의 방정식을 묶은 다음 방정식의 해를 구하라.

$$5x+2=7x-4$$

이 방법은 방정식의 등식 개념과 더불어 학생들에게 방정식 풀이는 해당 변수가 등식을 만족하는 특정 값을 구하는 것이란 의미를 쉽게 전달할 수 있는 지도 방법이기도 하다.

CAS 계산기의 Symbolic Math Guide(SMG)를 사용한 방정식 풀이 지도 방법

CAS는 Computer Algebra Systems(컴퓨터 대수시스템)의 약자이며, CAS 계산기란 기존의 숫자 계산용 과학, 공학용 계산기와는 달리 대수 기호조작이 가능한 계산기를 말할 때 사용하는 용어이다. CAS 계산기의 수학교실에서의 사용은 1990년대 초반부터 시작되어 다양한 연구가 진행되어 오고 있는데 이 계산기의 사용은 학교수학에서의 문자와 식의 형식적인 대수교육에 큰 영향을 미치고 있다. 다음은 CAS 계산기를 사용하여 식을 계산한 몇 가지 예로서 Texas Instruments의 TI-92 Plus를 사용한 것이다.

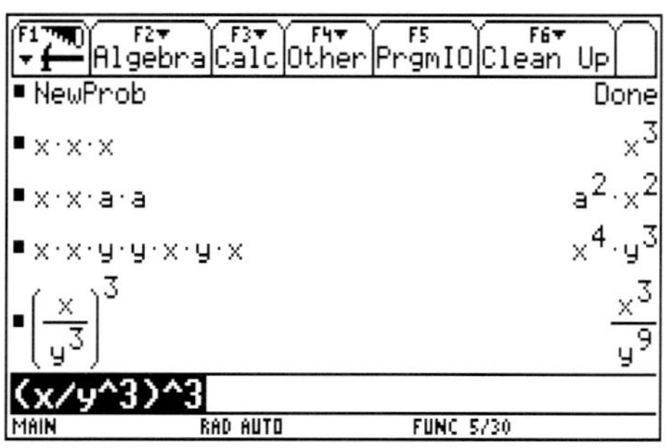

지수법칙을 나타낸 화면

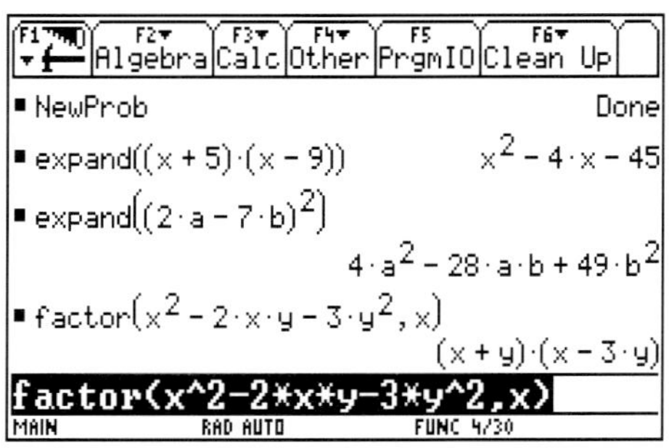

전개와 인수분해를 나타낸 화면

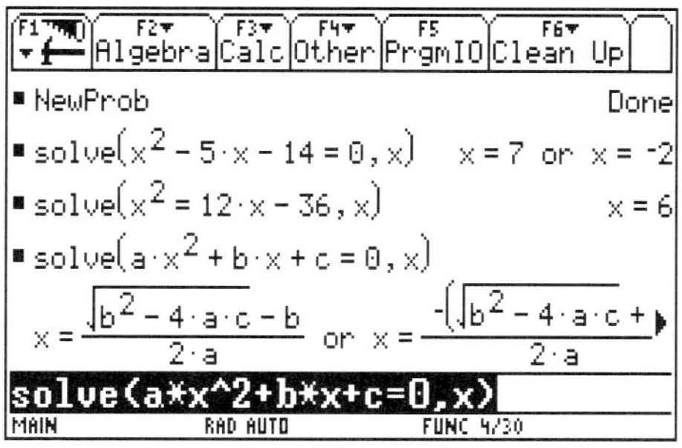

방정식 풀이를 나타낸 화면

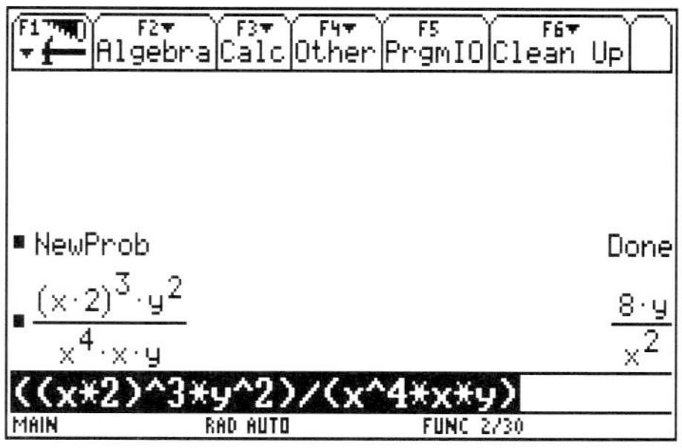

지수계산을 나타낸 화면

그런데 위의 CAS 계산기 화면에서도 볼 수 있듯이 모든 계산기 자동으로 수행됨으로 해서 학생들의 대수식 조작에 대한 개념적, 절차적 이해를 하는 데는 어려움이 있다. 이것을 해결할 수 있는 방법이 바로 Symbolic Math Guide(SMG)이다. SMG를 이용하여 위의 $\frac{(x \cdot 2)^3 \cdot y^2}{x^4 \cdot x \cdot y}$의 해결과정을 단계별로 설명하고자 한다.

SMG의 시작화면을 나타낸다. 여기서 [F2] 1. New Problem을 누른다.

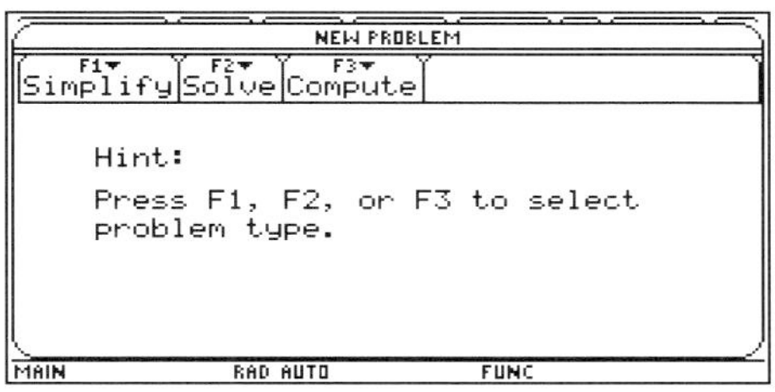

대수식을 간단히 하려면 F1, 방정식 풀이를 하려면 F2, 계산을 수행하려면 F3를 각각 선택한다. 여기서는 대수식을 간단히 하려고 하기 때문에 F1을 선택한다.

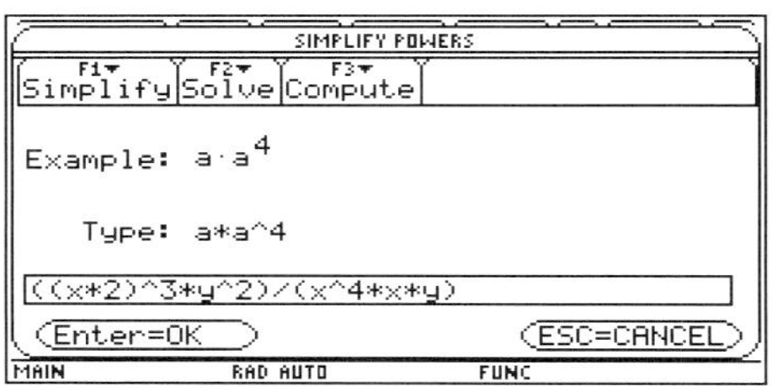

입력창에 간단히 하고자 하는 식을 입력하고 Enter 키를 누른다.

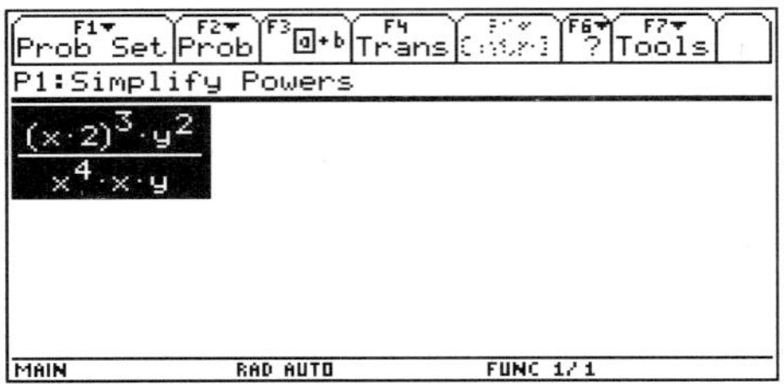

간단히 하고자 하는 식이 나타나면 F4를 선택하여 다음 단계에서 하고자 하는 조작을 선택한다.

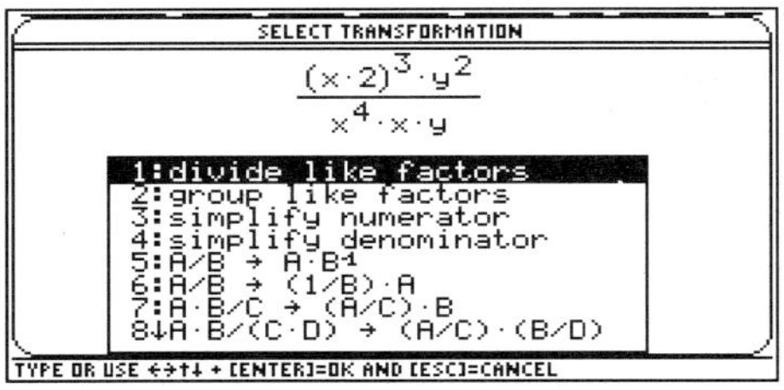

12가지의 식을 조작하는 방법이 보이고 이중에서 가장 적합한 방법을 선택한다. 이를 통해서 학생들은 대수식을 간단히 하는 절차에 대한 이해를 깊이 있게 할 수 있다. 여기서는 분자의 괄호를 먼저 해결해야 하므로 ESC로 전 단계로 돌아가서 F3를 클릭하여 Subexpression을 선택한다.

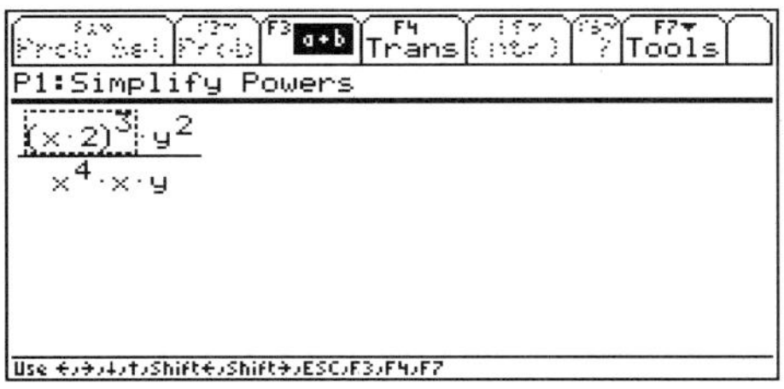

↑ ↓ 를 사용하여 원하는 Subexpression을 선택한다. 여기서는 $(x \cdot 2)^3$을 선택한다. 그 다음 F4를 선택하여 변환 방법을 선택한다.

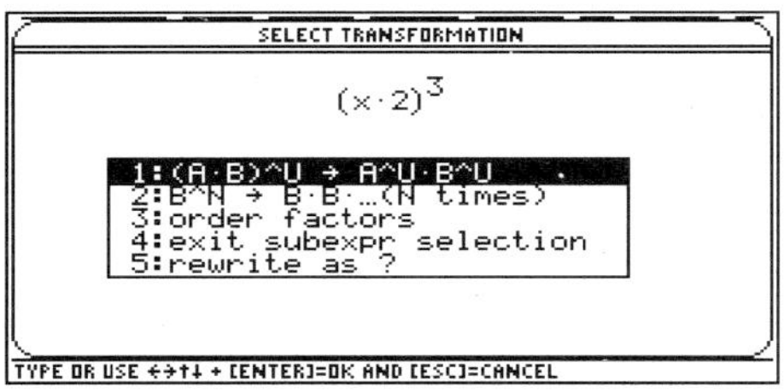

5가지의 변환방법 중에서 적절한 것을 선택한다. 여기서는 지수를 전개해야 하므로 1번을 선택한다.

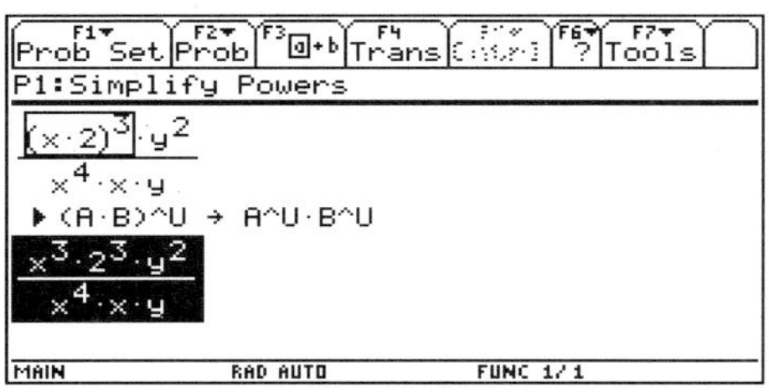

Subexpression의 괄호에 대한 지수를 전개한 결과가 나타난다. 다시 F4를 누른 다음 적절한 조작단계를 선택한다. 여기서는 1번과 2번 모두 적절한 단계이다.

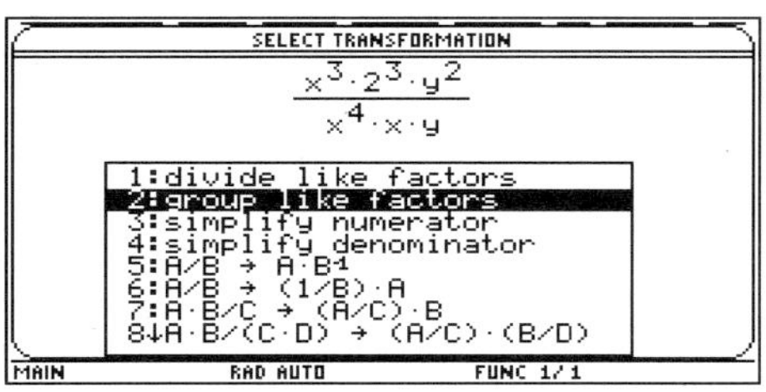

분수식을 숫자, x, y에 대한 식으로 구분하는 것이 계산하는데 편리함으로 2번을 선택한다.

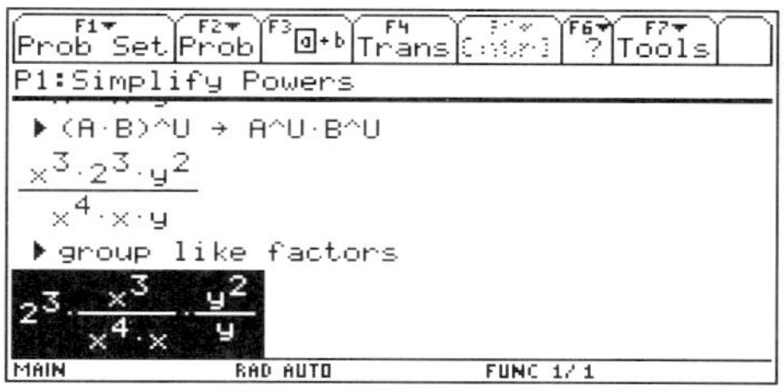

2. group like factors를 수행한 결과가 나타난다. 이제 다음 단계는 분자와 분모의 같은 문자에 대해 소거를 해야 한다. F4를 눌러서 2. divide like factors를 선택한다.

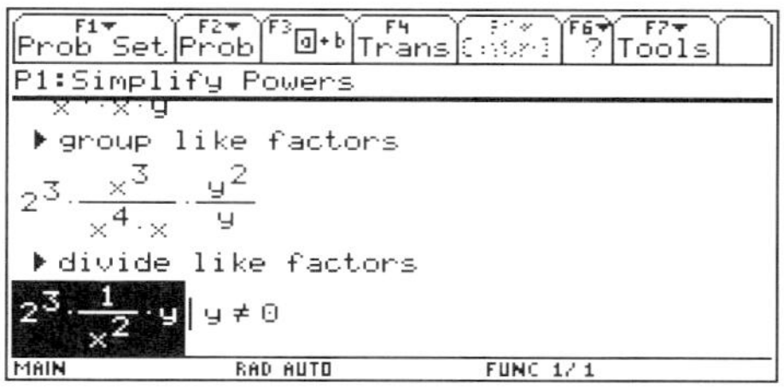

분자, 분모에 대해 소거를 하고 난 결과이다.

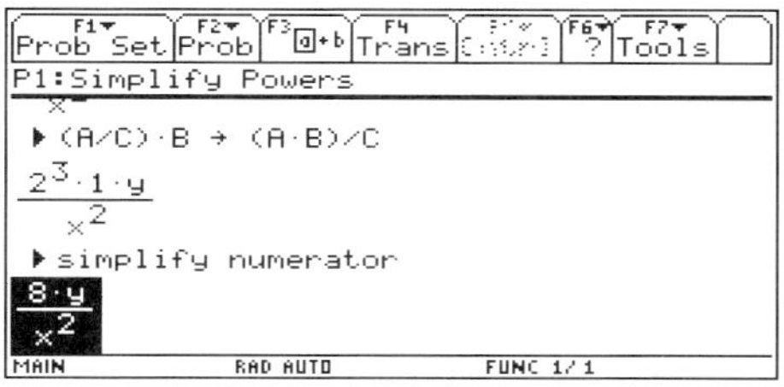

F4를 선택하여 A•(B/C)→(A•B)/C 변환을 하고, (A/C)•B→(A•B)/C 변환을 한다. 그리고 분자를 간단히 하면 오른쪽과 같이 원하는 결과가 나타난다.

다음의 예는 간단한 $2x+3=1$의 방정식 풀이를 수행하는 단계를 나타낸 SMG 화면이다. 먼저 위에서와 마찬가지로 [F2] Problem을 선택하여 새로운 문제를 입력한다. 이 문제는 방정식의 풀이이므로 [F2] Solve를 선택하여 입력한다.

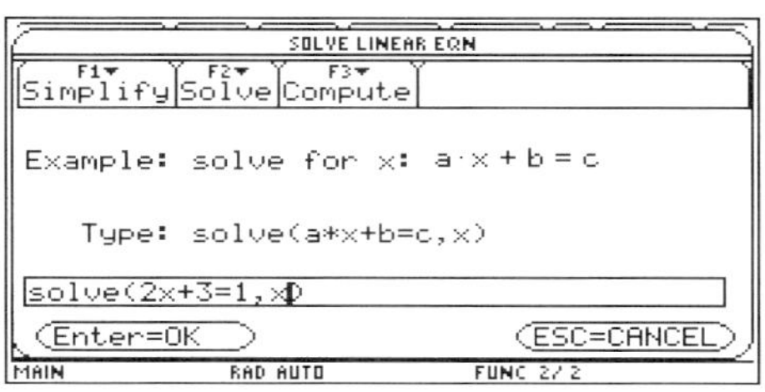

입력창에 일차방정식 $2x+3=1$을 입력하고 Enter를 누른다.

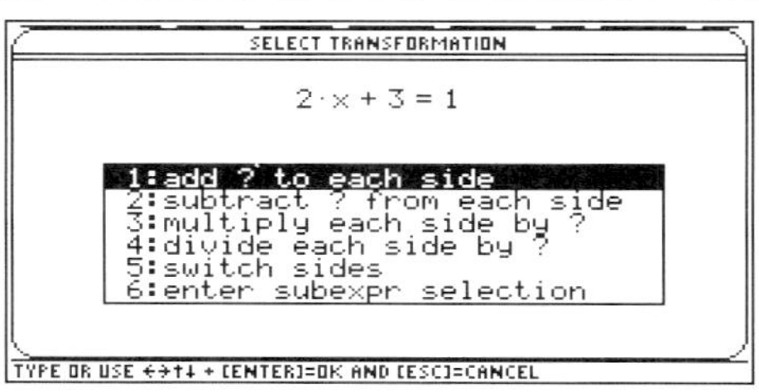

F4의 Transformation을 누르면 다음과 같은 변환 메뉴가 나온다. 2번을 선택하여 양변에 3을 뺀다.

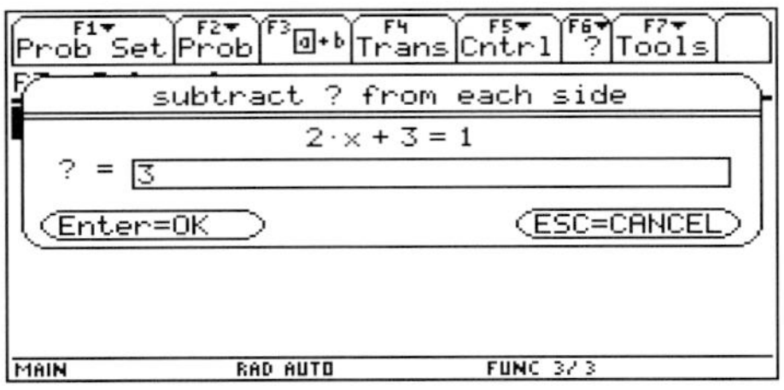

이때 3을 빼는 것이므로 −3이 아니라 3을 입력해야 한다.

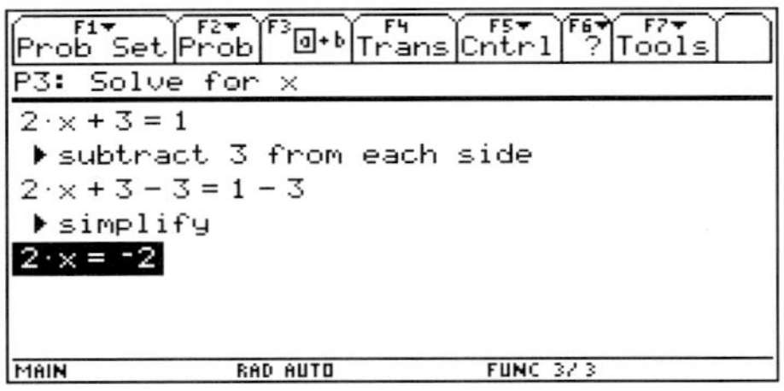

Enter를 2번 치면 다음과 같이 간단히 된 결과가 나타난다. 여기서 다시 F4를 선택하여 변환을 실시해야 한다. 4. divide each side by?를 선택하고 2를 입력한다.

2로 방정식의 양변을 나눈 결과가 나타나고 다시 Enter를 치면 이를 간단히 하여 $x = -1$이라는 원하는 해를 구할 수 있다.

지금까지 학교수학의 대수교육의 방향과 대수교육에서 중요하게 다루고 있는 변수, 식, 방정식의 수학교육의 연구결과에 대해 살펴보았다. 이를 바탕으로 "숨기기"를 이용한 방정식 지도방법과 CAS 계산기의 Symbolic Math Guide를 활용하여 지도하는 방법에 대해 예시하였다. 이 글에서 주장하고자 한 것은 이제 더 이상 기호조작과 규칙 및 절차의 암기와 무의미한 연습으로 이어지는 전통적인 대수교육의 굴레에서 벗어나 공학을 기반으로 하는 대수교육으로 그 방향이 전환되어야 함이다.

대수교육에서 공학을 활용함으로써 학생들에게 보다 의미 있는 실생활, 실세계 문제를 방정식으로 모델링하여 해결할 수 있게 된다. 기존의 지필 방법으로는 숫자의 정밀도나 크기 및 복잡함이란 이유로 인위적이며 조작된 상황만을 다루는 수학 수업이 대부분이었다. 이렇게 됨으로써 학생들은 수학의 유용성과 대수 무용론의 인식을 가지게 된다. 이를 해소하기 위하여 공학을 이용한 다양한 대수 지도방법에 대한 노력이 필요할 때라고 본다.

11. 다양한 수학적 문장제의 지도

학교 수학교실에서 학생들에게 궁극적으로 길러주어야 할 수학적 능력은 학생들이 일상이나 현실, 직업 생활을 할 때 학교에서 배운 수학적 지식과 기능을 잘 적용할 수 있도록 하는 것이다. 그런데 수학적으로 사고하여 문제를 해결하기 위해서는 먼저 현실적, 물리적 상황을 문장제로 표현해야 한다. 문장제로 표현하는 것은 또한 수학교육에서 중요하게 다루고 있는 수학적 모델링의 한 과정이기도 하다. 따라서 어떤 현상을 수학적 상황으로 변환하여 생각하는 능력은 학생들이 수학교실에서 익혀야 할 중요한 능력임 셈이다.

또한 최근에 와서 학교 수학의 주요한 개념이나 원리, 계산 기능의 습득을 문제 상황과의 연결성을 강조하고 있다. 그 이유는 문제상황과 연결되지 않은 수학적 이해는 실제 상황에서 수학적 지식의 사용과 응용 및 적용을 하는데 있어서 전이가 잘 되지 않기 때문이다. 이러한 측면에서 볼 때 학생들의 문장제 풀이 능력의 신장은 더 나아가서 대수 개념의 학습과 연관되어 있다는 점에서 중요한 의미를 지닌다. 따라서 본 프로그램에서는 다양한 문장제 문제를 통하여 학생들이 주요한 수학적 개념, 원리, 법칙, 계산 및 대수적 사고의 경험을 갖도록 하여 보다 고급 수학을 익히기 위한 기초를 제공하고자 한다.

○ 기초 문장제 해결 및 방정식 풀이

1. 다음을 문자를 사용하여 식으로 나타내어라.
   ① 어떤 수 a보다 2만큼 작은 수
   ② 700원짜리 치킨 x조각과 500원짜리 음료수 2잔의 값
   ③ 목장에 있는 소 x마리의 다리의 수
   ④ k살인 나보다 3살 적은 동생의 나이

2. 다음 식을 곱셈 기호를 생략하여 나타내어라.

① $3 \times a + a \times b$

② $a \times 5 \times c \times b$

③ $7 \times (a - b)$

④ $z \times z - (x + y) \times 4$

3. 다음 식을 나눗셈 기호 ÷를 생략하여 나타내어라.

① $3a \div b$

② $a \div b \div 7$

4. 다음 식을 곱셈 기호와 나눗셈 기호를 생략하여 나타내어라.

① $a \times a \times 5 - b \div 3$

② $z \times z - (x + y) \div 4$

5. $x = 2$, $y = 3$일 때, 다음 식의 값을 구하여라.

① $3x + 5y$

② $xy + y$

6. 대입, 상수항, 계수, 식의 값, 동류항의 뜻과 예를 조사하시오.

7. 음수 개념과 음수를 사용한 계산을 학습하시오.

8. 다음의 일차식 계산을 하시오.

① $6 \times 5x$ ② $6y \times \frac{5}{5}$ ③ $5(2x - 3)$ ④ $2x - 5x + 8x$

9. 다음 식을 계산하시오.

① $(4a + 3) - (3a - 5)$ ② $2(x - 4) - 3(2x - 5)$

③ $6\left(\frac{1}{2}x - \frac{2}{3}\right) - 4\left(-x + \frac{1}{4}\right)$

10. 다음 용어들을 조사하여 학습하시오.

① 등식
② 방정식
③ 일차방정식
④ 미지수
⑤ 해(또는 근)
⑥ 항등식
⑦ 등식의 성질

11. 다음 일차방정식의 해를 구하시오.

① $x+3=1$ ② $x+\frac{1}{2}=\frac{3}{4}$ ③ $\frac{2}{5}x=6$

12. 다음 일차방정식을 풀어라.

① $5x-4=11$ ② $-4x+1=9$ ③ $x-6=4x+9$
④ $2(2x-1)=3(x+2)$ ⑤ $\frac{1}{2}x=\frac{1}{3}x+1$ ⑥ $2(0.2x-1.3)=3(0.1x-0.7)$

13. 다음 문장제 문제를 주어진 단계에 따라 풀어라.

【 문 제 】 윤성이는 2500원으로 한 자루에 200원 하는 연필 몇 자루와 1300원하는 공책 한 권을 샀다. 윤성이는 연필을 몇 자루를 샀는가?	
1 단계 : 문제의 뜻을 파악하기 ▸ 이 문제에서 구하고자 하는 것은 무엇인가? ▸ 이 문제를 푸는데 필요한 정보는 무엇인가? ▸ 구하고자 하는 값을 미지수 x로 놓는다.	지불한 금액 : (　　)원 연필 한 자루의 값 : (　　)원 공책 한 권의 값 : 1300원 산 연필의 자루 수 : (　　)
2 단계 : 문제의 뜻에 맞게 방정식 세우기	연필 x자루의 값은 (　　)원이고, 공책값은 (　　)원이므로 $200x+1300=($　　$)$
3 단계 : 방정식 풀기	$200x=($　　$)-($　　$)$ $200x=1200$ $\therefore x=($　　$)$
4 단계 : 구한 해를 검산하기	연필을 6자루 샀다면 연필값은 (　　)원이고, 공책값은 (　　)원이므로 합계는 (　　)원
5 단계 : 구한 해를 문제의 뜻에 맞게 해석하기	윤성이가 산 연필은 (　　) 자루이다.

14. 다음 문장제 문제를 주어진 단계에 따라 풀어라.

<table>
<tr><td colspan="2">【 문 제 】
2000년 1월이면 나는 내 아들 나이보다 11배가 많게 된다. 그리고 2012년 1월이 되면 나는 내 아들 나이보다 3배가 많게 된다. 그렇다면 내 아들은 2000년 1월 달에 몇 살인가?</td></tr>
<tr><td>1 단계 : 문제의 뜻을 파악하기
▸ 이 문제에서 구하고자 하는 것은 무엇인가?
▸ 이 문제를 푸는데 필요한 정보는 무엇인가?
▸ 구하고자 하는 값을 미지수 x로 놓는다.</td><td></td></tr>
<tr><td>2 단계 : 문제의 뜻에 맞게 방정식 세우기</td><td></td></tr>
<tr><td>3 단계 : 방정식 풀기</td><td></td></tr>
<tr><td>4 단계 : 구한 해를 검산하기</td><td></td></tr>
<tr><td>5 단계 : 구한 해를 문제의 뜻에 맞게 해석하기</td><td></td></tr>
</table>

15. 다음 문장제 문제를 주어진 단계에 따라 풀어라.

<table>
<tr><td colspan="2">【 문 제 】
민우가 집에서 학교까지 갈 때 자전거를 타고 시속 $12km$로 달리면, 시속 $4km$로 걸어가는 것보다 30분이 덜 걸린다고 한다. 민우의 집에서 학교까지의 거리는 얼마인가?</td></tr>
<tr><td>1 단계 : 문제의 뜻을 파악하기
▸ 이 문제에서 구하고자 하는 것은 무엇인가?
▸ 이 문제를 푸는데 필요한 정보는 무엇인가?
▸ 구하고자 하는 값을 미지수 x로 놓는다.</td><td></td></tr>
<tr><td>2 단계 : 문제의 뜻에 맞게 방정식 세우기</td><td></td></tr>
<tr><td>3 단계 : 방정식 풀기</td><td></td></tr>
<tr><td>4 단계 : 구한 해를 검산하기</td><td></td></tr>
<tr><td>5 단계 : 구한 해를 문제의 뜻에 맞게 해석하기</td><td></td></tr>
</table>

16. 다음 문장제 문제를 주어진 단계에 따라 풀어라.

<table>
<tr><td colspan="2">【 문 제 】
우리 가족은 어른 3명, 학생 2으로 모두 5명이다. 주말에 영화를 보러 가서 요금 29000원을 내었다. 어른 요금이 학생 요금보다 500원 비쌀 때, 학생 요금은 얼마인가?</td></tr>
<tr><td>1 단계 : 문제의 뜻을 파악하기
▸ 이 문제에서 구하고자 하는 것은 무엇인가?
▸ 이 문제를 푸는데 필요한 정보는 무엇인가?
▸ 구하고자 하는 값을 미지수 x로 놓는다.</td><td></td></tr>
<tr><td>2 단계 : 문제의 뜻에 맞게 방정식 세우기</td><td></td></tr>
<tr><td>3 단계 : 방정식 풀기</td><td></td></tr>
<tr><td>4 단계 : 구한 해를 검산하기</td><td></td></tr>
<tr><td>5 단계 : 구한 해를 문제의 뜻에 맞게 해석하기</td><td></td></tr>
</table>

◎ 연립방정식의 해와 풀이

수학적 문장제 풀이의 기초가 되는 일차 연립방정식의 해와 이 해를 구할 수 있는 풀이 방법을 탐구한다.

1. 아래의 다항식의 덧셈과 뺄셈에 대하여 알아봅시다.

다항식의 덧셈과 뺄셈은 괄호를 풀고 동류항끼리 모아서 간단히 하면 된다.

① $(4x+3y)+(2x-5y)$

② $(3x+7y+2)+(-2x+y-5)$

③ $(8x-3y)-(2x-y)$

④ $(\frac{a}{3}-\frac{b}{2}+1)-(\frac{a}{6}-\frac{b}{3}+\frac{1}{2})$

2. 아래의 다항식의 곱셈과 나눗셈에 대하여 알아봅시다.

$$a(b+c)=ab+ac,\ (a+b)c=ac+bc,$$
$$(A+B)\div C=(A+B)\times\frac{1}{C}=\frac{A}{C}+\frac{B}{C}$$

① $3(2a-4b)$
② $(4x-5y=2)(2)$
③ $(8ab-6ac)\div 2$
④ $8\div(48x+24y)$

3. 다음 식의 변형에 대하여 알아봅시다.
(예) 등식 $x+y+1=0$에서 y를 x에 관한 식으로 나타내면 $y=-x-1$이 된다.
① $2x-3y=6$의 식을 x에 관하여 나타내시오.
② $y=2x+1$일 때 $x-3y+2$를 x에 관한 식으로 나타내시오.

4. 미지수가 2개인 일차방정식의 해를 구하는 방법에 대해 알아봅시다.
x, y가 자연수일 때, 일차방정식 $2x+y=7$의 해를 모두 구하여라.
미지수 x가 자연수이므로 주어진 방정식의 x대신에 1, 2, 3, ...을 각각 대입하여 y의 값을 구한다. 그리고 y도 자연수이므로 구하는 해를 순서쌍으로 나타내면 (1, 5), (2, 3), (3, 1)이다.

x	1	2	3	4	...
y	5	3	1	−1	...

① x, y가 자연수 일 때, $2x+y=6$의 일차방정식의 해를 모두 구하시오.
② x, y가 자연수 일 때, $3x+5y=20$의 일차방정식의 해를 모두 구하시오.

5. 미지수가 2개인 연립일차방정식의 뜻에 대하여 알아봅시다.

【 문제 】

50원짜리 동전과 100원짜리 동전이 합하여 6개 있고 그 금액이 400원이다. 이 때, 50원짜리 동전이 x개, 100원짜리 동전이 y개라고 하자.

(1) 동전 전체의 개수를 이용하여 x, y에 관한 일차방정식을 만들어라.

(2) 전체 금액을 이용하여 x, y에 관한 일차방정식을 만들어라.

미지수가 2개인 일차방정식 두 개를 한 쌍으로 묶어 놓은 것을 미지수가 2개인 **연립일차방정식** 또는 간단히 **연립방정식**이라고 한다.

6. x, y가 자연수일 때, 연립방정식 $\begin{cases} x+y=8 \\ x+2y=13 \end{cases}$ 의 해를 구하여라.

$x+y=8$의 해를 구하기 위해 다음 표를 완성하시오.

x	…	1	2	3	4	5	…
y	…						…

$x+2y=13$의 해를 구하기 위해 다음 표를 완성하시오.

x	…	1	3	5	7	9	…
y	…						…

이 두 방정식을 동시에 만족시키는 x, y의 순서쌍은 (　　　,　　　)이다.

따라서, 연립방정식의 해는 $x=$　　　, $y=$　　　이다.

7. 연립방정식의 풀이법의 하나인 가감법에 대하여 알아봅시다.

【 문제 】

어느 고적지의 입장료는 어른 한 명과 학생 한 명일 때에는 1400원이고, 어른 한 명과 학생 두 명일 때에는 2000원이다.

(1) 어른의 입장료를 x원, 학생의 입장료를 y원이라 할 때, x와 y의 관계를 연립방정식으로 나타내어라.

(2) 어른과 학생의 입장료를 쉽게 구하는 방법을 토의하여라.

두 일차방정식에서 등식의 성질을 이용하여 한 미지수를 없애는 것을 그 미지수를 **소거**한다고 한다. 두 일차방정식을 변끼리 서로 더하거나 빼어서 한 미지수를 소거하여 연립방정식을 푸는 방법을 **가감법**이라고 한다.

8. 다음 연립방정식을 가감법으로 풀어라.

① $\begin{cases} 2x+y=3 \\ x+y=5 \end{cases}$

② $\begin{cases} 3x+2y=6 \\ 2x+3y=4 \end{cases}$

9. 연립방정식의 풀이법의 하나인 대입법에 대하여 알아봅시다.

【 문제 】

사과 한 개와 배 한 개의 값의 합은 800원이고, 배 한 개의 값은 사과 한 개의 값보다 200원이 더 비싸다고 한다.

(1) 사과 한 개의 값을 x원, 배 한 개의 값을 y원이라고 할 때, x와 y의 관계를 연립방정식으로 나타내어라.

(2) 사과의 값과 배의 값을 쉽게 구하는 방법을 토의하여 보자.

한 방정식을 다른 방정식에 대입하여 연립방정식을 푸는 방법을 **대입법**이라고 한다.

10. 다음 연립방정식을 대입법으로 풀어라.

① $\begin{cases} y=x-3 \\ 3x+2y=4 \end{cases}$

② $\begin{cases} 3x+y=12 \\ 4x-3y=3 \end{cases}$

○ 수학적 문장제 풀이 연습 1

문장제 문제를 풀 때는 아래와 같은 단계를 거쳐서 푸는 연습을 하도록 한다.

<table>
<tr><td colspan="2">【 문제 】</td></tr>
<tr><td>1. 문제 읽기
문제는 항상 자세하게 두 번을 읽는다.</td><td></td></tr>
<tr><td>2. 문제 이해
▶ 문제를 자신의 말로 다시 말해본다.
▶ 무엇에 관한 문제인가?
▶ 무엇을 구하고자 하는 문제인가?
(괄호 메우기 형식으로 말하기)
▶ 어떤 정보가 문제에 주어져 있는지 적기</td><td></td></tr>
<tr><td>3. 문제를 풀기 위한 계획세우기
▶ 어떤 문제해결 방법을 사용할 것인가?
▶ 문제를 시각화할 수 있는 방법 고르기
그림 그리기, 실제로 해보기, 그래프 그리기, 표 만들기, 목록 만들기
▶ 답을 예상해보기(어림도 가능)</td><td></td></tr>
<tr><td>4. 문제풀기
▶ 어떻게 이 문제를 풀 수 있는가?
▶ 완전한 문장으로 답을 쓰기</td><td></td></tr>
<tr><td>5. 답을 검산하기
▶ 구한 답이 옳은지 어떻게 알 수 있는가?
▶ 예상했던 답과 비교해 보기
▶ 문제와 계산 과정을 다시 살펴보기
▶ 문제에서 요구하는 것과 답 비교하기</td><td></td></tr>
</table>

<table>
<tr><td colspan="2">【 문제 1 】
어느 놀이공원의 입장료는 어른이 5000원, 학생이 3000원이다. 어느 날 이 놀이공원에 800명이 입장하여 그 수입이 2800000원이었다. 이 날 입장한 어른과 학생은 각각 몇 명인가?</td></tr>
<tr><td>1. 문제 읽기
문제는 항상 자세하게 두 번을 읽는다.</td><td></td></tr>
<tr><td>2. 문제 이해
▶ 문제를 자신의 말로 다시 말해본다.
▶ 무엇에 관한 문제인가?
▶ 무엇을 구하고자 하는 문제인가?
(괄호 메우기 형식으로 말하기)
▶ 어떤 정보가 문제에 주어져 있는지 적기</td><td></td></tr>
<tr><td>3. 문제를 풀기 위한 계획세우기
▶ 어떤 문제해결 방법을 사용할 것인가?
▶ 문제를 시각화할 수 있는 방법 고르기
그림 그리기, 실제로 해보기, 그래프 그리기, 표 만들기, 목록 만들기
▶ 답을 예상해보기(어림도 가능)</td><td></td></tr>
<tr><td>4. 문제풀기
▶ 어떻게 이 문제를 풀 수 있는가?
▶ 완전한 문장으로 답을 쓰기</td><td></td></tr>
<tr><td>5. 답을 검산하기
▶ 구한 답이 옳은지 어떻게 알 수 있는가?
▶ 예상했던 답과 비교해 보기
▶ 문제와 계산 과정을 다시 살펴보기
▶ 문제에서 요구하는 것과 답 비교하기</td><td></td></tr>
</table>

【 문제 2 】

6년 전에 삼촌의 나이는 지현이의 나이의 3배이었고 4년 후에는 삼촌의 나이가 지현이의 나이의 2배가 된다고 한다. 금년의 삼촌의 나이와 지현이의 나이를 각각 구하여라.

1. 문제 읽기 문제는 항상 자세하게 두 번을 읽는다.	
2. 문제 이해 ▶ 문제를 자신의 말로 다시 말해본다. ▶ 무엇에 관한 문제인가? ▶ 무엇을 구하고자 하는 문제인가? (괄호 메우기 형식으로 말하기) ▶ 어떤 정보가 문제에 주어져 있는지 적기	
3. 문제를 풀기 위한 계획세우기 ▶ 어떤 문제해결 방법을 사용할 것인가? ▶ 문제를 시각화할 수 있는 방법 고르기 그림 그리기, 실제로 해보기, 그래프 그리기, 표 만들기, 목록 만들기 ▶ 답을 예상해보기(어림도 가능)	
4. 문제풀기 ▶ 어떻게 이 문제를 풀 수 있는가? ▶ 완전한 문장으로 답을 쓰기	
5. 답을 검산하기 ▶ 구한 답이 옳은지 어떻게 알 수 있는가? ▶ 예상했던 답과 비교해 보기 ▶ 문제와 계산 과정을 다시 살펴보기 ▶ 문제에서 요구하는 것과 답 비교하기	

<table>
<tr><td colspan="2">

【 문제 3 】

총 무게가 122g인 금과 은을 섞어서 만든 기념 메달의 무게를 물 속에서 재었더니 112g이었다. 물 속에서 금은 그 무게의 $\frac{1}{19}$ 만큼 가벼워지고, 은은 그 무게의 $\frac{2}{21}$ 만큼 가벼워진다. 이 메달에 들어 있는 금과 은의 무게를 각각 구하여라.

</td></tr>
<tr><td>

1. 문제 읽기
문제는 항상 자세하게 두 번을 읽는다.

</td><td></td></tr>
<tr><td>

2. 문제 이해
▶ 문제를 자신의 말로 다시 말해본다.
▶ 무엇에 관한 문제인가?
▶ 무엇을 구하고자 하는 문제인가?
(괄호 메우기 형식으로 말하기)
▶ 어떤 정보가 문제에 주어져 있는지 적기

</td><td></td></tr>
<tr><td>

3. 문제를 풀기 위한 계획세우기
▶ 어떤 문제해결 방법을 사용할 것인가?
▶ 문제를 시각화할 수 있는 방법 고르기
그림 그리기, 실제로 해보기, 그래프 그리기, 표 만들기, 목록 만들기
▶ 답을 예상해보기(어림도 가능)

</td><td></td></tr>
<tr><td>

4. 문제풀기
▶ 어떻게 이 문제를 풀 수 있는가?
▶ 완전한 문장으로 답을 쓰기

</td><td></td></tr>
<tr><td>

5. 답을 검산하기
▶ 구한 답이 옳은지 어떻게 알 수 있는가?
▶ 예상했던 답과 비교해 보기
▶ 문제와 계산 과정을 다시 살펴보기
▶ 문제에서 요구하는 것과 답 비교하기

</td><td></td></tr>
</table>

【 문제 4 】

학산초등학교에서는 학부모를 초청하여 음악발표회를 하려고 한다. 이 발표회를 위하여 5학년 2반 학생들은 탄산수와 오렌지 주스를 섞어서 만든 음료수를 준비해야 한다. 선생님은 이 음료수를 만들 수 있는 다음과 같은 4 가지의 다른 방법이 적힌 카드를 주셨다.

방법 A	방법 B	방법 C	방법 D
오렌지 주스 2컵	오렌지 주스 4컵	오렌지 주스 3컵	오렌지 주스 1컵
탄산수 3컵	탄산수 8컵	탄산수 5컵	탄산수 4컵

1. 어떤 방법으로 만든 음료수가 오렌지 맛이 가장 많이 나겠는가?
2. 어떤 방법으로 만든 음료수가 오렌지 맛이 가장 적게 나겠는가?
3. 이 날 필요한 음료수는 모두 120컵이라고 한다. 각각의 방법에 따르면 오렌지 주스와 탄산수는 각각 몇 컵씩이 필요한가.

1. 문제 읽기 문제는 항상 자세하게 두 번을 읽는다.	
2. 문제 이해 ▶ 문제를 자신의 말로 다시 말해본다. ▶ 무엇에 관한 문제인가? ▶ 무엇을 구하고자 하는 문제인가? (괄호 메우기 형식으로 말하기) ▶ 어떤 정보가 문제에 주어져 있는지 적기	
3. 문제를 풀기 위한 계획세우기 ▶ 어떤 문제해결 방법을 사용할 것인가? ▶ 문제를 시각화할 수 있는 방법 고르기 그림 그리기, 실제로 해보기, 그래프 그리기, 표 만들기, 목록 만들기 ▶ 답을 예상해보기(어림도 가능)	
4. 문제풀기 ▶ 어떻게 이 문제를 풀 수 있는가? ▶ 완전한 문장으로 답을 쓰기	
5. 답을 검산하기 ▶ 구한 답이 옳은지 어떻게 알 수 있는가? ▶ 예상했던 답과 비교해 보기 ▶ 문제와 계산 과정을 다시 살펴보기 ▶ 문제에서 요구하는 것과 답 비교하기	

수학적 문장제 풀이 2

<table>
<tr><td colspan="2">

【 문제 1 】

복도에 전등 100개가 나란히 있는데 처음부터 마지막까지 1, 2, 3, …, 99, 100까지의 번호가 새겨져 있다. 전등마다 한 개의 스위치가 달려있어 전등을 통제한다. 전등은 모두 꺼져 있었다.
학생 100명이 복도를 지나가게 되었다.
첫째 학생이 1의 배수에 해당되는 번호의 스위치를 당겼고,
두 번째 학생이 2의 배수에 해당하는 번호의 스위치를 당겼다.
세 번째 학생이 3의 배수에 해당하는 스위치를 당겼다.
이처럼 계속 당기며 나갔는데 마지막 100번째 학생은 100의 배수에 해당하는 번호의 스위치를 당겼다.
100명의 학생이 이 규정대로 복도를 통과했다면 복도에는 아직 전등 몇 개가 켜져 있을까?
</td></tr>
<tr><td>1. 문제 읽기
문제는 항상 자세하게 두 번을 읽는다.</td><td></td></tr>
<tr><td>2. 문제 이해
▶ 문제를 자신의 말로 다시 말해본다.
▶ 무엇에 관한 문제인가?
▶ 무엇을 구하고자 하는 문제인가?
(괄호 메우기 형식으로 말하기)
▶ 어떤 정보가 문제에 주어져 있는지 적기</td><td></td></tr>
<tr><td>3. 문제를 풀기 위한 계획세우기
▶ 어떤 문제해결 방법을 사용할 것인가?
▶ 문제를 시각화할 수 있는 방법 고르기
그림 그리기, 실제로 해보기, 그래프 그리기, 표 만들기, 목록 만들기
▶ 답을 예상해보기(어림도 가능)</td><td></td></tr>
<tr><td>4. 문제풀기
▶ 어떻게 이 문제를 풀 수 있는가?
▶ 완전한 문장으로 답을 쓰기</td><td></td></tr>
<tr><td>5. 답을 검산하기
▶ 구한 답이 옳은지 어떻게 알 수 있는가?
▶ 예상했던 답과 비교해 보기
▶ 문제와 계산 과정을 다시 살펴보기
▶ 문제에서 요구하는 것과 답 비교하기</td><td></td></tr>
</table>

【 문제 2 】

수학 선생님의 집은 학교에서 가까운 거리에 있다. 어느 날 학생이 선생님에게 집 주소를 묻자 선생님은 이렇게 대답했다.

"우리 집의 주소는 x 번지이다."

"x 가 얼마입니까?"

"우리 집을 제외한 가까운 거리의 모든 주소의 합에 x 를 빼면 200이다."

"가까운 거리의 번지 수를 건너뛴 것이 있습니까?"

"없어. 1부터 시작하여 건너 뛴 번지도 없으며 반복된 번지도 없다."

선생님 집의 번지 수는 어떻게 될까?

1. 문제 읽기 문제는 항상 자세하게 두 번을 읽는다.	
2. 문제 이해 ▶ 문제를 자신의 말로 다시 말해본다. ▶ 무엇에 관한 문제인가? ▶ 무엇을 구하고자 하는 문제인가? (괄호 메우기 형식으로 말하기) ▶ 어떤 정보가 문제에 주어져 있는지 적기	
3. 문제를 풀기 위한 계획세우기 ▶ 어떤 문제해결 방법을 사용할 것인가? ▶ 문제를 시각화할 수 있는 방법 고르기 그림 그리기, 실제로 해보기, 그래프 그리기, 표 만들기, 목록 만들기 ▶ 답을 예상해보기(어림도 가능)	
4. 문제풀기 ▶ 어떻게 이 문제를 풀 수 있는가? ▶ 완전한 문장으로 답을 쓰기	
5. 답을 검산하기 ▶ 구한 답이 옳은지 어떻게 알 수 있는가? ▶ 예상했던 답과 비교해 보기 ▶ 문제와 계산 과정을 다시 살펴보기 ▶ 문제에서 요구하는 것과 답 비교하기	

【 문제 3 】

“잘 나온다" 복사집에는 검정색, 빨간색, 파란색 카트리지를 사용하는 칼라 프린트기가 있다. 이들 색깔의 카트리지는 동일한 장수를 프린트 한다. 그런데 검정색 카트리지는 빨간색 카트리지보다 4배나 자주 교환했고, 이 기간동안 빨간색 카트리지는 3회, 그리고 파란색 카트리지는 5회 교환했다고 한다.

(1) “잘 나온다” 복사집에서 사용하는 카트리지 총 개수에서 검정색 카트리지가 차지하는 비율을 분수로 나타내시오.

(2) “잘 나온다” 복사집에서 사용하는 카트리지 총 개수에서 파란색 카트리지가 차지하는 비율을 퍼센트로 나타내시오.

(3) 어느 달은 총 60개의 검정색 카트리지를 사용했다고 한다. 이 달 동안에 사용한 빨간색 카트리지와 파란색 카트리지의 개수는 각각 얼마인가?

1. 문제 읽기 문제는 항상 자세하게 두 번을 읽는다.	
2. 문제 이해 ▶ 문제를 자신의 말로 다시 말해본다. ▶ 무엇에 관한 문제인가? ▶ 무엇을 구하고자 하는 문제인가? (괄호 메우기 형식으로 말하기) ▶ 어떤 정보가 문제에 주어져 있는지 적기	
3. 문제를 풀기 위한 계획세우기 ▶ 어떤 문제해결 방법을 사용할 것인가? ▶ 문제를 시각화할 수 있는 방법 고르기 그림 그리기, 실제로 해보기, 그래프 그리기, 표 만들기, 목록 만들기 ▶ 답을 예상해보기(어림도 가능)	
4. 문제풀기 ▶ 어떻게 이 문제를 풀 수 있는가? ▶ 완전한 문장으로 답을 쓰기	
5. 답을 검산하기 ▶ 구한 답이 옳은지 어떻게 알 수 있는가? ▶ 예상했던 답과 비교해 보기 ▶ 문제와 계산 과정을 다시 살펴보기 ▶ 문제에서 요구하는 것과 답 비교하기	

【 문제 4 】

아래의 직사각형 수영장은 세라믹 타일로 둘러싸여 있다. 이 수영장의 둘레는 1개의 타일 크기로 깔려 있다. 아래의 예처럼 가로와 세로가 1m인 수영장을 만들려면 8개의 타일을 깔아야 하고, 가로가 2m, 세로가 1m라면 10개의 타일을 깔아야 한다. 그렇다면 수영장의 길이와 폭이 달라질 때마다 필요한 타일의 개수를 구하시오.

<예>

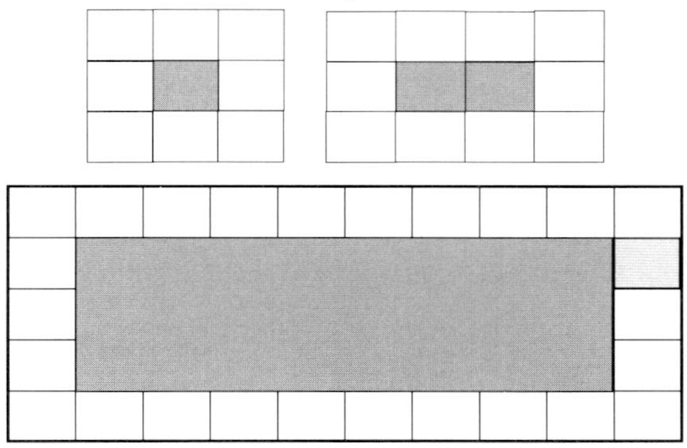

1. 문제 읽기 문제는 항상 자세하게 두 번을 읽는다.	
2. 문제 이해 ▶ 문제를 자신의 말로 다시 말해본다. ▶ 무엇에 관한 문제인가? ▶ 무엇을 구하고자 하는 문제인가? (괄호 메우기 형식으로 말하기) ▶ 어떤 정보가 문제에 주어져 있는지 적기	
3. 문제를 풀기 위한 계획세우기 ▶ 어떤 문제해결 방법을 사용할 것인가? ▶ 문제를 시각화할 수 있는 방법 고르기 그림 그리기, 실제로 해보기, 그래프 그리기, 표 만들기, 목록 만들기 ▶ 답을 예상해보기(어림도 가능)	
4. 문제풀기 ▶ 어떻게 이 문제를 풀 수 있는가? ▶ 완전한 문장으로 답을 쓰기	
5. 답을 검산하기 ▶ 구한 답이 옳은지 어떻게 알 수 있는가? ▶ 예상했던 답과 비교해 보기 ▶ 문제와 계산 과정을 다시 살펴보기 ▶ 문제에서 요구하는 것과 답 비교하기	

디오판토스의 묘비 : 디오판토스는 몇 살까지 살았을까?

알렉산드리아 말기에 나타난 이집트 태생인 그리스인 디오판토스(Diophantos, A. D. 250년경)는 근대 정수론의 아버지라 불리며, 방정식 문제를 푸는 기초를 다진 위대한 학자였다. 그의 걸작 '산술' 또는 '정수론' 13권 중 6, 7권만이 남아 있는데, 이는 그리스의 대수학을 대표하는 책이다. 그는 대수학을 기호로 써서 표현한 선구자이며 그 방법은 기하학에서 완전히 분리된 해석법이었다.

17세기 페르마도 디오판토스의 책에 자극을 받아 정수론을 연구한 결과 근대의 정수론을 일으켰으며, 그 유명한 페르마의 대정리도 디오판토스 책의 라틴어 번역판 여백에 적어 놓은 것이라 하니 후세에까지 그가 미친 영향은 실로 크다. 디오판토스는 이렇게 후세에 훌륭한 업적을 남긴 데 비해서 언제 어디서 태어났으며, 어느 곳에서 어떻게 살다 갔는지에 대하여 아무 것도 알려진 사실이 없다. 그러나 그의 묘비에는 다음과 같은 글이 적혀 있다.

> 디오판토스는 일생의 6분의 1을 소년 시절로 보냈고, 그 후 12분의 1은 수염을 기르고 생활했다. 다시 일생의 7분의 1을 독신으로 살다가 결혼하였고, 5년 만에 첫 아들을 얻었다. 그 아들은 아버지의 반 밖에 살지 못했으며, 아들이 죽은 4년 후에 그도 세상을 떠났다.

그렇다면 디오판토스는 몇 살까지 살았을까?

연습문제 1

네 종류의 작은 동물들이 자리를 바꾸려 한다. 처음 쥐, 원숭이, 토끼, 고양이가 각각 1, 2, 3, 4 번 위치에 앉아 있었는데 아래 규율과 같은 규칙으로 쉼 없이 자리를 바꾸려 한다. 첫 번째에는 상하 두줄 바꾸고 두 번째에는 좌우 두 줄 바꾸고 세 번째는 다시 상하 두 줄 바꾸고 네 번째에는 다시 좌우 두 줄 바꾼다.

쥐	원숭이
토끼	고양이

처음

토끼	고양이
쥐	원숭이

1차

고양이	토끼
원숭이	쥐

2차

•••

?	?
?	?

30차 ?

그러면 30번을 자리 바꿈을 하고 나면 토끼는 몇 번 자리에 앉아 있을까?

연습문제 2

김제주씨는 제주도에서 감귤 농사를 짓고 있는데 이 농장에는 120그루의 감귤나무가 있다고 한다. 한 그루에서는 보통 650개의 귤이 열리는데 생산량을 늘리기 위하여 감귤나무를 좀 더 심으려고 한다. 그런데 이렇게 할 경우 한정된 공간에 더 많은 나무를 심게 되어 공간과 햇빛 양이 부족하게 되어 각 나무에서 5개의 생산량 감소가 생긴다고 한다. 김제주씨가 이 농장에서 생산할 수 있는 최대 감귤은 몇 개이며, 이 최대 생산량을 얻기 위해서는 총 몇 그루의 나무를 심어야 하는가?

연습문제 3

어떤 노인이 자신의 유산을 아들들에게 아래 순서와 방식대로 나누어 주려 한다.

큰아들에게 100원과 나머지 재산의 10%를 준다.
둘째아들에게 200원과 나머지 재산의 10% 를 준다.
셋째아들에게 300원과 나머지 재산의 10%를 준다.
넷째아들에게 400원과 나머지 재산의 10% 를 준다.
……

결국은 모든 아들들이 똑 같게 나누어 가졌다. 그럼 이 노인에게 아들이 몇 명 있었을까?

12. 그래핑 계산기와 CBR(Calculator-Based Ranger)로 배우는 함수

우리 주변의 일상적, 현실적, 물리적인 현상을 예측하고 탐구하려는 태도는 수학교육에서 중요하게 다루는 정의적 측면이다. 이런 활동을 위한 수학적 도구가 바로 함수개념이다. 초등학교 수학과 중등학교의 수학이 다른 이유 중의 하나는 이 함수개념의 학습에 따른 것이다. 그만큼 함수개념의 습득은 학생들의 수학적 능력을 신장하고 앞으로 고급 수학의 학습을 위한 중요한 토대가 된다.

또한 최근 수학교육의 경향은 수학학습에 있어서 공학(또는 ICT) 활용의 중요성을 지적하고 있다. 위에서도 지적했듯이 초등학교 수학과는 달리 중등학교 수학은 함수 개념을 바탕으로 많은 개념들이 연관되어 있으며 이 함수 개념을 익히기 위해서는 공학의 도움이 반드시 필요하다.

따라서 본 프로그램에서는 대수적 조작뿐만 아니라 그래프 그리기 능력을 갖추고 있는 그래핑 계산기를 사용하여 여러 가지 함수에 대한 유형을 탐구하고 이 함수들의 행동을 예측하고 추측하며, 이들 다양한 함수들의 특징과 속성, 이 함수들 사이의 차이점 등을 탐구하고자 한다. 또한 CBR(Calculator-Based Ranger)을 사용하여 제시된 함수를 움직임으로 표현하는 활동하며 중학생들의 경우 이 활동을 통하여 다음의 목표를 달성할 수 있을 것이다.

활 동 명	학 습 내 용
정비례와 반비례의 개념	· 정비례와 반비례에 대한 개념적 이해 및 함수와 관련된 다양한 용어의 정의 익히기
그래픽 계산기 조작법	· 그래픽 계산기의 그래프 그리는 기능 익히기
정비례 함수의 성질 탐구	· 다양한 정비례 함수의 그래프를 그리고 그 성질 탐구하기
반비례 함수의 성질 탐구	· 다양한 반비례 함수의 그래프를 그리고 그 성질 탐구하기
직선으로 표시되는 함수를 움직임으로 나타내기	· 직선으로 표시되는 다양한 함수의 그래프를 움직임으로 표현하고 그 성질 탐구하기
곡선으로 표시되는 함수를 움직임으로 나타내기	· 곡선으로 표시되는 다양한 함수의 그래프를 움직임으로 표현하고 그 성질 탐구하기

활동 1 정비례와 반비례 준비학습

1. '미지수'의 뜻을 찾아서 적고 그 예를 조사하시오.

2. '변수'의 뜻을 찾아서 적고 그 예를 조사하시오.

3. 위에서 찾은 '미지수'와 '변수'의 차이점을 기록하시오.

4. 다음 문제를 풀고 이 문제풀이를 통해서 '정비례' 단어가 뜻하는 의미를 기록하시오.

한 변의 길이가 $x\,cm$인 정사각형을 만들려고 한다. 둘레의 길이를 $y\,cm$라고 할 때, x의 값이 1, 2, 3, 4, 5로 변함에 따라 y의 값이 어떻게 변하는지 알아보시오. 그리고 아래 표를 완성하시오.

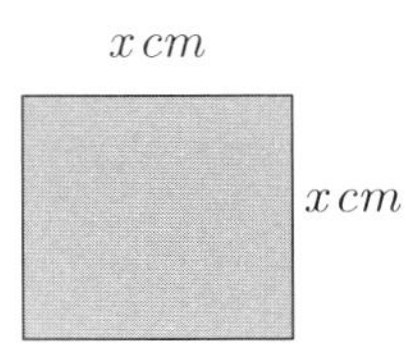

$x\,(cm)$	1	2	3	4	5	...
$y\,(cm)$						

5. 다음 문제를 풀고 이 문제풀이를 통해서 '반비례' 단어가 뜻하는 의미를 기록하시오.

오른쪽 그림은 한 칸의 길이가 $1\,cm$인 모눈종이에 넓이가 $12\,cm^2$인 직사각형을 여러 개 그린 것이다. 가로의 길이 x가 1, 2, 3로 변함에 따라 세로의 길이 y가 어떻게 변하는지 알아보시오. 그리고 아래 표를 완성하시오.

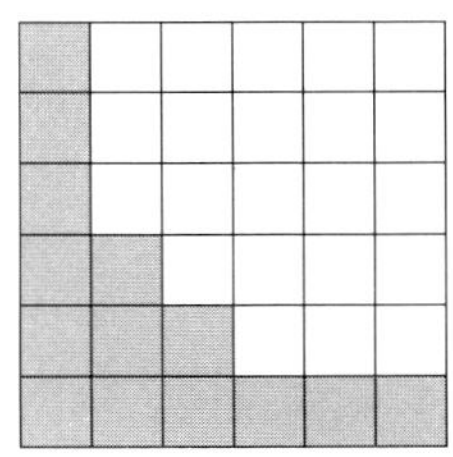

$x\,(cm)$	1	2	3	...
$y\,(cm)$				

6. 위에서 공부한 용어인 '정비례'와 '반비례'의 차이점을 설명하시오.

7. 다음 용어들을 설명하시오.
   ① 함수
   ② 정의역
   ③ 공역
   ④ 함수값
   ⑤ 치역
   ⑥ x축, y축
   ⑦ x좌표, y좌표
   ⑧ 원점
   ⑨ x절편, y절편

활동 2 그래픽 계산기 조작법

1. 그래픽 계산기의 각 구조의 기능과 이름을 익힌다.

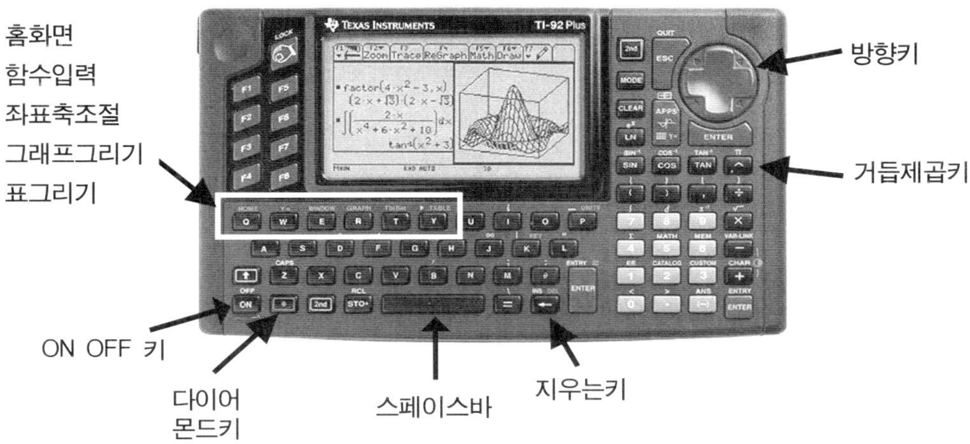

2. 그래픽 계산기 ON, OFF하는 방법을 익힌다.

- ON 하는 방법 : 계산기 왼쪽 아래에 있는 ON 키를 누른다.
- OFF 하는 방법 : 계산기 왼쪽 아래에 있는 2ND 과 OFF 를 동시에 누른다.

3. 그래픽 계산기의 알파벳 문자 배열을 익힌다.

- 그래픽 계산기의 문자배열은 컴퓨터 자판과 같은 배열이다.
- 여러 문자열의 예를 사용하여 문자 입력을 연습한다.
- 문자열을 지우는 방법 : ← (백스페이스) 또는 ◆ 와 ← 을 동시에 누른다.

4. 홈화면에서 모든 입력을 지우고 처음 상태로 한다.

5. 홈화면에 오른쪽과 같이 입력해 본다.

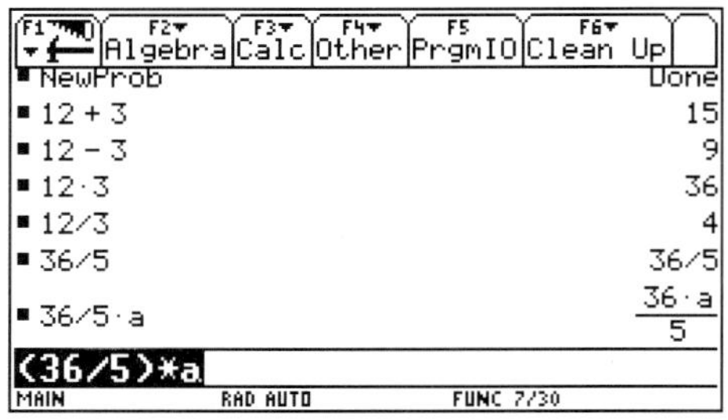

6. 홈화면에 오른쪽과 같이 입력해 본다.

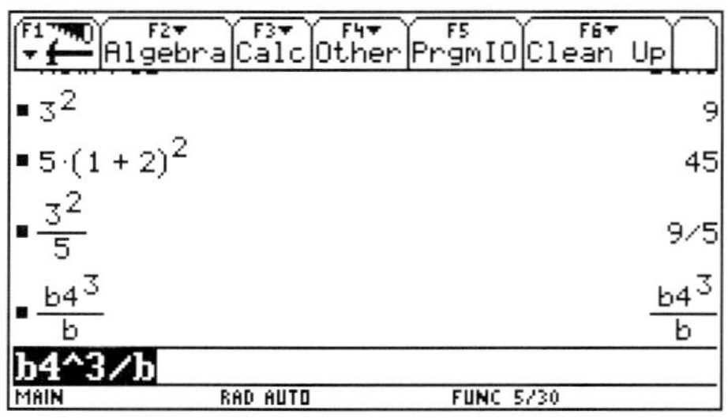

7. 홈화면에 오른쪽과 같이 입력해 본다.

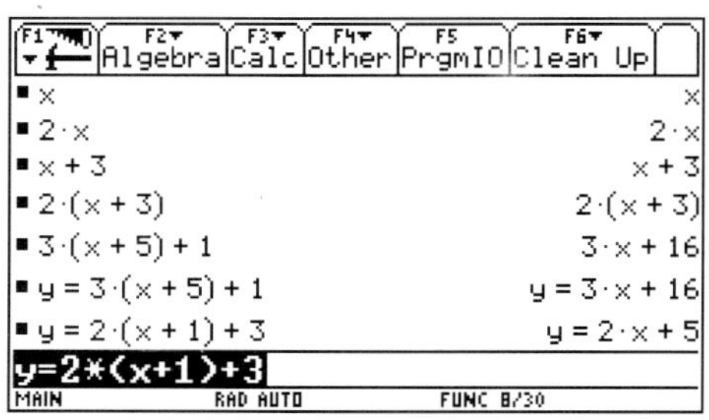

8. 홈화면에 오른쪽과 같이 입력해 본다.

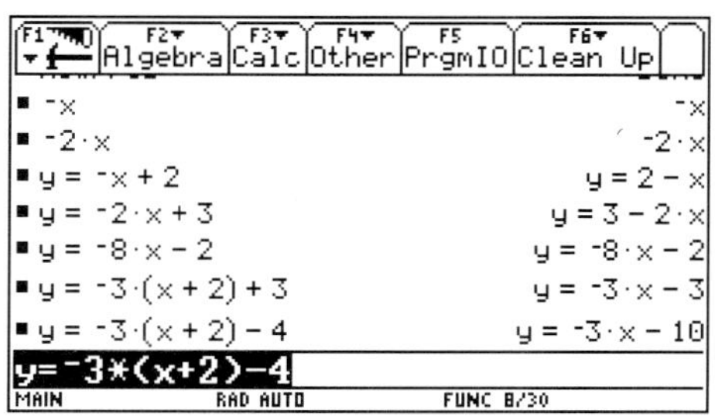

9. 홈화면에 오른쪽과 같이 입력해 본다.

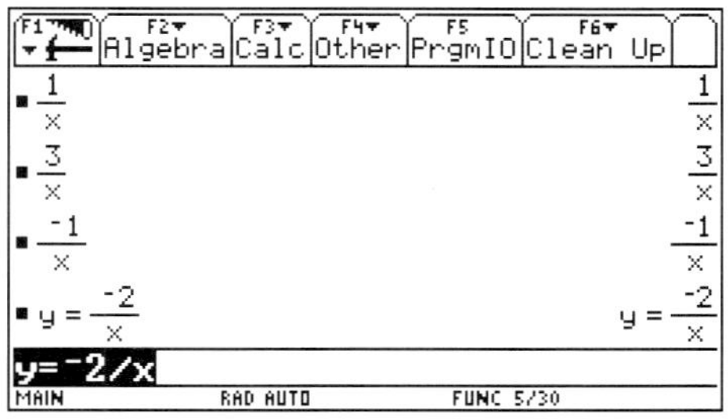

10. 다음 함수식을 함수식 입력창에 입력하여 본다. ◆ 를 누르고 W 를 누르면 함수입력창으로 바뀐다.

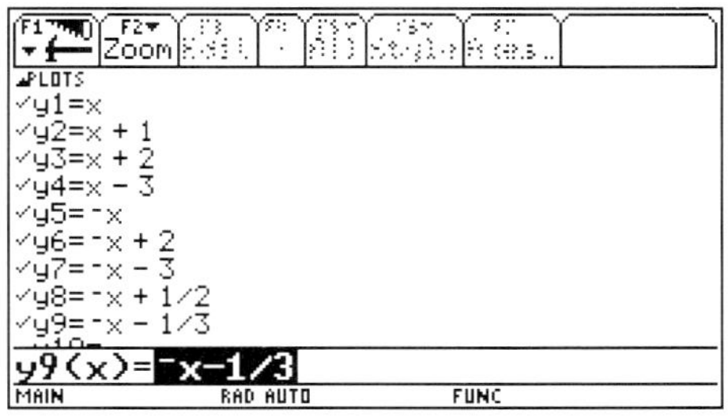

11. $y_1 = x$를 입력하고 그 그래프를 그린다. 그래프 그리기는 ◆ + R 을 누르면 그려진다.

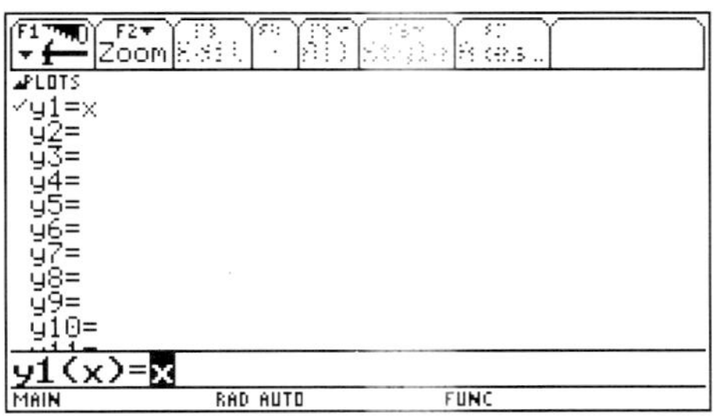

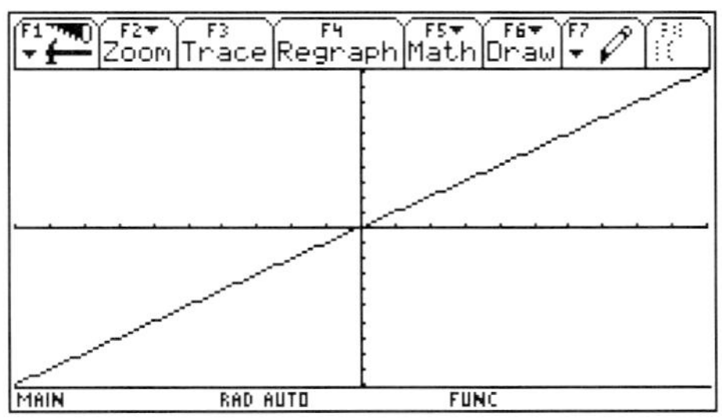

※ 그래프가 위와 같이 그려지지 않는 경우에는 F2 Zoom키를 누른 후, 방향키를 아래로 내려서 6. ZoomStd를 선택한다.

12. $y_1 = x$의 그래프에 해당하는 표의 값들을 확인하여 본다. 표 그리기는 ◆ 를 누르고 Y 를 누르면 오른쪽 그림과 같이 나타난다.

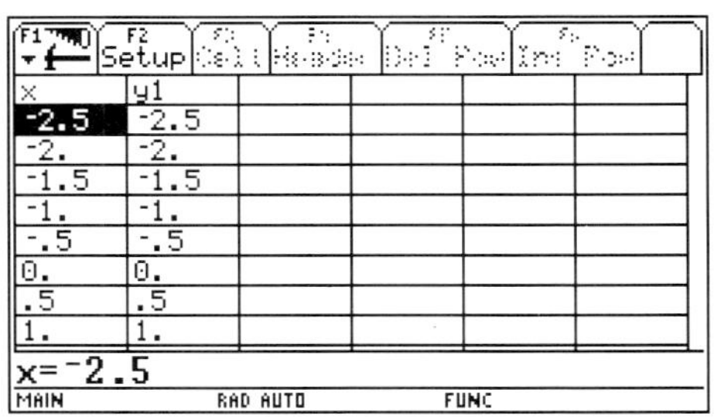

13. $y_2 = \dfrac{1}{x}$를 입력하고 그 그래프를 그린다. 그래프 그리기는 ◆ + R 을 누르면 그려진다.

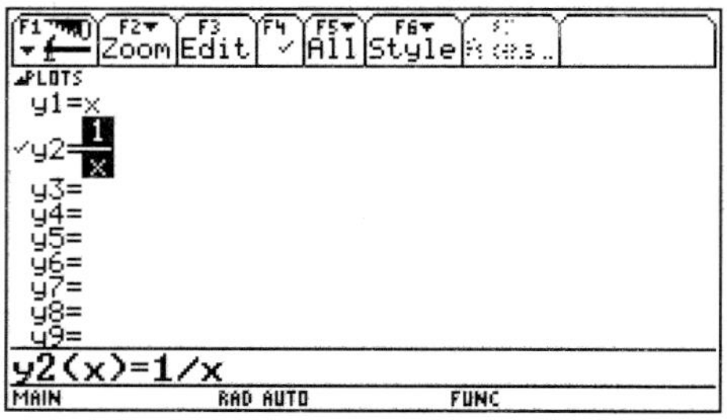

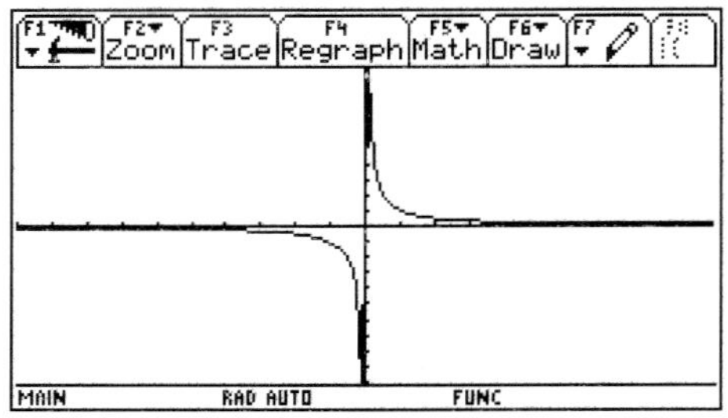

※ 커서를 y_1에 두고 계산기의 왼쪽에 있는 F4 키를 누르면 화면과 같이 $y_1 = x$ 앞에 있던 ∨가 지워진다. 그런 다음 커서를 아래로 내려 y_2에 두고 ENTER 키를 치면 식을 입력할 수 있게 된다.

※ 그래프가 위와 같이 그려지지 않는 경우에는 F2 Zoom키를 누른 후, 방향키를 아래로 내려서 6. ZoomStd를 선택한다.

14. $y_2 = \dfrac{1}{x}$의 그래프에 해당하는 표의 값들을 확인하여 본다. 표 그리기는 ◆ 를 누르고 Y 를 누르면 오른쪽 그림과 같이 나타난다.

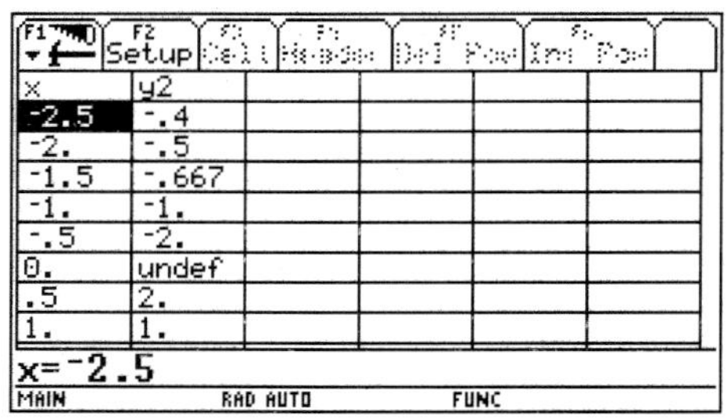

15. $y_1 = x$, $y_2 = \dfrac{1}{x}$를 입력하고 두 그래프를 동시에 그린다. 그래프 그리기는 ◆ + R 을 누르면 그려진다.

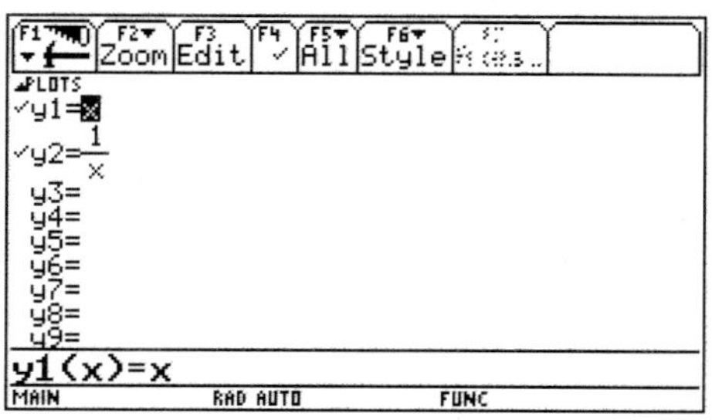

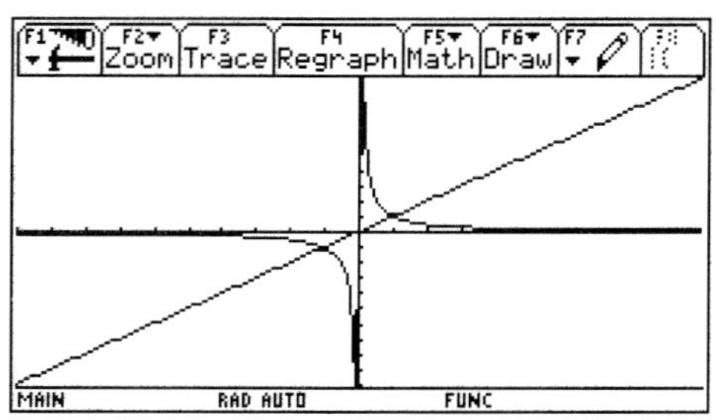

※ 커서를 y_1에 두고 계산기의 왼쪽에 있는 F4 키를 누르면 화면과 같이 $y_1 = x$ 앞에 ∨가 생긴다. 이 표시가 있어야만 그래프가 그려진다.

※ 그래프가 위와 같이 그려지지 않는 경우에는 F2 Zoom키를 누른 후, 방향키를 아래로 내려서 6. ZoomStd를 선택한다.

활동 3 정비례 함수의 성질 탐구

1. $y_1 = x$, $y_2 = 2x$, $y_3 = 3x$의 그래프를 동시에 그린다. 화면의 그래프를 오른쪽 좌표축에 그리시오.

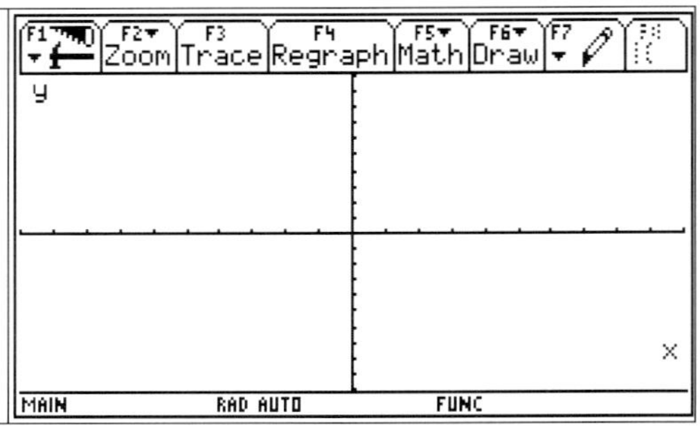

2. $y_4 = 5x$의 그래프는 y_1, y_2, y_3와 비교할 때 어떻게 그려질 것인지 추측한 바를 기록하시오. 그리고 그래프 기능을 이용하여 추측한 바를 확인하시오.

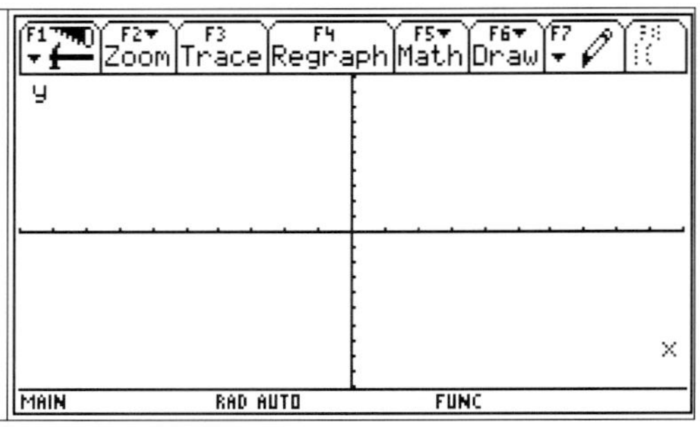

추측	

3. $y_1 = -x$, $y_2 = -2x$, $y_3 = -3x$의 그래프를 동시에 그린다. 화면의 그래프를 오른쪽 좌표축에 그리시오.

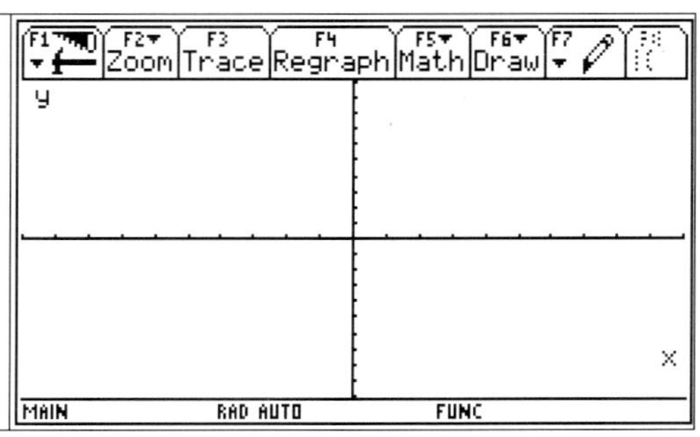

4. $y_4 = -5x$의 그래프는 y_1, y_2, y_3와 비교할 때 어떻게 그려질 것인지 추측한 것을 기록하시오. 그리고 그래프 기능을 이용하여 추측한 바를 확인하시오.

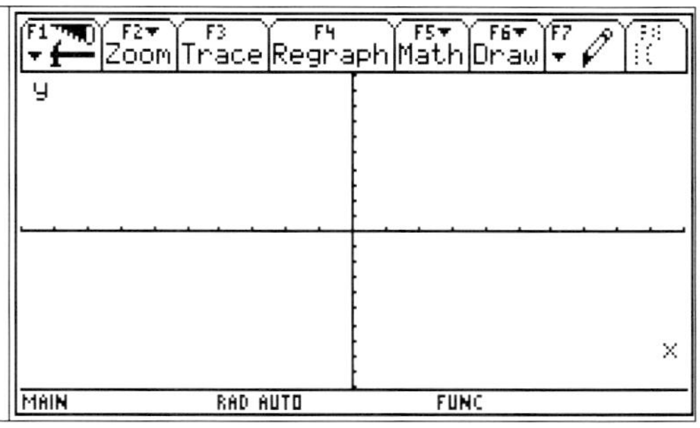

추측	

※ $y_4 = -5x$를 입력할 때, − 부호를 조심해서 입력해야 한다. 계산기에는 오른쪽 밑에 있는 (−) 키를 사용하여 입력해야 한다. 이 부호는 빼기 − 와는 다르다.

5. $y_1 = x,\ y_2 = -x,\ y_3 = 2x,\ y_4 = -2x$의 그래프를 동시에 그래픽 계산기로 확인하여 오른쪽 좌표축에 그리시오. 또 이들 그래프를 보고 공통점과 차이점을 기록하시오.

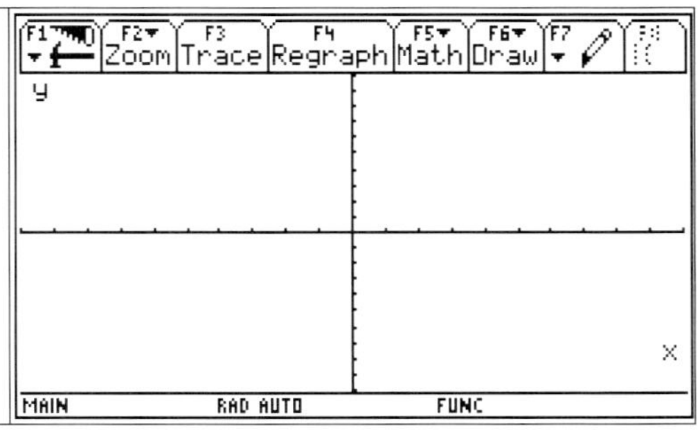

공통점	

차이점	

6. $y_1 = x$, $y_2 = x+1$, $y_3 = x+2$, $y_4 = x-1$ 의 그래프를 동시에 그래픽 계산기로 그리시오. 그리고 $y_5 = x+3$ 은 어떻게 그려질 것인지 추측한 것을 기록하시오. 그래프 기능을 이용하여 추측한 것을 확인하시오.

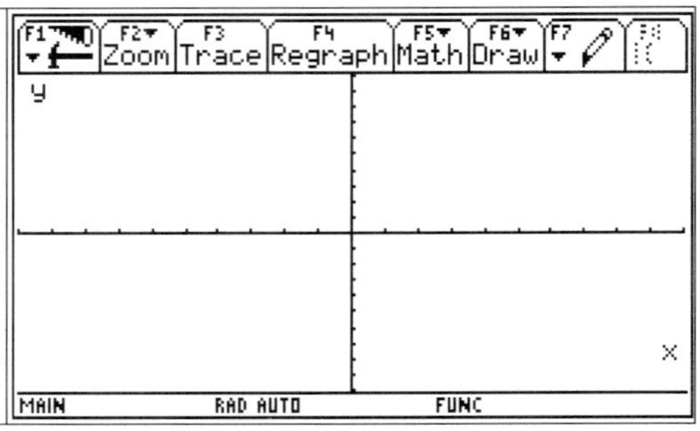

추측	

7. $y_1 = 2x$, $y_2 = 2x+1$, $y_3 = 2x-1$ 의 그래프를 동시에 그린다. 화면의 그래프를 오른쪽 좌표축에 그리시오.

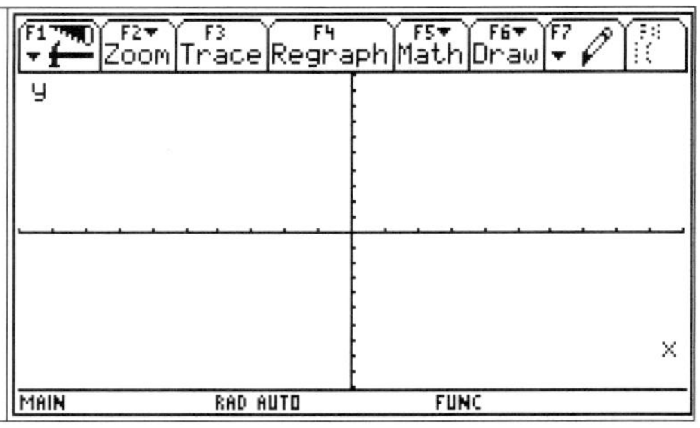

8. $y_4 = \frac{1}{2}x+1$의 그래프는 y_1, y_2, y_3 와 비교할 때 어떻게 그려질 것인지 추측한 바를 기록하시오. 그리고 그래프 기능을 이용하여 추측한 바를 확인하시오. y_1, y_2, y_3와 y_4 그래프의 공통점과 차이점은 무엇인가?

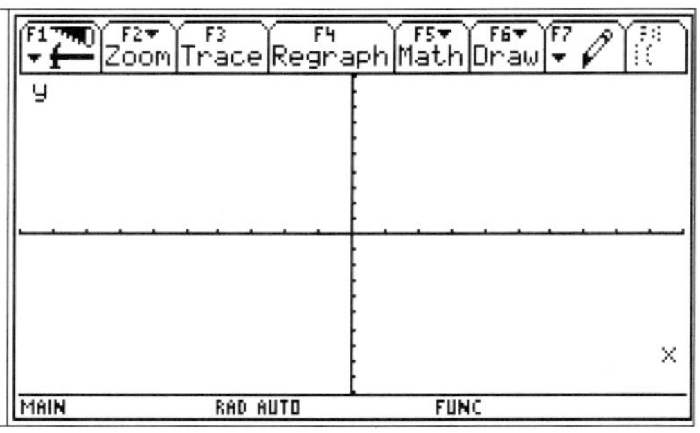

추측	
공통점	
차이점	

9. 아래의 여러 그래프의 식과, 그래프, 그리고 이 그래프들의 관계를 나타내는 표를 보고 관찰한 공통점과 차이점을 기록하시오.

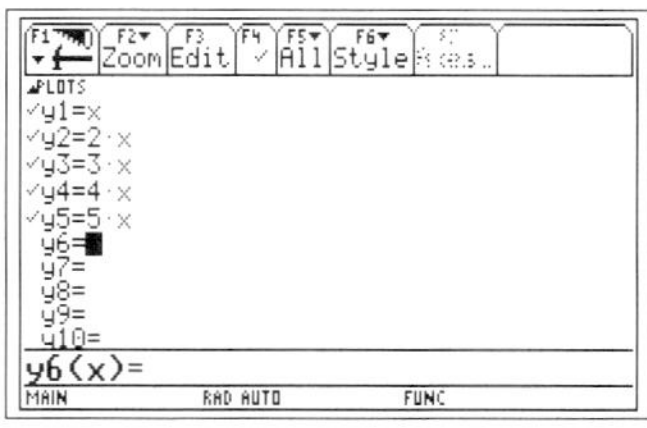

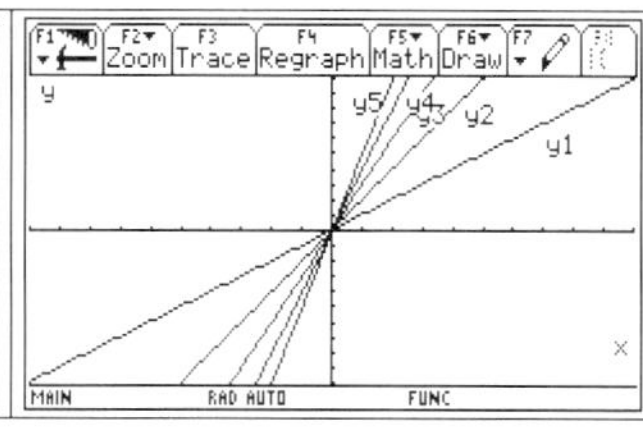

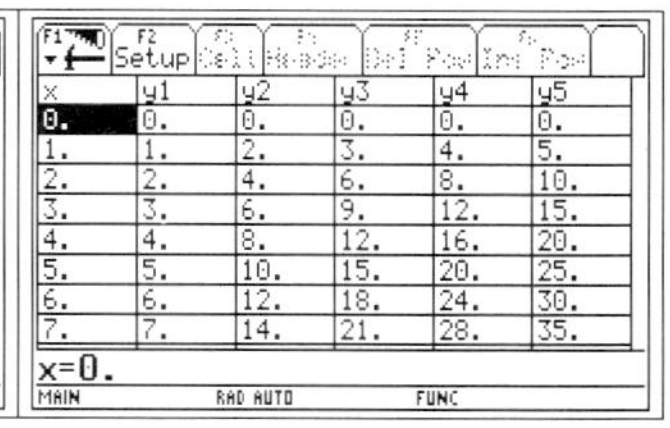

x	y1	y2	y3	y4	y5
0.	0.	0.	0.	0.	0.
1.	1.	2.	3.	4.	5.
2.	2.	4.	6.	8.	10.
3.	3.	6.	9.	12.	15.
4.	4.	8.	12.	16.	20.
5.	5.	10.	15.	20.	25.
6.	6.	12.	18.	24.	30.
7.	7.	14.	21.	28.	35.

x=0.

공통점	
차이점	

10. 아래의 여러 그래프의 식과, 그래프, 그리고 이 그래프들의 관계를 나타내는 표를 보고 관찰한 공통점과 차이점을 기록하시오.

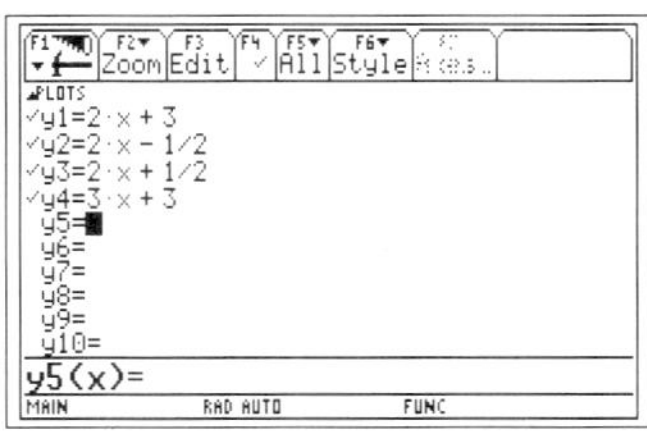

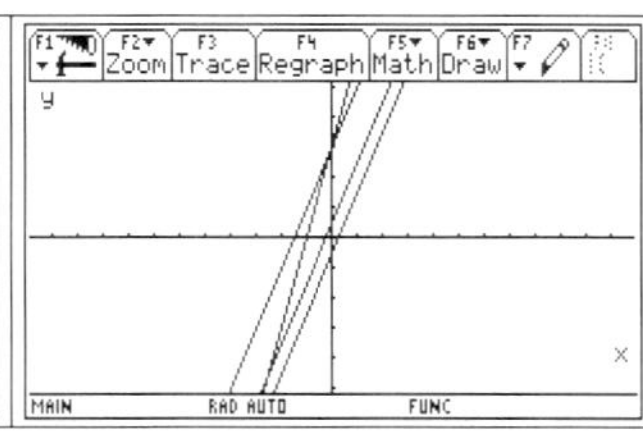

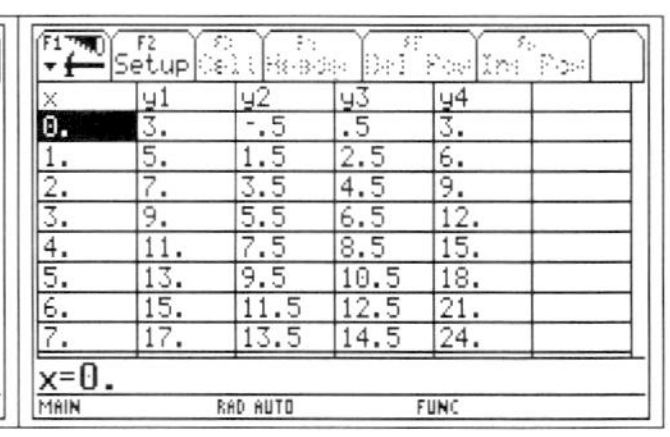

x	y1	y2	y3	y4
0.	3.	-.5	.5	3.
1.	5.	1.5	2.5	6.
2.	7.	3.5	4.5	9.
3.	9.	5.5	6.5	12.
4.	11.	7.5	8.5	15.
5.	13.	9.5	10.5	18.
6.	15.	11.5	12.5	21.
7.	17.	13.5	14.5	24.

x=0.

공통점	
차이점	

활동 4 반비례 함수의 성질 탐구

1. $y_1 = \dfrac{1}{x}$의 그래프를 아래 좌표축에 그리시오. 그리고 그래프와 표를 통해서 이 함수의 성질을 말해보시오.

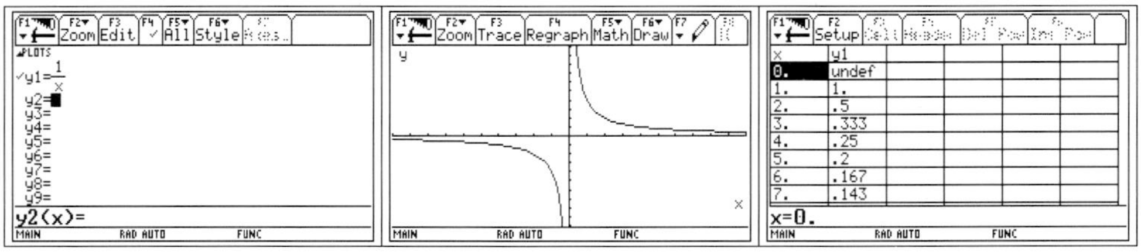

발견한 성질	

2. $y_1 = \dfrac{1}{x}$과 $y_2 = \dfrac{1}{2x}$의 그래프를 아래 좌표축에 그리시오. 그리고 그래프와 표를 통해서 이 함수의 성질상의 공통점과 차이점을 말해보시오.

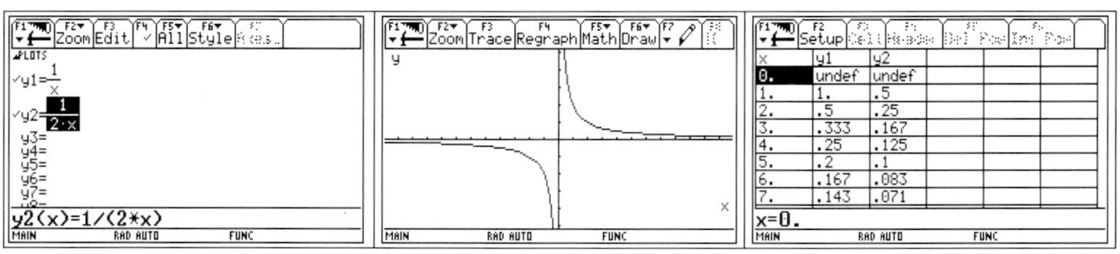

공통점	

차이점	

※ $y_1 = \dfrac{1}{x}$과 $y_2 = \dfrac{1}{2x}$의 그래프를 동시에 그릴 때는 그림 ①과 같이 F2 Zoom을

선택한 다음 6: ZoomStd를 선택하여 그린다. 그런 다음 다시 F2 Zoom을 선택하여 이번에는 그림 ②와 같이 2: ZoomIn을 선택한다. 그러면 그림 ③과 같이 작은 원이 깜박이는 화면이 나타난다. 여기서 ENTER키를 치면 그림 ④와 같이 보다 좋은 그래프가 그려진다.

그림 ①

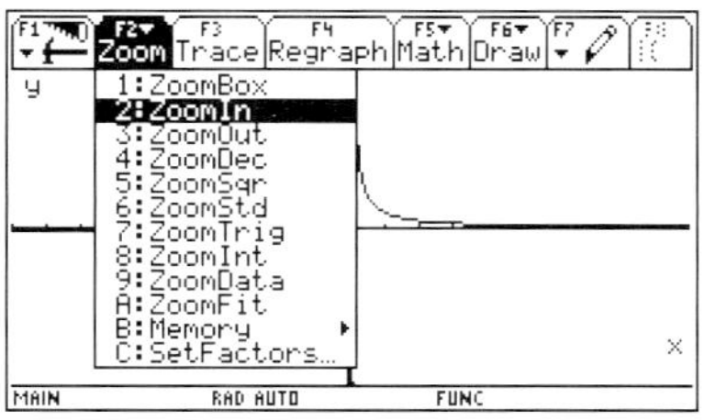

그림 ②

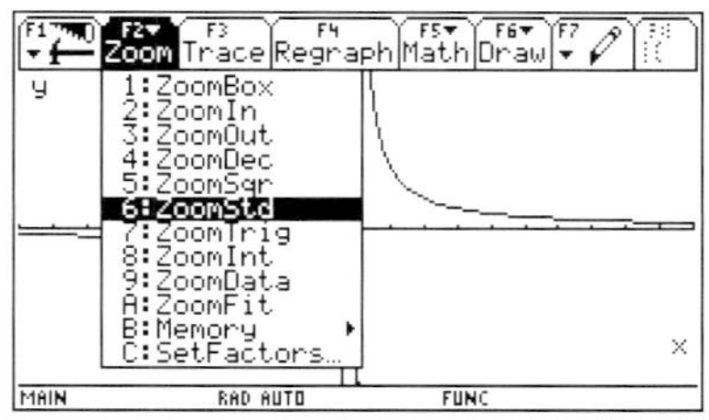

그림 ③

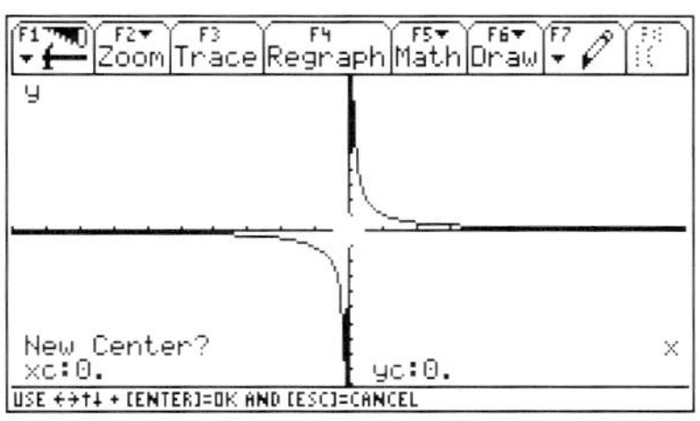

그림 ④

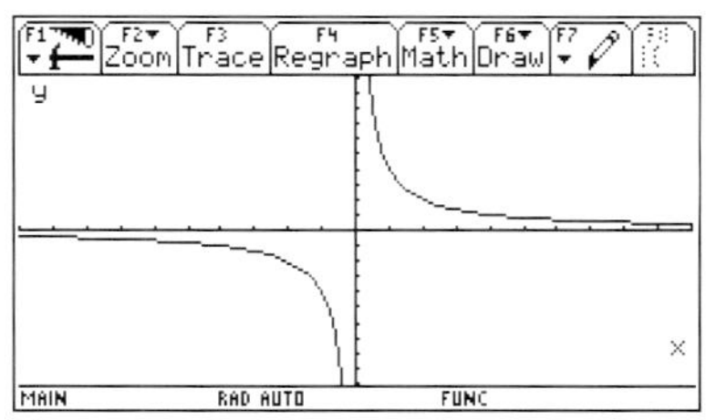

3. $y_1 = \dfrac{1}{x}$ 과 $y_2 = -\dfrac{1}{x}$ 의 그래프를 아래 좌표축에 그리시오. 그리고 그래프와 표를 통해서 이 함수의 성질상의 공통점과 차이점을 말해보시오.

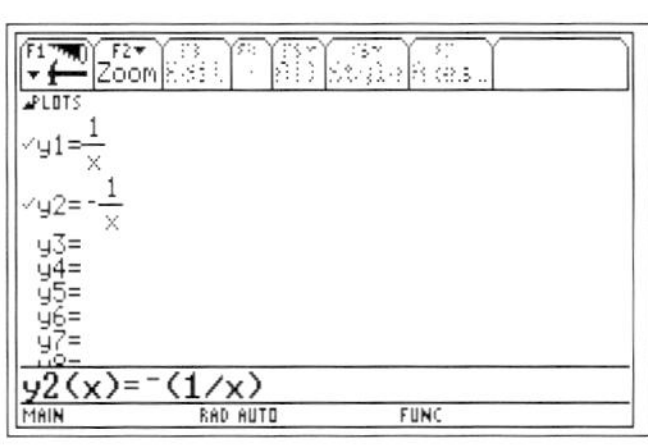

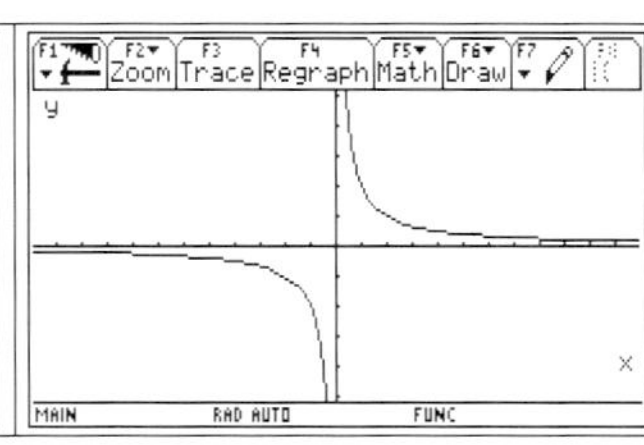

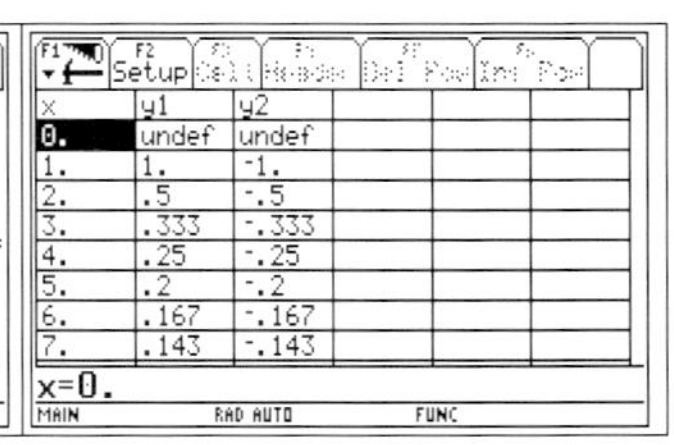

공통점	

차이점	

※ $y_2 = -\dfrac{1}{x}$를 입력할 때, "—" 부호를 조심해서 입력해야 한다. 계산기에는 오른쪽 밑에 있는 **(−)** 키를 사용하여 입력해야 한다. 이 부호는 빼기 **−** 와는 다르다.

4. $y_1 = \dfrac{1}{x}$과 $y_2 = \dfrac{2}{x}$의 그래프를 아래 좌표축에 그리시오. 그리고 그래프와 표를 통해서 이 함수의 성질상의 공통점과 차이점을 말해보시오.

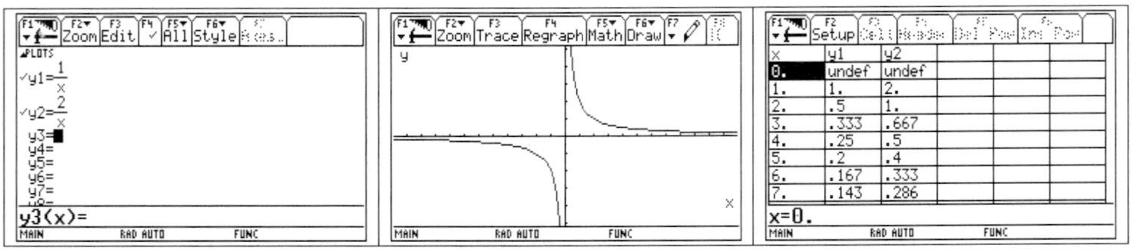

공통점	

차이점	

5. $y_1 = \dfrac{1}{x}$과 $y_2 = -\dfrac{2}{x}$의 그래프를 아래 좌표축에 그리시오. 그리고 그래프와 표를 통해서 이 함수의 성질상의 공통점과 차이점을 말해보시오.

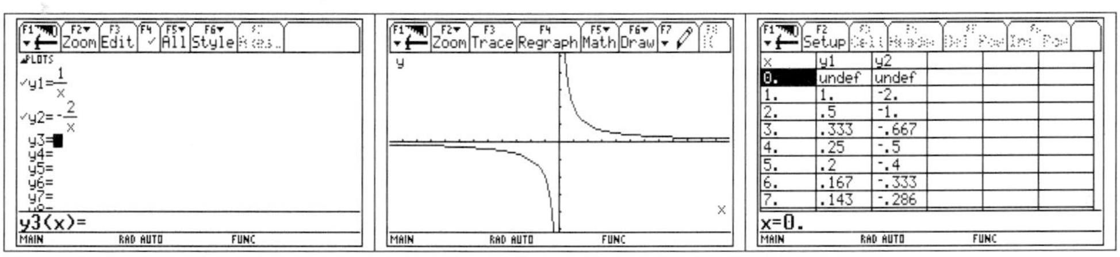

공통점	

차이점	

활동 5 직선으로 표시되는 함수를 움직임으로 나타내기

1. 교사의 움직임(걸음걸이)을 관찰하고 그 움직임을 조별로 토론하여 기록한다. 여러 가지 움직임의 공통점과 차이점을 나누어서 아래 칸에 기록한다.

공통점	
차이점	

2. 조별로 기록한 공통점과 차이점을 발표하고 움직임(걸음걸이)을 어떻게 수학으로 표현할 수 있는지 알아본다. 이를 위하여 아래 그림과 같이 CBR과 그래핑 계산기를 준비한다.

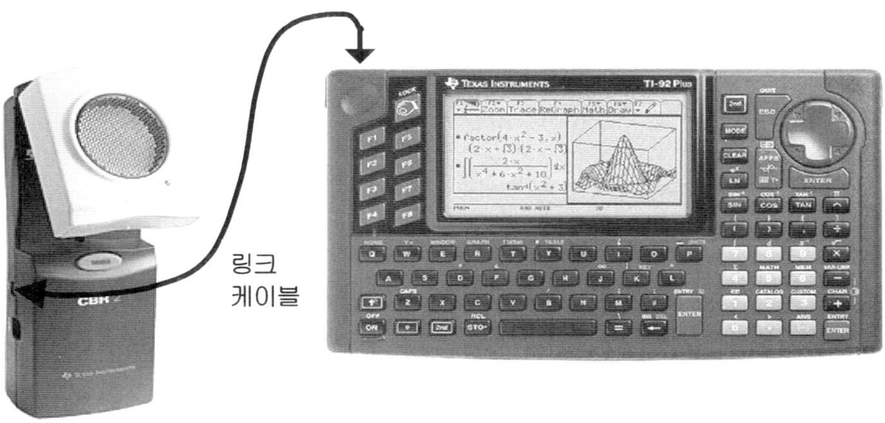

3. CBR과 그래핑 계산기를 위의 그림과 같이 링크케이블로 연결한다.

4. 먼저 CBR을 사용할 수 있는 프로그램이 계산기에 있는지를 점검한다. [2nd]과 [-]를 동시에 눌러서 VAR-LINK에 다음 그림과 같은 레인저 ranger 프로그램이 있는지를 살핀다. 없다면 이 프로그램을 다운로드 받아서 사용한다.

5. 홈모드에서 다음과 같이 입력하고 [Enter]를 친다.

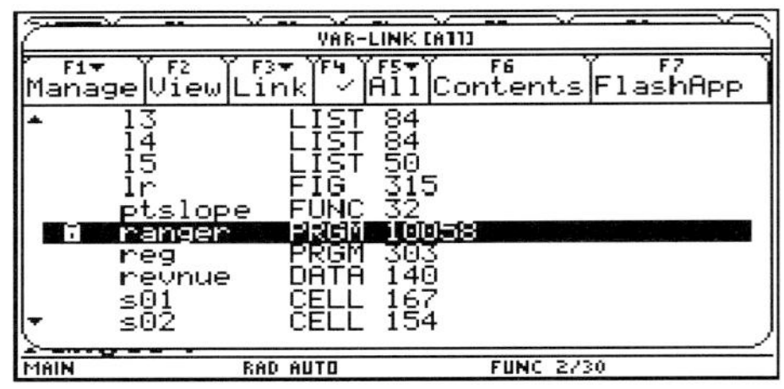

6. 오른쪽 화면처럼 Ranger를 시작하는 화면이 나타난다. 여기서 다시 한번 [Enter]를 치면 아래의 그림처럼 Ranger 프로그램이 실행된다.

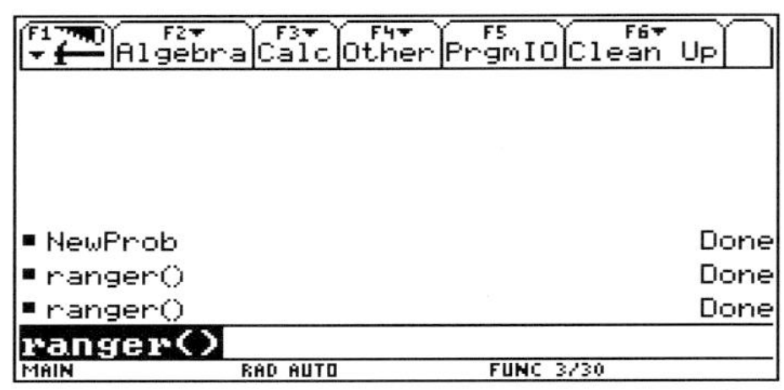

7. 다음 순서에 따라 키를 입력한다.

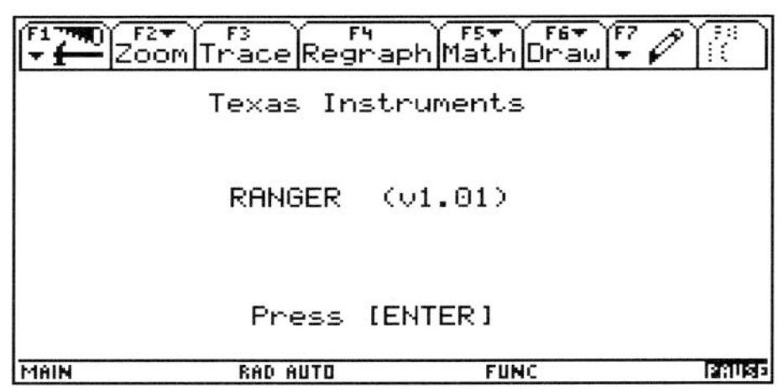

① 방향키를 이용하여 3. Applications...를 선택하고 [Enter]를 친다.	② 거리를 2:Meters(미터)로 선택하고 [Enter]를 친다.
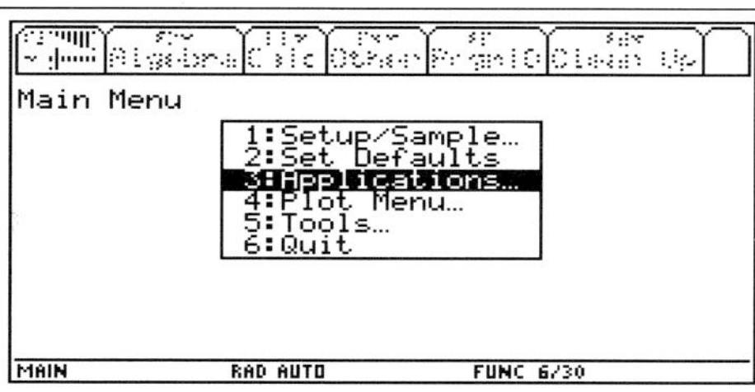	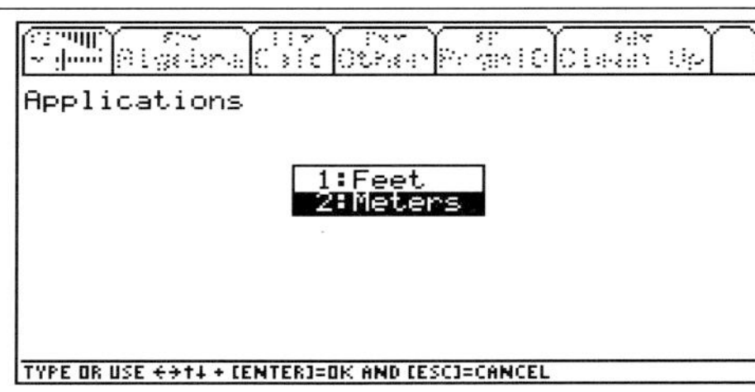

③ 1: Distance Match를 선택하고 Enter 를 친다.	④ 아래의 화면이 나타나면 Enter 를 친다.
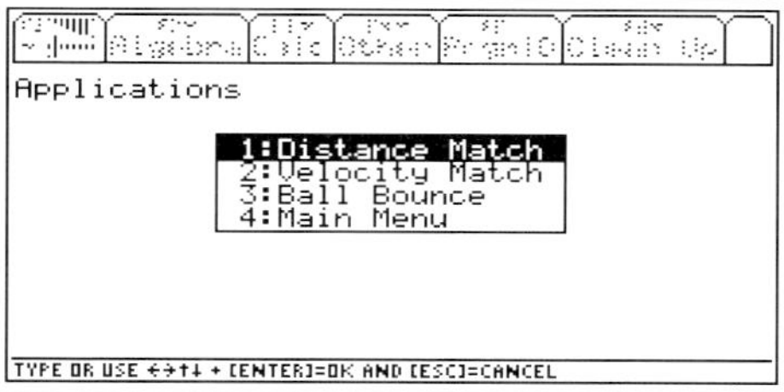	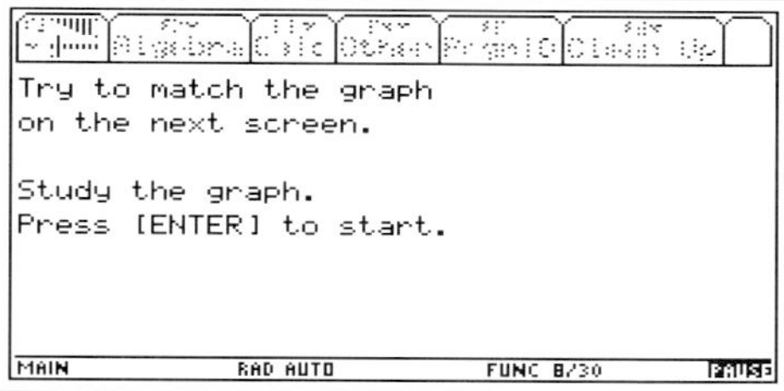

8. 계산기에서 자동으로 아래와 같은 그래프가 나타난다. 그리고 이 상태에서 잠시 멈추어 있다는 뜻으로 PAUSE 가 계산기 화면 오른쪽 밑에 표시되어 있다. 이 상태에서는 다른 키를 누르지 말아야 한다.

D(M)은 거리를 말하며 단위는 미터이다. 6개의 눈금이 있으므로 ranger에서 최대 떨어진 거리가 6미터이다. 현재는 눈금이 1과 2사이에 있으므로 ranger에서 약 1.7미터 떨어져서 걸어야 한다.

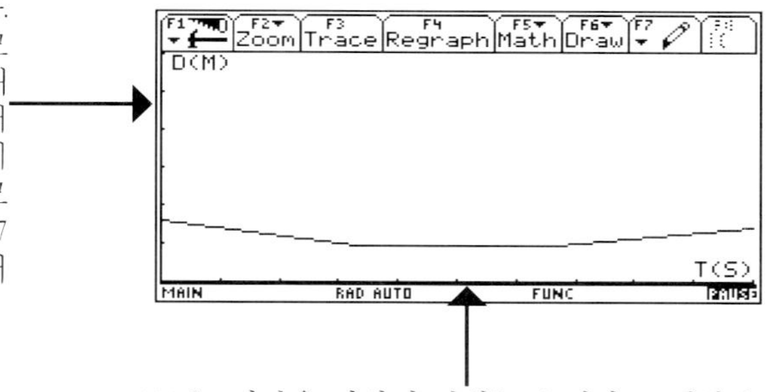

T(s)는 시간을 말하며 단위는 초이다. 10개의 눈금이 있으므로 10초 동안 이 그래프가 뜻하는 대로 걸어야 한다.

9. 자기 조의 조원들과 함께 각자 조의 계산기 화면에 나타난 그래프는 어떻게 걸어야 하는지를 토론하여 그 결과를 적는다. 결과를 적을 때는 거리와 시간에 따라 어떻게 걸어야 하는지를 구체적으로 기록해야 한다.

토론 내용 기록	

10. 자기 조의 토론 내용을 미터와 초 단위로 기록했으면 한 사람은 ranger로부터 토론한 것과 같은 거리(미터)에 떨어져 선다. 그리고 다른 사람은 계산기의 [Enter] 키를 누르며 다른 조원들은 걷는 사람의 움직임을 관찰하여 잘못된 점이 있으면 기록하여 다음번에 올바르게 걸을 수 있도록 해 준다. [Enter] 키(또는 [Esc])를 누르면 걷는 사람의 움직임이 점선으로 아래 그림과 같이 나타난다.

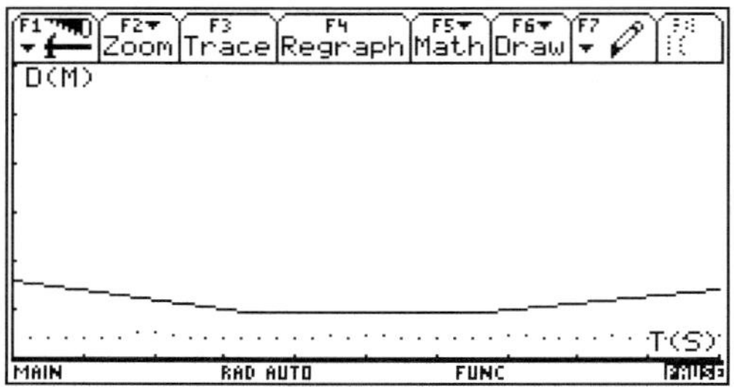

자기 조에서 토론했던 움직임과 점선이 동일하게 나타났는지 조사한다. 만약 그렇지 않다면 그 이유를 서로 토론한다.

해석 : 이 학생의 경우 ranger로부터 0.5미터 정도 떨어져서 움직이기 시작했는데 그래프에서 요구하는 대로 움직이지 못했기 때문에 그래프와 같은 모양으로 점선이 나타나지 않았다.

11. [Enter]를 치면 오른쪽 화면과 같이 나타난다. 조금 전에 그래프에서 요구했던 걸음대로 걸었다면 방향키로 2: New Match를 선택하여 [Enter]를 쳐서 새로운 그래프를 사용한다.

그래프에서 요구했던 걸음대로 걷지 못했고 토론을 통해서 그 원인을 알았다면 방향키로 조금 전에 했던 것과 같은 그래프인 1: Same Match를 선택하고 [Enter]를 쳐서 다시 한번 해 본다.

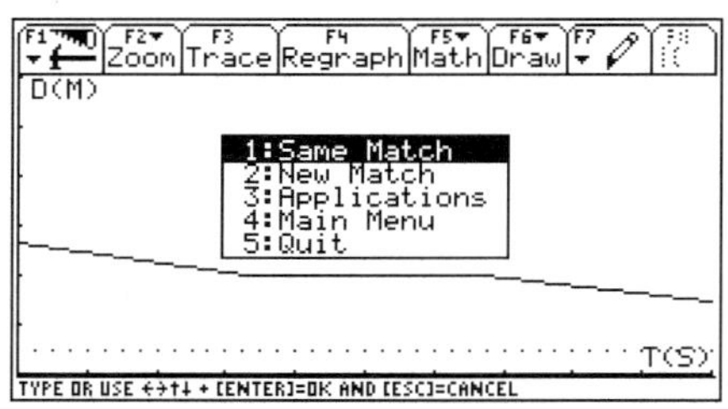

12. 2: New Match를 이용하여 이렇게 직선으로 움직이는 것을 3회 더 실시한다. 각 움직임을 거리와 초 단위로 어떻게 움직였는지 분석하여 기록한다. (주의 점: 움직이기 전에 반드시 화면에 나타난 그래프를 먼저 거리와 초 단위로 분석하는 활동을 먼저 해야 함)

움직임 1	

움직임 2	

움직임 3	

13. 지금까지의 움직임을 기록한 내용을 조별로 토론하고 발표하여 직선으로 움직이는 그래프의 특징을 설명하고 이것이 정비례 그래프와 어떻게 연관되는지를 정리한다.

활동 6 곡선으로 표시되는 함수를 움직임으로 나타내기

아래의 여러 가지 함수를 CBR을 사용하여 움직임(걷기)으로 나타내어 봅시다.

(1)

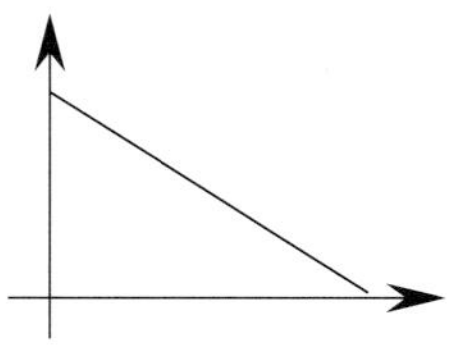

(2)

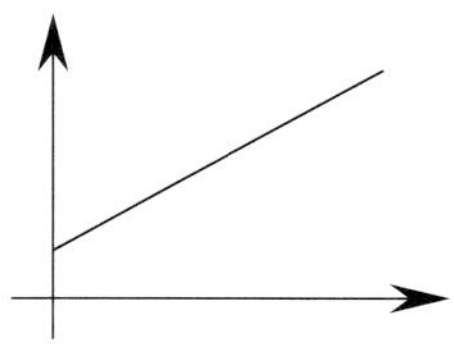

(3)

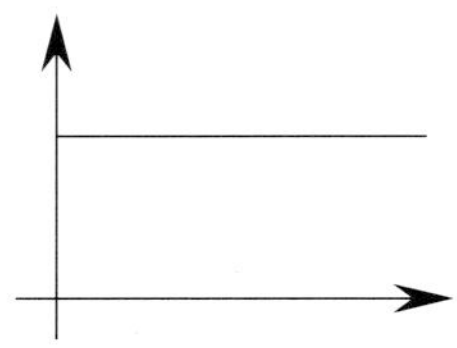

(4)

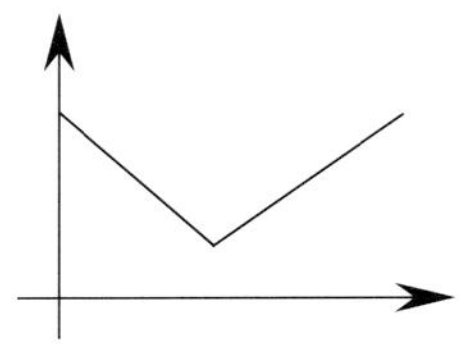

(5)

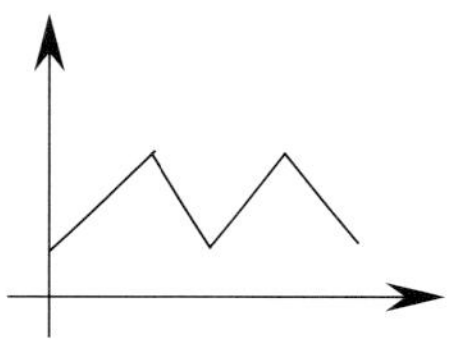

(6)

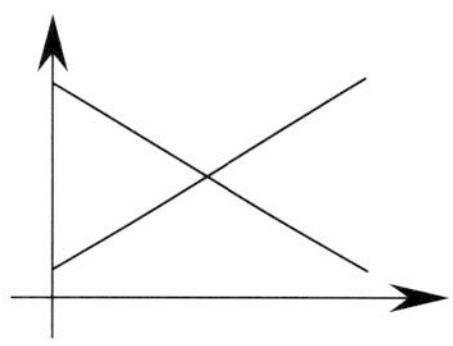

(7)

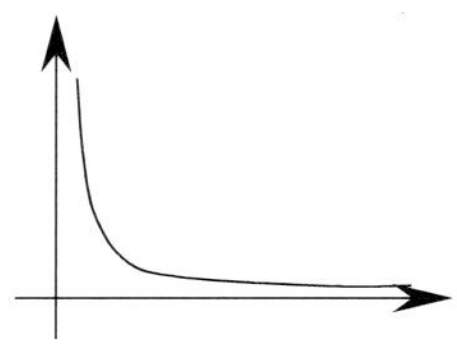

(8)

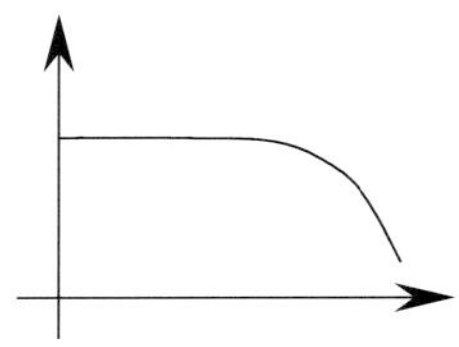

(9)

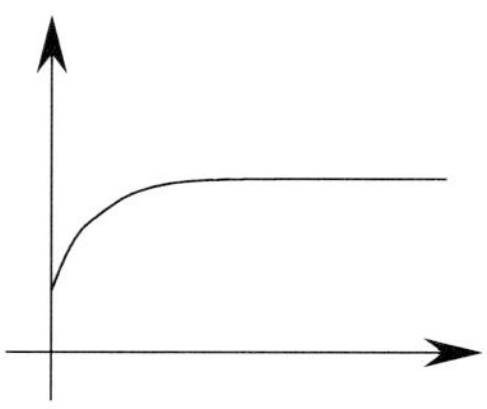

(10)

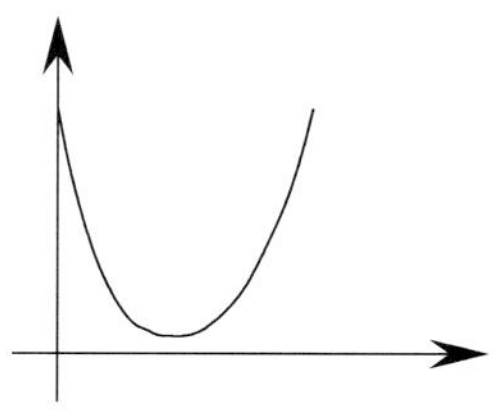

(11)

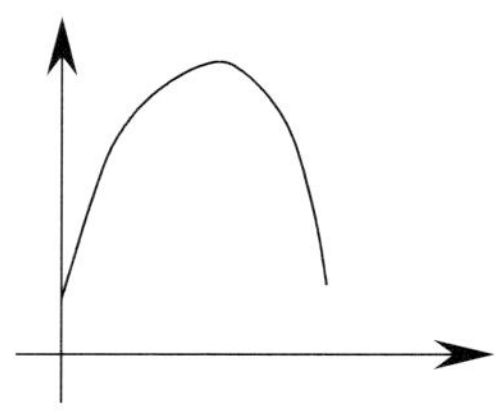

1. 앞에서와 마찬가지로 아래 그림 순서대로 ranger 프로그램을 실행한다. 다음 화면으로 가려면 Enter 를 치면 된다.

①

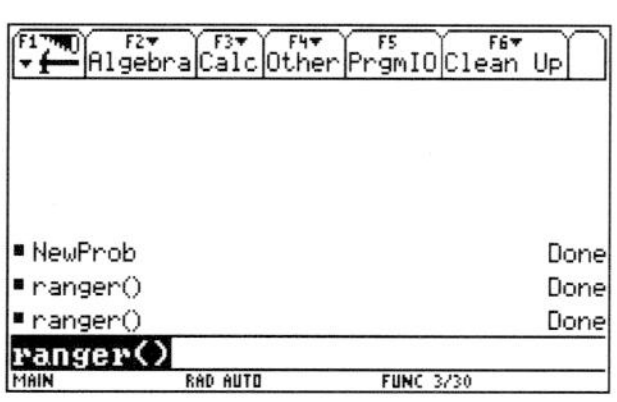

②

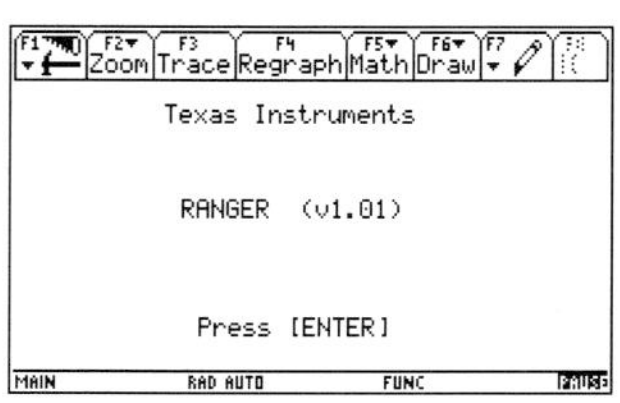

③

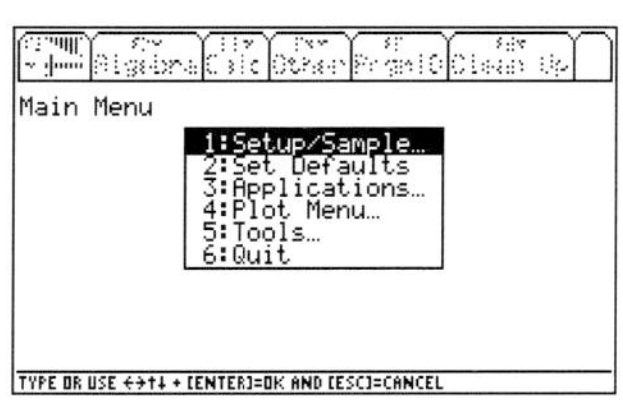

2. 1 : Setup Sample을 선택하면 아래와 같은 ① 화면이 나타난다. 각 조별(혹은 개인별) 계산기를 이 화면과 같이 바꾸어 설정하도록 한다. 각 항목을 바꿀 때는 [->] (오른쪽 방향키)를 누르면 ②와 같이 선택할 수 있는 항목들이 나타나는데 [Enter]를 치면 그 항목이 결정된다.

①

②

※ Time(s)의 변경은 조금 다르므로 아래 그림과 같은 순서로 바꾸면 된다. ① Time(s)에 커서를 두고 오른쪽 방향키를 누르고 2 : Change Time...을 선택하여 [Enter]를 친다. ② Time(s)가 Change Time → 으로 변경되어 있음을 볼 수 있다. 여기서 다시 [Enter]를 친다. ③ 숫자 10 (10초를 의미함)을 입력하고 [Enter]를 치면 시간 변경이 10초로 완료된다.

①

②

③

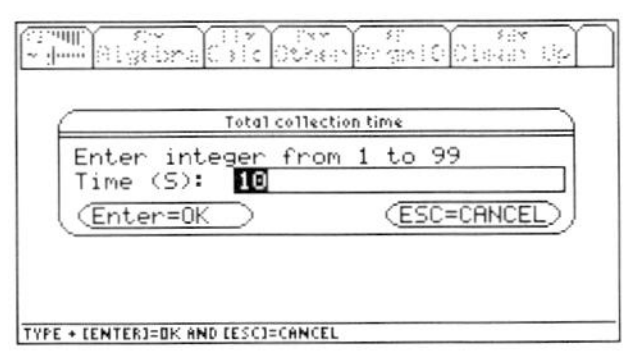

3. 이렇게 해서 모든 항목들을 2. ①의 화면과 같이 변경되었으면 [Enter]를 친다. 그러면 다음① 화면이 나타난다. CBR에 연결되어 있는 링크케이블을 분리한다. 다시 [Enter]를 치면 ② 화면이 나타난다.

①

CBR을 움직이는 사람의 방향으로 맞춘다. 가능하면 CBR과 계산기를 연결한 링크케이블을 분리한다.

[Enter]를 친다.

※ 링크케이블을 분리한 CBR을 책상 모서리 위에 두고 움직이는 사람 방향으로 맞춘다. 이때 움직이는 사람과 CBR 사이에는 다른 물건이나 사람이 없도록 한다.

② 링크케이블을 뺀 CBR을 책상 모서리와 같은 평평한 곳에 두고 한 사람은 CBR에서 적당한 거리에 서서 걸을 준비를 하고 다른 한 사람은 CBR에 있는 TRIGGER 버턴을 누를 준비를 한다.

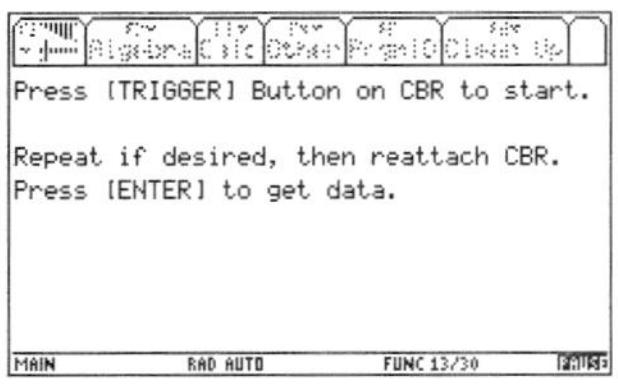

움직임을 시작하려면 CBR에 있는 TRIGGER 버턴을 누른다.

4. <**참고자료: CBR 활동지**>에 있는 11가지의 함수 모양을 움직임으로 나타내어 본다. 예를 들어 (1)번의 함수인 경우 조별로 먼저 어떻게 움직여야 CBR 화면에 똑같이 나타날 수 있는지 먼저 토론하고 그 내용을 활동지 빈 칸에 기록한다.

5. 활동지의 함수에 대한 조별 예상이 끝났으면 CBR의 TRIGGER 버턴을 누르는 동시에 예상했던 움직임대로 걷기 시작한다.

그러면 CBR에 초록색 불이 켜지면서 "틱틱" 소리가 난다. 10초 동안 걸어야 하기 때문에 거리를 적당히 생각하여 걸어야 한다.

CBR 작동이 멈추고 다 걸었으면 링크케이블로 CBR과 계산기를 다시 연결하고 Enter 키를 친다.

그러면 Transferring..... 이라는 글자가 나타나고 잠시 후에 아래 그림과 같이 움직임이 나타난다.

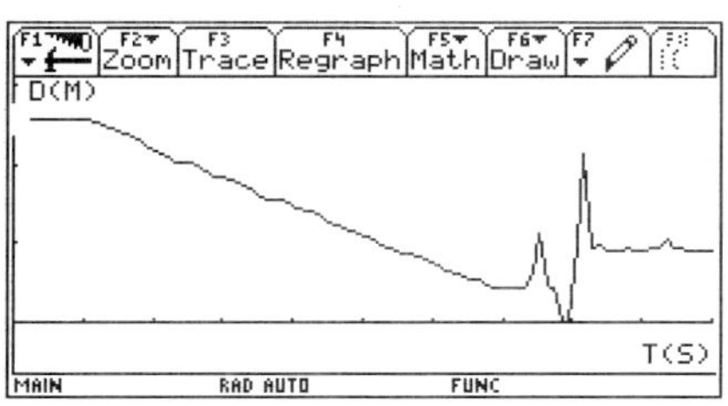

해석 : 걷는 사람은 CBR로부터 약 2.5미터 정도 떨어져 있었다. 1초부터 약 7초까지는 활동지의 (1)번 함수와 거의 비슷하게 걸었다. 하지만 7초 이후에는 아무런 의미가 없이 걸었다.

6. 활동지의 “움직임의 예상과 비교” 칸에 자기 조 계산기에 나타난 그래프와 오른쪽 칸에 기록했던 처음에 예상했던 것과 같은지 혹은 다른지 비교하여 기록한다.

7. 자기 조에서 예상했던 결과와 그래프가 거의 유사하게 나와서 다른 함수에 대한 움직임을 조사하거나 혹시 다시 한번 더 움직임을 조사하기 위해서 [Enter] 키를 누른다. 그러면 아래의 화면이 나타나는데 이때 아래쪽 방향키를 사용하여 5 : Repeat Sample을 선택하고 [Enter]를 친다. 그러면 아래 오른쪽과 같이 3. ①의 화면과 같은 화면이 나타나므로 조금 전에 했던 대로 계속해서 다시 실시하면 된다.

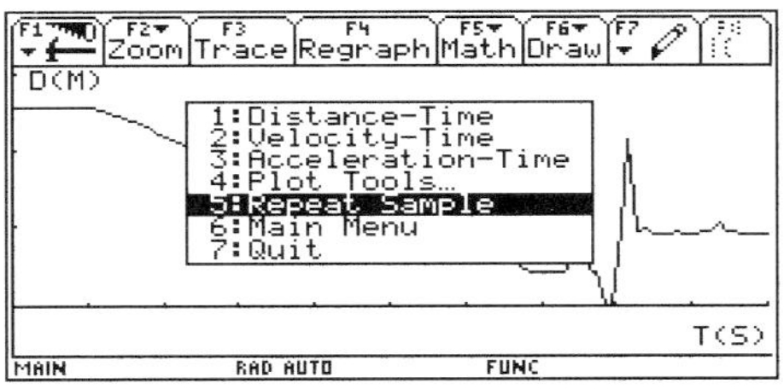

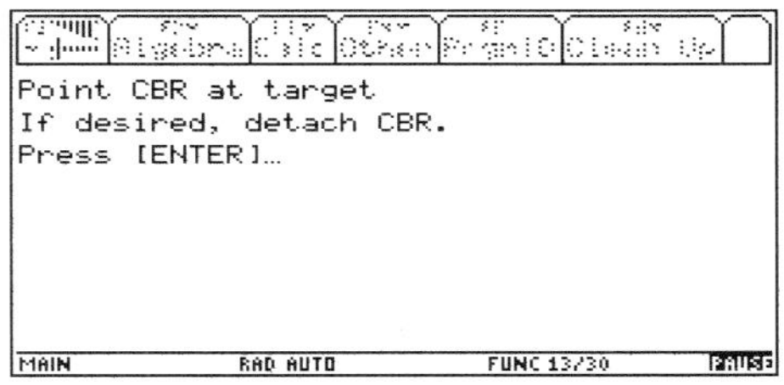

8. <CBR 활동지>에 있는 11가지의 그래프의 움직임을 걸음으로 나타내 보았다면 아래의 빈 칸에 조별로 토론하여 “직선 그래프와 곡선 그래프의 움직임에서의 차이점”을 기록한다.

직선 그래프와 곡선 그래프의 움직임에서의 차이점

9. 모든 활동이 끝났을 때는 [ESC]를 누르면 원래 홈모드로 돌아가서 (ranger) 프로그램을 다시 시작할 수 있게 된다.

<CBR 활동지>

움직임에 대한 함수 유형	움직임의 예상	움직임의 예상과 비교
1. 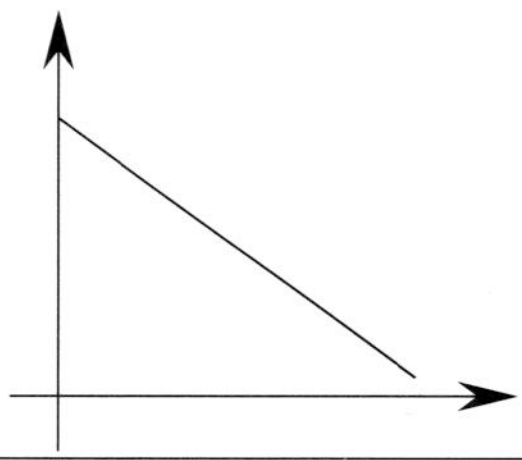		
2. 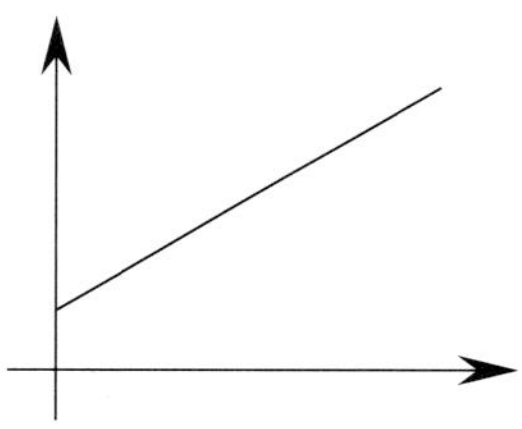		
3. 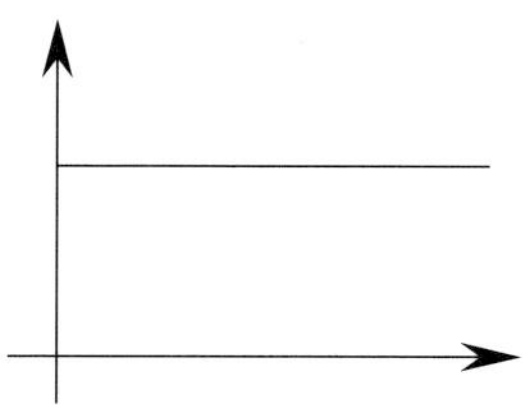		
4. 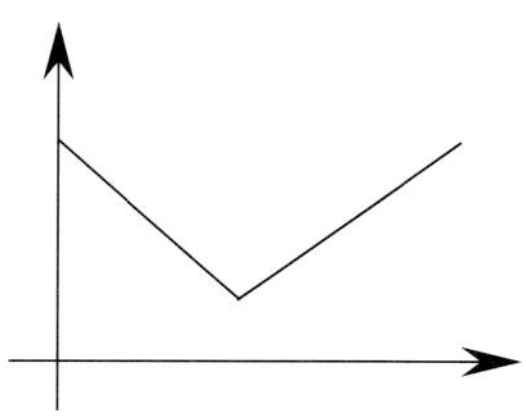		
5. 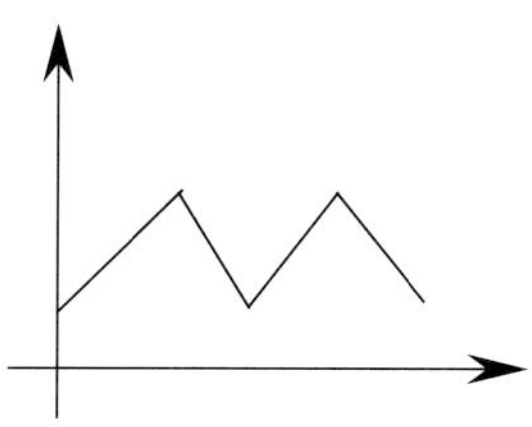		

움직임에 대한 함수 유형	움직임의 예상	움직임의 예상과 비교
6. 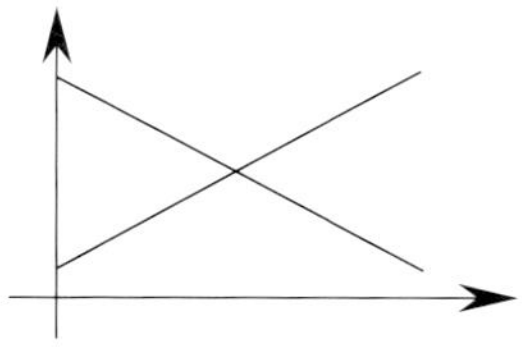		
7. 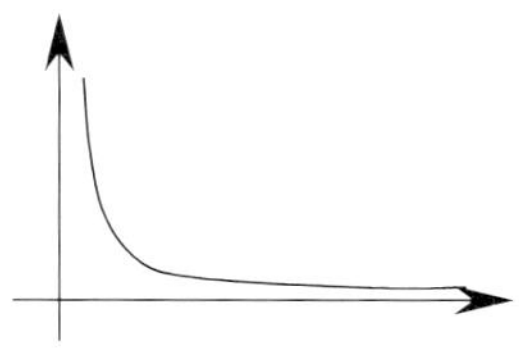		
8. 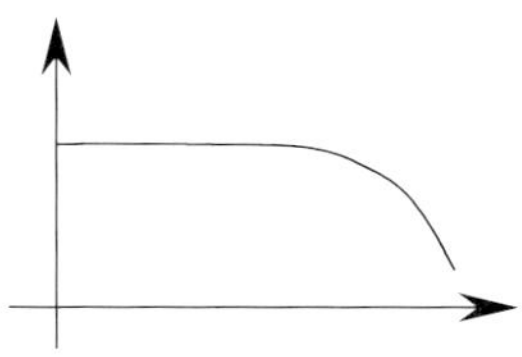		
9. 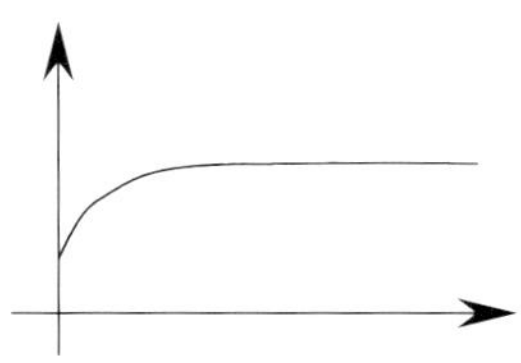		
10. 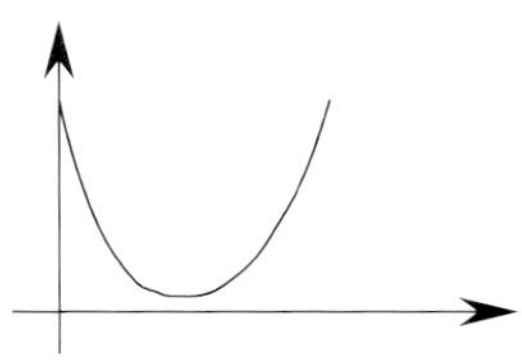		
11. 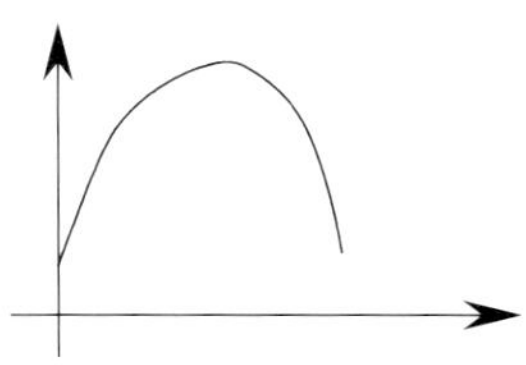		

평가 문항

1. 아래 그림과 같이 그래프가 그려지도록 4가지 함수식을 입력하시오.

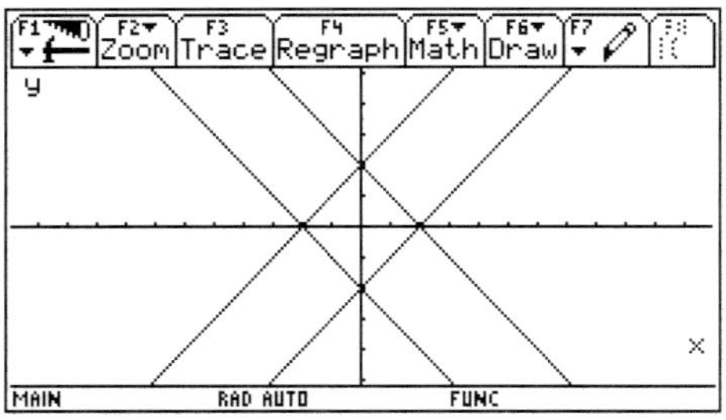

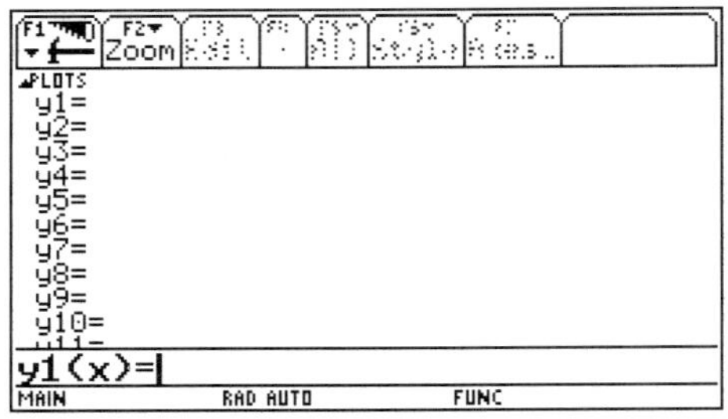

※ 그래프를 그릴 때는 F2 Zoom을 선택하여 4 : ZoomDec를 선택하여 그리면 위와 같은 그래프가 그려진다.

2. 아래의 식을 보고 표를 완성하시오.

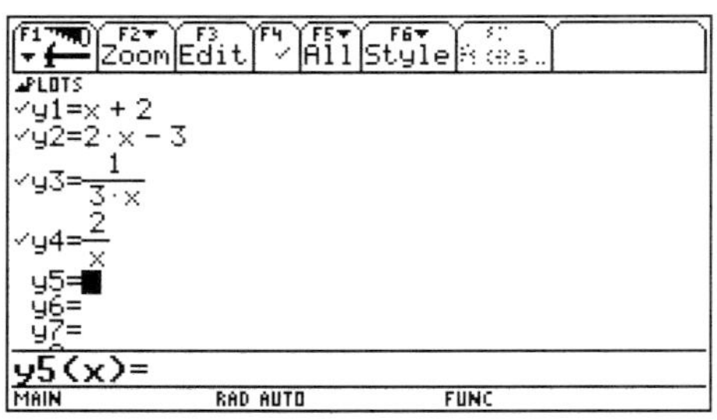

함수식 ╲ x 값	0	1	2	3	4	5
$y_1 = x + 2$						
$y_2 = 2x - 3$						
$y_3 = \dfrac{1}{3x}$						
$y_4 = \dfrac{2}{x}$						

3.

지현, 미경, 재훈이는 불우학생을 위한 교내 10km 단축 마라톤 대회의 기부금 모금 계획을 준비하고 있다. 지현이는 이 마라톤 대회의 참가자들로부터 1km를 달릴 때마다 1500원의 기부금을 받는 것이 적당하다고 말했다. 반면 미경이는 1km당 2500원을 받으면 더 많은 돈을 기부받을 수 있다고 말했다. 한편, 재훈이는 지현이와 미경이의 계획처럼 1km당 그 정도의 기부금을 받으면 학생들이 부담스러워 참가를 꺼려할 수 있다고 생각하여 참가비로 4000원을 받고 1km당 750원을 기부금으로 받는 것이 좋겠다고 했다.

(1) 세 학생의 기부금 계획에 따라 모아지는 각 기부금의 액수를 표로 나타내시오.

(2) 세 학생의 기부금 모금 액수를 그래프로 나타내시오.

4. 아래 그래프는 어떤 움직임을 나타내고 있는지 설명하시오.

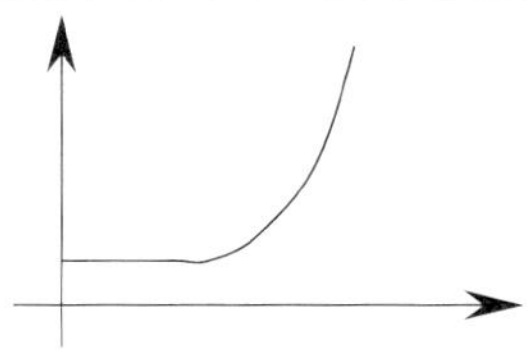	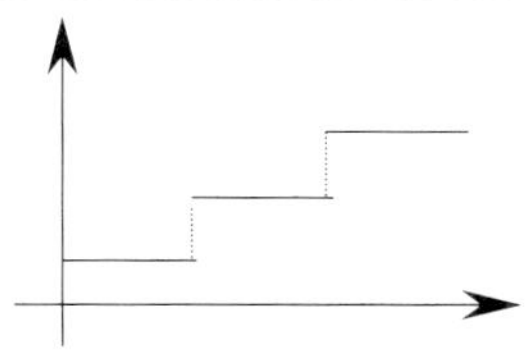	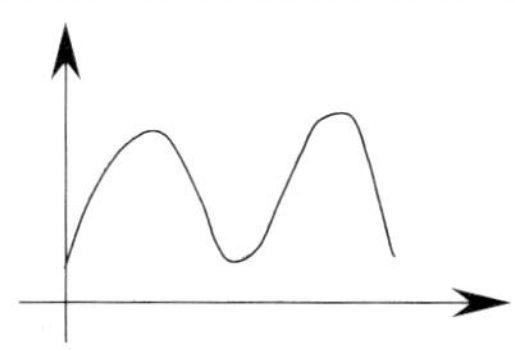

13. 수학수업에서 인터뷰와 수업 관찰

인터뷰와 수업 관찰의 필요성

미국 수학교사 협의회인 NCTM에서는 앞으로의 수학교육의 방향에 대한 원리와 스탠다드를 제시하였는데, 수학적 문제해결, 수학적 의사소통, 수학적 추론과 증명, 수학적 연결성, 그리고 수학적 표상이 이 보고서에서 제시해 놓은 5가지 스탠다드이다. 학교에서 이루어지는 수학 수업뿐만 아니라 교육과정이나 평가도 이들 스탠다드의 기준을 만족해야만 품질이 보증된 수학 수업, 수학 교육과정, 수학과 평가라고 할 수 있다는 의미이다. 과거나 지금과 같이 칠판 앞에서 교사는 일방적으로 지식을 전달하고 학생은 그 전달된 지식을 수동적으로 흡수하는 식으로 50분의 수학 수업을 통해서는 이들 5가지 스탠다드를 채울 수 없다. 이러한 스탠다드 지향적인 수업을 하기 위해서 수학 교사가 갖추어야 할 지식이 여러 가지가 있는데 그 중에서도 인터뷰와 관찰이 중요한 역할을 하는 지식이다. 그 이유는 인터뷰와 관찰을 통해 그 학생의 문제해결 사고 과정과 수학에 대한 성향을 파악할 수 있기 때문이다.

이러한 5가지 스탠다드에 기초한 수학 수업은 학습의 결과보다는 학습 "과정"에 중요성을 두고 있기 때문에 기존의 지필 평가를 통해서는 이들 스탠다드의 달성 여부를 적절하게 평가할 수 없다. 그래서 학생들의 수학 학습의 "과정"을 평가하기 위해서는 수행평가, 인터뷰와 관찰, 프로젝트, 포트폴리오, 수학저널쓰기, 발표와 토론 등의 다양한 대안평가 기법을 활용해야 한다는 것이다. 학습 과정의 평가에 대한 지필 평가의 부족함을 러시아의 심리학자인 비고츠키(Vygotsky)는 표준화된 평가의 잘못된 측정 방식을 비판하는 것으로 대신하고 있다. 비고츠키에 따르면 학생들의 발달 단계의 평가가 주로 도움 없이 혼자서 해야하는 개인적 과제나 문제를 바탕으로 이루어져 왔음을 지적했다. 그는 학생들의 정신 능력의 평가를 위한 표준화된 평가 방법의 잘못을 지적하였는데, 학생이 혼자서 독자적으로 어떤 과제를 수행하는데 필요한 정신 능력을 평가하는 것은 단지 그 학생이 이미 갖춘 현재의 발달 단계만을 평가하는 것이라고 비판했다. 따라서, 이러한 과제나 문제는 그 학생의 잠재적 발달을 적절하게 측정할 수 없다는 주장을 했다. 다음의 가설적 예는 비고츠키의 이러한 입장을 잘 대변해 주고 있다.

> 8살의 정신 능력을 가진 10살인 두 아이를 조사한다고 하자. 이들이 같은 정신 능력을 가지고 있다고 할 수 있는가? 물론 같다고 할 수도 있다. 다시 말해서, 이들은 8살 수준의 난이도에 해당하는 표준화된 과제나 문제를 도움 없이 혼자서 할 수 있다는 의미이다. 이 상태에서 연구를 끝낸다면, 사람들은 이 두 학생의 앞으로의 정신 발달 과정과 학교에서의 학습은 같을 것이라고 생각할 것이다. ... 하지만 여기서부터가 연구의 시작이라고 생각해 보자. 이 두 아이는 8살 수준의 문제는 해결할 수 있을지 모르지만 이 보다 높은 수준의 문제는 그렇지 않을 것이다. 만약 이 두 학생에게 그들 나이 수준 이상의 문제를 다루는 여러 가지 방법을 보여 준다고 가정해 보자. ... 다시 말해서, 이 아이들은 다른 사람의 도움으로 문제를 해결했다고 하자. 이러한 상황 하에서 처음의 학생은 12살에 해당하는 수준의 문제를 다룰 수 있는 반면, 다른 학생은 9살에 해당하는 것을 풀 수 있음을 알았다고 하자. 그렇다면 여전히 이 둘의 정신 능력을 같다고 할 수 있는가?

비고츠키의 이런 생각은 그가 제시한 "근접발달 영역"(zone of proximal development)이란 개념으로 설명된다. 위의 인용에서 보는 바와 같이, 한 학생의 근접발달 영역이란 다른 사람의 도움 없이 독자적 문제 해결에 의해서 결정되는 "현재 발달 단계"와 어른의 지도를 받으면서 혹은 보다 능력 있는 친구와 함께 문제 해결을 통해서 결정되는 "잠재적 발달 단계" 사이의 거리를 말한다. 즉, 이 개념에 의하면 학생은 사고하는 것을 고립해서 배우는 것이 아니라, 다른 사람들과의 사회적 활동을 통해서 고차적인 정신 기능을 배운다는 것이다. 이것을 그림으로 나타내면 다음과 같다.

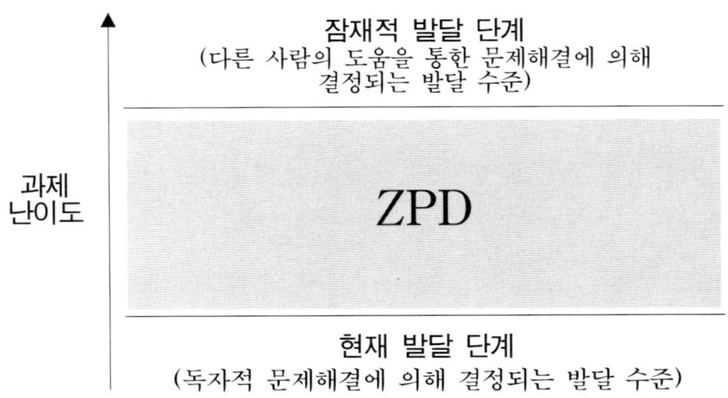

따라서, 학생들의 사고를 이해하고 촉진할 수 있는 문제해결 과정에서의 인터뷰 방법과 수학 학습이나 수업에 대한 생각이나 인식 그리고 교사에 대한 인식을 파악할 수 있는 인터뷰 방법을 중심으로 살펴보고, 수업 관찰은 다른 수학 수업을 보고 평가함으로써 교사 자신의 발전을 가져올 수 있는 방법을 중심으로 살펴보고자 한다.

수학교실에서의 인터뷰

학생들의 생각이나 인식 파악을 위한 인터뷰 방법

학생들의 수학 수업, 교사, 학습 등에 대한 생각이나 인식을 파악하기 위한 질문 방법에는 크게 서술형 질문, 구조형 질문, 그리고 비교형 질문으로 구분되는데, 이 질문법은 인류학 분야의 문화기술 연구(ethnography)에서 사용하는 질문의 유형들이다.

서술형 질문

인터뷰에서는 학생이 계속해서 말을 하도록 하는 것이 가장 중요하다. 말을 하도록 만들어주는 질문이 이 서술적 질문이다. 이 유형의 질문은 학생의 규칙적이고 일상적인 활동이나 상황 및 주변 사람들, 장소, 사건이나 상황, 적절한 예, 가설적 상황에 대한 반응 등을 알고자 할 때 던지는 질문으로 문화기술적 인터뷰의 처음 시작 단계에서 주로 사용하는 기본 유형의 질문이다. 이 질문을 할 때는 되도록 질문을 길게 확장하여 반응을 확장시키도록 해야 한다. 이렇게 하는 것은 학생에게 대답할 시간을 줄 수 있고 가능하면 자세히 말해 달라는 뜻을 전달할 수도 있다. 다음은 이러한 서술형 질문의 예이다.

① “방과 후 저녁에 학원에 가서는 매일 어떻게 공부하는지 말해 주겠니?” 라는 서술형 질문보다는 “선생님은 그런 학원에 한번도 가본 적이 없거든. 그래서 어떻게 생겼는지 궁금해. 나한테 학원을 보여준다고 생각하고 네가 다니는 학원과 그곳에서 어떻게 가르치고 배우는지 얘기해 주겠니?”라는 확장된 서술형 질문이 보다 적절하다.

② “잘 모르는 수학 문제를 옆의 짝에게 물어볼 때는 어떻게 물어보는지 말해 주겠니?”

③ "선생님은 너희들이 어떻게 해서 수학에 대해서 불안감을 느끼는지 궁금하거든. 수학에 관련되어서 불안을 느낀 경우가 있으면 말해 주겠니?"

구조형 질문

이 유형의 질문은 학생의 지식이 머리 속에 어떻게 구조화되고 조직화되어 있는지를 알아보는 데 사용된다. 서술형 질문으로부터 얻은 자료에 기초하여 학생이 사용한 단어나 문구를 확인하고 이들을 대표할만한 대표어를 물어보며 이러는 과정에서 새로운 영역에 대한 단어나 문구를 수집한다. 다음은 이러한 구조형 질문의 예이다.

① "그럼 이제 수학 공부하는 다른 방법에 대해 얘기해 보자. 지금까지 말한 것을 보면 수학 공부를 할 때 교과서는 개념 중심으로, 학원에서는 문제풀이 연습을, 그리고 또 몇 가지 문제집을 더 본다고 했는데 생각나는 또 다른 식의 수학공부 방법이 있으면 말해 주겠니?"
② "수학시험 점수를 잘 받을 수 있는 모든 방법을 생각나는 데로 말해줄 수 있니?"
③ "다른 학생들의 경우 수학시험 대비를 위해서 그룹을 만들어서 공부하면 효과적이라고 했어. 이 말이 맞는 말이니? 수학시험을 위해 친구들하고 그룹별 공부를 하니?"
④ "수학 선생님이 사용하는 여러 가지 자료나 교구를 구체물이라고 부르니?"

비교형 질문

인터뷰는 학생의 명확하면서도 내재적으로 암시적인 지식과 언어나 행동의 의미를 파악하는 것이 목적이다. 이와 같은 파악은 그 지식이나 의미가 다른 것과 어떻게 연관되어 있으며 유사점과 차이점은 무엇인지를 밝힘으로써 가능하다. 비교형 질문은 서술형 질문과 구조형 질문의 자료 분석을 기초로 하여 이러한 역할을 한다. 하지만 조심해야 할 점은 서술형, 구조형, 비교형 질문의 순서로 인터뷰가 이루어지는 것이 아니라 한 인터뷰에서 이들을 적절히 함께 배치하여 사용해야 한다. 다음은 이러한 비교형 질문의 예이다.

① "수학공부를 할 때 교과서를 가지고 할 때와 문제집을 가지고 할 때의 차이점은 뭐라고 생각하니?"

② "연립방정식을 풀 때는 가감법, 대입법, 등치법을 사용한다고 했는데, 이들의 차이점은 뭐니? 혹시 이들 중 서로 비슷한 것은 없을까?"

③ 스무 고개와 같은 질문 게임도 이 비교형 질문의 형태이다.

"내가(연구자) 생각하기에는 수학수업 시간에 사용하는 컴퍼스와 자는 구체물인 듯 한데?"

"예, 맞아요"

"그렇다면 양팔저울과 분동도 구체물이니(대수식의 등식관계를 설명하는)?"

"아니죠. 그것은 과학시간에서만 사용하니까 수학시간의 구체물이라고 할 수 없어요"

학생들의 생각이나 인식 파악을 위한 인터뷰할 때 유의사항들

교사의 행동은 인터뷰를 받는 학생의 행동과 말에 영향을 주게 되어 결국 인터뷰 자료의 타당도에 영향을 미치게 된다. 다음의 사항들은 이러한 영향을 최소화시켜 질 높은 인터뷰 자료를 얻는데 유용하리라고 생각한다.

(1) 무지함을 표현하도록 한다. 이것은 학생으로 하여금 교사가 자신의 반응이나 답변을 중요시 받아들이고 있음을 전달하는 역할을 한다.

- "그것 참 신기하네/흥미롭네. 선생님은 한번도 그렇게 생각해 본적이 없었는데..."
- "너도 그런 식으로 이 문제를 푼다고? 선생님은 수학을 아주 잘하는 학생들만 그렇게 푸는 줄 알았는데."
- "오늘 너한테서 좋은 것을 참 많이 배웠고 아주 재미있었어. 다음 번에 또 얘기해 주면 좋겠어."

(2) 학생의 반응과 대답에 흥미와 관심을 표현한다. 고개를 끄덕이든지 "정말 그래", "맞아! 선생님도 이런 문제를 풀 때 이 부분이 항상 힘들었는데...", "정말 그랬단 말이야?" 등으로 맞장구를 치는 행동을 한다.

(3) 학생이 말한 것을 연구자의 말로 재진술하거나 이 재진술로부터 새로운 질문을 한다.

- "조금 전에 잘 모르는 문제가 있으면 옆의 짝한테 물어본다고 했는데, 짝이 대

답을 안 해주면 어떻게 하니?"
- "학원에서의 수학수업은 문제풀이 중심이라서 시험 대비로는 좋다고 했는데, 학원 수업이 학교 수업과 다른 점을 또 생각할 수 있니?"

(4) 이유나 의미를 묻지 말고 사용방법이나 보고, 듣고, 느낀 점인 경험을 물어보도록 한다. 어른이든 어린 학생이든 상관없이 이유나 의미에 대한 질문을 하면 그 질문을 단지 다르게 표현한 대답을 할 뿐이었다. 예를 들면,

교사 : "왜 수학문제를 풀 때 먼저 겁부터 나니?"
학생 : "어렵고 또 틀릴까봐서요."
교사 : "왜 어려운데?" 또는 "어렵다는 것은 무슨 뜻이니? 하나도 못 풀겠다는 말이니?"
학생 : "그냥... 모르니까요. 잘 모르겠어요."

이런 식으로 이유나 의미를 물어보는 것은 인터뷰를 받는 사람에게 추론을 요구하기 때문에 상당한 정신적 압박감을 주게 되어 계속 분명치 않은 대답과 질문이 반복되게 되어 교사는 결국 더 질문을 못하고 포기하게 된다. 이 질문보다는 "다른 애들도 수학문제를 풀 때 겁부터 난다는 말을 사용하니? 뭐 다른 식으로 표현하는 말은 어떤 것이 있을까?", "20문제 중에서 몇 개정도 풀었을 때 어렵다는 말을 하니? 5문제 정도?" 이러한 경험이나 사용에 초점을 둔 질문을 하면 보다 쉽게 원하는 학생의 반응을 얻을 수 있다.

(5) 인터뷰를 시작하기 전에 일상적 대화와 같은 가벼운 대화로 인터뷰 받는 학생과 친밀감을 형성하려고 노력한다.

(6) 복잡하거나 논쟁의 소지가 있는 질문들은 친밀감이 형성된 시기인 인터뷰의 후반부에 묻도록 한다. 여러 번에 걸친 인터뷰를 계획한다면 이러한 질문들은 주로 몇 번의 인터뷰를 거친 다음에 묻도록 한다.

(7) 교사는 학생보다 반드시 말을 적게 하도록 한다. 교사가 말을 적게 하면 할수록 더 많은 정보를 얻을 수 있다.

(8) 학생이 쉽게 이해 가능하고 그들에게 의미 있는 문구나 단어를 사용해서 질문을 한다. 특히 어린 학생이나 학습부진 학생을 대상으로 인터뷰를 할 때는 이점에 유의한다.

(9) 한 가지 질문으로 두 개 이상의 생각(느낌, 견해 등)을 동시에 묻지 않도록 한다.

(10) 인터뷰를 받는 학생의 대답으로부터 기대하는 사항이 있다면 질문에 구체적으로 밝혀서 물어보도록 한다. 예를 들어, 학생들로부터 수학교사의 수학수업에서 컴퓨터 활용 정도에 대해서 알고 싶다면 "이번 학년의 수학 선생님을 어떻게 생각하니?" 또는 "이번 수학 선생님은 수학을 어떻게 가르치니?"라고 묻는 것보다는 "이번 학년의 수학 선생님은 수학수업시간에 컴퓨터를 어떻게 사용하니?"라고 물어보는 것이 교사가 얻고자하는 정보를 보다 정확하게 요구하는 질문일 것이다.

(11) 특정한 질문에 대해서 교사가 선호하거나 기대하는 반응이라는 것을 보여줄 수 있는 말이나 목소리, 고개를 끄덕이는 등의 행동은 하지 말아야 한다. 특히 어린 학생들일수록 교사의 이러한 행동에 민감하게 반응하여 답을 한다.

(12) 학생에게 위협이 되거나 민감한 사항에 대한 질문을 하는 경우 학생의 주변 인물의 행동에 대해 간접적으로 물어본다. 소심한 성격의 수학 학습부진 학생에게 "수학 시험에서 한 문제도 못 맞췄을 때 기분이 어땠니?"라고 묻기보다는 "너 친구 남수가 수학 시험을 망쳤다면 어떤 기분일거라고 생각하니?"라는 질문이 이 학생에게 모욕감을 줄이면서 얻고자하는 정보를 구할 수 있는 보다 나은 질문일 것이다.

(13) 연속해서 "예", "아니오"나 단답형 대답을 요구하는 질문은 하지 않도록 한다.

(14) 질문하려는 주제를 너무 자주 바꾸지 말아야한다. 학생의 생각의 흐름을 갑자기 막는다든지 바꾼다든지 하는 것보다는 그 흐름을 따라가면서 생각이 막힘없이 잘 흐르도록 도와주는 것이 인터뷰하는 교사의 역할이다.

(15) "이번 수학 선생님은 수학을 잘 가르친다고 생각하지 않니?"라는 유도성 질문은 자제하고 "수학 선생님의 수업 방식을 보고 네가 느낀 대로 말해 주겠니?"라는 식으로 교사의 생각이 아니라 학생의 생각이 질문의 초점이 되도록 한다. 물론 특정한 유형의 정보를 이 학생으로부터 얻고자 할 때는 이런 유도성 질문을 던질 수도 있지만 이런 유형의 질문은 자제하도록 해야 한다.

(16) 인터뷰를 하기 전에는 철저한 사전 준비를 해야한다. 녹음기를 사용하는 경우라면 녹음 테이프와 건전지를 인터뷰 전에 체크해야 한다. 녹음 테이프에는 인터뷰한 날짜와 회수, 시간, 장소를 기록해 둔다. 한번의 인터뷰에 보통 한 면의 테이프를 사용하도록 하고 테이프의 중간부터 다음 인터뷰를 하게 되는 경우는 자신의 목소리로 위에서 말한 정보를 기록해 두고 카운터 숫자를 적어둔다.

(17) 인터뷰가 끝난 뒤에는 자리를 뜨지 말고 바로 그 자리에서 5분이나 10분 정도 인터뷰에 대한 전반적인 느낌, 질문에 대한 학생의 반응, 학생에 대한 서술(특이한 외관상의 변화, 행동의 변화 등), 인터뷰를 하는데 있어서 잘된 점과 고쳐야할 점 등을 기록해서 다음 인터뷰에 참고한다.

(18) 인터뷰를 하기 전에 미리 인터뷰할 질문을 선별하고 여러 번에 걸쳐서 사전 연습을 한다. 그래서 인터뷰 중간에 다음 질문을 찾기 위해서 노우트를 뒤적거려 학생의 사고의 흐름을 방해하는 일이 없도록 한다.

(19) 한 번의 인터뷰가 끝나면 반드시 다음 인터뷰가 있기 전에 자료의 녹취록을 만들고 분석을 한다. 이러한 분석을 통해서 다음 인터뷰의 주제와 새로운 내용에 대한 질문을 만들기도 하고 또한 지난 인터뷰의 반응에 대한 심도 있는 질문을 구성하도록 한다. 절대 자료 분석이 끝나지 않은 상태에서 다음 인터뷰를 하지 않도록 한다. 따라서 녹취록의 작성과 분석의 시간을 고려한다면 약 일주일 간격으로 인터뷰를 실시하는 것이 적당하다고 생각된다. 또한 인터뷰 사이의 간격이 너무 멀어지면 교사나 학생이나 지난 인터뷰의 내용을 잊어버리게 되어 마치 처음부터 새로운 인터뷰를 하는 듯한 어려움에 처하게 된다.

수학적 사고 과정의 파악을 위한 인터뷰 방법

제 7차 수학과 교육과정에서나 구성주의에서나 새로운 수학적 지식을 가르치고자 할 때 학생들의 기존 지식과 경험을 바탕으로 하여 지도하라고 권고하고 있다. 그러면 어떻게 해야 학생들의 기존 지식과 경험을 알 수 있을까? 수학 수업을 할 때 가장 좋은 방법은 빈번한 질문과 교사의 질문에 대한 학생들의 대답을 관심 있고 세심하게 청취하는 것이다. 효과적으로 수학을 가르치기 위해서는 학생들의 사고 과정에 대한 이해가 필수적인데 이를 위한 좋은 방법이 바로 인터뷰이다. 인터뷰에서 가장 핵심적인 것은 어떤 질문을 어떻게 하느냐이다. 다음에 소개할 질문들은 서두에서 제시했던 5가지 스탠다드를 기초하여 작성한 것이다. 이 질문들은 한 명의 학생을 대상으로 하는 인터뷰뿐만 아니라 학급 전체를 대상으로 수업에서도 활용 가능할 것이다 (Ott, 1994).

인터뷰 질문의 유형들

(1) 수학적 문제해결을 위한 질문

- 문제를 읽고 자신의 말로 이 문제를 다시 설명해 보시오.
- 이 문제가 묻고 있는 것은 무엇인지 말해보시오.
- 이 문제를 풀기 위해 어떤 방법이나 전략을 사용할 수 있을까?
- 이 문제 상황을 그림이나 도형, 다이어그램으로 그려보시오.
- 문제 풀이의 각 단계를 설명해 보시오.
- 이 문제를 이렇게 바꾸면, 어떻게 풀 것인지 설명하시오.

(2) 수학적 의사소통을 위한 질문

- "정리"의 뜻은 무엇인가?
- 이 성질을 자신의 말로 설명하시오.
- 오늘 수업에서 배운 내용을 간단한 문장으로 적으시오 (5분간 글쓰기).
- 풀이 방법을 설명하시오.

(3) 수학적 추론을 위한 질문

- 알아낸 사실들에 근거하여 추측을 만들어 보시오.
- 이 방정식에 대한 답이 왜 틀렸는지 설명하시오.

- 수학에서 정의가 필요한 이유가 무엇인지 설명하시오.
- 이 결과를 일반화시킬 수 있는가?
- 주어진 자료로부터 어떤 결론을 이끌 수 있는가?
- 주어진 정보나 자료가 바뀐다면 이 답은 어떻게 변하는가? (What if not)
- 왜 그렇게 생각하는가?
- 왜 그것이 참이라고 생각하는가? 항상 참인가? 반례가 있는가?
- 어떻게 그런 결론에 이르게 되었는가?
- 어떤 패턴을 발견했는가?

(4) 수학적 연결성을 위한 질문
- 이 개념이 사용되는 실제적인 예를 들 수 있는가?
- 해답이 순서쌍이나 점으로 주어질 때의 차이점을 설명해 보시오.
- 나눗셈이 동수누감과 같은 원리인 이유는 무엇인가?
- 산수와 대수 사이의 관계는 무엇인가?
- 이 부등식의 답을 그래프로 어떻게 나타내는가?
- 이 내용을 과거에 어느 부분에서 배운 적이 있는가?
- 이것은 우리가 앞에서 배운 어느 개념과 어떻게 연관되는가?
- 이 문제를 푸는데 앞에서 배운 어떤 개념이 도움이 되는가?

◎ 실제 예

다음은 실제 수학 문제를 예로 사용하여 학생들의 문제해결 과정에서 수학적 사고를 파악하고 이해할 수 있는 질문을 만들어 보았다.

(예 1) $x^2 + y^2 = z^2$에 관련된 질문들

일반적인 질문들	스탠다드적 측면에서의 질문들
• 어떤 수들이 답이 되는가? • 누가 처음으로 이 방정식을 발견했는가? • 이 문제의 답은 항상 정수인가? • 어떻게 증명하는가? • 이것의 기하학적 중요성은 무엇인가?	• $x^2 + y^2 < z^2$가 참이 되는 x, y, z의 정수값은 무엇인가? • $x^2 + y^2 = 1 + z^2$을 만족하는 값은? • 만약 직각삼각형이 아니라면, 피타고라스 정리에는 무슨 일이 생기는가? 즉, 직각대신에 60도로 각을 만든다면 $x^2 + y^2 = z^2$에는 어떤 영향을 미치는가? • 만약 삼각형의 한 각이 60도인 경우, 이 식을 만족하는 세 변의 정수값은 무엇인가? • 피타고라스 정리를 3차원에서 표현하는 것은 가능한가? • 네 변을 갖는 도형에서도 이러한 방정식은 성립하는가?

(예 2) 이등변삼각형과 관련된 질문들

일반적으로 삼각형에서 두 변의 길이가 같으면 이 삼각형을 이등변삼각형이라고 한다. 이 정의와 관련해서 어떤 질문들을 더 추가적으로 제시할 수 있는가?

일반적인 질문들	스탠다드적 측면에서의 질문들
• 왜 이 삼각형을 이등변삼각형이라고 하는가? • 이등변삼각형의 두 밑각이 같다는 것을, 즉 합동이란 사실을 어떻게 증명할 수 있는가?	• 어떻게 다른 삼각형으로부터 이등변삼각형을 분류하는가? 예를 들면, 꼭지점의 각(예각, 직각, 둔각)으로 또는 변 길이의 비로 분류할 수 있다. 또 다른 분류 방법은 무엇일까? • 이등변삼각형에는 어떤 유형의 대칭이 있는가? • 이등변삼각형의 외각 사이에는 어떤 관계가 성립하는가? 외각과 내각 사이는 어떤가? • 합동인 이등변삼각형으로 어떤 도형을 만들 수 있는가? 2개를 사용하면? 3개 또는 그 이상의 이등변삼각형을 사용하면? 다음과 같이 이등변삼각형을 복사해서 만들어진 도형은 무엇인가? 또 다른 어떤 도형을 만들 수 있는가? 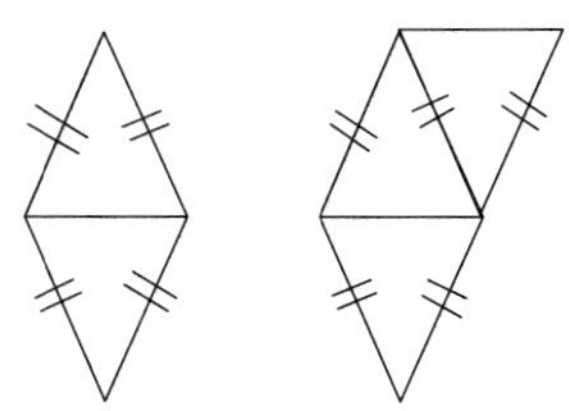 • 합동인 이등변삼각형을 이용하여 자전거의 바퀴살을 만들 수 있는가?

◎ 수학적 사고 과정의 파악을 위한 인터뷰할 때 유의사항들

학생들의 수학적 사고 과정의 파악을 위한 인터뷰를 할 때는 다음과 같은 사항들을 염두에 두면서 하면 효과적일 것이다.

- 학생 스스로 푼 것에 대해 말할 수 있도록 동기를 부여하도록 한다 (예: 이 문제를 풀어보니까 어땠어? 오늘 푼 문제가 쉬웠니 아니면 어려웠니? 문제가 잘 풀리지 않을 때 기분이 어땠어?)
- 학생에게 제시된 문제를 읽게 하고 학생 자신의 문장으로 다시 재진술하도록 하여 문제에 대한 이해 정도를 파악한다.
- 학생들에게 친숙한 상황의 문제를 제시하고 위에서 설명한 질문을 사용해서 질문하고 학생에게는 자신의 풀이 과정을 큰 소리로 말하도록 한다. 이때 교사에게 설명하기를 힘들어하는 학생이 있는데 이를 때는 동생이나 결석한 친구한테 설명하는 것을 생각해서 설명해 보도록 한다.
- 학생에게 교사가 자신의 풀이 과정에 대해 관심을 가지고 있으며 자신을 도와주려고 한다는 인식을 가질 수 있도록 한다. 어떤 평가를 위한 인터뷰라는 인식을 가지지 않도록 자연스러운 분위기를 만들도록 한다.
- 학생이 자신의 사고 과정을 보다 분명하고 구체적으로 말할 수 있도록 도와주기 위한 질문이나 힌트를 제공하도록 한다.
- 학생이 말한 것을 교사가 다시 재진술하여 학생의 사고 과정을 분명히 이해하도록 한다.
- 문제를 푸는 사고 과정과 그 과정에서 겪게 되는 학생의 감정을 무조건적으로 받아들인다는 인식을 학생이 가질 수 있도록 한다. 교사의 역할은 학생이 모르는 것을 도와주고 분명하게 해주는 것임을 알게 하고 평가의 의미를 가지지 않도록 한다.
- 교사는 학생의 풀이 과정과 행동으로부터 이 학생의 사고 과정에 대한 추측을 하고 질문을 통해서 이 추측을 점검하도록 한다.
- 인터뷰에서 교사의 역할은 학생의 말과 행동에 대해 항상 긍정적인 반응(예: 고개를 끄덕여서 동의를 나타내거나 "음... 그래"와 같은 말로 표현)을 나타내며 학생의 말을 신중하게 듣는다. 교사가 무엇인가를 가르치거나 지적하려고 말을 많이 하려고 하지말고 학생의 사고 과정을 따라 가려고 노력한다.

- 학생에게는 비지시적 질문을 하도록 한다 (예: "이것을 설명해 줄래?" "이것을 어떻게 알아냈어?" "이 문제를 (이 부분을) 어떻게 풀었는지 보여줄래?" "결석한 친구한테 이 문제의 풀이 방법을 어떻게 설명해 줄거니?" "이 답이 정답이라고 확신하니?")
- 학생이 어려워하면 하는 것을 관찰했다면 교사도 그 어려움을 알고 있다는 것을 학생이 알도록 한다 (예: "그래... 그 부분이 좀 어렵지?")
- 교사의 도움 없이도 그 어려움을 극복하고서 문제 해결을 계속한다면 어떻게 그 어려움을 해결했는지를 물어본다. 그리고 어떤 식으로든지 학생의 이 노력에 대해 칭찬하도록 한다.
- 학생이 생각할 수 있는 시간을 충분히 주고 기다리도록 한다.
- 인터뷰를 하는 동안 학생과 눈을 항상 마주하도록 한다.

수학교실에서의 수업 관찰

수학교실에서 유능하고 경력 있는 다른 교사의 수업을 관찰하는 것은 효과적인 교수학적 지식을 습득하는데 아주 유용한 방법으로 현재 일선 학교에서 많이 이루어지고 있다. 그런데 수업을 어떻게 관찰할 것인지에 대한 효과적인 방법이 제시되어 있지 않은 듯 하다. 수학 수업에 반드시 포함되어야 할 요소들이 있는데 그 중에서도 무엇보다도 앞에서 제시했던 5가지의 스탠다드가 포함되어 있어야 한다. 다시 말해서, 수학 수업에서는 문제해결 활동, 교사와 학급 또는 학생과 학생 사이에서의 수학적 의사소통 활동, 수학적 내용 사이의 연결성을 짓는 활동 또는 다른 교과나 일상 생활경험과의 연결성을 짓는 활동, 수학적 추론활동과 증명 활동, 그리고 문장, 수학 기호, 그림, 표, 모델 등 다양한 수학적 표상 활동이 있어야 한다. 이들 스탠다드와 더불어 효과적인 수학 수업을 위한 요소들을 제시하면 다음과 같다.

효과적인 교수 기법

수학을 효과적으로 가르치기 위해서는 크게 다음의 9가지의 교수 기법에 대해 지식과 능력이 필요하며 수학 수업을 관찰할 때는 이러한 점을 중요시하여야 한다.

효과적인 교수기법		설 명
교사 개인 특성	열정 (의욕)	수학이란 교과와 그것을 가르치는데 대한 교사의 열정을 표현해야 한다. • 목소리의 높낮이, 크기, 내용 전달의 속도 • 학생들과 눈을 항상 맞추고 움직임 • 머리와 팔을 빈번하게 사용한 몸짓 • 교실의 여기 저기를 활발하게 움직임 • 다양한 용어와 단어를 사용
	모델링	수학이 중요한 지식이고 교과이며 수학교사로서 자부심과 관심을 가지고 있음을 학생들에게 전달해야 한다. 수학교사가 수학교과를 싫다면 효과적인 수학지도는 이미 실패한 것이다.
	따뜻한 보살핌과 공감대	학생들에게 교사의 따뜻한 보살핌과 공감대를 전달해야 한다. 수학교사는 수학을 가르치기 이전에 한 인격체로서 학생을 따뜻하게 대할 줄 알아야 하며, 학생들의 감정, 느낌, 견해 등을 이해할 수 있는 능력과 마음 가짐을 가져야 한다.
	학생에 대한 긍정적 기대	학생들의 현재 능력을 바탕으로 미래의 행동이나 학업 성취에 대한 교사의 기대를 말하는데, 수학교사는 모든 학생들이 수학을 배울 수 있으며 배워야 한다는 긍정적인 기대를 가져야 한다. 공부를 잘하는 학생에 대한 교사의 기대는 다음과 같은 행동으로 나타난다. • 더 많은 긍정적 상호작용, 더 많은 미소와 눈빛 접촉, 보다 가까이 접근 • 보다 분명하고 자세한 설명, 보다 열성적인 지도, 보다 완벽하고 정확한 답을 이들 학생에게 요구 • 수업시간에 더 많이 시킴, 더 많은 시간을 생각해서 답하게 함, 생각할 수 있는 힌트나 도움을 더 많이 제공 • 더 많이 칭찬, 덜 비판적, 보다 완벽한 평가
의사 소통 능력	정확한 용어 사용	가르치는 수학 내용에 대한 분명한 의사 전달은 학생들의 학업성취도와 밀접한 연관성을 가진다. 아마도, 그럴지도, 등등, 보통은... 이런 애매한 용어의 사용은 자제한다.
	주제와 요점	한 시간의 수학 수업에는 반드시 그 시간의 주제와 요점이 반드시 있어야 한다. 마치 잘 구성된 이야기와 같은 수학 수업이 되어야 한다.
	전환신호	한 시간의 수학 수업에서도 내용이 바뀌거나 활동이 바뀔 때는 반드시 전환에 대한 설명이 있어야 한다.
	강조	수학 수업에서 중요한 점은 분명하게 행동이나 말로서 또는 반복을 통해서 강조해야 한다.

효과적인 교수기법		설 명
조직화 능력		수학교사가 수업 중 학생들을 질서 정연하게 통제하고 그들의 행동을 조절하는 능력은 학생들의 수학 성적에 영향을 미치는 가장 중요한 요소 중의 하나이다. 즉, 수학교실의 통제 능력은 수학 수업의 질과 밀접하게 연관되어 있다.
수업의 일관성		수업의 일관성이란 학습목표와 수업 활동과의 일치 정도를 말한다. 대부분의 신임교사의 경우 수업의 일관성 문제가 쉽게 발생한다.
집중유지 능력	수업초기의 집중유지	집중유지는 수학 수업에 대한 학생들의 관심을 수업 시작부터 끝까지 유지해 나가는 교사의 능력을 말한다. 수업초기의 집중유지는 수업 시작 때 학생들의 관심을 끌어들이는 교사의 행동을 말한다.
	감각적 집중유지	구체물, 그림, 모델, OHP, Overhead Projector, 심지어 칠판의 사용은 학생들의 감각을 집중 유지하는 자극제가 된다.
피드백 능력		피드백은 학생들의 앞으로의 수행 능력을 향상시키는데 사용되는 교사의 현재 행동을 말한다. 효과적으로 피드백을 사용하기 위해서는 제공하는 피드백이 즉각적, 구체적, 정보를 제공, 수행에 연관, 긍정적인 말투이어야 한다.
모니터링		수학 수업에서 학생들의 이해 정도와 학습 과정을 알아보기 위해서 학생들의 말이나 비언어적 행동을 계속적으로 체크하는 활동을 말한다. 모니터링 활동으로써 좋은 방법은 가능한 한 많은 학생들에게 질문을 한다.
복습과 정리		복습은 오늘 수학 수업에서 배운 내용을 요약해서 이미 배운 내용과 앞으로 배울 내용과의 연결을 하는 활동이다. 복습은 주로 수업의 시작과 끝에 일어나지만 수업 중 언제든지 중요한 사항이 있을 때는 항상 활용해야 한다. 정리는 수업 끝에 하는 일종의 복습활동이다.
질문	빈도	질문하는 능력은 수학교사가 갖추어야 할 가장 중요한 능력이라고 할 수 있다. 질문에 능숙하게 되는 것은 다음과 같은 여러 가지 사항들이 연관되어 있기 때문에 쉽게 습득하기 힘든 능력이다. • 학습 목표의 기억 • 학생의 언어적, 비언어적 행동의 모니터링 • 수업의 흐름과 전개를 유지 • 다음 질문의 준비 유능한 수학교사일수록 상대적으로 많은 질문을 하는데, 질문의 빈도가 많을수록 학생들의 수업활동 참여가 높아지고 성취도도 향상된다.
	공평하게 빈도로 질문하기	많은 질문을 하는 것과 더불어 학급의 대부분의 학생들에게 비슷한 빈도로 공평하게 질문해야 한다. 특히 많은 수학교사들의 경우 상위 학생에게 질문의 빈도가 치우치는 경향이 뚜렷하여 수학 부진학생들의 발생이 원인이 되기도 한다. 공평한 빈도로 질문하는 것을 방해하는 것 중의 하나로 교사의 허락을 받지 않은 채 답을 말하는 학생들 때문이다. 이것은 주로 상위권이나 외향적 학생에게서 발생하는 행동으로 이런 현상이 자주 발생하는 수학 수업에서는 학생들의 공평한 수업 참여가 사라져서 일부 학생들만이 참여하는 수업이 되기 쉽다.
	사고 거들어주기	공평하게 빈도로 질문하는 경우 학생이 답을 못하거나 틀린 답을 말했을 때는 어떻게 해야 하는가? 이때 수학교사는 학생이 답을 할 수 있거나 답을 수정할 수 있도록 질문의 수준을 낮추거나 쪼개어 학생이 올바르게 사고할 수 있도록 거들어 주어야 한다.
	안전한 교실 환경(문화)	공평한 빈도로 질문을 하고 학생들의 사고를 거들어 주는 활동이 가능하기 위해서는 무엇보다도 틀린 답을 발표하더라도 학급 친구들이나 교사로부터 어떠한 비난이나 마음 상하게 하는 말이나 행동이 없는 안전한 교실환경을 가꾸어야 한다.
	답을 기다리는 시간	교사가 질문하고 학생이 답을 할 때까지 기다리는 시간으로 대부분의 교사들이 1초 이상을 기다리지 않는 것으로 조사되었다. 이상적인 시간은 3초에서 5초라고 하며 이렇게 하게 되면 학생들은 보다 길고 나은 답을 하게 되고, 학생들의 참여를 높이게 되며, 답을 하는데 실패하는 학생을 줄이게 되는 이점이 있다.

수학 수업의 관찰 방법

수학 수업에서 쉽게 실천할 수 있는 관찰 방법에는 (1) 학생 수업참여 활동 분석(At-Task Analysis), (2) 교사의 교실이동 관찰(Movement Pattern Analysis), (3) 교사와 학생의 대화 관찰(Verbal Flow Chart Analysis), (4) 프랜더스의 상호작용 분석법(Flanders Interaction Analysis System)이 있다. 처음 세 가지 방법은 학생들의 좌석 배치도를 사용한 관찰 방법이다. 이들 관찰 방법은 직접 관찰이 가능하며 보다 정확한 분석 자료를 위해서는 사진이나 비디오 촬영에 의한 자료 수집이 바람직하다 (Acheson & Gall, 1997).

학생 수업참여 활동 분석(At-Task Analysis)

이 관찰의 목적은 수학 수업을 하는 동안 학생들이 교사가 생각하는 바람직한 수업 활동을 하고 있는지 아닌지를 알아보려는 것이다. 여러 명의 관찰 교사가 시간대 별로 나누어서 기록하는 것도 가능하며 또한 사진기나 비디오 카메라로 90초 간격이나 2분 간격으로 사진을 찍어서 분석하는 것도 가능하다. 이 관찰을 위해서는 먼저 관찰하려는 교실의 학생들의 좌석배치도를 입수하여 학생들의 이름과 성별에 익숙해지는 것이 바람직하다. 그리고 관찰하려는 행동을 미리 정하는데 예를 들면, 수업듣기(Listening-L), 수업듣지 않고 수업과 관계없는 행동하기(Unrelated-U), 옆사람과 잡담하기(Talking-T), 옆사람에게 질문에 답하기(Answering-A), 옆사람에게 질문하기(Questioning-Q) 등으로 정할 수 있다.

관찰시간 :		관찰할 행동 코드 :
1-9:10	6-9:35	L-수업듣기
2-9:15	7-9:40	U-수업듣지 않고 수업과 관계없는 행동하기
3-9:20	8-9:45	T-옆사람과 잡담하기
4-9:25	9-9:50	A-옆사람 질문에 답하기
5-9:30		Q-옆사람에게 질문하기

김진수		이철규				
1-L	6-Q	1-L	6-Q			
2-L	7-T	2-A	7-L			
3-L	8-U	3-L	8-Q			
4-L	9-A	4-L	9-L			
5-L		5-A				

관찰행동	9:10	9:15	9:20	9:25	9:30	9:35	9:40	9:45	9:50	계	%
L-수업듣기	20	15	18	15	10	10	18	10	20	136	
U-수업듣지 않고 수업과 관계없는 행동하기	2	7	2	5	5	8	6	8	3	46	
T-옆사람과 잡담하기	5	1	3	4	5	2	2	2	3	27	10
A-옆사람 질문에 답하기	1	3	3	4	7	5	2	5	3	33	
Q-옆사람에게 질문하기	2	4	4	2	3	5	2	5	1	28	

$* \ \% = \dfrac{\text{계}}{\text{총 관찰회수} \times \text{학급학생수}}$ (이 교실의 경우 30명의 학생을 기준)

옆사람과 잡담하기의 경우(%) $= \dfrac{27}{9 \times 30} = 0.1 = 10\%$

교사의 교실이동 관찰(Movement Pattern Analysis)

이 관찰은 학생들의 좌석배치도를 이용해서 수업 시간동안 교실에서의 교사의 이동 과정을 분석하는 것으로, 교실에서의 교사의 위치와 이동은 학생들의 수업 참여와 수업 중 학생 활동의 통제에 중요하다. 또한 교사가 의식하지 못하는 이동 패턴(예 : 상위 학생들에게만 이동, 개인적으로 좋아하는 학생에게 빈번하게 이동 등)을 파악하여 이를 수정하는데 용이한 관찰법이다. 이 관찰을 위해서도 먼저 그 학급의 좌석배치도를 입수하여 그 배치에 익숙하도록 하는 것이 좋다. 다음과 같은 범례를 사용하여 교사의 이동을 표시하도록 한다.

범례 :

——————→ : 특정한 목적 없는 이동

··························→ : 개별 지도를 위한 이동

—×—×—×—×—→ : 조별 활동시의 이동

① : 번호는 시간별 교사의 이동순서를 나타냄

다음의 그림은 학생 좌석배치도를 이용한 교사의 수업 시간 동안의 이동을 나타낸 챠트이다.

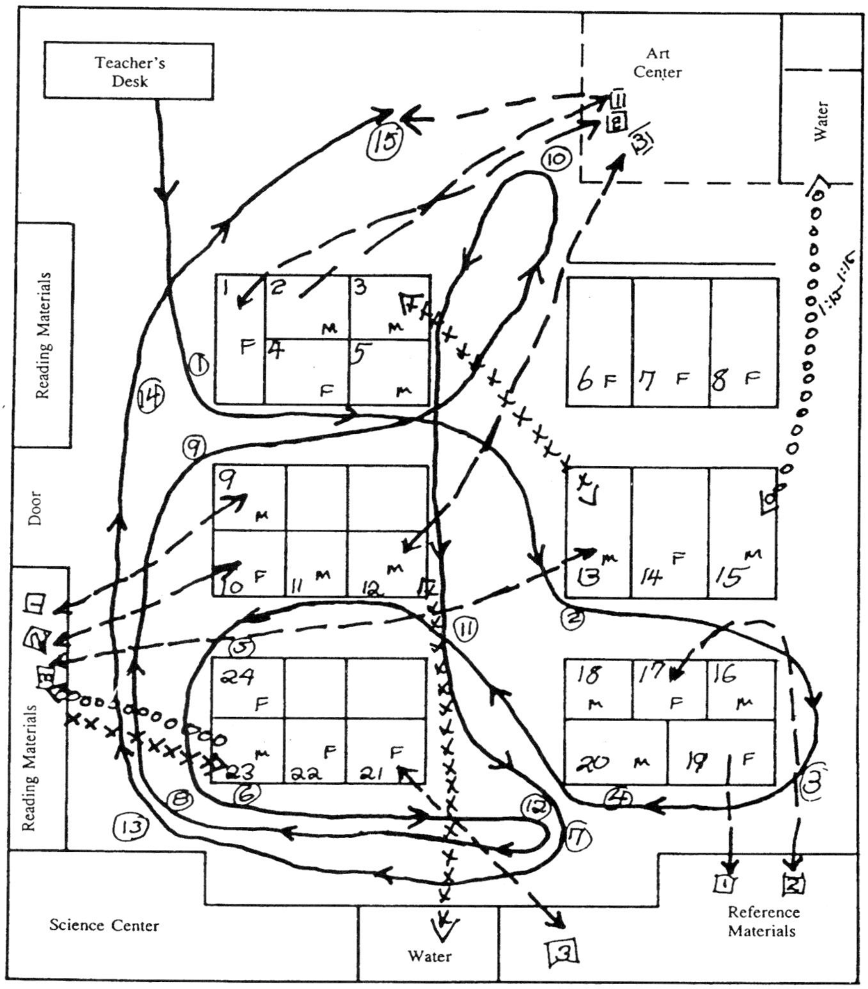

교사와 학생의 대화 관찰(Verbal Flow Chart Analysis)

이 관찰법은 교사가 수업 중 어느 학생과 어떤 대화를 했는지를 파악할 수 있는 방법이다. 이 방법을 활용할 수 있는 한 가지 측면은 상위권과 하위권 학생들에게 던지는 질문이나 대화의 빈도와 유형의 차이를 알고 싶을 때나 또는 남학생과 여학생에게 던지는 질문이나 대화의 빈도와 유형의 차이를 조사하고자 할 때 사용할 수 있다. 이 관찰을 위해서도 먼저 그 학급의 좌석배치도를 입수하여 그 학급의 학생 좌석과 이름 및 성별에 미리 익숙해지는 것이 관찰을 위해서 바람직하다. 다음과 같은 범례를 사용하여 교사와 학생의 대화를 표시하도록 하는데 이 범례는 관찰자의 편의대로 적절하게 변형하여 사용할 수도 있다.

범례 :

남학생, 여학생은 남, 여로 구분

→ : 교사 질문에 학생 자발적으로 정답이나 관련된 대답을 함

→ ○ : 교사 질문에 학생 자발적으로 오답이나 관련 없는 대답을 함

→ ? : 학생 자발적으로 수업 내용에 관해 교사에게 질문함

→ C : 학생 자발적으로 의견을 제시함

→ + : 교사의 칭찬이나 격려성 말

→ — : 교사의 비난이나 질책성 말

→ F? : 암기적 지식에 관한 교사의 질문

→ T? : 사고를 요하는 지식에 관한 교사의 질문

↔(/) : 학생 사이의 대화 1회

또는 어떤 관찰자들은 학생의 좌석배치도에 화살표와 영어를 사용해서 다음과 같이 나타내기도 한다.

Q : 교사 질문

P : 교사 칭찬이나 격려성 말

C : 교사의 비난이나 질책성 말

r : 학생이 자발적으로 정답이나 관련된 대답을 함

x : 학생이 자발적으로 오답이나 관련 없는 대답을 함

q : 학생의 질문

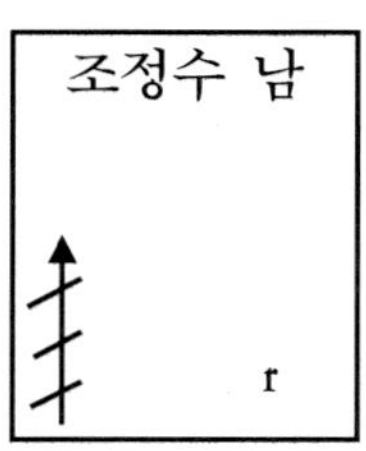

이 범례는 조정수 남자 학생이 교사에게 세 번 자발적으로 정답을 대답했다는 의미이다.

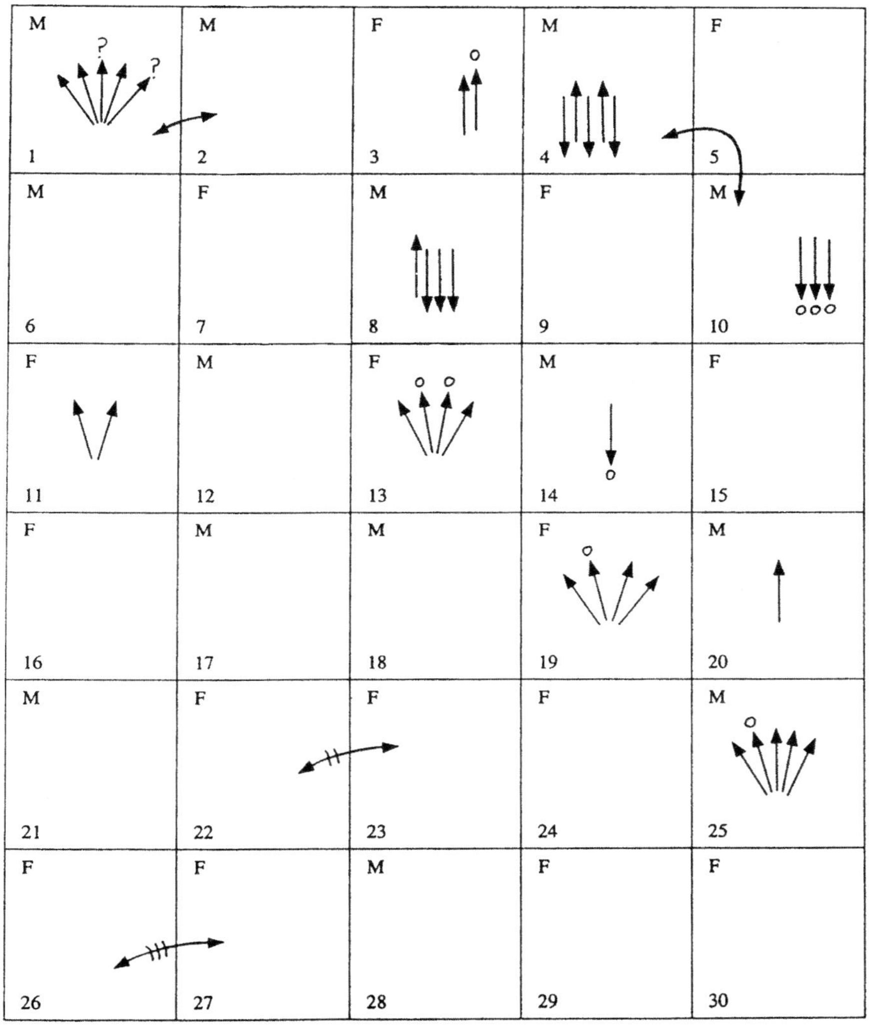

프랜더스의 상호작용 분석법(Flanders Interaction Analysis System)

수업 관찰에서 가장 잘 알려진 방법은 Flanders에 의해 개발된 상호작용 분석법이다. 이 방법을 사용하면 수업 시간동안 교사와 학생의 교수-학습 행동과 언어적 상호작용을 자세하게 분석할 수 있다. 이 관찰을 위해서는 앞에서 제시했던 효과적인 교수기법을 관찰 코드로 사용해도 좋고 관찰 교사가 관찰하고자 하는 행동을 개인적으로 코드로 만들어서 관찰해도 좋다. 다음은 관찰 코드의 예이다.

교사 행동	학생 행동
A1-학생을 지명하기 A2-질문을 다시 하기, 재진술하기 A3-학생 대답에 칭찬하기 A4-학급 전체에 대해 질문하기 A5-학생답에 대해 칭찬이나 비난 없음 A6-발표나 대답할 지원자 요청 A7-지시사항 전달 B1-고차적 사고를 요구하는 질문하기 B2-단순 암기를 요구하는 질문하기 B3-질문 후에 3-5초간 기다리기 B4-학생의 대답에 후속 질문하기 C1-학생 대답에 부정적으로 반응 C2-여러 개의 질문을 한꺼번에 하기 C3-교사가 묻고 자신이 답하기 C4-학생의 대답을 반복하기 C5-교사 강의/설명	S1-자발적 대답 S2-틀린 답을 제시 S3-질문하기 S4-자발적으로 의견제시 S5-학생과 교사 잠깐 침묵

교사와 학생 관찰을 위한 코드를 작성했으면 약 30초 간격으로 수업 관찰을 위한 표를 다음과 같이 만든다. 교사와 학생의 행동이나 언어적 상호작용을 관찰하는 시간 간격을 관찰 교사가 개인적인 능력에 따라 정하면 되는데 30초가 일반적으로 적당한 시간이다. 물론 10초 간격으로 관찰하여 기록하는 것도 가능하다.

다음 표의 경우 한 칸이 30초 관찰을 위한 것이므로 한 페이지 당 10분의 관찰을 하게 되고 이런 표 5장 정도면 한 시간의 수업 관찰을 기록할 수 있게 된다. 관찰자는 30초 동안 수업을 관찰하고 이 30초 동안에 일어난 교사와 학생 사이의 행동이나 언어적 상호작용을 기록해야 한다. 따라서 25초 관찰하고 5초 기록하는 방법이 가장 적합할 것이다. 이 관찰을 하기 위해서 관찰자는 먼저 교사와 학생 행동과 언어에 대한 각 코드와 그 의미를 충분히 암기하고 있어야 한다.

만약 관찰자가 수업 시간동안 교사와 개별 학생의 행동이나 언어적 상호작용까지도 파악하여 분석하는데 관심이 있다면 위의 표에서처럼 √를 하지말고 그 행동을 보인 각 학생의 이름이나 번호를 기록하도록 한다. 이렇게 하는 것은 한 시간 수업동안 어떤 학생이 어떤 수업 활동을 했으며 교사는 또한 각 학생과 어떤 교수-학습 행동과 말을 주고받았는지 추가적으로 분석할 수 있다.

코드	30	1분	30	2분	30	3분	30	4분	30	5분	30	6분	30	7분	30	8분	30	9분	30	10분
A1																				
A2	√	√																		
A3																				
A4																				
A5																				
A6																				
A7	√																			
B1																				
B2		①																		
B3																				
B4																				
C1																				
C2																				
C3	√																			
C4		⑦																		
C5																				
S1																				
S2																				
S3	√																			
S4																				
S5																				

아래의 분석표는 개인별 상호작용을 분석해 놓은 것이다. 이처럼 각 시간대 별로 관찰한 학생의 이름이나 번호를 기록해 두면 보다 정확한 수업 분석을 하는데 용이하다.

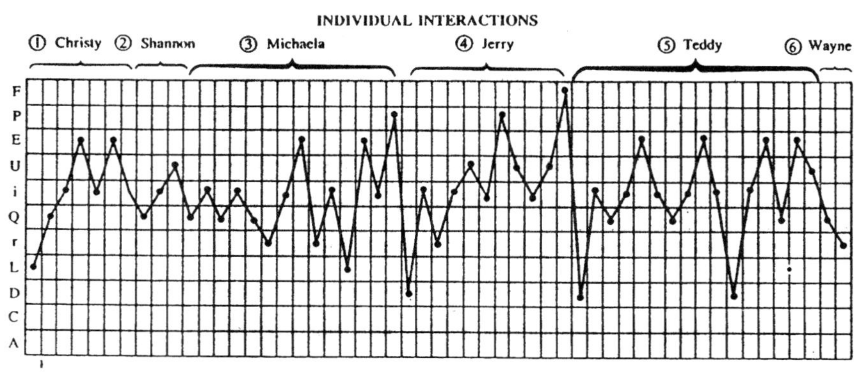

수학 수업의 질은 수학교사의 질을 능가할 수 없다고 한다. 또한 수학교사의 질은 학생들의 수학성취도와 직접적으로 연관된다고 한다. 하지만 지금까지 이러한 수학교사의 질을 향상시킬 수 있는 방안들이 구체적으로 제시되지 않았다고 판단된다. 물론 현장 학교와 여러 교육관련 기관에서 다양한 연수를 제공하거나 수학의 지도에 관심과 열성을 지닌 교사들은 교사연구회 모임이나 단체에 참석하여 나름대로의 자질 향상에 최선을 다하고 있다. 많은 수학교사들이 수학만 잘 알고 문제를 잘 풀면 훌륭한 수학교사이며 또한 학생들의 수학성적을 올리는 교사가 자질 있는 교사라고 판단하고 있는 실정이다. 이 글에서 보았듯이 수학을 가르치는 것은 그 내용 지식만 안다고 해서 충분한 자질을 가지고 있는 수학교사라고 할 수 없다. 수학을 가르치는 활동은 훨씬 더 복잡한 과정이며 다양한 지식을 요구하는 활동이므로 수학교사들의 끊임없는 노력이 요구된다. 이 글에서는 이러한 노력에 부합하고자 수학 교사에게 필수적 지식이라고 할 수 있는 인터뷰와 관찰 방법을 소개하였다. 이들 방법을 통하여 수학 교사들이 한 단계 업그레이드 된 수학 교사로서의 자질을 습득할 수 있기를 바란다.

제4장

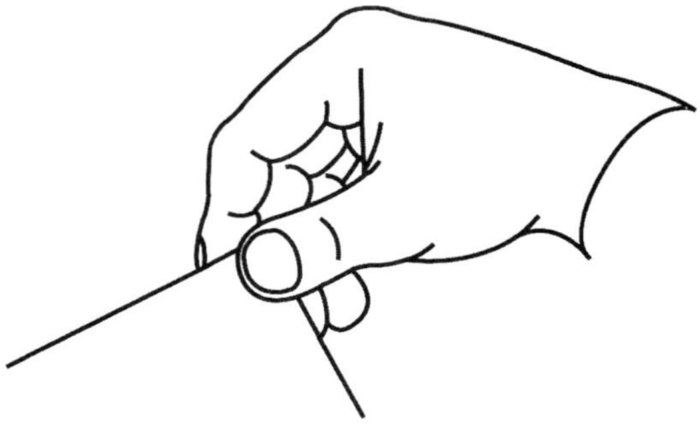

학교수학 지도내용

학교수학 지도를 위한 읽을거리 1

1. 연분수(continued fractions)

정수가 아닌 유리수(분수)에 대한 성질을 공부하게 되는 중학교 학생들은 분수를 소수로 나타내는 방법을 배우게 된다. 즉 분수를 분수 자체로서가 아니라 소수의 표현을 빌려서 그 성질을 파악하는 것이다. 그래서 분수를 소수로 나타내보면 어떤 분수는 소숫점 아래 자리가 유한개로 끝나는 유한소수가 되기도 하고, 또 어떤 분수는 무한개로 끝없이 표현되는 무한소수가 되기도 한다. 이 무한소수는 다시 그 형태에 따라 순환하는 무한소수와 순환하지 않는 무한소수로 구분된다. 순환하는 무한소수는 또 그 형태에 따라 $\frac{36}{37}=0.972972\cdots$나 $\frac{4}{11}=0.363636\cdots$와 같이 소숫점 아래부터 바로 숫자가 반복되는 순순환소수와 $\frac{41}{90}=0.4555\cdots$나 $\frac{61}{495}=0.1232323\cdots$과 같이 반복되는 혼순환소수로 구분된다. 일반적으로 $\sqrt{2}=1.41421356\cdots$와 같이 순환하지 않는 무한소수를 무리수라고 한다. 여기까지는 중학교 수학교과서에 일반적으로 나와 있는 내용이다.

그런데 만약 유리수와 무리수를 이렇게 소수로 표현하지 않고서는 어떻게 구분할 수 있을까? 사실 분수가 처음으로 사용된 시기가 B.C. 1800년쯤인데 반하여 네덜란드의 수학자이며 공학자였던 스티븐[1](Simon Stevin, 1548-1620)이 3.268을 3⓪2①6②8③으로 복잡하게 나타낸 것은 1584년의 일이었고 오늘날과 같은 소수 표현을 하게 된 것은 1617년 로그를 만든 것으로 유명한 네이피어(John Napier, 1550-1617) 때부터

1) 스티븐은 액체에 의해 일정한 면적에 가해지는 압력은 그 액체의 높이와 표면적에 좌우된다는 사실을 입증함으로써 유체역학을 발견한 수학자이며 공학자였다. 또한 그는 자유 낙하실험으로 유명한 갈릴레이(Galileo Galilei, 1564-1642)보다 3년 전인 1586년에 이미 같은 높이에서 떨어진 무게가 다른 물체는 땅에 닿는 시간이 같다는 사실을 입증했다. 많은 사람들이 스티븐이 소수를 발견했다고 알고 있는 사실과는 달리 소수의 사용은 스티븐 시대보다 훨씬 전에 아라비아와 중국에서 이미 사용되고 있었고, 스티븐은 이 소수를 수학분야로 처음 도입한 것이었다. 스티븐 이후 소수점을 처음 사용한 독일의 수학자 클라비우스(Christopher Clavius, 1538-1612)와 로그 발명으로 유명한 스코틀랜드의 수학자인 네이피어(John Napier, 1550-1617)에 의해 소수 표기법은 현재와 같이 발달하게 되었다.

이다. 그러고 보면 분수 사용 후 3000년도 더 지나서야 소수가 나타나게 된 것이다. 소수 표현이 없었던 시기지만 이미 피타고라스 학파에 의해 유리수와 무리수는 서로 다른 수임을 알고 있었다. 이 글에서는 소수 표현을 사용하지 않고 유리수와 무리수의 성질을 탐구할 수 있도록 했던 연분수(連分數, continued fractions)에 대해서 살펴보고자 한다.

연분수와 관련된 정의들

연분수의 역사를 다루기 전에 먼저 연분수와 이와 관련된 몇 가지 정의를 알아보자.

정의 1 :

다음과 같은 꼴을 연분수(continued fraction)이라고 한다.

$$a_0 + \cfrac{b_0}{a_1 + \cfrac{b_1}{a_2 + \cfrac{b_2}{a_3 + \cfrac{b_3}{\ddots}}}}$$

여기서 $a_0, a_1, a_2, a_3, \cdots$ 는 실수이고, 특히 $a_1, a_2, \cdots$와 $b_0, b_1, b_2, \cdots$는 양의 실수이다. 이 연분수의 항은 유한 개일 수도 있고 무한개일 수도 있다.

정의 2 :

다음과 같이 연분수 중에서도 $b_n = 1$ (n : 양의 정수)인 꼴의 연분수를 단순연분수 (simple continued fraction) 또는 간단히 연분수라고 한다.

$$a_0 + \cfrac{1}{a_1 + \cfrac{1}{a_2 + \cfrac{1}{a_3 + \cfrac{1}{\ddots}}}}$$

여기서 a_n은 양의 정수이며, a_0는 0이 될 수도 있다.

◎ 정의 3 :

단순연분수가 다음과 같이 유한개의 항을 가질 때, 이 연분수를 유한 단순연분수(finite simple continued fraction)라고 한다.

$$a_0 + \cfrac{1}{a_1 + \cfrac{1}{a_2 + \cfrac{1}{a_3 + \cfrac{1}{\ddots + \cfrac{1}{a_{n-1} + \cfrac{1}{a_n}}}}}}$$

그리고 무한개의 항을 가질 때를 무한 단순연분수(infinite simple continued fraction)라고 한다.

연분수의 역사

연분수(連分數, continued fractions)의 기원을 정확히 지적하기란 쉽지 않은데 그 이유는 연분수에 해당하는 예를 과거 2000년의 수학사 곳곳에서 찾아볼 수 있기 때문이다. 이미 앞에서 말한 것처럼 분수의 사용은 그 역사가 참으로 장구하다. 그 중에서도 $\frac{1}{5}$, $\frac{1}{8}$, $\frac{1}{127}$ …과 같이 1을 분자로 하는 단위 분수는 특히 이집트인들의 사랑을 받았다고 한다. 린드 파피루스(Henry Rhind는 1858년 룩소르에 있는 나일강 레조트에서 이 파피루스를 사들인 스코트랜드의 골동품 애호가였다)에 의하면 다음과 같은 단위 분수가 있다고 한다.

$$\frac{2}{5} = \frac{1}{3} + \frac{1}{15}$$
$$\frac{2}{7} = \frac{1}{4} + \frac{1}{28}$$
$$\frac{2}{13} = \frac{1}{8} + \frac{1}{52} + \frac{1}{104}$$

왜 이집트인들이 분수를 이런 식으로 표현하려고 했는지 분명하지는 않지만, 분수를 이런 단위 분수로 표현하면 어떤 분수가 큰지 금방 알 수 있는 편리함은 있다. $\frac{55}{84}$와 $\frac{7}{11}$은 어느 것이 더 큰 수일까? 단위 분수로 나타내보면 쉽게 알 수 있다.

$$\frac{55}{84} = \frac{1}{2} + \frac{1}{7} + \frac{1}{84} \qquad \frac{7}{11} = \frac{1}{2} + \frac{1}{8} + \frac{1}{88}$$

그런데 $\frac{4}{5} = \frac{1}{5} + \frac{1}{5} + \frac{1}{5} + \frac{1}{5}$처럼 같은 분수를 반복 사용해서 어떤 분수를 단위 분수의 합으로 표현하는 것은 그리 어려운 일이 아니었다. 하지만 분모가 서로 다른 단위 분수의 합으로 표현하는 것도 이처럼 쉬운 일이였을까? 답은 여전히 '그렇다'이지만 그 방법에 대해서는 중세의 가장 위대한 유럽 수학자인 레오나르도 피보나치(Leonardo Fibonacci)에 의해 1202년이 되어서야 겨우 밝혀졌다. 피보나치는 다음 공식을 이용하면 어떤 분수라도 단위 분수의 합으로 무한히 확장가능함을 알았다.

$$\frac{1}{a} = \frac{1}{(a+1)} + \frac{1}{a(a+1)}$$

예를 들어,

$$\frac{1}{2} = \frac{1}{(2+1)} + \frac{1}{2(2+1)} = \frac{1}{3} + \frac{1}{6}$$

여기서 다시 $\frac{1}{3} = \frac{1}{(3+1)} + \frac{1}{3(3+1)} = \frac{1}{4} + \frac{1}{12}$로 나타내면 다음과 같이 3

개의 단위 분수의 합이 된다.

$$\frac{1}{2}=\frac{1}{4}+\frac{1}{12}+\frac{1}{6}$$

다시 한번 $\frac{1}{4}=\frac{1}{(4+1)}+\frac{1}{4(4+1)}=\frac{1}{5}+\frac{1}{20}$로 나타내면 다음과 같이 4개의 단위 분수의 합이 된다.

$$\frac{1}{2}=\frac{1}{5}+\frac{1}{20}+\frac{1}{12}+\frac{1}{6}$$

이런 식으로 하면 임의의 분수를 무한히 단위 분수의 합으로 표현할 수 있게 된다. 이에 대한 보다 자세한 내용은 http://math.new21.org/story/story9.html에 있다.

이러한 단위 분수에 대한 오랜 역사 때문인지 중동 여러 지방의 여행을 통하여 아라비아 세계의 많은 수학책을 접했고 아라비아의 기호체계와 산술에서의 계산법을 유럽에 전달했으며 저서 Liber Abaci에서 토끼의 성장에 대한 문제를 통해 이른바 피보나치 수열로 유명한 피보나치(Leonardo Fibonacci, 1174-1250)는 이 책에서 분수를 분자가 1인 단위 분수로 나타내는 방법을 소개하여 연분수의 일종인 분수를 유도하였다. 예를 들면,

$$\frac{13}{30}=\frac{\frac{26}{20}}{3}=\frac{1+\frac{6}{20}}{3}=\frac{1+\frac{\frac{6}{5}}{4}}{3}=\frac{1+\frac{1+\frac{1}{5}}{4}}{3}\cdots$$

즉, $\frac{13}{30}=\frac{1}{3}+\frac{1}{3\cdot 4}+\frac{1}{3\cdot 4\cdot 5}\cdots$와 같이 $\frac{13}{30}$을 단위분수의 합으로 나타냈다. 그러나 이와 같은 분해보다는 다음과 같이 나타내는 것이 앞으로 살펴보려고 하는 연분수라는 측면에서 보다 바람직하다.

$$\frac{13}{30}=\frac{1}{\frac{30}{13}}=\frac{1}{2+\frac{4}{13}}=\frac{1}{2+\frac{1}{\frac{13}{4}}}=\frac{1}{2+\frac{1}{3+\frac{1}{4}}}\cdots$$

그렇지만 연분수의 진정한 기초가 마련된 것은 1600년대 후반과 1700년대 초반사이의 일이다. 연분수의 기원은 수학사적으로 보면 유클리드 알고리듬(Euclid's Algorithm) 또는 유클리드 호제법이 생겼을 때로 보고 있다. 이 유클리드 알고리듬은 두 수의 최대공약수(gcd)를 찾는데 사용되어졌다. 그런데 이 알고리듬을 대수적으로 조작해 보면 두 실수 (또는 복소수) p, q의 최대공약수를 구하는 반대 과정을 통해서 유리수 $\frac{p}{q}$를 단순 연분수로 나타낼 수 있음을 알게 된다. 사실 유클리드나 그 이전의 수학자들이 유클리드 알고리듬을 이런 식으로 연분수를 나타내는데 사용했는지는 알 수 없는 일이다. 그렇지만 이 알고리듬과 연분수사이의 밀접한 관련성때문에 유클리드 알고리듬의 창조가 연분수 발달의 시초였다고 한다.

천년이상 동안이나 연분수를 사용한 연구는 특수한 몇 가지 예 정도에 한정되어졌다. 예를 들면, 인도의 수학자 아라바타(Aryabhata, 550 A.D.)는 선형 부정방정식(indeterminate equation)을 풀기 위해 연분수를 사용했다. 그는 이 방법을 일반화시키기보다는 단지 이러한 특수한 경우에 한정해서 연분수를 사용한 것이다. 그리스와 아라비아 시대의 수학에 관한 책을 살펴보면 연분수에 관한 예를 볼 수 있는데 그 사용이 극히 특수한 경우에 한정되어 있었다.

그런데 이탈리아의 봄벨리(Rafael Bombelli, 1526-1573)와 카탈디(Pietro Cataldi, 1548-1626)가 보다 많은 예를 제시하면서 이 연분수에 대한 연구에 기여하게 되었다. 봄벨리는 반복적 형태를 띠는 연분수를 사용하여 $\sqrt{13}$을 다음과 같이 표현하였다.

$$\sqrt{13}=3+\frac{4}{6+\frac{4}{6+\frac{4}{6+\cdots}}}$$

그리고 카탈디도 같은 방법으로 $\sqrt{18}$을 표현하였다. 그렇지만 이러한 예를 제외하고는 이 연분수의 성질을 연구하는 수학자는 없었다.

연분수에 대한 연구가 불붙기 시작한 것은 왈리스(John Wallis, 1616-1703)의 연구

덕분이었다. 그의 책 Arithemetica Infinitorium(1655)에서 왈리스는

$$\frac{\pi}{4} = \frac{3\times3\times5\times5\times7\times7\times9\cdots}{2\times4\times4\times6\times6\times8\times9\cdots}$$

을 제시하였다. 한편 영국의 왕립학술원의 초대 회장인 브룬커(Brouncker, 1620-1684)은 이 등식을 다음과 같이 연분수의 형태로 변형하여 나타냈다.

$$\frac{\pi}{4} = 1 + \cfrac{1^2}{2+\cfrac{3^2}{2+\cfrac{5^2}{2+\cfrac{7^2}{\ddots}}}}$$

브룬커는 이 연분수에 대해 더 이상 연구를 계속하지 않았지만, 왈리스는 계속적인 연구를 통해서 처음으로 연분수 이론을 일반화하기 시작했다. 그의 책 Opera Mathematica(1695)에서 왈리스는 연분수에 대한 몇 가지 중요한 기초적 연구를 밝혔다. 그는 제 n 근사분수(n-th convergent)를 계산하는 방법을 설명했는데 이것은 오늘날의 근사와 유사한 성질들을 발견한 것이었다. 또한 "continued fraction"이란 용어가 처음으로 사용된 것도 바로 이 내용에 있는 것이다.

네덜란드의 수학자이자 천문학자인 호이겐스(Christiaan Huygens, 1629-1695)는 연분수의 실제적 응용을 보여준 최초의 인물이다. 그는 여러 개 톱니바퀴사이의 비에 대한 최적의 유리수 근사값을 구하기 위해 연분수의 수렴 성질을 어떻게 사용하는지를 설명하는 글을 발표했다. 이렇게 구한 근사값은 톱니바퀴들 사이의 정확한 회전비에 대한 톱니의 갯수를 찾을 수 있도록 했다. 그의 이러한 연구는 행성들간의 역학적 관계를 규명하려는 의지로부터 시작된 것이었다.

왈리스와 호이겐스가 시작한 연분수에 대한 연구는 여러 수학자들 예를 들면 오일러(Leonard Euler, 1707-1783), 램버트 (Heinrich Lambert, 1728-1777), 라그랑주(Joseph Louis Lagrange, 1736-1813)에 의해 활발히 연구되어졌다. 오일러는 그의 저서 De Fractionlous Continious(1737)에서 연분수에 대한 현대적 이론을 전개했다. 그는 모든 유리수는 유한 단순연분수로 나타낼 수 있음을 증명했다. 또한 자연로그 e를 연분수 형태로 나타냈다. 이를 이용하여 오일러는 e와 e^2이 무리수임을 증명하였다. 또한 어떤 급수를 연분수로, 또는 그 반대로 나타내는 방법을 보였다.

램버트는 오일러의 연구를 일반화하여 x가 유리수일 때 e^x와 $\tan x$ 둘 다 무리

수임을 증명했다. 그는 무리수 근의 값을 찾는데 연분수를 사용했으며 또한 이차 무리수가 순환 연분수가 됨을 증명하였다.

연분수 연구의 절정은 아마도 19세기일 것이다. 19세기는 연분수가 수학자들 사이에 인기 있는 연구 주제였는데 모든 수학자들이 이 주제에 대해 알고 있을 정도였다. 이런 결과로 연분수의 연구 영역의 성장은 가히 폭발적이었다. 연분수에 관련된 이론이 상당히 발전되었는데 특히 수렴성에 대한 연구에서 그러했다. 또한 복소수를 변수로 하는 항을 갖는 연분수에 대한 연구도 이루어졌다. 이 연구에 기여한 뛰어난 수학자로는 Jacobi, Perron, Hermite, Gauss, Cauchy, Stieljes가 있다. 20세기 초에 들어오면서 연분수의 연구는 왈리스의 최초 연구로부터 엄청나게 발전되어 있었다.

20세기 초반부터 연분수는 다른 분야에서도 나타나기 시작했다. 연분수의 뛰어난 융통성으로 인해 코러스(Rob Corless)는 최근의 글에서 연분수와 혼동이론(chaos theory)사이의 관계성에 대해 언급했다. 또한 연분수는 실수에 근사하는 유리 근사값(rational approximation)의 계산과 부정방정식을 풀기 위한 컴퓨터 알고리듬에 활용되고 있다.

연분수와 무리수

수학자들은 연분수를 사용하여 무리수를 표현하고자 했으며, 또한 그리스의 수학자 디오판토스(Diophantus, ca.210-ca.290)의 이름을 딴 특수한 다항식인 디오판토스 방정식(Diophantine equations)의 해를 구하는데도 사용하고 있다. 분수 $\frac{7}{5}$는 $1+\frac{2}{5}$로 고쳐쓸 수 있다. 즉, 주어진 분수를 정수 더하기 분자와 분모가 한 자리수인 분수로 나타낼 수 있다. 그렇다면 $\frac{13}{11}$은 정수 더하기 분자와 분모가 10보다 작은 수로 나타낼 수 있을까?

$$\frac{13}{11}=1+\frac{2}{11}=1+\frac{1}{\frac{11}{2}}=1+\frac{1}{5+\frac{1}{2}}$$

이런 식으로 하면 양의 정수 부분과 분모가 한 자리 분수가 될 때까지 계속해서 분수를 만들 수 있다. 앞에서 이미 살펴본 바와 같이 연분수를 만들어갈 때 모든 분자를 1로 만들 수 있는데 이 분수를 단순연분수라고 하며 $\frac{13}{11}$이 그 예이다. 모든 분자가 1이기 때문에 $\frac{13}{11}$의 연분수를 1로 시작하는 정수들로 나타낼 수 있다.

$$\frac{13}{11}=1+\cfrac{1}{5+\cfrac{1}{2}}=[1\,;5,\,2]$$

오른쪽의 [1 ; 5, 2]는 분수를 나타내는 방법이다. 처음 1은 나머지 수들과 세미콜론(;)으로 구분되어 있는데 이 1이 정수이고 나머지 수들은 각 분수들의 분모에 포함된 수를 나타내는 것이다.

모든 분수는 유한 단순연분수로 나타낼 수 있다. 그렇지만 큰 분수의 경우에는 아주 길거나 복잡한 형태의 연분수로 표현된다. 예를 들면, $\frac{237}{139}$은 다음과 같은 형태가 된다.

$$\frac{237}{139}=1+\cfrac{1}{1+\cfrac{1}{2+\cfrac{1}{2+\cfrac{1}{1+\cfrac{1}{1+\cfrac{1}{3+\cfrac{1}{2}}}}}}}=[1\,;1,\,2,\,2,\,1,\,1,\,3,\,2]$$

무한 연분수를 사용해서 연분수에 대한 아이디어를 확장해 볼 수 있다. 무한 연분수는 무한히 계속해서 연분수로 표현되는 것을 말한다. 그렇다면 과연 어떤 수가 무한 연분수의 표현을 가지는 것일까? 잘 알려진 무리수 $\sqrt{2}$에 대한 무한 연분수 표현을 살펴보자. $\sqrt{2}=1+(\sqrt{2}-1)$로 쓸 수 있고 우변의 $(\sqrt{2}-1)$에 다음과 같이 분자 유리화를 한다.

$$\sqrt{2}-1=\frac{\sqrt{2}-1}{1}=\frac{(\sqrt{2}-1)(\sqrt{2}+1)}{(\sqrt{2}+1)}=\frac{1}{(\sqrt{2}+1)}$$

이것을 이용하면 $\sqrt{2}$는 이제 다음과 같이 표현할 수 있다.

$$\sqrt{2}=1+(\sqrt{2}-1)=1+\frac{1}{\sqrt{2}+1}=1+\frac{1}{2+(\sqrt{2}-1)}$$

그러면 여전히 우변의 분모에는 $(\sqrt{2}-1)$이 생겨서 위의 과정을 반복해서 적용가능하게 된다. 이 과정을 계속하게 되면 $\sqrt{2}$에 대한 놀라운 단순연분수가 만들어진다.

$$\sqrt{2}=1+\cfrac{1}{2+\cfrac{1}{2+\cfrac{1}{2+\cfrac{1}{2+\ddots}}}}$$

이 과정을 계속하면 결국 무리수 $\sqrt{2}$와 같은 무한 단순연분수를 얻게 된다. 이것을 $\sqrt{2}=[1;2,2,2,2,\cdots]$로 나타내고 소수의 순환 표기와 같이 무한 순환되는 숫자를 점(·)으로 표현하면 $\sqrt{2}=[1;\dot{2}]$와 같이 아주 간결하게 표현할 수 있다. $\sqrt{2}$를 이러한 연분수의 형태로 나타내는 것은 $\sqrt{2}=1.41421356\cdots$과 같이 소수로 전개하는 것보다 훨씬 아름다울 뿐만 아니라 외우기 쉽기 때문이다. 또 다른 무리수 $\sqrt{3}$에 대한 연분수 전개도 $\sqrt{2}$의 연분수 전개와 비슷하게 할 수 있다.

$$\sqrt{3}=1+(\sqrt{3}-1)$$

$$\sqrt{3}-1=\frac{(\sqrt{3}-1)}{1}=\frac{(\sqrt{3}-1)(\sqrt{3}+1)}{(\sqrt{3}+1)}=\frac{2}{(\sqrt{3}+1)}$$

따라서,

$$
\begin{aligned}
\sqrt{3} &= 1+(\sqrt{3}-1) \\
&= 1+\frac{2}{\sqrt{3}+1} \\
&= 1+\cfrac{1}{\cfrac{\sqrt{3}+1}{2}} \\
&= 1+\cfrac{1}{\cfrac{2+(\sqrt{3}-1)}{2}} \\
&= 1+\cfrac{1}{1+\cfrac{1}{\sqrt{3}+1}} \\
&= 1+\cfrac{1}{1+\cfrac{1}{2+(\sqrt{3}-1)}} \\
&\quad \ddots
\end{aligned}
$$

따라서, $\sqrt{3}=[1;1,2,1,2,1,2,\cdots]=[1;\dot{1},\dot{2}]$로 나타낼 수 있다. 이러한 예를 좀 더 보면 다음과 같은 무리수들이 있다.

$$\sqrt{5}=[21;4,4,4,4,\cdots]=[2;\dot{4}]$$

$$\sqrt{7}=[2;1,1,1,4,1,1,1,4,\cdots]=[2;\dot{1},\dot{1},\dot{1},\dot{4}]$$

이런 것은 마치 소수에서 순환성과 같은 것이다. 0.3333⋯과 같이 순환하는 무한 소수는 유리수이지만 비순환하는 무한소수는 $\sqrt{2}$와 같은 대수적 수이거나 π나 e와 같은 초월수이기도 하다. $\sqrt{2}$와 $\sqrt{5}$처럼 어떤 무리수는 순환하는 무한 연분수로 표현되지만, 나머지 무리수는 비순환 무한 연분수로 표현된다.

비록 초월수는 단순하면서도 순환하는 연분수로 나타낼 수는 없지만, 이들 연분수는 어떤 패턴을 나타내는 경우가 많다. 예를 들어, 초월수 e의 연분수 표현을 보면 다음과 같다.

$$e=[2;1,2,1,1,4,1,1,6,1,1,8,\cdots]$$

이와는 달리 π는 아주 뒤섞인 연분수 형태를 하고 있다. 예를 들면,

$$\frac{\pi}{4} = 1 + \cfrac{1^2}{2 + \cfrac{3^2}{2 + \cfrac{5^2}{2 + \cfrac{7^2}{\ddots}}}}$$

무리수와 관련된 수 중에 사람들의 호기심을 불러일으키는 것으로 황금비가 있는데, 이 수와 피보나치 수열은 서로 연관되어 있다. 피보나치 수열은 1, 1, 2, 3, 5, 8, 13, 21, 34, …와 같이 첫 번째와 두 번째 항은 같고 그 다음부터의 항은 그 항 이전의 두 항의 합으로 된 수열임은 잘 알려진 것이다. 여기서 이전 항으로 다음 항의 비를 구해서 다음과 같이 나열해 보자.

$$1 \searrow \frac{1}{1} \searrow \frac{2}{1} \searrow \frac{3}{2} \searrow \frac{5}{3} \searrow \frac{8}{5} \searrow \frac{13}{8} \searrow \frac{21}{13} \searrow \frac{34}{21} \cdots$$

이 비는 황금비(Golden Ratio)에 접근하고 있음을 알 수 있다. 이 황금비는 그리스 문자 파이(ϕ)로 나타내며 그 값은 다음과 같다.

$$\phi = \frac{1+\sqrt{5}}{2} \approx 1.618$$

이 황금비는 제곱근과 관련되기 때문에, 이 수는 순환하는 무한연분수로 나타낼 수 있다고 추측된다. 이 황금비를 연분수로 나타내기 위해서는 방정식 $\phi^2 = \phi + 1$을 이용해야 한다. 양변을 ϕ로 나누면 $\phi = 1 + \frac{1}{\phi}$이다. 그런 다음 우변의 분모를 ϕ로 나타내면 다음을 얻게 된다.

$$\phi = 1 + \frac{1}{\phi} = 1 + \cfrac{1}{1 + \cfrac{1}{\phi}}$$

이 과정을 무한히 반복하면 다시 다음의 표현을 또 얻게 된다.

$$\text{황금비}\quad \phi = 1 + \cfrac{1}{1 + \cfrac{1}{1 + \cfrac{1}{1 + \cfrac{1}{\ddots}}}}$$

따라서 황금비는 $\phi = [1; 1, 1, 1, \cdots] = [1; \dot{1}]$라는 아주 간단한 연분수로 나타낼 수 있다. 피보나치 수의 연속적인 비의 극한을 취하면 순환하는 무한 연분수를 얻게 된다.

$$\phi = \frac{1+\sqrt{5}}{2} = \lim_{n\to\infty} \frac{F_n}{F_{n-1}} = 1 + \cfrac{1}{1 + \cfrac{1}{1 + \cfrac{1}{1 + \cfrac{1}{\ddots}}}}$$

결론적으로 말해서, 유리수는 유한 단순연분수로 표현 가능하고 무리수는 무한 단순연분수로 전개 가능함을 알 수 있다.

연분수와 관련된 여러 수학적 사실들

임의의 유리수를 유한 단순연분수로 나타내는 방법

$\frac{a}{b}$ ($b>0$)를 임의의 유리수라고 하자. 유클리드 알고리듬에 의해

$$\begin{aligned}
a &= ba_0 + r_1 && (0 < r_1 < b) \\
b &= r_1 a_1 + r_2 && (0 < r_2 < r_1) \\
r_1 &= r_2 a_2 + r_3 && (0 < r_3 < r_2) \\
&\vdots \\
r_{n-2} &= r_{n-1} a_{n-1} + r_n && (0 < r_n < r_{n-1}) \\
r_{n-1} &= r_n a_n + 0
\end{aligned}$$

여기서 r_k ($k=1, 2, \cdots, n$)와 $a_1, a_2, \cdots, a_n$는 모두 양의 정수이다. 위의 식은 다

음과 같이 다시 고쳐쓸 수 있다.

$$\frac{a}{b} = a_0 + \frac{r_1}{b} = a_0 + \cfrac{1}{\cfrac{b}{r_1}} \quad \cdots ①$$

$$\frac{b}{r_1} = a_1 + \frac{r_2}{r_1} = a_1 + \cfrac{1}{\cfrac{r_1}{r_2}} \quad \cdots ②$$

$$\frac{r_1}{r_2} = a_2 + \frac{r_3}{r_2} = a_2 + \cfrac{1}{\cfrac{r_2}{r_3}} \quad \cdots ③$$

$$\vdots$$

$$\frac{r_{n-1}}{r_n} = a_n$$

위의 ①, ②식에서 $\frac{b}{r_1}$를 소거하면,

$$\frac{a}{b} = a_0 + \cfrac{1}{\cfrac{b}{r_1}} = a_0 + \cfrac{1}{a_1 + \cfrac{1}{\cfrac{r_1}{r_2}}}$$

③식의 $\frac{r_1}{r_2}$를 여기에 대입하면 다음과 같이 된다.

$$\frac{a}{b} = a_0 + \cfrac{1}{a_1 + \cfrac{1}{a_2 + \cfrac{1}{\left(\cfrac{r_2}{r_3}\right)}}}$$

이와 같은 방법으로 계속해 나가면 $\frac{a}{b}$는 다음과 같은 형태가 된다.

$$\frac{a}{b} = a_0 + \cfrac{1}{a_1 + \cfrac{1}{a_2 + \cfrac{1}{a_3 + \cfrac{1}{\ddots + \cfrac{1}{a_{n-1} + \cfrac{1}{a_n}}}}}} \quad \cdots ④$$

그런데 유리수 $\frac{a}{b}$를 ④와 같은 연분수 꼴로 항상 표현하는 것은 번거러운 일이므로 이 분수를 $[a_0; a_1, a_2, \cdots, a_n]$의 기호로 나타낸다. 여기서 각 항 $a_1, a_2, \cdots, a_n$을 각각 부분분모(partial denominator)라 하고 부분분수 전개식에서 연분수 $[a_0; a_1, a_2, \cdots, a_k]$ $(k \le n)$를 연분수 $[a_0; a_1, a_2, \cdots, a_n]$의 k번째의 근사분수(convergent)라고 하며 $C_k = [a_0; a_1, a_2, \cdots, a_k]$로 나타낸다. 예를 들어, 분수 $\frac{19}{51} = [0; 2, 1, 2, 6]$의 근사분수를 구해보면 다음과 같다.

$$\begin{aligned} C_0 &= 0 \\ C_1 &= [0; 2] = 0 + \frac{1}{2} = \frac{1}{2} \\ C_2 &= [0; 2, 1] = 0 + \cfrac{1}{2 + \cfrac{1}{1}} = \frac{1}{3} \\ C_3 &= [0; 2, 1, 2] = 0 + \cfrac{1}{2 + \cfrac{1}{1 + \cfrac{1}{2}}} = \frac{3}{8} \end{aligned}$$

◎ 유클리드 알고리듬을 이용한 유한 단순연분수 표현의 예

두 정수의 최대공약수를 찾는데 사용되는 유클리드 알고리듬은 두 정수의 비를 분수로 나타내는 중요한 방법을 시사하고 있다. 예를 들어, 840과 611에 유클리드 알고리듬을 적용하면 다음과 같은 식들을 얻을 수 있다.

$$\begin{aligned} 840 &= 1 \times 611 + 229 \\ 611 &= 2 \times 229 + 153 \\ 229 &= 1 \times 153 + 76 \\ 153 &= 2 \times 76 + 1 \end{aligned}$$

따라서 $(840, 611) = 1$이 된다. 그런데 위의 식들은 다시 다음과 같이 고쳐 쓸 수 있다.

$$\frac{840}{611} = 1 + \frac{229}{611} = 1 + \cfrac{1}{\cfrac{611}{229}}$$
$$\frac{611}{229} = 2 + \frac{153}{229} = 2 + \cfrac{1}{\cfrac{229}{153}}$$
$$\frac{229}{153} = 1 + \frac{76}{153} = 1 + \cfrac{1}{\cfrac{153}{76}}$$
$$\frac{153}{76} = 2 + \frac{1}{76}$$

이 식들을 결합시켜 보면 유리수 $\frac{840}{611}$은

$$\frac{840}{611} = 1 + \cfrac{1}{2 + \cfrac{1}{1 + \cfrac{1}{2 + \cfrac{1}{76}}}}$$

로 전개할 수 있으며, 이것은 유한 단순연분수의 형태가 된다. 따라서, 유클리드 알고리듬은 모든 유리수는 이러한 연분수로 표현할 수 있음을 보여주고 있다.

◎ 연분수와 디오판토스 방정식

연분수는 고차 산술분야에서 아주 중요한 역할을 한다. 디오판토스 방정식(Diophantine equation)은 하나 또는 그 이상의 정수인 미지수를 갖는 대수 방정식으로서 이 방정식은 정수해를 구하는 것이 목적이다. 두 개의 미지수를 가지는 가장 단순한 디오판토스 방정식은

$$ax + by = c \quad \cdots \text{①}$$

인데 여기서 a, b, c는 정수로 주어져 있고 이 방정식을 만족하는 정수해 x, y를 구해야 한다. 이 방정식의 해는 유클리드 알고리듬을 이용하여 구할 수 있다. 유클리드 알고리듬을 이용하여 $(a, b) = d$를 찾아보자. 적당한 정수 k와 l을 선택하면

$$ak + bl = d \cdots ②$$

가 된다. 이렇게 되면 방정식 ①의 해는 $c = d$인 경우 $x = k$, $y = l$이 된다. 좀 더 일반적으로 말해보면, 만약 c가 d의 배수라면

$$c = q \cdot d$$

이므로 식 ②의 양변에 q를 곱하면

$$akq + blq = dq \text{ 이고}$$
$$a(qk) + b(ql) = qd = c$$

가 된다. 따라서 식 ①은 $x = x^* = qk$, $y = y^* = ql$을 해로 가진다. 역으로 말하면, 주어진 c에 대해 식 ①이 x, y를 해로 가지면, c는 반드시 $(a, b) = d$의 배수가 된다. 왜냐하면 d는 a와 b를 나누기 때문에 c도 당연히 나눈다. 따라서 식 ①이 해를 가지는 필요충분조건은 c가 (a, b)의 배수일 때이다.

식 ①의 다른 해를 구해보자. 만약 $x = x'$, $y = y'$이 유클리드 알고리듬에 의해 구한 해 $x = x^*$, $y = y^*$이외의 해라고 하면, $x = x' - x^*$, $y = y' - y^*$는 방정식

$$ax + by = 0 \cdots ③$$

의 해가 된다. 그래서

$$ax' + by' = c \text{ 와 } ax^* + by^* = c$$

에서 이 두 식을 빼면

$$a(x' - x^*) + b(y' - y^*) = 0$$

가 된다. 따라서 식 ③의 가장 일반적인 형태의 해는

$$x = \frac{rb}{(a, b)},\ y = -\frac{ra}{(a, b)},\ r\text{은 임의의 정수}$$

가 된다. 이것을 다시 써보면 아래와 같다.

$$x = x^* + \frac{rb}{(a, b)},\ y = y^* - \frac{ra}{(a, b)} \quad \cdots \text{④}.$$

지금까지의 내용을 정리해보면, 디오판토스 방정식 $ax + by = c$ (a, b, c: 정수)가 정수해를 가지기 위한 필요충분조건은 c가 (a, b)의 배수일 때이다. 유클리드 알고리듬을 사용해서 특수해인 $x = x^*$, $y = y^*$를 찾는다면, 일반해는 위의 ④와 같은 꼴을 가진다.

▶ **예 1** ◀ 방정식 $3x + 6y = 22$를 만족하는 정수해를 구하여라.

[풀이] 주어진 방정식을 만족하는 정수해는 존재하지 않는다. 왜냐하면 디오판토스 방정식이 정수해를 가지려면 22가 (3, 6)의 배수가 되어야 한다. 그런데 (3, 6)=3이 22를 나눌 수 없기 때문이다.

▶ **예 2** ◀ $7x + 11y = 13$을 만족하는 정수해를 구하여라.

[풀이] 유클리드 알고리듬을 사용하여 특수해를 먼저 구한다.

$$\begin{aligned} 11 &= 1\times7+4 \rightarrow 4 = 11-7 \\ 7 &= 1\times4+3 \rightarrow 3 = 7-4 \\ 4 &= 1\times3+1 \rightarrow 1 = 4-3 \end{aligned}$$

이고 (7, 11) = 1이므로 정수해를 가짐을 알 수 있다. 이를 이용하면 다음과 같이

$$\begin{aligned} 1 &= 4-3 \\ &= 4-(7-4) \\ &= 4+4-7 \\ &= 2\times4-7 \\ &= 2(11-7)-7 \\ &= 2\times11-3\times7 \end{aligned}$$

바꿀 수 있다.

$$\begin{aligned} 13\times1 &= 13(2\times11-3\times7) \\ &= 26\times11-39\times7 \\ &= 7(-39)+11(26) \end{aligned}$$

가 되어 이 방정식을 만족하는 특수해는 $x=-39$, $y=26$이 된다. 따라서, 이 방정식을 만족하는 일반해는 다음과 같다.

$$x = -39+\frac{rb}{(a,\,b)} = -39+\frac{11r}{1} = -39+11r$$

$$y = 26-\frac{ra}{(a,\,b)} = 26-\frac{7r}{1} = 26-7r \quad (r\text{: 임의의 정수})$$

학교수학 지도를 위한 읽을거리 2

2. 에라토스테네스의 체

자연수 중에서 1과 자기 자신만을 약수로 가지는 수를 (또는 1과 자기 자신 외의 다른 어떤 수로도 나누어지지 않는 수를) 소수라고 한다. 그렇다면 소수를 시각화하는 간단은 방법은 없을까? 정사각형 모양의 타일을 직사각형이 되도록 배열하는 것으로 소수를 시각화할 수 있다. 예를 들면, 12개의 정사각형 타일을 사용해서는 아래와 같이 여러 모양의 직사각형을 만들 수 있다.

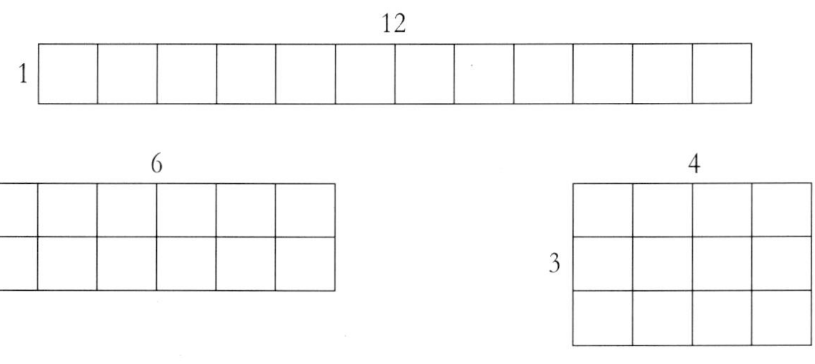

따라서 당연히 $12 = 1 \times 12$, $12 = 2 \times 6$, $12 = 3 \times 4$로 나타낼 수 있는데 이것처럼 직사각형의 배열이 한 개 이상일때는 합성수가 된다. 그런데 만약 7개의 정사각형 타일을 가지고 똑같은 일을 한다고 해보자. 그러면 오직 한 가지 배열밖에 만들 수 없다.

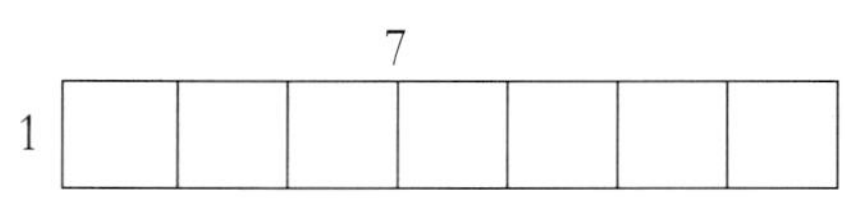

이 그림은 $7 = 1 \times 7$로 밖에 나타낼 수박에 없는데 이러한 배열을 가지는 수를 소수

라고 한다.

그렇다면 무한히 많은 자연수 중에서 소수는 과연 몇 개일까? 또 이들 소수를 쉽게 가려내는 방법은 없을까? 자연수 중에서 소수를 찾는 방법은 '에라토스테네스의 체'에 의한 방법뿐인데 그 후 2200년 동안 연구해도 특별한 방법을 찾아내지 못했다.

위의 소수의 정의에 따르면 소수의 배수는 절대 소수가 될 수 없다. 소수의 배수란 것은 곧 소수로 나눌 수 있다는 말이 되기 때문인데 에라토스테네스의 체는 바로 이 사실을 이용하고 있다. 에라토스테네스의 체를 이용하여 100이하의 수에서 소수를 찾아보자.

1. 2에서 100까지의 수를 모두 쓴다. 1은 소수에서 제외되므로 2부터 시작한다.
2. 2는 소수이므로 남기고 모든 2의 배수는 사선으로 지운다.
3. 3도 소수이므로 3을 제외하고 모든 3의 배수는 사선으로 지운다. 그러면 6이나 12같은 수들은 두 번 지워지게 된다.
4. 이와 같은 방법으로 5, 7, 11, 13... 등의 소수를 구하고, 이들의 배수를 지워 나가고 남은 수들이 100이하의 소수이다. 특히, 47은 소수이고 $47 \times 2 = 94$는 47의 배수이며, 그 다음 소수인 53은 $53 \times 2 = 106$가 되어 106은 100보다 큰 수가 되므로 53보다 큰 수로서 지워지지 않고 남은 수들은 모두 100이하의 소수가 된다. 100보다 큰 소수들도 이러한 방법으로 구할 수 있다.
5. 101부터 200까지의 21개 소수는 다음과 같다.

101, 103, 107, 109, 113, 127, 131, 137, 139, 149, 151, 157, 163, 167, 173, 181, 191, 197, 199

실제로 소수를 구해보면 100을 넘어서면서부터는 그 개수가 급격히 줄어들며 또한 분포 상태도 불규칙적임을 알 수 있다. 이것을 표로 나타내면 다음과 같다.

범 위	소수의 개수	분포율 (%)
0 ~ 10	4	40
0 ~ 100	25	25
0 ~ 1000	168	16.8
0 ~ 10000	1229	12.3
0 ~ 100000	9592	9.6

그렇다면 과연 소수는 유한개일까? 아니면 무한개일까? 유클리드에 따르면 소수

의 개수는 무한하다고 한다. 유클리드에 의한 이 증명은 오늘날까지도 논리적 명쾌함의 전형으로 여겨진다. 그의 증명은 결론을 부정함으로써 모순을 찾는 소위 간접 증명법을 따르고 있다.

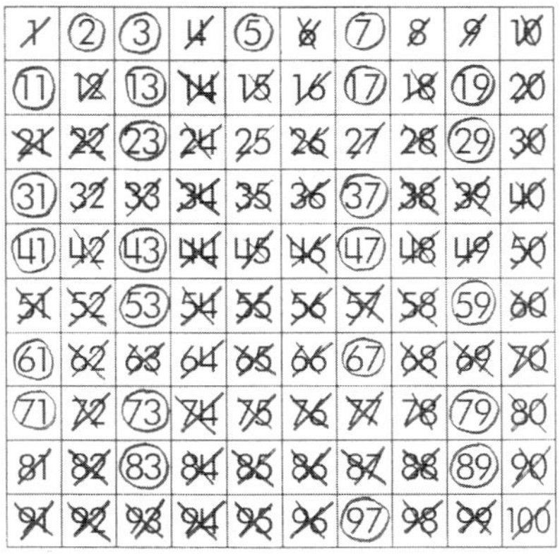

증명: 일단 소수의 개수가 유한하다고 가정한다. 그래서 n개의 소수만 있다고 하고 이들 소수를 $p_1, p_2, p_3, \cdots, p_n$이라 한다. 이제 이들 모든 소수를 곱하고 거기에 1을 더해서 새로운 수 N을 만든다. 그러면

$$N = p_1 p_2 p_3 \cdots p_n + 1$$

이다. 이 때 N은 위의 식에서 보는 것처럼 모든 $p_i\,(i = 1, 2, \cdots, n)$들보다 큰 수이다. 그렇다면 이 새로운 수 N는 어떤 수일까? N이 소수라고 하면, 가정에서 $p_1, p_2, p_3, \cdots, p_n$들이 유한 개 소수의 전체라고 했기 때문에 새로운 소수가 있을 수 없게 된다. 따라서, N은 소수가 될 수 없다.

이제 N이 합성수라고 할 수 있다. 하지만 N을 합성수라고 하면 산술의 기본 정리 (1보다 큰 정수는 항상 소수의 곱으로 나타낼 수 있고 이들의 곱은 순서에 상관없이 오직 한 가지 방법뿐이다)에 의해서 N은 소수들의 곱으로 나타낼 수 있어야 한다. 그런데 모든 소수인 $p_1, p_2, p_3, \cdots, p_n$ 중에서 어느 것으로 N을 나누어도 항상 1이 남게 되므로 N은 $p_1, p_2, p_3, \cdots, p_n$ 중 어느 것으로도 나누어 떨어지지 않는다. 즉, N은 모든 소수인 $p_1, p_2, p_3, \cdots, p_n$에 들어 있지 않은 소수들의 곱으로 나타나게 되는데 이렇게 되면 $p_1, p_2, p_3, \cdots, p_n$이 모든 소수들의 집합이라는

가정에 모순된다. 따라서 소수의 개수는 무한히 많다.

이 증명을 예를 들어서 살펴보자. 모든 소수의 집합을 2, 3, 5라 하자. 그러면 $N=2\cdot 3\cdot 5+1=31$은 모든 소수의 집합에 들어 있지 않은 새로운 소수가 된다. 또 3, 5, 7을 소수 전체의 집합이라고 하면, $N=3\cdot 5\cdot 7+1=106$이 되고 $N=106$은 2와 53의 곱이므로 2와 53이라는 새로운 소수를 얻었다. 이제 31을 포함시켜 새로운 소수 집합을 2, 3, 5, 31로부터 $N=2\cdot 3\cdot 5\cdot 31+1=931=7\cdot 7\cdot 19$가 되어 소수 7과 19를 또 얻게 된다. 이런 과정을 계속하게 되면 무수히 많은 소수를 구할 수 있다.

3. 비유클리드 기하학

수학과 과학의 많은 혁신적인 개념들은 과거의 가정에 의심을 가짐으로써 시작되었다. 원과 극한 X (Circle Limit X)라는 제목의 이 목판화는 M. C. Escher의 작품으로 그는 비유클리드 기하학의 개념을 표현한 예술가였다. 이러한 기하학적 아이디어들은 유클리드의 평행선에 관한 가정을 거부하고 있다.

만약 여러분이 2차원의 평면 세계에 산다고 하자. 이곳에서는 그 세계의 중심으로부터 끝으로 갈수록 모든 것이 작아진다고 한다. 그렇다면 여러분은 이 세계의 끝에 도달할 수 있다고 생각하는가?

앞에서도 언급한 바와 같이 유클리드 기하학은 다음 5가지의 가정 또는 공준에

기초하고 있다:

1. 임의의 두 점을 이은 것을 직선이라고 한다.
2. 임의의 직선은 무한히 연장할 수 있다.
3. 임의의 점이 중심으로 그리고 반지름이 주어지면 원을 그릴 수 있다.
4. 모든 직각은 그 크기가 같다.
5. 한 평면에서 두 직선이 다른 직선과 만나고, 한쪽의 내각의 합이 2 직각보다 작으면 이 두 직선은 서로 만난다.

이 다섯 번째 공준은 이전의 다른 네 가지 것에 비해서 분명하지 않았기 때문에, 많은 수학자들은 이들 네 가지 공준을 사용하여 이 다섯 번째 공준의 증명을 시도하였다. 이 시도는 결코 성공하지 못했지만, 여러 명제들이 이 다섯 번째 공준과 동치라는 사실을 발견하게 되었다:

1. 세 번째 직선이 두 직선 중 한 직선과 만난다면, 이 세 번째 직선은 다른 직선하고도 만난다.
2. 한 직선에 평행인 여러 직선들은 서로 평행하다.
3. 서로 만나는 두 직선은 서로 평행할 수가 없다.
4. 평면상에 직선 l과 이 직선위에 있지 않는 점 P가 주어져 있다면, 이 점 P을 지나면서 직선 l에 평행인 직선은 한 개이며 유일하다.

이들 문장들은 유클리드의 다섯 번째 공준을 증명하는데 사용될 수 있기 때문에 이 다섯 번째 공준과 동치이다. 위의 네 번째 문장이 바로 대부분의 현대의 수학자들이 "유클리드의 다섯 번째 공준" 또는 "평행선 공준"이라고 하는 것이다.

수 백년동안 수학자들은 이 평행선 공준을 증명하려고 했지만 결국 불가능하다는 결론에 이르게 되었다. 심지어 많은 수학자들은 과연 이 평행선 공준이 참인지에 대해서도 의문을 가지기도 했다.

만약 이 평행선 공준이 참이 아니라면, 이 공준에 의존하고 있는 여러 정리들 또한 그 진위여부에 의문을 낳게 된다. 이러한 정리들 중 한 가지가 바로 삼각형의 내각의 합에 관한 것이다. 이 정리를 증명하기 위해서는 한 꼭지점을 지나면서 이 꼭지점의 대변과 평행한 직선을 작도해야 한다. 위대한 수학자인 가우스 (Karl Friedrich

Gauss, 1777-1855)는 삼각형의 세 내각의 합이 180°인지 알아보기 위하여 세 곳의 다른 산의 정상을 연결하여 실제로 측정을 해 보았다고도 한다.

어떤 수학자들은 다른 접근을 시도하였다. 이들은 평행선 공준을 사용하지 않고서도 완전히 새로운 기하학을 전개할 수 있음을 발견하였다. 평행선 공준이 성립하지 않는 이것을 비유클리드 기하학(Non-Euclidean geometries)이라고 한다. geometries의 복수형에서 알 수 있듯이 여러 기하학이 여기에 속하는데 놀랍게도 이들 새로운 기하학에는 전혀 모순이 없다고 한다.

구면 기하학 (Spherical Geometry)

지구의 표면에 관한 기하학은 일종의 비유클리드 기하학인데 수학자 리만 (G. F. B. Riemann, 1826-1866)이 발견했다고 해서 리만 기하학 (Riemannian geometry)이라고 한다. 이 구면 기하학에서는 구의 대원을 직선으로 정의한다. 즉, 대원이란 구를 정확히 반으로 나누는 원을 말한다. 이 기하학에서는 모든 대원들이 서로 만나기 때문에 평행선이란 존재하지 않는다.

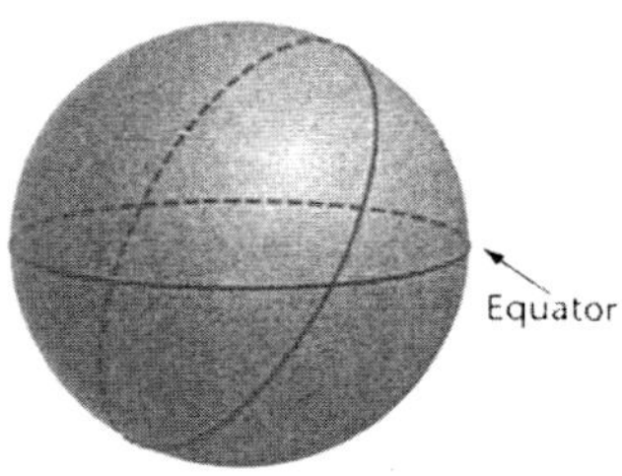

All great circles intersect.

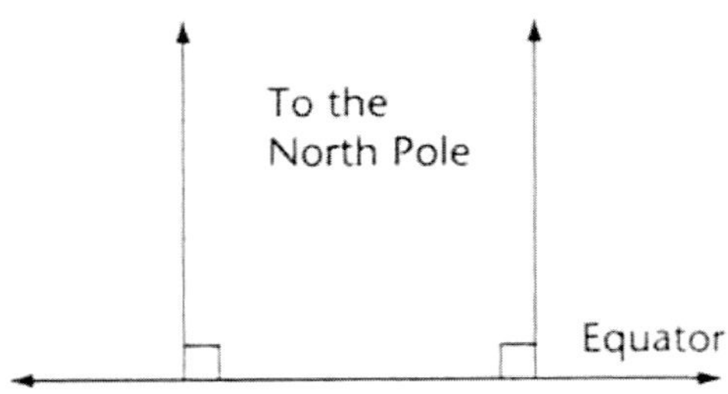

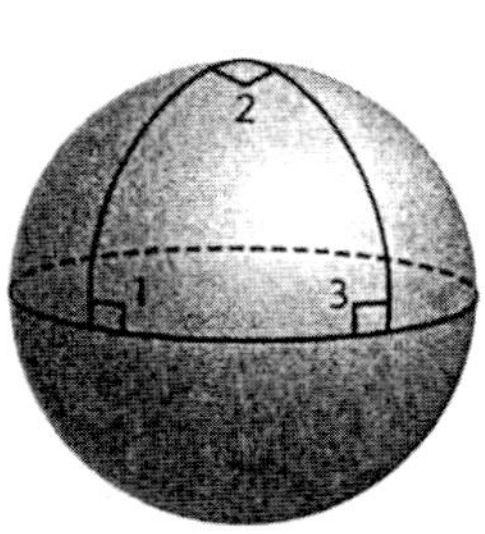

$m\angle 1 + m\angle 2 + m\angle 3 < 270°$

두 명의 초인적인 마라토너가 적도에서 출발하여 북극을 향해서 달리고 있다고 해 보자. 이들의 코스는 그림에서처럼 적도와 직각을 이룬다. 이들이 북극에 가까워질 때 이들의 코스는 어떻게 될까? 평면에서 이와 똑같은 일이 생긴다면 어떤 차이점이 있을까?

평면 기하학에 관련된 증명을 하면서 평행선 공준을 사용한 정리들은 이 구면 기하학에서는 모두 거짓이 된다. 예를 들면, 구면에서는 삼각형의 세 내각의 합은 그림에서와 같이 180°보다 크다.

◎ "말안장"에 관한 쌍곡 기하학 (Hyperbolic Geometry on a Saddle)

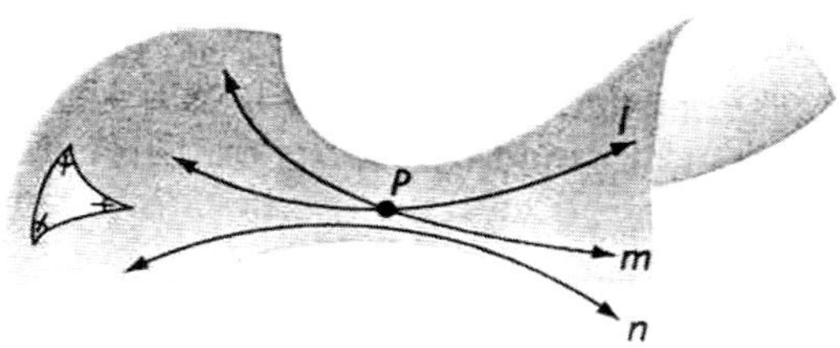

곡선이 바깥쪽으로 향하는 구의 표면과는 달리, 말안장의 표면에서 곡선은 안쪽으로 향한다. 이러한 면에서는 한 점을 지나면서 주어진 직선에 평행한 직선이 하나 이상 존재한다. 사실 이 기하학에서는 이러한 직선이 무수히 많이 존재한다. 이 말안장과 같은 표면에 대한 기하학은 쌍곡 기하학 또는 로바체프스키 기하학의 한 예이다. 로바체프스키 (Lobachevski, 1773-1856)는 독자적으로 이런 유형의 기하학을 발견한 두 명의 수학자 중에서 한 명인데, 볼리야이 (Janos Bolyai, 1802-1860)가 다른 수학자이다.

이 쌍곡 기하학에서는 직선이란 두 점을 연결하는 가장 짧은 거리를 말한다. 그림에서 보는 것처럼 직선 l과 m은 점 P를 지나면서 직선 n과는 결코 만나지 않기 때문에 둘 다 직선 n에 평행이다. 또한 삼각형의 세 내각의 합에 대한 정리도 성립하지 않는다. 말안장의 표면에서는 삼각형의 세 내각의 합은 180°보다 작다.

◎ 포앙카레의 쌍곡 기하학 모델 (Poincare's Model of Hyperbolic Geometry)

앞에서 본 에셔의 목판화에 있는 그림은 프랑스 수학자인 포앙카레 (Henri Poincaré, 1854-1912)가 상상했던 3차원의 우주를 표현해 놓은 것이다. 물리학과 열역학에 많은 관심을 가졌던 포앙카레는 그가 상상했던 우주의 기하학적 성질을 물리학적으로 추론하였다.

포앙카레가 상상하는 우주에서는 중심의 온도가 가장 높고 중심에서 끝으로 갈수록 절대 영점에 가까워진다. 이 체계에 대한 포앙카레가 만든 규칙에 따르면 어느 누구도 온도의 변화를 감지하지 못한다고 한다. 포앙카레의 우주에서는 물체의 크기는 이들의 온도와 비례한다. 어떤 물체가 이 우주의 중심으로부터 멀어지면 멀어질수록 크기도 점점 작아진다. 심지어 자를 포함한 모든 것의 크기가 줄어들기 때문에 크기가 변화하는 것을 감지할 방법이 없다. 원의 중심에 있을 때 허리 높이까지 온 탁자는 사람이 중심에서 멀어지면 여전히 허리 높이까지 온다. 실제적으로 거리 측정치가 계속 줄어들기 때문에 아무리 멀리 이동했다고 하더라도 절대 이 세계의 끝에 도달할 수가 없다.

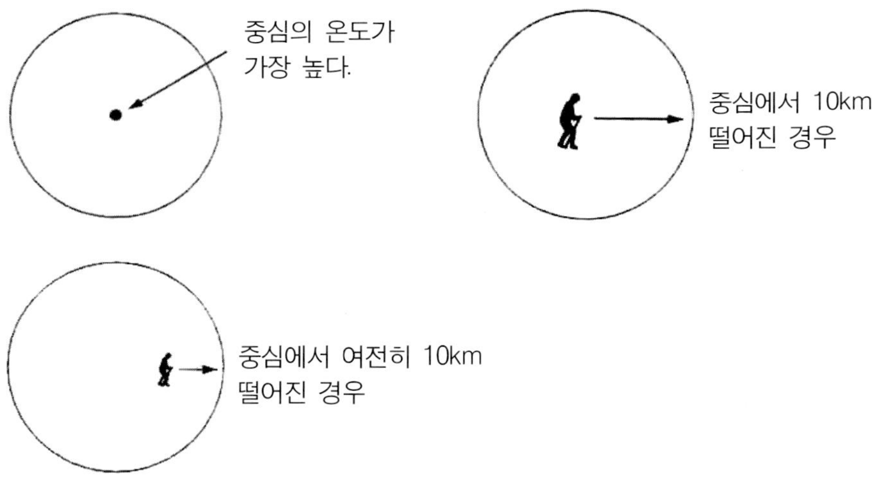

아래 그림의 휘어진 호는 포앙카레의 우주에서 직선의 빛이 이동하는 경로를 나타낸 것이다. 이 세계에서 이들 휘어진 호들이 바로 “직선”이 된다. 이 원의 원주 가까이에 있는 선은 비록 상대적으로 직선의 형태를 하고 있지만 원의 중심을 가까이에서 지나는 직선들보다 더 크게 휘어진다. 포앙카레 세계에서 직선의 또 다른 특징은 이 직선들이 바깥쪽 원과 “수직”이라는 사실이다. 그래서 포앙카레의 기하학에서는 “직선”은 두 점을 연결하는 수직 호를 말한다. 이것이 두 점을 연결하는 가장 짧은 거리인 셈이다. A 지점에서 B 지점까지 간다고 할 때, 이 곡선이 직선보다 더 짧은 거리이다. 그 이유는 이 원의 중심으로 가까이 지날수록 사물의 크기가 커져서 걷는 사람이나 보폭이 점점 더 커지기 때문이다. 그래서 B 지점으로 직선으로 가는 것보다 중심에 가까이 지나도록 휘어서 걸을수록 한 번의 보폭이 차지하는 거리는 더 길어진다.

포앙카레의 기하학에서도 주어진 직선에 평행하면서 한 점을 지나는 직선은 한 개 이상이다. 예를 들어, 점 C를 지나는 두 직선 $\overleftrightarrow{DE}$과 $\overleftrightarrow{FG}$는 직선 $\overleftrightarrow{AB}$에 평행하다. 그 이유는 무엇일까? 따라서, 포앙카레 기하학도 쌍곡 또는 로바체프스키 기하학의 한 예가 된다. 마지막으로 포앙카레 기하학에서 삼각형의 세 내각의 합은 말안장 기하학에서와 마찬가지로 180°보다 작게 된다.

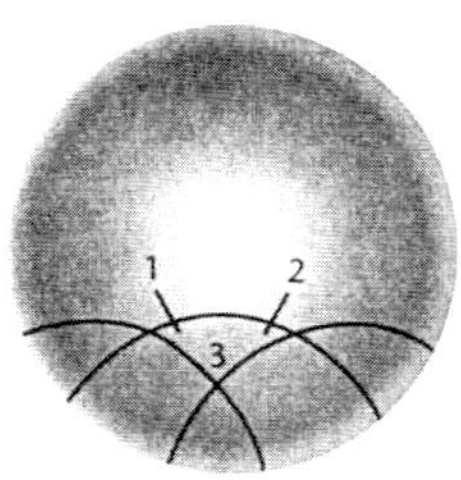

$m\angle 1 + m\angle 2 + m\angle 3 < 180°$

아인스타인 (Albert Einstein, 1879-1955))의 일반 상대성 이론 (General Theory of Relativity)에서 말하는 공간은 유클리드 식이 아니다. 실제로 중력이나 가속도의 영향 때문에 공간은 곡선형이 된다. 이미 그 이전에 발견된 이러한 비유클리드 기하학은 아인스타인이 우주의 근본적인 법칙을 설명하는데 영감과 훌륭한 도구를 제공한 것이다.

4. 삼각형의 넓이와 헤론의 공식

고등학생들에게 세 변의 길이가 주어진 삼각형의 넓이를 구하는 문제를 풀어보라고 하면, 아마도 대부분의 학생들이 아무런 주저함 없이 암기했던 헤론의 공식을 이용하여 쉽게 그 넓이를 구할 것이다. 이 넓이를 구하는 과정은 너무 쉬워서 수학 교사들조차도 특별한 의미 없이 공식을 소개하곤 한다. 이렇게 해서 학생들은 헤론의 공식이 가지고 있는 수학적이며 실용적 우수성을 인식하지 못한 채 수많은 공식 중의 하나로 생각하게 된다. 수학에 있는 각 공식은 그것의 발명(또는 아마도 발견에 의해) 때부터 오늘날까지 긴 역사의 노력을 반영하는 것이다. 최초의 발명자에 의한 증명보다 보다 간결하고 우아한 증명을 찾으려는 노력의 역사를 맛보는 것은 수학이라는 학문이 절대 불변의 지식이 아니라 끊임없는 변화를 거듭하는 성장 과정에 있는 학문임을 깨닫게 하는 좋은 수학지도 방법이라고 생각한다. 따라서, 이 글에서는 고등학교 공통 수학에 나오는 헤론의 공식에 대한 보다 깊은 이해를 돕고자 헤론의 업적과 그의 공식에 관련된 다양한 다른 증명 방법을 소개한다.

헤론은 고대 그리스 수학자이지만 연역적이고 수학의 엄밀한 사고 및 순수 학문적 성격만을 강조한 이때의 수학적 흐름과는 달리 수학의 실용성을 연구했다는 점에서 그리스인이 아니라 이집트나 바빌로니아 사람이라는 추측도 있다. 헤론의 생애에 대해서는 알려진 것이 거의 없으며 심지어 그가 살았던 연대에 대해서도 의견이 분분해서 기원전 150년경이라는 추측도 있다. 하지만 아르키메데스 이후의 사람이라는 사실은 분명하다. 알렉산드리아에서 활동을 했고 수학, 역학, 측량, 기계 제작, 의학 등 광범위한 분야에 걸쳐 업적을 남겼으며, 특히 수학에 대해서는 놀랄 만큼 많은 것이 알려져 있다. 그 예로 이차방정식의 해법과 삼각형 세 변의 길이만으로 삼각형의 면적을 구하는 헤론의 공식은 널리 알려져 있다. 헤론이 남긴 저서는 크게 두 가지로 분류할 수 있는데, 하나는 기하학에 관한 내용으로 주로 측량에 관한 것이고 또 하나는 역학에 관한 것이다. 기하학에 관한 내용 중 가장 중요한 것인 <측량술>은 세 권의 책으로 구성되어 있는데, 제 1권에는 헤론의 공식을 포함해서 정사각형, 직사각형, 사다리꼴, 여러 가지 사변형 그리고 이등변삼각형에서 12각형까지의 다각형, 원, 타원, 포물선 등 평면 도형의 넓이와 원기둥, 원추, 구면띠 등의 곡면적를 구하는 것에 대해서 다루고 있다. 제 2권에서는 원추, 원기둥, 각기둥, 피라미드 등 입체 도형의 부피를 구하는 것에 대해서 다루고 있으며, 제 3권에서는 넓이와 부피 등을 주어진 비로 나누는 문제를 다루고 있다.

한편 헤론은 발명가로도 이름을 떨쳤는데 지레와 나사의 단일기계, 증기력, 수력을 이용한 장치 등 응용과학 분야 그리고 최초의 엔진 발명으로도 이름을 떨쳤다. 또한 빛의 입사각과 반사각의 크기가 같다는 빛의 반사법칙을 이끌어내는 등 고대 사람들 중 빛이 직진한다는 사실을 처음으로 이론화했다.

헤론은 몇 가지 기본적인 명제들을 사용하여 자신의 공식을 증명하였다. 다음은 이러한 5개의 명제들이다. <명제 1>은 유클리드의 <원론> Ⅳ. 4의 명제인데, 각의 2등분선이 만나는 내심(內心)에 관한 것이다.

<명제 1>

삼각형의 각의 2등분 선들은 한 점에서 만나고, 그 점은 삼각형에 내접하는 원의 중심과 같다.

아래의 명제는 유클리드의 <원론> Ⅵ.8의 명제이다.

<명제 2>

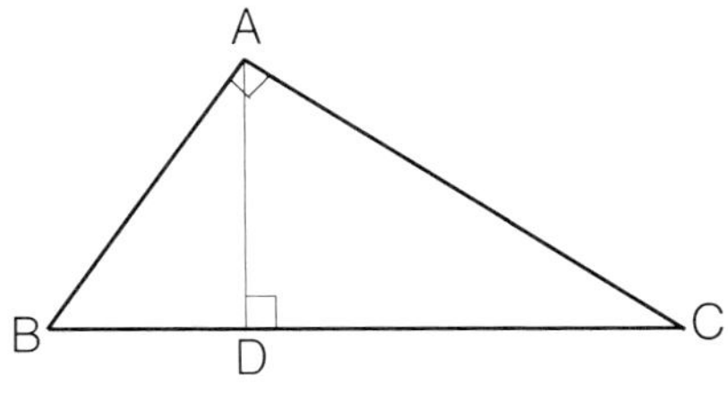

직각삼각형에서 직각의 꼭지점으로부터 밑변으로 수선을 그려서 만들어진 이웃하는 두 삼각형은 원삼각형과 각각 닮은꼴이며, 이웃하는 두 삼각형도 또한 서로 닮은꼴이다.

<명제 3>

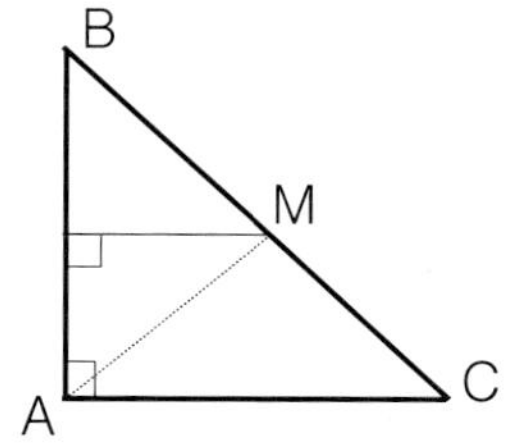

직각삼각형에서 빗변의 중점은 세 꼭지점에서 같은 거리에 있다.

<명제 4>

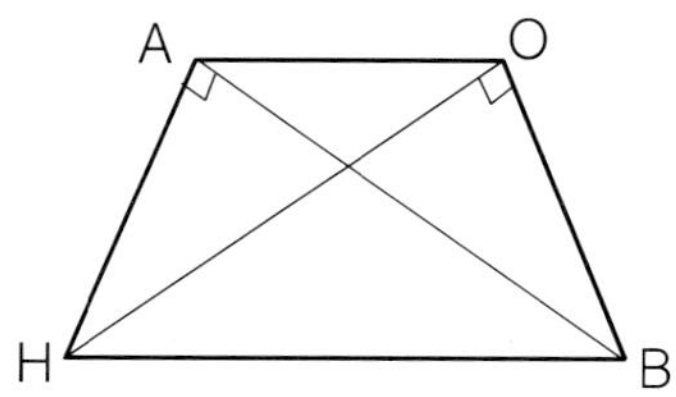

만약 AHBO가 대각선을 각각 AB와 OH로 하는 사각형으로 ∠HAB와 ∠HOB가 직각이면, 네 점 A, O, B와 H를 모두 지나는 원을 그릴 수 있다.

<명제 5>

원에 내접하는 사각형의 맞각의 합은 2직각이다.

이 5가지의 명제들을 사용하여 헤론은 고등학교 공통수학에 나오는 다음의 정리를 증명하였다.

삼각형에서, K를 삼각형의 넓이, a, b, c 를 각각 세 변의 길이, s를 반둘레 $\frac{1}{2}(a+b+c)$라 할 때,

$$K=\sqrt{s(s-a)(s-b)(s-c)}$$

가 성립한다.

이 정리에 대한 헤론 자신의 증명은 3 단계로 나누어진 긴 증명으로 참고 자료(Dunham, 1990)에 잘 제시되어 있다. 헤론의 정리에 대한 증명은 처음에는 도대체 무엇을 하고 있는지도 모를 정도로 길고 우회적이고 복잡하지만 마지막에 가면 우

리가 알고 있는 헤론의 삼각형의 넓이를 구하는 대수식을 유도해 내고 있다. 그리고 이 책에는 헤론의 정리를 이용하여 기하학적인 도형 없이 순수한 대수적 방법에 의한 증명을 제시하고 있다.

다음에 소개되는 증명들은 모두 헤론의 공식을 유도하는 다른 증명법들이다. 어떤 증명은 이미 알고 있는 증명일 것이다. 고등학생들에게 이렇게 다양한 증명 방법을 모두 소개할 필요는 없겠지만, 교사가 나름대로 중요하다고 생각되는 몇 가지를 소개해 주는 것은 "수학에는 답이 유일하다"는 수학에 대한 학생들의 잘못된 인식을 깨우쳐 줄 수도 있을 것이다. 또한 수학에 재능이 있는 고등학생들에게는 또 다른 증명의 요구는 새로운 도전으로 인식될 수 있는 좋은 기회가 될 수 있을 것이다. 이것은 마치 200여 개가 넘는 피타고라스의 증명이 존재하는 데도 교과서에는 한 두 가지만 소개되어 있어 학생들은 마치 그 증명들이 긴 수학사에서 나타난 모든 노력인 것처럼 인식할 수도 있다.

헤론의 공식은 실용성을 중시하는 그의 수학적 성향처럼 뛰어난 적용력을 지닌 것이다. 어떠한 삼각형이 주어지더라도 세 변의 길이만 측정하면 그 넓이를 계산할 수 있다는 것은 아마 고대인들의 토지 측량을 아주 쉽게 만들었을 것이다. 또한 삼각형 모양이 아니더라도 직선으로만 둘러싸인 도형이라면 몇 개의 삼각형의 합으로 분할 가능하기 때문에 사실상 모든 다각형의 넓이를 이 헤론의 공식으로 계산할 수 있는 것이다. 다음의 내용들은 위의 헤론의 공식의 적용 예와 다른 증명 방법들을 소개하고 있다.

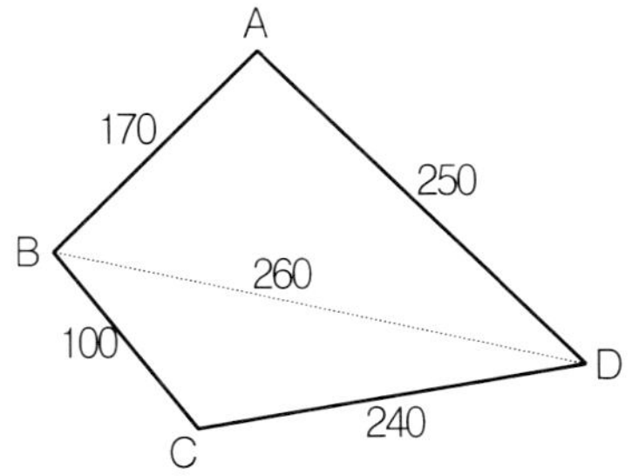

네 변으로 된 오른쪽 모양의 땅의 넓이를 계산해서 세금을 부과하려고 한다. 각 변을 측정한 길이가 m로 표시되어 있다. 그러면 이 땅의 넓이는 얼마가 될까?

<풀이>

$\triangle$ABD의 넓이를 계산하기 위해 $a=260$, $b=250$, $c=170$ 이라 하자.

$$s=\frac{1}{2}(a+b+c)=\frac{260+250+170}{2}=340$$

$$\begin{aligned}\triangle\text{ABD의 넓이} &= \sqrt{s(s-a)(s-b)(s-c)} \\ &= \sqrt{340(340-260)(340-250)(340-170)} \\ &= 20400\end{aligned}$$

△BCD의 넓이를 계산하기 위해 a=100, b=240, c=260이라 하자.

$$s=\frac{1}{2}(a+b+c)=\frac{100+240+260}{2}=300$$

$$\begin{aligned}\triangle\text{BCD의 넓이} &= \sqrt{s(s-a)(s-b)(s-c)} \\ &= \sqrt{300(300-100)(300-240)(300-260)} \\ &= 12000\end{aligned}$$

따라서, □ABCD의 넓이 = 20400 + 12000
= 32400 (m^2)

이 내용은 고등학교 공통수학 교과서에도 나오는 것으로 헤론의 공식을 직접 대입하면 쉽게 나온다. 너무 쉽기 때문에 학생들은 이 공식의 우수함과 편리함을 자칫 잊어버리기 쉽다.

다음의 예는 헤론의 공식으로부터 피타고라스의 정리를 유도하는 것이다.

▶ 헤론의 공식으로부터 피타고라스 정리 유도 1 ◀

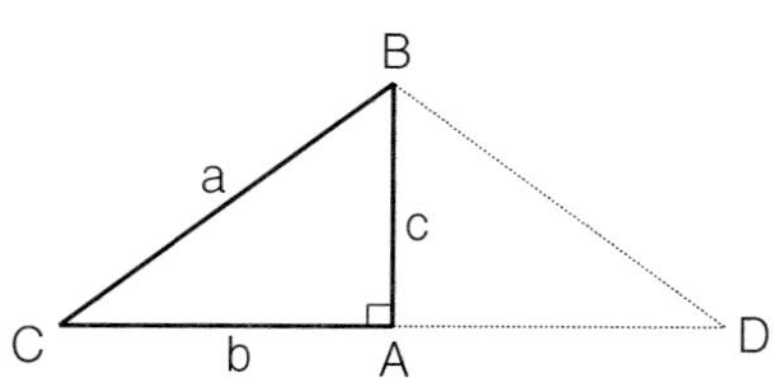

직각삼각형 BAC에서 ∠BAC가 직각이고 각 변을 a, b, c 라고 하자. CA를 연장하여 AC = AD = b 가 되게 하고 그 점을 D라고 하자.

<증명>

1) △BAC ≡ △BAD이다.

(∵ BA : 공통, ∠BAD = 90°, AC = AD, SAS 합동)

2) △DBC의 반둘레의 길이는 $s=a+b$ 이다.

(∵ △BAC ≡ △BAD 이므로 BC = BD = a

$$\triangle\text{DBC에서}\ s=\frac{BC+CD+BD}{2}=\frac{a+2b+a}{2}=\frac{2a+2b}{2}=a+b$$

3) △DBC의 넓이 $=\sqrt{b^2(a^2-b^2)}$ 이다.

(∵ △DBC의 넓이 $=\sqrt{s(s-a)(s-b)(s-c)}$

2)에 의해 $s=a+b$ 이고 각 변의 길이는 a, $2b$, a이다.

$$\triangle\text{DBC의 넓이}=\sqrt{(a+b)[(a+b)-a][(a+b)-2b][(a+b)-a]}=\sqrt{(a+b)(b)(a-b)(b)}=\sqrt{(a+b)(a-b)(b^2)}=\sqrt{b^2(a^2-b^2)}$$

4) 삼각형의 넓이 = $\frac{1}{2}$(밑변)(높이) 에 따르면

△DBC 의 넓이 = $\frac{1}{2}$(2b)(c) = bc 이다.

5) 위의 3), 4) 사실들을 종합해 보면,

△DBC 의 넓이 $=\sqrt{b^2(a^2-b^2)}=bc$

양변을 제곱하면,

$$(\sqrt{b^2(a^2-b^2)})^2=(bc)^2$$

$$b^2(a^2-b^2)=b^2c^2$$

$$a^2-b^2=c^2$$

따라서, $a^2=b^2+c^2$ 이라는 피타고라스 정리가 유도되었다.

아래의 예는 헤론의 공식을 이용한 피타고라스 정리의 또 다른 유도 방법을 보여주고 있다.

▶ 헤론의 공식으로부터 피타고라스 정리 유도 2 ◀

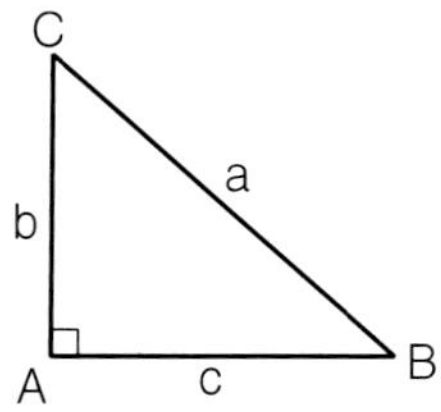

△ABC는 빗변을 a로 하고 두 변의 길이를 b, c로 하는 직각 삼각형이다.

<증명>

$s=\frac{1}{2}(a+b+c)$라 하면, 다음의 식들이 성립한다.

$$s-a=\frac{1}{2}(a+b+c)-a=\frac{-a+b+c}{2}$$

$$s-b=\frac{1}{2}(a+b+c)-b=\frac{a-b+c}{2}$$

$$s-c=\frac{1}{2}(a+b+c)-c=\frac{a+b-c}{2}$$

그러면,

$$(a+b+c)(-a+b+c)(a-b+c)(a+b-c)$$
$$=[(b+c)+a][(b+c)-a][a-(b-c)][a+(b-c)]$$
$$=[(b+c)^2-a^2][a^2-(b-c)^2]$$
$$=(b^2+2bc+c^2-a^2)(a^2-b^2+2bc-c^2)$$
$$=[2bc+(b^2+c^2-a^2)][2bc-(b^2+c^2-a^2)]$$
$$=(2bc)^2-(b^2+c^2-a^2)^2$$
$$=4b^2c^2-(b^2+c^2-a^2)^2$$

따라서,

$$K=\sqrt{s(s-a)(s-b)(s-c)}$$
$$=\sqrt{(\frac{a+b+c}{2})(\frac{-a+b+c}{2})(\frac{a-b+c}{2})(\frac{a+b-c}{2})}$$
$$=\frac{1}{4}\sqrt{(a+b+c)(-a+b+c)(a-b+c)(a+b-c)}$$
$$=\frac{1}{4}\sqrt{4b^2c^2-(b^2+c^2-a^2)^2}$$

그런데, 직각 삼각형 ABC의 넓이는 $K=\frac{1}{2}bc$이므로

$$\frac{1}{2}bc \;=\frac{1}{4}\sqrt{4b^2c^2-(b^2+c^2-a^2)^2}$$

$$\frac{1}{4}b^2c^2=\frac{1}{16}[4b^2c^2-(b^2+c^2-a^2)^2]$$

$$4b^2c^2=4b^2c^2-(b^2+c^2-a^2)^2$$

$$(b^2+c^2-a^2)^2=0$$

$$b^2+c^2-a^2=0$$

따라서, $a^2=b^2+c^2$이다.

다음의 예는 코사인 제 2법칙 $a^2=b^2+c^2-2bc\cos\alpha$ 를 이용한 헤론의 공식에 대한 잘 알려진 증명이다.

▶ 헤론의 공식 증명 방법 1 ◀

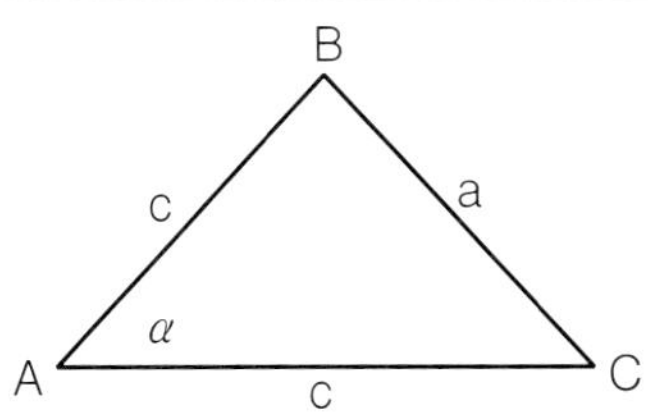

△ABC의 세 변을 각각 a, b, c 라 하고 한 각을 α라고 하자.

<증명>

1) △ABC의 넓이는 $s=\frac{1}{2}bc\sin\alpha$ 이다.

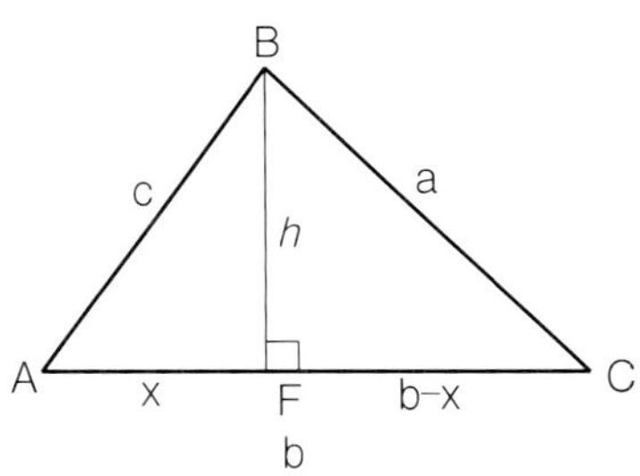

(∵ B에서 AC에 내린 수선의 길이를 h라 하고 그 교점을 F라 하자.

그러면 △AFB에서 $\sin\alpha=\frac{h}{c}$

$h=c\sin\alpha$ 이다.

△AFB의 밑변의 길이를 x 라 두면, 그 넓이는

△AFB 의 넓이 $=\frac{1}{2}xh=\frac{1}{2}xc\sin\alpha$

△CFB 의 넓이 $= \frac{1}{2}(b-x)h = \frac{1}{2}(b-x)c\sin\alpha$

따라서, △ABC 의 넓이 = △AFB 의 넓이 + △CFB 의 넓이

$$= \frac{1}{2}xc\sin\alpha + \frac{1}{2}(b-x)c\sin\alpha$$

$$= \frac{1}{2}c\sin\alpha(x+b-x)$$

$$= \frac{1}{2}bc\sin\alpha$$

2) 코사인 제 2법칙과 $\sin^2\alpha + \cos^2\alpha = 1$ 을 이용한다.

$$\sin^2\alpha = 1-\cos^2\alpha = (1+\cos\alpha)(1-\cos\alpha)$$

$$= (1+\frac{b^2+c^2-a^2}{2bc})(1-\frac{b^2+c^2-a^2}{2bc})$$

$$= [\frac{2bc+b^2+c^2-a^2}{2bc}][\frac{2bc-b^2-c^2+a^2}{2bc}]$$

$$= [\frac{(b^2+2bc+c^2)-a^2}{2bc}][\frac{a^2-(b^2-2bc+c^2)}{2bc}]$$

$$= \frac{(b+c)^2-a^2}{2bc}\cdot\frac{a^2-(b-c)^2}{2bc}$$

$$= \frac{(b+c+a)(b+c-a)(a+b-c)(a-b+c)}{4b^2c^2}$$

$$= \frac{(a+b+c)(-a+b+c)(a+b-c)(a-b+c)}{4b^2c^2}$$

$2s = a+b+c$ 이므로

$$2s-2a = a+b+c-2a = -a+b+c$$

$$2s-2b = a+b+c-2b = a-b+c$$

$$2s-2c = a+b+c-2c = a+b-c$$

그래서,

$$\sin^2\alpha = \frac{2s(2s-2a)(2s-2c)(2s-2b)}{4b^2c^2}$$

$$= \frac{16s(s-a)(s-b)(s-c)}{4b^2c^2}$$

$$= \frac{4s(s-a)(s-b)(s-c)}{b^2c^2}$$

그런데, $0 < A < 180°$ 이므로, $\sin A > 0$ 가 되어야 한다.
따라서,

$$\sin\alpha = \sqrt{\frac{4s(s-a)(s-b)(s-c)}{b^2c^2}} = \frac{2\sqrt{s(s-a)(s-b)(s-c)}}{bc}$$

이고 1)에 의해 $s = \frac{1}{2}bc\sin\alpha$ 이므로

$$\frac{1}{2}bc\sin\alpha = \sqrt{s(s-a)(s-b)(s-c)}$$

$$\therefore\ s = \sqrt{s(s-a)(s-b)(s-c)}$$

위의 증명은 코사인 제 2 법칙 외에 $\sin^2\alpha + \cos^2\alpha = 1$이라는 삼각함수의 항등식을 사용하고 있다.

다음의 증명 또한 삼각 함수를 사용한 것이지만 증명에 이용된 항등식은 삼각함수의 덧셈정리인 $\sin(\alpha\pm\theta) = \sin\alpha\cos\theta\pm\cos\alpha\sin\theta$와 $\cos(\alpha\pm\theta) = \cos\alpha\cos\theta\pm\sin\alpha\sin\theta$이다.

▶ 헤론의 공식 증명 방법 2 ◀

오른쪽 그림과 같이 △ABC에 반지름이 r인 내접하는 원이 있다고 하자. 그리고 이 삼각형의 세 내각을 각각 α, β, γ라고 하자. 그리고 변 BC, AC, AB의 길이를 각각 a, b, c라고 하자.

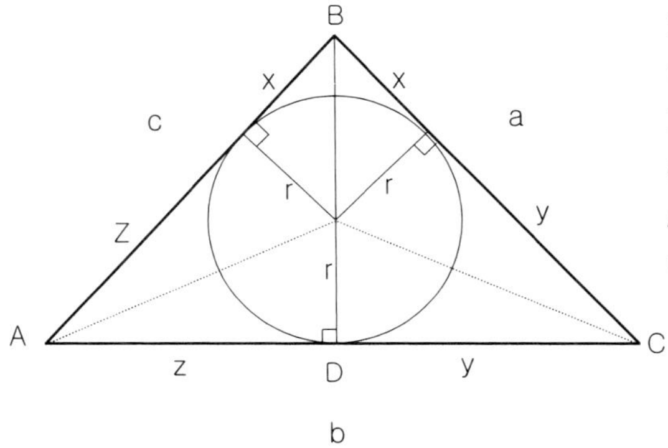

오른쪽 그림과 같이 △ABC에 반지름이 r인 내접하는 원이 있다고 하자. 그리고 이 삼각형의 세 내각을 각각 α, β, γ라고 하자. 그리고 변 BC, AC, AB의 길이를 각각 *a, b, c*라고 하자.

<증명>

1) 어떤 각 δ, θ에 대해서 $\tan(\delta+\theta)=\dfrac{\tan\delta+\tan\theta}{1-\tan\delta\tan\theta}$가 성립한다. 이것과 다음 2)의 사실을 이 증명에서 이용한다.

2) 만약 $\delta+\theta=90°$ 이면, $\tan\delta\tan\theta=1$.

(∵ $\delta=90°-\theta$

$$\begin{aligned}\sin\delta &= \sin(90°-\theta)\\ &= \sin 90°\cos\theta-\cos 90°\sin\theta\\ &= 1\cdot\cos\theta-0\cdot\sin\theta\\ &= \cos\theta\end{aligned}$$

$$\begin{aligned}\cos\delta &= \cos(90°-\theta)\\ &= \cos 90°\cos\theta+\sin 90°\sin\theta\\ &= 0\cdot\cos\theta+1\cdot\sin\theta\\ &= \sin\theta\end{aligned}$$

위의 두 사실을 적용하면

$$\begin{aligned}\tan\delta\tan\theta &= \frac{\sin\delta}{\cos\delta}\cdot\frac{\sin\theta}{\cos\theta}\\ &= \frac{\cos\theta}{\sin\theta}\cdot\frac{\sin\theta}{\cos\theta}\\ &= 1.\end{aligned}$$

3) 만약 α, β, γ가 외접 삼각형의 내각이라면, $\frac{\alpha}{2}+\frac{\beta}{2}+\frac{\gamma}{2}=90°$.

(∵ α, β, γ를 외접 삼각형의 내각이라고 하면

$$\alpha+\beta+\gamma=180°$$

$$\frac{\alpha+\beta+\gamma}{2}=90°$$

$$\frac{\alpha}{2}+\frac{\beta}{2}+\frac{\gamma}{2}=90°$$

4) $\tan\frac{\alpha}{2}\tan\left(\frac{\beta}{2}+\frac{\gamma}{2}\right)=1$.

$(\because \ \frac{\alpha}{2}+\frac{\beta}{2}+\frac{\gamma}{2}=\frac{\alpha}{2}+(\frac{\beta}{2}+\frac{\gamma}{2})=90^\circ$

2)에 의해서 $\delta+\theta=90^\circ$ 이면, $\tan\delta\tan\theta=1$ 이므로

$\delta=\frac{\alpha}{2}$, $\theta=\frac{\beta}{2}+\frac{\gamma}{2}$라 두면

$\tan\frac{\alpha}{2}\tan(\frac{\beta}{2}+\frac{\gamma}{2})=1$이 된다.

5) $1=\tan\frac{\alpha}{2}\tan\frac{\beta}{2}+\tan\frac{\alpha}{2}\tan\frac{\gamma}{2}+\tan\frac{\beta}{2}\tan\frac{\gamma}{2}$

$(\because \ \tan\frac{\alpha}{2}\tan\frac{\beta}{2}+\tan\frac{\alpha}{2}\tan\frac{\gamma}{2}+\tan\frac{\beta}{2}\tan\frac{\gamma}{2}$

$=\tan\frac{\alpha}{2}(\tan\frac{\beta}{2}+\tan\frac{\gamma}{2})+\tan\frac{\beta}{2}\tan\frac{\gamma}{2}$

1)을 적용하면, $\tan(\frac{\beta}{2}+\frac{\gamma}{2})=\dfrac{\tan\frac{\beta}{2}+\tan\frac{\gamma}{2}}{1-\tan\frac{\beta}{2}\tan\frac{\gamma}{2}}$이고

따라서, $\tan\frac{\beta}{2}+\tan\frac{\gamma}{2}=\tan(\frac{\beta}{2}+\frac{\gamma}{2})(1-\tan\frac{\beta}{2}\tan\frac{\gamma}{2})$.

$=\tan\frac{\alpha}{2}\left[\tan(\frac{\beta}{2}+\frac{\gamma}{2})(1-\tan\frac{\beta}{2}\tan\frac{\gamma}{2})\right]+\tan\frac{\beta}{2}\tan\frac{\gamma}{2}$

$=\tan\frac{\alpha}{2}\left[\tan(\frac{\beta}{2}+\frac{\gamma}{2})-\tan(\frac{\beta}{2}+\frac{\gamma}{2})\tan\frac{\beta}{2}\tan\frac{\gamma}{2}\right]+\tan\frac{\beta}{2}\tan\frac{\gamma}{2}$

$=\tan\frac{\alpha}{2}\tan(\frac{\beta}{2}+\frac{\gamma}{2})-\tan\frac{\alpha}{2}\tan(\frac{\beta}{2}+\frac{\gamma}{2})\tan\frac{\beta}{2}\tan\frac{\gamma}{2}+\tan\frac{\beta}{2}\tan\frac{\gamma}{2}$

4)에 의하여

$=1-1\times\tan\frac{\beta}{2}\tan\frac{\gamma}{2}+\tan\frac{\beta}{2}\tan\frac{\gamma}{2}$

$=1$.

6) $1=\frac{r^2}{xz}+\frac{r^2}{yz}+\frac{r^2}{xy}$

$(\because$ 5)에 의해서

$1=\tan\frac{\alpha}{2}\tan\frac{\beta}{2}+\tan\frac{\alpha}{2}\tan\frac{\gamma}{2}+\tan\frac{\beta}{2}\tan\frac{\gamma}{2}$

위의 그림에 의하면

$$\tan\frac{\alpha}{2}=\frac{r}{z},\quad \tan\frac{\beta}{2}=\frac{r}{x},\quad \tan\frac{\gamma}{2}=\frac{r}{y}$$

따라서, $\frac{r^2}{xz}+\frac{r^2}{yz}+\frac{r^2}{xy}=\frac{r}{x}\cdot\frac{r}{z}+\frac{r}{y}\cdot\frac{r}{z}+\frac{r}{x}\cdot\frac{r}{y}$

$$=\tan\frac{\beta}{2}\tan\frac{\alpha}{2}+\tan\frac{\gamma}{2}\tan\frac{\alpha}{2}+\tan\frac{\beta}{2}\tan\frac{\gamma}{2}$$

5)에 의해서

$=1.$

7) $r^2=\frac{xyz}{s}$

(∵ 6)에 의하면 $1=\frac{r^2}{xz}+\frac{r^2}{yz}+\frac{r^2}{xy}$

$$=\frac{yr^2}{xyz}+\frac{xr^2}{xyz}+\frac{zr^2}{xyz}$$

$$=\frac{r^2(x+y+z)}{xyz}$$

따라서, $r^2(x+y+z)=xyz$이고 $s=x+y+z$라 하면,

$$r^2=\frac{xyz}{x+y+z}=\frac{xyz}{s}.$$

8) 7)에 의해서 $r^2=\frac{xyz}{s}$이다. 그리고

$$x+y=a$$

$$y+z=b$$

$$z+x=c$$

이다. 양변을 더하면

$$2x+2y+2z=2(x+y+z)=a+b+c$$

따라서, $x+y+z=\frac{a+b+c}{2}$가 된다.

$s=x+y+z$라고 하면, $s=x+y+z=\frac{a+b+c}{2}$

$$x=s-(y+z)=s-b$$

$$y=s-(x+z)=s-c$$

$$z=s-(x+y)=s-a$$

$$\begin{aligned}\triangle ABC\text{의 넓이} &= \triangle AOC\text{ 넓이} + \triangle AOB\text{ 넓이} + \triangle BOC\text{ 넓이}\\ &= \frac{1}{2}(y+z)r + \frac{1}{2}(x+z)r + \frac{1}{2}(x+y)r\\ &= \frac{1}{2}r(y+z+x+z+x+y)\\ &= \frac{1}{2}r(2x+2y+2z)\\ &= r(x+y+z)\\ &= sr\end{aligned}$$

따라서,

$$\begin{aligned}K &= sr\\ K^2 &= s^2r^2\\ &= s^2 \cdot \frac{xyz}{s}\\ &= s \cdot (xyz)\\ K &= \sqrt{s(xyz)}\\ &= \sqrt{s(s-b)(s-c)(s-a)}\\ &= \sqrt{s(s-a)(s-b)(s-c)}\end{aligned}$$

따라서, $K=\sqrt{s(s-a)(s-b)(s-c)}$, $s=\dfrac{a+b+c}{2}$.

다음의 증명은 헤론의 긴 대수적 증명보다도 훨씬 간단하고 분명한 증명으로 알려져 있다.

▶ 헤론의 공식 증명 방법 3 ◀

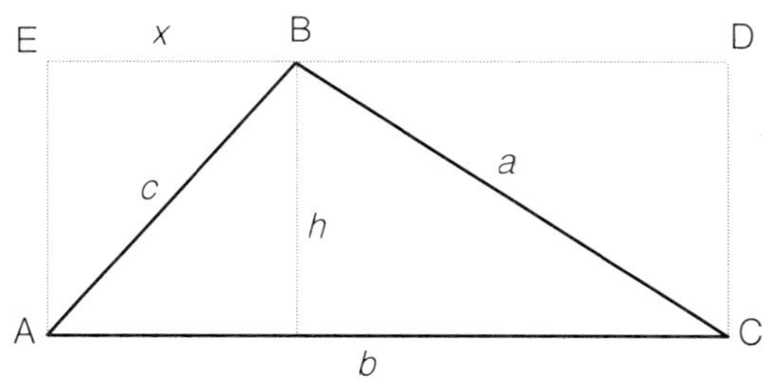

$\triangle ABC$의 세 변을 a, b, c라 하고 $\overline{AC}$는 다른 두 변보다 길거나 같다고 하자. A와 C에서 $\overline{AC}$에 수선을 긋고 $\overline{AC}$와 평행하면서 B를 지나는 직선을 그린다. 이렇게 해서 만나는 두 점을 각각 E와 D라고 하고, $x=\overline{EB}$ 라 두자.

<증명>

1) $x=\dfrac{b^2+c^2-a^2}{2b}$

($\because$ $\triangle AEB$가 직각 삼각형이므로, $c^2=x^2+h^2$

$\triangle CDB$에서 $\overline{BD}=b-x$ 이므로

$$a^2=(b-x)^2+h^2$$

$$a^2=b^2-2bx+x^2+h^2$$

$$a^2=b^2-2bx+c^2 \quad (\Leftarrow \ c^2=x^2+h^2 \ )$$

$$2bx=b^2+c^2-a^2$$

$$\therefore \quad x=\frac{b^2+c^2-a^2}{2b}$$

2) $\triangle ABC$의 넓이 $=K=\dfrac{1}{2}b\sqrt{c^2-x^2}$

($\because$ $\triangle ABC$의 넓이 $=\dfrac{1}{2}bh=\dfrac{1}{2}b\sqrt{c^2-x^2}$

3) 2)에 의하면,

$$K=\frac{1}{2}b\sqrt{c^2-x^2}$$

$$=\frac{1}{2}b\sqrt{c^2-\left(\frac{b^2+c^2-a^2}{2b}\right)^2} \qquad (\Leftarrow \text{1)에 의해})$$

$$=\frac{1}{2}b\sqrt{c^2-\frac{(b^2+c^2-a^2)^2}{4b^2}}$$

$$=\frac{1}{2}b\cdot\frac{1}{2b}\sqrt{4b^2c^2-(b^2+c^2-a^2)^2}$$

$$=\frac{1}{4}\sqrt{4b^2c^2-(b^2+c^2-a^2)^2}$$

$$=\frac{1}{4}\sqrt{(2bc)^2-(b^2+c^2-a^2)^2}$$

$$=\frac{1}{4}\sqrt{\{2bc-(b^2+c^2-a^2)\}\{2bc+(b^2+c^2-a^2)\}}$$

$$= \frac{1}{4}\sqrt{\{a^2-(b^2-2bc+c^2)\}\{(b^2+2bc+c^2)-a^2\}}$$

$$= \frac{1}{4}\sqrt{\{a^2-(b-c)^2\}\{(b+c)^2-a^2\}}$$

$$= \frac{1}{4}\sqrt{(a+b-c)(a-b+c)(b+c+a)(b+c-a)}$$

$$= \sqrt{\frac{(a+b+c)(-a+b+c)(a-b+c)(a+b-c)}{16}}$$

$$= \sqrt{(\frac{a+b+c}{2})(\frac{-a+b+c}{2})(\frac{a-b+c}{2})(\frac{a+b-c}{2})}$$

$s = \dfrac{a+b+c}{2}$라 두면

$$s-a=\frac{a+b+c-2a}{2}=\frac{-a+b+c}{2}$$

$$s-b=\frac{a+b+c-2b}{2}=\frac{a-b+c}{2}$$

$$s-c=\frac{a+b+c-2c}{2}=\frac{a+b-c}{2}$$

따라서, $K=\sqrt{s(s-a)(s-b)(s-c)}$.

지금까지 고등학교 공통수학 교과서에 나오는 헤론의 공식에 대한 여러 가지 측면을 살펴보았다. 그의 수학적 업적에서부터 그의 공식을 이용한 피타고라스의 정리 유도 그리고 다른 증명 방법을 소개하였다. 물론 위의 증명 방법 말고도 몇 가지가 더 소개되어 있지만 지면 관계상 여기서는 다루지 못하고 있다.

한 명의 수학자와 그의 수학적 업적에 대해서 자세하게 살펴보는 것은 학생들에게 그가 발견한 수학적 정리와 증명에 대한 이해의 폭을 넓히며, 또한 다양한 측면에서 그 정리와 증명에 대한 수학사적 변천 과정을 살펴보는 것은 학생들의 수학에 대한 긍정적인 인식을 키우는 데 도움이 될 것이다.

5. 무한의 시작

고등학교 수학교과서의 내용을 살펴보면 수열, 극한, 그리고 미분과 적분의 개념을 다루고 있다. 이들 수학적 개념을 이해하기 위해서는 손에 잡히지도 않고 어디에도 존재하지 않는 '무한'이라는 것을 알아야 한다. 모든 수학적 존재들이 오랜 역사를 통해서 발전되어져 왔는데 이 무한이라는 개념도 긴 역사를 통해서 지금에 이르게 되었다. 수학 시간에 별 생각 없이 자주 세 개의 점이 "..." 수열의 뒤에 찍혀진 것을 보게 된다. 또 "이렇게 계속해서 더해 가면..." "이렇게 계속 나누어 가면..." 이라고 설명하는 것은 이들 내용을 다룰 때 항상 접하게 되는 문구이다. 그렇다면 과연 이 무한이라는 것은 언제, 누가 머릿속에서 생각하기 시작했을까? 무한의 개념을 처음으로 인식하기 시작한 그리스 시대의 아르키메데스 (Archimedes, 287-212 B.C.)의 소진법 (the method of exhaustion)을 소개하고자 한다.

무한은 여러 얼굴을 가지고 있다고 한다. 천문학자는 우주의 무한을 생각하고, 예술가는 상상의 세계를 무한으로 표현하고, 그리고 철학자나 신학자는 영원함, 신성함, 또는 전능함의 표현으로 무한을 생각했었다. 그렇다면 옛날에는 이 무한을 어떻게 인식했을까? 언제부터 무한이라는 개념을 수학적으로 다루기 시작했을까? 이집트 시대에도 과학으로서의 수학은 상당히 발달했었는데, 1858년 스코트랜드의 이집트 학자인 헨리 린드 (Henry Rhind)에 의해 발견되어 명명된 기원전 1650년경의 파피루스인 린드 파피루스 (Rhind Papyrus)에는 84개의 수학 문제가 고대 이집트 문자로 기록되어 있었다고 한다. 하지만 인도, 중국, 바빌론 시대와 마찬가지로 이집트 시대의 수학적 활동의 범위는 부피, 무게, 시간을 측정하는 일과 같은 일상적인 삶의 실용적 문제에만 국한했었다고 한다. 이러한 수학의 실용적 측면이 강조되는 시대에서는 무한의 개념을 생각할 필요가 없었다. 우리 일상생활과 관련된 활동을 살펴보면 무한과는 직접적 관계를 가지는 활동이 없기 때문이다.

하지만 기원전 6세기 무렵부터 그리스에서 수학이 실용성을 떠난 앎 그 자체를 목적으로 여기는 학문으로 바뀌기 시작했다. 이러한 전환은 바로 무한의 존재가 수학 영역의 중심 문제임을 시사하는 것이었다. 그리스인들은 기하학의 대가였다고 한다. 고전 기하학을 정립했고 수학에 수준 높은 엄밀성을 도입하게 되면서 수학을 여타 학문과 구분하는 특징인 증명을 요구하게 되었다고 한다. 그리스인들은 이미 확립된 사실로부터 논리적으로 연역될 수 없는 지식이라면 수학체계 안에 도입할 수 없다고 주장했다. 이러한 그리스인들은 무한을 수학체계로 거의 수용하는 단계까지 갔었다고 한다. 하지만 이것을 수학적으로 표현할 수 있는 적절한 기호체계인 대수학의 발전이 없어서 무한 개념을 더 이상 발전을 못시켰다고 한다. 이것이 가능했더라면 미적분학의 발생은 2000년 정도 앞당겨졌을 것이라고 한다. 따라서 그리스인들은 무한을 금기했고 그것을 다루는 것을 두려워했다. 이러한 두려움을 표현한 예가 바로 기원전 4세기 철학자인 제논의 패러독스 (Zeno's Paradox)였다. 네 가지 패러독스 중에서도 우리에게 유명한 아킬레스 패러독스 (Achilles Paradox)와 화살 패러닥스 (Arrow Paradox)라고 알려진 이것들은 운동과 연속성을 다루고 있는데, 이것에 따르면 어떤 물체가 비행이나 이동해서 목표 지점에 도달하기 위해서는 반드시 그 중간 지점을 통과해야 된다고 한다. 이 물체가 다시 중간 지점에 도달하면 다시 그 나머지 거리의 중간 지점을 통과해야 된다고 한다. 이런 식으로 물체가 계속 무한히 그 나머지 거리의 중간 지점을 통과하는 식으로 생각하면 결국 이 물체는 목표 지점에 도달할 수가 없게 된다. 눈으로 보면 분명히 목표 지점에 도달했지만 수학적으로 생각해보면 도달할 수 없다는 결론이 나온다. 이 패러독스는 1을 무한 급수로 분할하는 것으로 표현된다. 이것을 그림으로 그려보면 다음과 같다.

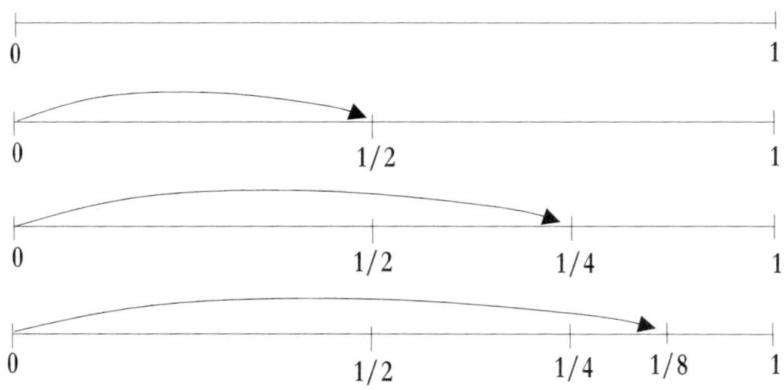

$$\frac{1}{2}+\frac{1}{2^2}+\frac{1}{2^3}+\frac{1}{2^4}+\cdots$$

제논은 이 사실을 설명할 길이 없었다고 한다. 그래서 자신의 역설을 후대인들에게 남겨두게 되었고 그 자신과 자기 세대의 지적인 능력밖에 있음을 겸손하게 시인했다고 한다. 이 제논의 역설이 해결되기 위해서는 이천 년이라는 긴 세월이 흘러야만 했다. 이제는 고등학생조차도 쉽게 이 역설을 초항이 1/2이고 공비가 1/2인 무한등비급수로 풀 수 있게 된 것이다.

이 두려움의 존재로만 여겨지던 무한의 개념은 아르키메데스의 소진법 (the method of exhaustion)이라는 방법에 의해서 현실적으로 다양하게 나타나게 되었다. 이 소진법은 원래 유덕서스 (Eudoxus, 370 B.C.)에 의해서 그 기원을 가지는데 아르키메데스는 이 방법을 완전하게 발전시켜서 π의 근사값을 계산하는데 사용했었다. 즉, 아르키메데스는 원에 외접하는 정 6, 12, 24, 48, 96각형의 둘레를 구하고 또 원에 외접하는 정 6, 12, 24, 48, 96각형의 둘레를 구해서 그 차이를 구했다. 원은 원을 감싸고 있는 외접다각형과 내접다각형 사이에 '끼여있기' 때문에 π의 실제값은 이 두 값 사이에 있어야만 한다. 아르키메데스는 무한 개념을 명시적으로 밝히지는 않았지만 변의 수가 무한대로 가는 정다각형을 가지고 π를 극한값으로 표현할 수 있었다는데 그 중요성이 있다고 할 수 있다. 또한 포물선과 선분으로 둘러싸인 면적을 구하는데도 이 방법을 사용하면서 무한과 극한의 개념을 사용했었고 이것은 그로부터 2000년 후에 미적분학의 발생에 주춧돌 역할을 하게 되었다.

소집법을 이용한 π의 근사값 구하기

린드 파피루스에 따르면 π값을 $(\frac{4}{3})^3$, 약 3.16069라고 했고, 바빌론 시대 때에는 3이라 했다고 한다. 이러한 고대의 π값 계산 방법은 원주와 지름을 실제로 측정하는 식이었다. 그리스인들은 π의 값을 '원주와 지름의 비'로 고안한 최초의 사람들이었다고 한다. 그리고 π값을 측정이 아닌 수학적 과정을 통해서 계산하는 방법을 처음으로 발견했다고 한다. 소진법을 이용한 그의 방법을 보면 한 원에 대해서 점점 많은 수의 변을 가지는 외접 정다각형을 계속 만들어 간다. 변의 개수가 늘어날수록 이 외접 다각형은 보다 빈틈없이 원을 감싸게 되어 변의 둘레는 원주의 길이에 근사하게 된다. 마찬가지로 내접 정다각형을 가지고 이런 식으로 계속해 나가면 변의 수가 많아질수록 원의 면적은 소진되어서 또 변의 둘레는 원주의 길이에 근사하게 된다. 그래서 π의 값은 이 두 근사치의 사이에 존재하게 된다는 것이다. 아르키메데스는 정 6, 12, 24, 48, 96각형을 가지고 이 방법에 따라 π의 근사값을 계산했는데, 외접하는 정 96각형의 둘레를 계산하면서 얻어진 π의 근사값은 3.14271이었고 내접하는 정 96각형의 둘레를 계산해서 얻어진 값은 3.14103이었다. 여기서는 내접 정다각형을 사용해서 π의 근사값을 구하는 방법을 살펴보고자 한다. π의 근사값을 구하는데 사용된 이 소진법의 중요한 점은 무한과 극한의 개념을 내포하고 있다는 사실이다.

이 글에서는 내접 정다각형의 둘레의 길이를 구하는 방법에 대해서만 살펴보기로 한다. 먼저 아래의 그림과 같이 내접 정 n각형의 한 변의 길이 s와 내접 정 $2n$각형의 한 변의 길이 t사이의 관계를 증명하려고 한다. 이들 정다각형들은 같은 단위원에 내접하는 것으로 가정한다.

삼각형 OAB는 이등변삼각형이고 $\overline{OD}$는 정 n각형의 한 변의 길이 $\overline{AB}$를 수직이등분한다. 그래서

$$\overline{AC}=\frac{1}{2}AB=\frac{1}{2}s$$

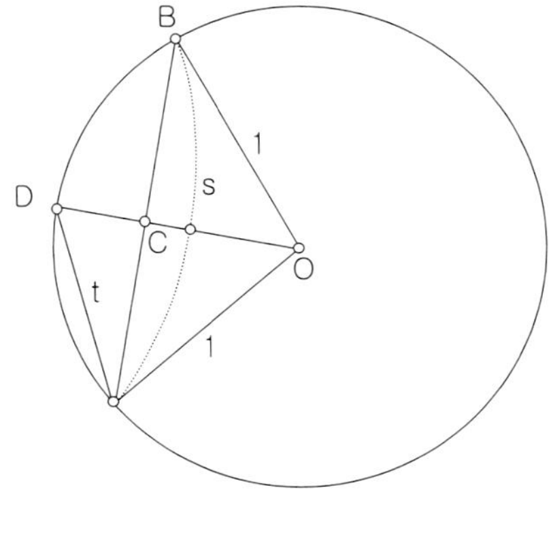

$$t=\sqrt{2-\sqrt{4-s^2}}$$

$\angle ACO = 90°$ 이므로

$$\begin{aligned}\overline{OC} &= \sqrt{\overline{OA}^2 - \overline{AC}^2} \\ &= \sqrt{1-(\frac{s}{2})^2} \\ &= \frac{\sqrt{4-s^2}}{2}\end{aligned}$$

그런데 $\overline{CD} = \overline{OD} - \overline{OC} = 1 - \frac{\sqrt{4-s^2}}{2}$ 이다. 따라서, 삼각형 ACD는 직각삼각형이므로 피타고라스 정리에 의해서

$$\begin{aligned}\overline{AD} &= \sqrt{\overline{AC}^2 + \overline{CD}^2} \\ t &= \sqrt{(\frac{s}{2})^2 + (1 - \frac{\sqrt{4-s^2}}{2})^2} \\ &= \sqrt{\frac{s^2}{4} + 1 - \sqrt{4-s^2} + \frac{4-s^2}{4}} \\ &= \sqrt{2-\sqrt{4-s^2}}\end{aligned}$$

따라서, 내접 정 2n각형 한 변의 길이 t와 내접 정 n각형 한 변의 길이 s사이에는 $t = \sqrt{2-\sqrt{4-s^2}}$라는 관계가 성립한다.

내접하는 정 6각형의 원주의 길이는 6이므로, $s = 1$이 된다. 그러면 내접하는 정 12각형 한 변의 길이는

$$\sqrt{2-\sqrt{4-1^2}} = \sqrt{2-\sqrt{3}}$$

이 된다. 이 값을 다시 s로 하면 내접하는 정 24각형 한 변의 길이는

$$\sqrt{2-\sqrt{4-(\sqrt{2-\sqrt{3}})^2}} = \sqrt{2-\sqrt{2+\sqrt{3}}}$$

이 된다. 이런 식으로 계속 계산을 해 나가면, 내접하는 정 96각형 한 변의 길이는

$$\sqrt{2-\sqrt{2+\sqrt{2+\sqrt{2+\sqrt{3}}}}}$$

이 된다.

따라서, 원주의 길이와 내접하는 정 96각형의 둘레의 길이가 근사한다고 하면

$$2\pi \approx 96\times\sqrt{2-\sqrt{2+\sqrt{2+\sqrt{2+\sqrt{3}}}}}$$

이므로 π는 약 3.14103이 된다. 내접 정다각형과 외접 정다각형의 둘레의 길이를 구한 표는 다음과 같다.

변의 수	내접 정 n각형	외접 정 n각형
3	2.59808	3.19615
6	3.00000	3.46410
12	3.10583	3.21539
24	3.13262	3.15966
48	3.13935	3.14609
96	3.14103	3.14271
192	3.14145	3.14187

이런 식으로 동일한 단위원 내에서 내접 정다각형과 외접 정다각형의 둘레의 길이를 계속해서 구해나가면, 결국 두 다각형 사이에 존재했던 원의 면적은 소진하게 된다. 이 예에서 보는바와 같이 π의 값을 구하려는 고대의 노력은 무한과 극한이라는 개념을 포함하고 있었다.

다음은 소진법을 사용해서 아르키메데스가 포물선과 선분으로 둘러싸인 면적을 구했던 방법을 알아보고, 적분이라는 현대 수학을 이용하면 얼마나 손쉽게 구할 수 있는지를 비교해 보고자 한다. 이것은 또한 수학적 아이디어의 역사적 발전과정을 학생들에게 보여주는 것이기도 하다.

소진법을 이용한 포물선과 선분으로 둘러싸인 면적 구하기

아래의 그림은 아르키메데스가 포물선과 선분으로 둘러싸인 면적을 소진법을 사

용해서 구하는 과정을 설명하고 있다. 여기서 소진법이란 삼각형을 계속해서 만들어 가면 결국 마지막에는 포물선과 선분으로 둘러싸인 면적이 소진되어 이 삼각형들의 총합은 포물선으로 둘러싸인 면적에 근사한다는 것이다.

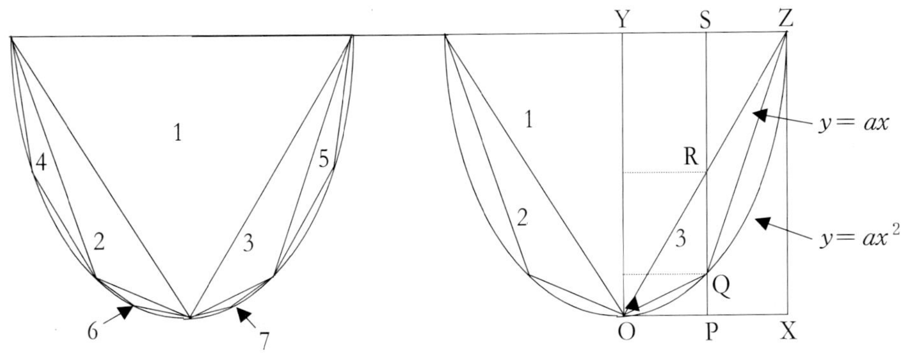

포물선을 $y = ax^2$ 라고 하고, 직선의 방정식을 $y = ax$ 라고 하자. 그러면 OX의 길이는 1이 되고 OY의 길이는 a가 된다. 그러면

$$PR = \frac{1}{2}a,\quad PQ = \frac{1}{4}a,\quad SR = \frac{1}{2}PS,$$

$\triangle 3$의 면적 $= \triangle RQZ + \triangle OQR$ .... ①

그런데 $\triangle RQZ$와 $\triangle OQR$은 RQ를 같은 밑변으로 하고 높이도 같기 때문에 ($OP = PX$) 이 두 삼각형은 면적은 같게 된다. 그래서,

$\triangle 3$의 면적 $= 2\triangle RQZ$ 또는 $2\triangle OQR$

이 된다.

$$\triangle RQZ = \frac{1}{2}RQ \cdot PX = \frac{1}{2}(\frac{1}{2}SR)PX = \frac{1}{4}SR \cdot PX$$

$4\triangle RQX = SR \cdot PX$ .... ②

② 에 의해서 $\triangle SRZ = \frac{1}{2} SR \cdot PX = \frac{1}{2}(4\triangle RQZ)$가 된다. 그러면,

$$\triangle SRZ = 2\triangle RQZ = \triangle RQZ + \triangle OQR(\because ①) = \triangle 3$$

따라서, $\triangle OYZ = \frac{1}{2}a$, $\triangle SRZ = \frac{1}{8}a$ 이므로

$$\triangle 3 = \triangle SRZ = \frac{1}{4}\triangle OYZ = \frac{1}{4}(\frac{1}{2}\triangle 1) = \frac{1}{8}\triangle 1$$

$\triangle 2$ 와 $\triangle 3$은 같은 면적을 가지기 때문에 $\triangle 2 = \triangle 3 = \frac{1}{8}\triangle 1$ 가 된다. 그리고

$$\triangle 2 + \triangle 3 = \frac{1}{8}\triangle 1 + \frac{1}{8}\triangle 1 = \frac{1}{4}\triangle 1$$

이런 식으로 계속 나머지 삼각형들의 면적을 구해나가면

$$\triangle 4 = \frac{1}{8}\triangle 2, \triangle 5 = \frac{1}{8}\triangle 2$$
$$\triangle 6 = \frac{1}{8}\triangle 3, \triangle 7 = \frac{1}{8}\triangle 3$$

이들 삼각형의 면적들을 합하면,

$$\begin{aligned}&\triangle 4 + \triangle 5 + \triangle 6 + \triangle 7\\ &= \frac{1}{8}\triangle 2 + \frac{1}{8}\triangle 2 + \frac{1}{8}\triangle 3 + \frac{1}{8}\triangle 3\\ &= \frac{1}{4}\triangle 2 + \frac{1}{4}\triangle 3\\ &= \frac{1}{4}(\triangle 2 + \triangle 3)\\ &= \frac{1}{4}\cdot\frac{1}{4}\triangle 1\end{aligned}$$

$$= (\frac{1}{4})^2 \triangle 1$$

$$\cdots\cdots$$

결국 포물선과 선분으로 둘러싸인 면적은

$$= \triangle 1 + \frac{1}{4} \triangle 1 + (\frac{1}{4})^2 \triangle 1 + \cdots$$

$$= \frac{1-(\frac{1}{4})^n}{1-\frac{1}{4}} \cdot \triangle 1$$

$$= \frac{4}{3} \triangle 1$$

아르키메데스의 소진법에 의해서 구한 포물선과 선분으로 둘러싸인 면적은 그 내부의 최대 삼각형 면적의 4/3이 된다는 것을 알 수 있다.

이렇게 구한 포물선과 선분으로 둘러싸인 면적은 고등학교에서 다루는 적분을 사용해서 확인할 수 있다. 아래 그림에서 $x=0$에서 $x=a$까지 포물선 $y=ax-x^2$ 아래의 면적은 $\triangle OAB$의 4/3가 된다.

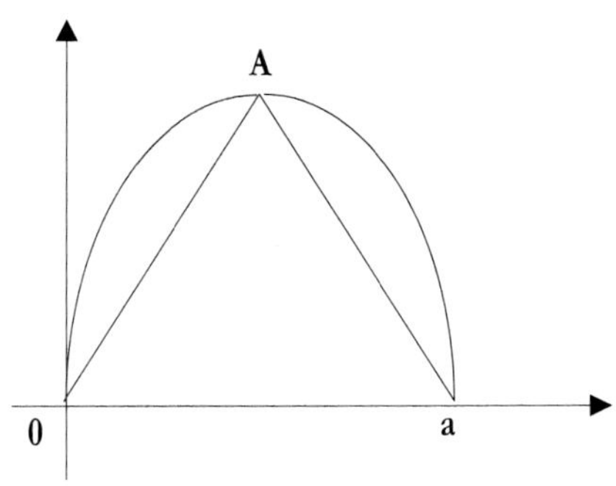

먼저 $\triangle OAB$의 꼭지점 A의 좌표를 구한다.

$$y = -x^2 + ax$$

$$= -(x^2 - ax + (\frac{a}{2})^2 - (\frac{a}{2})^2)$$

$$= -(x - \frac{a}{2})^2 + \frac{a^2}{4}$$

따라서, A의 좌표는 $(\frac{a}{2},\ \frac{a^2}{4})$가 되고, $\triangle OAB$의 면적은

$$\frac{1}{2} \times a \times \frac{a^2}{4} = \frac{a^3}{8}$$

이 된다. 그리고 포물선 아래의 면적은

$$\int_0^a (-x^2 + ax)dx$$

$$= \left[-\frac{x^3}{3} + \frac{a}{2}x^2 \right]_0^a$$

$$= \frac{a^3}{6}$$

이 된다. 따라서, 포물선 아래의 면적 $\frac{a^3}{6} = \frac{4}{3} \times \frac{a^3}{8}$($\triangle OAB$의 면적)이 되어서 아르키메데스의 소진법에 의한 면적과 같아지게 된다.

무한과 극한을 두려움의 존재로 바라보았던 옛날 사람들의 수학적 활동으로부터 이제는 무한과 극한을 무슨 공깃돌 다루듯이 하는 현대의 적분 개념에 이르기까지 역사를 통해서 보이지도, 존재하지도 않았던 이런 개념들을 과거에는 어떻게 다루었는지를 살펴보았다.

학교수학 지도를 위한 읽을거리 6

6. 미분에 대하여

이 장과 다음 장에서는 고등학교 수학에서 중요하게 인식되면서 또한 교육과정의 상당한 부분을 차지하고 있는 미분과 적분에 관한 기본 개념들을 소개하고자 한다. 미분에 대해서는 라이프니츠가 어떻게 곡선 상의 임의의 한 점에서의 접선의 기울기를 구했는지를 살펴보고, 현재의 미분 지식과 과거 데카르트가 곡선의 접선 방정식을 구하는 방법을 비교해 보고자 한다. 그리고 적분에 있어서는 미적분의 가장 중요한 정리인 “Fundamental Theorem of Calculus”를 소개하고 곡선으로 둘러싸인 부분의 넓이를 구하는 적분법과 확률론과 컴퓨터 시뮬레이션을 응용해서 동일한 넓이를 구하는 다른 방법인 몬테카를로(Monte Carlo)방법을 소개하고자 한다.

고등학교의 수학책을 들여다 볼 때마다 항상 어떻게 이러한 수학 내용들이 인류의 수학 역사를 통해서 만들어져서 지금 이러한 형태를 가지고 있는지 궁금증을 가졌던 기억이 나곤 한다. 그때는 그냥 수학 선생님께서 그렇다고 하시기에 그런 줄로만 알고 암기하고 가능하면 있는 그대로 이해하려고도 해보았고, 또 그것을 적용해서 문제 풀이를 연습해서 어느 정도 시험에서 자신감을 얻기도 했다. 이제 앞으로 학교 현장에 나가서 수학을 가르칠 예비 교사를 지도하는 입장이 되고 보니 이런 식으로 배운 학교 수학의 내용이 수학적 지식이라는 면에서 볼 때 아무런 소용이 없음을 느끼게 되었다.

포물선과 접선은 어떤 관계가 있을까? 고등학교 수학 교과서에서는 이 내용을 어떻게 제시하고 있을까? 더 구체적으로 포물선에 접하는 접선은 어떻게 구하도록 가르치고 있을까를 살펴보게 되었다. 여기서는 미분법의 가장 기초이면서 중요한 기울기와 접선에 관한 내용 중에서도 특히 접선의 기울기와 그의 방정식을 구하는 방법에 대한 과거 데카르트(René Descartes, 1596-1650)의 방법을 소개하고 이것을 현재 고등학교 책에 소개되어 있는 방법과 비교해 보려고 한다.

미적분의 내용 체계는 라이프니츠와 뉴턴에 의해 그 기초가 완성되었다는 사실은 수학교사라면 누구나 다 알고 있는 사실이다. 1684년에 라이프니츠는 미분학(differential calculus)를, 그리고 1686년에는 적분학(integral calculus)를 소개했다. 이 두 사람사이의 표절 시비는 여기서 다루지 않는다.

그렇다면 라이프니츠와 뉴턴이 발견한 것은 무엇인가? 그것은 바로 미분학의 핵심인 기울기(slope)의 개념과 접선(tangent)의 개념이었다. 좌표평면에 직선을 그려보자. x좌표와 y좌표를 각각 살펴볼 수 있지만 두 좌표를 동시에 살펴보는 것이 이들 두 좌표의 관계를 조사하는데 편리하다. 예를 들어, 어떤 직선의 기울기가 5/2와 2/5가 있다면 x가 4단위 증가하면 y값은 어떻게 변하겠는가? 결국 x와 y값의 관계는 이들 직선의 가파름에 좌우됨을 알 수 있다. 즉, 기울기가 2/5인 경우는 x가 증가할 때 y값은 아주 천천히 증가하지만, 기울기 5/2인 경우는 y값이 훨씬 더 급하게 증가한다.

이러한 기하학적 현상을 수학적으로 표현할 때 우리는 직선의 기울기는

$$\text{기울기} = \frac{y\text{값의 변화량}}{x\text{값의 변화량}}$$

이라고 정의한다.

아는 바와 같이 이 기울기를 보통 기호로 m으로 표시한다. 좀 더 수학적으로 형식화된 표현을 하면 직선상의 두 점 (x_1, y_1), (x_2, y_2)를 지나는 직선의 기울기는 다음과 같이 수학교과서에 나와 있다.

$$m = \frac{y\text{값의 변화량}}{x\text{값의 변화량}} = \frac{y_2 - y_1}{x_2 - x_1}$$

이런 기울기의 개념은 도대체 어디에 사용될까? 비행기의 이동을 생각해 보자. x를 비행기가 이동하는데 걸리는 시간이라고 하고 y를 x시간 동안에 비행기가 비행한 거리라고 하자. 이 x와 y의 관계를 직선으로 가정해 보면 이 직선의 기울기는 단위 시간 x에 대한 거리인 y값의 변화를 말하는 것인데, 이때 이 기울기가

바로 시간당 움직인 거리를 표시하는 "속도"의 개념이 된다. 순수한 수학적 개념인 기울기는 이렇듯 우리의 일상적 물리 세계 속에서도 현상을 이해하는데 중요한 역할을 한다. 리터당 주행거리, 초당 물의 방류량, 또는 킬로그램당 가격 등 기울기의 개념이 사용되는 곳은 무궁무진하다. 그래서 양과 다른 양의 변화율에 기초가 되는 이 기울기의 개념은 수학의 가장 중요한 현실 세계의 응용 중 하나이기도 하다.

이렇게 중학교 수학교과서에서 다루는 기울기의 개념은 오직 그 선분 전체를 통해서 어떤 구간을 잡더라도 같은 기울기를 가지는 직선일 때만 적용되는 것이었다. 직선이 수학에서 엄청나게 중요한 역할을 하는 것은 사실이지만 우리가 살고 있는 이 세상의 수많은 현상들은 직선적 관계이기보다는 오히려 비직선적인 경우가 더 많다. 비행기는 항상 일정한 속도로 날아가는 것이 아니며 홍수 시에 댐에서 방류되는 물의 양도 시시각각 달라진다. 그렇다면 과연 비직선적인 관계, 즉 곡선의 기울기는 어떻게 구해야 하는가? 이 질문을 제기함으로써 우리는 마침내 미분학의 영역으로 들어가는 것이다.

직선과는 달리 곡선인 포물선은 어떤 구간을 잡더라도 기울기가 일정하지가 않다. 이 곡선을 따라 움직이다보면 계속해서 방향이 좌, 우로 바뀌고 가파름도 달라짐을 알 수 있다. 따라서, 이런 관찰을 통해서 직선과는 달리 곡선의 경우 기울기는 각 좌표에 따라 달라진다는 결론에 도달하게 된다. 그렇다면 곡선 상의 한 점에서의 기울기를 어떻게 구할 수 있을까?

문제의 해결이 어려운 이유는 직선의 기울기를 계산하기 위해서는 항상 직선 상의 두 점이 필요하게 된다. 그런데 접선 상에는 단지 하나의 점만 있다. 물론 이 접선 위에 다른 점만 하나 더 찾을 수만 있으면 미적분의 개념이 필요도 없이 너무 쉽게 해결될 수 있을 것이다. 그런데 이 다른 한 점을 찾을 방법이 없다. 잘 달리던 고속도로에서 갑자기 정체 때문에 차가 완전히 멈춰 오도 가도 못하는 신세가 된 듯하다. 바로 여기서 이 접선의 기울기를 구할 수 있는 우회로를 제공해 주는 것이 바로 미분학이었다.

이제 곡선 상의 다른 한 점을 잡아서 그 할선을 생각하면 될 듯하다. 우리가 잡은 곡선 상의 점에 가까워지도록 다른 한 점을 계속 잡아서 그 할선의 기울기를 살펴보면 이 기울기는 접선의 기울기에 가까운 근사치가 된다는 사실을 알 수 있다. 그런데 여기서 다시 문제가 발생하게 되는데 그것은 곡선 상의 다른 점을 잡게 된다면 번거롭게 이렇게 할선을 또 계속 만들어서 접선의 기울기를 구해야 된다는 것이다. 수학이라는 학문의 한 가지 성격인 일반화를 생각할 때, 더 어려운 점은 곡선 상의 임의의 점을 선택했을 때는 또 어떻게 해야 하는가? 라는 의문이 제기된다.

여기에 대한 해결책이 바로 라이프니츠가 1684년에 발표한 내용인 것이다. 그는 곡선 $y=ax^2+bx+c$ 상의 어떠한 점 P에 대해서도 그 점에서의 접선의 기울기를 구하는 공식을 개발했다.

점 P(x, y)가 곡선 $y=ax^2+bx+c$ 에 있다고 하자.

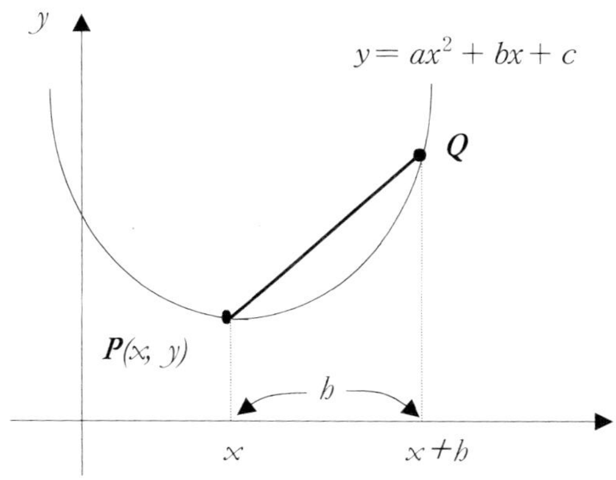

점 P에서의 접선 기울기의 근사치로 할선의 기울기를 구하는 방법을 적용해 보기 위해서, x에서 조금 떨어져 있는 점 $x+h$를 잡아보자. 이때 h라고 하는 것은 아주 작은 정해지지 않은 양이면서 x에서 아주 조금 증가한 양이다. 곡선 상의 다른 점을 Q라고 하면 이 좌표의 y좌표를 구하기 위해서 $x+h$를 곡선 방정식에 대입한다.

$$\begin{aligned} & a(x+h)^2+b(x+h)+c \\ &= a(x^2+2hx+h^2)+bx+bh+c \\ &= ax^2+2ahx+ah^2+bx+bh+c \end{aligned}$$

Q의 좌표는 $(x+h,\ ax^2+2ahx+ah^2+bx+bh+c)$가 된다. 그러면 P와 Q 사이를 연결하는 할선의 기울기는

$$
\begin{aligned}
m &= \frac{y_2 - y_1}{x_2 - x_1} \\
&= \frac{(ax^2 + 2ahx + ah^2 + bx + bh + c) - (ax^2 + bx + c)}{(x+h) - x} \\
&= \frac{h(2ax + ah + b)}{h} \\
&= 2ax + ah + b
\end{aligned}
$$

이 결과가 의미하는 바는 아주 작은 x의 증가량 h를 어떻게 취하든 상관없이 P와 Q사이 할선의 기울기는 대수적으로 $2ax + ah + b$가 된다는 것이다. 그런데 이 곡선을 따라 Q를 지나서 P를 향해 접근한다고 해서 h가 결코 0이 되지는 않는다. 다시 말해서, h가 0으로 접근할 때 할선의 기울기의 극한값을 구하면 그것이 바로 접선의 정확한 기울기가 된다는 것이다. 따라서 접선의 기울기는

$$
m = \lim_{h \to 0}(2ax + ah + b) = 2ax + a(0) + b = 2ax + b
$$

가 된다.

이처럼 h가 0으로 접근할 때 할선의 기울기의 극한값(limit)으로 어떤 곡선의 접선의 기울기를 구할 수 있다. 그리고 이 극한값을 미분계수(derivative)라 하며, 이 미분 계수를 구하는 과정을 미분(differentiation)이라고 한다. 이러한 일련의 탐구활동을 수학분야에서는 미분학(differential calculus)이라고 한다.

미분학의 목적 중의 하나는 더 나은 일반화된 공식을 만드는 것이다. 지금까지 살펴본 것은 2차 곡선에만 한정된 것이다. 이 과정을 적용해서 이제 어떤 임의의 함수 $y = f(x)$ 상의 임의의 한 점 (x, y)에서의 접선의 기울기를 구하는 방법을 찾아야 한다. 앞에서와 마찬가지로 x 좌표 상의 한 점 $x + h$를 잡으면 이 점의 y 좌표는 $f(x + h)$가 된다. 그러면 할선의 기울기는

$$
\begin{aligned}
m &= \frac{y_2 - y_1}{x_2 - x_1} \\
&= \frac{f(x+h) - f(x)}{(x+h) - x} \\
&= \frac{f(x+h) - f(x)}{h}
\end{aligned}
$$

가 된다. 그리고 마지막으로 $h \to 0$일 때, 그 극한값을 구하면 된다.

라이프니츠는 미분계수를 $\frac{dy}{dx}$라고 표시했는데, 후에 죠셉 루이스 라그랑쥬(1736-1813)는 $f(x)$의 미분계수를 $f'(x)$로 도입했다. 현재 고등학교 수학교과서에서는 $f(x)$의 도함수를

$$f'(x) = \lim_{h \to 0} \frac{f(x+h) - f(x)}{h}$$

라고 하고 있다. 이 정의에 기초해서 다양한 함수의 미분계수를 구할 수 있는데, 이러한 과정에서 우리가 잘 알고 있는 아주 단순하면서도 아름다운 패턴이 나타나게 되었다.

$$f(x) = x^n \text{이라고 하면, } f'(x) = nx^{n-1}$$

결국 곡선과 이에 접하는 접선의 탐구는 이러한 식으로 현재까지 발전된 것이다.

접선의 방정식 구하기 : 데카르트의 방법

그렇다면 과연 미분학이 이렇게 발달하기 전에는 어떻게 접선의 방정식을 구했을까? 그 당시에도 접선의 방정식을 구해야 할 필요성은 있었을 것이 분명하다. 여기서는 미분 개념을 사용하지 않고 순수하게 기하와 대수에 의해서 이 접선의 방정식을 구하는 고전적인 데카르트 방법을 소개하고자 한다.

곡선 $y=x^2$ 상의 한 점 (3, 9)에서 접선의 방정식을 구하는 경우를 생각해 보자. 이해를 돕기 위해서 단계별로 그 과정을 설명하면 다음과 같다.

<단계 1>

아래 그림과 같이 x축 양의 방향으로 임의의 한 점 $(h, 0)$을 중심으로 하면서 점 $(3, 9)$를 지나는 원의 방정식을 구한다.

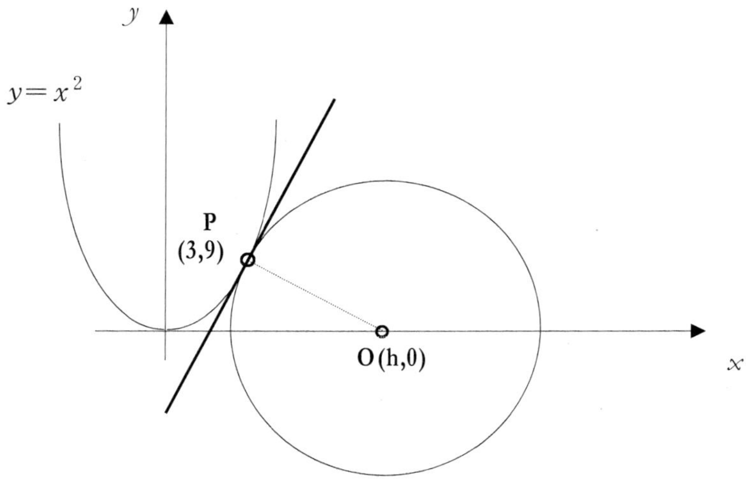

그 방정식은

$$(x-h)^2 + y^2 = r^2$$

이 된다. 그리고 반지름 r은 P와 O사이의 거리이므로,

$$r^2 = (h-3)^2 + 9^2$$

이 된다. 그래서 구하려고 하는 이 원의 방정식은

$$(x-h)^2 + y^2 = (h-3)^2 + 9^2$$

<단계 2>

<단계 1>에서의 원이 점 (3, 9)에서 곡선 $y=x^2$에 접하게 하는 h의 값을 구한다. $y=x^2$이므로 이것을 <단계 1>의 원의 방정식에 대입하면

$$x^4 + x^2 - 2hx + 6h - 90 = 0$$

이 된다. 위의 그림에서 보듯이 이 방정식을 만족하는 것은 $x=3$일 때이다. 그리

고 이 값만이 유일한 해가 되도록 하는 h의 값을 구해야 한다.

그런데 이 4차 방정식에서 $x=3$이 유일한 해가 되기 위해서는 실중근과 두 개의 허근을 가지는 경우 밖에 없다. 따라서

$$x^4+x^2-2hx+6h-90=(x-3)^2(x^2+ax+b)$$

의 형태로 표현될 수 있다. 그래서

$$\begin{array}{r} x^2+6x+28 \\ x^2-6x+9\ \overline{)x^4+\ x^2-2hx+6h-90} \\ \cdots\cdots \\ \hline)-2h+114)x+6h-342 \end{array}$$

에 의하면

$$\begin{aligned} &x^4+x^2-2hx+6h-90 \\ &=(x-3)^2(x^2+6x+28)+(-2h+114)x+6h-342 \end{aligned}$$

가 된다. 따라서, $(-2h+114)=0$이고 $(6h-342)=0$가 되어야 하므로 두 경우 모두로부터 $h=57$이 된다.

<단계 3>

이제 이 $h=57$의 값을 대입해서 $P(3,9)$와 $O(h,0)$를 지나는 직선의 기울기를 구한다. 이 직선의 기울기는

$$m=\frac{9-0}{3-57}=\frac{9}{-54}=-\frac{1}{6}$$

이 된다. 그러면 $P(3,9)$를 지나면서 이 직선과 수직이 되는 접선의 방정식을 구할 수 있게 된다. 이 접선과 P와 O를 지나는 직선은 서로 수직이기 때문에 이 접선의 기울기는

$$(\text{접선의 기울기}) \times \left(-\frac{1}{6}\right) = -1$$

이므로 이 접선의 기울기는 6이 된다. 따라서, 최종적으로 우리가 구하고자 하는 $P(3, 9)$에서의 접선의 방정식은

$$y-9 = 6(x-3)$$

$$\therefore y = 6x-9$$

가 된다.

이렇게 복잡한 과정은 이제 고등학교 수학교과서에 제시된 미분법의 내용만으로 쉽게 해결할 수 있다. 이제 손쉽게 곡선 상의 임의의 점에서 접선의 기울기와 이 접선의 방정식을 구할 수 있다. 즉, 곡선 $y=f(x)$ 위의 점 $(a, f(a))$에서의 접선의 기울기는 $x=a$에서의 미분계수 $f'(a)$가 된다. 그래서 이것을 위의 예에 적용해 보면 $y=x^2$ 상의 한 점 (3, 9)에서의 접선의 기울기는 $f'(3)=2(3)=6$이 된다.

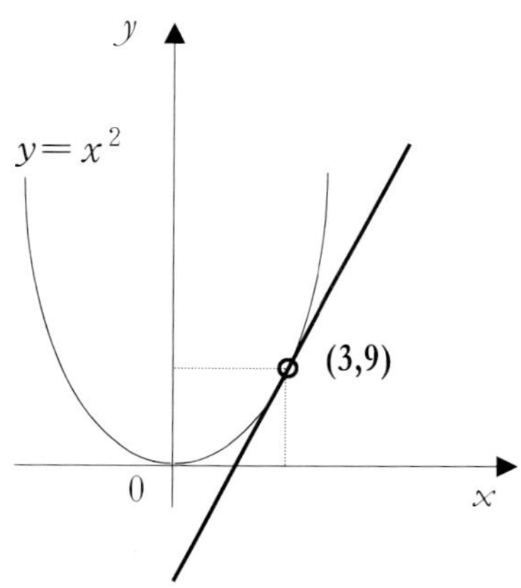

따라서 구하는 접선은 점 (3, 9)을 지나고 기울기 6인 직선이므로

$$y-9=6(x-3)$$

가 된다. 결국 우리가 구하고자 하는 접선의 방정식은 $y=6x-9$가 되어서 아주 간단하게 데카르트 방법과 같은 결과를 얻게 된다.

학교수학 지도를 위한 읽을거리 7

7. 적분에 대하여

오늘날, 미적분학의 방법론은 사회과학과 생물학, 경제학 등에 응용되고 있다. 이러한 미적분학을 공부할 때 학생들로 하여금 미적분학의 역사적 기원과 문화적 기여에 대한 인식을 발달시키는 것이 중요하다.

앞 장에서 살펴본 바와 같이 미분학(differential calculus)은 곡선의 기울기를 탐구하는 반면에, 적분학(integral calculus)은 곡선 아래의 넓이를 탐구하는 것을 주목적으로 하고 있다. 이러한 미적분학의 발달은 인간 역사에 있어서 위대한 성취 중의 하나이다. 수학의 응용에서 가장 위대한 업적은 20세기의 30년 동안 물리학을 연구하는데 미적분을 응용한 것이라고 한다.

미적분을 공부하는데 있어서 가장 기본이 되고 중요한 개념은 바로 "미적분의 기본 정리"(Fundamental Theorem of Calculus)이다. 이 정리가 지니는 중요성은 곡선 아래의 영역의 넓이를 손쉽게 구할 수 있는 방법을 제공했다는 점과 또한 서로 전혀 무관해 보였던 미분과 적분의 개념을 연결 짓고 있다는 점이다. 따라서 이 정리는 미적분의 두 분야를 연결하는 중요성을 지닌다. 아래 그림을 살펴보자.

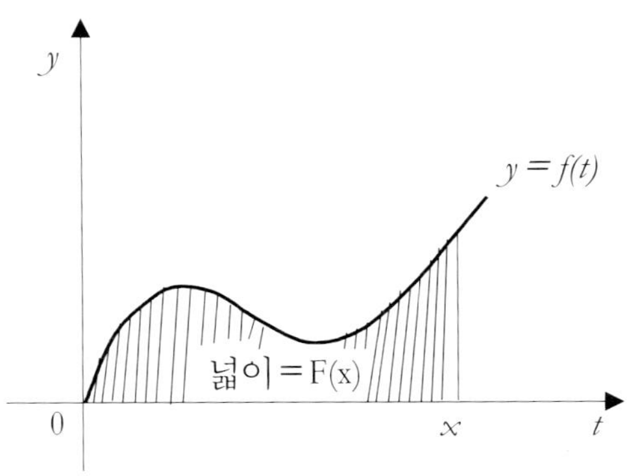

여기서 보면 $F(x)$는 빗금 친 넓이를 나타낸다. 이 넓이를 라이프니츠 표기법으로 적어보면

$$F(x) = \int_0^x f(t)\,dt$$

F는 x가 오른쪽으로 이동하는 정도에 따라 좌우되는 넓이를 말하는 함수이다. 따라서, 위의 곡선 아래의 넓이를 구하는 것은 바로 함수 F를 찾는 것이 된다. 그리고 여기에 단순히 x만 대입해 주면 빗금 친 넓이를 구하게 된다.

그렇다면 어떻게 F를 구할 수 있을까? 라이프니츠의 번뜩이는 직관은 바로 여기에서 돋보이게 된다. 그는 함수 F를 공략하기보다는 그것의 도함수(derivative)인 $F'(x)$를 탐구했다. F의 도함수는

$$F'(x) = \lim_{h \to 0} \frac{F(x+h) - F(x)}{h}$$

가 된다. 그리고 $F(x+h) - F(x)$는 아래 그림에서 보듯이 F가 넓이의 함수이므로 빗금 친 부분의 넓이가 된다.

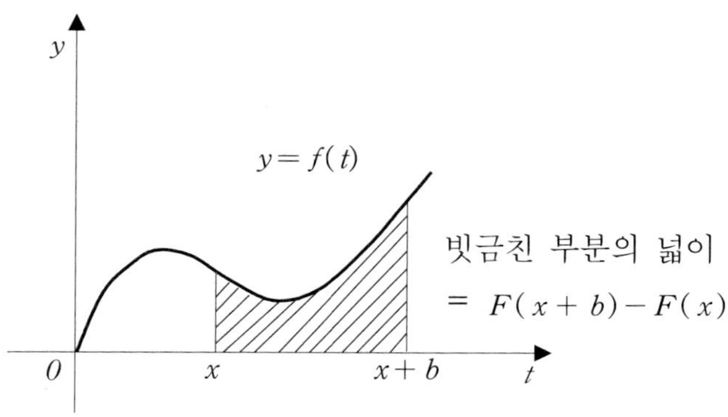

그런데 곡선에 의해 이루어지는 넓이는 일정한 형태를 띠지 않기 때문에 근사치를 사용해서 구해야 한다. 아래 그림과 같이 사다리꼴을 만들어서 그 넓이의 근사치를 구할 수 있다.

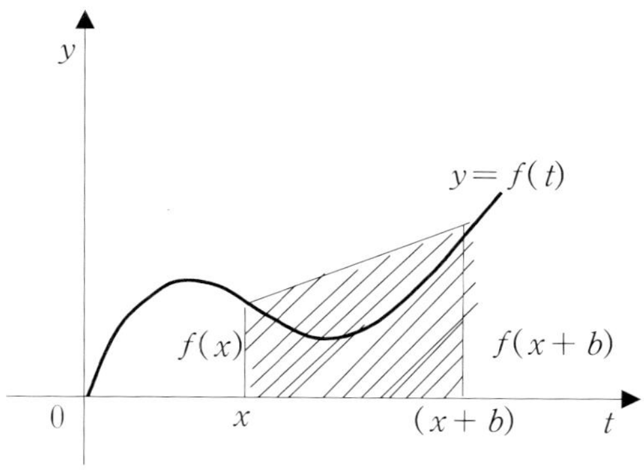

$$F(x+h)-F(x) \approx \frac{1}{2}h\{f(x)+f(x+h)\}$$ = 사다리꼴의 넓이

$$\frac{F(x+h)-F(x)}{h} \approx \frac{\frac{1}{2}h\{f(x)+f(x+h)\}}{h} = \frac{\{f(x)+f(x+h)\}}{2}$$

그리고 도함수 $F'(x)$를 구하기 위해서 $h \to 0$ 라고 하면, $f(x+h) \to f(x+0) = f(x)$가 된다. 이 모든 것들을 사용해서 도함수 $F'(x)$를 다시 표현해 보면 다음과 같다.

$$\begin{aligned} F'(x) &= \lim_{h \to o} \frac{F(x+h)-F(x)}{h} \\ &= \lim_{h \to 0} \frac{f(x)+f(x+h)}{2} \\ &= \frac{f(x)+f(x)}{2} \\ &= \frac{2f(x)}{2} = f(x) \end{aligned}$$

이러한 식은 무슨 의미인가? 처음의 목적은

$$F(x) = \int_0^x f(t)\,dt$$

를 만족하는 넓이 함수 F를 구하는 것이었다. 그런데 위의 식을 보면 F의 도함수 $F'(x)$가 $f(x)$가 된다는 것이다. 지금까지 한 것을 천천히 되돌아보면 곡선 $y = f(t)$

아래의 넓이를 적분해서(구분구적이나 정적분으로) F를 구했고, 다시 이 F를 미분해서 다시 f를 구한 것이었다. 따라서, "미적분의 기본정리"란 어떤 함수 f의 넓이를 나타내는 적분을 다시 미분하면 그 함수가 된다는 것이다.

아래 그림과 같이 생긴 호수의 넓이를 구하는 상황에 이 정리를 적용시켜 보자. 수학적 모델링을 적용해서 곡선 $y = 8t - t^2$과 x축으로 둘러 쌓인 영역의 넓이를 구하는 것으로 단순화 시켜 보자.

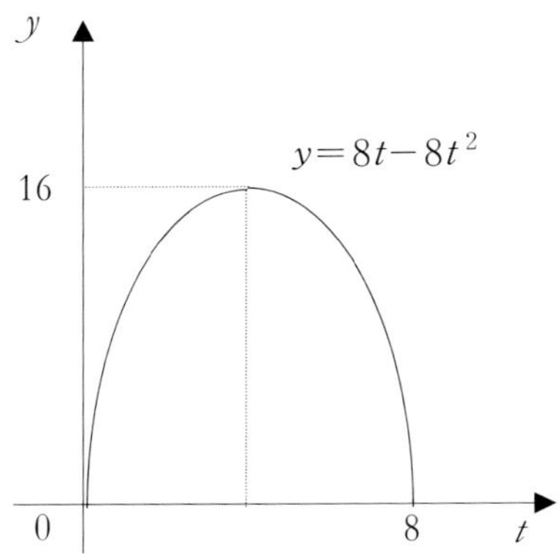

그러면 이 호수의 넓이를 나타내는 함수는

$$\text{호수의 면적 } F(x) = \int_0^x (8t - t^2)\,dt$$

가 된다. "미적분의 기본 정리"에 의하면 $F'(x) = f(x) = 8x - x^2$ 이 된다. 그러면

$$F(x) = 4x^2 - \frac{1}{3}x^3$$

이 된다. 따라서, 호수의 넓이는

$$F(x) = \int_0^x (8t - t^2)\,dt = 4x^2 - \frac{1}{3}x^3$$

이고 여기에 $x = 8$을 대입하면 된다.

$$F(8) = \int_0^8 (8t - t^2)\,dt = 4(8^2) - \frac{1}{3}(8^3) = 256 - \frac{512}{3} = 85.3333\cdots$$

구하고자 했던 호수의 넓이는 약 85.3333이 된다.

호수의 넓이를 구하는 Monte Carlo 방법

위에서 살펴 본 똑같은 예를 몬테카를로 방법을 사용해서 구할 수도 있다. 이 방법은 확률론의 중심이 되는 법칙 중의 하나인 베르누이 정리(Bernoulli's Theorem)와 컴퓨터 시뮬레이션의 기법을 결합한 것이다. 동일한 문제 상황에 대한 서로 다른 수학적 내용을 사용한 해결법의 제시는 학생들로 하여금 수학적 지식이 무관한 낱개의 지식체가 아니라 서로 연결된 것이란 점을 인식시킬 수 있다. 수학 교육적 측면에서 볼 때, 이것은 수학적 내용 사이의 연결성을 학생들에게 예시함으로써 이 문제 상황에 대한 이해의 폭을 넓힐 수 있다고 본다.

그러면 여기서 먼저 간단히 베르누이의 정리를 살펴보자. 이 정리는 큰 수의 법칙(the law of large numbers)으로 더 잘 알려져 있는데, 확률론의 중심이 되는 법칙 중의 하나이다. p를 각 시행에 대한 성공률이라고 하고, N은 수행된 전체 시행수, 그리고 x를 성공시행수라고 하자. 그러면 x/N은 성공횟수의 비가 된다. 여기서 우리의 관심은 시행을 계속한다고 할 때, x/N은 어떤 일이 생길까? 이다. 좀 더 일반적으로 말하면, 전체 시행회수 N이 커질 때, x/N의 값은 각 시행에 대한 성공률인 p로 접근한다는 것이다. 즉, 성공률 p가 미지수일 때, 성공횟수의 비인 x/N는 p의 좋은 추정치가 된다는 것이다.

아래 그림에서 빗금 친 부분이 구하고자 하는 호수라고 하면, 이제 이 호수의 넓이를 확률적으로 구하고자 한다. 먼저 이 호수를 직사각형으로 둘러싼다. 그러면 이 직사각형의 넓이는 8×16=128이 된다. 간단히 하기 위해 넓이의 단위는 생략하는 것으로 한다.

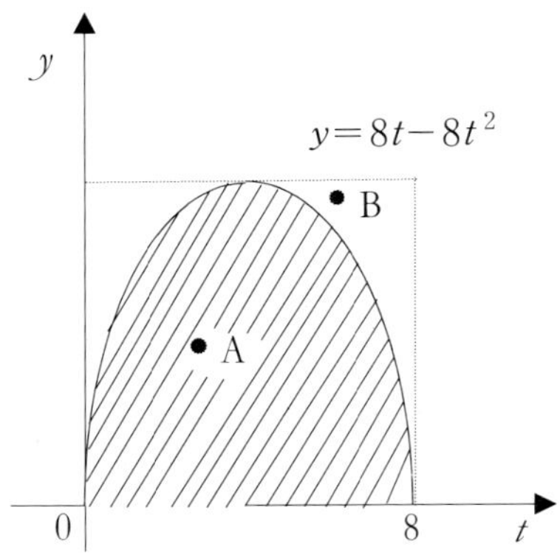

그 다음은 컴퓨터가 무작위로 이 직사각형 내부에 있는 점들을 선택한다. 즉, 컴퓨터가 이 직사각형을 향해서 무수한 화살을 쏘는 것으로 생각하면 이 화살은 바로 점들이 된다. 위의 그림처럼 A와 B를 그러한 화살이라고 하자. 그러면 어떤 화살은 호수 안에, 어떤 화살은 호수 밖이지만 직사각형 안에 적중하게 된다. 이 관찰이 바로 몬테카를로 방법의 중요한 점이다. 다시 말해서, 호수 안에 떨어지는 화살의 정확한 확률값인 p는 직사각형의 면적과 호수 넓이의 비가 된다는 것이다. 수학적으로 표현해 보면,

$$\begin{aligned} p &= \text{확률값 (호수안에 떨어지는 임의의 점들)} \\ &= \frac{\text{호수의 넓이}}{\text{직사각형의 넓이}} \\ &= \frac{\text{호수의 넓이}}{128} \end{aligned}$$

한 실험에 의하면 컴퓨터가 임의로 500개의 점을 선택했을 때 342개가 호수 안에 떨어졌다고 한다. 호수의 넓이는

$$\frac{342}{500} \approx p = \frac{\text{호수의 넓이}}{128}$$

그러면 호수의 넓이는 약 87.552가 된다. 그런데 호수 넓이의 이 추정치는 그다지 정확하지가 않은 듯 하다. 어떻게 하면 이 추정치의 정확도를 향상시킬 수 있을까? 이제 우리는 베르누이의 정리가 필요하게 된다.

이 컴퓨터가 직사각형 안에 있는 500개의 임의의 점이 아니라 5000개, 또는 50000개 그 이상의 점을 선택해서 같은 실험을 반복한다고 하면 어떻게 될까? 5000개의 점에 대해서는 3350개가 호수에 떨어졌는데,

$$\frac{3350}{5000} \approx p = \frac{\text{호수의면적}}{128}$$

이 경우 호수의 넓이는 약 85.76이 된다. 이런 식으로 임의의 점을 무수히 많이 선택하게 된다면 확률에 의해서 구한 호수의 넓이는 적분을 이용해서 구한 넓이와 크게 차이가 나지 않을 듯 하다. 아래의 표는 컴퓨터가 생성한 점의 수가 증가할 때 호수의 넓이에 대한 추정치를 나타낸 것이다.

컴퓨터가 생성한 점의 개수	호수에 떨어진 점의 수	호수의 넓이
500	342	87.552
5000	3350	85.76
50000	33390	85.4784

물론 현실 세계의 문제에 적용되고 있는 몬테카를로 방법은 이 보다는 훨씬 더 복잡하다고 한다. 하지만 이 예는 고등학교 학생들에게 확률론의 힘을 느끼도록 해 줄 수 있으며 수학적 문제 상황이 여러 방법에 의해서 해결 가능하며 상호 연결되어 있다는 사실을 인식시켜 줄 수 있는 좋은 예라고 생각된다.

참 고 문 헌

강순자, 고상숙 (1999). 공간 능력을 신장하기 위한 기하 학습자료 개발: GSP를 이용하여 정다면체 구성. 한국수학교육학회지 시리즈 A 수학교육, 38(2), 179-187.

권오남 (2002). RME 이론과 실제. Math Festival 프로시딩, 4(1), 수학사랑.

김남운, 이재학 (1999). 수학적인 의사소통을 위한 인터넷 활용 방안. 한국수학교육학회지 시리즈 E, 9, 273-282.

김동제, 박용범 (2000, 11월). 엑셀을 활용한 통계 수업의 흥미도 신장 방안. 대한수학교육학회 2000년도 추계 수학교육학연구발표대회논문집, 대한수학교육학회, 823-841.

김부윤, 김현구 (2000). Cabri Geometry 등을 활용한 고등학교 기하부문의 시각화에 대한 연구. 대한수학교육학회 2000년도 추계 수학교육학연구발표대회논문집, 대한수학교육학회, 737-753.

김용운, 김용국 (1997). 재미있는 수학여행. 서울: 김영사.

김진환, 박교식 (2006). 예비중등교사의 수학화 경험을 위한 교수단원의 설계: 수 분할 모델의 탐구. 한국학교수학회논문집, 9(1), 67-76.

김진환, 박교식 (2006). 예비중등교사의 수학화 능력을 신장하기 위한 교수단원의 설계: n-단체의 n-부피 탐구. 대한수학교육학회지<학교수학>, 8(1), 27-43.

교육부 (1998). 수학과 교육 과정 (별책 8). 서울: 대한 교과서 주식회사.

교육부 (1999). 중학교 교육과정 해설(III)-수학, 과학, 기술·가정. 서울: 대한교과서 주식회사.

구광조, 오병승, 류희찬 (1992). 수학교육과정과 평가의 새로운 방향. 서울: 경문사.

구광조, 오병승, 전평국 (1998, 공역). 수학 학습 심리학. 서울: 교우사.

구광조, 오병승, 전평국 역 (1998). 수학 학습 심리학. 서울: 교우사.

류현아, 장경윤 (2000). 탐구형 소프트웨어 GSP를 활용한 기하학습 사례연구－삼각형의 내심과 외심을 중심으로. 대한수학교육학회 2000년도 추계 수학교육학연구발표대회논문집, 대한수학교육학회, 843-858.

류희찬, 하경미 (2000). 탐구 환경에 따른 초등학교 5학년 학생들의 상호작용 분석. 대한수학교육학회 2000년도 추계 수학교육학연구발표대회논문집, 대한수학교육학회, 883-908.

박경미 (1997, 여름호). 수학과 제 7차 교육과정의 개정 방향. 수학사랑, 8, 2-7.

박경미 (1998, 겨울호). 수준별 수업의 허와 실. 수학사랑, 14, 20-24.

박용범, 김한희, 박일영 (1999). 수학 개념의 자기 주도적 구성을 위한 교수・학습 모델 개발－Cabri Geometry Ⅱ와 MathView활용을 중심으로. 한국수학교육학회지 시리즈 E, 9, 97-114.

서광택 (2000). 이론수학대전. 서울 : 주간교육신문사.

수학사랑 (2002). 함수개념의 도입, 수학사랑, 32, 49-53.

신경림 (2002). 신경림의 시인을 찾아서. 서울 : 우리교육.

엘리 마오 (1997, 전대호 역). 무한, 그리고 그 너머 : 무한의 문화사. 서울 : 사이언스북스.

우정호 (2000). 수학 학습－지도 원리와 방법. 서울 : 서울대학교출판부.

임혜경 (2001). 초등수학을 위한 GSP 자료와 활용방안. 제 3회 Math Festival 프로시딩, 3(1), 364-383.

장혜원 (1997). 수학 학습에서의 표현 및 표상에 관한 연구: 표상 모델 개발을 중심으로. 박사학위논문, 서울대학교, 서울.

전영국, 주미 (1998). 기하문제해결에서의 GSP를 활용한 탐구학습 신장. 1998년도 대한수학교육학회 추계 수학교육학연구발표대회논문집, 대한수학교육학회, 413-427.

정영옥 (2000). 수학교육 연구 동향-네덜란드의 현실적 수학교육. 대한수학교육학회지<학교수학>, 2(1), 283-310.

조정수 (1999). 브가츠키(Vygotsky)의 사회－문화적 인지발달 이론과 수학적 의견교환. 한국수학교육학회지 시리즈 C <초등수학교육>, 3(2), 89-101.

조정수 (2002). 수학교사를 위한 질적교실 연구시리즈 Ⅳ : 자료수집방법(2)－인터뷰. 수학사랑, 33, 104-109.

Acheson, K. A., & Gall, M. D. (1997). *Techniques in the clinical supervision of teachers: Preservice and inservice applications* (4th ed.). White Plains, NY : Longman.

Bell, F. H. (1983). *Teaching and learning in mathematics.* Dubuque, IA: Wm. C. Brown.

Berlin, D. F., & White, A. L. (1995). Connecting school science and mathematics. In P. A. House & A. F. Coxford (Eds.), *Connecting mathematics across the curriculum* (pp. 22-33). Reston, VA : NCTM.

Borko, H., & Putnam, R. T. (1996). Learning to teach. In D. C. Berliner & R. C. Calfee (Eds.), *Handbook of educational psychology* (pp. 673-708). New York: Macmillan.

Brahier, D. J. (2000). *Teaching secondary and middle school mathematics.* Needham Heights, MA : Allyn & Bacon.

Brown, S. I., & Walter, M. I. (1990). *The art of problem posing.* Hillsdale, NJ : Lawrence Erlbaum Associates.

Charles, R., & Lester, F. (1982). *Teaching problem solving*: What, why & how. Palo Alto, CA : Dale Deymour Publications.

Clawson, C. C. (1996). *Mathematical mysteries : The beauty and magic of numbers.* Cambridge, MA : Perseus Books.

Devlin, K. (1994). Mathematics : The science of patterns. 허민, 오혜영 (공역, 1996). 수학 : 양식의 과학. 서울 : 경문사.

Dixon, J. K. (1997). Computer use and visualization in students' construction of reflection and rotation concepts. *School Science and Mathematics*, 97(7), 352-358.

Dunham, W. (1990). *Journey through genius : The great theorems of mathematics.* 조정수 (역, 2004). 수학의 천재들. 서울 : 경문사.

Dunham, W. (1994). *The mathematical universe.* New York : John & Wiley & Sons.

Eggen, P. D., & Kauchak, D. P. (1996). *Strategies for teachers : Teaching content and thinking skills* (3rd ed.). Needham Heights, MA: Allyn & Bacon.

Fey, J. T., Cuoco, A., Kieran, C., McMullin, L., & Zbiek, R. M. (2003). *Computer algebra systems in secondary school mathematics education.* Reston, VA : National Council of Teachers of Mathematics.

Fortunato, I., Hecht, D., Tittle, C. K., & Alvarez L. (1991). *Metacognition and problem solving. Arithmetic teacher*, 39(4), 38-40.

Ginsburg, H. P., Jacobs, S. F., & Lopez, L. S. (1998). *The teacher's guide to flexible interviewing in the classroom : Learning what children know about math.* Needham Heights, MA : Allyn & Bacon.

Grossman, P. L. (1990). *The making of a teacher : Teacher knowledge and teacher education.* New York : Teachers College Press.

Hollowell, K. A., Schultz, J. E., & Ellis, W. (1997). *Geometry.* Orlando, FL : Holt, Rinehart, and Winston.

Janvier, C. Girardon, C., & Morand, J-C. (1993). Mathematical symbols and representations. In P. S. Wilson (Ed.), *Research ideas for the classroom: High school mathematics* (pp. 79-102). New York : Macmillan.

Lesh, R., Post, T., & Behr, M. (1987). Representations and translations among representations in mathematics learning and problem solving. In C. Janvier (Ed.), *Problems of representation in the teaching and learning of mathematics* (pp. 33-40). Hillsdale, NJ : Lawrence Erlbaum.

Lin, Y-F., & Lin, S-Y. T. (1974). *Set theory : An intuitive approach.* Boston : Houghton Mifflin.

Milou, E. (1999). The graphing calculator: A survey of classroom usage. *School Science and Mathematics, 99*(3), 133-139.

National Council of Teachers of Mathematics. (1989). *Curriculum and evaluation standards for school mathematics.* Reston, VA : Author.

National Council of Teachers of Mathematics. (1991). *Professional standards for teaching mathematics.* Reston, VA : The author.

National Council of Teachers of Mathematics. (2000), *Principles and standards for school Mathematics.* Reston, VA : The Author.

National Council of Teachers of Mathematics. (2001). *Navigating through algebra in grades 6-8.* Reston, VA : The author.

National Council of Teachers of Mathematics. (2001). *Navigating through algebra in grades 9-12.* Reston, VA : The author.

National Research Council. (1989). *Everybody counts : A report in the nation on the future of mathematics education.* Washington, D.C. : National Academy Press.

O'Callaghan, B. R. (1998). Computer-Intensive Algebra and students' conceptual knowledge of functions. *Journal for Research in Mathematics Education, 29*(1), 21-40.

O'Daffer, P. G., & Thornquist, B. A. (1993). Critical thinking, mathematical reasoning, and proof. In P. S. Wilson (Ed.), *Research ideas for the classroom : High school mathematics.* New York: Macmillan.

Ott, J. (1994). *Alternative assessment in the mathematics classroom.* NY : McGraw-Hill.

Polya, G. (1957). *How to solve it: A new aspect of mathematical method* (2nd ed.). Princeton, NJ : Princeton University Press.

Prawat, R. S. (1992). Teachers' beliefs about teaching and learning: A constructivist perspective. *American Journal of Education*, May, 354-395.

Reiser, R. A., Dick, W. (1998). 교사를 위한 체제적 수업설계. (양영선, 번역.). 서울: 교육과학사.

Schifter, D., & Fosnot, C. T. (1993). *Reconstructing mathematics education: Stories of teachers meeting the challenges of reform.* New York: Teachers College Press.

Shulman, L. S. (1986). Those who understand: Knowledge growth in teaching. *Educational Researcher, 15*(2), 4-14.

Usiskin, Z. (1999). Why is algebra important to learn. In B. Moses(Ed.), *Algebraic thinking, grades K-12* (pp. 22-30). Reston, VA: National Council of Teachers of Mathematics.

Wagner, S., & Parker, S. (1993). Advancing algebra. In P. S. Wilson(Ed.), *Research ideas for the classroom: High school mathematics*(pp. 119-139). Reston, VA: National Council of Teachers of Mathematics.

Woolfolk, A. E., & McCune-Nicolich, L. (1984). *Educational psychology for teachers* (2nd ed.). Englewood Cliffs, N J: Prentice-Hall.

http://members.tripod.lycos.co.kr/october73/HERON.htm

http://archives.math.utk.edu/articles/atuyl/confrac/

http://math.new21.org/story/story9.html